Gemeinden in der Telekommunikation

Europäische Hochschulschriften
Publications Universitaires Européennes
European University Studies

Reihe II
Rechtswissenschaft

Série II Series II
Droit
Law

Bd./Vol. 3135

PETER LANG
Frankfurt am Main · Berlin · Bern · Bruxelles · New York · Oxford · Wien

Ralf Averhaus

Gemeinden in der Telekommunikation

Zulässigkeit und Grenzen der wirtschaftlichen Betätigung von Gemeinden im Bereich der Telekommunikation – unter besonderer Berücksichtigung der wegerechtlichen Problematik

PETER LANG
Europäischer Verlag der Wissenschaften

Die Deutsche Bibliothek - CIP-Einheitsaufnahme

Averhaus, Ralf:

Gemeinden in der Telekommunikation : Zulässigkeit und Grenzen der wirtschaftlichen Betätigung von Gemeinden im Bereich der Telekommunikation - unter besonderer Berücksichtigung der wegerechtlichen Problematik / Ralf Averhaus. - Frankfurt am Main ; Berlin ; Bern ; Bruxelles ; New York ; Oxford ; Wien : Lang, 2001
(Europäische Hochschulschriften : Reihe 2, Rechtswissenschaft ; Bd. 3135)
Zugl.: Bochum, Univ., Diss., 2000
ISBN 3-631-37636-7

D 294
ISSN 0531-7312
ISBN 3-631-37636-7

www.peterlang.de

Inhaltsverzeichnis

Literaturverzeichnis

Achterberg, Norbert / Püttner, Günter (Hrsg.): Besonderes Verwaltungsrecht, Band 1: Wirtschafts-, Bau-, Kultus-, Dienstrecht, Heidelberg 1990. Zitierter Bearbeiter: Knemeyer, Franz-Ludwig. (Bearbeiter, in: Achterberg/Püttner (Hrsg.), Besonderes Verwaltungsrecht).

Arnauld, Andreas von: Grundrechtsfragen im Bereich von Postwesen und Telekommunikation -Ein Beitrag zur Geltung der Grundrechte für und gegen gemischtwirtschaftliche Unternehmen und staatliche Eigengesellschaften-, in: DÖV 1998, S. 437 - 452.

Arndt, Hans-Wolfgang: Wirtschaftsverwaltungsrecht, in: Steiner, Udo (Hrsg.): Besonderes Verwaltungsrecht: ein Lehrbuch, 5. neubearb. u. erw. Auflage, Heidelberg 1995, S. 753 - 847. (Arndt, in: Steiner (Hrsg.), Besonderes Verwaltungsrecht)

ATekom (Arbeitsgemeinschaft Telekommunikation im Verband kommunaler Unternehmen): Telekommunikation: Köln und Bonn führend, in: Der Städtetag 1997, S. 289 - 292.

ATekom: ATekom-Info Nr. 32, Köln, September 1998.

Aubert, Joachim / Klingler, Ulrich: Fernmelderecht/Telekommunikationsrecht, Band II, 4. Auflage, Heidelberg 1990.

Backhaus, Jürgen: Öffentliche Unternehmen: zum Wirtschaftsrecht, den Funktionen und Rechtsformen öffentlicher Unternehmen, 2., durchgesehene u. erweiterte Auflage, Frankfurt a.M. 1980.

Badura, Peter: Die wirtschaftliche Betätigung der öffentlichen Hand mit besonderer Berücksichtigung der öffentlich-rechtlichen Versicherungsunternehmen, in: ZHR 146 (1982), S. 448 - 465.

ders.: Staatsrecht: systematische Erläuterung des Grundgesetzes für die Bundesrepublik Deutschland, 2., neubearb. Aufl., München 1996.

ders.: Wirtschaftliche Betätigung der Gemeinden zur Erledigung von Angelegenheiten der örtlichen Gemeinschaft im Rahmen der Gesetze, in: DÖV 1998, S. 818 - 823.

Bauer, Hartmut: Privatisierung von Verwaltungsaufgaben, in: VVDStRL 54 (1995), S. 243 - 286.

Baumbach, Adolf (Begr.) / Hefermehl, Wolfgang: Wettbewerbsrecht: Gesetz gegen den unlauteren Wettbewerb, Zugabeverordnung, Rabattgesetz und Nebengesetze, 20., neubearb. Aufl., Stand vom 01.05.98, München 1998. Beck`sche Kurz-Kommentare; Bd. 13a. (Baumbach/Hefermehl, WettbewerbsR)

Bayer, Detlef: Staatliche Gemeindefinanzierung und Verfassungsrecht, in: DVBl 1993, S. 1287 - 1292.

Beckmann, Martin / David, Hans-Joachim: Kommunale Abfallwirtschaft als unlauterer Wettbewerb, in: DVBl 1998, S. 1041 - 1048.

Bethge, Herbert: Zur Problematik von Grundrechtskollisionen, 1. Aufl., München 1977. Studien zum öffentlichen Recht und zur Verwaltungslehre; Bd. 17.

Bettermann, Karl August: Gewerbefreiheit der öffentlichen Hand, in: Berliner Festschrift für Ernst E. Hirsch, dargebracht von Mitgliedern der Juristischen Fakultät zum 65. Geburtstag, Berlin, 1968, S. 1 - 24. (Bettermann, in: FS Hirsch)

Bleckmann, Albert: Staatsrecht, 1. Staatsorganisationsrecht: Grundlagen, Staatszielbestimmungen und Staatsorganisationsrecht des Bundes, Köln, Berlin, Bonn, München 1993. (Bleckmann, Staatsrecht I).

ders.: Staatsrecht, 2. Die Grundrechte, 4., neubearb. Aufl., Köln, Berlin, Bonn, München 1997. (Bleckmann, Staatsrecht II)

Breuer, Jürgen: Die Pflicht zur strukturellen Separierung nach § 14 Abs. 1 TKG, in: ET 1996, S. 808 - 810.

Britz, Gabriele: Örtliche Energieversorgung nach nationalem und europäischem Recht: Unter besonderer Berücksichtigung kommunaler Gestaltungsmöglichkeiten, Baden-Baden 1994. Zugl.: Frankfurt (Main), Univ., Diss. 1993/94.

Brockhaus: Brockhaus - Die Enzyklopädie: in 24 Bänden, Band 10, Herr - Iss, 20., überarb. und aktualisierte Auflage, Leipzig, Mannheim 1997; Band 21, Sr - Teo, u.d.T.: Brockhaus - Enzyklopädie: in 24 Bänden, 19., völlig neubearb. Auflage, Mannheim 1993. (Brockhaus, Enzyklopädie)

Büchner, Lutz Michael: Liberalisierung und Regulierung im Post- und Telekommunikationssektor, in: CR 1996, S. 581 - 589.

ders.: Vom Sondervermögen zur Aktiengesellschaft - Strukturen der „Postreform II", in: DZWir 1995, S. 120 - 126.

Büchner, Wolfgang / Ehmer, Jörg / Geppert, Martin / Kerkhoff, Bärbel / Piepenbrock, Hermann-Josef / Schütz, Raimund / Schuster, Fabian (Hrsg.): Beck`scher TKG-Kommentar, München 1997. Zitierte Bearbeiter: Geppert, Martin / Schütz, Raimund / Schuster, Fabian / Piepenbrock, Hermann-Josef. (Bearbeiter, in: BeckTKG-Komm)

Bull, Hans Peter: Die Staatsaufgaben nach dem Grundgesetz - Um e. Anh. erw. Studienausg., Taschenbuchausgabe d. 2. Aufl., Kronberg/Ts. 1977.

Bullinger, Martin: Die Mineralölfernleitungen, Gesetzeslage und Gesetzgebungskompetenz, Mit einem Gesetzentwurf, Stuttgart 1962.

ders.: Durchleitungsrechte von Fernmeldeunternehmen in privater Rechtsform (ursprünglich: Forschungsbericht im Auftrag des Bundesministeriums für Post und Telekommunikation, Dezember 1992), in: Archiv PT 1998, S. 24 - 39.

ders.: Durchleitungsrechte, Mitbenutzungsrechte und Planfeststellung für konkurrierende Telekommunikationsnetze, Rechtsgutachten im Auftrag des BMPT, September 1995 (= Archiv PT 1998, S. 105 - 127). (Bullinger, Gutachten)

Bundesvereinigung der kommunalen Spitzenverbände: Die Benutzung öffentlicher Wege für Telekommunikationslinien, Köln, Stand: Februar 1997.

Burmeister, Joachim: Selbstverwaltungsgarantie und wirtschaftliche Betätigung der Kommunen, in: Püttner, Günter (Hrsg.), Handbuch der kommunalen Wissenschaft und Praxis, Band 5, Kommunale Wirtschaft, 2., völlig neubearbeitete Auflage, Berlin, Heidelberg, New York, Tokyo 1984, S. 3 - 49. (Burmeister, in: Püttner (Hrsg.), HkWP, Bd. 5)

ders.: Verfassungstheoretische Neukonzeption der kommunalen Selbstverwaltungstheorie, 1. Auflage, München 1977. Studien zum öff. Recht u. zur Verwaltungslehre; Bd. 19.

Büssow, Jürgen / Schönershofen, Peter: Schritt in die Zukunft - Die wirtschaftliche Betätigung der Städte im Telekommunikationsbereich, in: Der Städtetag 1997, S. 231 - 232.

Cosson, Rainer: Begrenzungen kommunaler wirtschaftlicher Betätigung im Bereich der Abfallwirtschaft, in: DVBl 1999, S. 891 - 898.

Creifelds, Carl: Rechtswörterbuch, 14. Auflage, München 1997.

Cronauge, Ulrich: Das neue Konzessionsabgabenrecht, 1992.

ders.: Kommunale Unternehmen: Eigenbetriebe - Kapitalgesellschaften - Zweckverbände, 3. überarb. und erw. Auflage, Berlin 1997. Finanzwesen der Gemeinden; Bd. 3. (Cronauge, Kommunale Unternehmen) ders.: Kommunen - Gleichberechtigte Partner?, in: Pritzkoleit, Friedrich (Hrsg.): Telekommunikation: Kommunen im Netz, Fachtagung der Sozialdemokratischen Gemeinschaft für Kommunalpolitik (SGK) Nordrhein-Westfalen am 14. September 1996 in Gelsenkirchen, S. 49 - 58. (Cronauge, in: Pritzkoleit (Hrsg.), Telekommunikation: Kommunen im Netz)

Dedy, Helmut / Sonnenschein, Ralph: Infratsruktur sichern - Zukunft gestalten: Kommunale Wirtschaft vor neuen Herausforderungen! Thesen des Deutschen Städte- und Gemeindebundes zu einer Gemeindewirtschaft unter sich wandelnden Rahmenbedingungen, in: StuG 1998, Heft 7-8, Beilage (DStGB-Dokumentation „Kommunale Wirtschaft").

Deutscher Landkreistag: Beschluß des Präsidiums des Deutschen Landkreistages vom 1.10.1998 zur wirtschaftlichen Betätigung der Kommunen, in: DNV 1998, Heft 6, S. 30.

Deutscher Städte- und Gemeindebund: Kommunale Wirtschaft vor neuen Herausforderungen: Infrastruktur sichern - Zukunft gestalten, Eckpunkte des Deutschen Städte- und Gemeindebundes zur Gemeindewirtschaft unter sich wandelnden Rahmenbedingungen, in: Sachsenlandkurier 1998, S. 240 - 244.

Deutscher Städtetag (Hrsg.): Kommunale Kommunikationsnetze -Neue Nutzungsperspektiven-, Deutscher Städtetag, Köln 1995. Beiträge zur Statistik und Stadtforschung, Reihe H, Heft 42.

Dickersbach, Alfred: Die wirtschaftliche Betätigung der öffentlichen Hand im Verhältnis zur Privatwirtschaft aus öffentlichrechtlicher Sicht, in: WiVerw 1983, S. 187 - 211.

Dolzer, Rudolf (Hrsg.) / Vogel, Klaus (Mithrsg.): Bonner Kommentar zum Grundgesetz, 11 Bände, Heidelberg, Stand: Mai 1995. Zitierter Bearbeiter: Stern, Klaus (Art. 28 GG, Band 2, Zweitbearbeitung 1964). (Bearbeiter, in: Dolzer/Vogel (Hrsg.), BK)

Dombert, Matthias: Breitbandkabel und Telegraphenwegerecht - Eine Untersuchung zu den rechtlichen Voraussetzungen der hoheitlichen Verlegung von Breitbandkabeln durch die deutsche Bundespost, Bonn, Univ., Diss. 1987.

Dreier, Horst (Hrsg.): Grundgesetz: Kommentar. Band 1, Art. 1-19, Tübingen 1996. Band 2, Art. 20-82, Tübingen 1998. Zitierte Bearbeiter: Dreier, Horst / Wieland, Joachim. (Bearbeiter, in: Dreier (Hrsg.), GG)

Ebsen, Ingwer: Öffentlich-rechtliche Rahmenbedingungen einer Informationsordnung, in: DVBl 1997, S. 1039 - 1052.

Ehlers, Dirk: Die wirtschaftliche Betätigung der öffentlichen Hand in der Bundesrepublik Deutschland, in: JZ 1990, S. 1089 - 1100.

ders.: Interkommunale Zusammenarbeit in Gesellschaftsform, in: DVBl 1997, S. 137 - 145.

ders.: Rechtsprobleme der Kommunalwirtschaft, in: DVBl 1998, S. 497 - 508.

ders.: Verwaltung in Privatrechtsform, Berlin 1984. Schriften zum Öffentlichen Recht, Bd. 464.

Eifert, Martin: Grundversorgung mit Telekommunikationsleistungen im Gewährleistungsstaat, 1. Aufl., Baden-Baden 1998. Zugl.: Hamburg, Univ., Diss. 1998. Materialien zur interdisziplinären Medienforschung; Bd. 33.

Ellinghaus, Ulrich: Wegerechte für Telekommunikationsunternehmen, in: CR 1999, S. 420 - 425.

Emmerich, Volker: Das Recht des unlauteren Wettbewerbs, 5., völlig neubearbeitete Aufl., München 1998. Schriftenreihe der Juristischen Schulung; H. 80.

ders.: Das Wirtschaftsrecht der öffentlichen Unternehmen, Bad Homburg, Berlin, Zürich 1969. Zugl.: Münster, Univ., Habil. 1969. Wirtschaftsrecht und Wirtschaftspolitik, Bd. 9.

ders.: Der unlautere Wettbewerb der öffentlichen Hand, Tübingen 1969. Walter Eucken Institut, Vorträge und Aufsätze, Bd. 24.

ders.: Neues zur Zulässigkeit der wirtschaftlichen Betätigung der öffentlichen Hand, in: AG 1985, S. 293 - 301.

Enkler, Claus: Wirtschaftliche Betätigung der Kommunen in neuen Geschäftsfeldern, in: ZG 1998, S. 328 - 351.

Erdmann, Joachim: Wirtschaftliche Betätigung von Wirtschaftskammern, in: DVBl 1998, S. 13 - 19.

Erichsen, Hans-Uwe: Freiheit - Gleichheit - Teilhabe, -Prolegomena zu einem Verwaltungsrecht des Leistungsstaates-, in: DVBl 1983, S. 289 - 297.

ders.: Kommunalrecht des Landes Nordrhein-Westfalen, 2. Auflage, Münster 1997. (Erichsen, Kommunalrecht NW)

Etling-Ernst, Martina: Telekommunikationsgesetz, Ratingen 1997. (Etling-Ernst, TKG)

Evers, Hans-Ulrich: Das Recht der Energieversorgung, 2., völlig überarb. u. wesentl. erw. Aufl., Baden-Baden 1983.

Eyermann, Erich: Verwaltungsgerichtsordnung: Kommentar. Begründet von Erich Eyermann und Ludwig Fröhler. 10., völlig neu erarb. Aufl., München 1998. Zitierte Bearbeiter: Happ, Michael / Rennert, Klaus. (Bearbeiter, in: Eyermann/Fröhler, VwGO)

Fangmann, Helmut / Lörcher, Klaus / Scheurle, Walter / Schwemmle, Michael / Wehner, Ewald: Telekommunikations- und Postrecht, Kommentar und alle neuen Rechtsvorschriften, 2. Auflage, Neuwied, Kriftel, Berlin 1996. (Fangmann u.a., TKPR).

Fangmann, Helmut: Das neue Telekommunikationsgesetz: Texte und Kommentierung für die Praxis, Heidelberg, 1997. (Fangmann, Das neue TKG).

Fiebig, Thomas H.: Telekommunikationsaktivitäten von Städten und Gemeinden, in: VR 1998, S. 161 - 166.

Fikentscher, Wolfgang: Wirtschaftsrecht, Bd. 2: Deutsches Wirtschaftsrecht, München 1983.

Fischer, Paul David / Staedler, Erich: Die deutsche Post- und Telegraphengesetzgebung, Teil II: Telegraphen- und Fernsprechrecht (mit Ausschluß des internationalen Rechts), 7. Auflage, Berlin, Leipzig 1930.

Frenz, Walter: Gemeindliche Selbstverwaltungsgarantie und Verhältnismäßigkeit, in: Die Verwaltung 28 (1995), S. 33 - 63.

Frotscher, Werner: Wirtschaftsverfassungs- und Wirtschaftsverwaltungsrecht: eine systematische Einführung anhand von Grundfällen, 2., neubearb. und erw. Auflage, München 1994. Schriftenreihe der Juristischen Schulung; H. 103.

Gallwas, Hans-Ullrich: Faktische Beeinträchtigungen im Bereich der Grundrechte, Ein Beitrag zum Begriff der Nebenwirkungen, Berlin 1970. Schriften zum Öffentlichen Recht, Bd. 126.

Gamm, Otto-Friedrich Frhr. von: Gesetz gegen den unlauteren Wettbewerb, 3., erw. Aufl., Stand: 10. Januar 1993, Köln, Berlin, Bonn, München 1993. Heymanns Taschenkommentare zum gewerblichen Rechtsschutz. (Gamm, UWG)

ders.: Wettbewerbsrecht: mit Zugabe- und Rabattrecht sowie mit Nebengesetzen und kartellrechtl. Vorschriften, Halbbd. 1, 5., völlig neu bearb. und erw. Aufl, Köln, Berlin, Bonn, München 1987. Wettbewerbs- und Wettbewerbsverfahrensrecht; Bd. 1; früher u.d.T.: Wettbewerbs- und Warenzeichenrecht; Bd. 2. (Gamm, WettbewerbsR)

Gerke, Jürgen: Die wirtschaftliche Betätigung der Gemeinden, in: Jura 1985, S. 349 - 358.

Gern, Alfons: Deutsches Kommunalrecht, 2. Auflage, Baden-Baden, 1997.

Giesen, Ernst / Cronauge, Ulrich: Gemeindliches Wegerecht nicht zum Nulltarif! -Anmerkungen zur politischen Debatte über § 49 Telekommunikationsgesetz (Entwurf)-, in: ZKF 1996, S. 74 - 78.

Giesen, Ernst / Gerbrand, Horst-Heinrich: Die Kommunen als Partner im Telekommunikationsmarkt, in: StuG 1996, S. 15 - 20.

Grabbe, Jürgen: Verfassungrechtliche Grenzen der Privatisierung kommunaler Aufgaben, Berlin 1979. Zugl.: Köln, Univ., Diss. 1978. Schriften zum Öffentlichen Recht; Bd. 359.

Gramlich, Ludwig: Rechtliche Möglichkeiten der Finanzierung von Infrastrukturleistungen im Post- und Telekommunikationsbereich durch die Einrichtung eines Infrastrukturfonds, in: Archiv PT 1995, S. 189 - 216.

ders.: Rechtsfragen bei Zusammenschaltungsvereinbarungen, in: CR 1997, S. 65 - 73.

ders.: Von der Postreform zur Postneuordnung - Zur erneuten Novellierung des Post- und Telekommunikationswesens, in: NJW 1994, S. 2785 - 2793.

Grawert, Rolf: Zuständigkeitsgrenzen der Kommunalwirtschaft, in: Grupp, Klaus / Ronellenfitsch, Michael (Hrsg.): Planung - Recht - Rechtsschutz, Festschrift für Willi Blümel zum 70. Geburtstag am 06.01.1999, Berlin 1998, S. 119 - 138. Sonderdruck aus: Schriften zum Öffentlichen Recht, Bd. 772. (Grawert, in: FS Blümel)

Gruneberg, Ralf: Weiterentwickelte Zusammenarbeit von VKS und VKU-ARGE Entsorgung, in: Der Städtetag 1997, S. 371 - 373.

Grupp, Klaus: Wirtschaftliche Betätigung der öffentlichen Hand unter dem Grundgesetz, in: ZHR 140 (1976), S. 367 - 393.

Gusy, Christoph: Die wirtschaftliche Betätigung des Staates, Teil 1, in: JA 1995, S. 166 - 173.

ders.: Die wirtschaftliche Betätigung des Staates, Teil 2, in: JA 1995, S. 253 - 259.

Gütebier, Friedrich Wilhelm: Der unlautere Wettbewerb der öffentlichen Hand, Berlin 1934.

Haar, Brigitte: Offener Netzzugang in der Telekommunikation - Kartell- und regulierungsrechtliche Problemlösungen, in: CR 1996, S. 713 - 718.

Hallenga, Reiner: Europarechtliche Vorgaben für die Liberalisierung von Telekommunikationsnetzmärkten und die Umsetzung in nationales Recht, in: Archiv PT 1996, S. 239 - 246.

Haupt, Klaus-Jürgen: Wirtschaftliche Betätigung von Kommunen im Gewande der privatrechtlichen Gesellschaft, Probleme des kommunalen Organisationsrechts in Nordrhein-Westfalen, Bochum, Univ., Diss. 1988.

Hefekäuser, Hans-Willi / Dreier, Christoph: Der gesetzliche Rahmen für Netzzugang und Netzzusammenschaltungen, in: CR 1997, S. 110 - 113.

Hefekäuser, Hans-Willi / Wehner, Andrea: Regulierungsrahmen in der Telekommunikation - Überlegungen aus Sicht der Unternehmen, in: CR 1996, S. 698 - 702.

Helbig, Andreas / Engeleit, Hans-Gerd: Telekommunikation durch kommunale Unternehmen am Beispiel der Netcom Kassel, in: ZögU 22 (1999), S. 82 - 88.

Held, Friedrich-Wilhelm: Änderungsnotwendigkeiten und Änderungsmöglichkeiten des Gemeindewirtschaftsrechts, in: Henneke, Hans-Günter (Hrsg.): Organisation kommunaler Aufgabenerfüllung – Optimierungspotentiale im Spannungsfeld von Demokratie und Effizienz, Stuttgart, München, Hannover, Berlin, Weimar, Dresden 1998. Schriften zum deutschen und europäischen Kommunalrecht; Bd. 6. (Held, in: Henneke (Hrsg.): Organisation kommunaler Aufgabenerfüllung)

ders.: Öffentliche und private wirtschaftliche Betätigung, in: Pritzkoleit, Friedrich (Hrsg.): Telekommunikation: Kommunen im Netz, Fachtagung der Sozialdemokratischen Gemeinschaft für Kommunalpolitik (SGK) Nordrhein-Westfalen am 14. September 1996 in Gelsenkirchen, S. 59 - 66. (Held, in: Pritzkoleit (Hrsg.): Telekommunikation: Kommunen im Netz)

Hengstschläger, Johannes: Privatisierung von Verwaltungsaufgaben, in: VVDStRL 54 (1995), S. 165 - 203.

Henneke, Hans-Günter: Das Recht der Kommunalwirtschaft in Gegenwart und Zukunft, in: NdsVBl 1999, S. 1 - 10.

ders.: Gewinnerzielung und Arbeitsplatzsicherung als Legitimation kommunalwirtschaftlicher Betätigung? -Verfassungsrechtliche Aspekte-, in: NdsVBl 1998, S. 273 - 283.

ders.: Optimale Aufgabenerfüllung im Kreisgebiet? -Bericht über das Professorengespräch 1998 des Deutschen Landkreistages am 19./20. März 1998 im Landkreis Oberhavel-, in: DVBl 1998, S. 685 - 697.

Hermes, Georg: Staatliche Infrastrukturverantwortung: rechtliche Grundstrukturen netzgebundener Transport- und Übertragungssysteme zwischen Daseinsvorsorge und Wettbewerbsregulierung am Beispiel der leitungsgebundenen Energieversorgung in Europa, Tübingen 1998. Jus publicum; Bd. 29.

Herzog, Roman: Subsidiaritätsprinzip und Staatsverfassung, in: Der Staat 2 (1963), S. 399 - 423.

Hesse, Konrad: Grundzüge des Verfassungsrechts der Bundesrepublik Deutschland, 20., neubearb. Aufl., Heidelberg 1995.

Hidien, Jürgen W.: Gemeindliche Betätigungen rein erwerbswirtschaftlicher Art und „öffentlicher Zweck“ kommunaler wirtschaftlicher Unternehmen, Berlin 1981. Schriften zum Öffentlichen Recht, Band 402.

Hill, Hermann: In welchen Grenzen ist kommunalwirtschaftliche Betätigung Daseinsvorsorge?, in: BB 1997, S. 425 - 431.

Hoeren, Thomas / Brauner, Roman J.: Benutzung von Verkehrswegen durch Gasversorger zum Zwecke der Telekommunikation -Rechtsfragen des § 50 TKG-, in: NWVBl 1998, S. 129 - 133.

Holtschmidt, Claus: Grenzen der privatrechtlichen wirtschaftlichen Betätigung der öffentlichen Hand, Dargelegt am Beispiel badischer Gemeinden, Freiburg i.B., Univ., Diss. 1966.

Immenga, Ulrich / Mestmäcker, Ernst-Joachim (Hrsg.): Gesetz gegen Wettbewerbsbeschränkungen: GWB; Kommentar, 2., neubearb. Auflage, München 1992. Zitierte Bearbeiter: Emmerich, Volker / Immenga, Ulrich (Bearbeiter, in: Immenga/Mestmäcker (Hrsg.), GWB)

Ipsen, Jörn: Staatsrecht I (Staatsorganisationsrecht), 9., überarb. Auflage, Neuwied, Kriftel, Berlin 1997.

Isensee, Josef / Kirchhof, Paul (Hrsg.): Handbuch des Staatsrechts der Bundesrepublik Deutschland. Bd. 1: Grundlagen von Staat und Verfassung, Heidelberg 1987. Bd. 3: Das Handeln des Staates, 2., durchgesehene Auflage, Heidelberg 1996. Bd. 5: Allgemeine Grundrechtslehren, Heidelberg 1992. Bd. 6: Freiheitsrechte, Heidelberg 1989. Zitierte Bearbeiter: Breuer, Rüdiger / Ossenbühl, Fritz / Ronellenfitsch, Michael / Rüfner, Wolfgang / Vogel, Klaus. (Bearbeiter, in: Isensee/Kirchhof (Hrsg.), Handbuch des Staatsrechts)

Isensee, Josef: Grundrechte und Demokratie, Die polare Legitimation im grundgesetzlichen Gemeinwesen, in: Der Staat 20 (1981), S. 161 - 176.

ders.: Subsidiaritätsprinzip und Verfassungsrecht, Eine Studie über das Regulativ des Verhältnisses von Staat und Gesellschaft, Berlin 1968. Zugl.: Erlangen, Univ., Diss. 1968. Schriften zum Öffentlichen Recht; Bd. 80.

Jarass, Hans / Pieroth, Bodo: Grundgesetz für die Bundesrepublik Deutschland, Kommentar, 4. Auflage, München 1997. (Jarass/Pieroth, GG)

Jarass, Hans D.: Wirtschaftsverwaltungsrecht: mit Wirtschaftsverfassungsrecht, 3., neubearbeitete Auflage, Neuwied, Kriftel, Berlin 1997. Juristische Lernbücher; Bd. 18. Bis 2. Aufl. u.d.T.: Jarass, Hans D.: Wirtschaftsverwaltungsrecht und Wirtschaftsverfassungsrecht.

Jesch, Dietrich: Gesetz und Verwaltung, Eine Problemstudie zum Wandel des Gesetzmäßigkeitsprinzips, Tübingen 1961. Zugl.: Tübingen, Univ., Habil. 1960. Tübinger Rechtswissenschaftliche Abhandlungen, Bd. 2.

Kämmerer, Jörn Axel: Verfassungsstaat auf Diät? Typologie, Determinanten und Folgen der Privatisierung aus verfassungs- und gemeinschaftsrechtlicher Sicht, in: JZ 1996, S. 1042 - 1050.

Karlin, Klaus: Konkurrentenschutz vor wirtschaftlichem Handeln der öffentlichen Verwaltung, Mainz, Univ., Diss. 1997.

Kiepe, Folkert / Schirmer, Rolf: Wegerecht und Telekommunikation: Die wegerechtlichen Regelungen des Telekommunikationsgesetzes, in: Blümel, Willi (Hrsg.), Die Straße als Mehrzweckinstitut, S. 1 - 15, Speyer 1997.

Kilger, Franz: Die Entwicklung des Telegraphenrechts im 19. Jahrhundert mit besonderer Berücksichtigung der technischen Entwicklung, Frankfurt (Main), Berlin, Bern, New York, Paris, Wien 1993. Zugl.: Regensburg, Univ., Diss. 1992.

Klein, Hans Hugo: Die Teilnahme des Staates am wirtschaftlichen Wettbewerb, Stuttgart, Berlin, Köln, Mainz 1968. Zugl.: Heidelberg, Univ., Habil. 1966/67. Res Publica - Beiträge zum Öffentlichen Recht, Bd. 18.

Kluth, Winfried: Grenzen kommunaler Wettbewerbsteilnahme, Köln, Berlin, Bonn, München 1988. Zugl.: Münster (Westfalen), Univ., Diss. 1987.

Knemeyer, Franz-Ludwig: Kommunales Wirtschaftsrecht, in: Achterberg, Norbert / Püttner, Günter (Hrsg.), Besonderes Verwaltungsrecht: ein Lehrbuch, Band 2, Kommunal-, Haushalts-, Abgaben-, Ordnungs-, Sozialrecht, Heidelberg 1992, S. 53 - 98.

Kodal, Kurt / Krämer, Helmut (Hrsg.): Straßenrecht: systematische Darstellung des Rechts der öffentlichen Straßen, Wege und Plätze in der Bundesrepublik Deutschland, 5., überarb. Auflage, München 1995. Zitierte Bearbeiter: Kempfer, Helmut / Kodal, Kurt / Krämer, Helmut (Bearbeiter, in: Kodal/Krämer, Straßenrecht).

Köhler, Helmut / Piper, Henning: Gesetz gegen den unlauteren Wettbewerb: mit Zugabeverordnung, Rabattgesetz und Preisangabenverordnung, München, 1995. (Köhler/Piper, UWG)

Königshofen, Thomas: Die Deutsche Telekom im Spannungsfeld der Ordnungspolitik -Rechtliche Grundlagen der Regulierung im Bereich der Telekommunikation nach der Postreform II-, in: Archiv PT 1995, S. 112 - 128.

Kopp, Ferdinand O. (Begr.) / Schenke, Wolf-Rüdiger: Verwaltungsgerichtsordnung, Kommentar, 11., neubearbeitete Auflage, München 1998. (Kopp/Schenke, VwGO)

Koppensteiner, Hans-Georg: Zur Grundrechtsfähigkeit gemischtwirtschaftlicher Unternehmungen, in: NJW 1990, S. 3105 - 3114.

Kratzer, Jakob: Die Bundesoberbehörde, in: DÖV 1950, 529 - 536.

Krebs, Andrea: Rechtliche Grundlagen und Grenzen kommunaler Elektrizitätsversorgung, Köln, Univ., Diss. 1996.

Krüger, Herbert: Allgemeine Staatslehre, 2., durchgesehene Auflage, Stuttgart, Berlin, Köln, Mainz 1966.

Kubicek, Herbert: Wie Wegerechte den Weg in die Informationsgesellschaft ebnen können, in: Kubicek, Herbert / Klumpp, Dieter / Müller, Günter / Neumann, Karl-Heinz / Raubold, Eckart / Roßnagel, Alexander (Hrsg.), Jahrbuch Telekommunikation und Gesellschaft 1996, Band 4, S. 101 - 103, Heidelberg 1996.

Kühne, Gunther: Anmerkung zum Beschluß der 3. Kammer des Ersten Senats des Bundesverfassungsgerichts vom 16.05.1989 -1 BvR 705/88-, NJW 1990, 1783 bzw. JZ 1990, 335, in: JZ 1990, S. 335 - 336.

Lammich, Klaus: Telekommunikationsgesetz, Kommentar, Loseblatt-Ausgabe, Neuwied, Kriftel, Berlin, Grundwerk und 1. Ergänzungs-Lieferung, Stand: November 1997. (Lammich, TKG)

Langen, Bernhard / Becker, Hubert / Fangmann, Helmut / Giegler, Andreas / Grammatikopoulos, Babis / Seis, Georg / Windler, Albrecht: Kommunale Netze: die Chancen im liberalisierten Telekommunikationsmarkt, Köln 1997. Innovation für Wirtschaft und Verwaltung; Bd. 1. (Langen u.a., Kommunale Netze)

Langen, Eugen (Begr.) / Bunte, Hermann-Josef (Hrsg.): Kommentar zum deutschen und europäischen Kartellrecht, Bd. 1, 8. Aufl., Neuwied, Kriftel, Berlin 1998. Bisher erschienen unter dem Titel „Kommentar zum Kartellgesetz". Zitierte Bearbeiter: Bunte, Hermann-Josef / Jungbluth, Armin / Schultz, Klaus-Peter (Bearbeiter, in: Langen/Bunte, KartellR, Bd. 1)

Lause, Karl-Heinz: Wachstum in kommunalen Unternehmen, in: Pritzkoleit, Friedrich (Hrsg.): Telekommunikation: Kommunen im Netz, Fachtagung der Sozialdemokratischen Gemeinschaft für Kommunalpolitik (SGK) Nordrhein-Westfalen am 14. September 1996 in Gelsenkirchen, S. 42 - 48. (Lause, in: Pritzkoleit (Hrsg.): Telekommunikation: Kommunen im Netz)

Lecheler, Helmut: Privatisierung von Verwaltungsaufgaben, in: BayVBl 1994, S. 555 - 560.

Lehmann, Maik / Stolz, Dirk: Kommunale Telekommunikationsnetze im Wandel, in: CR 1997, S. 97 - 101.

Leisner, Walter: Von der Verfassungsmäßigkeit der Gesetze zur Gesetzmäßigkeit der Verfassung, Betrachtungen zur möglichen selbständigen Begrifflichkeit im Verfassungsrecht, Tübingen 1964. Recht und Staat, Heft 286/287.

Leo, Hubertus / Schellenberg, Martin: Die Regulierungsbehörde für Telekommunikation und Post, in: ZUM 1997, S. 188 - 197.

Loeser, Roman: Theorie und Praxis der Mischverwaltung, 1. Auflage, Berlin 1976. (Schriften zum Öffentlichen Recht, Band 295) Zugl.: Göttingen, Univ., Diss. 1973, u.d.T. „Die Mischverwaltung".

Löwer, Wolfgang: Energieversorgung zwischen Staat, Gemeinde und Wirtschaft, Köln, Berlin, Bonn, München 1989. Recht - Technik - Wirtschaft; Bd. 53.

ders.: Energieversorgung zwischen Staat, Gemeinde und Wirtschaft, in: DVBl 1991, S. 132 - 142.

Majewski, Otto: Auslegung der Grundrechte durch einfaches Gesetzesrecht?, Zur Problematik der sogenannten Gesetzmäßigkeit der Verfassung, Berlin 1971. Schriften zum Öffentlichen Recht, Band 162.

Mangoldt, Hermann von / Klein, Friedrich: Das Bonner Grundgesetz, Kommentar. Band 1: Präambel, Artikel 1 bis 5, 3. vollst. neubearb. Aufl., München 1985. Band 8: Artikel 70-75, 3. Auflage, München 1996. Zitierte Bearbeiter: Starck, Christian / Pestalozza, Christian. (Bearbeiter, in: v. Mangoldt/Klein, GG)

Manssen, Gerrit: Das Telekommunikationsgesetz (TKG) als Herausforderung für die Verfassungs- und Verwaltungsrechtsdogmatik, in: Archiv PT 1998, S. 236 - 242.

Maser, Siegfried: Die Geltung der Grundrechte für juristische Personen und teilrechtsfähige Verbände, Bonn, 1964. Zugl.: Bonn, Univ., Diss. 1964.

Maunz, Theodor / Dürig, Günter / Herdegen, Matthias / Herzog, Roman / Klein, Hans H. / Lerche, Peter / Papier, Hans-Jürgen / Randelzhofer, Albrecht / Schmidt-Aßmann, Eberhard / Scholz, Rupert: Kommentar zum Grundgesetz, 5 Bände, Loseblatt-Ausgabe, München, 34. Lieferung, Stand: Juni 1998 (zugleich 5. Ergänzungslieferung zur 7. Auflage). Zitierte Bearbeiter: Dürig, Günter (Art. 1 u. 2, Bd. 1, 1958; Art. 19 Abs. 3, Bd. 2, 1977); Herzog, Roman (Art. 20, Bd. 3, 1980); Lerche, Peter (Art. 83, Bd. 4, 1983, Art. 87 f, Bd. 4, Oktober 1996; Art. 143 b, Bd. 5, Oktober 1996); Maunz, Theodor (Art. 28, Bd. 3, 1977; Art. 73 GG, Bd. 4, 1988; Art. 83, Bd. 4, Vorkommentierung 1961); Papier, Hans-Jürgen (Art. 14, Bd. 2, Mai 1994); Scholz, Rupert (Art. 12, Bd. 2, 1981). (Bearbeiter, in: Maunz/Dürig, Komm. z. GG)

Meier, Norbert: Mögliche Konsequenzen für kommunale Telekommunikationsgesellschaften bei Verstoß gegen § 107 Abs. 1 S. 2 GO NW, in: VR 1998, S. 340 - 344.

Meyer-Arndt, Guido: Der Zutritt der neuen Wettbewerber zu den lokalen Märkten der Telekommunikation, in: ZUM 1996, 757 - 776.

Monopolkommission: Die Telekommunikation im Wettbewerb: Sondergutachten der Monopolkommission gem. § 24 b Abs. 5 S. 4 GWB, Band 24, 1. Auflage, Baden-Baden 1996.

Moraing, Markus: Anmerkung zum Urteil des OLG Düsseldorf vom 10.10.1996 - 2 U 65/95, in: NWVBl 1997, S. 355 - 357.

ders.: Kommunale Wirtschaft in einem wettbewerblichen Umfeld - Gemeindewirtschaftsrechtliche Aspekte, in: Der Städtetag 1998, S. 523 - 526.

ders.: Konkurrentenabwehrklagen, Wirtschaftliche Betätigung der Gemeinden und Subsidiaritätsprinzip, in: Der Städtetag 1997, S. 285 - 289.

ders.: Möglichkeiten und Grenzen kommunalwirtschaftlicher Betätigung unter besonderer Berücksichtigung der Telekommunikation, Verband kommunaler Unternehmen (VKU), Köln, Juli 1995. Beiträge zur kommunalen Versorgungswirtschaft, Heft 84.

Moryson, Klaus: Kommunale Kommunikationsnetze - Neue Nutzungsperspektiven der Kommunen in der Rolle als Wegerechtsinhaber und Netzbetreiber, in: Kubicek, Herbert / Klumpp, Dieter / Müller, Günter / Neumann, Karl-Heinz / Raubold, Eckart / Roßnagel, Alexander (Hrsg.), Jahrbuch Telekommunikation und Gesellschaft 1996, Band 4, S. 75 - 80, Heidelberg 1996.

Möschel, Wernhard: Der Staat auf dem Rückzug, in: FAZ vom 30.05.1998, S. 15.

ders.: Jacke statt Hose - Wernhard Möschel über das neue Monopol der Stromkonzerne, in: Der Spiegel 25 (1996) vom 17.06.1996, S. 84.

ders.: Standpunkte: Wernhard Möschel, Die Kommunen sind keine Privaten, Öffentliche Unternehmen scheiden als Anbieter in der Telekommunikation aus, in: FAZ vom 21.05.1996, S. 15.

Müller, Martin: Zur verfassungsrechtlichen Problematik kommunaler Unternehmen auf dem Telekommunikationsmarkt, in: DVBl 1998, S. 1256 - 1262.

Müller-Henneberg, Hans (Begr.) / Schwartz, Gustav (Begr.) / Benisch, Werner (Hrsg.): Gesetz gegen Wettbewerbsbeschränkungen und Europäisches Kartellrecht: Gemeinschaftskommentar, 10. Lieferung, §§ 98 - 101 GWB, 4., neubearb. Auflage, Köln, Berlin, Bonn, München 1985. Zitierter Bearbeiter: Autenrieth, Karlheinz. (Bearbeiter, in: Müller-Henneberg/Schwartz/Benisch, Gemeinschaftskommentar zum GWB)

Münch, Ingo von (Begr.) / Kunig, Philip (Hrsg.): Grundgesetz-Kommentar. Band 1 (Präambel bis Art. 20), 4., neubearb. Auflage, München 1992. Band 2 (Art. 21 bis Art. 69), 3., neubearb. Auflage, München 1995. Band 3 (Art. 70 bis Art. 146), 3., neubearb. Aufl., München 1996. Zitierte Bearbeiter: Bryde, Brun-Otto / Krebs, Walter / Löwer, Wolfgang / Münch, Ingo von / Uerpmann, Robert (Bearbeiter, in: v.Münch/Kunig, GG)

Münch, Ingo von (Hrsg.): Grundgesetz-Kommentar, Band 2, 2. Auflage, München 1983. Zitierter Bearbeiter: Roters, Wolfgang (Bearbeiter, in: v.Münch, GG, Bd. 2, 2. Auflage 1983)

Mutius, Albert von: Grundrechtsfähigkeit, in: Jura 1983, S. 30 - 42.

Neugebauer, Eberhard: Fernmelderecht mit Rundfunkrecht: Dritte Auflage des „Funkrechts“, Berlin 1929.

Nolte, Norbert: Lizenzierung von Telekommunikationsunternehmen, in: CR 1996, S. 459 - 466.

Nordemann, Wilhelm / Nordemann, Axel / Nordemann, Jan Bernd: Wettbewerbs- und Markenrecht, 8. Aufl., Stand: 15. Dezember 1995, Baden-Baden 1996. Schriftenreihe Recht und Praxis. Bis 7. Aufl. u.d.T.: Nordemann, Wilhelm, Wettbewerbsrecht.

o. V.: „Flächen für Telefonzellen in Städten nicht mehr gratis“, in: Der Städtetag 1998, S. 235.

Oebbecke, Janbernd: Die kommunale Beteiligung nach der Reform des nordrhein-westfälischen Kommunalrechts, StuGR 1995, S. 387 - 393.

ders.: Die unterfinanzierte Kommunalverwaltung, in: Die Verwaltung 29 (1996), S. 323 - 339.

Oppermann, Thomas: Europarecht: ein Studienbuch, München 1991.

Ossenbühl, Fritz: Energierechtsreform und kommunale Selbstverwaltung, in: ET 1997, S. 773 - 777.

ders.: Rechtliche Aspekte der Elektrizitätsversorgung in den neuen Bundesländern, in: DÖV 1992, S. 1 - 10.

Osterloh, Lerke: Privatisierung von Verwaltungsaufgaben, in: VVDStRL 54 (1995), S. 204 - 242.

Otting, Olaf: Neues Steuerungsmodell und rechtliche Betätigungsspielräume der Kommunen, Köln, Stuttgart 1997. Zugl.: Münster (Westfalen), Univ., Diss. 1997. Schriftenreihe des Freiherr-vom-Stein-Institutes; Bd. 28.

ders.: Öffentlicher Zweck, Finanzhoheit und fairer Wettbewerb - Spielräume kommunaler Erwerbswirtschaft, in: DVBl 1997, S. 1258 - 1264.

ders.: Sittenwidriger Nachhilfeunterricht in der Volksschule? Anmerkungen zu einem Urteil des OLG Düsseldorf, in: SächsVBl 1998, S. 93 - 96.

Palandt, Otto: Bürgerliches Gesetzbuch, Kommentar, 57., neubearbeitete Auflage, München 1998. Zitierter Bearbeiter: Thomas, Heinz. (Bearbeiter, in: Palandt, BGB)

Picot, Arnold / Burr, Wolfgang: Ökonomische Vorteile des Netzwettbewerbs in der Telekommunikation, in: Kubicek, Herbert / Klumpp, Dieter / Müller, Günter / Neumann, Karl-Heinz / Raubold, Eckart / Roßnagel, Alexander (Hrsg.), Jahrbuch Telekommunikation und Gesellschaft 1996, Band 4, S. 19 - 33, Heidelberg 1996.

Pielow, Johann-Christian: Grundstrukturen öffentlicher Versorgung - Vorgaben des europäischen Gemeinschaftsrechts, des französischen und des deutschen Rechts unter besonderer Berücksichtigung der Elektrizitätswirtschaft (maschinenschriftliches Manuskript), Bochum, Univ., Habil.1998. (Pielow, Grundstrukturen öffentlicher Versorgung, Manuskript)

Pieper, Stefan Ulrich: Subsidiarität: Ein Beitrag zur Begrenzung der Gemeinschaftskompetenzen, Köln, Berlin, Bonn, München 1994. Zugl.: Münster, Univ., Diss. 1992. Völkerrecht - Europarecht - Staatsrecht; Bd. 6.

Pieroth, Bodo / Schlink, Bernhard: Staatsrecht, 2. Grundrechte, 13., völlig neubearb. Auflage, Heidelberg, 1997. Schwerpunkte, Bd. 14. (Pieroth/Schlink, Grundrechte)

Pieroth, Bodo: Die Grundrechtsberechtigung gemischt-wirtschaftlicher Unternehmen, in: NWVBl 1992, S. 85 - 88.

Piper, Henning: Zum Wettbewerb der öffentlichen Hand, in: GRUR 1986, S. 574 - 579.

Pünder, Hermann: Die kommunale Betätigung auf dem Telekommunikationssektor, in: DVBl 1997, S. 1353 - 1360.

Püttner, Günter: Die kommunale Wirtschaft - Grundpfeiler der kommunalen Selbstverwaltung in Deutschland, in: Der Städtetag 1990, S. 877 - 881.

ders.: Die öffentlichen Unternehmen: ein Handbuch zu Verfassungs- und Rechtsfragen der öffentlichen Wirtschaft, 2. Auflage, Stuttgart, München, Hannover 1985.

ders.: Telekommunikation und gemeindliches Wegerecht, in: Archiv PT 1996, S. 307 - 317.

ders.: Telekommunikation und gemeindliches Wegerecht, in: Friedrich-Ebert-Stiftung, Arbeitsgruppe Kommunalpolitik (Hrsg.), Telekommunikation - Ein Thema für die Kommunalpolitik, Bonn 1996, S. 43 - 49.

Regulierungsbehörde für Telekommunikation und Post, Referat 316 (Hrsg.): Arbeitsbehelf für die Wegebaulastträger zur Durchführung des Zustimmungsverfahren nach § 50 Abs. 4 Telekommunikationsgesetz (TKG), Mainz, Januar 1998. (Regulierungsbehörde (Hrsg.), Arbeitsbehelf)

Rehn, Erich / Cronauge, Ulrich / Lennep, Hans Gerd von: Gemeindeordnung für das Land Nordrhein-Westfalen, Kommentar, 2. Auflage der Loseblatt-Ausgabe, Siegburg, Stand: 21. Ergänzungslieferung, Januar 1998. (Rehn/Cronauge, GO NW)

Rexrodt, Günter: Erfolgreiche Öffnung des deutschen Telekommunikationsmarktes (Editorial), in: MMR 1998, S. 225 - 226.

Rohr, Friedrich von: Das Telegraphenwege-Gesetz vom 18. Dezember 1899, Berlin 1900.

Ronellenfitsch, Michael: Die Mischverwaltung im Bundesstaat, Erster Teil, Der Einwand der Mischverwaltung, Studien über die Verwaltungsformen in der Verfassungsentwicklung 1866 - 1975, Berlin 1975. Zugl.: Heidelberg, Univ., Diss. 1974. Schriften zum öffentlichen Recht, Band 277

Rottmann, Michael: Zu den verfassungsrechtlichen Aspekten der Postreform II, in: Archiv PT 1994, S. 193 - 197.

Rupp, Hans Heinrich: Grundfragen der heutigen Verwaltungsrechtslehre, Verwaltungsnorm und Verwaltungsrechtsverhältnis, Tübingen 1965. Zugl.: Tübingen, Univ., Habil. 1961/62. Tübinger Rechtswissenschaftliche Abhandlungen, Bd. 15.

Sachs, Michael (Hrsg.): Grundgesetz, Kommentar, München 1996. Zitierte Bearbeiter: Battis, Ulrich / Degenhart, Christoph / Dittmann, Armin / Höfling, Wolfram / Krüger, Hartmut / Nierhaus, Michael / Osterloh, Lerke / Siekmann, Helmut / Streinz, Rudolf / Sturm, Gerd / Tettinger, Peter J. / Wendt, Rudolf / Windthorst, Kay. (Bearbeiter, in: Sachs, GG)

Schachtschneider, Karl Albrecht: Staatsunternehmen und Privatrecht: Kritik der Fiskustheorie, exemplifiziert an § 1 UWG, Berlin, New York 1986.

Schacke, Michael / Rosin, Peter: Die Zuständigkeit des Bundes zur Regelung der unentgeltlichen Benutzung öffentlicher Verkehrswege für Telekommunikationslinien, in: DVBl 1997, S. 471 - 478.

Schauwecker, Heinz: Kooperation und Gemeinschaftsunternehmen, in: Püttner, Günter (Hrsg.), Handbuch der kommunalen Wissenschaft und Praxis, Band 5, Kommunale Wirtschaft, 2., völlig neubearbeitete Auflage, Berlin, Heidelberg, New York, Tokyo 1984, S. 317 - 338. (Schauwecker, in: Püttner (Hrsg.), HkWP, Bd. 5)

Scheidemann, Dieter: Der Begriff Daseinsvorsorge: Ursprung, Funktion und Wandlungen der Konzeption Ernst Forsthoffs, Göttingen, Zürich 1991. Zugl.: Göttingen, Univ., Diss. 1991.

Scherer, Joachim: Benutzung öffentlicher Wege nach der Telekommunikationsreform, in: Kubicek, Herbert / Klumpp, Dieter / Müller, Günter / Neumann, Karl-Heinz / Raubold, Eckart / Roßnagel, Alexander (Hrsg.), Jahrbuch Telekommunikation und Gesellschaft 1996, Band 4, S. 97 ff., Heidelberg 1996.

ders.: Das neue Telekommunikationsgesetz, in: NJW 1996, S. 2953 - 2962.

ders.: Die Entwicklung des Telekommunikationsrechts in den Jahren 1996 und 1997, in: NJW 1998, S. 1607 - 1615.

ders.: Postreform II: Privatisierung ohne Liberalisierung, in: CR 1994, S. 418 - 426.

Scheurle, Klaus-Dieter: Vorteile des Wettbewerbs auf den Märkten für Telekommunikation und Post (Editorial), in: MMR 1998, S. 385 - 386.

ders.: Was versteht man künftig in Deutschland unter Universal Service und wie soll er von wem festgelegt werden?, in: Kubicek, Herbert / Klumpp, Dieter / Müller, Günter / Neumann, Karl-Heinz / Raubold, Eckart / Roßnagel, Alexander (Hrsg.), Jahrbuch Telekommunikation und Gesellschaft 1996, Band 4, S. 217 - 222, Heidelberg 1996.

Schliesky, Utz: Über Notwendigkeit und Gestalt eines Öffentlichen Wettbewerbsrechts, in: DVBl 1999, S. 78 - 86.

Schmalz, Dieter: Methodenlehre für das juristische Studium, 3. Auflage, Baden-Baden 1992.

Schmidt, Joachim: Editorial/Eckpunkte, in: Archiv PT 1995, S. 96.

ders.: Editorial/Wegerechte, in: Archiv PT 1996, S. 306.

Schmidt, Reiner: Öffentliches Wirtschaftsrecht, Allgemeiner Teil. Unter Mitarbeit von Hartmut Bauer und Rudolf Mögele, Berlin, Heidelberg, New York, London, Paris, Tokyo, Hongkong 1990. Enzyklopädie der Rechts- und Staatswissenschaft: Abteilung Rechtswissenschaft.

ders.: Privatisierung und Gemeinschaftsrecht, in: Die Verwaltung 28 (1995), S. 33 - 63.

Schmidt-Aßmann, Eberhard / Röhl, Hans Chr.: Grundpositionen des neuen Eisenbahnverfassungsrechts (Art. 87 e GG), in: DÖV 1994, S. 577 - 585.

Schmidt-Aßmann, Eberhard (Hrsg.): Besonderes Verwaltungsrecht, 10., neubearb. Aufl., Berlin, New York 1995. De-Gruyter-Lehrbuch. Zitierter Bearbeiter: Schmidt-Aßmann, Eberhard. (Bearbeiter, in: Schmidt-Aßmann (Hrsg.), Besonderes Verwaltungsrecht)

ders.: Der Grundrechtsschutz gemischt-wirtschaftlicher Unternehmen nach Art. 19 Abs. 3 GG, in: BB 1990, Beilage 34 zu Heft 27/1990, S. 1 - 14.

ders.: Kommunale Selbstverwaltung „nach Rastede" -Funktion und Dogmatik des Art. 28 Abs. 2 GG in der neueren Rechtsprechung-, in: Franßen, Eberhardt / Redeker, Konrad / Schlichter, Otto / Wilke, Dieter (Hrsg.): Bürger - Richter - Staat: Festschrift für Horst Sendler zum Abschied aus seinem Amt, München 1991, S. 121 - 138. (Schmidt-Aßmann, in: FS Sendler)

Schmidt-Jortzig, Edzard: Die Zulässigkeit kommunaler wirtschaftlicher Unternehmen im einzelnen, in: Püttner, Günter (Hrsg.), Handbuch der kommunalen Wissenschaft und Praxis, Band 5, Kommunale Wirtschaft, 2., völlig neubearbeitete Auflage, Berlin, Heidelberg, New York, Tokyo 1984, S. 50 - 70. (Schmidt-Jortzig, in: Püttner (Hrsg.), HkWP, Bd. 5)

ders.: Kommunalrecht, Stuttgart, Berlin, Köln, Mainz 1982.

Schmitt, Susanne: Inhalt, verfassungsrechtliche Stellung und Bedeutungsgehalt der kommunalen Finanzhoheit, Stuttgart, München, Hannover, Berlin, Weimar, Dresden 1996. Zugl.: Würzburg, Univ., Diss. 1995.

Schmittat, Karl-Oskar: Rechtsschutz gegen staatliche Wirtschaftskonkurrenz, Neue Tendenzen, in: ZHR 148 (1984), S. 428 - 464.

Schoch, Friedrich: Der Beitrag des kommunalen Wirtschaftsrechts zur Privatisierung öffentlicher Aufgaben, in: DÖV 1993, S. 377 - 383.

ders.: Privatisierung von Verwaltungsaufgaben, in: DVBl 1994, S. 962 - 977.

ders.: Zur Situation der kommunalen Selbstverwaltung nach der Rastede-Entscheidung des Bundesverfassungsgerichts, in: VerwArch 1990, S. 18 - 54.

Scholz, Rupert: Gemeindliche Gebietsreform und regionale Energieversorgung, Zu den Grenzen gemeindlicher Betätigungsfreiheit auf dem Gebiet der leitungsgebundenen Energieversorgung, Berlin 1977. Schriften zum Öffentlichen Recht; Bd. 322.

ders.: Unentgeltliche Durchleitungsrechte für Zwecke der Telekommunikation - Verfassungsgemäßes Korrelat zum Grundversorgungsauftrag, Rechtsgutachten im Auftrag der Deutschen Telekom AG, in: Archiv PT 1996, S. 95 - 112.

Schönershofen, Peter / Binder-Falcke, Doris: Zur wirtschaftlichen Betätigung der Gemeinden, in: VR 1997, S. 109 - 117.

Schricker, Helmut: Wirtschaftliche Tätigkeit der öffentlichen Hand und unlauterer Wettbewerb, 2., neubearb. Aufl., Köln, Berlin, Bonn, München 1987. Schriftenreihe zum gewerblichen Rechtsschutz; Bd. 14.

Schulte, Heinz: Telekommunikation - Dienste und Netze wirtschaftlich planen, einsetzen und organisieren, Loseblatt-Ausgabe, Band 2, Augsburg, Zürich, Paris, Mailand, Amsterdam, Wien, London, New York, Stand: April 1996. (Schulte, Telekommunikation)

Schulz, Norbert: Neue Entwicklungen im kommunalen Wirtschaftsrecht Bayerns, in: BayVBl 1996, S. 97 - 102.

Schütz, Raimund: Wegerechte für Telekommunikationsnetze - Chancen für mehr Wettbewerb auf den liberalisierten Telekommunikationsmärkten, in: NVwZ 1996, S. 1053 - 1061.

Schwarz, Kyrill-A.: Der Anspruch der Gemeinden auf eine finanzielle Mindestausstattung -Zugleich eine Anmerkung zur Entscheidung des BayVerfGH vom 27.2.1997 (Vf. 17-VII-94); BayVBl. 1997, 303 ff., 336 ff.-, in: KStZ 1998, S. 145 - 150.

Seewald, Otfried: Kommunalrecht, in: Steiner, Udo (Hrsg.): Besonderes Verwaltungsrecht: ein Lehrbuch, 5. neubearb. u. erw. Auflage, Heidelberg 1995, S. 1 - 173. (Seewald, in: Steiner (Hrsg.), Besonderes Verwaltungsrecht)

Ständige Konferenz der Innenminister und -senatoren der Länder: Wirtschaftliche Betätigung der Kommunen in neuen Geschäftsfeldern, Bericht des Unterausschusses „Kommunale Wirtschaft“ des Arbeitskreises III. Erarbeitet von den Innenministerien der Länder Baden-Württemberg, Bayern, Brandenburg und Nordrhein-Westfalen unter Mitarbeit des Deutschen Städte- und Gemeindebundes und des Verbandes Kommunaler Unternehmen; verabschiedet in der Sitzung des Unterausschusses „Kommunale Wirtschaft“ am 05./06. März 1998.

Spoerr, Wolfgang / Deutsch, Markus: Das Wirtschaftsverwaltungsrecht der Telekommunikation - Regulierung und Lizenzen als neue Schlüsselbegriffe des Verwaltungsrechts?, in: DVBl 1997, S. 300 - 309.

Steckert, Uwe: Neue Aufgaben für die Kommunalwirtschaft - Im Würgegriff von Privatisierung, Wettbewerb, Staatsaufsicht und „öffentlicher Meinung“, in: Der Städtetag 1996, S. 281 - 284.

Stern, Klaus / Püttner, Günter: Die Gemeindewirtschaft - Recht und Realität, Zum staats- und kommunalverfassungsrechtlichen Standort der kommunalen Wirtschaft, Stuttgart, Berlin, Köln, Mainz 1965. Schriftenreihe des Vereins für Kommunalwissenschaften e.V. Berlin; Bd. 8.

Stern, Klaus: Das Staatsrecht der Bundesrepublik Deutschland. Band II: Staatsorgane, Staatsfunktionen, Finanz- und Haushaltsverfassung, Notstandsverfassung, München 1980. Band III/1: Allgemeine Lehren der Grundrechte, München 1988. Band III/2: Allgemeine Lehren der Grundrechte, München 1994. (Stern, Staatsrecht)

ders.: Postreform zwischen Privatisierung und Infrastrukturgewährleistung, in: DVBl 1997, S. 309 - 316.

Stober, Rolf: Allgemeines Wirtschaftsverwaltungsrecht: Grundlagen und Prinzipien; Wirtschaftsverfassungsrecht, 11. völlig neubearb. Aufl., Stuttgart, Berlin, Köln 1998. Kohlhammer-Studienbücher: Rechtswissenschaft. Bis 10. Aufl. u.d.T.: Stober, Rolf: Wirtschaftsverfassungsrecht. (Stober, Allg. Wirtschaftsverwaltungsrecht)

ders.: Eigenwirtschaftliche Betätigung der öffentlichen Hand, Zulässigkeit und Grenzen, in: BB 1989, S. 716 - 722.

ders.: Kommunalrecht in der Bundesrepublik Deutschland, 3. völlig neu bearb. und erw. Auflage, Stuttgart, Berlin, Köln 1996. Kohlhammer Studienbücher: Rechtswissenschaft. (Stober, Kommunalrecht)

Stopka, Ulrike: Chancen und Risiken - Kommunen auf dem Weg vom privilegierten Nutzer zum regionalen Telekommunikationsanbieter, in: Kubicek, Herbert / Klumpp, Dieter / Müller, Günter / Neumann, Karl-Heinz / Raubold, Eckart / Roßnagel, Alexander (Hrsg.), Jahrbuch Telekommunikation und Gesellschaft 1996, Band 4, S. 65 - 74, Heidelberg 1996.

Suren, Friedrich Karl / Loschelder, Wilhelm: Die Deutsche Gemeindeordnung vom 30. Januar 1935, Kommentar, Berlin 1935.

te Reh, Peter: Die City-Carrier kommen - Kommunale Unternehmen im Telekommunikationsbereich, in: Der Städtetag 1997, S. 361 - 367.

Tettinger, Peter J.: Besonderes Verwaltungsrecht, 1. Kommunal-, Polizei- und Ordnungsrecht, 4., neubearb. Aufl., Heidelberg 1995. Schwerpunkte; Bd. 17.

ders.: Die öffentlichen Unternehmen im primären Gemeinschaftsrecht unter besonderer Berücksichtigung der Energiewirtschaft, in: DVBl 1994, S. 88 - 94.

ders.: Grundlinien des Konzessionsvertragsrechts, in: DVBl 1991, S. 786 - 791.

ders.: Kommunales Wegeeigentum und Energieversorgungsanlagen -Überlegungen zu Grundstrukturen des Straßen- und Wegerechts-, in: RdE 1992, S. 2 - 10.

ders.: Neuer Streit um die „Wirtschaftsverfassung"?, in: BB 1977, S. 1617 - 1621.

ders.: Öffentliche Wirtschaft in den neuen Bundesländern, Im Einigungsprozeß formulierte Vorgaben und ihre Umsetzung, in: BB 1992, S. 2 - 8.

ders.: Rechtliche Markierungen für kommunale Energiepolitik -Zur Stromversorgung auf kommunaler Ebene-, in: NWVBl 1989, S. 1 - 8.

ders.: Rechtsschutz gegen kommunale Wettbewerbsteilnahme, in: NJW 1998, S. 3473 - 3474.

ders.: Verfassungsrecht und Wirtschaftsordnung -Gedanken zur Freiheitsentfaltung am Wirtschaftsstandort Deutschland-, in: DVBl 1999, S. 679 - 687.

Theis, Horst E.: Die Multimedia-Gesetze: Erläuterungen, Gesetzestexte, amtliche Begründungen, Neuwied, Kriftel, Berlin 1997.

Tilch, Horst (Hrsg.): Deutsches Rechts-Lexikon, Band 1 (A-F), Band 3 (R-Z), jeweils 2. Auflage, München 1992.

Twickel, Felicitas: Die neue deutsche Telekommunikationsordnung - Liberalisierung mit oder ohne Gesetz, in: NJW-CoR 1996, S. 226 - 230.

Ulmen, Winfried / Gump, Thomas Klaus: Die neue Regulierungsbehörde für Telekommunikation und Post, in: CR 1997, S. 396 - 402.

Ulmer, Peter: Die Anwendung von Wettbewerbs- und Kartellrecht auf die wirtschaftliche Tätigkeit der öffentlichen Hand beim Angebot von Waren oder Dienstleistungen, in: ZHR 146 (1982), S. 466 - 506.

Voeth, Markus: Entmonopolisierung von Märkten - Das Beispiel Telekommunikation, 1. Auflage, Baden-Baden 1996. Zugl.: Münster, Univ., Diss. 1996, u.d.T.: Entmonopolisierungsprozesse - Das Beispiel Telekommunikation.

Vogelsang, Klaus / Lübking, Uwe / Jahn, Helga: Kommunale Selbstverwaltung: Rechtsgrundlagen - Organisation - Aufgaben, Berlin 1991. (Vogelsang/Lübking/Jahn, Kommunale Selbstverwaltung)

Waechter, Kay: Kommunalrecht: Ein Lehrbuch, 2., überarb. Aufl., Köln, Berlin, Bonn, München 1995.

Wallenberg, Gabriela von: Der Anspruch auf Netzzugang muß die Grundrechte beachten, Restriktive Anwendung des GWB / Mitbenutzungsrecht nur bei Engpaßeinrichtungen, in: FAZ vom 19.02.1999, S. 22.

Wieland, Joachim / Hellermann, Johannes: Das Verbot ausschließlicher Konzessionsverträge und die kommunale Selbstverwaltung, in: DVBl 1996, S. 401 - 409.

dies.: Der Schutz des Selbstverwaltungsrechts der Kommunen gegenüber Einschränkungen ihrer wirtschaftlichen Betätigung im nationalen und europäischen Recht, Rechtsgutachten für den VkU, Köln, Juli 1995. Beiträge zur kommunalen Versorgungswirtschaft, Heft 85.

Wieland, Joachim: Der Wandel von Verwaltungsaufgaben als Folge der Postprivatisierung, in: Die Verwaltung 28 (1995), S. 33 - 63.

ders.: Die Konzessionsabgaben: Zur Belastung wirtschaftsverwaltungsrechtlicher Erlaubnisse mit Abgaben, Berlin 1991. Zugl.: Freiburg (i.B.), Univ., Habil. 1990.

ders.: Kommunalwirtschaftliche Betätigung außerhalb des Gemeindegebietes, in: StuG 1998, Heft 7-8, S. 4 - 6.

Wohltmann, Matthias / Döring, Thomas: Finanzierung kommunaler Haushalte durch Ausweitung kommunalwirtschaftlicher Tätigkeit?, in: DNV 1998, Heft 5, S. 11 - 14.

Wygoda, Hermann: Telekommunikation - Frankfurt am Main verkauft Wegerechte, in: Der Städtetag 1996, S. 217 - 218.

Zilkens, Martin: „Sauna-Konkurrenz“ - Klausuraufgabe zur Ersten juristischen Staatsprüfung, in: NWVBl 1997, S. 34 - 36.

Zimmermann, Felix: Möglichkeiten und Grenzen der wirtschaftlichen Betätigung der Kommunen auf dem Telekommunikationsmarkt, in: Friedrich-Ebert-Stiftung, Arbeitsgruppe Kommunalpolitik (Hrsg.), Telekommunikation - Ein Thema für die Kommunalpolitik, Bonn 1996, S. 59 - 71. (Kommunalpolitische Texte, Band 13)

Zimmermann, Norbert: Zur Grundrechtssubjektivität kommunaler Energieversorgungsunternehmen - BVerfG, NJW 1990, 1783, in: NJW 1991, S. 294 - 300.

Zuck, Rüdiger: Wirtschaftsverfassung und Stabilitätsgesetz, München 1975.

Abkürzungsverzeichnis

ABl BMPT	Amtsblatt des Bundesministers für Post und Telekommunikation
ABlEG	Amtsblatt der Europäischen Gemeinschaften (C: Mitteilungen und Bekanntmachungen / L: Rechtsvorschriften)
AG	Aktiengesellschaft; Die Aktiengesellschaft (Zeitschrift)
Archiv PF	Archiv für das Post- und Fernmeldewesen
Archiv PT	Archiv für Post und Telekommunikation (Zeitschrift), ab Juni 1999 u.d.T.: RTkom (Zeitschrift für das gesamte Recht der Telekommunikation)
ATekom	Arbeitsgemeinschaft Telekommunikation im VkU
BAPostG	Gesetz über die Errichtung einer Bundesanstalt für Post und Telekommunikation Deutsche Bundespost (Bundesanstalt Post - Gesetz) (Art. 1 PTNeuOG) vom 14.09.1994, BGBl I S. 2325
BAPT	Bundesanstalt für Post und Telekommunikation
BayVBl	Bayerische Verwaltungsblätter (Zeitschrift)
BayVerfGH	Bayerischer Verfassungsgerichtshof
BayVerwGH	Bayerischer Verwaltungsgerichtshof
BB	Der Betriebs-Berater (Zeitschrift)
BeckTKG-Komm	Büchner, Wolfgang / Ehmer, Jörg / Geppert, Martin / Kerkhoff, Bärbel / Piepenbrock, Hermann-Josef / Schütz, Raimund / Schuster, Fabian (Hrsg.): Beck`scher TKG-Kommentar, München 1997 (siehe Literaturverzeichnis).
ber.	berichtigt
Begr.	Begründer
BGBl	Bundesgesetzblatt (Teil I bis III)
Bio.	Billion(en)

BMPT	Bundesminister(ium) für Post und Telekommunikation
BRat	Bundesrat
BR-Drs.	Drucksachen des Bundesrates
BReg	Bundesregierung
BT-Drs.	Drucksachen des Deutschen Bundestages
BVerfG-K	Bundesverfassungsgericht, Entscheidung durch Kammer
bzw.	beziehungsweise
CR	Computer und Recht (Zeitschrift)
d.h.	das heißt
DBP	Deutsche Bundespost
ders. / dies.	derselbe; dieselben
DGO	Deutsche Gemeindeordnung vom 30.01.1935, RGBl. I Nr.6, S.49 (Inkraftgetreten am 01.04.1935), abgedruckt bei Suren/Loschelder, Die Deutsche Gemeindeordnung.
DNV	Die Neue Verwaltung (Zeitschrift)
DTAG	Deutsche Telekom Aktiengesellschaft
DZWir	Deutsche Zeitschrift für Wirtschaftsrecht
EGV	Vertrag zur Gründung der Europäischen Gemeinschaft vom 25.03.1957, BGBl II S. 766, i.d.F. des Vertrags über die Europäische Union vom 07.02.1992, BGBl II S. 1253/1256, zuletzt geändert durch Beitrittsvertrag vom 24.06.1994, BGBl II S. 2022, i.d.F. des Ratsbeschlusses vom 01.01.1995 (ABlEG Nr. L 1/1, ber. ABlEG 1997 Nr. L 179/12).
Einf.	Einführung
Einl.	Einleitung
EnWG	Gesetz über die Elektrizitäts- und Gasversorgung (Energiewirtschaftsgesetz) i.d.F. von Art. 1 des Gesetzes zur Neuregelung des Energiewirtschaftsrechts vom 24.04.1998, BGBl I S. 730
etc.	et cetera
EU	Europäische Union

f. / ff.	folgende (Seite); folgende (Seiten)
FAG	Fernmeldeanlagengesetz i.d.F. der Bek. vom 03.07.1989, BGBl I S. 1455, zuletzt geändert durch Gesetz vom 25.07.1996, BGBl I S. 1120
FAZ	Frankfurter Allgemeine Zeitung
Fn.	Fußnote
gem.	gemäß
GemO Bad.-Württ.	Gemeindeordnung für Baden-Württemberg i.d.F. vom 03.10.1983 (GBl S. 578), zuletzt geändert durch Gesetz vom 16.07.1998 (GBl S. 418).
GemO Rh.-Pf.	Gemeindeordnung für das Land Rheinland-Pfalz in der Fassung vom 31.01.1994 (GVBl S. 153), zuletzt geändert durch Gesetz vom 02.04.1998 (GVBl S. 108).
GO Bay.	Gemeindeordnung für den Freistaat Bayern vom 25.01.1952 i.d.F. der Bekanntmachung vom 22.08.1998 (GVBl S. 796).
GO Bbg.	Gemeindeordnung für das Land Brandenburg vom 15.10.1993 (GVBl S. 398), geändert durch Gesetz vom 08.04.1998 (GVBl I S. 62).
GO LSA	Gemeindeordnung für das Land Sachsen-Anhalt v. 05.10.1993 (GVBl S. 568), zuletzt geändert durch Gesetz vom 31.07.1997 (GVBl S. 721).
GO NW	Gemeindeordnung für das Land Nordrhein-Westfalen i.d.F. der Bek. vom 14.07.1994 (GV NW S. 666), zuletzt geändert durch Gesetz vom 17.12.1997 (GV NW S. 458).
GO Schl.-Holst.	Gemeindeordnung für Schleswig-Holstein vom 24.01.1950 (GVOBl S. 25) i.d.F. vom 23.07.1996 (GVOBl S. 529), zuletzt geändert durch Gesetz vom 18.03.1997 (GVOBl S. 147).
GWB	Gesetz gegen Wettbewerbsbeschränkungen vom 27.07.1957, BGBl I S. 1081, in der ab dem 01.01.1999 geltenden Fassung der Bek. vom 26.08.1998, BGBl I S. 2546
Habil.	Habilitationsschrift

HGO	Hessische Gemeindeordnung i.d.F. vom 01.04.1993 (GVBl 1992 I S. 534), geändert durch Gesetz vom 08.06.1998 (GVBl I S. 214).
Hrsg.	Herausgeber
i.d.S.	in diesem Sinne
i.H.v.	in Höhe von
i.S.d.	im Sinne des
insbes.	insbesondere
ISDN	Integrated Services Digital Network
KSVG Saarl.	Kommunalselbstverwaltungsgesetz für das Saarland vom 15.01.1964 (ABl S. 123) i.d.F. der Bekanntmachung vom 27.06.1997 (ABl S. 682).
KV M-V	Kommunalverfassung für das Land Mecklenburg-Vorpommern vom 18.02.1994 (GVOBl S. 249) i.d.F. der Bekanntmachung vom 13.01.1998 (GVOBl S. 29), geändert durch Gesetz vom 10.07.1998 (GVOBl S. 634).
lit.	littera (Buchstabe)
LT-Drs	Drucksachen des Landtages
LWG NW	Wassergesetz für das Land Nordrhein-Westfalen (Landeswassergesetz) in der Fassung der Bekanntmachung vom 25.06.1995 (GV NW S. 926 / SGV NW 77)
Mio.	Million(en)
mit abl. Anm.	mit ablehnender Anmerkung
mit krit. Anm.	mit kritischer Anmerkung
MMR	MultiMedia und Recht (Zeitschrift)
Mrd.	Milliarde(n)
NdsStGH	Niedersächsicher Staatsgerichtshof
NdsVBl	Niedersächsische Verwaltungsblätter (Zeitschrift)
NGO	Niedersächsische Gemeindeordnung i.d.F. vom 22.08.1996 (Nds. GVBl S. 382), zuletzt geändert durch Gesetz vom 17.12.1997 (Nds. GVBl S. 539)
o. V.:	ohne Verfasser
ONP	Open Network Provision, offener Netzzugang

PostUmwG	Gesetz zur Umwandlung der Unternehmen der Deutschen Bundespost in die Rechtsform der Aktiengesellschaft (Postumwandlungsgesetz) (Art. 3 PTNeuOG) vom 14.09.1994, BGBl I S. 2325 (2339 ff.)
PTNeuOG	Gesetz zur Neuordnung des Postwesens und der Telekommunikation (Postneuordnungsgesetz) vom 14.09.1994, BGBl. I S. 2325, in Kraft getreten am 01.01.1995.
PTRegG	Gesetz über die Regulierung der Telekommunikation und des Postwesens (Art. 7 PTNeuOG) vom 14.09.1994, BGBl I S. 2325 (2371 ff.)
Rdnr(n).	Randnummer(n)
RV	Verfassung des Deutschen Reichs vom 16.04.1871, BGBl des Deutschen Bundes No. 16 (Jahrgangs-Titel: Reichs-Gesetzblatt) 1871, S. 63
s.o. / s.u.	siehe oben; siehe unten
SächsGemO	Gemeindeordnung für den Freistaat Sachsen vom 21.04.1993 (GVBl S. 301), zuletzt geändert durch Gesetz vom 20.02.1997 (GVBl S. 105)
SächsVBl	Sächsische Verwaltungsblätter (Zeitschrift)
sog.	sogenannt (-e, -en, -er)
st.Rspr.	ständige Rechtsprechung
StrWG NW	Straßen- und Wegegesetz des Landes Nordrhein-Westfalen in der Fassung der Bekanntmachung vom 23.09.1995 (GV NW S. 1028/SGV NW 91). Ber. in GV NW 1996, S. 81
StuG	Stadt und Gemeinde (Zeitschrift)
StuGR	Städte- und Gemeinderat (Zeitschrift)
TEntgV	Telekommunikations-Entgeltregulierungs-Verordnung vom 01.10.1996, BGBl I S. 1492
ThürKO	Thüringer Gemeinde- und Landkreisordnung (Kommunalordnung) vom 16.08.1993 (GVBl S. 501) i.d.F. der Bekanntmachung vom 14.04.1998 (GVBl S. 73)
ThürVBl	Thüringer Verwaltungsblätter (Zeitschrift)

TKG	Telekommunikationsgesetz vom 25.07.1996, BGBl S. 1120
TKG-E	Zweiter Referentenentwurf des BMPT für ein TKG vom 06.10.1995
TKGRefE	Erster Referentenentwurf des BMPT für ein TKG vom 27.07.1995
TKO	Telekommunikationsordnung i.d. Bek. vom 16.07.1987, BGBl I S. 1761
TKU	Telekommunikationsunternehmen (auch im Plural)
TUDLV	Telekommunikations-Universaldienstverordnung vom 30.01.1997, BGBl. I S. 141; abgedruckt in: W.Büchner u.a. (Hrsg.), BeckTKG-Komm, Anhang zu § 17
TVerleihV	Verordnung zur Öffnung von Märkten für Dienstleistungen sowie zur Regelung von Inhalt, Umfang und Verfahren der Verleihung im Bereich der Telekommunikation (Telekommunikations-Verleihungs-Verordnung) vom 19.10.1995, BGBl I S. 1434
TWG	Telegraphenwege-Gesetz vom 18.12.1899, RGBl S. 705
u.	und
u.a.	und andere
u.d.T.	unter dem Titel
Univ.	Universität
UWG	Gesetz gegen den unlauteren Wettbewerb vom 07.06.1909, RGBl S. 499, in der im BGBl III, Gliederungsnummer 43-1, veröffentlichten bereinigten Fassung, zuletzt geändert durch Gesetz vom 22.06.1998, BGBl I 1474
VBlBW	Verwaltungsblätter für Baden-Würrtemberg
VerfGH NW	Verfassungsgerichtshof Nordrhein-Westfalen
VGH	Verfassungsgerichtshof; Verwaltungsgerichtshof
vgl.	Vergleiche
VkU	Verband kommunaler Unternehmen
Vorb.	Vorbemerkung
VR	Verwaltungsrundschau

WRV	Verfassung des Deutschen Reichs (Weimarer Reichsverfassung) vom 11.08.1919
z.B.	zum Beispiel
z.T.	zum Teil
Ziff.	Ziffer (n)
zugl.	zugleich

Im übrigen werden im Text die in der Rechtssprache üblichen Abkürzungen verwandt (vgl. Kirchner, Hildebert: Abkürzungsverzeichnis der Rechtssprache, 4., erneuerte u. erw. Aufl., Berlin, New York 1993).

Teil 1: Rechtliche Perspektiven und Grenzen gemeindewirtschaftlicher Betätigung in der Telekommunikation

A. Einleitung

I. Ausgangsposition der Gemeinden zur Erschließung der Telekommunikation als neues Geschäftsfeld gemeindewirtschaftlicher Betätigung

Auf dem Weg vom monopolistisch strukturierten zum wettbewerbsorientierten Markt wurde 1996 die angestrebte Liberalisierung der Telekommunikation mit der Einführung des Telekommunikationsgesetzes (TKG)[1] als der dritten Stufe der sogenannten Postreform zunächst abgeschlossen.

Zuvor mußte bereits nach dem rasanten technischen Fortschritt und der gestiegenen Nachfrage nach den vielfältigen Telekommunikationsdiensten die These vom natürlichen Monopol in der Telekommunikation aufgegeben werden.[2] Insofern besitzt die Rechtfertigung, daß die Nachfrage nach Telekommunikationsdienstleistungen unter Wettbewerbsverhältnissen nur schlechter oder teurer befriedigt werden könne und daß nur das Monopol das volle Angebot zu einheitlichen Preisen garantiere, vor dem heutigen Hintergrund keine Gültigkeit mehr.[3] Das TKG soll daher die Grundlage für einen funktionierenden Wettbewerb, der die Voraussetzung einer modernen, preiswerten und leistungsfähigen Telekommunikationsinfrastruktur und dem entsprechenden Dienstleistungsangebot bildet, schaffen.

Die neuen gesetzlichen Rahmenbedingungen betreffen einen Markt, der von der stürmischen Entwicklung der gesamten Informationsbranche,[4] die durch den meist schlagwortartig benutzten Begriff der „Informationsgesellschaft“[5] ver-

---

[1] Telekommunikationsgesetz vom 25.07.1996, BGBl. I S. 1120, überwiegend in Kraft getreten am 01.08.1996, vgl. § 100 Abs. 1 S. 3 TKG.

[2] Vgl. Spoerr/Deutsch, DVBl 1997, 300 f.; zum natürlichen Monopol vgl. auch Picot/Burr, in: Kubicek u.a. (Hrsg.), Jahrbuch Telekommunikation und Gesellschaft 1996, S. 19 (26); Eifert, Grundversorgung mit Telekommunikationsleistungen im Gewährleistungsstaat, S. 146 ff.

[3] Vgl. Hallenga, Archiv PT 1996, 239.

[4] Zum Teil wird die Information bereits als vierter großer Wirtschaftsfaktor neben Rohstoffen, Arbeit und Kapital genannt, vgl. Pünder, DVBl 1997, 1353.

[5] Zum Begriff und zu den technischen, wirtschaftlichen und gesellschaftlichen Aspekten der Informationsgesellschaft, vgl. Brockhaus, Enzyklopädie, Band 10, Stichwort Informationsgesellschaft, S. 525 ff.

sinnbildlicht wird, profitiert, und für den ein außergewöhnlich starkes Wachstum prognostiziert wird. Die Jahresumsätze in der deutschen Telekommunikationsbranche sollen von ca. 72 Mrd. DM im Jahr 1994 auf ca. 108 Mrd. DM im Jahr 2000 steigen.[6] Nach Einschätzung der Europäischen Kommission wird der Bereich der Telekommunikation im Jahr 2000 bereits einen Anteil von 7 % am Bruttosozialprodukt in der EU einnehmen.[7] Ferner sind bis zum Jahr 2010 europaweit etwa 6 Mio. neue Arbeitsplätzen zu erwarten, so daß auf Deutschland ein Potential von 1,5 Mio. Arbeitsplätzen entfalle.[8] Die Schlüsselstellung der Telekommunikation als Standort- und Wirtschaftsfaktor wird auch durch die Erwartung hervorgehoben, daß die Telekommunikation die volkswirtschaftliche Bedeutung der Automobilindustrie erreichen wird.[9] Zwar sind diese Marktentwicklungsprognosen grundsätzlich zurückhaltend aufzunehmen, da in der Vergangenheit bereits häufig Überschätzungen der Entwicklungschancen zu beobachten waren,[10] andererseits stimmen die Analysen darin überein, daß der Telekommunikationsmarkt in den kommenden Jahren stärker als andere Branchen expandieren wird. Zudem wurde mittlerweile bestätigt, daß das Volumen des deutschen Telekommunikationsmarktes 1998 bereits 100 Milliarden DM erreicht und das Marktwachstum in Europa zu diesem Zeitpunkt 8 Prozent betragen hat. Anderen Angaben zufolge wurden in der deutschen Informationswirtschaft in den Jahren 1996 und 1997 etwa 100.000 neue Arbeitsplätze geschaffen.[11]

Seit Inkrafttreten des TKG hat sich die Branche Telekommunikation zu einem neuen Betätigungsfeld gemeindewirtschaftlicher Aktivitäten entwickelt. Als Beleg dafür dienen die von zahlreichen Gemeinden bzw. Städten gegründeten oder

---

[6] Vgl. Giesen/Gerbrand, StuG 1996, 15 ff.; zum Teil wird sogar ein Umsatz von 115-120 Mrd. DM angenommen, vgl. Etling-Ernst, TKG, § 1 Rdnr. 24; Handelsblatt vom 19.11.1994, S. 13; zurückhaltender Püttner, Archiv PT 1996, 307 (309): Umsatz von 94 Mrd. DM im Jahr 2003. Die Investitionen der Deutschen Telekom AG (DTAG) werden bis zum Jahr 2002 auf etwa 50 Mrd. DM geschätzt, während die neuen Anbieter Arcor, Otelo und Viag Interkom bis 2005 Gesamtinvestitionen i.H.v. etwa 20 Mrd. DM planen, vgl. Rexrodt, MMR 1998, 225 (226). Weltweit soll der Jahresumsatz in der Telekommunikation von 880 Mrd. DM (1994) auf 1,5 Bio. DM (2000) steigen, vgl. Manssen, Archiv PT 1998, 236.

[7] Vgl. BT-Drs. 13/3609 vom 30.01.1996, S. 33.

[8] Rexrodt, MMR 1998, 225 (226).

[9] Vgl. Zehntes Hauptgutachten der Monopolkommission 1992/1993, BT-Drs. 12/8323 vom 22.07.1994, S. 19.

[10] Vgl. die Übersicht verschiedener Marktprognosen bei Voeth, Entmonopolisierung von Märkten - Das Beispiel Telekommunikation, S. 30 ff. (31).

[11] Vgl. K.D.Scheurle, MMR 1998, 385 (386), mit der Prognose von 100.000 neuen Arbeitsplätzen für 1998; ebenso Rexrodt, MMR 1998, 225 (226), dessen Einschätzung nach 1998 bereits 1,7 Mio. Menschen im deutschen Informations- und Kommunikationssektor beschäftigt waren.

sich noch in der Gründungsphase befindlichen Telekommunikationsunternehmen (TKU), die sich auf dem Markt positionieren.[12]

Die Ausgangsposition dieser Unternehmen stellt sich -abhängig von den jeweiligen örtlichen Gegebenheiten- mitunter als sehr günstig dar.[13] Diese Einschätzung beruht auf dem Umstand, daß viele Gemeinden neben den Energieversorgungsunternehmen und der Deutschen Bahn AG zu den Inhabern der sogenannten alternativen drahtgebundenen Telekommunikationsnetze gehören. Sie verfügen bereits über eigene, ausbau- und vermarktungsfähige Infrastrukturen, zu denen insbesondere Kabel- und Funknetze, Leerrohre, öffentliche Wege und Trassen zu zählen sind. Diese Ressourcen variieren jedoch hinsichtlich Art, Länge, Qualität und Struktur von Ort zu Ort, so daß die Voraussetzungen der Gemeinden für einen Einstieg in den Telekommunikationsmarkt nicht einheitlich beurteilt werden können.[14] Vielfach sind weitverzweigte und bis zu den örtlichen Haushalten reichende Teilnetze der gemeindlichen Behörden, Einrichtungen und Unternehmen vorhanden. Diese wurden für unterschiedliche Anwendungen errichtet, wie etwa zur verwaltungs- und betriebsinternen Sprach- und Datenübertragung, zur Steuerung von Signal- und Beleuchtungsanlagen oder auch zum Betrieb von Notrufsystemen.[15] Gut ausgebaut sind insbesondere die Kommunikationsnetze der kommunalen Versorgungsunternehmen (Elektrizität, Gas, Wasser, Fernwärme) und Verkehrsbetriebe. Des weiteren kann zur Verlegung von Telekommunikationskabeln auf vorhandene Leerrohre und Trassen zurückgegriffen werden. Als Trassen kommen neben den öffentlichen Straßen und Wegen einschließlich der Bürgersteige auch Kanalsysteme und

---

[12] Bis März 1997 wurden bereits 26 gemeindliche TKU gegründet. Diese haben sich innerhalb des Verbandes Kommunaler Unternehmen in einer Arbeitsgemeinschaft (ATekom im VkU) organisiert, die zum o.a. Zeitpunkt bereits 100 Mitglieder hatte. Allen voran sind die Unternehmen Netcologne GmbH (Köln) und ISIS Multimedia Net GmbH (Düsseldorf) zu nennen, die hinsichtlich der Investitions- und Personalplanung in der Rangfolge der TKU der Gemeinden führend sind, vgl. ATekom, Der Städtetag 1997, 289 ff.

[13] Vgl. Moraing, Möglichkeiten und Grenzen kommunalwirtschaftlicher Betätigung, S. 8; Pünder, DVBl 1997, 1353 (m.w.N.). Vgl. etwa speziell zur Ausgangsposition der Netcom Kassel Gesellschaft für Telekommunikation mbH als TKU der Stadt Kassel: Helbig/Engeleit, Telekommunikation durch kommunale Unternehmen am Beispiel der Netcom Kassel, ZögU 22 (1999), 82 ff.

[14] Vgl. etwa die von der Unternehmensberatung ExperTeam durchgeführten Infrastrukturanalysen für die Stadt Köln und den Hochsauerlandkreis, in: Langen u.a., Kommunale Netze, S. 37 ff. (62 f.).

[15] Vgl. die beispielhafte Auflistung der Nutzungsarten kommunaler Kommunikationsnetze bei Deutscher Städtetag (Hrsg.), Kommunale Kommunikationsnetze -Neue Nutzungsperspektiven-, S. 15 f.; Moryson, in: Kubicek u.a. (Hrsg.), Jahrbuch Telekommunikation und Gesellschaft 1996, S. 75 (77).

U-Bahn-Schächte sowie sonstige Trassen der Verkehrsbetriebe in Betracht.[16] Seltener befinden sich auch Breitbandkabelnetze zur Verteilung von Ton- und Bildsignalen in Hand der Gemeinden.

Neben diesen materiellen Ressourcen können viele Gemeinden und ihre Unternehmen auf langjährige Erfahrungen in der Versorgung von gewerblichen und privaten Endkunden und auf Kundennähe zurückgreifen.[17] Ferner wurde mancherorts bereits nicht unbeträchtliches Know-how auf dem Gebiet der Telekommunikation erworben. Diese Kompetenzen beziehen sich insbesondere auf Planung, Errichtung und Betrieb von Kommunikationsnetzen.

Vor diesem Hintergrund wollen die Gemeinden die vorhandenen Ressourcen nicht brachliegen lassen, sondern vielmehr mittels eigener TKU die vorhandenen Netze ausbauen, verbinden und betreiben.[18] Angestrebt werden auch Kooperationen mit überregional tätigen Unternehmen, um eigene Telekommunikationsdienstleistungen gegenüber Dritten anbieten zu können.[19] Dies geschieht in dem Bewußtsein, daß lokale Netze insbesondere auch eine wichtige Rolle als potentielle Ergänzungen für überregionale Netze spielen können, um den direkten Zugang zum Endkunden herzustellen.[20] Kurz gesagt, beabsichtigen zahlreiche Gemeinden die Telekommunikation als ein neues Geschäftsfeld eigener wirtschaftlicher Betätigung zu erschließen.[21]

Die rechtliche Grundlage für die Schaffung dieser Potentiale, das heißt für die Errichtung kommunaler Kommunikationsnetze, ist insbesondere in der früheren Sonderstellung der Gemeinden nach dem Fernmeldeanlagengesetz (FAG)[22] zu

---

[16] Vgl. Deutscher Städtetag (Hrsg.), Kommunale Kommunikationsnetze -Neue Nutzungsperspektiven-, S. 13 f.; Moryson, in: Kubicek u.a. (Hrsg.), Jahrbuch Telekommunikation und Gesellschaft 1996, S. 75 (76).

[17] Vgl. Moraing, Möglichkeiten und Grenzen kommunalwirtschaftlicher Betätigung, S. 8.

[18] Dabei ist es in der Praxis üblich, diesen Unternehmen aus steuerrechtlichen Gründen bestehende Teilnetze entgeltlich zur Verfügung zu stellen, so daß lediglich Netzergänzungen finanziert werden müssen, vgl. Deutscher Städtetag (Hrsg.), Kommunale Kommunikationsnetze -Neue Nutzungsperspektiven-, S. 25 f.; ATekom, Der Städtetag 1997, 289 (291). Gegenüber den Konkurrenten kann sich dieser Investitionsvorsprung als Wettbewerbsvorteil herausstellen.

[19] Vgl. Deutscher Städtetag (Hrsg.), Kommunale Kommunikationsnetze -Neue Nutzungsperspektiven-, S. 9, 27 ff.; Giesen/Gerbrand, StuG 1996, 15 (19 f.); Büssow/Schönershofen, Der Städtetag 1997, S. 231 f.

[20] Vgl. te Reh, Der Städtetag 1997, 361 (362).

[21] Vgl. eine entsprechende Ankündigung des Präsidiums des Deutschen Städtetages, Handelsblatt vom 30.03.1995.

[22] Gesetz über Fernmeldeanlagen (FAG) vom 03.12.1927, RGBl S. 331; i.d.F. der Bekanntmachung vom 03.07.1989, BGBl I S. 455, später geändert durch Art. 5 des Postneuordnungs-

sehen: Die in § 3 Abs. 1 bzw. § 2 Abs. 4 FAG eingeräumten Ausnahmen vom Netzmonopol (§ 1 Abs. 2 FAG) und vom Telefondienstmonopol (§ 1 Abs. 4 FAG) des Bundes erlaubten neben der Bahn und den Energieversorgungsunternehmen auch den Gemeinden den Aufbau und Betrieb von Telekommunikationsinfrastrukturen für den Eigenbedarf.[23] Diese durften als privilegierte Nutzer private Fernmeldeanlagen zur Abwicklung der internen Kommunikation genehmigungsfrei errichten und betreiben. Die Verbindung der so errichteten Fernmeldeanlagen mit dem öffentlichen, der Allgemeinheit zugängigen Netz der Deutschen Bundespost (DBP), später der DBP Telekom bzw. der Deutschen Telekom AG (DTAG), war zunächst jedoch nur in sehr begrenztem Maße möglich.

Weitere Liberalisierungsfortschritte brachten dann Verfügungen des Bundesministers für Post und Telekommunikation. Auf diesem Wege wurden etwa mit einem Genehmigungskonzept[24] die sog. „corporate network"-Anwendungen liberalisiert, d.h. die Vermittlung von Sprache für andere innerhalb verbundener Unternehmen.[25] Das Sprachtelefondienstmonopol der Telekom wurde also zunächst dahingehend eingeschränkt, daß nun auch wirtschaftlich miteinander verflochtene Unternehmen[26] die Möglichkeit erhielten, kostengünstige Monopolübertragungswege für die Vermittlung von Daten und Sprache zu nutzen. Von dem Genehmigungskonzept konnten auch viele Kommunen mit rechtlich verselbständigten Organisationseinheiten, wie etwa Stadtwerken, profitieren.[27] Die Sonderrechte der Gemeinden, nach § 3 Abs. 1 FAG eigene Fernmeldeanlagen zu errichten und zu betreiben, blieben von dem Konzept aller-

---

gesetzes (PTNeuOG) vom 14.09.1994, BGBl I S. 2325, durch Art. 47 des Markenrechtsreformgesetzes vom 25.10.1994, BGBl I S. 3082, und durch § 99 Abs. 1 TKG vom 25.07.1996, BGBl I S. 1120. Das FAG ist zum 31.12.1997 außer Kraft getreten, vgl. § 28 FAG i.d.F. des TKG.

[23] Etling-Ernst, TKG, § 1 Rdnr. 5.

[24] Vgl. die Verfügung 1/1993 des BMPT zum Genehmigungskonzept für Corporate Networks, ABlBMPT 1993, S. 3 ff. Dieses Konzept kam auf Druck der Kommission der Europäischen Gemeinschaften zustande, um die Definition des Telefondienstes in § 1 Abs. 4 FAG a.F. dem Gemeinschaftsrecht anzupassen. Nach der gemeinschaftsrechtlichen Definition des Sprach-Telefondienstes waren die „corporate network"-Anwendungen bereits vom Monopolbereich ausgenommen, vgl. Art. 1 Abs. 1 Spiegelstrich 7 der Richtlinie 90/388/EWG vom 28.06.1990 (ABlEG Nr. L 192/10 vom 24.07.1990), abgedruckt bei Etling-Ernst, TKG, Anhang IV, S. 799 ff.

[25] Etling-Ernst, TKG, § 1 Rdnr. 23; Schulte, Telekommunikation, Teil 18, Kapitel 10.2, S. 3.

[26] Kennzeichen für „corporate networks", vgl. Giesen/Gerbrand, StuG 1996, 15 (17); zum Begriff des „corporate network" vgl. auch Schulte, Telekommunikation, Teil 18, Kapitel 10.1, S. 1 ff.

[27] Deutscher Städtetag (Hrsg.), Kommunale Kommunikationsnetze -Neue Nutzungsperspektiven-, Anhang I, S. IV.

dings unberührt. In weiteren Verfügungen des Bundesministers für Post und Telekommunikation wurden dann umfangreiche Regelungen über Zusammenschaltungen von Fernmeldeanlagen getroffen,[28] unter die auch die Kommunikationsnetze der Gemeinden fielen.

Die Regelungen des FAG und der ministeriellen Verfügungen wurden in der Folge insbesondere durch die auf Grundlage des § 2 Abs. 2 FAG erlassene Telekommunikations-Verleihungsverordnung (TVerleihV)[29] weitestgehend abgelöst. Die Verordnung enthielt eine Erweiterung des Kreises „sonstiger geschlossener Benutzergruppen", zu denen nunmehr ausdrücklich auch juristische Personen des öffentlichen Rechts, wie etwa Kommunen und Sparkassen, zählten.[30] Auch die Zusammenschaltungsregeln wurden im wesentlichen übernommen. Sie bezweckten hinsichtlich der Ausnahmen vom Netzmonopol nach §§ 2 Abs. 4, 3 Abs. 1 FAG vor allem, jede interne Telekommunikation der privilegierten Nutzer zuzulassen, fremde Nutzer aber grundsätzlich auszuschließen.[31]

Die den Gemeinden somit eröffneten rechtlichen Möglichkeiten zur Errichtung alternativer Netzinfrastrukturen waren auch in wirtschaftlicher Hinsicht attraktiv, zumal die Unabhängigkeit von den Leitungen des früheren Monopolisten zu beträchtlichen Kosteneinsparungen führte.[32] Dementsprechend haben viele Gemeinden ihre Möglichkeiten ausgeschöpft und Infrastrukturen aufgebaut. Mit dem Inkrafttreten des TKG und dem Wegfall des Netzmonopols entfielen dann sämtliche fernmelderechtlichen Restriktionen hinsichtlich der Errichtung alternativer Netze und deren Nutzung für die Erbringung von Telekommunikationsdiensten mit Ausnahme des erst zum 01.01.1998 entmonopolisierten Sprachtelefondienstes.

---

[28] Vgl. die Verfügungen 159/1993, ABl BMPT 1993, S. 254 ff., und 160/1993 sowie 161/1993, jeweils ABl BMPT 1993, S. 284.

[29] Verordnung zur Öffnung von Märkten für Dienstleistungen sowie zur Regelung von Inhalt, Umfang und Verfahren der Verleihung im Bereich der Telekommunikation (Telekommunikations-Verleihungsverordnung - TVerleihV) vom 19.10.1995, BGBl I S. 1434; abgedruckt bei Etling-Ernst, TKG, Anhang III, S. 588 ff. Die Verordnung trat am 01.11.1995 in Kraft und am 31.12.1997 wieder außer Kraft, vgl. § 38 TVerleihV.

[30] § 6 Abs. 2 S. 1 TVerleihV sah vor, daß eine „sonstige geschlossenen Benutzergruppe" vorlag, wenn ihre Teilnehmer in dauerhafter Verbindung zur Verfolgung gemeinsamer beruflicher, wirtschaftlicher oder hoheitlicher Ziele standen. Wirtschaftliche Verflechtungen zwischen den Teilnehmern waren also nicht länger Voraussetzung für die Anerkennung als geschlossene Benutzergruppe.

[31] Fangmann u.a., TKPR, S. 300.

[32] Vgl. Deutscher Städtetag (Hrsg.), Kommunale Kommunikationsnetze -Neue Nutzungsperspektiven-, S. 9; Moryson, in: Kubicek (Hrsg.), Jahrbuch Telekommunikation und Gesellschaft 1996, S. 75; te Reh, Der Städtetag 1997, 361 (362).

Festzuhalten bleibt, daß die Ausgangsposition der Gemeinden für die Erschließung der Telekommunikation als neues Geschäftsfeld generell als günstig zu beurteilen ist. Vielerorts kann auf materielle Ressourcen und Know-how zurückgegriffen werden. Zu berücksichtigen ist auch die Bedeutung örtlicher Kommunikationsnetze für Dritte, so daß sich Kooperationen für die Teilnahme am lukrativen Telekommunikationsmarkt anbieten. Die tatsächlichen Vorzeichen eines wirtschaftlichen Engagements einer Gemeinde in der Telekommunikation sind jedoch vor Ort und für den Einzelfall zu ermitteln.[33]

II. Ursachen für die Entwicklung neuer Geschäftsfelder

Das Engagement vieler Gemeinden in der Telekommunikation stellt ein Beispiel für die allgemeine Tendenz zur vermehrten gemeindewirtschaftlichen Betätigung dar.[34] Grundsätzlich kann differenziert werden zwischen der Erschließung neuer Geschäftsfelder -wie etwa der Telekommunikation- und dem Angebot von Dienstleistungen, die bislang nur zur Eigenbedarfsdeckung erbracht wurden, gegenüber Dritten.[35] Die Gemeindewirtschaft nimmt dabei auch Geschäftsfelder ins Visier, die ihr bislang vorenthalten blieben oder die nicht in ihrem unmittelbaren Blickfeld lagen. Über das Angebot von Telekommunikationsdienstleistungen hinaus sind so diverse neue Unternehmungen von Gemeinden zu beobachten, wie etwa die Gründung von Beschäftigungsförderungsgesellschaften sowie Technologie- und Existenzgründerparks, der Betrieb von Hotels, Solarien und Reisebüros, die Übernahme von Reparatur-, Wartungs- und Installationsarbeiten sowie das Angebot von Tourismus-, Consulting- und Vermessungsdienstleistungen.[36]

Zum Teil wird in diesem Zusammenhang von einer Expansion gemeindlicher Wirtschaftstätigkeit und einem neuen „unternehmerischen Geist" der Gemeinden gesprochen.[37] Damit drängt sich die Frage nach den Ursachen dieser grundlegenden Entwicklung und speziell nach den Motiven der Gemeinden, die Telekommunikation als neues Geschäftsfeld zu erschließen, auf.

---

[33] Zu den Aspekten einer entsprechenden Marktanalyse vgl. Deutscher Städtetag (Hrsg.), Kommunale Kommunikationsnetze -Neue Nutzungsperspektiven-, S. 30 ff.; te Reh, Der Städtetag 1997, 361 (366 f.).

[34] Vgl. die Beispiele für den Expansionskurs der Kommunalwirtschaft bei Hill, BB 1997, 425.

[35] Cronauge, Kommunale Unternehmen, S. 234.

[36] Vgl. die Aufzählungen bei Cronauge, Kommunale Unternehmen, S. 233 f., Rdnr. 769a, und Enkler, ZG 1998, 328 (329).

[37] Vgl. Otting, DVBl 1997, 1258. Eine ähnlich Entwicklung hat es bereits in den zwanziger Jahren dieses Jahrhunderts gegeben, vgl. Ehlers, DVBl 1997, 137 (138).

Die Expansion gemeindlicher Wirtschaftstätigkeit beruht auf dem Zusammentreffen mehrerer Faktoren. Als eine wesentliche Ursache ist zunächst die -nach wie vor- angespannte Haushalts- und Finanzsituation der Gemeinden zu nennen.[38] Diese zwingt nicht nur zur Überprüfung sämtlicher Ausgaben, um Einsparpotentiale zu erkennen, sondern führt auch zur Suche nach neuen Einnahmequellen.[39] Das zunehmende Eindringen in neue „Märkte" -sei es durch die Erschließung neuer Geschäftsfelder oder die Vermarktung freier Kapazitäten- stellt in diesem Sinne eine aussichtsreiche Möglichkeit dar, die Einnahmesituation der Gemeinden zu verbessern und die Finanznot zu lindern.

Darüber hinaus ist die Expansion der Gemeindewirtschaft Ausdruck einer gegenläufigen Entwicklung zu der durch anhaltende Entwicklungen des europäischen Rechts beeinflußten politischen Grundtendenz, klassische Bereiche staatlicher bzw. kommunaler Aufgaben und Unternehmen (wie etwa Energieversorgung und Entsorgung) zunehmend der Privatisierung und dem Wettbewerb zugänglich zu machen.[40] Von Seite der Gemeinden sieht man sich durch dieses Zurückdrängen der Gemeindewirtschaft aus herkömmlichen Tätigkeitsbereichen und die damit verbundenen Einnahmeverluste gezwungen, zum Ausgleich die eigene Wirtschaftstätigkeit auf neue Geschäftsfelder auszudehnen und bislang interne Leistungen im Rahmen nicht ausgelasteter Kapazitäten nunmehr auch privaten Dritten anzubieten.[41]

Zwar kann auch die Privatisierung gemeindeeigener Wirtschaftsunternehmen durch Veräußerung eine denkbare Alternative zur Kompensierung von Einnahmeverlusten darstellen. So stehen Gemeinde, die über eigene Kommunikationsnetze verfügen, vor der Entscheidung, diese zu veräußern bzw. anderweitig zu vermarkten oder selbst zu betreiben.[42] Der Veräußerungslösung wird jedoch

---

[38] Die Finanzsituation der Kommunen hat sich nach der Wiedervereinigung in den neunziger Jahren drastisch verschlechtert. So lag etwa nach Angaben des Statistischen Bundesamtes das Defizit im Jahr 1992 bei 16, 2 Mrd. DM. Erst 1998 überstiegen die Einnahmen erstmals seit acht Jahren wieder die Ausgaben, so daß für Gesamtdeutschland eine gewisse Entspannung der kommunalen Finanzsituation zu verzeichnen ist, vgl. Der Spiegel 12 (1999) vom 22.03.1999, S. 70.

[39] Cronauge, Kommunale Unternehmen, S. 235, Rdnr. 769c; Ehlers, DVBl 1997, 137 (138); Enkler, ZG 1998, 328 (330).

[40] Vgl. etwa das Gesetz zur Neuregelung des Energiewirtschaftsrechts vom 24.04.1998, BGBl I S. 730, zur Umsetzung der Richtlinie 96/92/EG des Europäischen Parlaments und des Rates vom 19.12.1996 (ABlEG Nr. L 27/20 vom 30.01.1997) betreffend gemeinsame Vorschriften für den Elektrizitätsbinnenmarkt. In diesem Sinne auch Enkler, ZG 1998, 328 (329 f.).

[41] Vgl. dazu Cronauge, Kommunale Unternehmen, S. 233 ff., Rdnr. 769a-c; Deutscher Städte- und Gemeindebund, Sachsenlandkurier 1998, 240.

[42] Zu den Vor- und Nachteilen der Veräußerung gemeindlicher Kommunikationsnetze, vgl. Deutscher Städtetag (Hrsg.), Kommunale Kommunikationsnetze -Neue Nutzungsperspektiven-, S. 10 ff.

häufig eine Erweiterung der Wirtschaftstätigkeit zur Schaffung neuer, dauerhafter Einnahmequellen vorgezogen. Dahinter steht die Überlegung, daß ohnehin nur die in lukrativen Bereichen tätigen Unternehmen einen Anreiz zum Erwerb gäben und die Veräußerung eines Unternehmens nur zu einem einmaligen finanziellen Erlös führe, was zu vermeiden sei.[43] Freilich widerspricht dieses Verhalten dem Postulat nach einem umfassenden Rückzug des Staates aus eigener Wirtschaftstätigkeit und der tatsächlichen Privatisierungsentwicklung auf bundesstaatlicher Ebene.[44]

Im Ergebnis ist die Expansion der gemeindewirtschaftlichen Betätigung also als gegenläufige Reaktion auf Privatisierung und Wettbewerb und den dadurch zu verzeichnenden Rückgang der Aufgabenwahrnehmung in herkömmlichen Bereichen der Gemeindewirtschaft zu verstehen.

Ebenso kommt ein sich wandelndes Verständnis hinsichtlich der Steuerung der Gemeindeverwaltung als Ursache vermehrter wirtschaftlicher Unternehmungen in Betracht. Den einzelnen Fachbereichen wird dabei im Rahmen eines neuen Steuerungsmodells[45] zur Verwirklichung zentraler Zielvorgaben mehr Autonomie und Verantwortung bei der Verwaltung der eigenen Budgets eingeräumt.[46] Sie sollen eigenverantwortlich darüber entscheiden können, ob sie benötigte Dienstleistungen selbst erbringen oder von privaten Dritten einkaufen. Die einzelnen Fachbereiche werden also angehalten, sowohl Einsparpotentiale als auch neue Einnahmequellen zur Aufbesserung des Budgets zu suchen, so daß auch die Budgetierung zur vermehrten Wirtschaftstätigkeit der Gemeinden beiträgt.

III. Motive der Gemeinden für eine Betätigung in der Telekommunikation

Ein Engagement der Gemeinden speziell in der Telekommunikation ist naheliegend, weil es sich -wie dargestellt- um ein lukratives und zukunftsträchtiges Geschäftsfeld handelt und die Ausgangsposition vieler Gemeinden als günstig be-

---

[43] Zur Diskussion um den finanzpolitischen Sinn der Veräußerung kommunaler Wirtschaftsunternehmen vgl. Osterloh, VVDStRL 54 (1995), 204 (213 f.).

[44] Der Bund hat seit 1982 die Zahl seiner Beteiligungen in den alten Bundesländern von 958 auf gegenwärtig weniger als 400 zurückgeführt, und in den neuen Bundesländern wurden über 15000 staatliche Unternehmen durch die Treuhandanstalt privatisiert, vgl. Möschel, FAZ vom 30.05.1998, S. 15.

[45] Ausgangspunkt der Reformkonzeption ist das sogenannte „Neue Steuerungsmodell". Vgl. dazu ausführlich Otting, Neues Steuerungsmodell und rechtliche Betätigungsspielräume der Kommunen, S. 4 ff.

[46] Ehlers, DVBl 1997, 137 (138).

urteilt werden kann. Gerade vor dem Hintergrund der angespannten Finanzlage bildet die Erwartung, gewinnbringend an dem wachsenden Markt teilnehmen zu können, ein wichtiges Motiv für die gezielte Betätigung in der Telekommunikation.[47] Außerdem sollen die TKU der Gemeinden deren Eigenbedarf an Telekommunikationsdienstleistungen decken und dadurch Einsparpotentiale ausschöpfen.

Von gemeindlicher Seite wird aber vor allem auch die Sicherstellung einer ungestörten und krisenfesten Versorgung der Einwohner mit hochwertigen Telekommunikationsdienstleistungen -insbesondere in ländlichen Gegenden- als Grund für eine Betätigung in der Telekommunikation genannt.[48]

Eine eigene Betätigung in der Telekommunikation garantiert den Gemeinden darüber hinaus entscheidenden Einfluß auf den Ausbau der lokalen Netzinfrastruktur und die Beachtung gemeindespezifischer Interessen und Besonderheiten[49], wie etwa Anforderungen an Datensicherheit und Datenschutz.[50]

Ein weiteres Motiv kann zudem die Förderung und Nutzbarmachung technologischer Innovationen auf örtlicher Ebene bilden.[51]

Immer wieder wird darüber hinaus auf die Bedeutung lokaler Kommunikationsnetze als Instrumente der Wirtschaftsförderung hingewiesen.[52] Ansatzpunkt ist die Überlegung, daß die Attraktivität eines Wirtschaftsstandortes zunehmend durch das Vorhandensein leistungsfähiger Telekommunikationsdienstleistungen und -netze geprägt werde. Durch die Bereitstellung entsprechender Angebote erhoffen sich die Gemeinden neue Ansiedlungen von Wirtschaftsunternehmen

---

[47] So auch Ehlers, DVBl 1997, 137 (138); te Reh, Der Städtetag 1997, 361 (365); Möschel, FAZ vom 30.05.1998, S. 15; in diesem Sinne allgemein Otting, DVBl 1997, 1258 (1259).

[48] Vgl. Moraing, Möglichkeiten und Grenzen kommunalwirtschaftlicher Aktivitäten, S. 29; Giesen/Gerbrand, StuG 1996, 15; te Reh, Der Städtetag 1997, 361 (365).

[49] Büssow/Schönershofen, Der Städtetag 1997, 231 f.; te Reh, Der Städtetag 1997, 361 (362, 366); vgl. auch Pünder, DVBl 1997, 1353 (1358), der auch auf die Gewährleistung marktnaher Angebote hinweist.

[50] In diesem Sinne: Deutscher Städtetag (Hrsg.), Kommunale Kommunikationsnetze -Neue Nutzungs-perspektiven-, S. 12.

[51] Vgl. Zimmermann, in: Friedrich-Ebert-Stiftung, Arbeitsgruppe Kommunalpolitik (Hrsg.), Telekommunikation - Ein Thema für die Kommunalpolitik, S. 59 (62 f.); Moraing, Möglichkeiten und Grenzen kommunalwirtschaftlicher Aktivitäten, S. 29.

[52] Vgl. Deutscher Städtetag (Hrsg.), Kommunale Kommunikationsnetze -Neue Nutzungsperspektiven-, S. 12; Zimmermann, in: Friedrich-Ebert-Stiftung, Arbeitsgruppe Kommunalpolitik (Hrsg.), Telekommunikation - Ein Thema für die Kommunalpolitik, S. 59 (62); Moraing, Möglichkeiten und Grenzen kommunalwirtschaftlicher Aktivitäten, S. 29; Moryson, in: Kubicek (Hrsg.), Jahrbuch Telekommunikation und Gesellschaft 1996, S. 75 (76); Giesen/Gerbrand, StuG 1996, 15 (15 f., 19); Büssow/Schönershofen, Der Städtetag 1997, 231 f.; te Reh, Der Städtetag 1997, 361 (362, 365 f.); Pünder, DVBl 1997, 1353 (1358).

und dadurch langfristig eine Stärkung der Wirtschaftskraft und Erhöhung des Steueraufkommens. Örtliche Mittelstandsförderung wird zum Teil auch so verstanden, daß sich private Unternehmen an den gemeindeeigenen TKU beteiligen und an diesem Markt teilnehmen können, was ihnen ansonsten mangels Wirtschaftskraft verwehrt bliebe.[53]

Zu erwähnen ist auch das Ziel, den Wettbewerb auf der Ortsebene zu fördern.[54] TKU der Gemeinden, die ihre günstige Ausgangsposition nutzen und als Konkurrenten in den Markt eintreten, sollen den Wettbewerb auf lokaler Ebene beleben und so zugunsten ortsansässiger Kunden zu einer wettbewerbsbedingten Senkung des örtlichen Preisniveaus für Telekommunikationsdienstleistungen beitragen. Zunächst profitieren davon zumeist nur mittelständische Kunden, so daß erneut wirtschaftsfördernde Aspekte vorliegen. Ähnlich gerichtet ist die Absicht, die Gemeindeeinwohner vor der Ausnutzung einer Monopolstellung zu schützen.[55] Echte Konkurrenz zur Deutschen Telekom AG (DTAG) als ehemaligem Monopolisten kann auf Dauer nur dort entstehen, wo die Unabhängigkeit von den Netzen der DTAG gesichert ist.[56] Auf Ortsebene können die alternativen gemeindlichen Kommunikationsnetze zu dieser Unabhängigkeit beitragen. Dabei bieten sich Kooperationen zwischen den TKU der Gemeinden und den überregional tätigen Anbietern an, die die Nutzung dieser Netze anstreben.[57]

Schließlich können beschäftigungspolitische Motive eine Rolle spielen.[58] Zum einen werden direkte Arbeitsplätze in den gemeindlichen TKU geschaffen[59], und zum anderen sind vom Auf- und Ausbau lokaler Kommunikationsnetze positive

---

[53] te Reh, Der Städtetag 1997, 361 (366); Pünder, DVBl 1997, 1353 (1358).

[54] Vgl. Zimmermann, in: Friedrich-Ebert-Stiftung, Arbeitsgruppe Kommunalpolitik (Hrsg.), Telekommunikation - Ein Thema für die Kommunalpolitik, S. 59 (62 f.); te Reh, Der Städtetag 1997, 361 (365 f.); Pünder, DVBl 1997, 1353 (1358).

[55] Vgl. Moraing, Möglichkeiten und Grenzen kommunalwirtschaftlicher Aktivitäten, S. 29.

[56] In diesem Sinne: Pünder, DVBl 1997, 1353 (1358).

[57] Der Aufbau eigener Ortsnetze ist für die überregional tätigen Anbieter allein zumeist zu investitionsintensiv. Nach Berechnungen des VkU würde die Vernetzung aller 40 Millionen deutschen Haushalte etwa 40 Milliarden DM kosten, vgl. Büssow/Schönershofen, Der Städtetag 1997, 231.

[58] Vgl. Giesen/Gerbrand, StuG 1996, 15 (15 f., 19); te Reh, Der Städtetag 1997, 361 (366); Pünder, DVBl 1997, 1353 (1358).

[59] Die Personalplanung von 80 kommunalen TKU sieht einer Umfrage zufolge vor, die Anzahl der Beschäftigten von 600 im Jahr 1998 auf 1200 im Jahr 2000 zu erhöhen, vgl. ATekom, Der Städtetag 1997, 289 (291).

beschäftigungspolitische Effekte auf ortsansässige mittelständische Unternehmen zu erwarten.[60]

IV. Betätigungsmöglichkeiten gemeindlicher TKU

Ebenso wie die Motive, die speziell dem Engagement in der Telekommunikation zugrunde liegen, sind auch Art und Umfang der Betätigungsmöglichkeiten sehr vielschichtig, so daß es einer näheren Differenzierung bedarf. Eine besondere Rolle spielen dabei die Ressourcen, über die eine Gemeinde möglicherweise verfügt.

Vermarktungsfähig sind etwa Leerrohre und Trassen, die sich für eine Verlegung von Telekommunikationsleitungen eignen. Darüber hinaus können die beim Aufbau eigener Kommunikationsnetze erworbene Fähigkeiten und Kenntnisse im Errichten und Betreiben von Telekommunikationsnetzen im Rahmen von Consulting-Aufgaben nutzbar gemacht werden. Beratungsleistungen sind nicht nur potentiell interessant für die eigenen Behörden, Einrichtungen und Unternehmen, sondern auch für andere Kommunen und private Dritte.[61]

Insgesamt besteht eine kaum zu überschauende Vielfalt an wirtschaftlichen Betätigungsmöglichkeiten der Gemeinden im Bereich der Telekommunikation, so daß im folgenden lediglich versucht werden kann, eine grobe Einteilung vorzunehmen. Diese basiert auf einer Reihe unterschiedlicher Ansätze, die Vermarktungsmöglichkeiten zu kategorisieren[62], und orientiert sich am voraussichtlichen Investitionsbedarf der unterschiedlichen Betätigungen, wobei die investitionsintensiven Tätigkeiten zuletzt genannt werden:

- Consulting
- Angebot von netzbezogenen Dienstleistungen (Netzmanagementdienste wie Wartung und Instandhaltung)

---

[60] Beschäftigungspolitische Auswirkungen werden insbesondere durch die geplanten Investitionen erwartet, die sich nach einer Umfrage unter den kommunalen TKU auf etwa 1,55 Milliarden DM belaufen sollen, vgl. ATekom , Der Städtetag 1997, 289 (291).

[61] So hat etwa das Düsseldorfer TKU Isis Multimedia Net GmbH eine eigene Beratungsgesellschaft gegründet, die ihr Know-how anderen Gemeinden anbietet, vgl. Wirtschaftswoche vom 06.07.1995, S. 59 (60).

[62] Zu den unterschiedlichen Übersichten der Betätigungsmöglichkeiten vgl. Deutscher Städtetag (Hrsg.), Kommunale Kommunikationsnetze -Neue Nutzungsperspektiven-, S. 18 ff., 34 ff.; Zimmermann, in: Friedrich-Ebert-Stiftung (Hrsg.), Telekommunikation - Ein Thema für die Kommunalpolitik, S. 59 (65 ff.); te Reh, Der Städtetag 1997, 361 (363 ff.); Stopka, in: Kubicek u.a. (Hrsg.), Jahrbuch Telekommunikation und Gesellschaft 1996, S. 65 (73).

- Entgeltliche Gestattung der Nutzung der Gemeindewege zur Leitungsverlegung
- Vermarktung (Verkauf, Vermietung) vorhandener Leerrohre, Trassen und Kabel
- Vermarktung (entgeltliche Einräumung von Mitbenutzungsrechten) von freien Netzkapazitäten
- Nutzung vorhandener Übertragungswege für den Eigenbedarf[63]
- Gezielter Ausbau und Betrieb eigener Übertragungswege (auch Breitbandkabel, Funkverbindungen) zur Deckung des Eigenbedarfs (Vernetzung gemeindlicher Einrichtungen) und/oder zur späteren Vermarktung
- Angebot von Sprachtelefondienst und Mehrwertdiensten[64] für Dritte (evtl. einschließlich entgeltlicher Bereitstellung von Endgeräten).

Den Gemeinden bieten sich damit vielfältige Betätigungsmöglichkeiten, die jedoch in den Punkten Investitionsbedarf, Gewinnerwartung und Risikopotential zum Teil erheblich voneinander abweichen. So bieten etwa die Gestattung von Wegebenutzungsrechten und die Vermarktung von Kabeln, Trassen und Leerrohren zumindest geringe Einnahmen ohne Vorinvestitionen, bergen aber das Risiko, begrenzte Kapazitäten eventuell unter Wert abzugeben.[65] Dagegen setzt der gezielte Netzausbau zur anschließenden Vermarktung hohe Investitionen voraus und ist finanziell nicht ohne Risiko, verspricht aber gleichzeitig die größten finanziellen Chancen. Die Entscheidung, welche Betätigungsmöglichkeit genutzt wird, setzt daher eine Analyse der örtlichen Gegebenheiten voraus und hat für jede Gemeinde gesondert zu erfolgen.

Insbesondere für die investitionsträchtigen Betätigungsmöglichkeiten, wie etwa das Angebot von Sprachtelefondienst für Dritte, bieten sich Kooperationen mit überregionalen, finanzkräftigen Anbietern an. Dabei profitieren nicht nur die Letztgenannten von den gemeindlichen Kommunikationsnetzen als wichtige Ergänzungen für ihre bundesweiten Netze, sondern umgekehrt auch die TKU der Gemeinden, die ihren örtlichen Kunden auf diesem Wege überregionale Leistungen anbieten können.

---

[63] Der Eigenbedarf umfaßt etwa verwaltungs- und betriebsinterne Sprach- und Datenübertragung, Steuerung von Signal- und Beleuchtungsanlagen, Betrieb von Notrufsystemen und weitere Anwendungen.

[64] Erwähnt seien hier beispielhaft Anwendungen wie Teleshopping, Pay-TV und Video-on-Demand; zu diesen Begriffen vgl. Langen u.a., Kommunale Netze, S. 97 ff.

[65] Vgl. dazu Deutscher Städtetag (Hrsg.), Kommunale Kommunikationsnetze -Neue Nutzungsperspektiven-, S. 20 f.

V. Gegenstand und Gang der Untersuchung

1. Untersuchungsgegenstand

Die Gemeindewirtschaft kann aufgrund ihrer Anfänge zu Beginn des 19. Jahrhunderts[66] auf eine lange historische Entwicklung zurückblicken und nimmt heute einen bedeutende Stellung in der deutschen Volkswirtschaft ein. Ihre Betätigungsfelder beschränken sich dabei nicht auf die klassischen Bereiche der Ver- und Entsorgung (Elektrizität, Gas, Wasser, Abwasser, Abfall) und des Nahverkehrs, sondern gehen weit darüber hinaus. Gegenstände der Gemeindewirtschaft waren bzw. sind etwa Apotheken, Automobilfabriken, Bäckereien, Brauereien, Druckereien, Eisfabriken, Flughäfen, Hotels, Kantinen, Schlachthöfe, Sparkassen, Speditionsunternehmen, Wohnraumvermittlungsstellen und Zuckerfabriken[67]

Das Eindringen der Gemeinden und damit der öffentlichen Hand in beinahe sämtliche Wirtschaftsbereiche ist jedoch nicht unumstritten, sondern wird seit langem von einer kontrovers geführten Grundsatzdiskussion begleitet, die im Kern auf die ordnungspolitische Frage nach dem prinzipiellen Verhältnis zwischen Staat und Gesellschaft oder zwischen öffentlicher und privater Wirtschaft zurückzuführen ist. So wird etwa aus ökonomischer Sicht dem Privatsektor eindeutig Vorrang vor staatlicher Wirtschaftstätigkeit eingeräumt.[68] Insbesondere die durch Entwicklungen des Europäischen Gemeinschaftsrechts bedingte Öffnung wichtiger Märkte wie der Telekommunikation und der Energieversorgung für den Wettbewerb hat dieser Diskussion um die Grenzlinie zwischen staatlicher und gesellschaftlicher Aufgabenerfüllung erneute Aktualität verliehen und die Zukunft der Gemeindewirtschaft zu einem zentralen Thema der Kommunalpolitik gemacht.

Im Mittelpunkt steht dabei die gemeindewirtschaftliche Betätigung in der Telekommunikation als typisches Beispiel der Erschließung eines neuen und lukrativen Geschäftsfeldes. Während einerseits viele Gemeinde dem eigenen Interesse folgend bereits TKU gegründet haben und -wie selbstverständlich- aktiv in der Telekommunikation tätig sind, wird andererseits die Zulässigkeit gemeindlicher

---

[66] Stern/Püttner, Die Gemeindewirtschaft, S. 13.

[67] Vgl. die ausführliche Übersicht bei Hidien, Gemeindliche Betätigungen rein erwerbswirtschaftlicher Art, S. 34 ff.; sowie die aktuellen Beispiele bei Ehlers, DVBl 1998, 497 (498). Zu den neueren Geschäftsfeldern der Kommunalwirtschaft siehe bereits oben Teil 1, A II.

[68] Mit diesem Vorzug der Privatwirtschaft soll zum einen der grundsätzlichen Entscheidung für ein marktwirtschaftliches System Rechnung getragen werden, zum anderen wird der Privatwirtschaft im Unterschied zur wirtschaftlichen Betätigung der öffentlichen Hand regelmäßig eine höhere Effizienz attestiert, vgl. Wohltmann/Döring, DNV 5/1998, 11 ff. (mit weiteren ökonomischen Argumenten gegen die Ausweitung kommunaler Wirtschaftstätigkeit).

Telekommunikationsaktivitäten nicht selten abgelehnt. Über die bekannten ordnungspolitischen und wirtschaftlichen Argumente hinaus werden zur Begründung insbesondere verfassungs- und gemeinderechtliche Bedenken angeführt.[69]

Diese Gegensätze verdeutlichen das Bestehen erheblicher Unsicherheiten hinsichtlich der Frage, ob und -vorbehaltlich der grundsätzlichen Zulässigkeit- inwieweit sich die Gemeinden in der Telekommunikation wirtschaftlich betätigen dürfen. Die Klärung dieser Fragestellung erfordert eine detaillierte Auseinandersetzung mit den entsprechenden rechtlichen Rahmenbedingungen, wobei zu berücksichtigen ist, daß der rechtliche Rahmen der Gemeindewirtschaft maßgeblich durch die gemeinderechtlichen Vorschriften der Bundesländer geprägt wird, so daß durchaus länderspezifisch unterschiedliche Ergebnisse denkbar sind.

Ziel des ersten Teils dieser Untersuchung ist es somit, die rechtlichen Perspektiven und Grenzen der wirtschaftlichen Betätigung der Gemeinden im Bereich der Telekommunikation unter Berücksichtigung der Entwicklungen in Rechtsprechung und Lehre festzulegen. Die dabei erzielten Ergebnisse können weitergehenden Überlegungen politischer Natur, deren Gegenstand die Grenzziehung zwischen Gemeinde- und Privatwirtschaft sind, als Grundlage dienen. Ziel der Untersuchung ist dagegen nicht, etwa das Gemeindewirtschaftsrecht selbst generell fortzuentwickeln oder das Verhältnis zwischen kommunalen und privaten Unternehmen neu zu bewerten.

Zumindest bei weitem Verständnis stellt auch die Vermarktung gemeindlicher Wegerechte im Sinne der entgeltlichen Gestattung von Wegenutzungsrechten zu Telekommunikationszwecken ein spezielles Betätigungsfeld der Gemeinden in diesem Bereich dar, dem insbesondere für den Bereich der leitungsabhängigen Telekommunikation große praktische Relevanz zukommt. Allerdings ist die Möglichkeit, gemeindliches Wegeeigentum zur Verlegung von Telekommunikationsleitungen zu vermarkten, von vornherein stark eingeschränkt: § 50 Abs. 1 S. 1 TKG sieht insoweit ein unentgeltliches Benutzungsrecht öffentlicher Wege zu Telekommunikationszwecken zugunsten des Bundes vor, der es dann nach § 50 Abs. 2 TKG auf die Lizenznehmer nach § 6 Abs. 1 Nr. 1 TKG überträgt. Dieses unentgeltliche Verkehrswegenutzungsrecht des Bundes für die Verlegung von Telekommunikationslinien bezieht sich neben den bundes- und landeseigenen Straßen insbesondere auch auf die Gemeindewege.

---

[69] Vgl. insbesondere Elftes Hauptgutachten der Monopolkommission 1994/95, BT-Drs. 13/5309 vom 19.07.1996, S. 27 f.; sowie die diesbezügliche Stellungnahme der BReg, BT-Drs. 13/7998 vom 19.06.1997, S. 11: „Ein dringender öffentlicher Zweck (z.B. gem. § 107 GO NW) für die Tätigkeit von Kommunen auf diesem Feld besteht nicht.“; vgl. ferner Stober, Allg. Wirtschaftsverwaltungsrecht, § 24 II 2, S. 260 f.; Müller, DVBl 1998, 1256 ff.; Möschel, Der Spiegel 25 (1996) vom 17.06.1996, S. 84.

Ausschlaggebend dafür, daß die Frage der Verfassungsgemäßheit der unentgeltlichen Nutzungsberechtigung aus § 50 Abs. 1 S. 1 TKG den zweiten Schwerpunkt dieser Untersuchung bildet, war der Umstand, daß die unentgeltliche Nutzung gemeindeeigener Wege zur Verlegung von Telekommunikationslinien von Beginn an heftig umstritten war. Die Gemeinden -an der umfassenden Vermarktung eigener Wegerechte für Telekommunikationszwecke interessiert- sahen sich durch die ihnen gesetzlich auferlegte Pflicht zur Duldung der kostenlosen Inanspruchnahme ihrer Wege in ihren verfassungsmäßigen Rechten verletzt. Folgerichtig haben zehn betroffene Städte und Gemeinden im Mai 1997 gegen die Vorschrift des § 50 Abs. 1 S. 1 TKG Kommunalverfassungsbeschwerde[70] erhoben. Angegriffen wurden in diesem Zusammenhang ebenfalls die Regelungen über die Ausgestaltung der Zustimmung des Wegebaulastträgers zur Verlegung neuer bzw. Änderung vorhandener Telekommunikationslinien in § 50 Abs.3 und 4 TKG. Mittlerweile hat zwar das Bundesverfassungsgericht durch Beschluß vom 07.01.1999 die in Rede stehende Kommunalverfassungsbeschwerde mangels hinreichender Erfolgsaussichten nicht zur Entscheidung angenommen und dabei die Vereinbarkeit der genannten Vorschriften des § 50 TKG mit dem kommunalen Selbstverwaltungsrecht aus Art. 28 Abs. 2 GG abschließend bestätigt,[71] so daß ein wesentliches Ergebnis des zweiten Untersuchungsschwerpunkts bereits vorweggenommen wurde. Gleichwohl kann aufgrund der großen praktischen Auswirkungen des betreffenden Beschlusses nicht darauf verzichtet werden, die wesentlichen Punkte der Argumentation der Gemeinden und der Begründung des Bundesverfassungsgerichts zu skizzieren. Zudem ist auf die übrigen Aspekte, aus denen sich die formelle oder materielle Verfassungswidrigkeit der Vorschriften des § 50 Abs. 1 S. 1, Abs. 3 u. 4 TKG ergeben könnte, die aber nicht Gegenstand der in Rede stehenden Kommunalverfassungsbeschwerde waren, einzugehen.

2. Gang der Untersuchung

Nach einem allgemeinen Überblick über die Entwicklung der Liberalisierung der Telekommunikation, die durch Vorgaben des europäischen Rechts maßgeblich beeinflußt und durch die sogenannten Postreformen umgesetzt wurde, ist zunächst der telekommunikationsrechtliche Rahmen, wie ihn das TKG bestimmt, hinsichtlich seiner Perspektiven für die Betätigungsmöglichkeiten der Gemeinden nachzuzeichnen.

---

[70] Vgl. Art. 93 Abs. 1 Nr. 4 b GG i.V.m. § 91 BVerfGG.

[71] Vgl. den nicht zur Veröffentlichung in der Entscheidungssammlung des BVerfG bestimmten Beschluß der 2. Kammer des Zweiten Senates des Bundesverfassungsgerichts gemäß § 93 b i.V.m. § 93 a BVerfGG -2 BvR 929/97-; vgl. auch die Pressemitteilung Nr. 8 des BVerfG vom 21.01.1999.

Neben den im zweiten Teil dieser Untersuchung gesondert zu behandelnden wegerechtlichen Vorschriften ist vor allem das Lizenzierungsmodell des TKG von besonderem Interesse. Angesprochen werden daneben auch die Konzeption zur Sicherstellung der Grundversorgung der Bevölkerung -insbesondere in ländlichen Gebieten- mit Telekommunikationsdienstleistungen (Universaldienstmodell) sowie die Zugangsmöglichkeiten gemeindlicher TKU zu den Netzen und Leistungen anderer Anbieter. Im Anschluß an die Untersuchung der telekommunikationsrechtlichen Vorgaben ist unter verfassungsrechtlichen Gesichtspunkten nach Aussagen zur Zulässigkeit gemeindewirtschaftlichen Betätigung zu fragen. Dabei ist zunächst zu klären, ob die wirtschaftliche Betätigung der öffentlichen Hand und damit auch der Gemeinden nach dem Grundgesetz ganz allgemein oder speziell im Bereich der Telekommunikation unzulässig ist. Die Unzulässigkeit könnte in diesem Zusammenhang möglicherweise auch aus entgegenstehenden Grundrechtspositionen privater Konkurrenten abzuleiten sein. Denkbar ist andererseits aber auch, daß das Grundgesetz die Teilnahme der Gemeinden am wirtschaftlichen Wettbewerb (in der Telekommunikation) absichert.

Vorbehaltlich der verfassungsrechtlichen Legitimation der gemeindewirtschaftlichen Betätigung in der Telekommunikation sind sodann deren Grenzen zu untersuchen. Schranken der Gemeindewirtschaft können sich zunächst aus dem Gemeinderecht der Länder, daneben aber auch aus dem allgemeinen Wirtschaftsrecht (insbesondere dem Wettbewerbsrecht) ergeben. Aus Sicht privater Konkurrenten kommt es über die Fragen der Zulässigkeit und Schranken gemeindlicher Telekommunikationsaktivitäten hinaus insbesondere auf die konkreten Möglichkeiten des Rechtsschutzes gegen die Tätigkeit gemeindeeigener TKU an; auch auf diese Fragestellung ist daher einzugehen.

Im sich anschließenden wegerechtlichen Teil dieser Arbeit geht es im wesentlichen um die Frage der Verfassungsmäßigkeit der unentgeltlichen Nutzungsberechtigung aus § 50 Abs. 1 S. 1 TKG. Dabei ist zunächst sowohl der rechtshistorische als auch der rechtspolitische Hintergrund des unentgeltlichen Wegerechts darzustellen, bevor die Argumente, die aus Sicht der Gemeinden für die Verfassungswidrigkeit der Unentgeltlichkeit der Wegenutzungsberechtigung aus § 50 Abs. 1 S.1 TKG sprechen, zu skizzieren sind. Im Anschluß daran ist in formellrechtlicher Hinsicht nach der Gesetzgebungskompetenz des Bundes zur Regelung des unentgeltlichen Wegerechts zu Telekommunikationszwecken zu fragen, während in materiell-rechtlicher Hinsicht zunächst ausführlich auf den Beschluß des Bundesverfassungsgerichts vom 07.01.1999, aus dem sich die Vereinbarkeit des Nutzungsrechts mit Art. 28 Abs. 2 GG ergibt, einzugehen ist. Darüber hinaus bleibt zu untersuchen, ob die Gemeinden zu Recht eine Verletzung der Art. 14 Abs. 1 und Art. 3 Abs. 1 GG durch § 50 Abs. 1 S. 1 TKG geltend machen können. Insbesondere die Vereinbarkeit mit dem kommunalen

Selbstverwaltungsrecht spielt auch im Rahmen der abschließenden Frage der Verfassungsgemäßheit der Regelungen des § 50 Abs. 3 u. 4 TKG über die Zustimmungserteilung des Wegebaulastträgers zur Verlegung neuer oder Änderung vorhandener Telekommunikationslinien eine zentrale Rolle.

B. Liberalisierung der Telekommunikation

Nach einem Überblick über die wesentlichen Liberalisierungsvorgaben des Europäischen Gemeinschaftsrechts werden die Schritte vom ehemaligen Monopol der Deutschen Bundespost (DBP) zum Wettbewerbsmarkt anhand der sogenannten Postreformen dargestellt. Dabei war die Postreform I von Deregulierung,[72] die Postreform II von Privatisierung und die Postreform III von Liberalisierung geprägt.[73]

I. Vorgaben des Europäischen Gemeinschaftsrechts

Mit dem TKG werden, wie schon mit den ersten beiden Stufen der sogenannten Postreform, die zahlreichen europarechtlichen Vorgaben zur Liberalisierung der Telekommunikationsmärkte umgesetzt.[74]

Von zentraler Bedeutung für die Liberalisierung der Telekommunikation war die sog. Diensterichtlinie 90/388/EWG,[75] die durch weitere Richtlinien geändert

---

[72] Nach dem wirtschaftlichen Deregulierungsbegriff versteht man unter Deregulierung den Abbau von bereits bestehenden Regulierungstatbeständen mit dem Ziel, bisher monopolisierte Märkte für Wettbewerb zu öffnen, vgl. Picot/Burr, in: Kubicek u.a. (Hrsg.), Jahrbuch Telekommunikation und Gesellschaft 1996, S. 19 (20).

[73] Fangmann u.a., TKPR, S. 2, Rdnr. 2.

[74] Allgemein zu den gemeinschaftsrechtlichen Vorgaben vgl. Hallenga, Archiv PT 1996, 239 ff., Schuster, in: BeckTKG-Komm, § 1 Rdnrn. 2 ff. Eine Übersicht der wichtigsten gemeinschaftsrechtlichen Richtlinien für den Telekommunikationsbereich findet sich bei: Etling-Ernst, TKG, § 1 Rdnr. 26 (z. T. abgedruckt im Anhang IV, S. 687 ff.); ausführlicher ist die Übersicht über die Rechtsakte der EG bei: Fangmann u.a., TKPR, S. 291 ff.

[75] Richtlinie der Kommission vom 28.06.1990 (ABlEG Nr. L 192/10 vom 24.07.1990) über den Wettbewerb auf dem Markt für Telekommunikationsdienste.

wurde, wobei insbesondere die sog. Wettbewerbsrichtlinie 96/19/EG[76] hervorzuheben ist.

Zunächst verpflichtete die auf Art. 90 Abs. 3 EGV basierende Diensterichtlinie die Mitgliedstaaten, die besonderen und ausschließlichen Rechte für die Telekommunikationsdienstleistungen aufzuheben. Ausgenommen blieben übergangsweise der Sprachtelefondienst und die Errichtung und Bereitstellung öffentlicher Netzinfrastrukturen,[77] die erst im weiteren Verlauf für den vollständigen Wettbewerb geöffnet werden sollten.[78] Die Liberalisierung sämtlicher Telekommunikationsdienstleistungen, einschließlich der Errichtung und Bereitstellung von Infrastrukturen für die Erbringung solcher Dienste, war zum 01.07.1996 vorgesehen,[79] während das Sprachtelefondienstmonopol bis zum 01.01.1998 aufrechterhalten bleiben durfte.[80] Ebenfalls erst nach einer Übergangszeit wurde der Anwendungsbereich der Diensterichtlinie auf die Satellitendienste und die Mobilfunkdienste ausgedehnt.[81] Mit Wirkung zum 01.01.1998 sind dementsprechend mittlerweile die Telekommunikationsmärkte

---

[76] Richtlinie der Kommission vom 13.03.1996 (ABlEG Nr. L 74/13 vom 22.03.1996) zur Änderung der Richtlinie 90/388/EWG hinsichtlich der Einführung des vollständigen Wettbewerbs auf den Telekommunikationsmärkten.

[77] Art. 2 Abs. 1 bzw. 4 Abs. 1 der Diensterichtlinie 90/388/EWG vom 28.06.1990 (ABlEG Nr. L 192/10 vom 24.07.1990). Die Richtlinie galt nach Art. 1 Abs. 2 zunächst nicht für den Telexdienst, den Funktelefondienst, den Funkrufdienst und die Satellitenkommunikation.

[78] Den Weg dazu ebneten die Entschließung des Rates zur Prüfung der Lage im Bereich Telekommunikation und zu den notwendigen künftigen Entwicklungen in diesem Bereich vom 22.07.1993 (ABlEG Nr. C 213/1 vom 06.08.1993), sowie die Entschließung des Rates über die Grundsätze und den Zeitplan für die Liberalisierung der Telekommunikationsinfrastrukturen vom 22.12.1994 (ABlEG Nr. C 379/4 vom 31.12.1994).

[79] Vgl. Art. 2 Abs. 1 lit. a Diensterichtlinie 90/388/EWG vom 28.06.1990 (ABlEG Nr. L 192/10 vom 24.07.1990) i.d.F. der Wettbewerbsrichtlinie 96/19/EG vom 13.03.1996 (ABlEG Nr. L 74/13 vom 22.03.1996).

[80] Vgl. Art. 2 Abs. 2 S. 2 der Diensterichtlinie 90/388/EWG vom 28.06.1990 (ABlEG Nr. L 192/10 vom 24.07.1990) i.d.F. der Wettbewerbsrichtlinie 96/19/EG vom 13.03.1996 (ABlEG Nr. L 74/13 vom 22.03.1996).

[81] Vgl. die Richtlinie 94/46/EG der Kommission vom 13.10.1994 (ABlEG Nr. L 268/15 vom 19.10.1994 -Satellitendienstrichtlinie-) zur Änderung der Richtlinien 88/301/EWG vom 16.05.1988 (ABlEG Nr. L 131/73 vom 27.05.1988) und 90/388/EWG vom 28.06.1990 (ABlEG Nr. L 192/10 vom 24.07.1990) insbesondere betreffend die Satellitenkommunikation, sowie die Richtlinie 96/2/EG der Kommission vom 16.01.1996 (ABlEG Nr. L 20/59 vom 26.01.1996 -Mobilfunkrichtlinie-) zur Änderung der Richtlinie 90/388/EWG betreffend die mobile Kommunikation und Personal Communications.

in Deutschland und den meisten übrigen Mitgliedstaaten der Europäischen Union vollständig liberalisiert worden.[82]

Zentrales Anliegen der gemeinschaftsrechtlichen Vorgaben war damit die Einführung von umfassendem Wettbewerb auf sämtlichen Märkten der Telekommunikation[83] einschließlich der Förderung der Unabhängigkeit neuer Konkurrenten von den ehemaligen Monopolisten und der Nutzbarmachung alternativer Übertragungskapazitäten für die liberalisierten Telekommunikationsdienste.[84]

II. Postreform I

Die Liberalisierung der deutschen Telekommunikation wurde mit der sog. Postreform I eingeleitet.[85] Sinn der Reform, deren Ausgangspunkt die Telekommunikationspolitik der Europäischen Gemeinschaft bildete,[86] war es vor allem, eine Trennung zwischen der Wahrnehmung der hoheitlichen und der unternehmerischen Aufgaben innerhalb der Deutschen Bundespost (DBP) herbeizuführen. Dazu wurden die operativen Aufgaben der DBP auf die drei neuen öffentlichen Unternehmen DBP Postdienst, DBP Postbank und DBP Telekom übertragen, während die Hoheitsaufgaben dem Bundesministerium für Post und Telekommunikation zugeordnet wurden.[87]

Darüber hinaus kam es zur Lockerung des bis dahin umfassenden Fernmeldemonopols. So wurden die Telekommunikationsdienstleistungen liberalisiert und

---

[82] Irland, Portugal, Luxemburg, Spanien und Griechenland wurden anhand von Entscheidungen der Europäischen Union Zusatzfristen für die Liberalisierung gewährt, vgl. Scherer, NJW 1998, 1607.

[83] Ordnungspolitisches Leitbild war die Überlegenheit von Markt und Wettbewerb gegenüber staatlichen Monopolen, vgl. Pünder, DVBl 1997, 1353. Zu den mit der Einführung von Wettbewerb verbundenen Vorteilen vgl. Hallenga, Archiv PT 1996, 239 (240).

[84] Vgl. Hallenga, Archiv PT 1996, 239 (241); Etling-Ernst, TKG, § 1 Rdnr. 27. Neben der Satellitendienstrichtlinie und der Mobilfunkrichtlinie ist insbesondere die Richtlinie 95/51/EG der Kommission vom 18.10.1995 (ABlEG Nr. L 256/49 vom 26.10.1995 -Kabelnetzrichtlinie-) zur Aufhebung der Einschränkungen bei der Nutzung von Kabelfernsehnetzen für die Erbringung bereits liberalisierter Kommunikationsdienste zu nennen. In Deutschland lief die Kabelnetzrichtlinie im Ergebnis allerdings bislang weitgehend leer, vgl. Hallenga, Archiv PT 1996, 239 (242).

[85] Vgl. das Gesetz zur Neustrukturierung des Post- und Fernmeldewesens und der Deutschen Bundespost (Poststrukturgesetz – PostStruktG) vom 08.06.1989, BGBl. I S. 1026.

[86] Vgl. die Grundsätze im „Grünbuch über die Entwicklung des gemeinsamen Marktes der Telekommunikationsdienstleistungen und Telekommunikationsendgeräte" vom 30.06.1987 (KOM (87) 290).

[87] Vertiefend zur Postreform I vgl. L.M.Büchner, CR 1996, 581 (583).

das Endgerätemonopol aufgehoben.[88] Neben dem Sprachtelefondienstmonopol wurde allerdings vorerst auch das Netzmonopol aufrechterhalten und durch die DBP Telekom ausgeübt.[89] Durch die übergangsweise Weitergewährung der Monopolrechte sollten negative Auswirkungen einer zu schnellen Marktöffnung, insbesondere die Gefährdung der Grundversorgung der Bürger mit Telekommunikationsdienstleistungen, verhindert werden.

Einschränkungen erfuhren die verbleibenden Monopole (Sprachtelefondienst, Übertragungswege) durch das Recht privilegierter Nutzer, eigene Fernmeldeanlagen zu internen Zwecken zu errichten und betreiben, und die spätere Liberalisierung der „corporate network"-Anwendungen, die zunächst durch ministerielle Verfügungen erfolgte.

III. Postreform II

Am 01.01.1995 trat dann das „Gesetz zur Neuordnung des Postwesens und der Telekommunikation" als Teil der sog. Poststrukturreform II in Kraft.[90]

Im Mittelpunkt der Reform stand die Umwandlung der Sondervermögen der Deutschen Bundespost in Aktiengesellschaften. Dadurch entstanden die drei privatrechtlich organisierten Unternehmen Deutsche Post AG, Deutsche Postbank AG und Deutsche Telekom AG (DTAG). Die Umwandlung hat sich dabei im wesentlichen nach Art. 3 PostNeuOG, dem sog. Postumwandlungsgesetz (vgl. § 1 PostUmwG), gerichtet. Den privatisierten Unternehmen übergeordnet wurde als rechtsfähige Anstalt des öffentlichen Rechts die Bundesanstalt für Post und Telekommunikation Deutsche Bundespost, die etwa für den Bund die Aktien an der DTAG hält.[91]

---

[88] Das Poststrukturgesetz diente insbesondere der Umsetzung der Richtlinie 88/301/EWG der Kommission vom 16.05.1988 (ABlEG Nr. L 131/73 vom 27.05.1988 -Wettbewerbsrichtlinie Endgeräte-), später ergänzt durch die Richtlinie 91/263/EWG des Rates vom 29.04.1991 (ABlEG Nr. L 128/1 vom 23.05.1991 -Endgeräte-Richtlinie-) zur Angleichung der Rechtsvorschriften der Mitgliedstaaten über Telekommunikationsendeinrichtungen einschließlich der gegenseitigen Anerkennung ihrer Konformität.

[89] Vgl. § 1 Abs. 2 u. 4 FAG i.d.F. der Bekanntmachung vom 03.07.1989, BGBl I S. 1455. Ausgenommen von der Liberalisierung waren zunächst auch Telexdienst, Funkrufdienst und Satellitendienst.

[90] Vgl. das Postneuordnungsgesetz (PTNeuOG) vom 14.09.1994, BGBl. I S. 2325, in Kraft getreten am 01.01.1995.

[91] Vgl Art. 1 PTNeuOG bzw. §§ 1, 3 Abs. 1 BAPostG.

Möglich wurde diese Organisationsprivatisierung erst durch die Einfügung des neuen Art. 143 b GG,[92] der die entsprechenden Übergangsregelungen für die Umwandlung enthielt und ein beamtenrechtliche Beleihungsmodell formulierte. Für diese Verfassungsänderung wurden verschiedene Motive angeführt. Zum einen sollte durch die private Rechtsform die internationale Wettbewerbsfähigkeit der bis dahin öffentlichen Unternehmen der DBP verbessert werden,[93] zum anderen sollte die wiedervereinigungsbedingt dünne Eigenkapitaldecke der DBP Telekom durch den späteren Börsengang aufgestockt werden können.[94] Ein weiterer Grund für die Privatisierung ist in der verbesserten Realisierung ökonomischer Erwartungen zu sehen.[95]

Ferner ist Art. 87 f GG in die Verfassung eingefügt worden.[96] Dieser legt in seinem zweiten Absatz den freien Wettbewerb fest, indem zukünftig „private Anbieter", nämlich die Nachfolgeunternehmen der DBP und deren Wettbewerber, die Dienstleistungen im Bereich des Postwesens und der Telekommunikation „als privatwirtschaftliche Tätigkeiten" erbringen sollen. Demzufolge handelt es sich bei dem Angebot von Telekommunikationsdienstleistungen seither um eine ausschließlich private Tätigkeit, die nicht mehr nach den Regeln einer Verwaltungsaufgabe der Daseinsvorsorge wahrgenommen werden darf.[97] Die unternehmerischen Aufgaben wurden damit aus der staatlichen Verantwortung entlassen, während lediglich die hoheitlichen Aufgaben „in bundeseigener Verwaltung" (Art. 87 f Abs. 2 S. 2 GG) und damit öffentliche Aufgaben blieben.[98] Zu den hoheitlichen Aufgaben zählt insbesondere auch der Infrastruktursicherungsauftrag des Art. 87 f Abs. 1 GG, durch den der Bund verpflichtet wird, die flächendeckende Infrastruktur von Post- und Telekommunikations-

---

[92] Verfassungsänderung vom 30.08.1994, in Kraft seit dem 01.09.1994, BGBl. I S. 2245.

[93] Vgl. BT-Drs. 12/8108 vom 24.06.1994, S. 6; Zehntes Hauptgutachten der Monopolkommission, BT-Drs. 12/8323 vom 22.07.1994, S. 18; auch L.M.Büchner, CR 1996, 581 (583, m.w.N.) nennt den zunehmenden Wettbewerbsdruck und die Globalisierung als Gründe für die Privatisierung der DBP Telekom.

[94] Vgl. BT-Drs. 12/8060 vom 27.06.1994, S. 174; Zehntes Hauptgutachten der Monopolkommission, BT-Drs. 12/8323 vom 22.07.1994, S. 18 u. 20.

[95] Begründung des Gesetzentwurfes des PTNeuOG, BT-Drs. 12/6718 vom 01.02.1994, S. 75 ff.; vgl. auch L.M.Büchner, CR 1996, 581 (583).

[96] Verfassungsänderung vom 30.08. 1994, in Kraft seit dem 03.09.1994 (BGBl. I S. 2245); der verfassungsrechtliche Teil der Postreform II umfaßte neben der Einfügung der Art. 87 f und 143 b GG auch Änderungen der Art. 73 Nr. 7, 80 Abs. 2, 87 Abs. 1 S. 1 GG.

[97] Bullinger, Gutachten, S. 7; Gramlich, NJW 1994, 2785 (2787 f.) unter Hinweis auf die amtliche Begründung, BT-Drs. 12/6717 vom 01.02.1994, S. 4; Königshofen, Archiv PT 1995, 112 (117 f.); Rottmann, Archiv PT 1994, 193 (194 f.).

[98] Fangmann u.a., TKPR, S. 6, Rdnr. 2.

dienstleistungen sicherzustellen. Zur Erfüllung dieses Auftrages wurden die Bereiche Telekommunikation und Postwesen der Regulierung unterworfen.[99]

Im Rahmen der Postreform II sind schließlich die Gesetze, die bis dahin den ordnungspolitischen rechtlichen Rahmen der Telekommunikation bildeten, bis zum 31.12.1997 befristet worden.[100] Mit dieser Befristung sollte der Wille des Gesetzgebers deutlich werden, die im Zusammenhang mit der vollständigen Liberalisierung der Telekommunikationsmärkte erforderlichen gesetzgeberischen Maßnahmen rechtzeitig vor dem 31.12.1997 zu schaffen.[101]

IV. Das TKG - dritte Stufe der Postreform

Das TKG schließt die Umsetzung der europäischen Vorgaben zur Liberalisierung der Telekommunikationsmärkte vorläufig ab.

Das Netzmonopol der DTAG ist nach der Aufhebung des § 1 Abs. 2 FAG bereits mit Inkrafttreten des TKG zum 01.08.1996 weggefallen, vgl. § 100 Abs. 1 S. 3 i.V.m. § 99 Abs. 1 Nr. 1 lit. a TKG. Somit konnten seitdem dritte Anbieter eigene Netzinfrastrukturen aufbauen bzw. (etwa im Fall von Kommunen und Energieversorgungsunternehmen) bereits bestehende alternative Netze ausbauen und als Übertragungswege für den Datenverkehr nutzen. Das Sprachtelefondienstmonopol im Festnetz wurde dagegen noch bis zum 31.12.1997 aufrechterhalten. Dazu hat § 99 Abs. 1 Nr. 1 lit. b TKG den entsprechenden Monopoltatbestand des § 1 Abs. 4 FAG neu gefaßt und so der DTAG das ausschließliche Recht, Sprachtelefondienst nach § 6 Abs. 1 Nr. 2 TKG zu erbringen, bis zu diesem Zeitpunkt verliehen. Die vorherige Befristung des FAG bis zum 31.12.1997 wurde damit voll ausgeschöpft.[102]

Mit dem TKG hat der Gesetzgeber den Gewährleistungsauftrag des Bundes aus Art. 87 f Abs. 1 GG erfüllt. Aufgrund dieser verfassungsrechtlichen Verpflichtung ist daher wesentliches Ziel des Gesetzes die Sicherstellung einer flächendeckenden Grundversorgung mit Telekommunikationsdienstleistungen zu er-

---

[99] Übergangsweise bis zur Entstehung des TKG wurde dazu das Gesetz über die Regulierung der Telekommunikation und des Postwesens (PTRegG), Art. 7 PTNeuOG, geschaffen.

[100] Die Befristung betraf das Fernmeldeanlagengesetz (§ 28 FAG i.d.F. des Art. 5 PTNeuOG), das Telegraphenwegegesetz (§ 16 TWG i.d.F. des Art. 8 PTNeuOG), das Gesetz über die Regulierung der Telekommunikation und des Postwesens (§ 23 PTRegG i.d.F. des Art. 7 PTNeuOG) und das Gesetz zur Vereinfachung des Planverfahrens für Fernmeldelinien (Änderung des § 4 PlVereinfG durch Art. 9 PTNeuOG).

[101] Begründung der Bundesregierung zum Entwurf des TKG, BT-Drs. 13/4438 vom 23.04.1996, S. 1.

[102] Vgl. § 28 FAG i.d.F. des Art. 5 PTNeuOG vom 14.09.1994, BGBl I S. 2325.

schwinglichen Preisen, § 2 Abs. 2 Nr. 3 TKG, und daneben die Förderung eines chancengleichen und funktionsfähigen Wettbewerbs, § 2 Abs. 2 Nr. 2 TKG, die auf Art. 87 f Abs. 2 S. 1 GG zurückgeht. Da allein die Abschaffung der Monopole aber noch nicht zur Existenz eines solchermaßen funktionierenden Wettbewerbs führt,[103] sondern potentielle Wettbewerber gegenüber dem ehemaligen Monopolisten weiterhin chancenlos ließe, sollen die genannten Ziele durch verschiedene sektorspezifische Regulierungsmaßnahmen als Ergänzung zum allgemeinen Wettbewerbsrecht erreicht werden.[104] Dementsprechend legt auch § 1 TKG den Zweck des Gesetzes, die genannten Ziele durch Regulierung zu erreichen, fest. Mit „Regulierung" sind alle Maßnahmen gemeint, die ergriffen werden, um die in § 2 Abs. 2 TKG detailliert aufgeführten Ziele zu realisieren,[105] also das gesamte Regulierungsinstrumentarium des TKG. Dieses umfaßt neben einem Lizenzierungs- und Universaldienstmodell auch Vorschriften über die Entgeltregulierung, den Netzzugang und Zusammenschaltungen, den Kundenschutz, die Numerierung, die Frequenzordnung, die Benutzung der Verkehrswege, die Zulassung von Endeinrichtungen, den Mißbrauch von Sendeanlagen, sowie das Fernmeldegeheimnis und den Datenschutz. Das Gesetz selbst stellt vorwiegend Rahmenbedingungen auf, die durch zahlreiche Rechtsverordnungen ausgefüllt werden.[106] Die aus dem TKG resultierenden Regulierungsaufgaben obliegen dabei der zum 01.01.1998 neu errichteten Regulierungsbehörde für Telekommunikation und Post.[107]

Um den telekommunikationsrechtlichen Rahmen einer kommunalwirtschaftlichen Betätigung in der Telekommunikation ausloten zu können, kommt es maß-

---

[103] Begründung des TKG-Entwurfs der Bundesregierung, BT-Drs. 80/96 vom 09.02.1996, S. 34.

[104] Vgl. Zielsetzung der Bundesregierung zum Entwurf des TKG, BT-Drs. 13/4438 vom 23.04.1996, S. 1. Aus Sicht der DTAG ist dieses ordnungspolitische Konzept verfehlt, vgl. Hefekäuser/Wehner, CR 1996, 698 (699).

[105] Vgl. die Legaldefinition in § 3 Nr. 13 TKG. Regulierung ist Konsequenz der wirtschaftlichen Deregulierung und dient nach dem TKG als Sammelbegriff für alle notwendigen staatlichen Steuerungsmechanismen und Kontrollen über die privatwirtschaftliche Leistungserbringung, vgl. Spoerr/Deutsch, DVBl 1997, 300 (302). Nach Picot/Burr, in: Kubicek u.a. (Hrsg.), Jahrbuch Telekommunikation und Gesellschaft 1996, S. 19 (31) kann eine Reregulierung notwendige Folge einer Deregulierung sein, um wettbewerbshemmendes Verhalten des ehemaligen Monopolisten zu verhindern.

[106] Der Gesetzgeber kann damit auf Veränderungen flexibel reagieren. Eine Übersicht der 17 im TKG verankerten Verordnungen findet sich bei Scherer, NJW 1998, 1607 (1608). Die Verordnungen sind z.T. abgedruckt bei Etling-Ernst, TKG, Anhang I, S. 506 ff.

[107] Die Regulierungsbehörde wurde nach § 66 Abs. 1 TKG als Bundesoberbehörde im Geschäftsbereich des Bundesministeriums für Wirtschaft mit Sitz in Bonn errichtet. Allgemein zur Regulierungsbehörde vgl. Ulmen/Gump, CR 1997, 396 ff.; Leo/Schellenberg, ZUM 1997, 188 ff.

geblich auf das Lizenzierungsmodell des TKG an. Zu klären ist insbesondere, welche Aussage das TKG zur Frage der kommunalwirtschaftlichen Betätigung in der Telekommunikation trifft. Läßt es diese zu, so wird eine Differenzierung zwischen lizenz- und anzeigepflichtigen bzw. anzeigefreien Tätigkeiten vorzunehmen sein.

C. Telekommunikationsrechtliche Vorgaben

I. Lizenzierungsfähigkeit gemeindlicher TKU

Der Gesetzgeber hat eine Lizenzpflicht für den Zugang zu dem noch auf längere Zeit monopolistisch geprägten deutschen Telekommunikationsmarkt als sektorspezifische Regulierung für unabdingbar erachtet und in § 6 Abs. 1 TKG einen entsprechenden lizenzpflichtigen Bereich bestimmt.[108] Dieser knüpft an den Umfang der bisherigen Monopole, dem Netz- und dem Sprachtelefondienstmonopol, einschließlich der Mobilfunk- und Satellitenkommunikation, an.[109] Auf diese Weise begründet das Gesetz ein präventives Verbot mit Erlaubnisvorbehalt,[110] um zu gewährleisten, daß die für die Grundversorgung der Bevölkerung bedeutsamen Telekommunikationsdienstleistungen nur von solchen Unternehmen erbracht werden, die gewissen Mindestanforderungen genügen.[111] Ergänzend soll mit Versagungsregeln, die auf dem Gewährleistungsauftrag des Bundes aus Art.

---

[108] Vgl. die Begründung der Fraktionen CDU/CSU, SPD und FDP zum Entwurf des TKG, BT-Drs. 13/3609 vom 30.01.1996, S. 37; Schütz, in: BeckTKG-Komm, § 6 Rdnr. 2.

[109] Die Lizenzpflicht ist nicht deckungsgleich mit den früheren Monopolbereichen, vgl. Nolte, CR 1996, 459; a.A.: Schütz, in: BeckTKG-Komm, § 6 Rdnr. 1.

[110] Schütz, in: BeckTKG-Komm, § 6 Rdnr. 3. Nach § 3 Nr. 7 TKG handelt es sich bei der Lizenz um die Erlaubnis zum Angebot bestimmter Telekommunikationsdienstleistungen für die Öffentlichkeit. Da die Lizenz ein grundsätzlich bestehendes präventives Verbot mit Erlaubnisvorbehalt aufhebt, gleicht sie in ihrem Wesen weder der Verleihung noch der Konzession, sondern ähnelt vielmehr einer Kontrollerlaubnis, vgl. Spoerr/Deutsch, DVBl 1997, 300 (303 ff.); Scherer, NJW 1996, 2953 (2955).

[111] Der Gesetzgeber bewegt sich dabei im Rahmen der gemeinschaftsrechtlichen Vorgaben, die es den Mitgliedstaaten nach dem Wegfall der Monopole erlaubt haben, die bis dahin den Monopolunternehmen vorbehaltenen Dienstleistungen einer Lizenzpflicht zu unterwerfen, sofern dies aus bestimmten grundlegenden Anforderungen unerläßlich ist, vgl. Art. 3 i.V.m. Art. 1 Abs. 1 Gedankenstrich 15 der Diensterichtlinie 90/388/EWG vom 28.06.1990 (ABlEG Nr. L 192/10 vom 24.07.1990) i.d.F. der Wettbewerbsrichtlinie 96/19/EG vom 13.03.1996 (ABlEG Nr. L 74/13 vom 22.03.1996).

87 f Abs. 1 GG basieren,[112] der Marktzutritt ungeeigneter Unternehmen verhindert sowie eine hohe Qualität und Sicherheit der Telekommunikation gewährleistet werden. Die Lizenz, auf deren Erteilung im Hinblick auf die Grundrechte der Antragsteller aus Art. 12 Abs. 1 S. 1 und Art. 2 Abs. 1 GG grundsätzlich ein Rechtsanspruch besteht,[113] ist nach § 8 Abs. 3 TKG zu versagen, wenn bestimmte objektive und subjektive Voraussetzungen nicht vorliegen.[114] In objektiver Hinsicht ist die Lizenz zu versagen, wenn entweder gem. § 8 Abs. 3 Nr. 2 lit. b TKG durch die Erteilung die öffentliche Sicherheit und Ordnung gefährdet würde, oder wenn keine Funkfrequenzen zur Verfügung stehen, aber der Antragsteller Funkverbindungen betreiben möchte, vgl. § 8 Abs. 3 Nr. 1 TKG. Als subjektive Versagunsgkriterien nach § 8 Abs. 3 Nr. 2 lit. a TKG werden in bewußter Anlehnung an die Regelungen im Gewerberecht bzw. Wirtschaftsverwaltungsrecht[115] die Begriffe Zuverlässigkeit, Leistungsfähigkeit und Sachkunde verwendet.[116]

Im Regelfall erfolgt die Lizenzerteilung im Antragsverfahren nach § 8 TKG[117] durch die Regulierungsbehörde, das Vergabeverfahren nach § 11 TKG greift nur in Knappheitssituationen ein.[118]

Festzuhalten ist, daß nach dem Regulierungsansatz des TKG grundsätzlich jedem Antragsteller eine Lizenz zu erteilen ist, solange keiner der genannten Versagungsgründe vorliegt. Die Trägerschaft eines Anbieters spielt in diesem Zusammenhang keine Rolle; eine Differenzierung etwa in lizenzierungsfähige private Unternehmen und nicht lizenzierungsfähige öffentliche Unternehmen findet nicht statt. Auch TKU in gemeindlicher Trägerschaft bzw. mit Beteili-

---

[112] Vgl. Etling-Ernst, TKG, § 8 Rdnr. 13.

[113] Schütz, in: BeckTKG-Komm, § 6 Rdnr. 3; Etling-Ernst, TKG, § 8 Rdnrn. 1 f.; Spoerr/Deutsch, DVBl 1997, 300 (306); Pünder, DVBl 1997, 1353 (1354); Scherer, NJW 1996, 2953 (2955). Ein Ermessen steht der Regulierungsbehörde insoweit nicht zu, so überzeugend: Spoerr/Deutsch, DVBl 1997, 300 (307 f.); vgl. auch Nolte, CR 1996, 459 (461).

[114] Die in § 8 Abs. 3 TKG genannten Versagungsgründe sind abschließend, vgl. die Begründung des Entwurfs der Bundesregierung, BR-Drs. 80/96 vom 09.02.1996, S. 38.

[115] Etling-Ernst, TKG, § 8 Rdnr. 17, vgl. §§ 35 Abs. 1 GewO, § 4 Abs. 1 GastG; zur Sachkunde vgl. auch §§ 30 Abs. 1, 31 Abs. 1 WaffG, §§ 5 Abs. 1, 6 Abs. 1 BtMG.

[116] Vgl. die Legaldefinitionen in § 8 Abs. 3 a.E. TKG. Ein Antragsteller ist zuverlässig, wenn er die Gewähr dafür bietet, daß er als Lizenznehmer die ihn betreffenden Rechtsvorschriften einhalten wird. Leistungsfähigkeit ist gegeben, wenn er gewährleisten kann, daß ihm die für den Aufbau und den Betrieb der zur Ausübung der Lizenzrechte erforderlichen Produktionsmittel zur Verfügung stehen werden. Schließlich besitzt ein Antragsteller die notwendige Fachkunde, wenn davon auszugehen ist, daß die bei der Ausübung der Lizenzrechte tätigen Personen über die erforderlichen Kenntnisse, Erfahrungen und Fertigkeiten verfügen werden.

[117] Zur Gestaltung des Antrags vgl. Nolte, CR 1996, 459 (465); Fiebig, VR 1998, 161 (165 f.).

[118] Zum Verfahren der Lizenzerteilung bei Frequenzknappheit vgl. Spoerr/Deutsch, DVBl 1997, 300 (306 f.); Nolte, CR 1996, 459 (462 f.).

gung einer Gemeinde kommen demnach als mögliche Lizenznehmer in Betracht.

Für die Lizenzierungsfähigkeit gemeindlicher TKU spricht auch § 50 Abs. 4 TKG. Diese Vorschrift setzt voraus, daß die Träger der Wegebaulast selbst Lizenznehmer sein können. Da als Träger der Wegebaulast hinsichtlich der Gemeindestraßen und zum Teil auch der Ortsdurchfahrten nach den entsprechenden straßen- und wasserrechtlichen Bestimmungen insbesondere die Gemeinden in Betracht kommen,[119] ging der einfache Gesetzgeber augenscheinlich davon aus, daß Gemeinden bzw. gemeindliche TKU grundsätzlich dem Kreis der potentiellen Lizenznehmer angehören.

II. Lizenzpflichtige Tätigkeiten

Die lizenzpflichtigen Tätigkeiten werden ausdrücklich und abschließend[120] in § 6 Abs. 1 TKG aufgezählt. Eine Lizenzpflicht besteht demnach zunächst für das Betreiben von Übertragungswegen, die die Grenzen eines Grundstücks überschreiten und für Telekommunikationsdienstleistungen für die Öffentlichkeit genutzt werden, § 6 Abs. 1 Nr. 1 TKG. Des weiteren ist auch das Angebot von Sprachtelefondienst auf der Basis selbst betriebener Telekommunikationsnetze lizenzpflichtig, § 6 Abs. 1 Nr. 2 TKG.

Beantragt werden muß eine der Tätigkeit entsprechende Lizenzklasse nach der Einteilung in § 6 Abs. 2 TKG: Die Lizenzklassen 1 bis 3 betreffen das Betreiben von Übertragungswegen für Mobilfunk-, Satellitenfunk- oder andere Telefondienstleistungen für die Öffentlichkeit, während die Lizenzklasse 4 für das Angebot von Sprachtelefondienst auf der Basis eigener Telekommunikationsnetze erteilt wird.

1. Infrastrukturlizenz nach § 6 Abs. 1 Nr. 1 TKG

a) Betreiben von Übertragungswegen

Lizenzpflichtiger „Betreiber von Übertragungswegen“ ist unter Berücksichtigung der Legaldefinition des § 3 Nr. 1 TKG, wer die rechtliche und tatsächliche Kontrolle (Funktionsherrschaft) über die Gesamtheit der Funktionen, die zur

---

[119] Die Gemeinden sind Träger der Baulast für die Gemeindestraßen und ab einer bestimmten Einwohnerzahl auch für Ortsdurchfahrten höherklassifizierter Straßen, vgl. etwa §§ 47 Abs. 1, 43 Abs. 2 i.V.m. 44 Abs. 1 S. 1 StrWG NW, sowie Träger der Unterhaltungslast für sog. Gewässer zweiter Ordnung, vgl. etwa §§ 91 Abs. 1 Nr. 2 i.V.m. 5 LWG NW.

[120] Etling-Ernst, TKG, § 8 Rdnr. 10; Nolte, CR 1996, 459 (461).

Realisierung der Informationsübertragung auf Übertragungswegen unabdingbar erbracht werden müssen, ausübt.

Entscheidendes Kriterium für die Lizenzpflicht ist damit der verobjektivierte Begriff der Funktionsherrschaft.[121] *Fiebig* und *Hoeren/Brauner* verlangen für das Vorliegen der Funktionsherrschaft ein umfassendes Weisungsrecht gegenüber Dritten in Bezug auf den Übertragungsweg.[122] Nach ähnlicher Ansicht von Schütz hat die Funktionsherrschaft nur inne, wer eigenverantwortlich über die In- bzw. Außerbetriebnahme des Übertragungsweges entscheiden kann.[123]

Als bloße Voraussetzung der Inbetriebnahme führt die Errichtung von Übertragungswegen allein noch nicht zur Funktionsherrschaft. Alle mit Errichtung und Ausbau von Übertragungswegen zusammenhängenden Tätigkeiten sind also auch ohne Lizenz möglich.[124]

Keine Funktionsherrschaft begründet ebenfalls die Ausführung technischer Hilfstätigkeiten, wie etwa Planung, Beratung, Wartung, Instandhaltung und sonstige Netzmanagementdienste, die im Rahmen des Betriebs von Übertragungswegen erforderlich werden, da diese in der Regel nicht mit der Kontrolle über die Gesamtheit der Übertragungsfunktionen verbunden ist.[125]

Das Kriterium der Funktionsherrschaft ist auch im Rahmen der Frage, ob ein Betreiber von Mietleitungen einer Lizenz bedarf,[126] heranzuziehen.[127] Eigentum oder Besitz an Übertragungswegen ziehen nur solange die Funktionsherrschaft und damit Lizenzpflicht nach sich, wie im Einzelfall keine anderslautenden vertraglichen Regelungen getroffen werden.[128] Dementsprechend führt die bloße Nutzung der Übertragungswege bzw. freier Netzkapazitäten (etwa durch einen

---

[121] Auf subjektive Kriterien, wie etwa wirtschaftliche Interessen, kommt es nicht an, vgl. Hoeren/Brauner, NWVBl 1998, 129 (132).

[122] Fiebig nennt auch detaillierte Anforderungen an das Vorliegen der Weisungsgebundenheit, vgl. Fiebig, VR 1998, 161 (162, 164); Hoeren/Brauner, NWVBl 1998, 129 (132).

[123] Schütz, in: BeckTKG-Komm, § 6 Rdnr. 28.

[124] Dazu zählen etwa die Verlegung von Kabelleitungen, die Installation von Funkvorrichtungen, das Anbringen der Übertragungstechnik und der Anschluß an die Stromversorgung, vgl. Nolte, CR 1996, 459.

[125] Schütz, in: BeckTKG-Komm, § 6 Rdnr. 29.

[126] In der Literatur wird dies überwiegend bejaht: Etling-Ernst, TKG, § 6 Rdnrn. 8 u. 10, etwa hält das Betreiben von Mietleitungen für lizenzpflichtig. Dementsprechend soll die Anmietung von Übertragungswegen nicht unter die Lizenzpflicht fallen, vgl. K.-D.Scheurle, Telekommunikationsrecht, S. 4; L.M.Büchner, CR 1996, 581 (587). Gleiches gilt nach Nolte, CR 1996, 459 (460) auch für die bloße Weitervermietung angemieteter Leitungen.

[127] Ebenso: Schütz, in: BeckTKG-Komm, § 6 Rdnr. 30.

[128] Schütz, in: BeckTKG-Komm, § 6 Rdnrn. 28 f. Auch nach Ansicht von Hoeren/Brauner, NWVBl 1998, 129 (132) ist Eigentum am Übertragungsweg nicht maßgeblich für die rechtliche Kontrolle und damit Funktionsherrschaft, maßgeblich sei vielmehr das Weisungsrecht.

Mieter) erst dann zur Funktionsherrschaft, wenn es dem Nutzer möglich ist, über die Außerbetriebnahme der genutzten Kabelverbindung zu entscheiden.[129] Der Eigentümer eines Übertragungsweges ist demnach lizenzpflichtig, wenn er sich die Ausübung der rechtlichen und tatsächlichen Kontrolle über die Funktionen des Übertragungsweges vorbehält, nicht jedoch, wenn die Kontrollmöglichkeiten beim Mieter liegen. Durch die Anknüpfung an das Kriterium der Funktionsherrschaft bieten sich folglich Gestaltungsspielräume zur Vermeidung bzw. Verlagerung der Lizenzpflicht, indem anderen als den Eigentümern von Übertragungswegen die Funktionsherrschaft zugewiesen werden kann (etwa durch entsprechende Ausgestaltung von Betreiberverträgen).[130]

Diese Grundsätze gelten auch für den Betrieb gemeindeeigener Kommunikationsnetze, die in der Praxis zumeist den TKU der Gemeinden oder anderen Anbietern entgeltlich überlassen werden. Vermarktet also etwa eine Gemeinde oder ein Stadtwerk als Eigentümer eines Kommunikationsnetzes nur den Zugang zum Netz bzw. freie Netzkapazitäten und behält sich dabei die Kontrollmöglichkeiten vor, so ist die Lizenzpflicht zu bejahen. Liegt die Kontrolle aber beim Mieter, so gilt dieser als lizenzpflichtiger Betreiber. Zur Verlagerung von Funktionsherrschaft und Lizenzpflicht genügt die entsprechende Ausgestaltung der Kontrollmöglichkeiten im Betreibervertrag, die Übertragung des Eigentums am Netz etwa von der Gemeinde oder einem Stadtwerk auf ein gemeindliches TKU ist nicht erforderlich.

Die Lizenzpflicht bezieht sich nur auf Übertragungswege im Sinne der Legaldefinition in § 3 Nr. 22 TKG. Erfaßt sind damit nur Telekommunikationsanlagen[131] in Form von Kabel- oder Funkverbindungen einschließlich ihrer Abschlußeinrichtungen. Ausgenommen sind daher zunächst Trassen und Leerrohre, die von den Gemeinden lizenzfrei vermarktet werden können. Nicht zu den Übertragungswegen gehören nach dem Gesetzeswortlaut zudem Telekommunikationsanlagen ohne Abschlußeinrichtungen, so daß der Betrieb von „Telekommunikationslinien“ nicht lizenzpflichtig ist.[132]

b) Überschreiten der Grundstücksgrenze

Lizenzpflichtig nach § 6 Abs. 1 Nr. 1 TKG ist nur der Betrieb von Übertragungswegen, die die Grenze eines Grundstücks überschreiten. Nach dem Ver-

---

[129] Schütz, in: BeckTKG-Komm, § 6 Rdnr. 29.

[130] Scherer, NJW 1996, 2953 (2955).

[131] Vgl. die Legaldefinition der „Telekommunikationsanlagen“ in § 3 Nr. 17 TKG.

[132] Vgl. Geppert, in: BeckTKG-Komm, § 14 Rdnr. 7; Fiebig, VR 1998, 161 (162); Breuer, ET 1996, 808 (809).

ständnis des TKG muß es sich dabei nicht zwingend um ein einzelnes Grundstück nach liegenschaftsrechtlichem Verständnis handeln. Erfaßt werden vielmehr auch solche Grundstücke, die eine wirtschaftliche oder äußere Einheit mit anderen Grundstücken bilden.[133]

Die Gemeinden können demnach auch weiterhin lizenzfrei Übertragungswege innerhalb der Grenzen eines Grundstücks bzw. einer Grundstückseinheit -etwa von eigenen Behörden, Einrichtungen und Unternehmen- errichten und betreiben.

Für Gemeinden, die etwa aus standortpolitischen Gründen beabsichtigen, Übertragungswege in Industrie- und Gewerbegebieten zu betreiben, stellt sich die Frage, ob solche Gebiete eine Grundstückseinheit im Sinne des § 3 Nr. 6 TKG bilden. Während *Scherer* den lizenzfreien Betrieb von Übertragungswegen in Industrie- und Gewerbeparks bejaht,[134] lehnt *Schütz* die Lizenzfreiheit ab, wenn ein Gebiet von verschiedenen Eigentümern einheitlich genutzt wird, wie es bei einem Gewerbegebiet regelmäßig der Fall ist.[135] Die homogene Nutzung soll noch keine Einheitlichkeit begründen, weil sonst ganze Stadtteile oder Dörfer ein Grundstück bilden würden und so der Nutzerkreis nicht mehr von der Öffentlichkeit abgrenzbar sei.[136] Dem ist zunächst entgegenzuhalten, daß Gewerbegebiete äußerlich zumeist deutlich von den übrigen Gemeindegebieten getrennt sind und der Nutzerkreis schon aufgrund seiner gewerblichen Ausrichtung von der Öffentlichkeit abgrenzbar bleibt. Das Kriterium der Eigentümerstellung findet zudem keine Stütze im Gesetz. Andererseits ist zu bedenken, daß Gewerbegebiete regelmäßig von Straßen durchquert werden. In einem solchen Fall handelt es sich um eine lizenzpflichtige sog. „erweiterte Grundstücksanlage".[137] Der Betrieb von Übertragungswegen in Gewerbegebieten unterliegt folglich in der Regel der Lizenzpflicht.

---

[133] Nach der Legaldefinition in § 3 Nr. 6 TKG handelt es sich bei einem „Grundstück" um einen im Grundbuch als selbständiges Grundstück eingetragenen Teil der Erdoberfläche oder um einen Teil der Erdoberfläche, der durch die Art seiner wirtschaftlichen Verwendung oder nach seiner äußeren Erscheinung eine Einheit bildet, und zwar auch dann, wenn es sich im liegenschaftsrechtlichen Sinn um mehrere Grundstücke handelt. Straßen- und Schienennetze werden nicht als einheitliches Grundstück betrachtet. Mit dieser Definition übernimmt das TKG den früheren Grundstücksbegriff des § 8 Abs. 2 TVerleihV, durch den bereits der Anwendungsbereich des ehemaligen § 3 Abs. 3 FAG erweitert wurde. Nach dieser Ausnahmevorschrift waren ehemals Fernmeldeanlagen innerhalb eines Grundstücks und Anlagen zwischen mehreren einem Besitzer gehörenden, nicht weiter als 25 km voneinander entfernten Grundstücken genehmigungsfrei.

[134] Scherer, NJW 1996, 2953 (2955).

[135] Schütz, in: BeckTKG-Komm, § 6 Rdnr. 22.

[136] Schütz, in: BeckTKG-Komm, § 6 Rdnr. 22.

[137] Vgl. dazu Schütz, in: BeckTKG-Komm, § 6 Rdnr. 20 u. 22, der auf den Umkehrschluß aus § 8 Abs. 3 S. 2 Nr.3 TVerleihV hinweist.

c) Telekommunikationsdienstleistungen für die Öffentlichkeit

Eine Lizenzpflicht für den Betrieb von Übertragungswegen besteht nur dann, wenn diese dem Angebot von „Telekommunikationsdienstleistungen für die Öffentlichkeit“ zu dienen bestimmt sind. Darunter ist das gewerbliche Angebot von Telekommunikation[138] einschließlich des Angebots von Übertragungswegen für beliebige juristische oder natürliche Personen und nicht lediglich für die Teilnehmer geschlossener Benutzergruppen zu verstehen, § 3 Nr. 19 TKG.

Von der Lizenzpflicht ausgenommen ist der Betrieb von Übertragungswegen daher, wenn diese nicht für gewerbliche Angebote bestimmt sind, sondern für Dienste, die nicht dauerhaft erwerbsorientiert ausgeübt werden.[139] Gemeinden können demnach Übertragungswege betreiben, solange diese für Tätigkeiten bestimmt sind, die nicht mit Gewinnerzielungsabsicht erbracht werden. Dazu zählen nichtkommerzielle Anwendungen, wie etwa Stadtinformationssysteme.

Ebenfalls nicht lizenzpflichtig ist der Betrieb, wenn die Übertragungswege nicht der Öffentlichkeit, sondern nur eigenen Zwecken des Betreibers oder einem abgrenzbaren Nutzerkreis, wie etwa einer „geschlossenen Benutzergruppe“, dienen. In einem solchen Fall ist das allgemeine Interesse an der Eignung des Anbieters nicht berührt, so daß kein Bedürfnis für die Lizenzpflicht besteht. Zu den geschlossenen Benutzergruppen zählen neben Kapital- und Personengesellschaften unter anderem auch juristische Personen des öffentlichen Rechts sowie Teilnehmer, die in dauerhafter Verbindung zur Verfolgung hoheitlicher Ziele stehen.[140] So bilden zum Beispiel die Behörden eines Landes eine geschlossene Benutzergruppe.[141]

Daher können etwa solche Übertragungswege ohne Lizenz betrieben werden, die nur begrenzten Nutzerkreisen, wie gemeindeeigenen Behörden, Einrichtungen und Unternehmen dienen. Beispielhaft sei hier die lizenzfreie Vernetzung der Stadtverwaltung oder der Sparkassen erwähnt.

§ 6 Abs. 3 TKG enthält die Vermutung, daß das Betreiben von Übertragungswegen, die von Dritten genutzt werden, eine Telekommunikationsdienstleistung für die Öffentlichkeit darstellt. Der Betreiber hat in einem Fall der Drittnutzung darzulegen, daß die Voraussetzungen der Lizenzpflicht nicht vorliegen. Die

---

[138] Der Begriff der „Telekommunikation“ ist sehr weit gefaßt und erstreckt sich auf den technischen Vorgang des Aussendens, Übermittelns und Empfangens von Nachrichten jeglicher Art in der Form von Zeichen, Sprache, Bildern oder Tönen mittels Telekommunikationsanlagen, vgl. § 3 Nr. 16 TKG.

[139] Vgl. Schütz, BeckTKG-Komm, § 6 Rdnr. 23.

[140] Zur Definition der „geschlossenen Benutzergruppe“ sind die §§ 4 und 6 TVerleihV vom 19.10.1995, BGBl I S. 1434, heranzuziehen, nach denen zwischen „zusammengefaßten Unternehmen“ und „sonstigen geschlossenen Benutzergruppen“ zu differenzieren ist.

[141] Schütz, in: BeckTKG-Komm, § 6 Rdnr. 26; Fiebig, VR 1998, 161 (164).

Vermutungslast betrifft damit vor allem Netzbetreiber, die sich mit ihrem Telekommunikationsdienstangebot nicht an die Öffentlichkeit, sondern an abgrenzbare Nutzerkreise wenden wollen.[142] Einen entsprechenden Nachweis hat so zum Beispiel ein gemeindliches TKU zu erbringen, daß als rechtlich selbständiges Tochterunternehmen etwa einer Stadtwerke AG gegründet wurde, und nur Telekommunikationsdienstleistungen für das Mutterunternehmen erbringt.

2. Sprachtelefondienstlizenz nach § 6 Abs. 1 Nr. 2 TKG

Nicht unter die Legaldefinition des Sprachtelefondienstes[143] und damit nicht unter die Lizenzpflicht fällt die nichtgewerbliche Vermittlung von Sprache und solche, die sich nicht an die Öffentlichkeit, sondern an einen bestimmten Nutzerkreis, wie etwa die Teilnehmer einer geschlossenen Benutzergruppe, wendet.

Der Telefondienst für eine geschlossenen Benutzergruppe umfaßt neben der Sprachvermittlung innerhalb der Gruppe auch die Herstellung von Verbindungen zwischen den Teilnehmern der Gruppe und Dritten außerhalb der Gruppe.[144] Das Angebot von Telefondienst ist also stets lizenzfrei, solange sich die Kunden des Anbieters zu einer geschlossenen Benutzergruppe zusammengeschlossen haben. Ein gemeindliches TKU muß daher vor einem Engagement die Zielgruppe für das Angebot des Sprachtelefondienstes festlegen. Richtet sich das Angebot ausschließlich an Teilnehmer geschlossener Benutzergruppen, so besteht Lizenzfreiheit, ist darüber hinaus die Allgemeinheit angesprochen, so ist das Angebot lizenzpflichtig.

Beim Sprachtelefondienst ist die Lizenzpflicht mit dem „Betrieb eines Telekommunikationsnetzes" verknüpft. Aus der entsprechenden Legaldefinition ergibt sich, daß es um das Innehaben einer netzspezifischen Funktionsherrschaft geht, die unabhängig von den Eigentumsverhältnissen an den Übertragungswe-

---

[142] Der Bundesrat konnte sich mit seiner Forderung, die Vermutungsegel zu streichen, allerdings nicht durchsetzen, vgl. die Stellungnahme des Bundesrates Entwurf des TKG, BT-Drs. 13/4438 vom 23.04.1996, S. 7 f.

[143] § 3 Nr. 15 TKG definiert „Sprachtelefondienst" als die gewerbliche Bereitstellung für die Öffentlichkeit des direkten Transports und der Vermittlung von Sprache in Echtzeit von und zu den Netzabschlußpunkten des öffentlichen, vermittelnden Netzes , wobei jeder Benutzer das an solch einem Netzabschlußpunkt angeschlossene Endgerät zur Kommunikation mit einem anderen Netzabschlußpunkt verwenden kann. Diese Definition des Sprachtelefondienstes hat zu aktuellen Abgrenzungsprobleme geführt. Umstritten ist vor allem, ob die sogenannten „Rückruf-Dienstleistungen", die Internet-Telefonie („webphoning") und globale satellitengestütze persönliche Kommunikationssysteme der Lizenzpflicht unterliegen, vgl. dazu Scherer, NJW 1998, 1607 (1608 f.); Schütz, in: BeckTKG-Komm, § 6 Rdnrn. 58 f.; Etling-Ernst, TKG, § 6 Rdnrn. 18 ff., 27 ff.; Nolte, CR 1996, 459 (460).

[144] Schütz, in: BeckTKG-Komm, § 6 Rdnr. 56, unter Hinweis auf § 5 Abs. 1 Nr. 1 TVerleihV.

gen zu beurteilen ist.[145] Für die Funktionsherrschaft über das Netz ist es daher unerheblich, ob sich das Telekommunikationsnetz aus eigenen oder angemieteten Übertragungswegen zusammensetzt.[146] Es reicht aus, wenn eigene Vermittlungsstellen und ähnliche Einrichtungen vorhanden sind.

Ein gemeindliches TKU bedarf folglich auch einer Sprachtelefondienstlizenz der Klasse 4 nach § 6 Abs. 2 Nr. 2 S. 1 TKG, wenn es sich für sein Angebot nur angemieteter Übertragungswege, etwa verschiedener örtlicher Teilnetze, bedient. Dies gilt selbst dann, wenn die angemieteten Übertragungswege von einem Dritten betrieben werden, der dann folgerichtig Inhaber der Lizenzklasse 3 sein muß. Die Möglichkeit des Auseinanderfallens der Lizenzklassen folgt aus § 6 Abs. 2 Nr. 2 S. 2 TKG, wonach für das Recht zum Betreiben von Übertragungswegen eine gesonderte Lizenz der Klasse 3 nach § 6 Abs. 2 Nr. 1 TKG erforderlich ist.

Ein TKU einer Gemeinde bedarf also nur dann zusätzlich der Lizenzklasse 3, wenn es für das Angebot von Sprachtelefondienst auf selbst betriebene Übertragungswege zurückgreifen will; zwingend ist dies jedoch nicht.

Aus §§ 97 Abs. 2 i.V.m. 99 Abs. 1 Nr. 1 lit. b TKG ergibt sich die Fortgeltung des Sprachtelefondienstmonopols der DTAG bis zum 31.12.1997. § 100 Abs. 1 S. 4 TKG stellt deshalb noch einmal klar, daß die Rechte aus einer Sprachtelefondienstlizenz erst ab dem 01.01.1998 ausgeübt werden dürfen.

III. Anzeigepflichtige Tätigkeiten

§ 4 S. 1 TKG sieht vor, daß Aufnahme, Änderung und Beendigung des Erbringens von Telekommunikationsdienstleistungen innerhalb eines Monats bei der

---

[145] Unter „Betreiben von Telekommunikationsnetzen" versteht man nach § 3 Nr. 2 TKG das Ausüben der rechtlichen und tatsächlichen Kontrolle (Funktionsherrschaft) über die Gesamtheit der Funktionen, die zur Erbringung von Telekommunikationsdienstleistungen oder nichtgewerblichen Telekommunikationszwecken über Telekommunikationsnetze unabdingbar zur Verfügung gestellt werden müssen; dies gilt auch dann, wenn im Rahmen des Telekommunikationsnetzes Übertragungswege zum Einsatz kommen, die im Eigentum Dritter stehen. Ein „Telekommunikationsnetz" ist die Gesamtheit der technischen Einrichtungen (Übertragungswege, Vermittlungseinrichtungen und sonstige Einrichtungen, die zur Gewährleistung eines ordnungsgemäßen Betriebs des Telekommunikationsnetzes unerläßlich sind), die zur Erbringung von Telekommunikationsdienstleistungen oder zu nichtgewerblichen Telekommunikationszwecken dient, § 3 Nr. 21 TKG.

[146] Vgl. die Begründung der Fraktionen CDU/CSU, SPD und FDP zum Entwurf des § 6 TKG, BT-Drs. 13/3609 vom 30.01.1996, S. 37; Schütz, in: BeckTKG-Komm, § 6 Rdnr. 47; Scherer, NJW 1996, 2953 (2956).

Regulierungsbehörde schriftlich anzuzeigen sind.[147] Unter „Telekommunikationsdienstleistungen" versteht man das gewerbliche Angebot von Telekommunikation einschließlich des Angebots von Übertragungswegen für Dritte, § 3 Nr. 18 TKG.

Entsprechend dem Zweck der Anzeigepflicht, die Umgehung der Lizenzpflicht zu verhindern,[148] fallen damit grundsätzlich sämtliche lizenzfreien Telekommunikationsdienstleistungen unter die Anzeigepflicht.

Der Anzeigepflicht unterliegen daher zunächst das Angebot von Sprachtelefondienst[149] und der Betrieb von Übertragungswegen für geschlossene Benutzergruppen, selbst wenn die Übertragungswege innerhalb einer Grundstücksgrenze betrieben werden. Darüber hinaus erstreckt sich die Anzeigepflicht auch auf das weite Gebiet der sogenannten Mehrwertdienste,[150] unabhängig davon, ob sich das Angebot an die Öffentlichkeit oder nur an geschlossene Benutzergruppen richtet. Erfaßt sind als spezielle Telekommunikationsdienstleistungen die Informations- und Kommunikationsdienste.[151] Da auch das Angebot von Übertra-

---

[147] Damit bewegt sich der deutsche Gesetzgeber im Rahmen der gemeinschaftsrechtlichen Vorgaben, nach denen andere Telekommunikationsdienste als Sprachtelefondienst und die Errichtung und Bereitstellung von öffentlichen Telekommunikationsnetzen lediglich einer Allgemeingenehmigung oder einem Anmeldeverfahren unterworfen werden dürfen, vgl. Art. 2 Abs. 3 S. 2 der Diensterichtlinie 90/388/EWG vom 28.06.1990 (ABlEG Nr. L 192/10 vom 24.07.1990) i.d.F. der Wettbewerbsrichtlinie 96/19/EG vom 13.03.1996 (ABlEG Nr. L 74/13 vom 22.03.1996).

[148] Vgl. die Begründung der Fraktionen CDU/CSU, SPD und FDP zum Entwurf des TKG, BT-Drs. 13/3609 vom 30.01.1996, S. 37; Schuster, in: BeckTKG-Komm, § 4 Rdnr. 1; Etling-Ernst, TKG, § 4 Rdnr. 2; Nolte, CR 1996, 459 (460).

[149] Vgl. Fiebig, VR 1998, 161 (164).

[150] In der Literatur finden sich verschiedene Einteilungen der Mehrwertdienste, die angesichts der Vielfalt der Dienste und des raschen technischen Fortschritts voneinander abweichen und nicht abschließend sein können. Schütz, in: BeckTKG-Komm, § 4 Rdnr. 5, differenziert so zwischen Datenmehrwertdiensten, Sprachmehrwertdiensten, integrierten Mehrwertdiensten, Informations- und Buchungsdiensten, Datenübermittlungsdiensten, Netzmanagementdiensten (z.B. Internet-Provider, Callback-Dienste) und z.T. Multimediadiensten. Vgl. auch die terminologisch andere, aber im Ergebnis ähnliche Einteilung bei Etling-Ernst, TKG, § 4 Rdnr. 7, Fn. 55.

[151] Vgl. Pünder, DVBl 1997, 1353 (1354). Bei den Informations- und Kommunikationsdiensten ist zu unterscheiden, ob sie für eine individuelle Nutzung bestimmt sind (Teledienste) oder ob sie an die Allgemeinheit gerichtet sind (Mediendienste), vgl. § 2 Abs. 1 des Gesetzes über die Nutzung von Telediensten (Teledienstegesetz - TDG) i.d.F. des Art. 1 des Gesetzes zur Regelung der Rahmenbedingungen für Informations- und Kommunikationsdienste (Informations- und Kommunikationsdienste-Gesetz - IuKDG) vom 22.07.1997, BGBl I S. 1870, bzw. § 2 Abs. 1 S. 1 des Staatsvertrages über Mediendienste (Mediendienste-Staatsvertrag - MDStV) vom 20.01./12.02.1997, vgl. etwa GV NW S. 158, in Kraft getreten gem. § 23 Abs. 1 MDStV am 01.08.1997, abgedruckt bei Theis, Die Multimedia-Gesetze.

gungswegen für Dritte nach § 3 Nr. 18 TKG zu den Telekommunikationsdienstleistungen im Sinne des § 4 S. 1 TKG zählt, unterliegt zudem die Vermarktung von Übertragungswegen der Anzeigepflicht, wie etwa Verkauf oder Vermietung von lokalen Kommunikationsnetzen an gemeindliche TKU oder Dritte, sowie Weitervermietung.

Beabsichtigt also eine Gemeinde etwa, die örtlichen Krankenhäuser oder Sparkassenfilialen untereinander zu vernetzen, um Daten auszutauschen, Sprache zu vermitteln oder Videokonferenzen zu schalten,[152] so ist darin ein anzeigepflichtiges Angebot von Telekommunikationsdienstleistungen für geschlossene Benutzergruppen zu sehen.

IV. Anzeigefreie Aktivitäten

Nicht anzeigepflichtig sind solche Tätigkeiten, die keine „Telekommunikationsdienstleistungen" im Sinne der §§ 4 S. 1 i.V.m. 3 Nr. 18 TKG sind, also insbesondere das nicht kommerzielle oder nur dem Eigenbedarf dienende Angebot von Sprachtelefondienst, Mehrwertdiensten und Übertragungswegen.

Ohne Anzeige kann eine Gemeinde daher den Bürgern nicht gewerbliche Dienste anbieten, wie etwa kostenlose Stadtinformationssysteme.

Pünder weist darauf hin, daß Gemeinden zudem anzeigefrei die eigenen Behörden, Einrichtungen und Unternehmen zur Erfüllung ihrer Verwaltungsaufgaben vernetzen könnten, da damit noch kein Tätigwerden „am Markt" verbunden sei.[153] An dieser Stelle ist jedoch zu differenzieren: Die Tätigkeit ist anzeigepflichtig, sobald sie von einem rechtlich selbständigen gemeindlichen TKU ausgeführt wird, da es sich aus Sicht des Unternehmens[154] bei der Vernetzung gemeindlicher Einrichtungen um „gewerblich" erbrachte Telekommunikationsdienstleistungen „für Dritte" im Sinne des § 3 Nr. 18 TKG handelt, und nicht bloß um anzeigefreie rein unternehmensinterne[155] Dienste. Für eine Anzeigepflicht spricht zudem die Regelung des § 6 Abs. 3 TKG, nach der die Lizenzpflicht des Betreibens von Übertragungswegen, die von Dritten

---

[152] Diese Anwendungsbeispiele werden bei Zimmermann, in: Friedrich-Ebert-Stiftung, Arbeitsgruppe Kommunalpolitik (Hrsg.), Telekommunikation - Ein Thema für die Kommunalpolitik, S. 59 (65), und Pünder, DVBl 1997, 1353 (1354) genannt.

[153] Pünder, DVBl 1997, 1353 (1354).

[154] Dem Wortlaut des § 4 S. 1 TKG ist zu entnehmen, daß es für die Anzeigepflicht auf denjenigen ankommt, der die Dienste erbringt, also auf den Anbieter, und nicht auf den dahinter stehenden Träger.

[155] Vgl. Schuster, in: BeckTKG-Komm, § 4 Rdnr. 4; Nolte, CR 1996, 459 (460).

genutzt werden, vermutet wird. Im Fall der Vernetzung einzelner gemeindlicher Nutzerkreise kann zwar der Nachweis der Lizenzfreiheit erbracht werden, die Tätigkeit ist aber anzeigepflichtig, um Sinn und Zweck der Anzeigepflicht, eine Umgehung der Lizenzpflicht zu verhindern, gerecht zu werden.

Keine Telekommunikationsdienstleistungen im Sinne der §§ 4 S. 1 i.V.m. 3 Nr. 16, 18 und 22 TKG, und damit anzeigefrei, sind zudem Consulting (Planung, Beratung), netzbezogene Dienstleistungen (Netzmanagementdienste im Sinne technischer Hilfstätigkeiten wie Wartung und Instandhaltung), die Errichtung von Übertragungswegen sowie die Vermietung von Trassen, Leerrohren und Telekommunikationslinien.

Der Anzeigepflicht unterliegt eine Gemeinde ebenfalls nicht, wenn sie lediglich von Dritten erbrachte Telekommunikationsdienstleistungen nutzt, Telekommunikationsendgeräte vertreibt oder Wegerechten vermarktet, soweit letzteres im Rahmen von § 50 Abs. 1 und 2 TKG überhaupt möglich ist.

V. Strukturelle Separierung

Nach § 14 Abs. 1 TKG müssen Unternehmen, die auf anderen Märkten als der Telekommunikation über eine marktbeherrschende Stellung nach § 22 GWB verfügen, ihr Angebot von Telekommunikationsdienstleistungen in rechtlich selbständigen Unternehmen organisieren. Mit Hilfe dieser sog. strukturellen Separierung soll die notwendige Transparenz geschaffen werden, um einer Verfälschung des Wettbewerbs entgegenwirken zu können, die durch Quersubventionierung oder Dumping entstehen kann.[156]

Diese Regelung richtet sich insbesondere an Unternehmen, die trotz der Liberalisierung der Energiewirtschaft[157] auch weiterhin über marktbeherrschende Positionen im Bereich der Energieversorgung verfügen. Zum Kreis regional marktbeherrschender Energieversorgungsunternehmen gehören auch zahlreiche

---

[156] Vgl. die Begründung der Fraktionen CDU/CSU, SPD und FDP zum Entwurf des TKG, BT-Drs. 13/3609 vom 30.01.1996, S. 40; vgl. auch die Stellungnahme der Bundesregierung zum Elften Hauptgutachten der Monopolkommission 1994/95, BT-Drs. 13/7998 vom 19.06.1997, S. 12; Breuer, ET 1996, 808; Fiebig, VR 1998, 161 (162).

[157] Vgl. das Gesetz über die Elektrizitäts- und Gasversorgung (Energiewirtschaftsgesetz - EnWG) i.d.F. von Art. 1 des Gesetzes zur Neuregelung des Energiewirtschaftsrechts vom 24.04.1998, BGBl I S. 730, zur Umsetzung der Richtlinie 96/92 EG des Europäischen Parlaments und des Rates vom 19.12.1996 (ABlEG Nr. L 27/20 vom 30.01.1997) betreffend gemeinsame Vorschriften für den Elektrizitätsbinnenmarkt. Die Gemeinden können danach zwar weiterhin einem Anbieter das Recht zur allgemeinen Versorgung im Gemeindegebiet einräumen, ein örtliches Versorgungsmonopol besteht allerdings angesichts der Durchleitungsverpflichtung in § 6 Abs. 1 S. 1 EnWG nicht mehr.

Stadtwerke, mittels derer die Gemeinden die Versorgung der Gemeindeeinwohner zum Teil in eigener Regie übernehmen.[158]

Ausgelöst wird die Pflicht zur strukturellen Separierung durch das Führen von Telekommunikationsdienstleistungen. Damit ist bereits der gesamte anzeigepflichtige Bereich nach § 4 S. 1 TKG erfaßt, der ebenfalls das Vorliegen von Telekommunikationsdienstleistungen im Sinne des § 3 Nr. 18 TKG voraussetzt. Darüber hinaus zählen zu den Telekommunikationsdienstleistungen aber auch alle lizenzpflichtigen Tätigkeiten nach § 6 Abs. 1 TKG.[159] Lediglich bei den anzeigefreien Telekommunikationsaktivitäten handelt es sich nicht um Telekommunikationsdienstleistungen im Sinne des § 3 Nr. 18 TKG, so daß für diesen Bereich keine Ausgliederungspflicht besteht.

Gemeinden bzw. deren Unternehmen, die etwa in der Energieversorgung über marktbeherrschende Stellungen verfügen, unterliegen demzufolge der Pflicht zur strukturellen Ausgliederung von jeglichen anzeige- und lizenzpflichtigen Telekommunikationsaktivitäten in rechtlich selbständige gemeindliche TKU.[160]

Diese Pflicht entfällt also lediglich dann, wenn keine marktbeherrschende Stellung auf anderen Märkten als der Telekommunikation besteht, oder wenn ausschließlich anzeigefreie Tätigkeiten angeboten werden sollen.

Übertragungswege können -da es sich um eine lizenzpflichtige Tätigkeit handelt- nur durch ausgegliederte TKU der Gemeinden betrieben werden. Sofern also eine marktbeherrschende Stellung im Sinne des § 14 Abs. 1 TKG vorliegt, darf die Funktionsherrschaft nicht bei der Gemeinde selbst bzw. einem gemeindlichen Energieversorgungsunternehmen liegen. Soll dennoch faktisch der Betrieb der separierten Übertragungswege weiterhin durch die Gemeinde bzw. das gemeindliche Mutterunternehmen durchgeführt werden, so ist zumindest die Weisungsgebundenheit des „Betreibers" vertraglich sicherzustellen, damit die Funktionsherrschaft rechtlich beim TKU der Gemeinde verbleibt.[161]

---

[158] Zur marktbeherrschenden Stellung der Energieversorgungsunternehmen, vgl. Monopolkommission, Die Telekommunikation im Wettbewerb, Sondergutachten 24, S. 28 f.

[159] Sowohl beim Betrieb von Übertragungswegen i.S.d. § 6 Abs. 1 Nr. 1 TKG als auch beim Angebot von Sprachtelefondienst i.S.d. § 6 Abs. 1 Nr. 2 TKG sind die Voraussetzungen des § 3 Nr. 18 TKG erfüllt, vgl. § 3 Nr. 15 und 19 TKG.

[160] Es gilt der funktionale Unternehmensbegriff des GWB, so daß nicht nur juristische Personen, sondern auch Personengesellschaften (GbR, OHG, KG) ein rechtlich selbständiges Unternehmen i.S.d. § 14 Abs. 1 TKG bilden können, vgl. Geppert, in: BeckTKG-Komm, § 14 Rdnr. 11 (m.w.N.). Als Lizenznehmer muß dann das gemeindliche TKU die Voraussetzungen erfüllen, die an die Erteilung der Lizenz geknüpft sind, also insbesondere die nach § 8 Abs. 3 Nr. 2 lit. a TKG erforderliche Zuverlässigkeit, Leistungsfähigkeit und Fachkunde besitzen.

[161] Vgl. Fiebig, VR 1998, 161 (164), der auch detaillierte Voraussetzungen für eine entsprechende Vertragsgestaltung nennt.

Dies gilt aber nicht für Übertragungswege ohne Abschlußeinrichtungen, da diese nicht unter die Definition der Übertragungswege und damit der Telekommunikationsdienstleistungen fallen, und daher keine Separierungspflicht begründen.[162] Bietet ein marktbeherrschendes Unternehmen einem Dritten, etwa einem ausgegliederten Tochterunternehmen, die entgeltliche Mitnutzung von solchen Übertragungsstrukturen an, so ist jedoch zu differenzieren: Werden die angebotenen Infrastrukturen erst durch zusätzliche Übertragungs- und Abschlußeinrichtungen zu Übertragungswegen für die Telekommunikation, wird keine Pflicht zur strukturellen Separierung ausgelöst. Dies betrifft vor allem Stromleitungen.[163] Dagegen ist das Angebot zur Mitnutzung von Funkverbindungen, die etwa für den Eigenbedarf betrieben werden, durch ein marktbeherrschendes Unternehmen im Sinne des § 14 Abs. 1 TKG nicht möglich.[164]

Die Pflicht zur rechtlichen Ausgliederung erfordert nicht auch die wirtschaftliche Unabhängigkeit des neu zu gründenden Unternehmens von der Gemeinde bzw. von seinem Mutterunternehmen. Nicht ausgeschlossen ist daher der Abschluß von Beherrschungs- bzw. Gewinnabführungsverträgen.[165]

VI. Universaldienst

Mit der Liberalisierung der Telekommunikation ist die Möglichkeit entfallen, Defizite, die bei der Erbringung von Telekommunikationsdienstleistungen in Randgebieten entstehen, durch in Ballungsgebieten erzielte Monopolgewinne auszugleichen. Da sich aber im Wettbewerb die Aktivitäten der Anbieter auf die wirtschaftlich attraktivsten Ballungsgebiete konzentrieren werden (sog. „cherry picking“), schließt sich die Frage nach der Sicherstellung der Versorgung der Bevölkerung vor allem in ländlichen und strukturschwachen Gebieten an.

Die Antwort auf diese für peripher gelegene Gemeinden besonders wichtige Frage enthalten die Vorschriften über den Universaldienst in den §§ 17 ff. TKG. Sie sehen ein Instrumentarium vor, um die ortsunabhängige Grundversorgung

---

[162] Vgl. § 3 Nr. 18 und 22 TKG. Vgl. dazu auch Geppert, in: BeckTKG-Komm, § 14 Rdnr. 7; Fiebig, VR 1998, 161 (162); Breuer, ET 1996, 808 (809 f.).

[163] Vgl. Geppert, in: BeckTKG-Komm, § 14 Rdnr. 9; vgl. dazu auch Fiebig, VR 1998, 161 (162).

[164] Vgl. Geppert, in: BeckTKG-Komm, § 14 Rdnr. 9; vgl. dazu auch Fiebig, VR 1998, 161 (162).

[165] Vgl. Geppert, in: BeckTKG-Komm, § 14 Rdnr. 10; Fiebig, VR 1998, 161 (164).

der Bevölkerung mit Telekommunikationsdienstleistungen zu gewährleisten.[166] Nach der Legaldefinition in § 17 Abs. 1 S. 1 TKG sind Universaldienstleistungen ein Mindestangebot an Telekommunikationsdienstleistungen für die Öffentlichkeit, für die eine bestimmte Qualität festgelegt ist und zu denen alle Nutzer unabhängig von ihrem Wohn- oder Geschäftsort zu einem erschwinglichen Preis Zugang haben müssen.[167] Durch diese Garantie kommt der Bund der ihm obliegenden Infrastukturverpflichtung aus Art. 87 f Abs. 1 GG, flächendeckend angemessene und ausreichende Telekommunikationsdienstleistungen[168] zu gewährleisten, nach. Entsprechend der verfassungsrechtlichen Verpflichtung, die sich nur auf eine Grundversorgung und nicht auf den Ausbau einer optimalen Infrastruktur bezieht,[169] geht die Universaldienstgarantie nicht über ein Mindestangebot an Telekommunikationsdienstleistungen hinaus. Zu diesem Mindestangebot zählen nach § 17 Abs. 1 S. 2 und 3 TKG nur Dienste aus den Bereichen des Sprachtelefondienstes und des Betreibens von Übertragungswegen nach § 6 Abs. 1 TKG sowie damit unmittelbar zusammenhängende Dienste, deren Erbringung für die Öffentlichkeit als Grundversorgung unabdingbar geworden ist.[170] Die Konkretisierung der Universaldienstleistungen erfolgt in einer Rechtsverordnung.[171] Zwar ist dabei von einem dynamischen Begriff der Universal-

---

[166] Die Bestimmungen über den Universaldienst orientieren sich maßgeblich an der Entschließung des Rates vom 07.02.1994 (ABlEG Nr. C 48/1 vom 16.02.1994) über die Grundsätze für den universellen Dienst im Bereich der Telekommunikation, und an dem Entwurf einer Richtlinie über die Zusammenschaltung in der Telekommunikation zur Gewährleistung des Universaldienstes und der Interoperabilität vom 31.08.1995 (ABlEG Nr. C 313/7 vom 24.11.1995) i.d.F. des Änderungsvorschlags vom 20.03.1996 (ABlEG Nr. C 178/3 vom 21.06.1996), Ziffer 6 der Erwägungsgründe.

[167] Vgl. die ähnliche Terminologie in den §§ 1 und 2 Abs. 2 Nr. 3 TKG.

[168] „Angemessen" bezieht sich auf die Qualität, „ausreichend" auf die Quantität der Dienstleistungen, BT-Drs. 12/7269 vom 14.04.1994, S. 5.

[169] Vgl. BT-Drs. 12/7269 vom 14.04.1994, S. 5; BT-Drs. 12/8108 vom 24.06.1994, S. 5; Jarass/Pieroth, GG, Art. 87 f Rdnr. 3; Windthorst, in: Sachs, GG, Art. 87 f, Rdnr. 10; Eifert, Grundversorgung mit Telekommunikationsleistungen im Gewährleistungsstaat, S. 192 ff.

[170] Damit umfaßt der Universaldienst nur Leistungen, die für die Öffentlichkeit selbstverständlich geworden sind, was sich etwa an der Marktpenetration ablesen läßt. Vermieden werden soll damit die staatliche Steuerung von Innovationen und Investitionen sowie die Errichtung tatsächlicher Marktzugangsbarrieren, vgl. K.-D.Scheurle, in: Kubicek u.a. (Hrsg.), Jahrbuch Telekommunikation und Gesellschaft 1996, 217 (218 f.). Angesichts der zunehmenden Ausdifferenzierung der Nutzergruppen kritisiert Eifert, Grundversorgung mit Telekommunikationsleistungen im Gewährleistungsstaat, S. 183 ff., 224, daß das Universaldienstkonzept des TKG von einer einheitlichen Nutzergruppe und einer fortschreitenden Verbreitung neuer Dienste bis zu einem Punkt der allgemeinen Unabdingbarkeit, an den dann der Universaldienst anknüpft, ausgeht.

[171] Vgl. § 1 TUDLV. Danach zählen zu den Universaldienstleistungen derzeit der Sprachtelefondienst mit ISDN-Leistungsmerkmalen und die damit in unmittelbarem Zusammenhang

dienstleistungen auszugehen,[172] da deren Bestimmung nach § 17 Abs. 2 S. 2 TKG der technischen und gesellschaftlichen Entwicklung nachfragegerecht anzupassen ist, jedoch werden Innovationen erst mit großer zeitlicher Verzögerung erfaßt.[173]

Das Universaldienstleistungsmodell des TKG sorgt daher zwar für die ortsunabhängige Sockelversorgung mit Telekommunikation, es verbleibt jedoch stets eine Lücke zu einer Versorgung, die den unterschiedlichen Anforderungen der Anwender optimal gerecht wird.[174] Zur optimalen Versorgung der örtlichen Wirtschaft und Bevölkerung mit höherwertigen Diensten und damit zur Verbesserung der Standort- und Lebensqualität, kann deshalb -soweit der Markt das Angebot nicht erbringt- eigenes Engagement der Gemeinden beitragen. Diese können sich -um nachteiligen Entwicklungen in der örtlichen Versorgungsqualität entgegenzuwirken- gehalten sehen, die besonderen Leistungen als Anbieter selbst oder in Kooperation mit Dritten zu erbringen, oder anderen Unternehmen Anreize zum Angebot qualitativ höherwertiger Dienste zu bieten.

Das TKG enthält keine grundsätzliche Versorgungsverpflichtung der TKU, sondern geht vielmehr davon aus, daß die Kräfte des freien Marktes vor dem Hintergrund des erreichten Versorgungsstandes auch weiterhin für die flächendeckend angemessene und ausreichende Versorgung mit Telekommunikationsdienstleistungen im Sinne der Infrastrukturverpflichtung aus Art. 87 f Abs. 1 GG sorgen.[175] Erst bei drohender Unterversorgung, können Lizenznehmer nach § 6 Abs. 1 TKG verpflichtet werden, zur Erbringung der

---

stehenden Dienstleistungen, wie das Erteilen von Auskünften, die Herausgabe von Teilnehmerverzeichnissen, und das Bereitstellen von öffentlichen Telefonstellen. Darüber hinaus ist auch die Bereitstellung von Übertragungswegen nach den Vorgaben der sogenannten Mietleitungsrichtlinie, vgl. Anhang II der Richtlinie 92/44/EWG des Rates vom 05.06.1992 zur Einführung des offenen Netzzugangs bei Mietleitungen (ABlEG Nr. L 165/27 vom 19.06.1992) als Universaldienstleistung qualifiziert worden.

[172] Vgl. Etling-Ernst, TKG, § 17 TKG Rdnr. 4.

[173] So auch Pünder, DVBl 1997, 1253 (1355). Als Beispiel für einen Qualitätsunterschied dient etwa die Differenzierung zwischen dem in § 1 TUDLV garantierten „Sprachtelefondienst mit ISDN-Leistungsmerkmalen" und dem bereits weit verbreiteten, leistungsfähigeren „Sprachtelefondienst mit ISDN-Standard".

[174] Diese Lücke birgt die Gefahr, daß sich die Entwicklung der Telekommunikation vorwiegend in den Ballungsgebieten vollzieht, hingegen an ländlichen Gebieten vorübergeht. In der Literatur spricht man in diesem Zusammenhang von einem „Telekommunikationsschatten", vgl. Pünder, DVBl 1997, 1353 (1354 f.); Giesen/Gerbrand, StuG 1996, 15 (17 f.).

[175] Vgl. die Begründung der Fraktionen CDU/CSU, SPD und FDP zum Entwurf des TKG, BT-Drs. 13/3609 vom 30.01.1996, S. 41; vgl. ferner die Stellungnahme der Bundesregierung zum Elften Hauptgutachten der Monopolkommission 1994/95, BT-Drs. 13/7998 vom 19.06.1997, S. 11; K.-D.Scheurle, in: Kubicek u.a. (Hrsg.), Jahrbuch Telekommunikation und Gesellschaft 1996, S. 217 (218, 220).

entsprechenden Universaldienstleistung beizutragen, § 18 Abs. 1 S. 1 TKG. Dieser Beitrag zur Behebung der Versorgungslücke ist -sofern kein Lizenznehmer die Universaldienstleistung freiwillig erbringt- abhängig von der Marktstellung entweder durch die Erbringung der Universaldienstleistung selbst oder einer Ausgleichsabgabe,[176] zu leisten. Die Universaldienstverpflichtung kann allerdings nur solche Lizenznehmern auferlegt werden, die zum Kreis der relevanten Marktteilnehmer zählen.[177] Aus diesem Grund ist die Möglichkeit einer Verpflichtung zum Universaldienst aus Sicht der gemeindlichen TKU in absehbarer Zukunft nur in Ausnahmefällen von Bedeutung.

VII. Entgeltregulierung, Offener Netzzugang und Zusammenschaltungen

Ebenso, wie die Regulierung von Entgelten für das Angebot von Übertragungswegen und Sprachtelefondienst im Rahmen der Lizenzklassen 3 und 4 nur marktbeherrschende Lizenznehmer betrifft,[178] sind Anbieter von Telekommunikationsdienstleistungen für die Öffentlichkeit auch nur im Fall einer marktbe-

---

[176] Die Zulässigkeit dieser als „Sonderabgabe" zu qualifizierenden Universaldienstabgabe ist vor dem Hintergrund der Rechtsprechung des Bundesverfassungsgerichts (vgl. BVerfGE 55, 274 (298 ff.); 67, 256 (274 ff.); 82, 159 (179 ff.); 91, 186 (201 ff.)) anzuzweifeln. Da den Lizenznehmern das besondere Interesse an der Sicherstellung defizitärer telekommunikativer Grundversorgung mangelt, ist mit Schütz die erforderliche spezifische Finanzierungsverantwortung abzulehnen (vgl. Schütz, in: BeckTKG-Komm, § 21 Rdnrn. 4 ff. (8)). Die besondere Gruppenverantwortung entsteht auch nicht durch die Begrenzung des Kreises der potentiell Universaldienstleistungsverpflichteten auf die relevanten Marktteilnehmer in § 18 Abs. 1 S. 1 TKG (so aber BT-Drs. 13/3609 vom 30.01.1996, S. 41; K.-D.Scheurle, in: Kubicek u.a. (Hrsg.), Jahrbuch Telekommunikation und Gesellschaft 1996, S. 217 (220); Scherer, NJW 1996, 2953 (2959)). Die Finanzierung der im Allgemeininteresse erbrachten Universaldienstleistungen durch Steuermittel ist daher vorzugswürdig (ebenso: Monopolkommission, Sondergutachten: Die Telekommunikation im Wettbewerb, S. 18). A.A.: Scholz, Archiv PT 1996, 97 (101); Etling-Ernst, TKG, § 21 Rdnr. 7, die die Universaldienstabgabe als angemessenes „Äquivalent zur Selbstbestimmung der Lizenzgebiete" betrachtet; sowie Manssen, Archiv PT 1998, 236 (238 f.), jedoch mit Hinweis auf die verfassungsrechtliche Problematik der Bestimmung des Kreises der Abgabepflichtigen.

[177] § 18 Abs. 1 S. 1 TKG setzt für die Verpflichtung eines Lizenznehmers voraus, daß dieser auf dem jeweiligen sachlich relevanten Markt der betreffenden lizenzpflichtigen Telekommunikationsdienstleistung tätig ist und einen Anteil von mindestens 4 vom Hundert des Gesamtumsatzes dieses Marktes im Geltungsbereich dieses Gesetzes auf sich vereinigt oder auf dem räumlich relevanten Markt über eine marktbeherrschende Stellung nach § 22 GWB verfügt.

[178] Vgl. § 25 Abs. 1 TKG. Die Entgelte haben sich dann an den Kosten der effizienten Leistungsbereitsstellung zu orientieren, § 24 Abs. 1 S. 1 TKG. Zu Einzelheiten vgl. die TEntgV.

herrschenden Stellung nach § 22 GWB verpflichtet, Wettbewerbern diskriminierungsfreien Zugang zu eigenen Leistungen zu ermöglichen, § 33 Abs. 1 S. 1 TKG. Gleiches gilt für die Gewährung von Netzzugang. Nach § 35 Abs. 1 S. 1 TKG haben Betreiber von Telekommunikationsnetzen, die Telekommunikationsdienstleistungen für die Öffentlichkeit anbieten, anderen Nutzern[179] Zugang zu den eigenen Netzen[180] oder zu Teilen derselben nur dann zu gewähren, wenn sie über eine marktbeherrschende Stellung nach § 22 GWB verfügen. Eine Spezialform des besonderen Netzzugangs stellt die Zusammenschaltung dar.[181] Die Betreiber nach § 35 Abs. 1 S. 1 TKG sind daher verpflichtet, eine Zusammenschaltung der eigenen Netze mit öffentlichen Telekommunikationsnetzen anderer Betreiber zu ermöglichen.[182]

---

[179] Mit „Nutzern" sind die Nachfrager nach Telekommunikationsdienstleistungen gemeint, § 3 Nr. 11 TKG. Zum Kreis der Nutzer zählen neben Verbrauchern, vgl. § 41 Abs. 1 TKG, auch Betreiber öffentlicher Telekommunikationsnetze, vgl. § 35 Abs. 1 S. 3 TKG.

[180] Nach der Legaldefinition in § 3 Nr. 9 TKG ist „Netzzugang" die physische und logische Verbindung von Endeinrichtungen oder sonstigen Einrichtungen mit einem Telekommunikationsnetz oder Teilen desselben sowie die physische und logische Verbindung eines Telekommunikationsnetzes mit einem anderen Telekommunikationsnetz oder Teilen desselben zum Zweck des Zugriffs auf Funktionen dieses Telekommunikationsnetzes oder auf die darüber erbrachten Telekommunikationsdienstleistungen. Nach § 35 Abs. 1 S. 2 TKG ist zu differenzieren zwischen dem Zugang über für sämtliche Nutzer bereitgestellte Anschlüsse (allgemeiner Netzzugang) und dem Zugang über besondere Anschlüsse (besonderer Netzzugang). Allgemein zum Netzzugang und zu Zusammenschaltungen vgl. Haar, CR 1996, 713 ff.; Hefekäuser/Dreier, CR 1997, 110 ff. Die speziellen Netzzugangsregelungen des TKG haben im übrigen Vorrang vor der allgemeinen Vorschrift des § 19 Abs. 4 Nr. 4 GWB, die Unternehmen allgemein den diskriminierungsfreien Zugang zu Netzen und anderen Infrastruktureinrichtungen sichern soll, vgl. v.Wallenberg, in: FAZ vom 19.02.1999, S. 22.

[181] Vgl. § 1 Abs. 2 S. 3 der Verordnung über besondere Netzzugänge (Netzzugangsverordnung-NZV) vom 23.10.1996, BGBl I S. 1568. Unter „Zusammenschaltung" versteht man denjenigen Netzzugang, der die physische und logische Verbindung von Telekommunikationsnetzen herstellt, um Nutzern, die an verschiedenen Telekommunikationsnetzen angeschaltet sind, die mittelbare oder unmittelbare Kommunikation zu ermöglichen, vgl. § 3 Nr. 24 TKG.

[182] Die Netzzugangs- und Netzzusammenschaltungsvorschriften des TKG gehen auf gemeinschaftsrechtliche Vorgaben zurück. Zu nennen sind die Richtlinie 90/387/EWG des Rates vom 28.06.1990 (ABlEG Nr. L 192/1 vom 24.07.1990) zur Verwirklichung des Binnenmarktes für Telekommunikationsdienste durch die Einführung eines offenen Netzzugangs (Open-Network Provision - ONP), die Diensterichtlinie 90/388/EWG vom 28.06.1990 (ABlEG Nr. L 192/10 vom 24.07.1990) i.d.F. der Wettbewerbsrichtlinie 96/19/EG vom 13.03.1996 (ABlEG Nr. L 74/13 vom 22.03.1996), sowie die Richtlinie 92/44/EWG des Rates vom 05.06.1992 (ABlEG Nr. L 165/27 vom 19.06.1992) zur Einführung des offenen Netzzugangs bei Mietleitungen (ONP-Mietleitungsrichtlinie), und die Richtlinie 95/62/EG des Europäischen Parlaments und des Rates vom 13.12.1995 (ABlEG Nr. L 321/6 vom 30.12.1995) zur Einführung des offenen Netzzugangs beim Sprachtelefondienst (ONP-Sprachtelefondienstrichtlinie). Weitere Vorgaben enthält mittlerweile die Richtlinie 97/33/EG des Europäischen Parlaments

Aufgrund der auf absehbare Zeit geringen Marktanteile gemeindlicher TKU kommen diese als Adressaten der genannten asymmetrischen Regulierungsvorschriften bis auf weiteres kaum in Betracht. Gemeinden als Betreiber öffentlicher Telekommunikationsnetze unterliegen allerdings unabhängig von ihrer Marktstellung der Verhandlungspflicht des § 36 TKG. Auf Nachfrage haben sie anderen Betreibern öffentlicher Netze ein Angebot auf Zusammenschaltung abzugeben, § 36 Abs. 1 S. 1 TKG.[183] Umgekehrt profitieren gemeindliche Netzbetreiber von der Verhandlungspflicht anderer Netzbetreiber. Kommt eine Vereinbarung über die Zusammenschaltung nicht zustande, so wird die Zusammenschaltung durch die Regulierungsbehörde angeordnet, § 37 Abs. 1 S. 1 TKG.[184] Die Netzzugangsverordnung enthält die Einzelheiten der Zusammenschaltungsanordnung und regelt auch den besonderen Netzzugang einschließlich der Zusammenschaltung nach § 35 Abs. 1 TKG.[185]

Bedenkt man, daß sich die Kommunikationsbedürfnisse potentieller Kunden in der Regel nicht auf die Grenzen der gemeindeeigenen Netze beschränken, so spielen die Vorschriften über den Zugang zu Diensten und Netzen der marktbeherrschenden Anbieter für die Wettbewerbsfähigkeit der gemeindlichen Unternehmen als Netzbetreiber und Anbieter von Telekommunikationsdiensten eine elementare Rolle. Das Zusammenschaltungsrecht besteht nach § 35 Abs. 1 S. 3 TKG für Betreiber öffentlicher Telekommunikationsnetze, also solcher Netze, die nicht lediglich geschlossenen Benutzergruppen dienen.[186] Das Recht auf Zugang zu den Leistungen des marktbeherrschenden Anbieters bezieht sich nach § 33 Abs. 1 S. 1 TKG nur auf Wettbewerber des marktbeherrschenden Anbieters auf einem Markt für Telekommunikationsdienstleistungen für die Öffentlichkeit.

---

und des Rates vom 30.06.1997 (ABlEG Nr. L 199/32 vom 26.07.1997) über die Zusammenschaltung in der Telekommunikation im Hinblick auf die Sicherstellung eines Universaldienstes und der Interoperabilität durch Anwendung der Grundsätze für einen offenen Netzzugang (Zusammenschaltungsrichtlinie).

[183] Die Gesetzentwürfe sahen zunächst noch eine allgemeine Zusammenschaltungspflicht für alle Anbieter öffentlicher Netze vor, vgl. BT-Drs. 13/3609 vom 30.01.1996, S. 14; BT-Drs. 13/4438 vom 23.04.1996, S. Allgemein zu den Rechtsfragen bei Zusammenschaltungsvereinbarungen vgl. Gramlich, CR 1997, 65 ff. Pünder, DVBl 1997, 1353 (1356) weist darauf hin, daß die Veröffentlichungspflicht der Vereinbarungen über Netzzugänge und -zusammenschaltungen nach § 35 Abs. 2 S. 3 TKG zu einem Verhandlungsvorteil für gemeindliche Netzbetreiber führen kann.

[184] Neben den Entgelten für die Gewährung eines Netzugangs nach § 35 TKG unterliegen auch die Entgelte für die Durchführung einer angeordneten Zusammenschaltung nach § 37 TKG der Regulierung, vgl. § 39 TKG, so daß in diesem Fall die Entgeltregulierung auch auf andere als marktbeherrschende Unternehmen ausgedehnt wird.

[185] Vgl. § 1 NZV.

[186] Dies ergibt sich aus § 3 Nr. 12 und 19 TKG.

Der Wettbewerber darf sein Angebot also nicht lediglich an die Teilnehmer geschlossener Benutzergruppen richten.[187]

Mit anderen Worten sind (gemeindliche) Netzbetreiber zusammenschaltungsberechtigt, wenn ihre Netze nicht nur geschlossenen Benutzergruppen dienen. Als Anbieter von Telekommunikationsdienstleistungen haben gemeindliche TKU ein Recht auf Zugang zu wesentlichen Leistungen des marktbeherrschenden Anbieters, sobald sie ihr Angebot an unbestimmte Nutzer richten.

VIII. Vermarktung der Wegerechte

Die Vermarktung gemeindlicher Wegerechte (sprich: die entgeltliche Gestattung der sonstigen Nutzung gemeindlichen Wegeeigentums zu Telekommunikationszwecken)[188] zählt zu den lukrativen Betätigungsmöglichkeiten der Gemeinden in der Telekommunikation (zumindest im weiteren Sinne), ohne gleichwohl im Gegenzug Vorinvestitionen zu erfordern.

Beschränkt wird diese Möglichkeit jedoch durch die Vorschrift des § 50 Abs. 1 S. 1 TKG,[189] die ein unentgeltliches Benutzungsrecht des Bundes an Verkehrswegen zu Telekommunikationszwecken vorsieht. Die Nutzungsberechtigung des Bundes nach § 50 Abs. 1 S. 1 TKG beinhaltet die Befugnis, Verkehrswege für die öffentlichen Zwecken dienenden Telekommunikationslinien unentgeltlich zu benutzen, soweit nicht dadurch der Widmungszweck der Verkehrswege dauernd beschränkt wird. Nach § 50 Abs. 2 S. 1 TKG überträgt der Bund im Rahmen der Lizenzerteilung (nach § 8 TKG) die Nutzungsberechtigung an die Inhaber einer Infrastrukturlizenz, also an Lizenznehmer nach § 6 Abs. 1 Nr. 1 TKG.

Allen Betreibern von Übertragungswegen, die nicht über eine Lizenz nach § 6 Abs. 1 Nr. 1 TKG verfügen, bleibt damit von vornherein das unentgeltliche Wegenutzungsrecht verwehrt. Dazu zählen insbesondere die Betreiber von Netzen, die der nichtgewerblichen Nutzung oder nur einem bestimmten Nutzerkreis

---

[187] So auch: Hefekäuser/Dreier, CR 1997, 110. A.A.: Piepenbrock, in: BeckTKG-Komm, § 33 Rdnrn. 11 ff. (12). Dieser Ansicht zufolge erfüllt ein Wettbewerber bereits das Merkmal der Öffentlichkeit, wenn er sein Angebot an eine Mehrzahl von geschlossenen Benutzergruppen richtet.

[188] Das Recht, über sonstige (Straßen-) Nutzungen, insbesondere die Verlegung von Leitungen, zu befinden, ist den Gemeinden grundsätzlich in ihrer Eigenschaft als Straßeneigentümer (nicht: als Straßenbaulastträger) vorbehalten. Mit anderen Worten zählt es zu den privatrechtlichen Restherrschaftsbefugnissen der Gemeinden als Straßeneigentümer, vgl. dazu eingehend Tettinger, RdE 1992, 2 ff.

[189] Zur Frage der Verfassungsmäßigkeit der Regelungen des § 50 Abs. 1 S. 1, Abs. 3 u. 4 TKG siehe bereits oben Teil 1, A V 1, sowie ausführlich unten Teil 2.

dienen.[190] Von der Nutzungsberechtigung ausgenommen sind folglich vor allem Übertragungswege für geschlossene Benutzergruppen. Da sich das Recht aus § 50 Abs. 1 S. 1 TKG nur auf das im Lizenzbescheid genannte Lizenzgebiet bezieht,[191] können sich aber auch Lizenznehmer nach § 6 Abs. 1 Nr. 1 TKG nur innerhalb ihrer Lizenzgebiete auf das unentgeltliche Nutzungsrecht berufen.

Das unentgeltliche Nutzungsrecht gilt für die Verkehrswege, also nach § 50 Abs. 1 S. 2 TKG für alle öffentlichen Wege, Plätze und Brücken sowie die öffentlichen Gewässer.[192] Zu den öffentlichen Wegen gehören alle Wege, die dem öffentlichen Verkehr gewidmet sind.[193] Entscheidend kommt es danach nicht auf die dingliche Rechtslage, sondern auf die Widmung an.[194] Erfaßt werden alle Straßengruppen, also sämtliche Bundes-, Landes-, Kreis- und Gemeindestraßen.[195] Die Nutzungsberechtigung erstreckt sich dabei auf das gesamte Straßengrundstück, zu dem der Straßenkörper (einschließlich des Straßenuntergrundes und der Gehwege), der Luftraum über dem Straßenkörper, das Zubehör sowie die Nebenanlagen und -betriebe gehören.[196]

Das Wegerecht aus § 50 Abs. 1 S. 1 TKG erfaßt alle Telekommunikationslinien. Dazu zählen sämtliche unter- und oberirdischen Leitungen (wie etwa auch Breitbandverteilkabel; Kabelverbindungen ohne Abschlußeinrichtungen („dark fiber")[197]) einschließlich Zubehör,[198] worunter auch Leerrohre fallen. Geschützt

---

[190] Dies ergibt sich aus der Definition der „Telekommunikationsdienstleistungen für die Öffentlichkeit" in § 3 Nr. 19 TKG.

[191] Vgl. § 8 Abs. 1 S. 2 TKG.

[192] Öffentliche Gewässer im Sinne des TKG sind alle natürlichen und künstlichen Wasserläufe sowie Häfen, Seen und geschlossene Gewässer, die nach dem Wasserrecht des Bundes und der Länder der allgemeinen Benutzung offenstehen, vgl. Schütz, in: BeckTKG-Komm, § 50 Rdnr. 20.

[193] Vgl. § 1 Abs. 1 S. 2, Abs. 2 FStrG (Bundesfernstraßengesetz i.d.F. der Bek. vom 19.04.1994, BGBl I S. 854, zuletzt geändert durch Gesetz vom 18.06.1997, BGBl I S. 1452); sowie etwa § 2 Abs. 1 StrG NW (Straßen- und Wegegesetz des Landes Nordrhein-Westfalen i.d.F. der Bek. vom 23.09.1995, GV NW S. 1028).

[194] Vgl. Kempfer, in: Kodal/Krämer, Straßenrecht, Kap. 27, Rdnr. 125; Kodal, in: Kodal/Krämer, Straßenrecht, Kap. 4, Rdnr. 2.3; Krämer, in: Kodal/Krämer, Straßenrecht, Kap. 7, Rdnr. 1; Schütz, in: BeckTKG-Komm, § 50 Rdnr. 15

[195] Vgl. die Einteilung der öffentlichen Straßen bei Krämer, in: Kodal/Krämer, Straßenrecht, Kap. 8, Rdnrn. 6 ff.

[196] Vgl. Kempfer, in: Kodal/Krämer, Straßenrecht, Kap. 27, Rdnr. 128. Allgemein zum Sachbegriff der „öffentlichen Straße" vgl. Kodal, in: Kodal/Krämer, Straßenrecht, Kap. 6, Rdnrn. 4 ff.

[197] Vgl. dazu ausführlich Ellinghaus, CR 1999, 420 (421).

[198] Schütz, in: BeckTKG-Komm, § 50 Rdnr. 12.

ist sowohl die Errichtung bzw. Verlegung neuer Telekommunikationslinien, als auch die Unterhaltung und Änderung bestehender Linien.[199]

Umstritten ist bislang die Frage, ob zu den Telekommunikationslinien auch öffentliche Sprechstellen gehören. Diese sind in der Legaldefinition des § 3 Nr. 20 TKG nicht aufgezählt. Darauf stützen sich die Gemeinden in der Absicht, Sondernutzungsgebühren für das Aufstellen von Telefonzellen zu erheben.[200] Allerdings wurden die Telefonzellen bereits früher unter den Begriff der Fernmeldelinie gefaßt.[201] Zu Recht wird daher angenommen, daß sie auch zu den Telekommunikationslinien zu zählen sind, da durch das TKG der Umfang der Nutzungsbefugnis sachlich nicht eingeschränkt werden, sondern persönlich neben der DTAG auch auf deren neue Konkurrenten ausgedehnt werden sollte.[202]

Die Nutzungsbefugnis erfaßt aber nur solche Telekommunikationslinien, die öffentlichen Zwecken dienen. Unter Heranziehung der Definition der „Telekommunikationsdienstleistungen für die Öffentlichkeit" in § 3 Nr. 19 TKG wird dieses Kriterium erfüllt, wenn die Leitungen der gewerblichen Nutzung durch die Allgemeinheit dienen und nicht nur den Teilnehmern von geschlossenen Benutzergruppen. Dieser Zweckbestimmung wird auch dadurch Rechnung getragen, daß die Nutzungsberechtigung des Bundes nur auf Lizenznehmer nach § 6 Abs. 1 Nr. 1 TKG übertragen werden kann.

Im übrigen darf durch die Telekommunikationslinien bzw. deren Verlegung der Widmungszweck der Verkehrswege, also der Gemeingebrauch, nicht dauernd beschränkt werden. Nicht gemeint sind weniger gewichtige, zulässige „Beeinträchtigungen" des Gemeingebrauchs, also Minderungen der Sicherheit oder Leichtigkeit des Verkehrs.[203] Durch eine Telefonzelle etwa wird der Gemeingebrauch üblicherweise nicht dauernd „beschränkt", sondern lediglich in zulässiger Weise „beeinträchtigt". Ähnliches gilt auch für Masten oberirdisch geführter Telekommunikationslinien. Es ist allerdings im Einzelfall zu beurteilen, ob eine Beschränkung des Gemeingebrauchs vorliegt. Gedeckt von der Nutzungs-

---

[199] Dies ergibt sich aus den §§ 3 Nr. 1; 50 Abs. 2 S. 2, Abs. 3 S. 1 TKG, vgl. Hoeren/Brauner, NWVBl 1998, 129 (131).

[200] Vgl. o.V., Der Städtetag 1998, 235. Zu entsprechenden Bestrebungen der Städte Köln und Leipzig vgl. LVZ vom 02.02.1998, S. 13. Manssen, Archiv PT 1998, 236 (241), erscheint die Absicht zur Erhebung von Sondernutzungsgebühren für die Aufstellung von Telefonzellen i.H.v. 20-50 DM monatlich „...als verständlicher, allerdings nur kleiner Racheakt."

[201] OVG Münster, Archiv PF 1987, 172 (173); Aubert/Klingler, Fernmelderecht/Telekommunikationsrecht, S. 14 f., Rdnr. 17 (m.w.N.); Kempfer, in: Kodal/Krämer, Straßenrecht, Kap. 27, Rdnr. 128.

[202] So Schütz, in: BeckTKG-Komm, § 50 Rdnr. 13; a.A.: Manssen, Archiv PT 1998, 236 (241).

[203] Diese Differenzierung wird von Kempfer, in: Kodal/Krämer, Straßenrecht, Kap. 27, Rdnr. 129, vorgenommen.

berechtigung sind stets nur vorübergehende Beschränkungen des Gebrauchs, wie dies etwa bei Arbeiten zur Herstellung, Erweiterung und Unterhaltung (etwa Wartung, Reparatur) einer Telekommunikationslinie anzunehmen ist.[204]

Im Ergebnis können die Wegerechte der Gemeinden also immerhin in dem Umfang vermarktet werden, in dem keine Nutzungsberechtigung nach § 50 Abs. 1 S. 1 i.V.m. Abs. 2 S. 1 TKG besteht: So können Gemeinden die Gestattung der Nutzung gemeindlichen Wegeeigentums zur Leitungsverlegung immerhin hinsichtlich solcher Übertragungswegebetreiber von der Zahlung eines (privatrechtlichen) Entgelts abhängig machen, die keine Lizenz nach § 6 Abs. 1 Nr. 1 TKG besitzen. Erfaßt werden dabei insbesondere Leitungen, die geschlossenen Benutzergruppen oder nichtgewerblichen Zwecken dienen. Ebensowenig muß eine Gemeinde die unentgeltliche Nutzung ihrer Wege durch einen Lizenznehmer nach § 6 Abs. 1 Nr. 1 TKG dulden, wenn sich dessen Lizenz nicht auf ihr eigenes Gemeindegebiet erstreckt. Im übrigen bezieht sich die Nutzungsberechtigung des § 50 Abs. 1 S. 1 TKG auch nicht auf Wege, die nicht dem Gemeingebrauch gewidmet sind, und entfällt deshalb etwa mit Einziehung einer Straße.[205]

Darüber hinaus kann nach der hier vertretenen Ansicht für das Aufstellen von Telefonzellen nur im Einzelfall eine (öffentlich-rechtliche) Sondernutzungsgebühr verlangt werden, sofern dadurch der Gemeingebrauch der Straße dauernd beschränkt wird.

Problematisch ist die Verlegung von Kabeln und Leerrohren durch Energieversorgungsunternehmen. Während sich etwa die Gasversorger auf die Nutzungsberechtigung aus § 50 Abs. 1 S. 1 i.V.m. Abs. 2 S. 1 TKG berufen,[206] entspricht es dem Standpunkt der Gemeinden, den Abschluß entgeltlicher Gestattungsverträge zu verlangen, da marktbeherrschende Energieversorger aufgrund der Pflicht aus § 14 Abs. 1 TKG zur strukturellen Separierung selbst nicht als Lizenznehmer und infolgedessen nicht als Nutzungsberechtigte in Betracht kommen.[207] In der Tat ist die Nutzungsberechtigung stets an die Eigenschaft als Lizenznehmer nach § 6 Abs. 1 Nr. 1 TKG gebunden. Entscheidendes Kriterium hierfür ist die Funktionsherrschaft des Betreibers über die Übertragungswege.[208]

---

[204] Schütz, in: BeckTKG-Komm, § 50, Rdnr. 28. Diese Ansicht entsprach bereits der herrschenden Ansicht zur wesentlich gleichlautenden Vorgängernorm § 1 TWG, vgl. die Nachweise bei Hoeren/Brauner, NWVBl 1998, 129 (133, Fn. 42).

[205] Vgl. § 53 Abs. 2 TKG; vgl. auch die Vorgängernorm § 3 Abs. 2 TWG.

[206] Vgl. den Hinweis bei Hoeren/Brauner, NWVBl 1998, 129.

[207] Vgl. dazu Bundesvereinigung der kommunalen Spitzenverbände (Hrsg.), Die Benutzung öffentlicher Wege für Telekommunikationslinien Vorbemerkung, S. 8.

[208] S. o. Teil 1, C II 1 a.

Zwar gestattet das TKG auch nicht die bloße Überlassung der Nutzungsberechtigung durch einen Lizenznehmer an einen Dritten,[209] jedoch ist die eigenhändige Ausübung der Nutzungsberechtigung durch einen Lizenznehmer nicht zwingend vorausgesetzt.[210] Solange die Funktionsherrschaft durch entsprechende Vertragsgestaltung beim Lizenznehmer verbleibt, ist die Verlegung von Telekommunikationslinien durch einen Dritten möglich, selbst wenn dieser Eigentümer der Linien ist. Die Verlegung von Kabeln und Leerrohren durch einen weisungsgebundenen Auftragnehmer, also etwa ein Energieversorgungsunternehmen, kommt insofern der eigenhändigen Verlegung durch einen Lizenznehmer gleich,[211] und fällt daher unter die unentgeltliche Nutzungsberechtigung aus § 50 Abs. 1 S. 1 TKG.

D. Verfassungsrechtliche Unzulässigkeit?

Da die Gemeinden mit ihren Telekommunikationsaktivitäten in eine Konkurrenzsituation zu privaten TKU treten, stellt sich für diese die grundlegende Frage, ob sich die Gemeinden überhaupt (im Bereich der Telekommunikation) wirtschaftlich betätigen dürfen. Die generelle Unzulässigkeit staatlicher bzw. gemeindlicher Wirtschaftsbetätigung könnte sich bereits aus dem Verfassungsrecht ergeben. Denkbar sind Aussagen dergestalt, daß das Grundgesetz die Ausschließlichkeit des privaten Wirtschaftens bzw. des privaten Marktes vorsieht, allgemein vor staatlicher Konkurrenz schützt oder speziell die wirtschaftliche Betätigung der öffentlichen Hand (und damit auch der Gemeinden) in der Telekommunikation untersagt. Insbesondere stellt sich in diesem Rahmen auch die Frage der Vereinbarkeit staatlicher Wirtschaftstätigkeit bzw. der gemeindlichen Betätigung in der Telekommunikation mit den Grundrechten Privater.

---

[209] So auch Hoeren/Brauner, NWVBl 1998, 129 (131). Denkbar ist eine solche Überlassung allenfalls im Rahmen eines Lizenznehmerwechsels nach § 9 TKG, wobei jedoch wegen der Separierungspflicht nur ein rechtlich selbständiges Tochterunternehmens eines Energieversorgers die Nutzungsberechtigung erlangen könnte.

[210] Hoeren/Brauner, NWVBl 1998, 129 (131 f.) weisen anhand der grammatischen, systematischen und historischen Auslegung des § 50 Abs. 1 S. 1 TKG überzeugend nach, daß die Eigenhändigkeit des Lizenznehmers bei der Ausübung der Nutzungsberechtigung nicht erforderlich ist.

[211] In diesem Sinne auch Hoeren/Brauner, NWVBl 1998, 129 (132).

I. Allgemeine verfassungsrechtliche Unzulässigkeit der wirtschaftlichen Betätigung der öffentlichen Hand?

1. Diskussion um eine Wirtschaftsverfassung des Grundgesetzes

Die Frage, ob dem Grundgesetz ein Grundsatz der generellen Unzulässigkeit staatlicher Wirtschaftstätigkeit zu entnehmen ist, ist eng mit der Frage nach einer Wirtschaftsverfassung verbunden. Im vorliegenden Zusammenhang ist unter dem Begriff der Wirtschaftsverfassung allein die Summe der verfassungsrechtlichen Gestaltungselemente der Ordnung der Wirtschaft zu verstehen.[212] Das Grundgesetz widmet -im Gegensatz zur Weimarer Reichsverfassung[213]- der Wirtschaftsordnung kein eigenes Kapitel und enthält auch kein ausdrückliches Bekenntnis zu einem bestimmten Wirtschaftssystem etwa als Verfassungsprinzip oder Staatsziel. Das gegenwärtige Modell der sozialen Marktwirtschaft ist also nicht ausdrücklich vorgeschrieben. Aus dieser Nichtaufnahme wirtschaftssystematischer Aussagen in das Grundgesetz kann geschlossen werden, daß der Verfassungsgeber gerade von einer Festlegung auf eine bestimmte Wirtschaftsordnung absehen wollte. In diesem Sinne ist auch das Bundesverfassungsgericht zwischenzeitlichen Versuchen, dem Grundgesetz zumindest eine ungeschriebene Wirtschaftsverfassung beizumessen[214], wiederholt entgegengetreten. Demnach kann dem Grundgesetz keine auf einem bestimmten wirtschaftspolitischen Konzept beruhende Wirtschaftsverfassung entnommen werden[215], so daß sich von der „wirtschaftspolitischen Neutralität" des Grundgesetzes sprechen läßt[216], sowie von der „relativen Offenheit der Wirtschaftsverfassung"[217]. Für die-

---

[212] Zur begrifflichen Präzisierung vgl. R.Schmidt, Öffentliches Wirtschaftsrecht, AT, § 3 II 2, S. 70 (m.w.N.); Tettinger, BB 1977, 1617 (1618, m.w.N. in Fn. 12). Vom so verstandenen Begriff der Wirtschaftsverfassung zu trennen sind die tatsächlich vorgefundene Wirtschaftsordnung und die ordnungspolitischen Systemvorstellungem, um die Vermischung ökonomischer Modelle und juristischer Aussagen zu vermeiden. Nicht erfaßt sind ebenfalls wirtschaftlich relevante Vorschriften des einfachen Rechts.

[213] Vgl. den 5. Abschnitt (Art. 151 ff.) der Verfassung des Deutschen Reiches vom 11.08.1919, RGBl S. 1383; abgedruckt bei Frotscher, Wirtschaftsverfassungs- und Wirtschaftsverwaltungsrecht, S. 13 ff., Rdnr. 19.

[214] Eine ausführliche Auseinandersetzung mit Versuchen von Nipperdey, Huber und Krüger, dem Grundgesetz die Garantie eines bestimmten Wirtschaftssystems bzw. der Systementhaltsamkeit zu entnehmen, findet sich bei R.Schmidt, Öffentliches Wirtschaftsrecht, AT, § 3 II 2 a, S. 71 ff.

[215] BVerfGE 50, 290 (336 f.); dieser Rechtsprechung hat sich das Bundesverwaltungsgericht angeschlossen, vgl. BVerwGE 17, 306 (308); 39, 329 (336).

[216] BVerfGE 4, 7 (17 f.); 7, 377 (400); 50, 290 (338).

[217] BVerfGE 50, 290 (338).

se Überzeugung, die in der Literatur überwiegend geteilt wird,[218] spricht neben der Entstehungsgeschichte[219] insbesondere der Umstand, daß das Grundgesetz sowohl Vorschriften mit liberalwirtschaftlichem als auch solche mit zentralwirtschaftlichem Inhalt enthält.[220] Auch durch die nachträglich eingefügte Bestimmung des Art. 109 Abs. 2 GG,[221] und die darin -ebenso wie in Art. 104 a Abs. 4, 115 Abs. 1 GG- enthaltene Zielbestimmung des gesamtwirtschaftlichen Gleichgewichts, erfolgte keine Verankerung eines bestimmten Wirtschaftssystems in die Verfassung.[222] Zwar wurde mittlerweile das Wirtschaftssystem der sozialen Marktwirtschaft in Art. 1 Abs. 3 des Vertrages über die Währungs-, Wirtschafts- und Sozialunion[223] festgeschrieben. Diese Verpflichtung hat jedoch keinen Verfassungsrang und kann aufgrund des Erfordernisses der ausdrücklichen Verfassungstextänderung (Art. 79 Abs. 1 S. 1 GG) nicht als ungeschriebene Verfassungsänderung im Sinne eines Staatsziels verstanden werden, sondern betont nur die tatsächliche gegenwärtige Wirtschaftsordnung.[224] Auch durch die spätere Grundgesetznovelle vom 27.10.1994[225] ist keine wirtschaftsverfassungsrechtli-

---

[218] Jarass, Wirtschaftsverwaltungsrecht, S. 19 ff., Rdnrn. 1 ff., S. 202, Rdnr. 30; Stober, Allg. Wirtschaftsverwaltungsrecht, § 5 I, S. 67 ff. (70), § 24 II 2, S. 260; Arndt, in: Steiner (Hrsg.), Besonderes Verwaltungsrecht, S. 763 f., Rdnrn. 36 ff. (m.w.N.); Frotscher, Wirtschaftsverfassungs- und Wirtschaftsverwaltungsrecht, S. 17 ff., Rdnrn. 24 ff.; Stern/Püttner, Die Gemeindewirtschaft, S. 4; Hidien, Gemeindliche Betätigungen rein erwerbswirtschaftlicher Art, S. 126 f. (m.w.N.); Schricker, Wirtschaftliche Tätigkeit der öffentlichen Hand und unlauterer Wettbewerb, S. 42; Dickersbach, WiVerw 1983, 187 (196); zu den verfassungsrechtlichen Bedenken gegen die Fixierung einer besonderen Wirtschaftsverfassung vgl. insbesondere Tettinger, BB 1977, 1617 (1618 f.).

[219] Aus der Entstehungsgeschichte ergibt sich, daß bewußt auf die Aufnahme wirtschaftsordnender Vorschriften in die Verfassung verzichtet wurde, da unter anderem kein politischer Konsens hinsichtlich der Gestaltung der Wirtschaftsordnung bestand, vgl. Stober, Allg. Wirtschaftsverwaltungsrecht, § 5 I 3, S. 70 f.; Ehlers, Verwaltung in Privatrechtsform, S. 88.

[220] Vgl. etwa die Art. 2 Abs. 1 und 14 Abs. 1 GG bzw. die Art. 15 und 74 Abs. 1 Nr. 15 GG.

[221] Vgl. das 15. Gesetz zur Änderung des Grundgesetzes vom 08.06.1967, BGBl I S. 581.

[222] Jarass/Pieroth, GG, Art. 109 Rdnr. 4; Siekmann, in: Sachs, GG, Art. 109 Rdnr. 22; Frotscher, Wirtschaftsverfassungs- und Wirtschaftsverwaltungsrecht, S. 20, Rdnr. 28; R.Schmidt, Öffentliches Wirtschaftsrecht, AT, § 3 II 2 a, S. 73; Tettinger, BB, 1977, 1617 (1617 f., m.w.N. in Fn. 8, 1619 f.); a.A.: Zuck, Wirtschaftsverfassung und Stabilitätsgesetz, S. 85 ff. (m.w.N.).

[223] Vertrag über die Schaffung einer Währungs-, Wirtschafts- und Sozialunion zwischen der Bundesrepublik Deutschland und der Deutschen Demokratischen Republik vom 18.05.1990, BGBl II S. 537.

[224] Stober, Allg. Wirtschaftsverwaltungsrecht, § 5 I 4, S. 71 (m.w.N.); Tettinger, BB 1992, 2 f.

[225] Vgl. das 42. Gesetz zur Änderung des Grundgesetzes vom 27.10.1994, BGBl I 3146.

che Aussage in das Grundgesetz eingefügt worden, obwohl eine Verfassungskommission diese Frage zu prüfen hatte.[226]

Es bleibt also festzuhalten, daß die soziale Marktwirtschaft als gegenwärtige Wirtschaftsordnung keineswegs die allein mögliche Ordnung darstellt. Vielmehr darf der Gesetzgeber aufgrund der fehlenden Systementscheidung des Grundgesetzes grundsätzlich jede ihm sachgerechte Wirtschaftspolitik verfolgen,[227] solange der verfassungsrechtlich vorgegebene Rahmen eingehalten wird. Diese Bindungen werden durch die Terminologie der „relativen Offenheit des Grundgesetzes"[228] ausgedrückt. Maßgeblich sind dabei einzelne Normen der Verfassung, die für die Wirtschaftsordnung und -politik bedeutsame Aussagen enthalten, wie insbesondere Art. 2 Abs. 1, Art. 5 Abs. 1 S. 1, Art. 9 Abs. 1 u. 3; Art. 12, Art. 14 Abs. 1 GG, sowie die Art. 15, 20 Abs. 1, 28, 104 a Abs. 4, 109 Abs. 2, 115 Abs. 1 GG. Diese verfassungsrechtlichen Grenzen bieten einerseits genügend Raum für wirtschaftsgestaltende Maßnahmen, sorgen aber andererseits auch dafür, daß extreme Wirtschaftsmodelle -wie etwa eine völlig freie, liberalistische Marktwirtschaft oder staatliche Planwirtschaft- ausgeschlossen sind.[229]

Vor diesem Hintergrund darf „Neutralität" der Wirtschaftsverfassung nicht als ein Gebot der Nichteinmischung des Staates in die Wirtschaft oder als Staatsfreiheit der Wirtschaft mißverstanden werden.[230] Vielmehr trägt der Staat die Verantwortung für das Gemeinwohl und muß dabei auch zur sozial motivierten Beschränkung der individuellen Freiheit berechtigt sein. In diesem Zusammenhang ist grundsätzlich auch eine Teilnahme der öffentlichen Hand am Wirtschaftsleben nicht ausgeschlossen, sofern damit kein Verstoß gegen konkrete Verfassungssätze (insbesondere Grundrechte) verbunden ist. Dementsprechend besteht Einigkeit, daß aus dem Verzicht auf eine bestimmte Wirtschaftsverfassung nicht zugleich ein prinzipielles Verbot wirtschaftlicher Betätigung der öffentlichen Hand abzuleiten ist.[231]

---

226 Stober, Allg. Wirtschaftsverwaltungsrecht, § 5 I 4, S. 71 f. (vgl. die Nachweise der Gegenansicht in Fn. 32).

227 BVerfGE 4, 7 (18); 7, 377 (400); 50, 290 (338); vgl. auch BVerfGE 25, 1 (19 f.); 30, 292 (317).

228 BVerfGE 50, 290 (338).

229 Eines gesonderten grundgesetzlichen Bekenntnisses zur Marktwirtschaft bedarf es daher nicht, vgl. dazu Tettinger, DVBl 1999, 679 (683, 687).

230 Stober, Allg. Wirtschaftsverwaltungsrecht, § 5 I 5, S. 72.

231 Vgl. Ehlers, Verwaltung in Privatrechtsform, S. 88 f.; Hidien, Gemeindliche Betätigungen rein erwerbswirtschaftlicher Art, S. 126 f.; Gern, Deutsches Kommunalrecht, 15. Kap., S. 444, Rdnr. 718; Britz, Örtliche Energieversorgung nach nationalem und europäischem Recht, S. 57 f.; Vogelsang/Lübking/Jahn, Kommunale Selbstverwaltung, S. 181, Rdnr. 628; vgl. auch BVerwGE 17, 306 (308); 39, 329 (336); differenzierend Ronellenfitsch, in: Isen-

2. Vorrang der Privatwirtschaft aufgrund verfassungsrechtlicher Verankerung des Subsidiaritätsprinzips?

Die Unzulässigkeit bzw. Nachrangigkeit staatlicher Wirtschaftsbetätigung könnte sich aus dem Gedanken des sogenannten Subsidiaritätsprinzips ergeben. Dieses Prinzip entspringt der katholischen Soziallehre und spiegelt eine gegen staatlichen Zentralismus gerichtete Gesellschaftsauffassung wider, die für die grundsätzliche Zuständigkeit und Eigenverantwortung der kleineren gesellschaftlichen Gruppen eintritt.[232] Im Kern geht das Prinzip davon aus, daß das, was der einzelne leisten kann, ihm nicht entzogen und der Gemeinschaft übertragen werden darf. Auf die Gesellschaft übertragen führt dieser Gedanke zu der Konsequenz, daß sich der Staat als politische Gemeinschaft nur solcher Aufgaben annehmen darf, die von den einzelnen gesellschaftlichen Gruppen nicht erfüllt werden können.[233] In diesem Sinne wird aus dem Subsidiaritätsprinzip abgeleitet, daß sich die öffentliche Hand erst dann wirtschaftlich betätigen dürfe, wenn die Marktmechanismen versagen, so daß der Privatwirtschaft grundsätzlich Vorrang bei der unternehmerischen Betätigung gebühre. Staatliche Wirtschaftsaktivitäten seien dagegen „ultima ratio".[234] Dem so verstandenen Subsidiaritätsprinzip wird zum Teil Verfassungsrang zugestanden.[235]

Soweit zunächst die Allgemeingültigkeit des Subsidiaritätsprinzips aus einzelnen Verfassungsbestimmungen abgeleitet wird (etwa Art. 6, 28 Abs. 2, 72 Abs. 2 GG), läßt sich dieses Argument auch umkehren: Die bloß vereinzelte

---

see/Kirchhof (Hrsg.), Handbuch des Staatsrechts, Bd. 5, § 84 C II 1, S. 1190, Rdnr. 32, nach dem staatliche Wirtschaftstätgkeit besonders zu begründen ist.

232 Vgl. Brockhaus, Enzyklopädie, Band 21, Stichwort Subsidiaritätsprinzip, S. 395. Das Subsidiaritätsprinzip wurde bereits 1891 in der Sozialenzyklika „Rerum novarum" und später in der Enzyklika „Quadragesimo anno" Papst Pius' XI vom 15.05.1931 formuliert. Auszüge der letztgenannten Quelle sind abgedruckt bei Gerke, Jura 1985, 349.

233 Vgl. Brockhaus, Enzyklopädie, Band 21, Stichwort Subsidiaritätsprinzip, S. 395 f. Ebenso bedeutet das Subsidiaritätsprinzip auch nach staats- und sozialphilosophischem Verständnis, daß eine größere gesellschaftliche Einheit nur dann zur Erfüllung einer gesellschaftlichen Funktion herangezogen werden soll, wenn diese von der kleineren Einheit nicht erfüllt werden kann, vgl. Creifelds, Rechtswörterbuch, Stichwort Subsidiarität, S. 1230.

234 Dürig, in: Maunz/Dürig, Komm. z. GG, Bd. 1, Art. 2 Abs. 1, Rdnr. 52.

235 Vgl. etwa Dürig, in: Maunz/Dürig, Komm. z. GG, Bd. 1, Art. 1 Abs. 1, Rdnr. 54, Art. 2 Abs. 1 Rdnr. 52; Fikentscher, Wirtschaftsrecht, Bd. 2, § 21 IV 3, S. 117, Fn. 96; Pieper, Subsidiarität, S. 83 ff. u. S. 290; Holtschmidt, Grenzen der privatrechtlichen wirtschaftlichen Betätigung der öffentlichen Hand, S. 34; differenzierend Isensee, Subsidiaritätsprinzip und Verfassung, S. 106 ff. (313): kein Satz des Verfassungsrechts, aber Auslegungsprinzip.

Erwähnung könnte gerade gegen die Existenz eines allgemeinen Subsidiaritätsprinzips sprechen.[236]

Bei konsequenter Anwendung des Subsidiaritätsprinzips wird zudem die Zuständigkeit des Staates von vornherein eingeschränkt und dem Gesetzgeber die Entscheidung über mögliche Eingriffe in Markt und Wettbewerb weitgehend entzogen. Solche staatliche Interventionen verletzen aber einerseits nicht die wirtschaftspolitische Neutralität des Grundgesetzes, wie soeben im Rahmen der Frage nach der Wirtschaftsverfassung gezeigt wurde. Vielmehr schließt die relative Offenheit des Grundgesetzes die Verankerung des Subsidiaritätsprinzips auf Verfassungsebene aus. Zum anderen widerspricht die genannte Zuständigkeitsbeschränkung des Gesetzgebers der staatlichen Souveränität, nach der aufgrund der Verantwortung für die Wahrung des Gemeinwohls prinzipiell auch die staatliche Einflußnahme auf alle Lebensbereiche einschließlich der Wirtschaft erlaubt sein muß. Der Vorwegnahme dieser Entscheidung durch das Subsidiaritätsprinzip steht damit die grundsätzliche Allzuständigkeit des Staates und das Demokratieprinzip entgegen.[237]

Des weiteren birgt die Formulierung eines -über die vorhandenen subsidiären Einzelelemente hinausgehenden- übergreifenden verfassungsrechtlichen Subsidiaritätsprinzips die Gefahr der Vermischung rechtlicher und außerrechtlicher Aspekte.[238] Schließlich ist in entstehungsgeschichtlicher Hinsicht anzumerken, daß die Aufnahme einer Subsidiaritätsklausel in das Grundgesetz zwar zunächst diskutiert, dann aber verworfen worden ist.[239] Dementsprechend hat die Rechtsprechung[240] -unter breiter Zustimmung in der Literatur-[241] die Anerkennung des Subsidiaritätsprinzips als allgemeinen Verfassungsgrundsatz abgelehnt.

---

[236] Darauf weisen Herzog, Der Staat 2 (1963), 399 (412), und Otting, Neues Steuerungsmodell und rechtliche Betätigungsspielräume der Kommunen, S. 150, hin.

[237] Vgl. Herzog, Der Staat 2 (1963), 399 (416 ff.); Otting, Neues Steuerungsmodell und rechtliche Betätigungsspielräume der Kommunen, S. 146 f.; ähnlich Ehlers, Verwaltung in Privatrechtsform, S. 99, demzufolge das Bekenntnis des Grundgesetzes zum Sozialstaat dem Verfassungsrang des von der Trennung staatlicher und gesellschaftlicher Bereiche ausgehenden Subsidiaritätsprinzips entgegensteht. Weitergehend wird als Folge einer verfassungsrechtlichen Anerkennung des Subsidiaritätsprinzips die Handlungsunfähigkeit des Staates befürchtet, vgl. Emmerich, Das Wirtschaftsrecht der öffentlichen Unternehmen, S. 109; Hidien, Gemeindliche Betätigungen rein erwerbswirtschaftlicher Art, S. 131.

[238] Ehlers, Verwaltung in Privatrechtsform, S. 99.

[239] Vgl. dazu Klein, DieTeilnahme des Staates am wirtschaftlichen Wettbewerb, S. 164; Herzog, Der Staat 2 (1963), 399 (412); Stober, Allg. Wirtschaftsverwaltungsrecht, § 12 I 2, S. 148; Otting, Neues Steuerungsmodell und rechtliche Betätigungsspielräume der Kommunen, S. 147; Erdmann, DVBl 1998, 13 (14).

[240] BVerwGE 23, 304 (306 f.); 39, 329 (338); VGH Mannheim, NJW 1984, 251 (252); zurückhaltend BVerfGE 10, 59 (83 f.).

Diese ablehnende Haltung gegenüber der These vom Verfassungsrang des Subsidiaritätsprinzips kann auch nach der Einfügung des Art. 23 GG[242] beibehalten werden. Zwar stellt Art. 23 Abs. 1 S. 1 GG mittlerweile fest, daß die Europäische Union dem Grundsatz der Subsidiarität verpflichtet ist, so daß in dieser Vorschrift das Subsidiaritätsprinzip erstmals ausdrücklich verfassungsrechtlich erwähnt wird. Art. 23 Abs. 1 GG bezieht sich allerdings ausschließlich auf das Verhältnis zwischen der Bundesrepublik und der Europäischen Union, und betrifft damit lediglich die gemeinschaftsrechtliche Seite der Subsidiarität.[243] Es geht darum, die Kompetenzausübung der Europäischen Union einzugrenzen und die Übertragung weiterer Hoheitsrechte der Bundesrepublik auf die Union zu beschränken. Der Erwähnung des Subsidiaritätsprinzips kommt dagegen weder Geltung für die interne Staatsorganisation noch für das Verhältnis zwischen Staat und Gesellschaft zu.[244]

Als Ergebnis bleibt damit festzuhalten, daß die Verfassung kein übergreifendes Subsidiaritätsprinzip enthält, welches die Abgrenzung zwischen gesellschaftlicher Selbstregulierung und staatlicher Intervention vornimmt.[245] Infolgedessen

---

[241] R.Schmidt, Öffentliches Wirtschaftsrecht, AT, § 11 II 1 a, S. 520; Jarass, Wirtschaftsverwaltungsrecht, S. 202, Rdnr. 30; Stober, Allg. Wirtschaftsverwaltungsrecht, § 12 I, S. 147 f., § 24 II 2, S. 260; Schricker, Wirtschaftliche Tätigkeit der öffentlichen Hand und unlauterer Wettbewerb, S. 41; Backhaus, Öffentliche Unternehmen, S. 146 ff.; Klein, Die Teilnahme des Staates am wirtschaftlichen Wettbewerb, S. 159 ff.; Emmerich, Das Wirtschaftsrecht der öffentlichen Unternehmen, S. 109 (m.w.N.); Britz, Örtliche Energieversorgung, S. 58 (m.w.N.); Hidien, Gemeindliche Betätigungen rein erwerbswirtschaftlicher Art, S. 130 f.; Vogelsang/Lübking/Jahn, Kommunale Selbstverwaltung, S. 181, Rdnr. 629; Ehlers, Verwaltung in Privatrechtsform, 1984, S. 98 f.; ders., JZ 1990, 1089 (1096); Dickersbach, WiVerw 1983, 187 (196); Gusy, JA 1995, 166 (170); Hill, BB 1997, 425 (428); Erdmann, DVBl 1998, 13 (14 f.); zuletzt ausführlich Otting, Neues Steuerungsmodell und rechtliche Betätigungsspielräume der Kommunen, S. 143 ff.; ders., DVBl 1997, 1258 (1260); einschränkend Ronellenfitsch, in: Isensee/Kirchhof (Hrsg.), Handbuch des Staatsrechts, Bd. 5, § 84 C II 2, S. 1191, Rdnr. 33, nach dem der Subsidiaritätsgedanke zumindest auf den Ausnahmecharakter staatlicher Wirtschaftstätigkeit hinweist.

[242] Vgl. das Gesetz zur Änderung des Grundgesetzes vom 21.12.1992, BGBl I S. 2086.

[243] Streinz, in: Sachs, GG, Art. 23, Rdnrn. 8 ff., 37 ff.; Stober, Allg. Wirtschaftsverwaltungsrecht, § 12 I 2, S. 148, unter Hinweis auf Wortlaut, Systematik und Zweck des Art. 23 Abs. 1 GG; Otting, Neues Steuerungsmodell und rechtliche Betätigungsspielräume der Kommunen, S. 149 ff.; ders., DVBl 1997, 1258 (1260); a.A.: Oppermann, JuS 1996, 569 (572 f.).

[244] Dieser Befund wird durch die Begründung der Bundesregierung, nach der die in Art. 23 Abs. 1 GG formulierten Verpflichtungen der Europäischen Union nicht auch als Anforderungen an den Staatsaufbau der Mitgleidstaaten zu betrachten sind, vgl. BT-Drs. 12/3338 vom 02.10.1992, Anlage 1, S. 4 u. 6.

[245] Freilich bleibt dem einfachen Gesetzgeber die Orientierung am liberalistischen Subsidiaritätsgedanken unbenommen, um die Selbstverantwortung des Menschen zu fördern sowie mehr Staatsdistanz zu erreichen.

läßt sich -übertragen auf den Bereich der Wirtschaft- aus dem Subsidiaritätsgedanken nicht etwa die verfassungsrechtliche Ausschließlichkeit der privaten Wirtschaftstätigkeit bzw. die pauschale Nachrangigkeit der wirtschaftlichen Betätigung der öffentlichen Hand herleiten.[246]

3. Anforderungen aus dem Rechtsstaatsprinzip

a) Erfordernis einer gesetzlichen Ermächtigungsgrundlage

Aus dem Rechtsstaatsprinzip leitet sich in formeller Hinsicht der allgemeine Vorbehalt des Gesetzes ab,[247] mit der Konsequenz, daß bestimmte Maßnahmen der vollziehenden Gewalt einer ausreichend bestimmten gesetzlichen Grundlage bedürfen.[248] Damit wird die Frage aufgeworfen, ob auch die wirtschaftliche Betätigung der öffentlichen Hand und speziell der Gemeinden diesem generellen Gesetzesvorbehalt unterliegt und somit stets einer besonderen gesetzlichen Ermächtigungsgrundlage bedarf.

Diese Frage wäre jedenfalls dann zu bejahen, wenn es einen Totalvorbehalt staatlichen Handelns gäbe, nach der jegliche Handlung der öffentlichen Hand -selbst solche von begünstigender Natur- den allgemeinen Gesetzesvorbehalt zu beachten hätte. Es ist allerdings überzeugend dargelegt worden, daß allgemeine demokratische und rechtsstaatliche Erwägungen die Annahme eines Totalvorbehaltes staatlichen (Wirtschafts-) Handelns nicht rechtfertigen können.[249] Darüber hinaus wird der Gesetzesvorbehalt insbesondere dort, wo die Verfassung Selbstverwaltungsräume (wie etwa in Art. 28 Abs. 2 GG) garantiert, in gewissem Ma-

---

246 Vgl. Otting, Neues Steuerungsmodell und rechtliche Betätigungsspielräume der Kommunen, S. 149; Britz, Örtliche Energieversorgung nach nationalem und europäischem Recht, S. 58; Kluth, Grenzen kommunaler Wettbewerbsteilnahme, S. 33; Schricker, Wirtschaftliche Tätigkeit der öffentlichen Hand und unlauterer Wettbewerb, S. 41; Moraing, Möglichkeiten und Grenzen kommunalwirtschaftlicher Betätigung, S. 45; speziell hinsichtlich der wirtschaftlichen Betätigung von Wirtschaftskammern Erdmann, DVBl 1998, 13 (14 f., m.w.N.).

247 Die verfassungsrechtliche Grundlage des allgemeinen Gesetzesvorbehaltes ist unklar. Zum Teil wird sie in Art. 20 Abs. 3 GG gesehen, vgl. BVerfGE 40, 237 (248); R.Schmidt, Öffentliches Wirtschaftsrecht, AT, § 11 II d) bb), S. 528; wie hier aber Jarass/Pieroth, GG, Art. 20, Rdnr. 29; Rollenfitsch, in: Isensee/Kirchhof (Hrsg.), Handbuch des Staatsrechts, Bd. 5, § 84 C II 4, S. 1194, Rdnr. 38; Püttner, Die öffentlichen Unternehmen, S. 122.

248 Jarass/Pieroth, GG, Art. 20, Rdnr. 28a.

249 Vgl. Ossenbühl, in: Isensee/Kirchhof (Hrsg.), Handbuch des Staatsrechts, Bd. 3, § 62 B II 2, Rdnr. 17 ff.; Klein, Die Teilnahme des Staates am wirtschaftlichen Wettbewerb, S. 151 ff. (jeweils mit Nachweisen der Gegenauffassung).

ße inhaltlich durch einen Verwaltungsvorbehalt begrenzt.[250] Folgerichtig wird daher die Existenz eines Totalvorbehaltes überwiegend abgelehnt.[251]

Staatliche Wirtschaftsbetätigung unterliegt allerdings dann dem Vorbehalt des Gesetzes, wenn mit der Betätigung entweder ein Grundrechtseingriff verbunden ist[252] oder wenn es sich dabei um eine „wesentliche" Frage im Sinne der Wesentlichkeitsrechtsprechung des Bundesverfassungsgerichts handelt.

Mit der Wesentlichkeitsrechtsprechung hat das Bundesverfassungsgericht den Eingriffsvorbehalt dahingehend erweitert, daß der Gesetzgeber die „wesentlichen", grundlegenden Entscheidungen in Gesetzesform selbst treffen muß und dies nicht der Verwaltung überlassen darf.[253] Für das Erfordernis einer gesetzlichen Grundlage kommt es mithin entscheidend darauf an, ob man die Auswirkungen der Wirtschaftstätigkeit der öffentlichen Hand als „wesentlich" einstuft.

Bislang ist die Frage der Wesentlichkeit staatlicher Wirtschaftstätigkeit ungeklärt,[254] wobei die Abgrenzung nicht zuletzt durch die begriffliche Vagheit des

---

[250] Vgl. Ossenbühl, in: Isensee/Kirchhof (Hrsg.), Handbuch des Staatsrechts, Bd. 3, § 62 B III 4, Rdnr. 51 ff. (57): „Der Selbstverwaltung widerspricht wesensmäßig eine Durchnormierung des den Selbstverwaltungsträgern zugeordneten Wirkungsbereichs." Zustimmend Krebs, Rechtliche Grundlagen und Grenzen kommunaler Energieversorgung, S. 60 f.; Wieland/Hellermann, Der Schutz des Selbstverwaltungsrechts der Kommunen gegenüber Einschränkungen ihrer wirtschaftlichen Betätigung im nationalen und europäischen Recht, S. 33 f. Wieland/Hellermann weisen zudem darauf hin, daß ein Totalvorbehalt den Unterschied der Kommunen zu den Gemeindeverbänden, deren Aufgaben nach Art. 28 Abs. 2 S. 2 GG auf gesetzlichen Zuweisungen beruhen, einebnen würde.

[251] BVerfGE 68, 1 (109); BVerwGE 48, 305 (307 ff.); BGHZ 111, 229 (234); Jarass/Pieroth, GG, Art. 20, Rdnr. 30; Ossenbühl, in: Isensee/Kirchhof (Hrsg.), Handbuch des Staatsrechts, Bd. 3, § 62 B II 2, Rdnr. 17 ff.; R.Schmidt, Öffentliches Wirtschaftsrecht, AT, § 11 II 1 d) bb), S. 529; Krebs, Rechtliche Grundlagen und Grenzen kommunaler Energieversorgung, S. 60 f.; Otting, Neues Steuerungsmodell und rechtliche Betätigungsspielräume der Kommunen, S. 141; ders., DVBl 1997, 1258 (1260); Wieland/Hellermann, Der Schutz des Selbstverwaltungsrechts der Kommunen gegenüber Einschränkungen ihrer wirtschaftlichen Betätigung im nationalen und europäischen Recht, S. 28 ff.; dies., DVBl 1996, 401 (407 f.); a.A.: Herzog, in: Maunz/Dürig, Komm. z. GG, Bd. 3, Art. 20, Rdnrn. 88 ff.; Jesch, Gesetz und Verwaltung, S. 175 ff. (204 f.); Rupp, Grundfragen der heutigen Verwaltungsrechtslehre, S. 113 ff.; wohl auch Stober, Allg. Wirtschaftsverwaltungsrecht, § 7 I 2 a) bb), S. 88 (m.w.N.).

[252] Siehe dazu ausführlich unten Teil 1, D III.

[253] Vgl. BVerfGE 34, 165 (192 f.); 40, 237 (248 ff.); 41, 251 (259 f.); 45, 400 (417 f.); 47, 46 (79 f.); 48, 210 (221); 49, 89 (126); 54, 173 (192 f.); 58, 257 (268 f.). Dieser Rechtsprechung sind das Bundesverwaltungsgericht und die anderen Verwaltungsgerichte gefolgt, vgl. die Nachweise bei BVerfGE 58, 257 (269). Ebenso wurde diese Rechtsprechung von der Lehre im wesentlichen begrüßt, vgl. die Nachweise bei Püttner, Die öffentlichen Unternehmen, S. 122, Fn. 2.

[254] Bejahend Püttner, Die öffentlichen Unternehmen, S. 122 ff. (entgegen der Vorauflage); in diesem Sinne wohl auch Emmerich, AG 1985, 293 (295); ablehnend Schricker, Wirtschaftliche Tätigkeit der öffentlichen Hand und unlauterer Wettbewerb, S. 43 f.; Dickersbach, Wi-

Kriteriums erschwert wird.[255] Vor dem Hintergrund, daß die Wesentlichkeitstheorie ursprünglich für den Bereich der Schulen und Hochschulen entwickelt wurde, wird zum Teil die prinzipielle Übertragbarkeit der Theorie auf die wirtschaftliche Betätigung bezweifelt.[256] Vereinzelt wird sogar die Verabschiedung der Theorie und Reduzierung des allgemeinen Gesetzesvorbehalts auf die Eingriffsverwaltung gefordert.[257] Hält man dagegen an der Wesentlichkeitsrechtsprechung fest, so bleibt dennoch die geringe Ergiebigkeit der bisher ergangenen Entscheidungen aus dem Bereich des Schulwesens für die hier vorzunehmende Abgrenzung festzustellen. Die in diesem Zusammenhang als wesentlich eingeordneten Fragen (wie etwa die Einführung des Sexualkundeunterrichts oder die Vornahme schulrechtlicher Organisationsmaßnahmen) lassen kaum Rückschlüsse für die Einordnung der Wirtschaftstätigkeit der öffentlichen Hand zu.[258] Aussagekräftiger ist dagegen eine Orientierung an der Rechtsprechung des Bundesverwaltungsgerichts, nach der für die Gewährung von Subventionen unterhalb der Schwelle eines Grundrechtseingriffs grundsätzlich kein ermächtigendes Gesetz notwendig ist.[259] Lediglich in besonders grundrechtssensiblen Bereichen, in denen die Gebote der Staatsferne und Neutralität in besonderem Maße gelten, sind bislang einzelne Subventionierungen als wesentlich eingestuft worden.[260] Aufgrund der prinzipiellen Vergleichbarkeit der Subventionsgewährung und der leistenden Wirtschaftsbetätigung der öffentlichen Hand läßt sich aus diesen Entscheidungen ablesen, daß nicht jede staatliche Wirtschaftstätigkeit hinsichtlich der Auswirkungen auf die Grundrechtsausübung als so wesentlich einzustufen ist, daß sie einer gesetzlichen Grundlage bedürfte. Die Wesentlichkeit ist allenfalls in Einzelfällen zu bejahen, wenn es etwa um wirtschaftspolitische Grund-

---

Verw 1983, 187 (201); differenzierend Ehlers, JZ 1990, 1089 (1097); R.Schmidt, Öffentliches Wirtschaftsrecht, AT, § 11 II 1 d) bb), S. 528 ff.

255 Vgl. die Kritik bei Stober, Allg. Wirtschaftsverwaltungsrecht, § 7 I 2 a) bb), S. 89 (m.w.N.); sowie bei Bleckmann, Staatsrecht I, § 10 III 3, S. 209 ff., Rdnrn. 445 ff. (476).

256 Ehlers, JZ 1990, 1089 (197).

257 Ronellenfitsch, in: Isensee/Kirchhof (Hrsg.), Handbuch des Staatsrechts, Bd. 5, § 84 C II 4, S. 1194, Rdnr. 38.

258 Dies räumt auch Püttner, Die öffentlichen Unternehmen, S. 123, ein.

259 BVerwGE 90, 112 (126); BVerwG, NJW 1977, 1838 (1839, m.w.N.); Jarass/Pieroth, GG, Art. 20, Rdnr. 30, 32. Subventionen bedürfen aber zumindest einer Grundlage im Haushaltsgesetz, vgl. BVerwGE 58, 45 (48); Jarass/Pieroth, GG, Art. 20, Rdnr. 32 (m.w.N.), auf der die Vergaberichtlinien der Verwaltung beruhen können.

260 In diesen Fällen ging es um Pressesubventionen, vgl. BVerfG, DVBl 1989, 869 (870); OVG Berlin, NJW 1975, 1938 (1939), bzw. um die Finanzierung eines Vereins, der vor bestimmten Religions- oder Weltanschauungsgemeinschaften warnen sollte, vgl. BVerwG, DVBl 1992, 1038 (1040 f.); OVG Münster, DVBl 1990, 999 (1001 f.).

entscheidungen oder besondere Privilegierungen der öffentlichen Unternehmen geht bzw. wenn ganz besonders sensible Grundrechtsbereiche betroffen sind.[261]

Für das Vorliegen einer besonderen Situation, die eine gesetzliche Grundlage bereits unterhalb der Schwelle eines Grundrechtseingriffs erfordert, bestehen hinsichtlich der gemeindewirtschaftlichen Betätigung in der Telekommunikation keine Anhaltspunkte. Soweit früher aufgrund der besonderen Bedeutung der Telekommunikationsbranche für das Gemeinwesen die Notwendigkeit einer gesetzlichen Ermächtigungsgrundlage für die Wirtschaftstätigkeit der Bundespost befürwortet wurde,[262] so läßt sich dieser Gedanke nach dem Wegfall der Monopole und der Neuorganisation der Telekommunikation nicht auf die Wettbewerbsteilnahme kommunaler Unternehmen übertragen. Gegenüber der Versorgung zu Monopolbedingungen, die sich durchaus als „wesentlich" betrachten ließ, relativiert sich die Bedeutung des Markteintritts gemeindlicher TKU in Konkurrenz zu weiteren Wettbewerbern deutlich. Insoweit kommt es weniger auf das Vorhandensein gesetzlicher Grundlagen für Unternehmen der öffentlichen Hand, als vielmehr auf liberale Marktzugangs- und Wettbewerbsbestimmungen, wie sie das TKG vorsieht, an.

b) Bindung an das Gemeinwohl

Über den Vorbehalt des Gesetzes hinaus bindet das Rechtsstaatsprinzip in materieller Hinsicht den Staat bei sämtlichen Handlungen an das Gemeinwohl.[263] Aus dieser Verpflichtung auf das Gemeinwohl resultiert ein besonderer Rechtfertigungszwang: Der Staat muß hinsichtlich all seiner Aktivitäten nachweisen, daß diese durch Erwägungen des Gemeinwohls gedeckt sind. Konsequenterweise wird der Begründungszwang auch dann relevant, wenn die öffentliche Hand beabsichtigt, am freien wirtschaftlichen Wettbewerb teilzunehmen.[264] Konkret kommt es damit darauf an, ob die staatliche Wirtschaftstätigkeit der Verfolgung

---

[261] Vgl. dazu Ehlers, JZ 1990, 1089 (1097); sowie (weitergehend) R.Schmidt, Öffentliches Wirtschaftsrecht, AT, § 11 II 1 d) bb), S. 529 f.

[262] R.Schmidt, Öffentliches Wirtschaftsrecht, AT, § 11 II 1 d) bb), S. 530.

[263] Vgl. Hidien, Gemeindliche Betätigungen rein erwerbswirtschaftlicher Art, S. 131 ff.; Ronellenfitsch, in: Isensee/Kirchhof (Hrsg.), Handbuch des Staatsrechts, Bd. 5, § 84 C II 4, S. 1194, Rdnr. 39. Durch die Bindung an das Gemeinwohl unterscheidet sich der Rechtsstaat elementar vom totalitären Staat, der grundsätzlich keine Begrenzung seiner Tätigkeit kennt, vgl. Püttner, Die öffentlichen Unternehmen, S. 128.

[264] R.Schmidt, Öffentliches Wirtschaftsrecht, AT, § 11 II 1 a, S. 520, sieht den Sinn der Gemeinwohlbindung und dem daraus resultierenden Begründungszwang in einer teilweisen Kompensation der fehlenden verfassungsrechtlichen Verankerung des Subsidiaritätsprinzips.

öffentlicher Zwecke dient.[265] Zunächst ist festzustellen, daß naturgemäß die Konkretisierung des öffentlichen Zwecks aufgrund der begrifflichen Unbestimmtheit einige Schwierigkeiten bereitet.[266] Dabei ist zu beachten, daß die Staatsaufgaben nicht abschließend bestimmt sind, um die Flexibilität und Handlungsfähigkeit des Staates zu erhalten.[267] Allerdings sind in einem sozialen Rechtsstaat wie der Bundesrepublik die denkbaren Rechtfertigungen für Wirtschaftsaktivitäten der öffentlichen Hand äußerst zahlreich und breitgefächert.[268] Hinsichtlich der hier relevanten wirtschaftlichen Betätigung der Gemeinden in der Telekommunikation läßt sich an der Verfolgung eines Gemeinwohlzwecks allerdings unter dem Aspekt zweifeln, daß vielerorts -wie schon eingangs gesagt-[269] die Absicht der Gewinnerzielung einen nicht unbedeutenden Beweggrund für die Aufnahme gemeindlicher Telekommunikationsaktivitäten darstellt. Diese Zweifel sind vor dem Hintergrund einer Auffassung zu sehen, nach der sich öffentliche Zwecksetzung und reine bzw. primäre Erwerbswirtschaft der öffentlichen Hand ausschließen.[270] Die Absicht, Gewinne zur Finanzierung anderer Staatsaufgaben zu erwirtschaften, soll lediglich insoweit zu den legitimen Erwägungen des Gemeinwohls gehören, als sie im Rahmen der Erfüllung öffent-

---

[265] Vgl. etwa Püttner, Die öffentlichen Unternehmen, S. 128. Nach Ansicht von Badura, ZHR 146 (1982), 448 (459), soll es auf die Verfolgung öffentlicher Interessen ankommen, zustimmend VGH Mannheim, NJW 1995, 274.

[266] So schlägt etwa Ronellenfitsch, in: Isensee/Kirchhof (Hrsg.), Handbuch des Staatsrechts, Bd. 5, § 84 C II 4, S. 1194, Rdnr. 39, zur Konkretisierung des öffentlichen Zweckes eine Güterabwägung vor, in die als Kriterien die Verhältnismäßigkeit und Subsidiarität einfließen sollen. Die konkrete wirtschaftliche Betätigung des Staates müßte demnach „vernünftigerweise geboten" sein. Die Unbestimmtheit des Begriffsinhalts bleibt aber auch nach diesem Ansatz bestehen.

[267] Vgl. dazu Püttner, Die öffentlichen Unternehmen, S. 129: „ Sieht man den Umfang der Staatsaufgaben als von der Verfassung bewußt offengelassen an, um im Wandel der Verhältnisse keine Erstarrung und Handlungsunfähigkeit des Staates heraufzubeschwören, so verliert auch die Gemeinwohlgrenze als Rahmen der möglichen Aufgaben an Konturen." Vgl. ferner den Hinweis von R.Schmidt, Öffentliches Wirtschaftsrecht, AT, § 11 II 1 a, S. 520, auf das „Fehlen einer gesicherten Staatsaufgabenlehre".

[268] Vgl. Püttner, Die öffentlichen Unternehmen, S. 130. Ehlers, JZ 1990, 1089 (1091), nennt als Gemeinwohlbelange etwa Versorgungsziele, Umweltschutzaufgaben und die in § 1 StabG aufgezählten Ziele des sogenannten magischen Vierecks (außenwirtschaftliches Gleichgewicht, Stabilität des Preisniveaus, stetiges und angemessenen Wirtschaftswachstum sowie hoher Beschäftigungsstand).

[269] S.o. Teil 1, A III.

[270] Dürig, in: Maunz/Dürig, Komm. z. GG, Bd. 1, Art. 2 Abs. 1, Rdnr. 52; Vogel, in: Isensee/Kirchhof (Hrsg.), Handbuch des Staatsrechts, Bd. 1, § 27 III 1, S. 1182, Rdnr. 71; Püttner, Die öffentlichen Unternehmen, S. 131; ders., JuS 1995, 1069 (1072); Grupp, ZHR 140 (1976), 367 (381).

licher Aufgaben erfolgt.[271] Begründet wird diese Auffassung in erster Linie mit dem Gedanken, daß es dem Staat verwehrt sei, wie ein Privater eigennützige (Profit-) Interessen zu verfolgen.[272]

Zutreffend an dieser Ansicht ist, daß allein natürliche Personen eigennützig handeln können und dem Staat die Verfolgung egoistischer Interessen nicht möglich ist. Aus diesem Umstand läßt sich jedoch nicht schlußfolgern, daß der öffentlichen Hand deshalb die erwerbswirtschaftliche Betätigung untersagt und nur sozialwirtschaftliche Aktivitäten erlaubt wären.[273] Gerade im Gegenteil hat die mangelnde Fähigkeit des Staates zum Eigennutz zur Folge, daß der Staat die aus seiner Wirtschaftstätigkeit erzielten Einnahmen stets wieder den öffentlichen Haushalten zugute kommen lassen muß.[274] Konkret dienen die erwirtschafteten Gewinne also (quasi als „Endzweck") der Finanzierung anderer legitimer öffentlicher Aufgaben bzw. entlasten zumindest den Haushalt, und kommen damit zumindest mittelbar der Allgemeinheit zugute. Auch eine solche mittelbare Förderung öffentlicher Zwecke durch die Erzielung von Einnahmen ist aber als legitim anzuerkennen. Dieser Befund wird insbesondere durch die Tatsache bestätigt, daß zur Finanzierung öffentlicher Aufgaben Steuern erhoben werden.[275]

Als Zwischenergebnis ist damit festzuhalten, daß aus verfassungsrechtlicher Sicht auch solche Unternehmen der öffentlichen Hand als dem Gemeinwohl dienlich einzuordnen sind, die ausschließlich oder primär profitorientiert handeln.[276] Letztlich zieht damit die aus dem Rechtsstaatsprinzip abzuleitende Gemeinwohlbindung der staatlichen Wirtschaftstätigkeit keine wirksame Schranke.[277] Die Gemeinwohlbindung, so wie sie in diesem Zusammenhang zu

---

[271] Püttner, Die öffentlichen Unternehmen, S. 131.

[272] Isensee, Subsidiaritätsprinzip und Verfassungsrecht, S. 209; Krüger, Allgemeine Staatslehre, S. 327 f. , 763 ff.

[273] Eine Einteilung in eine verfassungsrechtlich willkommene Sozialwirtschaft und eine unerwünschte Erwerbswirtschaft kann dem Grundgesetz nicht entnommen werden, vgl. Hidien, Gemeindliche Betätigungen rein erwerbswirtschaftlicher Art, S. 131 ff.

[274] So bereits Hidien, Gemeindliche Betätigungen rein erwerbswirtschaftlicher Art, S. 135; Otting, Neues Steuerungsmodell und rechtliche Betätigungsspielräume der Kommunen, S. 142.

[275] Vgl. Hidien, Gemeindliche Betätigungen rein erwerbswirtschaftlicher Art, S. 135; Ehlers, Verwaltung in Privatrechtsform, S. 92.

[276] Ebenso Backhaus, Öffentliche Unternehmen, S. 140 ff.; Klein, Die Teilnahme des Staates am wirtschaftlichen Wettbewerb, S. 140 ff. (142); Hidien, Gemeindliche Betätigungen rein erwerbswirtschaftlicher Art, S. 135; Ehlers, Verwaltung in Privatrechtsform, S. 92; Schricker, Wirtschaftliche Tätigkeit der öffentlichen Hand und unlauterer Wettbewerb, S. 42 f.; Dickersbach, WiVerw 1983, 187 (198 ff.); Otting, Neues Steuerungsmodell und rechtliche Betätigungsspielräume der Kommunen, S. 142 f.

[277] Vgl. Schricker, Wirtschaftliche Betätigung der öffentlichen Hand und unlauterer Wettbewerb, S. 42 f.; R.Schmidt, Öffentliches Wirtschaftsrecht, AT, § 11 II 1 a, S. 520 f.

verstehen ist, bereitet also gemeindlichen TKU selbst dann kein Hindernis, wenn diesen eine primäre Gewinnausrichtung unterstellt wird.[278]

An dieser Stelle sei aber ausdrücklich darauf hingewiesen, daß das Ergebnis im Rahmen einfachgesetzlicher Gemeinwohlbindungen durchaus anders auszufallen vermag.[279] Da für die Gemeinden die Gemeinwohlgrenze in den kommunalverfassungsrechtlichen Vorschriften über die wirtschaftliche Betätigung (etwa in § 107 Abs. 1 GO NW) ausdrücklich konkretisiert wird, hat dort eine erneute Auseinandersetzung mit der soeben untersuchten Problematik zu erfolgen.

Sollte man gemeindliche TKU als primär profitorientiert werten, so kann der mittelbare Gemeinwohlzweck nur bejaht werden, wenn langfristig tatsächlich Gewinne erwirtschaftet werden. Gerade im Bereich der Telekommunikationswirtschaft ist dabei zu bedenken, daß es angesichts der Investitions- und Wettbewerbsintensität sowie der rasanten technologischen Entwicklung keine Profitgarantie gibt.[280]

4. Art. 15 GG

Art. 15 GG regelt, daß Grund und Boden, Naturschätze und Produktionsmittel nur durch ein Gesetz vergesellschaftet, das heißt in Gemeineigentum überführt werden können. Die Unzulässigkeit staatlicher Wirtschaftstätigkeit könnte sich demnach ergeben, wenn man dieser Vorschrift aufgrund des Gesetzesvorbehalts ein Verbot „kalter Sozialisierung“ mit Mitteln des Marktes (also etwa durch Erwerb der Sozialisierungsobjekte unter Drohung mit der Enteignung) ent-

[278] Voraussetzung ist allein, daß die Gewinne dem Gemeindehaushalt zufließen. Bei gemischt-wirtschaftlicher Organisation des Unternehmens bezieht sich die Ablieferungspflicht auf den Gewinnanteil, der auf die Gemeinde als Gesellschafter entfällt.

[279] Bereits Hidien, Gemeindliche Betätigungen rein erwerbswirtschaftlicher Art, S. 135 f., hat dargelegt, daß scharf zwischen der verfassungsrechtlichen Gemeinwohlbindung und einfachgesetzlichen Gemeinwohlformeln zu differenzieren ist: „Diese Ergebnis ... präjudiziert die Auslegung des § 67 Abs. 1 [DGO] („öffentlicher Zweck“) weder im positiven noch negativen Sinne ... Damit wird nicht schon jedes „fiskalische“ Interesse zum konkreten Gemeinwohlinhalt. Denn der Begriff des öffentlichen Zwecks kann in verscheidenen Einzelgesetzen durchaus eine andere Interpretation erfahren als in seiner Gebrauchsweise als allgemeines Rechtsprinzip.“

[280] Das Verlustrisiko, das einer wirtschaftlichen Betätigung mit Gewinnerzielung immanent ist, und die daraus folgende Belastung der Privaten führen aber nicht von vorneherein zu dem Schluß, daß primär erwerbswirtschaftliche Betätigung keinen öffentlichen Zweck erfüllt; so aber Stober, Allg. Wirtschaftsverwaltungsrecht, § 24 III, S. 262. Vorzugswürdig ist stattdessen der Vorschlag, den Gemeinwohlbezug solcher Unternehmen, die allein aus Profitgründen betrieben werden, immerhin solange zu bejahen, wie die Betätigung bei vernünftiger wirtschaftlicher Prognose einen positiven Finanzierungsbeitrag erwarten läßt, vgl. Otting, Neues Steuerungsmodell und rechtliche Betätigungsspielräume der Kommunen, S. 142 f.

nimmt.[281] Verhindert werden soll damit allerdings nur, daß der Staat zum Zwecke der Vergesellschaftung ohne entsprechende gesetzliche Grundlage die Privatwirtschaft insgesamt oder doch ganze Branchen aufsaugt. Der wirtschaftlich tätigen öffentlichen Hand kann jedoch in der Regel nicht das Streben nach Marktbeherrschung unterstellt werden. Im Ergebnis kann daher aus Art. 15 GG nicht auf ein generelles Verbot der wirtschaftlichen Betätigung des Staates geschlossen werden.[282]

5. Prinzip des Steuerstaates

Einen weiteren Ansatzpunkt, der öffentlichen Hand die wirtschaftliche Betätigung zu verwehren, bildet das Prinzip des Steuer- und Abgabenstaates, welches besagt, daß sich der Staat in erster Linie aus Steuern und anderen öffentlichen Abgaben, aber nicht durch die Entfaltung eigener wirtschaftlicher Aktivitäten finanziert.[283] Mit dieser Definition ist zunächst die Finanzierungsform des Staates beschrieben. Darüber hinaus wird mit der Kennzeichnung als Steuerstaat auch das Verhältnis zwischen Staat und Wirtschaft festgelegt. Im Steuerstaat soll sich die öffentliche Hand insbesondere durch steuerliche Teilhabe am Erfolg privater Wirtschaftsleistungen finanzieren und ist damit deutlich von der Wirtschaft getrennt.[284] Dabei kommt dem Staat die Aufgabe zu, der Privatwirtschaft optimale Rahmenbedingungen und Förderungsmöglichkeiten zu schaffen, um auf diesem Wege selbst Steuereinnahmen auf hohem Niveau zu erreichen. Den Gegenpol zum Steuerstaat bildet der unternehmerisch tätige Staat, der sich durch die Gewinne, die er im Rahmen der Eigenbewirtschaftung von Eigentum oder durch eigene Wirtschaftsunternehmen erzielt, finanziert.[285]

Aus dem soeben beschriebenen Prinzip des Steuerstaates schlußfolgert nunmehr eine in der Literatur vertretene Auffassung auf die grundsätzliche Unzulässigkeit der ausschließlich oder primär gewinnorientierten staatlichen Wirtschaftstätig-

---

[281] Vgl. BVerwGE 17, 306 (314); Klein, Die Teilnahme des Staates am wirtschaftlichen Wettbewerb, S. 184 ff. (187); Backhaus, Öffentliche Unternehmen, S. 148.

[282] Backhaus, Öffentliche Unternehmen, S. 148 ff.; Hidien, Gemeindliche Betätigungen rein erwerbswirtschaftlicher Art, S. 129; Schricker, Wirtschaftliche Tätigkeit der öffentlichen Hand und unlauterer Wettbewerb, S. 41; R.Schmidt, Öffentliches Wirtschaftsrecht, AT, § 11 II 1 a, S. 521; Dickersbach, WiVerw 1983, 187 (197 f.).

[283] Vgl. dazu BVerfGE 93, 121 (134); 93, 319 (342 ff.).

[284] Vgl. Vogel, in: Isensee/Kirchhof (Hrsg.), Handbuch des Staatsrechts, Bd. 1, § 27 I 1, S. 1173, Rdnrn. 51 f.: „Steuerstaat und produzierende Wirtschaft stehen einander ... gegenüber."

[285] Vgl. Vogel, in: Isensee/Kirchhof (Hrsg.), Handbuch des Staatsrechts, Bd. 1, § 27 I 1, S. 1173 f., Rdnr. 53.

keit.[286] Diese bedürfe als Mindestanforderung einer gesetzlichen Ermächtigungsgrundlage.[287]

Zur Unterstützung dieser Ansicht werden insbesondere zwei Argumente angeführt: Zum einen entfalle die innere Rechtfertigung der staatlichen Abgabenhoheit der öffentlichen Hand, sobald der Staat unternehmerisch tätig werde, da es gerade Sinn dieser Privilegierung sei, die öffentliche Hand vom Zwang zur Einnahmeerzielung durch Wettbewerbsteilnahme freizustellen.[288] Zum anderen ließen die finanzverfassungsrechtlichen Bestimmungen des Grundgesetzes (Art. 104 a ff. GG) deutlich erkennen, daß Steuern die Haupteinnahmequelle des Staates bilden sollten, nicht dagegen erwerbswirtschaftliche Einkünfte.[289] Ließe man letztere zu, so sei damit die Gefahr verbunden, daß die ausgewogene Kompetenzverteilung bzw. Steuerertragsaufteilung zwischen Bund, Ländern und Kommunen aus dem Gleichgewicht geraten könnte.

Folgt man der soeben dargestellten Auffassung, so wäre die Zulässigkeit der unternehmerischen Betätigung der Gemeinden auch im Bereich der Telekommunikation in Frage gestellt.

Hinsichtlich der ihr zugrundeliegenden Grundaussagen ist der geschilderten Ansicht zuzustimmen: Bei der Abgabenhoheit handelt es sich um ein Privileg der öffentlichen Hand, und die finanzverfassungsrechtlichen Bestimmungen des Grundgesetzes regeln ausführlich, wie die erzielten Steuereinnahmen angemessen auf die verschiedenen staatlichen Ebenen zu verteilen sind. Richtig ist auch, daß die Steuern als Haupteinnahmequelle der öffentlichen Hand vorgesehen sind.

Allerdings stehen diese Grundaussagen der prinzipiellen Erschließung weiterer Einnahmequellen des Staates nicht entgegen.[290] Vielmehr ist -insbesondere unter Hinweis auf die Vorschriften der Art. 105, 106, 108, 110 Abs. 1, 115, 134 u. 135 Abs. 6 GG- zutreffend darauf hingewiesen worden, daß die Verfassung auch

---

[286] Stober, Allg. Wirtschaftsverwaltungsrecht, § 24 III, S. 263; ders., BB 1989, 716 (719 f.); Püttner, Die öffentlichen Unternehmen, S. 128 ff.; Holtschmidt, Grenzen der privatrechtlichen wirtschaftlichen Betätigung der öffentlichen Hand, S. 105 f.; Ehlers, Verwaltung in Privatrechtsform, S. 92 f.; ders., JZ 1990, 1089 (1091); ders., DVBl 1998, 497 (499).

[287] Stober, Allg. Wirtschaftsverwaltungsrecht, § 24 III, S. 263.

[288] Stober, Allg. Wirtschaftsverwaltungsrecht, § 24 III, S. 262; ders., BB 1989, 716 (719).

[289] Ehlers, Verwaltung in Privatrechtsform, S. 93 (m.w.N. in Fn. 102).

[290] Vgl. Isensee, Subsidiarität und Verfassungsrecht, S. 207; Püttner, Die öffentlichen Unternehmen, S. 198; Schricker, Wirtschaftliche Tätigkeit der öffentlichen Hand und unlauterer Wettbewerb, S. 45; Dickersbach, WiVerw 1983, 187 (202); Jarass, Wirtschaftsverwaltungsrecht, S. 202, Rdnr. 30; sowie Otting, Neues Steuerungsmodell und rechtliche Betätigungsspielräume der Kommunen, S. 152, der von der zulässigen „Koexistenz hoheitlicher und nichthoheitlicher Staatseinnahmen" spricht.

andere (nichthoheitliche) Einnahmen kennt und für legitim erachtet.[291] Im Ergebnis kann daher aus dem Prinzip des Steuerstaates kein Verbot staatlicher Einnahmeerzielung im Wege wirtschaftlicher Betätigung entnommen werden.

Zum Teil wird dieser Befund dahingehend eingeschränkt, daß die Wirtschaftstätigkeit der öffentlichen Hand die Ausnahme darstelle und nicht zur Regel werden dürfe.[292] Faktisch ist gleichwohl eine solche Entwicklung derzeit nicht zu erwarten, zumal die Grenze wohl auch erst dann erreicht sein dürfte, wenn durch den Umfang der Wirtschaftstätigkeit der Steuerstaat in seinem Wesen angetastet wird.

Dieses Ergebnis wird auch auf Ebene der Gemeinde bestätigt: Aus dem Prinzip des Steuerstaates ergibt sich kein Argument für die Unzulässigkeit gemeindlicher Wirtschaftsaktivitäten.[293] Der Einnahmespielraum der Gemeinden ist nicht auf die verfassungsrechtlich eingeräumte Beteiligung am staatlichen Steueraufkommen durch eigene Steuerquellen und den Finanzausgleich beschränkt. Vielmehr steht den Gemeinden die Möglichkeit offen, im Rahmen der Gesetze weitere öffentliche Abgaben (Gebühren, Beiträge) zu erheben sowie privatwirtschaftliche Einnahmequellen zu erschließen, wie etwa Konzessionsabgaben und Einkünfte aus Vermögensverwaltung bzw. wirtschaftlicher Betätigung.[294] Zu berücksichtigen ist in diesem Zusammenhang insbesondere die Rangfolge, die von den gemeinderechtlichen Bestimmungen[295] für die Einnahmequellen der Gemeinden festgelegt wird: Vorrangig hat die Gemeindefinanzierung aus nichtsteuerlichen Einnahmen zu erfolgen.[296]

---

[291] Vgl. Püttner, Die öffentlichen Unternehmen, S. 198; Schricker, Wirtschaftliche Tätigkeit der öffentlichen hand und unlauterer Wettbewerb, S. 45; Otting, Neues Steuerungsmodell und rechtliche Betätigungsspielräume der Kommunen, S. 152.

[292] Vogel, in: Isensee/Kirchhof (Hrsg.), Handbuch des Staatsrechts, Bd. 1, § 27 III 1, S. 1181 ff., Rdnr. 71.

[293] Vgl. Isensee, Subsidiaritätsprinzip und Verfassungsrecht, S. 78, Fn. 10; Otting, Neues Steuerungsmodell und rechtliche Betätigungsspelräume der Kommunen, S. 152 ff.

[294] Otting, DVBl 1997, 1258 (1262); Schmitt, Inhalt, verfassungsrechtliche Stellung und Bedeutungsgehalt der kommunalen Finanzhoheit, S. 70, 103; Bayer, DVBl 1993, 1287 (1288).

[295] Vgl. Art. 61 Abs. 2 Nr. 1 GO Bay.; §§ 78 Abs. 2 Nr. 1 GemO Bad.-Württ.; 75 GO Bbg.; 93 Abs. 2 Nr. 1 HGO; 44 KV M-V; 83 Abs. 2 Nr. 1 NGO; 76 Abs. 2 GO NW; 94 Abs. 2 Nr. 1 GO Rh.-Pf.; 83 Abs. 2 Nr. 1 KSVG Saarl.; 73 Abs. 2 SächsGemO; 91 Abs. 2 GO LSA; 76 Abs. 2 Nr. 1 GO Schl.-Holst.; 54 ThürKO.

[296] Vgl. die Übersicht über die Rangfolge der Einnahmequellen bei Gern, Deutsches Kommunalrecht, 14. Kap., S. 414 ff., Rdnrn. 675 ff.; vgl. auch Schmitt, Inhalt, verfassungsrechtliche Stellung und Bedeutungsgehalt der kommunalen Finanzhoheit, S. 71 f.; Otting, Neues Steuerungsmodell und rechtliche Betätigungsspelräume der Kommunen, S. 152 f.

6. Ergebnis

Der wirtschaftlichen Betätigung der öffentlichen Hand und damit auch der Gemeinden stehen keine allgemeinen verfassungsrechtlichen Zulässigkeitshindernisse entgegen.[297] Zumindest für den Bereich der Telekommunikation könnte sich allerdings ein spezielles Zulässigkeitshindernis aus Art. 87 f Abs. 2 S. 1 GG ergeben.

II. Spezielles Zulässigkeitshindernis aus Art. 87 f Abs. 2 S. 1 GG?

Die Vorschrift des Art. 87 f Abs. 2 S. 1 GG bestimmt, daß Dienstleistungen im Bereich des Postwesens und der Telekommunikation als privatwirtschaftliche Tätigkeit durch die aus dem Sondervermögen DBP hervorgegangenen Unternehmen und durch andere private Anbieter erbracht werden.

Aufgrund dieser Formulierung und des aus der Norm (in Verbindung mit Art. 143 b Abs. 1 GG) zu entnehmenden Privatisierungsgebotes[298] wird seit Beginn der Liberalisierung diskutiert, ob Art. 87 f Abs. 2 S. 1 GG einer wirtschaftlichen Betätigung der öffentlichen Hand generell entgegensteht, und damit auch für die gemeindewirtschaftliche Betätigung im Bereich der Telekommunikation ein spezielles Zulässigkeitshindernis darstellt.

Nach einer insbesondere von der *Monopolkommission*[299] vertretenen Ansicht ist der Vorschrift das Gebot einer echten Aufgabenprivatisierung zu entnehmen, so daß es sich bei der Betätigung der Gemeinden in der Telekommunikation um eine „unzulässige Rückverstaatlichung" (quasi durch die Hintertür) handele.[300] Die *Monopolkommission* geht davon aus, daß die Lizenzerteilung für solche Un-

---

[297] BVerwGE 23, 304 (306); VGH Mannheim, NJW 1995, 274; Britz, Örtliche Energieversorgung, S. 57 (m.w.N.); Moraing, Möglichkeiten und Grenzen kommunalwirtschaftlicher Betätigung, S. 45.

[298] Windthorst, in: Sachs, GG, Art. 87 f, Rdnr. 25; Stern, DVBl 1997, 309.

[299] Vgl. Elftes Hauptgutachten der Monopolkommission, BT-Drs. 13/5309 vom 19.07.1996, S. 27 f.; ebenso Stober, Allg. Wirtschaftsverwaltungsrecht, § 24 II 2, S. 260 f.; Müller, DVBl 1998, 1256 ff.; Möschel, Der Spiegel 25 (1996) vom 17.06.1996, S. 84; Möschel, FAZ vom 21.05.1996, S. 15.

[300] Zwischenzeitlich hatte auch der ehemalige Bundespostminister Bötsch verfassungsrechtliche Bedenken gegen eine mittelbare Rückverstaatlichung der Telekommunikation durch die Betätigung der Kommunen geäußert, diese jedoch später wieder zurückgestellt, vgl. FAZ vom 04.08.1995, S. 12; Wirtschaftswoche 28 (1995) vom 06.07.1995, S. 59. Vgl. ferner die Kritik der Arbeitsgemeinschaft Selbständiger Unternehmer (ASU) an der Konkurrenz durch kommunale Telekommunikationsunternehmen, FAZ vom 23.01.1998, S. 14.

ternehmen, die mehrheitlich im öffentlichen Eigentum stehen,[301] aufgrund der Unvereinbarkeit mit Art. 87 f Abs. 2 S. 1 GG vor den Verwaltungsgerichten keinen Bestand hätte. Gemeindliches Engagement in der Telekommunikation sei nur unbedenklich, solange die Gemeinde keinen bestimmenden Einfluß auf das TKU nehmen könne. Als Ausweg wird daher ein Anteilsbegrenzungsmodell oder alternativ der Abschluß von Entherrschungsverträgen vorgeschlagen.[302]

Die Gegenauffassung bejaht die Vereinbarkeit des gemeindlichen Engagements in der Telekommunikation mit Art. 87 f Abs. 2 S. 1 GG, sofern bestimmte Voraussetzungen, die sich aus der Vorschrift ergeben, erfüllt seien, da die Norm lediglich die Rückkehr zum Angebot von Telekommunikationsdiensten als staatliche Aufgabe habe ausschließen wollen[303] bzw. weil Art. 87 f Abs. 2 S. 1 GG nur ein Gebot zur Organisationsprivatisierung enthalte.[304]

Im Kern geht es damit um die Frage, ob Art. 87 f Abs. 2 S. 1 GG eine Differenzierung hinsichtlich der hinter den -die Telekommunikationsdienstleistungen erbringenden- Unternehmen stehenden Inhaber dergestalt vorschreibt, daß die öffentliche Hand von der Teilnahme an den Telekommunikationsmärkten völlig ausgeschlossen ist. Zu dieser Frage enthält zwar die Vorschrift des § 50 Abs. 4 TKG eine konkretisierende Regelung, indem dieser Norm die Lizenzierungsfähigkeit gemeindlicher TKU zu entnehmen ist. Allerdings kann rangniedrigeres Recht nicht Auslegungsmaßstab der Verfassung sein,[305] so daß § 50 Abs. 4 TKG nicht zur verbindlichen Interpretation des Art. 87 f Abs. 2 S. 1 GG herangezogen werden kann, sondern allenfalls Indizwirkung entfaltet.[306]

---

301 Als öffentliche Mehrheitseigentümer von TKU kommen neben den Gemeinden insbesondere die Energieversorgungsunternehmen und die Deutsche Bahn AG in Betracht.

302 Vgl. Elftes Hauptgutachten der Monopolkommission 1994/95, BT-Drs. 13/5309 vom 19.07.1996, S. 28. Im Ergebnis schließen sich auch Etling-Ernst, TKG, § 1, Rdnr. 12; sowie Lehmann/Stolz, CR 1997, 97 (100), dem Vorschlag einer Anteilsbegrenzung der öffentlichen Hand (unter 50% bzw. 25%) an.

303 Vgl. die Stellungnahme der BReg zum Elften Hauptgutachten der Monopolkommission 1994/95, BT-Drs. 13/7998 vom 19.06.1997, S. 11.

304 Pünder, DVBl 1997, 1353 (1354), unter Hinweis auf Lerche, in: Maunz/Dürig, Komm. z. GG, Bd. 4, Art. 87 f, Rdnrn. 32 u. 54; in diesem Sinne wohl auch Ebsen, DVBl 1997, 1039 (1042); Ehlers, DVBl 1998, 497 (502).

305 Vgl. Stern, Staatsrecht, Bd. III/2, § 95 IV 2 b (m.w.N.); Leisner, Von der Verfassungsmäßigkeit der Gesetze zur Gesetzmäßigkeit der Verfassung, 1964, S. 26 ff. (39); Müller, DVBl 1998, 1256 (1258); differenzierend Majewski, Auslegung der Grundrechte durch einfaches Gesetzesrecht?; speziell zur einfachgesetzlichen Konkretisierung des Art. 87 f GG: Stern, DVBl 1997, 309 (313, m.w.N. in Fn. 27); Gramlich, NJW 1994, 2785 (2787); zu Art. 87 e GG: Schmidt-Aßmann/Röhl, DÖV 1994, 577 (578).

306 So wohl auch Lehmann/Stolz, CR 1997, 97 (100).

Entscheidend kommt es daher auf die Reichweite und konkrete Ausgestaltung des in der Vorschrift verankerten Privatisierungsgebotes an.

1. Bedeutungsinhalt des Privatisierungsgebotes

a) Typisierung der Privatisierungsformen

Üblicherweise erfolgt die Typisierung von Privatisierungsformen in Gestalt einer dreigliedrigen Differenzierung zwischen (formeller) Organisations-, (materieller) Aufgaben- und Vermögensprivatisierung.[307] All diesen Privatisierungstypen ist gemeinsam, daß es im Kern stets um die Abgabe von Rechtsmacht durch den Staat zugunsten von Privatrechtssubjekten geht. Dabei kann es sich sowohl um natürliche Personen und „echte" juristische Personen des Privatrechts handeln, als auch um solche, die sich (teilweise, mehrheitlich oder ganz) in öffentlicher Hand befinden.[308] Das Verständnis, was sich genau hinter den genannten Typisierungen verbirgt, weicht dabei in der Literatur durchaus voneinander ab:

So wird weithin die Ersetzung des Staates durch eine juristische Person des Privatrechts, deren Anteile sich ausschließlich oder überwiegend in öffentlicher Hand befinden, als formelle Organisationsprivatisierung bezeichnet. Als Gegenstück soll materielle Aufgabenprivatisierung folgerichtig die Ersetzung des Staates durch eine natürliche Person oder durch eine juristische Person des Privatrechts, die sich mehrheitlich in privater Hand befindet, bedeuten.[309] Dies geschehe etwa im Wege der Veräußerung von Eigentumspositionen oder sonstigen Vermögenswerten, mit der Folge, daß die Verwaltung die Aufgabe nicht mehr selbst unmittelbar wahrnehme.[310] Voraussetzung einer materiellen Privatisierung sei demnach die Aufgabe der staatlichen Kapitalmehrheit an einer be-

---

[307] Darüber hinaus gibt es allerdings noch weitere „Zwischen- und Mischformen" der Privatisierung, vgl. Stern, DVBl 1997, 309 (310, m.w.N. in Fn. 5). Schoch, DVBl 1994, 962 f., nennt als Ergänzung zum genannten „Trias der Privatisierungsformen" die Funktionsprivatisierung (Einschaltung Privater in die öffentliche Aufgabenwahrnehmung). Weitere Privatisierungstypen, wie etwa die Verfahrensprivatisierung (Überantwortung verfahrensbezogener Handlungen auf Private) und Finanzierungsprivatisierung (private Finanzierung staatlichen Handelns), finden sich bei Kämmerer, JZ 1996, 1042 (1043, m.w.N. in Fn. 14); ähnlich Ehlers, DVBl 1997, 137. Als Hauptarten der Privatisierung nennt Müller, DVBl 1998, 1256 (1257, m.w.N.), die Organisations-, Aufgaben- und Funktionsprivatisierung, wobei letztere (ebenso wie die Vermögenprivatisierung) im Bereich der Telekommunikation keine Bedeutung habe.

[308] Kämmerer, JZ 1996, 1042 (1044).

[309] Vgl. Müller, DVBl 1998, 1256 (1257), sowie die Nachweise bei Kämmerer, JZ 1996, 1042 (1043, Fn. 10 - 12).

[310] Ehlers, DVBl 1997, 137; Müller, DVBl 1998, 1256 (1257).

reits privatisierten Gesellschaft.[311] Organisationsprivatisierungen sollen insoweit häufig nur ein Übergangsstadium für spätere Aufgabenprivatisierungen bilden.

Dagegen hält *Stern* die Aufgabe der staatlichen Kapitalmehrheit an einem privatrechtlich organisierten Unternehmen bloß für die Vollendung einer begonnenen Organisationsprivatisierung.[312] Dies liegt an einem grundlegend anderen Verständnis der Privatisierungstypen: Danach beschränkt sich die formelle Organisationsprivatisierung darauf, „bei der Erfüllung einer weiterhin in der Hand der Verwaltung verbleibenden Aufgabe eine juristische Person des Privatrechts (GmbH, AG) einzuschalten, die in den Formen des Privatrechts handelt", wobei sich dieses umgewandelte Rechtssubjekt jedoch nicht der Konkurrenz durch andere private Anbieter ausgesetzt sehe.[313] Erst wenn die Aufgabe als solche dem Wettbewerb im Markt überlassen werde und damit ihren staatlichen Charakter verliere, könne von einer materiellen Aufgabenprivatisierung gesprochen werden. Merkmal dieser Privatisierungsform sei also die Leistungserbringung unter marktwirtschaftlichen Grundsätzen.

Für das oben dargestellte Verständnis, nach dem eine materielle Aufgabenprivatisierung bei Aufgabe der staatlichen Mehrheitsbeteiligung anzunehmen sei, spricht zwar, daß die in Rede stehende Aufgabe dann durch ein Unternehmen erfüllt wird, hinter dem mehrheitlich „echte" Private stehen. Allerdings ist diese Definition allein auf das (formell und/oder materiell) privatisierte Rechtssubjekt zugeschnitten, und beantwortet nicht die Frage, ob die betreffende Aufgabe für den Wettbewerb geöffnet werden soll, d.h. ob neben dem zu privatisierenden Rechtssubjekt konkurrierende Anbieter vorgesehen sind. Mit *Stern* ist daher eine Aufgabenprivatisierung erst dann anzunehmen, wenn eine Aufgabe nicht mehr dem Staat vorbehalten bleibt, sondern in den privaten Sektor verlagert und damit für den Wettbewerb geöffnet wird.

Um diese Differenzierung deutlich herauszustellen, soll im weiteren Verlauf der Untersuchung in einer solchen Situation von einer „wettbewerbsorientierten Aufgabenprivatisierung" gesprochen werden. Diese kann mit einer davon unabhängigen Organisationsprivatisierung einhergehen. Unter diesem Privatisierungstyp ist folglich allein die Ersetzung des Staates durch eine juristische Person des Privatrechts, deren Anteile sich vollständig in öffentlicher Hand befinden, zu verstehen.

Die Überführung von Eigentum oder anderen Vermögenswerten des Staates auf Private ist dagegen -um begrifflichen Mißverständnissen vorzubeugen- nicht als materielle (Aufgaben-) Privatisierung zu bezeichnen, sondern unter die Art

---

[311] Vgl. Wieland, Die Verwaltung 28 (1995), 315 (318).

[312] Vgl. Stern, DVBl 1997, 309 (310).

[313] Stern, DVBl 1997, 309 (310); ähnlich bereits zuvor Schoch, DVBl 1994, 962 f.; Hengstschläger, VVDStRL 54 (1995), 165 (170); Osterloh, VVDStRL 54 (1995), 204 (210).

der Vermögensprivatisierung zu fassen. Zu den privatisierungsfähigen Vermögenswerten zählen auch wirtschaftliche Unternehmen bzw. staatliche Unternehmensbeteiligungen.[314] Die Veräußerung staatlicher Unternehmensbeteiligungen stellt daher nach dem hier zugrunde gelegten Verständnis eine Vermögensprivatisierung dar. Sollte dabei die Anteilsveräußerung zur Aufgabe der staatlichen Mehrheitsbeteiligung führen, so läßt sich allenfalls von einer überwiegenden bzw. vollendeten Vermögensprivatisierung, nicht aber von der Vollendung der Organisations- oder Aufgabenprivatisierung sprechen.

Zu untersuchen ist nunmehr, wie das Privatisierungsgebot des Art. 87 f Abs. 2 S. 1 GG vor dem Hintergrund der soeben vorgenommenen Typisierung einzuordnen ist, und welche Schlußfolgerungen sich daraus für die Frage der Zulässigkeit gemeindlicher Betätigung ableiten lassen.

b) Pflicht zur Organisationsprivatisierung aus Art. 87 f Abs. 2 S. 1 GG i.V.m. Art. 143 b Abs. 1 S. 1 GG

Nach Art. 87 f Abs. 2 S. 1 GG werden die Dienstleistungen des Postwesens und der Telekommunikation durch „private Anbieter" erbracht. Die privatrechtliche Organisationsform der Erbringer von Post- und Telekommunikationsdiensten ist damit zwingend vorgegeben. Zu diesem Kreis der privaten Anbieter zählen auch die Nachfolgeunternehmen der DBP, wie es der Formulierung „durch die aus dem Sondervermögen Deutsche Bundespost hervorgegangenen Unternehmen und durch *andere* private Anbieter" in Art. 87 f Abs. 2 S. 1 GG zu entnehmen ist.

Diese Vorgabe der privatrechtlichen Organisationsform in Art. 87 f Abs. 2 S. 1 GG korrespondiert mit der Vorschrift des Art. 143 b Abs. 1 S. 1 GG, die die Umwandlung der Nachfolgeunternehmen der DBP in Unternehmen privater Rechtsform vorschreibt. Damit folgt aus dem Zusammenspiel beider Vorschriften die Pflicht zur Organisationsprivatisierung der DBP.[315]

Dieser Auftrag zur Umwandlung des Sondervermögens DBP in privatrechtliche Wirtschaftsunternehmen wurde auf die Rechtsform der Aktiengesellschaft kon-

---

[314] Vgl. die Definition von Kämmerer, JZ 1996, 1042 (1043), unter Hinweis auf Bauer, VVDStRL 54 (1995), 242 (251 f., Fn. 41); vgl. auch Schoch, DVBl 1994, 962.

[315] Zur Schaffung der verfassungsrechtlichen Grundlagen der Organisationsprivatisierung mußte neben der Einfügung der Art. 87 f Abs. 2 S. 1 GG i.V.m. Art. 143 b Abs. 1 S. 1 GG insbesondere eine Änderung des Art. 87 Abs. 1 S. 1 GG erfolgen, der in seiner alten Fassung bis zur Postreform II die Aufgabenerfüllung in bundeseigener Verwaltung vorschrieb. Dieser Vorschrift wurde daher nahezu einhellig ein Verbot der Organisationsprivatisierung entnommen, vgl. Uerpmann, in: v.Münch/Kunig, GG, Bd. 3, Art. 87 f, Rdnr. 1; Gramlich, NJW 1994, 2785 (2786). Nach Rottmann, Archiv PT 1994, 193, bestand insoweit „verfassungsrechtlicher Handlungsbedarf" hinsichtlich der Privatisierung der Organisationsform.

kretisiert. Nach der Umsetzung der Pflicht zur Organisationsprivatisierung existiert die DTAG bereits seit dem 01.01.1995 als Nachfolgunternehmen des Teilsondervermögens DBP Telekom.[316]

c) Fakultative Vermögensprivatisierung nach Art. 87 f Abs. 2 S. 1 GG i.V.m. Art. 143 b Abs. 2 S. 2 u. 3 GG

Von der Organisationsprivatisierung, die Art. 87 f Abs. 2 S. 1 GG -wie gesehen- vorgibt, ist die Frage nach der Vermögensprivatisierung zu trennen. Nach der hier vorgenommenen Typisierung führt eine Vermögensprivatisierung zur Übertragung staatlicher Vermögenswerte auf „echte" Private. Eingeschlossen ist hierbei die Veräußerung staatlicher Unternehmensbeteiligungen, die bis zur Aufgabe der staatlichen Kapitalmehrheit oder zur völligen Rückführung der Staatsbeteiligung an einem Unternehmen gehen kann. Im vorliegenden Zusammenhang stellt sich damit die Frage, ob der Bund zur Veräußerung seiner Kapitalanteile (sprich: Aktien) an den Nachfolgeunternehmen der DBP, speziell der DTAG, berechtigt oder sogar verpflichtet ist.

(1) Berechtigung des Bundes zur Vermögensprivatisierung der DTAG

Während der Vorschrift des Art. 87 f Abs. 2 S. 1 GG keine derartige Aussage zu entnehmen ist, regelt Art. 143 b Abs. 2 S. 2 GG immerhin, daß der Bund frühestens fünf Jahre nach Inkrafttreten des Postneuordnungsgesetzes (also ab dem 01.01.2000)[317] seine Kapitalmehrheit an der Deutschen Post AG als Nachfolgeunternehmen der DBP Postdienst aufgeben darf. Im Grundsatz besteht hier also nach Ablauf einer Übergangsfrist die Berechtigung zur Vermögensprivatisierung, die gleichwohl dadurch erschwert wird, daß es zur Aufgabe der Kapitalmehrheit an der heutigen Deutschen Post AG nach Art. 143 b Abs. 2 S. 3 GG eines Bundesgesetzes mit Zustimmung des Bundesrates bedarf. Der Umstand, daß Art. 143 b Abs. 2 GG gerade keine vergleichbare Beschränkung der Vermögensprivatisierung der DTAG enthält, deutet darauf hin, daß der Bund aus verfassungsrechtlicher Sicht ohne zeitliche Untergrenze zur Aufgabe seiner Aktienmehrheit an der DTAG und damit zur umfassenden Vermögensprivatisierung berechtigt ist. Für diesen Befund spricht auch die Entstehungsgeschichte: Im ursprünglichen Entwurf der Verfassungsänderung war nämlich noch vorgesehen, daß der Bund ebenfalls für die Dauer von fünf Jahren die Kapitalmehrheit

---

[316] Die Einzelheiten der Umwandlung der Unternehmen der DBP in Aktiengesellschaften sind insbesondere in §§ 1 Abs. 1 u. 2; 2 Abs. 1 PostUmwG geregelt. Der Beginn der Geschäftsaufnahme der DTAG zum 01.01.1995 ergibt sich aus Art. 15 PTNeuOG i.V.m. § 24 der Satzung der DTAG vom 14.09.1994, BGBl I S. 2325 (2350 ff., 2397).

[317] Vgl. Art. 15 Abs. 1 PTNeuOG vom 14.09.1994, BGBl I S. 2325 (2397).

an dem aus der DBP Telekom hervorgegangenen Unternehmen halten sollte. Zudem wurde zunächst für die Aufgabe der Kapitalmehrheit (auf Grund einer gesetzlichen Regelung) vorausgesetzt, daß „dies zur wirtschaftlichen Entwicklung des jeweiligen Unternehmens oder zur Strukturierung des Marktes erforderlich erscheint".[318] Aus der Streichung dieser ursprünglichen Beschränkungen während des Gesetzgebungsverfahrens läßt sich schließen, daß die Anforderungen an eine Vermögensprivatisierung der DTAG erleichtert werden sollten. Einschränkende Aussagen finden sich lediglich in einfachgesetzlichen Vorschriften. So schreibt etwa § 3 Abs. 1 S. 2 Nr. 2 BAPostG vor, daß die Einführung der DTAG am Kapitalmarkt bis zum 31.12.1999 ausschließlich durch Kapitalerhöhung gegen Einlage erfolgen darf.[319] Des weiteren darf der Gesamtbetrag der möglichen Kapitalerhöhungen die Hälfte des Grundkapitals nicht überschreiten.[320] Diese einfachgesetzlichen Bindungen des Bundes gehen auf einen politischen Kompromiß zurück, durch den der DTAG die Möglichkeit eingeräumt werden sollte, neues Eigenkapital zu schöpfen, bevor der Bund zur Veräußerung eigener Anteile der DTAG an der Börse berechtigt ist.[321] Zugleich wird garantiert, daß die Mehrheitsbeteiligung des Bundes an der DTAG bis mindestens zum 31.12.1999 bestehen bleibt,[322] auch wenn Private Aktien der DTAG erwerben und dadurch neben dem Bund zu Inhabern des Unternehmens werden.

Festzuhalten bleibt somit, daß sich aus Art. 87 f Abs. 2 S. 1 GG i.V.m. Art. 143 Abs. 2 S. 2 u. 3 GG die *Berechtigung* des Bundes zur Veräußerung der Staatsanteile bzw. zur Aufgabe der staatlichen Mehrheitsbeteiligung an der DTAG herleiten läßt.[323] Naheliegend ist insoweit die Bezeichnung als „fakultative Vermö-

---

[318] Vgl. Art. 143 b Abs. 1 S. 2 i.d.F. des Gesetzentwurfs der BReg, BT-Drs. 12/7269 vom 14.04.1994, Anlage 1, S. 3.

[319] Fangmann, TKPR, S. 31, Rdnr. 18 (m.w.N.), hält die Formulierung des § 3 Abs. 1 S. 1 Nr. 2 BAPostG insofern für mißverständlich, als die Kapitalerhöhung nur die Voraussetzung für die spätere Kapitalmarkteinführung ist.

[320] § 5 Abs. 2 S. 2 der Satzung der DTAG vom 14.09.1994, BGBl I S. 2325 (2350 ff.). Das Grundkapital der DTAG betrug vor der ersten Kapitalerhöhung zehn Milliarden DM, vgl. § 5 Abs. 1 S. 1 Satzung DTAG.

[321] Vgl. die Begründung der Fraktionen CDU/CSU, SPD und FDP zum Entwurf des PTNeuOG, BT-Drs. 12/6718 vom 01.02.1994, S. 75 f.; Fangmann, TKPR, S. 31, Rdnr. 19.

[322] Vgl. Fangmann, TKPR, S. 31, Rdnr. 19; Meyer-Arndt, ZUM 1996, 757 (765). Diese für fünf Jahre gewährleistete faktische Mehrheitsbeteiligung des Bundes entspricht einer Forderung der SPD, vgl. Beschlußempfehlung und Bericht des Ausschusses für Post und Telekommunikation, BT-Drs. 12/8060 vom 27.06.1994, S. 183.

[323] In diesem Sinne auch Battis, in: Sachs, GG, Art. 143 b, Rdnrn. 6 f.; Jarass/Pieroth, GG, Art. 143 b, Rdnr. 1; Lerche, in: Maunz/Dürig, Komm. z. GG, Bd. 4, Art. 87 f, Rdnrn. 32, 54, Bd. 5, Art. 143 b, Rdnr. 21 (zu berücksichtigen ist, daß Lerche die Aufgabe der staatlichen Kapitalmehrheit nicht -wie hier- als Vermögensprivatisierung, sondern als Aufgabenprivati-

gensprivatisierung". Zu beachten ist dabei lediglich eine einfachgesetzlich festgelegte Zeitsperre, vor deren Ablauf die Veräußerung von Gesellschaftsanteilen an der DTAG lediglich im Wege der Kapitalerhöhung zulässig ist. Es ist also möglich, daß sich die DTAG als Nachfolgeunternehmen der DBP Telekom von einem zunächst öffentlichen Unternehmen zu einem gemischt-wirtschaftlichen Unternehmen entwickelt. Faktisch wurde dieser Schritt durch den erfolgten Börsengang der DTAG auch bereits umgesetzt. Über eine mögliche *Verpflichtung* des Bundes zur Vermögensprivatisierung der DTAG ist damit allerdings noch keine Aussage getroffen.

(2) Keine Pflicht zur Veräußerung von Kapitalanteilen

Müller will eine solche Pflicht zur Vermögensprivatisierung mit der genetischen Auslegung der Art. 87 f bzw. 143 b GG begründen,[324] nicht ohne zunächst einzuräumen, daß sich diese Verpflichtung jedenfalls nicht aus der grammatischen, systematischen und historischen Auslegung der genannten Vorschriften ergeben könne. Im Kern stützt er sich dabei auf Formulierungen in den Begründungen zu den beiden gleichlautenden Entwürfen des Gesetzes zur Änderung des Grundgesetzes.[325] Darin heißt es allgemein, daß das „...Angebot der Dienstleistungen ausschließlich private Tätigkeit [sein solle], deren Wahrnehmung als Verwaltungsaufgabe in öffentlich-rechtlicher oder in privatrechtlicher Organisationsform ausgeschlossen wird.". In der Begründung zum Entwurf des Art. 87 f GG wird zudem konkret das Ziel der „Entstaatlichung" und einer Entlassung der „... Bundespost aus staatlicher Hand..." formuliert. Ganz ähnlich heißt es zum Entwurf des Art. 143 b Abs. 1 GG, das „...bisherige Sondervermögen Deutsche Bundespost soll[e] in private Hände überführt werden...", so daß „...der Bundesgesetzgeber durch die vorgesehene Vorschrift beauftragt [werde], die für die Umwandlung erforderlichen näheren Rechtsgrundlagen zu schaffen."[326]

Auf den ersten Blick liegt es nahe, die Zielbeschreibung „Entstaatlichung" sowie die weiteren Formulierungen mit *Müller* so zu interpretieren, daß der Gesetzgeber mit der Verfassungsänderung auch die Pflicht des Bundes zur Vermö-

---

sierung bezeichnet); Uerpmann, in: v.Münch/Kunig, GG, Bd. 3, Art. 143b, Rdnrn. 6, 12; Müller, DVBl 1998, 1256 (1258).

[324] Müller, DVBl 1998, 1256 (1259 f.).

[325] Vgl. den Entwurf der Fraktionen der CDU/CSU, SPD und FDP, BT-Drs. 12/6717 vom 01.02.1994, S. 3 ff., sowie den Entwurf der BReg, BT-Drs. 12/7269 vom 14.04.1994, Anlage 1, S. 4 ff.

[326] Vgl. BT-Drs. 12/6717 vom 01.02.1994, S. 4; BT-Drs. 12/7269 vom 14.04.1994, Anlage 1, S. 5.

gensprivatisierung gewollt habe.[327] Einem solchen Verständnis steht allerdings die Formulierung der Entwurfsfassung zu Art. 143 b Abs. 1 S. 2 u. 3 GG entscheidend entgegen. Darin hieß es nämlich: „Der Bund hält für die Dauer von fünf Jahren nach Inkrafttreten des Gesetzes die Kapitalmehrheit an den aus der DBP Postdienst und der *DBP Telekom* hervorgegangenen Unternehmen. Danach *kann* die Kapitalmehrheit auf Grund einer gesetzlichen Regelung aufgeben werden, wenn dies zur wirtschaftlichen Entwicklung des jeweiligen Unternehmens oder zur Strukturierung des Marktes erforderlich scheint."[328] Der Gesetzentwurf belegt damit, daß der Gesetzgeber die Problematik der Befugnis bzw. Verpflichtung zur Vermögensprivatisierung nicht etwa übersehen hat. Vielmehr war bereits im Entwurf zur Grundgesetzänderung ausdrücklich allein die Berechtigung zur Vermögensprivatisierung vorgesehen, obgleich es dem Gesetzgeber freigestanden hätte, einen möglichen weitergehenden Willen verfassungsrechtlich zu verobjektivieren, das heißt die Verpflichtung des Bundes zur Aufgabe der Kapitalmehrheit an der DTAG anzuordnen. Der Verzicht darauf stellt ein deutliches Indiz für die Beschränkung des gesetzgeberischen Willens auf eine fakultative Vermögensprivatisierung dar. Diese Beschränkung ist im übrigen mit dem vornehmlichen Ziel des Gesetzgebers, die Wahrnehmung von Telekommunikationsdienstleistungen als *ausschließliche* Verwaltungsaufgabe zu beenden,[329] vereinbar. Auf einen darüber hinausgehenden Willen läßt erst recht nicht der Umstand schließen, daß Art. 143 b Abs. 2 GG in der geltenden Fassung die Berechtigung zur Vermögensprivatisierung der DTAG nicht mehr ausdrücklich vorsieht. Zwar ist weiterhin -wie gezeigt- von der Befugnis zur Vermögensprivatisierung auszugehen; für die Schlußfolgerung auf eine entsprechende Verpflichtung des Bundes mangelt es jedoch an Anhaltspunkten. Insbesondere der einfache Gesetzgeber hat die Mehrheitsbeteiligung des Bundes an der DTAG bis mindestens zum 31.12.1999 verbindlich festgelegt, und deren Aufgabe nach diesem Zeitpunkt keineswegs vorgeschrieben. Im übrigen wäre im Falle einer Pflicht zur Vermögensprivatisierung wohl zugleich der Zeitpunkt, bis zu dem die Aufgabe der Kapitalmehrheit hätte abgeschlossen sein müssen, festgelegt worden, da die Frage nach dem „ob" der Privatisierung ohne eine solche Vorgabe zumindest faktisch weiterhin bei der Politik liegt.

Im Ergebnis folgt damit auch aus der genetischen Auslegung der Art. 87 f bzw. 143 b GG keine Verpflichtung des Bundes zur Veräußerung seiner Kapitalantei-

---

[327] Vgl. Müller, DVBl 1998, 1256 (1260). Zu berücksichtigen ist, daß Müller aufgrund eines anderen Grundverständnisses der Privatisierungstypen von der Pflicht zur Aufgabenprivatisierung (nicht: Vermögensprivatisierung) spricht.

[328] Vgl. BT-Drs. 12/6717 vom 01.02.1994, S. 2; BT-Drs. 12/7269 vom 14.04.1994, Anlage 1, S. 3.

[329] Siehe dazu ausführlicher unten Teil 1, D II 3 a.

le bzw. -mehrheit an der DTAG, so daß es beim Befund der fakultativen Vermögensprivatisierung bleibt.[330]

Soweit darüber hinaus eine zwangsläufige Entwicklung der DTAG zu einem rein privaten Unternehmen mit den begrenzten Befugnissen der Bundesanstalt für Post und Telekommunikation (BAPT) begründet wird,[331] ist dieser Argumentation entgegenzuhalten, daß die BAPT gerade nicht als Motor eines dynamischen Privatisierungsprozesses bezeichnet werden kann, da die Anstalt nicht selbst Eigentümer der Unternehmensbeteiligungen ist, sondern die Aktien nur für den Bund verwaltet. Folglich verbleiben die Entscheidungen über weitere Privatisierungsschritte, also auch über die Aufgabe der Aktienmehrheit des Bundes, bei der Politik.[332] Überdies ist die BAPT befugt, Aktien der privatisierten Nachfolgeunternehmen der DBP für den Bund zurück zu erwerben.[333]

d) Pflicht zur wettbewerbsorientierten Aufgabenprivatisierung durch das Gebot zur privatwirtschaftlichen Leistungserbringung

Nach dem Wortlaut des Art. 87 f Abs. 2 S. 1 GG werden die Dienstleistungen im Bereich der Telekommunikation als „privatwirtschaftliche Tätigkeiten" erbracht. Dieses Gebot der privatwirtschaftlichen Leistungserbringung steht im Gegensatz zur Regelung des Art. 87 f Abs. 2 S. 2 GG, nach der bestimmte Kernaufgaben auch weiterhin als „Hoheitsaufgaben im Bereich des Postwesens und der Telekommunikation ... in bundeseigener Verwaltung ausgeführt" werden.[334] Art. 87 f Abs. 2 GG nimmt also eine Abgrenzung zwischen der privat-

---

330 In diesem Sinne auch Uerpmann, in: v.Münch/Kunig, GG, Bd. 3, Art. 87 f, Rdnr. 10.

331 Vgl. Bullinger, Gutachten, S. 6 f.

332 Anders war dies im Fall der Treuhandanstalt, die von der Monopolkommission als Beispiel für einen „Motor" eines dynamischen Privatisierungsprozeß angeführt wird, vgl. Zehntes Hauptgutachten der Monopolkommission 1992/93, BT-Drs. 12/8323 vom 22.07.1994, S. 20. Diesen Unterschied vernachlässigt Stober, Allg. Wirtschaftsverwaltungsrecht, § 24 II 2, S. 260, der die Privatisierung des Post- und Telekommunikationssektors mit der Privatisierung des volkseigenen Vermögens der früheren DDR vergleicht.

333 Vgl. §§ 1; 3 Abs. 1 S. 1; 9 Abs. 1 u. 2 S. 1 BAPostG i.d.F. des Art. 1 PTNeuOG vom 14.09.1994, BGBl I S. 2325 ff., i.V.m. §§ 29, 30 der Satzung der BAPT vom 14.09.1994, BGBl I S. 2325 (2331ff.).

334 Zum Kreis der Hoheitsaufgaben i.S.d. Art. 87 f Abs. 2 S. 2 GG zählen nur die notwendigerweise von einem Hoheitsträger wahrzunehmenden hoheitlichen Angelegenheiten, namentlich die Verwaltung im traditionellen, materiellen Sinn. Darunter fallen z.B. Fragen der Standardisierung und Normierung der Funkfrequenzverwaltung, die Erteilung von Genehmigungen für Funkanlagen und die Vorsorge für den Krisen- und Katastrophenfall. Auch die Sicherung der Grundrechtsgewährleistungen des Art. 10 GG als grundrechtliche Schutzpflicht und die Umsetzung des Infrastruktursicherungsauftrags aus Art. 87 f Abs. 1 GG sind hoheitliche Aufgaben, vgl. die Begründung der BReg zum Gesetzentwurf zur Verfas-

wirtschaftlichen Erbringung der unternehmerischen Aufgaben in der Telekommunikation und der Ausführung der übrigen Hoheitsaufgaben in den Formen und nach den Maximen der Verwaltung (verwaltungsmäßige Leistungserbringung) vor.[335] Aufgrund dieser Abgrenzung kommt dem Begriff der „privatwirtschaftlichen Tätigkeiten" zugleich die Bedeutung einer „negativen Kompetenzschranke" für „das verwaltungsmäßige Erbringen postalischer Dienstleistungen" zu.[336] Der (bundes-) staatlichen Verwaltung wird auf diesem Wege ihr bisheriger Kompetenztitel zur hoheitlichen Leistungserbringung entzogen.[337] Dies gilt nicht nur für ein Handeln in den Formen unmittelbarer („bundeseigener") oder mittelbarer („bundesunmittelbarer") Staatsverwaltung, sondern ganz allgemein.[338]

Unter privatwirtschaftlicher Tätigkeit ist eine Wirtschaftstätigkeit zu verstehen, die durch kaufmännisches, wettbewerbsorientiertes Handeln in privatrechtlicher Unternehmensform mit privatrechtlichen Mitteln gekennzeichnet ist.[339] Privatwirtschaftlichkeit im Sinne des Art. 87 f Abs. 2 S. 1 GG setzt daher im Ergebnis nur privatrechtliches Handeln (zu Wettbewerbsbedingungen), eine privatrechtliche Organisationsform und Wirtschaftlichkeit als Zweck voraus.[340] Im einzelnen bedeutet dies die Ablösung der bisherigen Verwaltungsmaximen durch die Steuerungsmechanismen des freien Marktes, also die Marktregelung durch Angebot und Nachfrage und die Ziele der Kostenminimierung und Gewinnmaximie-

---

sungsänderung, BT-Drs. 12/7269 vom 14.04.1994, Anlage 1, S. 5; Windthorst, in: Sachs, GG, Art. 87 f, Rdnr. 35.

335 Art. 87 f Abs. 2 S. 2 GG enthält insoweit eine absolute Schranke für eine Aufgabenprivatisierung und nach der herrschenden Meinung, die Art. 86 f. GG auch als Organisationsbestimmungen ansieht, auch für eine Organisationsprivatisierung, vgl. Kämmerer, JZ 1996, 1042 (1046, Fn. 46, u. 1047, m.w.N. auch der Gegenansicht in Fn. 49); Windthorst, in: Sachs, GG, Art. 87 f, Rdnrn. 33, 37; Art. 87 e, Rdnr. 17; Rottmann, Archiv PT 1994, 193 (195). Der Bereich der unternehmerischen Erbringung von Post- und Telekommunikationsdienstleistungen ist dagegen offen für eine umfassende Privatisierung.

336 Vgl. die Begründung der BReg zum Gesetzentwurf zur Verfassungsänderung, BT-Drs. 12/7269 vom 14.04.1994, Anlage 1, S. 5; Lerche, in: Maunz/Dürig, Komm. z. GG, Bd. 4, Art. 87 f, Rdnr. 54; Jarass/Pieroth, GG, Art. 87 f, Rdnr. 3; Rottmann, Archiv PT 1994, 193 (194); Stern, DVBl 1997, 309 (311); Ebsen, DVBl 1997, 1039 (1042).

337 Vgl. Stern, DVBl 1997, 309 (310 f.).

338 Gramlich, Archiv PT 1995, 189 (195).

339 Windthorst, in: Sachs, GG, Art. 87 f, Rdnr. 30.

340 Vgl. Lerche, in: Maunz/Dürig, Komm. z. GG, Bd. 4, Art. 87 f, Rdnr. 54; Pünder, DVBl 1997, 1353 (1354). Zum Teil wird daher der „primär entscheidende Rechtsbefehl" zur Organisationsprivatisierung nicht in der Voraussetzung „private Anbieter", sondern in der Formulierung „privatwirtschaftliche Tätigkeiten" gesehen, vgl. Müller, DVBl 1998, 1256 (1258), unter Hinweis auf Lerche, in: Maunz/Dürig, Komm. z. GG, Bd. 4, Art. 87 f, Rdnr. 54.

rung.[341] Aus diesem Verständnis der „Privatwirtschaftlichkeit" folgt, daß die Erbringung von Dienstleistungen in den Bereichen des Postwesens und der Telekommunikation nunmehr als grundrechtlich geschützte Betätigung den Bedingungen des freien marktwirtschaftlichen Wettbewerbs zwischen privaten Anbietern überlassen werden sollte. Damit enthält Art. 87 f Abs. 2 S. 1 GG nicht nur die Pflicht zur Organisationsprivatisierung (verbunden mit fakultativer Vermögensprivatisierung), sondern darüber hinaus auch das Gebot der wettbewerbsorientierten Aufgabenprivatisierung.[342] Infolge dieser Privatisierungsentscheidung verlieren die bisherigen Maximen der Verwaltung insofern an Bedeutung, als die einfachgesetzliche Aufrechterhaltung von Monopol- und Sonderrechten, aber auch das System der Pflichtleistungen nicht mehr mit dem Gebot der privatwirtschaftlichen, wettbewerbsorientierten Leistungserbringung zu vereinbaren ist. Ausschließlichkeitsrechte, aber auch Leistungs- und Kontrahierungszwänge sind einem freien Markt prinzipiell fremd.[343] Es gibt daher keinen öffentlichen Leistungsauftrag „Telekommunikation" mehr,[344] der es dauerhaft vermag, einerseits Beschränkungen zu Lasten privater Freiheitsrechte und andererseits besondere Belastungen der Nachfolgeunternehmen zu rechtfertigen. Ausschließliche Sonderrechte der Nachfolgeunternehmen der DBP waren folglich allenfalls übergangsweise zulässig, solange sie noch von der gleichrangigen Verfassungsnorm des Art. 143 b Abs. 2 S. 1 GG gedeckt wurden. Andererseits sind die Nachfolgeunternehmen aber mit Einführung des Wettbewerbs auch von der Erbringung einzelner Pflichtleistungen zu befreien und insoweit mit den Wettbewerbern gleichzustellen.[345] Die Begründung zum Entwurf des PTNeuOG hält insoweit treffend fest: „Der Bund kann daher nicht mehr -wie bislang- Inhaber ausschließlicher Betreiberrechte sein. Diese Betreiberrechte werden

---

[341] Stern, DVBl 1997, 309 (312). Die Einhaltung dieser privatwirtschaftlichen Maximen ist für die Nachfolgeunternehmen der DBP und die übrigen Anbieter verbindlich.

[342] In diesem Sinne auch Lerche, in: Maunz/Dürig, Komm. z. GG, Bd. 4, Art. 87 f, Rdnr. 54; Stern, DVBl 1997, 309 (310); Rottmann, Archiv PT 1994, 193 (194); Etling-Ernst, TKG, § 1, Rdnr. 11. Im Hinblick auf das Verbot der Privatisierung der verbleibenden Hoheitsaufgaben der Telekommunikation ließe sich auch von einer wettbewerbsorientierten Teilaufgabenprivatisierung sprechen.

[343] Vgl. Stern, DVBl 1997, 309 (312); vgl. auch Lerche, in: Maunz/Dürig, Komm. z. GG, Bd. 4, Art. 87 f, Rdnr. 56, dem zufolge „leistungsstaatliche Vorgaben oder Schranken" die Freiheit des Wirtschaftens in der Telekommunikation ohne spezielle verfassungsrechtliche Stütze nicht beschränken dürfen.

[344] Vgl. Königshofen, Archiv PT 1995, 112 (118); Uerpmann, in: v.Münch/Kunig, GG, Bd. 3, Art. 87 f, Rdnr. 11. Ähnlich Bullinger, Gutachten, S. 7.

[345] Begrenzt bis zum 31.12.1997 erlaubte es § 8 PTRegG noch, der DTAG als Inhaber vorübergehender Monopolrechte bestimmte Pflichtleistungen per Rechtsverordnung aufzuerlegen.

vielmehr zukünftig von dem aus dem Teilsondervermögen DBP Telekom hervorgegangenen Nachfolgeunternehmen und Wettbewerbern wahrgenommen".[346]

2. Schlußfolgerung für die Zulässigkeit der Betätigung der Gemeinden

Die Zulässigkeit gemeindlicher Betätigung in der Telekommunikation setzt voraus, daß die Gemeinden bzw. deren TKU überhaupt zum Kreis der potentiellen „privaten Anbieter" i.S.d. Art. 87 f Abs. 2 S. 1 GG, die imstande sind, die Dienstleistungen „privatwirtschaftlich" zu erbringen, gehören können. Dies wäre nur dann der Fall, wenn weder dem Wortlaut des Art. 87 f Abs. 2 S. 1 GG noch dem darin enthaltenen Privatisierungsgebot, dessen Bedeutungsinhalt soeben ausgelotet wurde, eine Differenzierung nach dem Inhaber der Anbieter in dem Sinne zu entnehmen wäre, daß solche Unternehmen ausgeschlossen wären, hinter denen (allein, mehrheitlich oder teilweise) die öffentliche Hand steht.

a) Gemeindliche TKU als „privatwirtschaftlich" handelnde „private Anbieter"

Wie bereits gezeigt, schreibt der Wortlaut des Art. 87 f Abs. 2 S. 1 GG, demzufolge Telekommunikationsdienstleistungen ausschließlich durch „private Anbieter" erbracht werden, zwingend die privatrechtliche Organisationsform der Anbieter vor.[347] Der Wortlaut allein legt insoweit die Deutung der Formulierung „private Anbieter" als ein rein gesellschaftsrechtlich orientiertes Erfordernis nahe,[348] so daß nur die privatrechtliche Organisationsform über die Qualifikation eines Unternehmens als „privater Anbieter" entscheidet, ohne daß es auf die Eigentumsverhältnisse an dem Unternehmen ankommt. Im Ergebnis verbietet eine solche rein formale Wortlautinterpretation daher zwar, Gemeinden in ihrer Eigenschaft als öffentlich-rechtliche Gebietskörperschaften als private Anbieter im Sinne des Art. 87 f Abs. 2 S. 1 GG zu betrachten, jedoch lassen sich gemeindliche TKU zum Kreis der privaten Anbieter zählen, sofern sie nur privatrechtlich organisiert sind.

Art. 87 f Abs. 2 S. 1 GG setzt nach seinem Wortlaut weiter die privatwirtschaftliche Leistungserbringung durch die Anbieter voraus. Nach der hier vertretenen Ansicht bedeutet dies die Ausübung einer Wirtschaftstätigkeit durch kaufmänni-

---

[346] Vgl. die Begründung der Fraktionen CDU/CSU, SPD und FDP zum Entwurf des PTNeuOG, BT-Drs. 12/6718 vom 01.02.1994, S. 105 (zu Art. 5 PTNeuOG) u. S. 106 (zu Art. 6 PTNeuOG).

[347] S.o. Teil 1, D II 1 b.

[348] So etwa Etling-Ernst, TKG, § 1, Rdnrn. 8, 10 f.; Lehmann/Stolz, CR 1997, 97 (100); in diesem Sinne wohl auch Ehlers, DVBl 1998, 497 (502).

sches, wettbewerbsorientiertes Handeln in privatrechtlicher Unternehmensform mit privatrechtlichen Mitteln. Sofern diese zwingenden privatwirtschaftlichen Maximen von den TKU der Gemeinden befolgt werden, sind diese auch zur privatwirtschaftlichen Erbringung von Telekommunikationsdienstleistungen imstande.

b) Die Bedeutung der verfassungsrechtlichen Stellung der DTAG für das telekommunikative Engagement der Gemeinden

Für die Vereinbarkeit der Betätigung gemeindlicher TKU mit der Vorschrift des Art. 87 f Abs. 2 S. 1 GG spricht neben dem Wortlaut auch die besondere verfassungsrechtliche Stellung der Nachfolgeunternehmen der DBP, und somit auch der DTAG. Das Grundgesetz ordnet in Art. 87 f Abs. 2 S. 1 GG -wie sich aus der Formulierung „und *andere* private Anbieter“ ergibt- auch die Nachfolgeunternehmen der DBP als private Anbieter ein, die die Post- und Telekommunikationsdienstleistungen privatwirtschaftlich erbringen. Diese gleichzeitige und gleichberechtigte Erwähnung der aus dem Sondervermögen der DBP hervorgegangenen Unternehmen und der übrigen Anbieter weist auf den Willen des Verfassungsgesetzgebers hin, die Nachfolgeunternehmen der DBP als gleichberechtigte Konkurrenten am Wettbewerb im Postwesen und der Telekommunikation teilnehmen zu lassen.[349] Die Wettbewerbsorientierung der Nachfolgeunternehmen der DBP ist der Gleichstellung auch insoweit zu entnehmen, als die Nachfolgeunternehmen nicht nur privatrechtlich, sondern ebenso privatwirtschaftlich ausgerichtet handeln wie die übrigen Anbieter von Post- und Telekommunikationsdiensten.[350] Vor allem aber ist zu berücksichtigen, daß der Verfassungsgesetzgeber die Nachfolgeunternehmen der DBP in wettbewerblicher Hinsicht mit den privaten Konkurrenten gleichgestellt hat, ohne zugleich dem Bund -wie soeben gezeigt- mehr als nur eine fakultative Vermögensprivatisierung aufzugeben. Noch dazu hat der Bund hinsichtlich einer möglichen (nicht: zwingenden) Veräußerung von Anteilen an der DTAG einfachgesetzliche Bindungen zu beachten. Die Einordnung der Nachfolgeunternehmen der DBP als private Anbieter, die privatwirtschaftlich handeln, erfolgte also in dem Bewußtsein, daß die formal umgewandelten Unternehmen zu Beginn völlig und auf unbestimmte Zeit zumindest überwiegend im Eigentum der öffentlichen Hand verbleiben sollten. So ist auch derzeit noch ungeklärt, wann und in welchem Umfang weitere Privatisierungsschritte erfolgen sollen bzw. ob die Aufgabe der Mehrheitsbeteiligungen des Bundes an den Nachfolgeunternehmen der DBP, insbesondere an

---

[349] Vgl. auch Rottmann, Archiv PT 1994, 193 (194); Stern, DVBl 1997, 309 (310); Ebsen, DVBl 1997, 1039 (1042).

[350] Vgl. Stern, DVBl 1997, 309 (310).

der DTAG, überhaupt politisch durchsetzbar ist.[351] Indirekt kommt damit durch den Wortlaut des Art. 87 f Abs. 2 S. 1 GG zum Ausdruck, daß die Unternehmen DTAG, Deutsche Post AG und Deutsche Postbank AG bereits aufgrund der bloßen privatrechtlichen Organisationsform zum Kreis der privaten Anbieter gehören.[352]

Ist nun aber der Verfassungsgesetzgeber von einem dauerhaften zulässigen Bestand der Nachfolgeunternehmen als öffentliche bzw. (später) gemischtwirtschaftliche Unternehmen ausgegangen, dann kann sich keine andere Beurteilung hinsichtlich der Zulässigkeit anderer Unternehmen, die sich im Eigentum der öffentlicher Hand befinden, ergeben.[353] Es ist nämlich nicht ersichtlich, weshalb im Falle der DTAG eine öffentliche Beteiligung zulässig sein sollte, dies bei anderen Unternehmen jedoch ein Hindernis darstellen sollte. Die in Art. 87 f Abs. 2 S. 1 GG vorgenommene Qualifizierung der Nachfolgeunternehmen der DBP, einschließlich der DTAG, als „private Anbieter", die „privatwirtschaftlich" zu handeln imstande sind, erlaubt folglich den Schluß, daß Telekommunikationsdienstleistungen auch von solchen Unternehmen des Privatrechts angeboten werden dürfen, die sich teilweise, mehrheitlich oder vollständig in öffentlicher bzw. gemeindlicher Hand befinden.

Die verfassungsrechtliche Stellung der Nachfolgeunternehmen der DBP unterstreicht folglich die Annahme, daß Art. 87 f Abs. 2 S. 1 GG kein Gebot der Differenzierung nach den Inhabern der Dienstleistungsanbieter enthält.

An diesem Befund würde sich selbst dann nichts ändern, wenn man mit *Müller* vom Bestehen einer Verpflichtung des Bundes zur Vermögensprivatisierung der Nachfolgeunternehmen der DBP (speziell der DTAG), ausgehen wollte.[354] Auch in diesem Fall würden nämlich die Nachfolgeunternehmen als „private Anbieter" im Sinne des Art. 87 f Abs. 2 S. 1 GG gelten, obwohl sie für eine (zudem noch unbefristete) Übergangszeit lediglich organisationsprivatisiert wären.

c) Begriffliche Änderungen während des Gesetzgebungsverfahrens als Hinweis auf die Unzulässigkeit gemeindlicher TKU?

Eine anderes Verständnis des Art. 87 f Abs. 2 S. 1 GG im Sinne einer gebotenen Differenzierung nach den hinter den Anbietern stehenden Eigentümern könnte

---

[351] Vgl. das Zehnte Hauptgutachten der Monopolkommission 1992/93, BT-Drs. 12/8323 vom 22.07.1994, S. 20.

[352] Vgl. die Stellungnahme der BReg zum Elften Hauptgutachten der Monopolkommission 1994/95, BT-Drs. 13/7998 vom 19.06.1997, S. 11.

[353] So auch Lerche, in: Maunz/Dürig, Komm. z. GG, Bd. 4, Art. 87 f, Rdnr. 58; Pünder, DVBl 1997, 1353; Ehlers, DVBl 1998, 497 (502); in diesem Sinne auch Ebsen, DVBl 1997, 1039 (1042).

[354] S.o. Teil 1, D II 1 c.

sich aber aus dem Umstand ergeben, daß die Formulierungen „andere private Anbieter" bzw. „privatwirtschaftliche Tätigkeiten" während des Gesetzgebungsverfahrens die ursprünglich verwendeten Begriffe „Wettbewerber" bzw. „private Tätigkeiten" abgelöst haben. Die Gesetzentwürfe zur Grundgesetzänderung sahen insoweit zunächst vor, daß die Telekommunikationsdienstleistungen als „private Tätigkeiten durch die aus dem Sondervermögen DBP hervorgegangenen Unternehmen und durch Wettbewerber angeboten" werden.[355]

Der Rechtsausschuß des Bundestages, auf deren Vorschlag die Änderung zur derzeit geltenden Verfassungsformulierung des Art. 87 f Abs. 2 S. 1 GG zurückgeht, betrachtet die Begriffswechsel zwar lediglich als allgemeine „redaktionelle Änderungen, die unter verfassungsrechtlichen Gesichtspunkten vorgenommen wurden", ohne weitere Erläuterungen hinzuzufügen.[356] Dagegen erfolgte nach Ansicht von *Möschel* der Wechsel vom Begriff „Wettbewerber" zum Ausdruck „private Anbieter", um zu verhindern, daß sich die öffentliche Hand -wie auch immer gewandet- durch die Hintertür in den Telekommunikationsmarkt einschmuggeln könne.[357] Allerdings ist diese Schlußfolgerung nicht die einzig mögliche: Denkbar ist ebenfalls, die Begriffsänderung mit einem aus dem Gesamtzusammenhang des Liberalisierungsprozesses folgenden Verständnis zu begründen. Dabei ist zu berücksichtigen, daß die früheren ausschließlichen Rechte des Bundes gemäß Art. 143 b Abs. 2 S. 1 GG auch nach der Postreform II noch für eine Übergangszeit den aus der DBP Postdienst und DBP Telekom hervorgegangenen Unternehmen verliehen werden konnten. Von dieser Möglichkeit der vorübergehenden Aufrechterhaltung der Monopole hat der Gesetzgeber auch für den Bereich der Telekommunikation Gebrauch gemacht, indem er der späteren DTAG das Netz- und Telefondienstmonopol bis zum 31.12.1997 weitergewährt hat.[358] Vor diesem Hintergrund vorübergehend fortbestehender Monopole sieht *Windthorst* den Vorzug der offeneren Formulierung „private Anbieter" gegenüber dem ursprünglichen Begriff „Wettbewerber" dar-

---

[355] Vgl. den Entwurf der Fraktionen CDU/CSU, SPD und FDP, BT-Drs. 12/6717 vom 01.02.1994, S. 2; sowie den Entwurf der BReg, BT-Drs. 12/7269 vom 14.04.1994, Anlage 1, S. 3. Die genannte Regelung war im Entwurf zunächst in Art. 87 f Abs. 1 S. 3 GG vorgesehen, wurde jedoch im weiteren Gesetzgebungsverfahren auf Vorschlag des Bundesrates in einen eigenen Absatz eingestellt, vgl. die Stellungnahme des Bundesrates zum Gesetzentwurf der BReg, BT-Drs. 12/7269 vom 14.04.1994, Anlage 2, S. 8.

[356] Vgl. die Begründung des BT-Rechtsausschusses in seiner Beschlußempfehlung, BT-Drs. 12/8108 vom 24.06.1994, S. 6. Auf diese Erklärung weist auch Ebsen, DVBl 1997, 1039 (1042, Fn. 33), hin, der im übrigen deutlich macht, daß auch die Tätigkeiten eines nur organisationsprivatisierten Unternehmens bereits als „private Tätigkeiten" galten.

[357] Möschel, Der Spiegel 25 (1996) vom 17.06.1996, S. 84.

[358] Vgl. § 1 Abs. 2 S. 2 u. Abs. 4 S. 4 FAG i.d.F. des Art. 5 PTNeuOG vom 14.09.1994, BGBl I S. 2325 (2363).

in, möglichen Mißverständnissen vorzubeugen. Aus dem Wort „Wettbewerber" hätte ein vermeintliches Staatsziel „Wettbewerbswirtschaft" abgeleitet werden können, das selbst den bloß vorübergehenden Monopolrechten entgegengestanden hätte.[359]

Auch der im Gesetzgebungsverfahren vollzogene Begriffswechsel von „privater" zu „privatwirtschaftlicher" Tätigkeit erfolgte nicht, um die Teilnahme öffentlicher und gemischt-wirtschaftlicher Unternehmen am Wettbewerb in der Telekommunikation zu verhindern. Vielmehr sollte, wie *Windthorst* zutreffend feststellt, durch die begriffliche Änderung nur der Gegensatz zur ehemaligen staatswirtschaftlichen Leistungserbringung deutlich herausgestrichen werden.[360] Der Ausschluß der verwaltungsmäßigen Leistungserbringung in privatrechtlicher Form kommt nämlich erst durch die aktuelle Bezeichnung mit hinreichender Sicherheit zum Ausdruck. Dagegen erfüllen sowohl die ursprüngliche Bezeichnung „privat" als auch die alternativ vorgeschlagene Formulierung „privatrechtlich" diesen Zweck nicht in vergleichbarer Weise, da sie zwar die Rechtsform festlegen, aber nicht unbedingt auf die Handlungsweise schließen lassen.[361]

3. Vereinbarkeit der TKU der Gemeinden mit der ordnungspolitischen Konzeption der Postreform II

Unmittelbar ist der Vorschrift des Art. 87 f Abs. 2 S. 1 GG damit nicht zu entnehmen, daß solche Unternehmen, hinter denen die öffentliche Hand steht, keine Telekommunikationsdienste anbieten können. Gleichwohl könnte der Zulässigkeit gemeindlicher TKU die hinter Art. 87 f Abs. 2 S. 1 GG stehende ordnungspolitische Konzeption entgegenstehen.

---

[359] Vgl. Windthorst, in: Sachs, GG, Art. 87 f, Rdnr. 32 (m.w.N.); zustimmend Lerche, in: Maunz/Dürig, Komm. z. GG, Bd. 4, Art. 87 f, Rdnr. 58, Fn. 14. Auf diesen Konflikt zwischen dem vermeintlichen Gebot sofortiger Wettbewerbswirtschaft ab Inkrafttreten der Verfassungsänderung und der vorübergehenden Aufrechterhaltung der Monopole hatte bereits der Bundesrat hingewiesen, und in diesem Zusammenhang auch die verfassungsrechtliche Absicherung der Monopolübertragung (durch die heutige Regelung des Art. 143 b Abs. 2 S. 1 GG) gefordert, vgl. die Stellungnahme des Bundesrates zum Gesetzentwurf der BReg, BT-Drs. 12/7269 vom 14.04.1994, Anlage 2, S. 9.

[360] Windthorst, in: Sachs, GG, Art. 87 f, Rdnr. 30. Nach Auffassung von Gramlich sollte der Begriffswechsel neben der privatrechtlichen Handlungs- und Organisationsform auch auf die Unterscheidung zwischen der bisherigen angemessenen zur künftigen maximalen Gewinnerzielung hinweisen, vgl. Gramlich, NJW 1994, 2785 (2787, Fn. 45), unter Hinweis auf OVG Münster, Archiv PT 1993, 71 (73) m. Anm. Statz.

[361] Windthorst, in: Sachs, GG, Art. 87 f, Rdnr. 30 (m.w.N.).

a) Gemeindliche Betätigung als unzulässige mittelbare Rückverstaatlichung der Telekommunikation?

In diesem Sinne wird geltend gemacht, daß es ein hinter der Postreform II stehendes ordnungspolitisches Leitbild gebe, daß einen völligen Rückzug der öffentlichen Hand (als Anbieter) aus der Telekommunikation vorsehe.[362] Indem der Verfassungsgesetzgeber sich für die Aufgabe des staatlichen Verwaltungsmonopols zugunsten eines Markt- und Wettbewerbsmodells entschieden habe, zeige sich, daß die ordnungspolitische Entwicklung auf eine umfassende formelle und materielle Aufgabenprivatisierung abziele. Damit unvereinbar sei grundsätzlich jede Beteiligung der öffentlichen Hand, und damit auch der staatsinkorporierten Gemeinden, an TKU. Allein hinsichtlich der „schwindend vom Bund beherrschten" DTAG gelte vorübergehend eine Ausnahme. Dabei komme es entscheidend darauf an, daß hinter dem Unternehmen ein öffentlich-rechtlicher Hoheitsträger stehe, nicht dagegen auf die juristische (privatrechtliche) Organisationsform entsprechender Unternehmungen. Das Engagement mehrheitlich öffentlicher bzw. gemeindlicher Unternehmen laufe daher im Ergebnis auf eine unzulässige mittelbare „Rückverstaatlichung" der Telekommunikation hinaus.

Mit der genannten Auffassung verbindet sich im Kern die Vorstellung, daß das Privatisierungsgebot des Art. 87 f Abs. 2 S. 1 GG die vollständige Entstaatlichung der Telekommunikation vorsehe und die Wiederverstaatlichung umfassend verbiete, mit der Folge, daß die Dienstleistungen nur noch von Unternehmen angeboten werden dürfen, hinter denen mehrheitlich „echte" Private stehen. Mit anderen Worten sei der ganze Prozeß der Neuorganisation im Bereich der Telekommunikation auf eine grundsätzliche „Entstaatlichung" gerichtet, der eine „Verkommunalisierung" untersage.[363]

Ein solch weitgehendes Privatisierungsverständnis im Sinne eines völligen Rückzug des Staates aus der Telekommunikation kann jedoch dem Bedeutungs-

---

[362] Elftes Hauptgutachten der Monopolkommission 1994/95, BT-Drs. 13/5309 vom 19.07.1996, S. 27 f.; Bullinger, Gutachten, S. 7; Stober, Allg. Wirtschaftsverwaltungsrecht, § 24 II 2, S. 261; Möschel, Der Spiegel 25 (1996) vom 17.06.1996, S. 84; Möschel, FAZ vom 21.05.96, S. 15. Im übrigen zählt Möschel auch die von der öffentlichen Hand kontrollierten Stromversorgungsunternehmen sowie die Deutsche Bahn AG nicht zu den „privaten Anbietern" i.S.d. Art. 87 f Abs. 2 S. 1 GG.

[363] Vgl. Scholz, Archiv PT 1996, 95 (107). Im Ergebnis entnimmt auch Müller, DVBl 1998, 1256 (1260 ff.), der Vorschrift des Art. 87 f Abs. 2 S. 1 GG (i.V.m. Art. 143 b Abs. 1 GG) ein Verbot der Rückverstaatlichung, das neben dem Bund auch die Kommunen betreffe. Zur Begründung des Tätigkeitsverbots der Gemeinden stellt Müller aber entscheidend darauf ab, daß deren Betätigung in der Telekommunikation nicht den Schutz des Art. 28 Abs. 2 S. 1 GG genieße. Die Auseinandersetzung mit diesem Ansatz erfolgt deshalb erst im Rahmen der Frage, ob die Telekommunikationsaktivitäten der Gemeinden unter die kommunale Selbstverwaltungsgarantie fällt, s.u. Teil 1, E III 3 b.

inhalt des Privatisierungsgebotes aus Art. 87 f Abs. 2 S. 1 GG nicht entnommen werden. Vielmehr führen das Gebot der wettbewerbsorientierten Aufgabenprivatisierung und die hinter der Postreform II stehende ordnungspolitische Konzeption zu folgendem Befund:

Die bislang allein vom Staat zu erbringenden Dienstleistungen in der Telekommunikation werden für den Wettbewerb geöffnet und können nunmehr auch von privaten Anbietern erbracht werden.[364] Die Öffnung für den Wettbewerb stellt insoweit das übergeordnete, primär hinter der Neuordnung der Telekommunikation stehende Leitbild dar. Dieses Ziel bedingt nicht nur (abgesehen von einer Übergangsphase) den Wegfall der Verwaltungsmonopole, sondern befreit im Gegenzug den Staat von seiner Pflicht zur unmittelbaren Leistungserbringung. In diesem Maße führt die Wettbewerbsöffnung folglich zur „Entstaatlichung" der Telekommunikation.[365]

Es ist jedoch nicht zutreffend, vor diesem Hintergrund auf einen Rückzug des Staates aus dem Bereich der Telekommunikation zu schließen; vielmehr ergibt sich bei genauer Betrachtung, daß sich lediglich die Form der Aufgabenwahrnehmung des Staates ändert: An die Stelle der Pflicht zur eigenhändigen Aufgabenerfüllung tritt die Verpflichtung, die Aufgabenerfüllung unter Markt- und Wettbewerbsbedingungen durch Überwachung sicherzustellen, um das staatliche Vertrauen auf die Markt- und Wettbewerbsmechanismen abzusichern.[366]

Diese veränderte Rolle des Staates läßt sich nicht nur im Telekommunikationsbereich beobachten, sondern entspricht einer allgemeinen Tendenz der veränderten staatlichen Aufgabenwahrnehmung in „deregulierten Sektoren". Wie *Hermes* zutreffend festgestellt hat, lassen sich diese zumeist mit den Begriffen der Privatisierung, der Deregulierung und der Liberalisierung bezeichneten Entwicklungen mit der Formel des staatlichen Rückzugs gerade nicht zutreffend

---

[364] Die Pflicht zur wettbewerbsorientierten Aufgabenprivatisierung enthält insoweit einen Handlungsauftrag an den Gesetzgeber, eine funktionierende Markt- und Wettbewerbssituation in der Telekommunikation zu schaffen, so daß eine unbestimmte Anzahl von privaten Anbietern unter Wettbewerbsbedingungen die Dienstleistungen erbringen kann.

[365] Ebenso versteht Lerche, in: Maunz/Dürig, Komm. z. GG, Bd. 4, Art. 87 f, Rdnr. 33, unter der Entstaatlichung der Telekommunikation lediglich die Öffnung für den Wettbewerb. In diesem Sinne ist wohl auch Gramlich, NJW 1994, 2785 (2787), zu verstehen, wenn er von der weitgehenden „Entstaatlichung" der Telekommunikationsdienstleistungen spricht.

[366] Kämmerer, JZ 1996, 1042 (1048), kennzeichnet die veränderten Wahrnehmungsform staatlicher Aufgaben wie folgt: „Steht im Vorfeld der Privatisierung unmittelbares Erbringen materieller Leistungen, so dominiert auf der Folgenseite die überwachende und kontrollierende, im Hintergrund agierende Verwaltung." Zur Privatisierungsfolgenverantwortung und der damit verbundenen veränderten Aufgabenwahrnehmungsform vgl. auch Stern, DVBl 1997, 309 (312); und (hinsichtlich der Eisenbahnprivatisierung) Schmidt-Aßmann/Röhl, DÖV 1994, 577 (582).

erfassen.[367] Passender ist die Kennzeichnung als grundlegender „Systemwechsel in der Wahrnehmungsform staatlichen Einflusses“, nämlich als Übergang von der Leistungsverwaltung zur Regulierungsverantwortung.[368] Ganz ähnlich spricht *Eifert* in diesem Zusammenhang von der Transformation des Wohlfahrtsstaates zum Gewährleistungsstaat.[369]

Für den Bereich der Telekommunikation wird diese neue Rolle des Staates als „Überwacher“ des Marktes durch den in Art. 87 f Abs. 1 S. 1 GG verankerten Infrastruktursicherungsauftrag verfassungsrechtlich gewährleistet. Dadurch, daß die Aufgabenerfüllung nicht dem vollständig freien Spiel der Kräfte und Märkte ausgeliefert, sondern der Regulierung und Kontrolle des Staates als Garanten unterstellt wird, läßt sich ableiten, daß die Aufgabe der Telekommunikation als solche auch weiterhin zum Bereich der staatlichen Agenden gehört. Eine Privatisierung der Aufgabe Telekommunikation mit der Folge eines ausschließlichen Zuständigkeitsvorbehaltes der Privaten erfolgte also nicht.[370] Dafür spricht auch, daß bestimmte Kernaufgaben der Telekommunikation nach Art. 87 f Abs. 2 S. 2 GG weiterhin der Ausführung durch die Verwaltung vorbehalten bleiben.

Deutlich zu unterstreichen ist vor diesem Hintergrund aber, daß die veränderte Rolle des Staates dessen *Berechtigung*, auf der Ebene der Aufgabenerfüllung neben anderen Anbietern selbst unternehmerisch tätig zu werden und Telekommunikationsdienstleistungen zu erbringen, nicht entgegensteht. Entfallen ist

---

[367] Hermes, Staatliche Infrastrukturverantwortung, S. 6, 152 ff.

[368] Hermes, Staatliche Infrastrukturverantwortung, S. 6 (m.w.N.).

[369] Eifert, Grundversorgung mit Telekommunikationsleistungen im Gewährleistungsstaat, S. 15 ff., 209. Die Untersuchungen von Hermes und Eifert, die den Bereich der Telekommunikation jeweils in den übergeordneten Kontext der gewandelten Rolle des Staates stellen, beruhen auf unterschiedlichen Ansatzpunkten: Hermes sieht die staatliche Infrastrukturverantwortung vor dem Hintergrund der fundamentalen Staatsaufgabe der Integration der Gesellschaft zum Staat, und behandelt dabei den Telekommunikationsbereich im Zusammenhang mit den Grundstrukturen der verschiedenen netzgebundenen Infrastrukturen. Eifert dagegen betont die Aufgabe der Sicherung der Grundlagen jener -die moderne Gesellschaft prägenden-sozialen Vernetzungen, die durch die technische Entwicklung erst ermöglicht wurden. Im Mittelpunkt steht dabei die spezifische Geschichte und Funktionalität des Telekommunikationsbereichs.

[370] Vgl. auch Kämmerer, JZ 1996, 1042 (1045, m.w.N. in Fn. 25 ff., 1048), dem zufolge Staatsaufgaben (und damit auch Verwaltungsaufgaben) grundsätzlich nicht auf Private übertragbar und damit privatisierungsfähig sind. Aufgrund der geringen Auswirkungen von Privatisierungen auf den staatlichen Aufgabenkreis stellt er einen „Staatsaufgabenerhaltungssatz“ auf. Folgerichtig zieht er die Formulierung „aufgabenbezogene Privatisierung“ dem Begriff „Aufgabenprivatisierung“ vor. Letztere wird nur bejaht, wenn der Staat den bzw. die Privaten zur Aufgabenerfüllung in die Pflicht nimmt, vgl. Kämmerer, JZ 1996, 1042 (1045, Fn. 29). Im Bereich der Telekommunikation vertraut der Staat allerdings auf die Marktmechanismen, und verzichtet daher auf eine generelle Inpflichtnahme Privater zur Erbringung von Telekommunikationsdienstleistungen, solange es nicht zum Marktversagen kommt.

nämlich lediglich die *Pflicht* zur alleinigen Leistungserbringung, und die neuartige Pflicht zur Überwachung der konkurrierenden Leistungserbringer zieht nicht zugleich den Verlust der staatlichen Befugnis, die Aufgabe eigenhändig als privatrechtlich organisierter Wettbewerber zu erfüllen, nach sich. Mit anderen Worten reduziert sich die Rolle des Staates in der Telekommunikation nicht zwangsläufig auf seine Überwachungsfunktion.

Mit diesem Befund vereinbar sind -auch wenn dies auf den ersten Blick erstaunen mag- die Aussagen, nach denen die Aufgabe der Erbringung von Telekommunikationsdienstleistungen ihren staatlichen Charakter verloren habe,[371] mit der Konsequenz, daß Art. 87 f Abs. 2 S. 1 GG ein Verbot enthalte, die private Tätigkeit des Angebots von Dienstleistungen als Verwaltungsaufgabe in öffentlich-rechtlicher oder privatrechtlicher Organisationsform wahrzunehmen.[372] Diese Aussagen bedürfen allerdings der Modifizierung, um Mißverständnissen vorzubeugen: Die wettbewerbsorientierte Aufgabenprivatisierung der Telekommunikation führt notwendig dazu, daß der Staat eigene Rechtsmacht aufgibt und neue Befugnisse der Privaten aufleben läßt. Damit ist in der Tat festzustellen, daß die Aufgabe Telekommunikation im Ergebnis an staatlichen (Wahrnehmungs-) Charakter einbüßt und an privatem Charakter gewinnt. In diesem Zuge läßt sich der Befugnisverlust des Staates mit der Aufhebung seines Wahrnehmungsmonopols kennzeichnen, während den Privaten eine Freiheitssphäre, die ihnen bis dahin weitgehend entzogen war, zuwächst. Eine solche Einbuße an staatlichem Charakter führt jedoch noch nicht zu einem Ausschließlichkeitsvorbehalt der Aufgabenerfüllung auf Seiten „echter" Privater. Anders formuliert, ist die unternehmerische Erbringung von Telekommunikationsdiensten nicht schon deshalb als (Selbst-) Verwaltungsaufgabe gesperrt, weil nunmehr Privaten die Aufgabenwahrnehmung möglich ist. Vielmehr bleibt der Staat zur unmittelbaren Aufgabenerfüllung in Konkurrenz zu Privaten, also in einem Gleichordnungsverhältnis, befugt.

Die oben genannten Aussagen sind daher vor dem Hintergrund der wettbewerbsorientierten Aufgabenprivatisierung allein so zu verstehen, daß das Angebot von Telekommunikationsdiensten seinen bisherigen *rein* staatlichen Charakter verliert und nicht mehr als *ausschließliche* Verwaltungsaufgabe wahrgenommen werden kann. Insoweit korrespondiert das Gebot der wettbe-

---

[371] Vgl. Rottmann, Archiv PT 1994, 193 (194).

[372] Vgl. die Begründung zum Gesetzentwurf der Fraktionen CDU/CSU, SPD und FDP zur Änderung des Grundgesetzes, BT-Drs. 12/6717 vom 01.02.1994, S. 3; die Begründung derselben Fraktionen zum Entwurf des PTNeuOG, BT-Drs. 12/6718 vom 01.02.1994, S. 105 (zu Art. 5 PTNeuOG) u. S. 106 (zu Art. 6 PTNeuOG); die Begründung der BReg zum Gesetzentwurf zur Verfassungsänderung, BT-Drs. 12/7269 vom 14.04.1994, Anlage 1, S. 4; sowie Gramlich, NJW 1994, 2785 (2787 f.); Königshofen, Archiv PT 1995, 112 (117); Müller, DVBl 1998, 1256 (1259 f.); siehe dazu bereits oben Teil 1, D II 1 c.

werbsorientierten Aufgabenprivatisierung aus Art. 87 f Abs. 2 S. 1 GG auch mit einem Verbot der Wiederverstaatlichung. Dieses steht nicht nur der dauerhaften Aufrechterhaltung und neuen Begründung einfachgesetzlicher Sonderrechte entgegen, sondern auch dem Aufbau neuer Bundes- oder Landesverwaltungen zur Erbringung von Post- und Telekommunikationsdienstleistungen.[373]

Im Ergebnis schließen also weder das Gebot der Entstaatlichung aus Art. 87 Abs. 2 S. 1 GG, noch das dieser Vorschrift zu entnehmende Verbot der Wiederverstaatlichung die staatliche Teilnahme am Wettbewerb in der Telekommunikation aus, so daß sie auch keine spezielle Zulässigkeitssperre für gemeindliche TKU darstellen. Vielmehr hat der (Verfassungs-) Gesetzgeber mit dem Privatisierungsgebot des Artikels 87 f Abs. 2 S. 1 GG eine Rückkehr zum Angebot von Telekommunikationsdiensten als allein vom Staat wahrnehmbare Aufgabe ausschließen wollen. Eine Unterscheidung der privatrechtlichen Unternehmen nach der Zusammensetzung ihrer Inhaber wird dagegen nicht vorgenommen.[374]

b) Weitere Privatisierungsmotive kein Hindernis für die Zulässigkeit gemeindlicher TKU

Neben der Öffnung für den Wettbewerb haben hauptsächlich zwei weitere Zielsetzungen zu den Überlegungen für eine Postreform II geführt: Zum einen sollte die Verfassungsänderung die internationale Wettbewerbsfähigkeit der Nachfolgeunternehmen der DBP verbessern, zum anderen sollten die Finanzierungsprobleme der Nachfolgeunternehmen gelöst werden.[375]

Die organisationsrechtliche Umwandlung der DBP Telekom in eine Aktiengesellschaft hatte den Zweck, die Chancengleichheit zu privatrechtlich organisierten Wettbewerbern in anderen Ländern sicherstellen und die Voraussetzungen zu schaffen, um auf ausländischen Märkten aktiv werden und internationale Allianzen eingehen zu können.[376] Dagegen galten die bisherige Organisationsform als Sondervermögen des Bundes sowie die stark beamtenrechtlich geprägten Personalverhältnisse weithin als Hindernis für die (inter-) nationale Wettbewerbsfähigkeit.

Die fakultative Vermögensprivatisierung ist dagegen primär vor dem Hintergrund der finanziellen Probleme der früheren Teilsondervermögen der DBP

---

[373] Vgl. Stern, DVBl 1997, 309 (311).

[374] Vgl. auch die Stellungnahme der BReg zum Elften Hauptgutachten der Monopolkommission 1994/95, BT-Drs. 13/7998 vom 19.06.1997, S. 11; in diesem Sinne auch Uerpmann, in: v.Münch/Kunig, GG, Bd. 3, Art. 87 f, Rdnr. 10.

[375] Vgl. die Begründung der Fraktionen CDU/CSU, SPD und FDP zum Entwurf des PTNeuOG, BT-Drs. 12/6718 vom 01.02.1994, S. 75 f.; Gramlich, NJW 1994, 2785 (2789)

[376] Vgl. die Begründung der Fraktionen CDU/CSU, SPD und FDP zum Entwurf des PTNeuOG, BT-Drs. 12/6718 vom 01.02.1994, S. 75.

bzw. deren Nachfolgeunternehmen zu sehen. Hinsichtlich der speziellen Situation der DBP Telekom bzw. der heutigen DTAG ist neben der Belastung durch Pensionsansprüche vor allem auf die dünne Eigenkapitaldecke hinzuweisen, die wiedervereinigungsbedingt vor der Postreform II auf ein bedenkliches Maß abgesunken war.[377] In dieser Situation hat die Aussicht auf Erlöse aus Aktienverkäufen eine wichtige Rolle gespielt: „Durch die Umwandlung der DBP Telekom in eine Aktiengesellschaft und den Gang an die Börse ist das Finanzierungsproblem am besten und für das Unternehmen am wirtschaftlichsten zu lösen. Gleiches gilt für die internationale Betätigung der DBP Telekom."[378]

Auch diese Motive des internationalen Wettbewerbsdrucks und der Finanzprobleme, die zur Organisationsprivatisierung und fakultativen Vermögensprivatisierung der Nachfolgeunternehmen der DBP geführt haben, stehen der Zulässigkeit gemeindlicher TKU allerdings nicht entgegen. Vielmehr sind die genannten Zielsetzungen speziell auf die Situation der ehemaligen DBP zugeschnitten und vermitteln kein grundlegendes ordnungspolitisches Leitbild, nach dem öffentlichen und gemischt-wirtschaftlichen Unternehmen in Privatrechtsform die Erbringung von Telekommunikationsdienstleistungen grundsätzlich untersagt wäre. Die hinter der fakultativen Vermögensprivatisierung der DTAG stehende Motivation der Verbesserung der finanziellen Unternehmensbasis läßt insbesondere erkennen, daß die Aufgabe der Kapitalmehrheit des Bundes an der DTAG und damit der völlige Rückzug des Bundes aus dem unternehmerischen Bereich der Telekommunikation gerade nicht verlangt wird: Die Eigenkapitalquote der DTAG kann nämlich am sinnvollsten nur durch eine Veräußerung von Aktien im Wege einer Kapitalerhöhung gesteigert werden, nicht dagegen durch die Veräußerung von Aktien des Bundes, da der Erlös nicht dem Unternehmen selbst, sondern allein dem Bund als Anteilseigner zugute kommt. Somit entspricht der ordnungspolitischen Konzeption der Postreform II nicht die zwingende Entwicklung der DTAG zu einem rein privaten Unternehmen und der Rückzug des Bundes aus dem operativen Geschäft, als dessen Folge zum Teil der völlige funktionelle Übergang der Telekommunikation in die Privatwirtschaft angenommen wird.[379]

Im übrigen war -angesichts der sehr unterschiedlichen politischen Zielvorstellungen, die in den Verhandlungen zur Verfassungsänderung deutlich wurden- für einen Ausschluß öffentlicher Unternehmen von der Telekommunikations-

---

[377] Die Eigenkapitalquote DBP Telekom sank auf etwa 20 Prozent, vgl. die Begründung der Fraktionen CDU/CSU, SPD und FDP zum Entwurf des PTNeuOG, BT-Drs. 12/6718 vom 01.02.1994, S. 75; Gramlich, NJW 1994, 2785 (2786).

[378] Vgl. die Begründung der Fraktionen CDU/CSU, SPD und FDP zum Entwurf des PTNeuOG, BT-Drs. 12/6718 vom 01.02.1994, S. 75; Gramlich, NJW 1994, 2785 (2789, m.w.N.).

[379] Vgl. Bullinger, Gutachten, S. 6 f.

dienstleistungserbringung kein politischer Konsens ersichtlich. Während es für die eine Seite um die Loslösung vom Staat und seinen Handlungsmaximen ging, kam es der anderen Seite auf die Fortführung staatlicher Aufgaben in privatrechtlicher Organisationsform an.[380] SPD und Länder haben daher zunächst nur die Organisationsprivatisierung der Nachfolgeunternehmen der DBP befürwortet, um die Aufgabe der postalischen Daseinsvorsorge in der Hand des Staates zu belassen.[381] Der wettbewerbsorientierten Aufgabenprivatisierung haben sie erst nach schwierigen Verhandlungen und der Verankerung des Infrastrukturgewährleistungsauftrags in Art. 87 f Abs. 1 S. 1 GG zugestimmt.[382] Eine Erstreckung der Zustimmung über die Öffnung für den Wettbewerb hinaus auf eine Differenzierung nach den hinter den Anbietern stehenden Inhabern war aber wohl nicht beabsichtigt. Dafür spricht auch, daß der Bundesrat das Privatisierungsgebot des heutigen Art. 87 f Abs. 2 S. 1 GG (im Entwurf noch Art. 87 f Abs. 1 S. 3 GG) lediglich als eine „Regelung über die privatrechtliche Form, in der die Dienstleistungen zu erbringen sind" betrachtet hat.[383]

c) TKU der Gemeinden als wettbewerbsbelebende Elemente

Die wettbewerbsorientierte Aufgabenprivatisierung mit dem Ziel der Schaffung funktionsfähigen und chancengleichen Wettbewerbs stellt -wie gesehen- das dominierende ordnungspolitische Leitbild der Verfassungsänderung dar. Die Teilnahme gemeindlicher TKU dürfte daher nicht zu einer Konterkarierung des übergeordneten Zieles der Schaffung effektiven Wettbewerbs führen.

Nach Ansicht der *Monopolkommission*[384] ist das Engagement der Kommunen und ihren Unternehmen als Netzbetreiber und Anbieter von Kommunikationsdienstleistungen jedoch aus wettbewerbspolitischen Gründen bedenklich, da öffentliche Regionalnetzbetreiber das Bild einer wettbewerbsarmen Marktstruktur in der Telekommunikation abrunden würden.

Dieser Auffassung ist zuzugestehen, daß in der Tat in der investitionsträchtigen, da leitungsgebundenen Telekommunikation die Gefahr der Ablösung der überkommenen Netzmonopols durch ein Kollektivmonopol von Netzbetreibern, die sich arrangieren und den Markt nach außen abschirmen könnten, grundsätzlich

---

[380] Vgl. Rottmann, Archiv PT 1994, 193.

[381] Vgl. Stern, DVBl 1997, 309, (312, m.w.N. in Fn. 20).

[382] Vgl. Stern, DVBl 1997, 309, (312).

[383] Vgl. die Stellungnahme des Bundesrates zum Gesetzentwurf der BReg, BT-Drs. 12/7269 vom 14.04.1994, Anlage 2, S. 8.

[384] Vgl. das Elfte Hauptgutachten der Monopolkommission 1994/95, BT-Drs. 13/5309 vom 19.07.1996, S. 27 f.; vgl. auch die eingeschränkte Zustimmung der BReg in ihrer diesbezüglichen Stellungnahme, BT-Drs. 13/7998 vom 19.06.1997, S. 11.

nicht ausgeschlossen ist.[385] In diesem Fall bliebe die Abhängigkeit der konkurrierenden Telekommunikationsdiensteanbieter von den Leitungen der DTAG als ehemaligem Inhaber des Netzmonopols und nur wenigen weiteren Netzbetreibern dauerhaft bestehen. Diese Abhängigkeit betrifft aber sowohl die Spielräume für Preisgestaltungen als auch die zur Verfügung stehenden Kapazitäten sowie die Qualität der Übertragungsleitungen, und damit entscheidende Wettbewerbsfaktoren. Gerade vor diesem Hintergrund ist zur Vermeidung einer solchen wettbewerbsarmen Marktstruktur und zur Entstehung wirklich chancengleichen Wettbewerbs der Aufbau umfassender alternativer Netzinfrastrukturen geboten. Eingeschlossen ist dabei insbesondere die Nutzung bereits bestehender alternativer Netzinfrastrukturen, die einen wesentlichen Beitrag zur zügigen Entstehung funktionierenden Wettbewerbs leisten kann.

In diesem Zusammenhang räumt die *Monopolkomission* ein, daß die vorhandenen Infrastrukturen, auf die Kommunen, Stromversorgungsunternehmen und die Deutschen Bahn AG zurückgreifen können, faktisch das einzige zu Beginn der Liberalisierung unmittelbar genutzte Wettbewerbspotential im Bereich des Festnetzes darstellen.[386] Schon aus diesem Grund des relativ geringen Wettbewerbspotentials im Netzbereich sollte der Nutzung alternativer Netzinfrastrukturen der Umstand, daß deren Auf- und Ausbau vielfach auf Engagements und Beteiligungen der öffentlichen Hand zurückgeht, nicht entgegenstehen. Mit anderen Worten kann auf die Wettbewerbsteilnahme auch solcher Netzbetreiber, die sich mehrheitlich im Eigentum der öffentlichen Hand befinden, vor dem übergeordneten Ziel, möglichst rasch einen effektiven Wettbewerb im Telekommunikationssektor zu schaffen, nicht ohne weiteres verzichtet werden.[387] Vielmehr kommt es in erster Linie darauf an, existierender Ressourcen überhaupt für den Wettbewerb nutzbar zu machen.

Speziell im Hinblick auf die Gemeinden ist erneut darauf hinzuweisen, daß diese vielfach bereits über eigene Kommunikationsnetze sowie allgemein über günstige Verkehrswege (wie etwa U-Bahn-Schächte) und Versorgungstrassen, die sich zur Installation leitungsgebundener Telekommunikationsnetze anbieten, verfügen.[388] Berücksichtigt man weiter, daß der Aufbau eigener lokaler Netzinfrastrukturen bis zum Endkunden für die meisten bundesweit tätigen Wettbewerber angesichts der zu erwartenden beträchtlichen Investitionen in absehbarer Zu-

---

[385] Vgl. das Elfte Hauptgutachten der Monopolkommission 1994/95, BT-Drs. 13/5309 vom 19.07.1996, S. 27.

[386] Vgl. das Elfte Hauptgutachten der Monopolkommission 1994/95, BT-Drs. 13/5309 vom 19.07.1996, S. 27.

[387] In diesem Sinne auch Etling-Ernst, TKG, § 1, Rdnr. 11; Fangmann, Das neue TKG, S. 199 (unter Hinweis auf wettbewerbliche und volkswirtschaftliche Gründe).

[388] S.o. Teil 1, A I.

kunft nur schwer realisierbar ist, so wird deutlich, daß auch die genannten gemeindlichen Telekommunikationsressourcen der Nutzung im Wettbewerb offenstehen sollten.[389] Gemeindeeigene Netze stellen dabei nicht nur eine Alternative zu den lokalen Netzen der DTAG dar, sondern können zudem für konkurrierende überregionale Netze wichtige Ergänzungen auf Ortsebene bilden. Der Marktzutritt von TKU der Gemeinden ist damit vor allem hinsichtlich der Nutzung gemeindlicher Netzkapazitäten als Wettbewerbspotential willkommen.

Dieser Schlußfolgerung steht nicht entgegen, daß die Ausschreibung und Überlassung der gemeindlichen Netze an den jeweils meistbietenden privaten Anbieter aus ökonomischen Gründen für die Gemeinden als ernsthafte Alternative zur Gründung eigener TKU in Erwägung zu ziehen ist. Aus wettbewerblicher Sicht kommt es nämlich primär darauf an, daß vorhandene lokale Netze überhaupt genutzt und ausgebaut werden, und weniger darauf, durch wen dieses Wettbewerbspotential freigesetzt wird. Im übrigen zeigt sich mittlerweile in der Praxis, daß der Aufbau örtlicher bzw. regionaler Netzinfrastrukturen insbesondere in ländlichen Gebieten beinahe ausschließlich von TKU der Gemeinden vorangetrieben wird, während private Anbieter die Errichtung eigener Netze überwiegend auf attraktive Ballungsgebiete beschränken, um dort primär Geschäftskunden direkt zu erreichen.[390] Diese Entwicklung deutet darauf hin, daß sich das Interesse privater Gesellschaften an der Übernahme gemeindeeigener Telekommunikationsinfrastrukturen in erster Linie auf die Großstädte beschränken dürfte. In diesen attraktiven Gebieten wiederum lassen sich private Anbieter bei der Errichtung eigener lokaler Infrastrukturen (City-Netze) aber auch nicht durch Engagements gemeindlicher TKU abschrecken.[391]

Darüber hinaus setzt effektiver Wettbewerb aber auch auf der Ebene der Erbringung von Telekommunikationsdienstleistungen die Existenz einer Vielzahl kleinerer und mittlerer Unternehmen voraus, die als wettbewerbsbelebende Elemente das Entstehen eines oligopolistisch strukturierten Telekommunikationsmarktes verhindern. Auch aus diesem Grund ist das Hinzutreten gemeindlicher Telekommunikationsdiensteanbieter, mit dem allgemein eine Bereicherung der Marktstruktur einhergeht, zu befürworten.[392]

---

[389] Etling-Ernst, TKG, § 1, Rdnr. 12.

[390] Vgl. Wirtschaftswoche (7) 1999 vom 11.02.1999, S. 56 f.

[391] So haben mittlerweile die privaten Unternehmen Colt Telecom GmbH und MCI Worldcom Deutschland GmbH jeweils ein eigenes Stadtnetz in Düsseldorf errichtet und betreiben diese in unmittelbarer Konkurrenz zum etablierten Düsseldorfer TKU Isis Multimedia Net GmbH, vgl. FAZ vom 15.10.1998, S. 28, und vom 06.02.1999, S. 20.

[392] So auch Etling-Ernst, TKG, § 1 Rdnr. 20; Lause, in: Pritzkoleit (Hrsg.), Telekommunikation: Kommunen im Netz, S. 42 (46).

Als Ergebnis läßt sich somit festhalten, daß die Zielvorstellung der Schaffung funktionierenden Wettbewerbs in der Telekommunikation durch die Teilnahme von Gemeindeunternehmen nicht konterkariert, sondern vielmehr gefördert wird.[393] Das hinter der Vorschrift des Art. 87 Abs. 2 S. 1 GG stehende ordnungspolitische Leitbild steht damit der Wettbewerbsteilnahme gemeindlicher TKU nicht entgegen.

4. Gemeinschaftsrechtskonforme Auslegung des Art. 87 f Abs. 2 S. 1 GG

Wenn man berücksichtigt, daß der gesamte Prozeß der Liberalisierung der Telekommunikation in der Bundesrepublik Deutschland durch Entwicklungen des Europäischen Gemeinschaftsrechts initiiert und maßgeblich beeinflußt wurde,[394] so ist schließlich zu untersuchen, ob nicht möglicherweise die gemeinschaftsrechtskonforme Auslegung des Art. 87 f Abs. 2 S. 1 GG gebietet, daß im Bereich der Telekommunikation keine Unternehmen tätig werden dürfen, hinter denen die öffentliche Hand steht.

Dem Gemeinschaftsrecht ist in der Tat -im Einklang mit der überwiegenden Ansicht in der Literatur-[395] eine zumindest mittelbar privatisierungsfördernde Tendenz zu entnehmen, die letztlich auch entscheidend zum Erlaß des Art. 87 f Abs. 2 S. 1 GG beigetragen hat.[396] Diese Schaffung eines privatisierungsfreundlichen Klimas ist auf das Zusammenspiel verschiedener gemeinschaftsrechtlicher Normen zurückzuführen, die auf den Abbau von Wettbewerbsbeschränkungen, vor allem von Monopolen, gerichtet sind und damit das ordnungspolitische Konzeptes des Gemeinschaftsrechts widerspiegeln. Den gemeinschaftsrechtlichen Vorstellungen liegt damit ein ordnungspolitisches Konzept zugrunde, das auf eine offene Marktwirtschaft und die Verwirklichung offenen Wettbewerbs innerhalb des Binnenmarktes setzt.[397] Markt und Wettbewerb werden gegenüber staatlichen Monopolen als leistungsfähiger betrachtet. Zu beachten sind in diesem Zusammenhang insbesondere die Bekennt-

---

[393] So auch Zimmermann, in: Friedrich-Ebert-Stiftung, Arbeitsgruppe Kommunalpolitik (Hrsg.), Telekommunikation - Ein Thema für die Kommunalpolitik, S. 59 (61) .

[394] S.o. Teil 1, B I.

[395] Vgl. nur R.Schmidt, Die Verwaltung 28 (1995), S. 281 (313, Fn. 212); Kämmerer, JZ 1996, 1042 (1045, Fn. 31), jeweils mit umfassenden Nachweisen auch der differenzierenden Ansichten; Bauer, VVDStRL 54 (1995), 242 (259 ff.); Lecheler, BayVBl 1994, 555 (557); zurückhaltender etwa Oppermann, Europarecht, § 12 I, Rdnrn. 805 ff.

[396] Kämmerer, JZ 1996, 1042 (1046).

[397] Vgl. insbesondere Art. 3 lit. g EGV; vgl. auch R.Schmidt, Die Verwaltung 28 (1995), 281 (286 ff); Gramlich, NJW 1994, 2785 (2787).

nisse zur „offenen Marktwirtschaft mit freiem Wettbewerb“ in Art. 3 a Abs. 1 u. 2, 102 a S. 2 und 105 Abs. 1 S. 3 EGV, die Freiheitsgewährleistungen der Art. 30 ff. und 59 ff. EGV und die Wettbewerbs- bzw. Beihilferegeln der Art. 85 ff. und 92 EGV. Allerdings stehen die genannten Vorschriften in einem Spannungsverhältnis zu weiteren Bestimmungen. So folgt zum einen aus Art. 222 EGV, daß die Eigentumsordnung in den Mitgliedstaaten deren autonome Entscheidung bleibt. Zudem gebietet Art. 90 EGV die Gleichbehandlung privater und öffentlicher Unternehmen, so daß grundsätzlich alle Bestimmungen des EGV gleichermaßen für rein private, gemischt-wirtschaftliche und öffentliche Unternehmen anzuwenden sind.[398]

Primärrechtlich geboten ist daher -im Hinblick auf Art. 222 EGV- weder die Umwandlung der Post-Unternehmen der Mitgliedstaaten in eine Organisationsform privaten Rechts, noch deren völlige Vermögensprivatisierung im Sinne einer Veräußerung der Mehrheit der staatlichen Anteile an Private, sondern -über Art. 90 EGV- allein die (wettbewerbliche) Gleichbehandlung von privaten und öffentlichen Unternehmen.[399] Statt dessen geht es aus der Sicht des Gemeinschaftsrechts in erster Linie um die Öffnung monopolistischer Wirtschaftsbereiche für den Wettbewerb.[400] Um bei der in der vorliegenden Untersuchung verwendeten Terminologie zu bleiben, verlangt das Gemeinschaftsrecht vorrangig wettbewerbsorientierte Aufgabenprivatisierungen. Dagegen enthält es keine besonderen Vorgaben hinsichtlich der Trägerschaft der neuen Marktteilnehmer, d.h. es wird nicht zwischen privaten und öffentlichen Unternehmen differenziert. *Kämmerer* beschreibt diesen Befund wie folgt: „Solange Wettbewerb herrscht, kümmern Organisationsform, Rechtspersönlichkeit oder Trägerschaft des Unternehmens das Europarecht nicht.“[401]

---

[398] R.Schmidt, Die Verwaltung, 28 (1995), 281 (297, m.w.N. in Fn. 106); Kämmerer, JZ 1996, 1042 (1045); speziell hinsichtlich der Wettbewerbsregeln der Art. 85 ff. EGV: Tettinger, DVBl 1994, 88 (89); R.Schmidt, Die Verwaltung 28 (1995), 281 (285).

[399] Vgl. Gramlich, NJW 1994, 2785 (2786). Zum weiten Begriff der „öffentlichen Unternehmen“ vgl. Art. 2 der Richtlinie 80/723/EWG der Kommission vom 25.06.1980 über die Transparenz der finanziellen Beziehungen zwischen den Mitgliedstaaten und den öffentlichen Unternehmen, ABlEG Nr. L 195/35 vom 29.07.1980); R.Schmidt, Die Verwaltung 28 (1995), 281 (298 f, m.w.N.); detailliert zum deutschen Recht Püttner, Die öffentlichen Unternehmen, S. 23 ff.

[400] Dementsprechend zielen auch die europäischen Richtlinien zur Liberalisierung der Telekommunikationsmärkte in erster Linie auf die Schaffung funktionierenden Wettbewerbs ab, vgl. insbesondere die Richtlinie 90/388/EWG der Kommission vom 28.06.1990 (ABlEG Nr. L 192/10 vom 24.07.1990) über den Wettbewerb auf dem Markt für Telekommunikationsdienste, sowie die Richtlinie 96/19/EG der Kommission vom 13.03.1996 (ABlEG Nr. L 74/13 vom 22.03.1996) zur Änderung der Richtlinie 90/388/EWG hinsichtlich der Einführung des vollständigen Wettbewerbs auf den Telekommunikationsmärkten.

[401] Kämmerer, JZ 1996, 1042 (1045).

Kommt es doch zu Organisations- und Vermögensprivatisierungen in den Mitgliedstaaten, so sind diese im wesentlichen auf die bereits angesprochene mittelbare privatisierungsfördernde Tendenz des Gemeinschaftsrechts als Folge der Erzeugung hohen faktischen Wettbewerbsdruckes zurückzuführen.[402]

Da somit dem Gemeinschaftsrecht kein Gebot der Entstaatlichung im Sinne eines zwingenden völligen Rückzuges der öffentlichen Hand aus den einzelnen Wirtschaftsbereichen einschließlich der Telekommunikation zu entnehmen ist, sondern an potentielle Marktteilnehmer allein wettbewerbliche Anforderungen gestellt werden, dürfen auch gemischt-wirtschaftliche und öffentliche Unternehmen grundsätzlich konkurrenzwirtschaftlich tätig werden. Diesem liberalen Verständnis entsprechend, steht der Zulässigkeit der Teilnahme gemeindlich beherrschter Unternehmen am Wettbewerb in der Telekommunikation auch die gemeinschaftsrechtskonforme Auslegung des Art. 87 f Abs. 2 S. 1 GG nicht entgegen.

Zu weit geht aber wohl die Annahme, das Gemeinschaftsrecht verbiete einen (nationalen) Ausschluß öffentlicher und gemischt-wirtschaftlicher TKU, da ein solches Verbot auch vergleichbare Anbieter aus den anderen Mitgliedstaaten beträfe, so daß (mit Blick auf die Teilnahme der DTAG) eine unzulässige Diskriminierung dieser Unternehmen vorläge.[403] Vielmehr wäre aus gemeinschaftsrechtlicher Sicht ein Ausschluß von TKU mit staatlicher Beteiligung nach nationalem (deutschem) Recht möglich, ohne daß dies Auswirkungen auf die Zulässigkeit der Betätigung solcher (teil-) öffentlicher Unternehmen hätte, die nach dem für sie geltenden nationalen Recht eines Mitgliedstaates Telekommunikationsdienstleistungen anbieten dürften.[404]

5. Ergebnis

Zusammenfassend ist festzuhalten, daß Art. 87 f Abs. 2 S. 1 GG im Kern das Gebot einer wettbewerbsorientierten Aufgabenprivatisierung enthält und damit

[402] Dies trifft im übrigen auch auf die Organisationsprivatisierung der DBP Telekom zu, die im Zuge der Liberalisierung für notwendig erachtet wurde, um die nationale und internationale Wettbewerbsfähigkeit des Nachfolgeunternehmens sicherzustellen, vgl. die Begründung der Fraktionen CDU/CSU, SPD und FDP zum Entwurf des PTNeuOG, BT-Drs. 12/6718 vom 01.02.1994, S. 75.

[403] Vgl. Pünder, DVBl 1997, 1353 (1354, Fn. 12, m.w.N.), der auf potentielle Verstöße gegen die Diskriminierungsverbote aus Art. 6 EGV, aus dem Niederlassungsrecht der Art. 52 ff. EGV, sowie aus Art. 2 Abs. 2 der Diensterichtlinie 90/388/EWG der Kommission vom 28.06.1990 (ABlEG Nr. L 192/10 vom 24.07.1990) i.d.F. der Wettbewerbsrichtlinie 96/19/EG der Kommission vom 13.03.1996 (ABlEG Nr. L 74/13 vom 22.03.1996) verweist; zustimmend Ehlers, DVBl 1998, 497 (502).

[404] Vgl. dazu Müller, DVBl 1998, 1256 f.

die Öffnung der Telekommunikation für den Wettbewerb vorschreibt sowie die Rückkehr zum Angebot von Telekommunikationsdienstleistungen als monopolisierte Verwaltungsaufgabe untersagt. Dagegen läßt sich dem Privatisierungsgebot der Vorschrift keine Differenzierung nach den Inhabern der konkurrierenden Anbieter entnehmen, so daß die Telekommunikationsdienstleistungen in konkurrenzwirtschaftlichem Nebeneinander sowohl durch rein private, als auch durch gemischt-wirtschaftliche und öffentliche Unternehmen erbracht werden können. Für dieses Ergebnis spricht insbesondere die verfassungsrechtliche Gleichstellung der DTAG, deren Mehrheitseigentümer der Bund ist, mit den Wettbewerbern. Dagegen lassen sich für ein gegenteiliges Verständnis weder der Wortlaut des Art. 87 f Abs. 2 S. 1 GG, noch das durch die Vorschrift zum Ausdruck kommende, hinter der Neuordnung der Telekommunikation stehende, ordnungspolitische Leitbild heranziehen. Ebenso enthält das Gemeinschaftsrecht lediglich wettbewerbliche Anforderungen.

Im Ergebnis stellt Art. 87 f Abs. 2 S. 1 GG damit kein spezielles Zulässigkeitshindernis für die gemeindewirtschaftliche Betätigung im Bereich der Telekommunikation auf, so daß das Bild von einer unzulässigen mittelbaren Rückverstaatlichung durch das Engagement der Gemeinden nicht zutreffend ist. Dies hat zur Folge, daß zum einen die Vorschrift des § 50 Abs. 4 TKG, die die Lizenzierungsfähigkeit gemeindlicher TKU voraussetzt, mit Art. 87 f Abs. 2 S. 1 GG vereinbar ist. Des weiteren ist die Lizenzerteilung zugunsten von TKU der Gemeinden weder von der Begrenzung der Unternehmensanteile der Gemeinden, noch vom Abschluß von Entherrschungsverträgen abhängig. Auch die Gemeinden haben jedoch zu beachten, daß Art. 87 f Abs. 2 S. 1 GG ein kaufmännisches, wettbewerbsorientiertes Handeln in privatrechtlicher Unternehmensform und mit privatrechtlichen Mitteln vorgibt.

III. Grundrechte privater Konkurrenten als mögliche Zulässigkeitssperre

Die Unzulässigkeit der gemeindlichen Wettbewerbsteilnahme in der Telekommunikation könnte sich schließlich aus einem Verstoß gegen die Grundrechte der konkurrierenden privaten Anbieter ergeben. In Betracht kommen Verletzungen der Grundrechte aus Art. 12 Abs. 1, 14 Abs. 1 S. 1, 2 Abs. 1 und 3 Abs. 1 GG. Unterstellt man einen Eingriff in diese Grundrechtspositionen Privater durch die gemeindliche Konkurrenz, so müßte sich die Betätigung der Gemeinden aufgrund des Gesetzesvorbehalts auf eine gesetzliche Rechtfertigung stützen können und des weiteren den Anforderungen des Übermaßverbots genügen. Es ist daher denkbar, aus diesen grundrechtlichen Grenzen ein verfassungsrechtliches Prinzip der Unzulässigkeit staatlicher bzw. gemeindlicher Wirtschaftsbetätigung herzuleiten.

1. Grundrechtsbindung konkurrenzwirtschaftlich tätiger gemeindlicher TKU

Zunächst müßte es sich bei der Wettbewerbsteilnahme der Gemeinden in der Telekommunikation überhaupt um eine grundrechtsgebundene Tätigkeit handeln. Dies ist zu bejahen, wenn sich die Teilnahme der Gemeinden am Wettbewerb als „vollziehende Gewalt" im Sinne des Art. 1 Abs. 3 GG einordnen läßt. Dabei ergeben sich jedoch insbesondere aufgrund der Verwendung privatrechtlicher Handlungs- und Organisationsformen Zuordnungsschwierigkeiten.

a) Grundrechtsbindung bei wirtschaftlicher Betätigung

Denkbar ist zunächst, daß die Grundrechtsbindung des Staates dort entfällt, wo er sich zur Erfüllung seiner (Verwaltungs-) Aufgaben privatrechtlicher Handlungsformen bedient. Bis heute wird diese Frage -zumeist unter dem Stichwort „Fiskalgeltung der Grundrechte"- kontrovers diskutiert. Dabei sind drei Fallgruppen zu unterscheiden, die sich in diesem Rahmen herausgebildet haben:[405] das fiskalische Hilfsgeschäft zur Bedarfsdeckung, die wirtschaftliche Betätigung des Staates, sowie die Wahrnehmung von Verwaltungsaufgaben in den Formen des Privatrechts (Verwaltungsprivatrecht). Unstreitig wird -um eine „Flucht in das Privatrecht" zu verhindern- die Grundrechtsbindung des Staates allein im Bereich des sogenannten Verwaltungsprivatrechts bejaht.[406]

Grundsätzlich bestehen bei der Zuordnung einer Betätigung zum Bereich des Verwaltungsprivatrechts oder zur wirtschaftlichen Betätigung aufgrund der Unbestimmtheit der Differenzierungskriterien erhebliche Abgrenzungsschwierigkeiten.[407] Allerdings besitzt die Teilnahme des Staates an der Wettbewerbswirtschaft ausreichende Konturenschärfe, um nicht dem Verwaltungsprivatrecht

---

[405] Vgl. Höfling, in: Sachs, GG, Art. 1, Rdnr. 94; v.Münch, in: v.Münch/Kunig, GG, Bd. 1, Vorb. Art. 1-19, Rdnr. 34; Pieroth/Schlink, Grundrechte, § 5 II 2 b, Rdnr. 170 (m.w.N.).

[406] Vgl. v.Münch, in: v.Münch/Kunig, GG, Bd. 1, Vorb. Art. 1 - 19, Rdnr. 35 (m.w.N.); Höfling, in: Sachs, GG, Art. 1, Rdnr. 94; Pieroth/Schlink, Grundrechte, § 5 II 2 b, Rdnr. 171; Rüfner, in: Isensee/Kirchhof (Hrsg.), Handbuch des Staatsrechts, Bd. 5, § 117, Rdnr. 43; Badura, Staatsrecht, C 18, S. 93; vgl. auch die Nachweise bei Ehlers, Verwaltung in Privatrechtsform, S. 213, Fn. 222; vgl. aus der zivilrechtlichen Rechtsprechung BGHZ 29, 76 (80); 37, 1 (27); 52, 325 (327); 91, 84 (96 f.).

[407] Zu den Differenzierungskriterien vgl. v.Münch, in: v.Münch/Kunig, GG, Bd. 1, Vorb. Art. 1-19, Rdnr. 34; Stern, Staatsrecht, Bd. III/1, § 74 IV 2 a, S. 1396 ff., § 74 IV 3 b, S. 1402 ff.

zugeordnet zu werden.[408] Die Erbringung von Telekommunikationsdienstleistungen durch Gemeinden in Konkurrenz zu privaten Anbietern ist daher keine verwaltungsprivatrechtliche Tätigkeit. Einer solchen Zuordnung steht im übrigen das Privatisierungsgebot des Art. 87 f Abs. 2 S. 1 GG entgegen.[409]

Gegen die unmittelbare Grundrechtsbindung der öffentlichen Hand im Fall der wirtschaftlichen Betätigung wird eingewendet, daß die Bindung zu einer unbilligen Behinderung der öffentlichen Hand bei ihrer Aufgabenerfüllung führe und diese damit gegenüber den privaten Konkurrenten im Wettbewerb ungerechtfertigt benachteilige.[410] Zum anderen sei die Grundrechtsbindung schon deshalb entbehrlich, weil die Privatrechtsordnung ausreichenden Schutz vor dem Mißbrauch staatlicher Macht gewährleiste.[411] Bezogen auf den Ausgangspunkt Art. 1 Abs. 3 GG bedeutet diese Auffassung, daß der Begriff der „vollziehenden Gewalt" solche Bereiche nicht erfasse, in denen der Staat wirtschafte wie ein Privater.[412] In diesem Sinne wird mittlerweile unter Berufung auf den Wegfall des staatlichen (Monopol-) Charakters der Erbringung von Post- und Telekommunikationsdienstleistungen auch die unmittelbare Grundrechtsbindung der Nachfolgeunternehmen der DBP abgelehnt.[413]

Mit einer verbreiteten Ansicht ist dagegen auch das konkurrenzwirtschaftliche und damit privatrechtliche Handeln des Staates als Ausübung vollziehender Gewalt im Sinne des Art. 1 Abs. 3 GG anzusehen.[414] Mittlerweile wurde einge-

---

[408] Vgl. Stern, Staatsrecht, Bd. III/1, § 74 IV 2 c, S. 1398 (m.w.N. in Fn. 394).

[409] Vgl. den Entwurf der BReg zur Verfassungsänderung, BT-Drs. 12/7269 vom 14.04.1994, S. 5; Gramlich, NJW 1994, 2785 (2787 f.); Rottmann, Archiv PT 1994, 193 (194); Stern, DVBl 1997, 309 (311); siehe dazu bereits oben Teil 1, D II 1 d.

[410] Klein, Die Teilnahme des Staates am wirtschaftlichen Wettbewerb, S. 165 ff.; Emmerich, Das Wirtschaftsrecht der öffentlichen Unternehmen, S. 120 ff. (132 ff.); Schricker, Wirtschaftliche Tätigkeit der öffentlichen Hand und unlauterer Wettbewerb, S. 30 f.

[411] Vgl. insbesondere Emmerich, Das Wirtschaftsrecht der öffentlichen Unternehmen, S. 134 ff.; Backhaus, Öffentliche Unternehmen, S. 134 ff. (137); so grundsätzlich auch Badura, Staatsrecht, C 18, S. 93.

[412] Klein, Die Teilnahme des Staates am wirtschaftlichen Wettbewerb, S. 169 ff.; in diesem Sinne auch Bettermann, FS Hirsch, S. 1 (19 f.).

[413] Vgl. Rottmann, Archiv PT 1994, 193 (194); Stern, DVBl 1997, 309 (310).

[414] Vgl. Höfling, in: Sachs, GG, Art. 1, Rdnr. 95; Jarass/Pieroth, GG, Art. 1, Rdnr. 18; Dreier, in: ders. (Hrsg.), GG, Bd. 1, Art. 1 Abs. 3, Rdnr. 50; Starck, in: v. Mangoldt/Klein, GG, Art. 1 Abs. 3, Rdnr. 144; Stern, Staatsrecht, Bd. III/1, § 74 IV 5, S. 1411 f.; Isensee, Subsidiaritätsprinzip und Verfassungsrecht, S. 212 ff.; Hesse, Grundzüge des Verfassungsrechts, § 11 I, Rdnr. 347; Erichsen, Kommunalrecht NW, § 3 B, S. 42 (m.w.N.) u. § 11 D 2 b, S. 275; Kluth, Grenzen kommunaler Wettbewerbsteilnahme, S. 56 ff. (59); Otting, Neues Steuerungsmodell und rechtliche Betätigungsspielräume der Kommunen, S. 154 f.; Jarass, Wirtschaftsverwaltungsrecht, S. 201, Rdnr. 26; Pieroth/Schlink, Grundrechte, § 5 II 2 b, Rdnr. 171; Ehlers, Verwaltung in Privatrechtsform, S. 212 ff. (216); ders., DVBl 1998, 497 (502); Gusy, JA

hend dargelegt, daß sich der Gewaltbegriff im Sinne des Art. 1 Abs. 3 GG nicht nur auf obrigkeitliches Handeln in Form von Befehl und Zwang, sondern auch auf die leistende Verwaltungstätigkeit erstreckt, und damit auf die Exekutive schlechthin Bezug nimmt.[415] Darüber hinaus führt auch ein Blick auf Art. 20 Abs. 2 GG zu dem systematischen Argument, daß mit der Funktionentrias Gesetzgebung, vollziehende Gewalt und Rechtsprechung die Staatsgewalt in ihrer Gesamtheit und damit die staatliche Tätigkeit als solche erfaßt werden soll.[416] Dies wird durch die Entstehungsgeschichte bestätigt.[417] Auch die Nichterwähnung des Fiskalgeltungsproblems durch den Parlamentarischen Rat läßt nicht auf den Willen schließen, die öffentliche Hand von den Grundrechten freizustellen, sobald diese sich auf die Ebene der Gleichordnung mit dem Bürger begibt.[418]

Die umfassende Grundrechtsbindung aller Staatsgewalt wird zum einen dem Umstand gerecht, daß potentiell nicht nur hoheitliche, sondern auch privatwirtschaftliche Handlungen des Staates als letztlich staatliches Handeln zu einer Verkürzung grundrechtlicher Freiheitsräume führen können.[419] Zudem ist zu unterstreichen, daß zwischen staatlichem und privatem Handeln auch auf der Ebene der Gleichordnung gravierende Unterschiede bestehen. In diesem Rahmen spielen unterschiedliche Ausgangspositionen im Wettbewerb eine Rolle. Vor allem aus ökonomischer Sicht wird immer wieder auf „natürliche" Wettbewerbsvorteile hingewiesen, die allein konkurrenzwirtschaftlich tätigen Unternehmen der öffentlichen Hand offenstehen, wie etwa die Einschränkung des unternehmerischen Konkursrisikos, Vorteile bei der Kreditmittelbeschaffung, Steuerprivilegien sowie die Möglichkeit, auf Steuermittel zurückzugreifen.[420] Da

---

1995, 166 (171); Hill, BB 1997, 425 (428); Schliesky, DVBl 1999, 78 (81, m.w.N.); offengelassen von Hidien, Gemeindliche Betätigungen rein erwerbswirtschaftlicher Art, S. 127 f.

[415] Vgl. Ehlers, Verwaltung in Privatrechtsform, S. 214 f.; Kluth, Grenzen kommunaler Wettbewerbsteilnahme, S. 58; Erichsen, DVBl 1983, 289 ff. (294).

[416] Erichsen, Kommunalrecht NW, § 3 B, S. 42; Kluth, Grenzen kommunaler Wettbewerbsteilnahme, S. 58 f.; ähnlich Ehlers, Verwaltung in Privatrechtsform, S. 216.

[417] Der Begriff „vollziehende Gewalt" ist anstelle des Ausdrucks „Verwaltung" eingefügt worden, um die Grundrechtsverpflichtung der neu geschaffenen Bundeswehr zu verdeutlichen, vgl. das Gesetz zur Ergänzung des Grundgesetzes vom 19.03.1956, BGBl I S. 111. Daraus ist zu schließen, daß der gesamte Bereich der Verwaltung von der weiteren Formulierung der vollziehenden Gewalt erfaßt wird. Zur Erstreckung der Grundrechtsbindung auf die Bundeswehr vgl. Ehlers, Verwaltung in Privatrechtsform, S. 215; Kluth, Grenzen kommunaler Wettbewerbsteilnahme, S. 58 (m.w.N.).

[418] Vgl. Ehlers, Verwaltung in Privatrechtsform, S. 215; v.Arnauld, DÖV 1998, 437 (439 f.).

[419] Vgl. Isensee, Subsidiaritätsprinzip und Verfassungsrecht, S. 212 ff.; Otting, Neues Steuerungsmodell und rechtliche Betätigungsspielräume der Kommunen, S. 154.

[420] Vgl. Wohltmann/Döring, DNV 5/1998, 11 (13); relativierend Otting, Neues Steuerungsmodell und rechtliche Betätigungsspielräume der Kommunen, S. 158 f., 241 ff. Vgl. ferner zu

das Bestehen eines strukturellen Wettbewerbsvorteils allerdings im Einzelfall nachzuweisen ist, kommt einem weiteren Unterschied größere Bedeutung zu: Das Handeln der öffentlichen Hand kann niemals -wie bei Privaten- Ausdruck der Privatautonomie sein, sondern geht stets auf abgeleitete Hoheitsmacht zurück. Der Staat kann sich hinsichtlich der Aufnahme seiner wirtschaftlichen Tätigkeit gerade nicht wie ein privater Wirtschaftstreibender auf eine freie Entscheidung als Ausfluß menschlicher Selbstbestimmung berufen.[421] Die Grundrechtsbindung des wirtschaftlich tätigen Staates ist daher selbst dann gerechtfertigt, wenn man in dieser Bindung einen „Wettbewerbsnachteil" entdecken will, wobei die Auswirkungen der Bindung nicht überbewertet werden sollten.[422] Ein weiterer Vorteil der hier vertretenen Lösung liegt in ihrer Klarheit: Die Frage der Grundrechtsverpflichtung orientiert sich nur noch daran, ob der Staat überhaupt tätig wird, nicht dagegen, wie er tätig wird. Damit entfallen die der Lehre vom Verwaltungsprivatrecht immanenten Abgrenzungsschwierigkeiten. Festzuhalten bleibt die prinzipielle Grundrechtsgebundenheit gemeindlicher Telekommunikationsaktivitäten.

b) Grundrechtsbindung bei privatrechtlicher Organisationsform

Ausgehend von der Prämisse, daß es entscheidend auf das Tätigwerden des Staates als solches ankommt, nicht dagegen auf den Modus der Betätigung, läge es nahe, die Grundrechtsbindung der Verwaltung ebenfalls unabhängig von der Organisationsform zu bejahen. Dafür spricht die Überlegung, daß sich der Staat allein durch den Wechsel des Gewandes nicht seiner Grundrechtsbindung entziehen dürfe.[423]

Kein Hindernis für die Grundrechtsgeltung wäre demnach, daß -wie Art. 87 f Abs. 2 S. 1 GG vorgibt- auch die Teilnahme der Gemeinden am Wettbewerb in

---

den sog. „Fiskusprivilegien" BVerfGE 61, 82 (105 f.); Dürig, in: Maunz/Dürig, Komm. z. GG, Bd. 2, Art. 19 Abs. 3, Rdnr. 46; Stern, Staatsrecht, Bd. III/1, § 74 IV 5, S. 1412 f.

[421] Vgl. dazu Dürig, in: Maunz/Dürig, Komm. z. GG, Bd. 2, Art. 19 Abs. 3, Rdnr. 45 („Wenn zwei dasselbe tun, ist es eben nicht immer dasselbe."); Maser, Die Geltung der Grundrechte für juristische Personen und teilrechtsfähige Verbände, S. 152; v.Arnauld, DÖV 1998, 437 (440); in diesem Sinne auch Hesse, Grundzüge des Verfassungsrechts, § 11 I, Rdnr. 348: „Die Verfassung kennt nur konstituierte Staatlichkeit. Der von ihr konstituierte Staat hat nirgends wie ein Privater das Recht zur Beliebigkeit."

[422] v.Arnauld, DÖV 1998, 437 (440), weist zutreffend darauf hin, daß die Grundrechtsbindung der sinnvollen konkurrenzwirtschaftlichen Betätigung des Staates nicht entgegensteht. Zudem spreche gegen eine Freizeichnung des Staates von seinen grundrechtlichen Bindungen, daß die Wettbewerbsteilnahme gerade keine notwendige staatliche Aufgabe darstelle.

[423] BVerfGE 45, 63 (80); Isensee, Der Staat 20 (1981), 161 (168 f.); Badura, Staatsrecht, C 18, S. 93; Koppensteiner, NJW 1990, 3105 (3107 f.); im Sinne einer umfassenden Grundrechtsbindung wettbewerbsrelevanter Staatstätigkeit ebenfalls Schliesky, DVBl 1999, 78 (81).

der Telekommunikation nur mittels privatrechtlich organisierter TKU erfolgen kann. Unberücksichtigt bliebe dann allerdings die Idee der juristischen Person des Privatrechts als einer eigenen Rechtspersönlichkeit, die einen „Durchgriff" auf die dahinter stehenden Gesellschafter nur in Ausnahmefällen zuläßt.[424]

Insbesondere *Püttner* lehnt infolge dieser Vorstellung der eigenständigen rechtlichen Zurechnungseinheit die Grundrechtsverpflichtung der privatrechtlich organisierten Gesellschaften der öffentlichen Hand grundsätzlich ab. Gleichwohl bestehe aber eine Einwirkungspflicht der öffentlichen Hand als Gesellschafter.[425] *Püttner* löst damit das Spannungsverhältnisses zwischen dem Grundsatz der umfassenden Grundrechtsgeltung staatlicher Aktivitäten einerseits und der Eigenständigkeit der juristischen Person des Privatrechts andererseits einseitig zugunsten des äußeren Gewandes der staatlichen Tätigkeit auf.

(1) Eigengesellschaften

Dieser Ansicht kann allerdings hinsichtlich der Eigengesellschaften der öffentlichen Hand nicht gefolgt werden.[426] Eine Eigengesellschaft liegt vor, wenn das gesamte Kapital eines privatrechtlich organisierten Unternehmens der öffentlichen Hand zuzuordnen ist.[427] Gründet ausschließlich der Staat ohne jegliche Einbeziehung „echter" Privater eine juristischen Person des Privatrechts, so ist der Gründungsakt niemals Ausdruck von Privatautonomie, sondern Ausübung von Staats- bzw. Organisationsgewalt. Die Wahl des privatrechtlichen Gewandes und der Rückgriff auf privatrechtliche Organisationsvorschriften ändern daran nichts. Auch das spätere Handeln einer solchen vom Staat gegründeten Gesellschaft stellt sich dann als Ausübung unmittelbarer Staatsgewalt dar.[428] Zur Vermeidung von Lücken im Grundrechtsschutz ist folglich die Grundrechtsverpflichtung der Eigengesellschaften unter Durchbrechung der Rechtspersönlich-

---

[424] Vgl. Püttner, Die öffentlichen Unternehmen, S. 119 f.; v.Arnauld, DÖV 1998, 437 (442).

[425] Püttner, Die öffentlichen Unternehmen, S. 119 f.; vgl. auch Stern/Püttner, Die Gemeindewirtschaft, S. 127, 140; Bettermann, FS Hirsch, S. 1 (2 f.).

[426] So bereits Jarass/Pieroth, GG, Art. 1, Rdnr. 19; Starck, in: v.Mangoldt/Klein, GG, Bd.1, Art. 1 Abs. 3, Rdnr. 144 f.; Stern, Staatsrecht, Bd. III/1, § 74 IV 5, S. 1421; Kluth, Grenzen kommunaler Wettbewerbsteilnahme, S. 16 ff., S. 59; Erichsen, Kommunalrecht NW, § 11 D 2 b, S. 275 f.; Ehlers, Verwaltung in Privatrechtsform, S. 246 ff. (247), unter Hinweis auf BVerfGE 45, 63 (80); BVerfG, NJW 1980, 1093; Ehlers, JZ 1990, 1089 (1096).

[427] Schmidt-Aßmann, BB 1990, Beilage 34, S. 2. Zum Kreis der Eigengesellschaften zählen daher auch die gemischt-öffentlichen Unternehmen, also solche, an denen mehrere Träger öffentlicher Verwaltung bzw. öffentliche Unternehmen beteiligt sind.

[428] Vgl. Kluth, Grenzen kommunaler Wettbewerbsteilnahme, S. 17 ff. (19), der infolgedessen die Eigengesellschaft als „...Privatrechtssubjekt aber nicht privates Rechtssubjekt" charakterisiert.

keit der juristischen Person des Privatrechts zu bejahen.[429] Soweit diese Bindung abgelehnt wird, weil die Staatstätigkeit dabei nicht im Vollzug von Gesetzen liege, sondern gesellschaftsrechtlich geprägt sei,[430] wird dem zu Recht entgegengehalten, daß sich der Staat im Fall der Eigengesellschaften gerade nicht der gesellschaftsrechtlichen Ordnung unterworfen habe und nur über seine Mitgliedschaftsrechte Einfluß nehmen könne, da jegliche Auseinandersetzung mit den Interessen weiteren Mitgesellschaftern fehle.[431] Aus den gleichen Erwägungen heraus ist auch die Grundrechtsverpflichtung gemischt-öffentliche Unternehmen[432] zu bejahen.

(2) Gemischt-wirtschaftliche Unternehmen

Anders ist das oben dargestellte Spannungsverhältnis hinsichtlich der gemischtwirtschaftlichen Unternehmen aufzulösen. Die Durchbrechung der Eigenständigkeit der juristischen Person des Privatrechts ist in diesem Fall nicht gerechtfertigt, so daß die Grundrechtsbindung der Gesellschaft als solcher entfällt.[433] Zur Gruppe der gemischt-wirtschaftlichen Unternehmen gehören alle Unternehmen, die nicht Eigengesellschaften und auch nicht ausschließlich in privater Hand sind, unabhängig davon, ob der der öffentlichen Hand zuzurechnende Kapitalanteil von den Verwaltungsträgern selbst oder von privatrechtlich organisierten öffentlichen Unternehmen gehalten wird. Zur Einordnung als gemischtwirtschaftliches Unternehmen reicht bereits die Kapitalbeteiligung anderer gemischt-wirtschaftlicher Unternehmen aus.[434]

---

[429] Die Grundrechtsbindung der Eigengesellschaften wird zum Teil auch mit der vollständigen Interessenkongruenz der Gesellschaft mit der dahinter stehenden öffentlichen Hand begründet, vgl. Koppensteiner, NJW 1990, 3105 (3109); v.Arnauld, DÖV 1998, 437 (443).

[430] Püttner, Die öffentlichen Unternehmen, S. 119; vgl. auch Klein, Die Teilnahme des Staates am wirtschaftlichen Wettbewerb, S. 166, dem zufolge staatliche Wettbewerbsteilnahme sich im Regelfall nicht als Anwendung staatlicher Herrschaftsgewalt äußert.

[431] v.Arnauld, DÖV 1998, 437 (443); Koppensteiner, NJW 1990, 3105 (3109).

[432] Von „gemischt-öffentlichen Unternehmen" spricht man, wenn sich mehrere „öffentliche Hände" unter Ausschluß privater Teilhaber an einem Unternehmen beteiligen, vgl. Püttner, Die öffentlichen Unternehmen, S. 25 f.

[433] Ebenso Höfling, in: Sachs, GG, Art. 1, Rdnr. 96; Rüfner, in: Isensee/Kirchhof (Hrsg.), Handbuch des Staatsrechts, Bd. 5, § 117 C, S. 547, Rdnr. 49; Bettermann, in: FS Hirsch, S. 1 (2 f.); Püttner, Die öffentlichen Unternehmen, S. 119 f.; Ehlers, Verwaltung in Privatrechtsform, S. 248 ff; ders., JZ 1990, 1089 (1096); ders., DVBl 1998, 497 (502, Fn. 41); Erichsen, Kommunalrecht NW, S. 276 f; Kluth, Grenzen kommunaler Wettbewerbsteilnahme, S. 21 f., S. 59; in diesem Sinne wohl auch Stern, Staatsrecht, Bd. III/1, § 74 IV 5, S. 1421 f.

[434] Vgl. die Begriffsbestimmung gemischt-wirtschaftlicher Unternehmen bei Schmidt-Aßmann, BB 1990, Beilage 34, S. 2 f. (m.w.N.).

Im Gegensatz zur Eigengesellschaft kommt es also nicht allein zum Wechsel der Rechtsform, sondern stets auch zur Beteiligung „echter" Privater.[435] Das Handeln der gemischt-wirtschaftlichen Unternehmen geht damit immer auch auf privatautonomes, von menschlicher Selbstbestimmung geleitetes Verhalten zurück. Die öffentliche Hand muß sich infolge ihrer Beteiligung bei der Führung eines gemischt-wirtschaftlichen Unternehmens zwangsläufig mit den Interessen der privaten Mitgesellschafter auseinandersetzen. Infolgedessen ist die unmittelbare Grundrechtsverpflichtung gemischt-wirtschaftlicher Unternehmen abzulehnen. Immerhin handelt es sich aber bei der Wahrnehmung der Gesellschafterrechte durch die öffentliche Hand stets um grundrechtsgebundene Ausübung von Staatsgewalt, so daß die gemischt-wirtschaftlichen Unternehmen zumindest zum Bereich der mittelbaren Verwaltung gehören.[436] Infolgedessen kann sich eine Einwirkungspflicht des öffentlichen Anteilseigners auf das Unternehmen ergeben, so daß sich von der indirekten Grundrechtsbindung gemischtwirtschaftlicher Unternehmen sprechen läßt. Diese wird allerdings faktisch erst im Fall einer staatlichen Mehrheitsbeteiligung wirksam, da die Einwirkung entsprechenden Einfluß der öffentlichen Hand voraussetzt.

Folgt man dagegen der verbreiteten Gegenansicht, nach der die Beteiligungsverhältnisse an einem gemischt-wirtschaftlichen Unternehmen das maßgebliche Differenzierungskriterium für die Frage der Grundrechtsgeltung bilden, so führt die mehrheitliche Beteiligung der öffentlichen Hand zur Ausübung von Staatsgewalt und damit zur direkten Grundrechtsbindung gemischt-wirtschaftlicher Unternehmen.[437] In der Tat liegt die Bejahung der Ausübung von Staatsgewalt immer dann nahe, wenn sich ein Unternehmen mehrheitlich im Eigentum der

[435] in diesem Sinne auch Ehlers, Verwaltung in Privatrechtsform, S. 249, der geltend macht, daß sich nicht nur die Form der Verwaltungsausübung, sondern -im Vergleich mit den Eigengesellschaften- auch die Trägerschaft ändere.

[436] Der Einschätzung von Kluth, Grenzen kommunaler Wettbewerbsteilnahme, S. 22, nach der gemischt-wirtschaftliche Unternehmen immer nur Privatgewalt ausüben und deshalb nicht zur Verwaltung gehören (solange kein Fall der Beleihung vorliegt), kann deshalb nicht gefolgt werden.

[437] Vgl. BVerfG-K, NJW 1990, 1783; Jarass/Pieroth, GG, Art. 1, Rdnr. 19; Jarass, Wirtschaftsverwaltungsrecht, S. 201, Rdnr. 26; Dickersbach, WiVerw 1983, 187 (191). Scheinbar anders stellt v.Arnauld, DÖV 1998, 437 (442 f., 444 f.), nicht auf die Beteiligungsverhältnisse ab, sondern auf die Interessenidentität zwischen dem Unternehmen und der dahinter stehenden öffentlichen Hand: „Man darf jedoch nicht dem Trugschluß erliegen, es könne die Höhe des Anteils ohne weiteres mit dem Einfluß des Anteilseigners am Entscheidungsprozeß gleichgesetzt werden ... Damit ist Basis für die Grundrechtsbindung die weitgehende Kongruenz der Unternehmensinteressen mit den Interessen des staatlichen Gesellschafters." Im Ergebnis läuft aber auch diese Ansicht auf eine (strengere) Grenzziehung nach dem Umfang der staatlichen Beteiligung hinaus. Die Grundrechtsbindung von Aktiengesellschaften bejaht v.Arnauld deshalb erst, wenn die öffentliche Hand 75% der Aktien oder mehr hält.

öffentlichen Hand befindet, und damit staatlich geführt wird. In der Regel ist es dem öffentlichen Anteilseigner dann möglich, die Geschicke des Unternehmens maßgeblich zu leiten, und die öffentlichen Interessen durchzusetzen. Als logische Folge und „Kehrseite der Medaille" erscheint es daher, der so geführten Gesellschaft selbst die Grundrechtsverpflichtung aufzuerlegen.

Die Koppelung dieser Bindung an den Umfang der Staatsbeteiligung ist allerdings nicht unproblematisch. Einerseits ist die Schwierigkeit nicht zu leugnen, daß in jedem Einzelfall das gemischt-wirtschaftliche Unternehmen hinsichtlich seiner genauen Beteiligungsverhältnisse durchleuchtet werden muß.[438] Hinsichtlich der gemeindlichen TKU werden diese Grenzziehungsprobleme insbesondere dann relevant, wenn die Gemeinden nur mittelbar durch Eigengesellschaften, gemischt-öffentliche oder gemischt-wirtschaftliche Unternehmen beteiligt sind. Lassen sich diese praktischen Hindernisse mit entsprechendem Aufwand noch beseitigen, so bleibt ein größeres Problem bestehen: Die Annahme, daß ein gemischt-wirtschaftliches Unternehmen Staatsgewalt ausübt und damit der unmittelbaren Verwaltung zuzurechnen ist, läßt zwangsläufig die Beteiligung der privaten Anteilseigner außer Acht. Als Konsequenz kommt es über das verpflichtete Unternehmen zu einer Grundrechtsbindung der beteiligten Privaten, obgleich diese selbst Grundrechtsträger sind. Diesem Verlust privater Grundrechtsberechtigung bzw. der Aushöhlung des Grundrechtsschutzes der privaten Mitgesellschafter infolge der Staatsbeteiligung ist jedoch entgegenzutreten.[439] Auch soweit nach der Gegenauffassung die Grundrechtsbindung gemischt-wirtschaftlicher Unternehmen zumindest dann gefordert wird, wenn sich diese „als verlängerter Arm" der öffentlichen Hand darstellen,[440] ist dem entgegenzuhalten, daß die faktische Aushöhlung der Grundrechtsberechtigung einer beträchtlichen Anzahl privater Anteilseigner nicht ausgeschlossen werden kann.

Vor diesem Hintergrund bietet allein die hier vertretene Lösung den Vorteil, sowohl die Grundrechtsberechtigung der privaten Mitgesellschafter als auch die formelle Eigenständigkeit der juristischen Person zu berücksichtigen, ohne gleichwohl den Staat aus seiner Grundrechtsverpflichtung zu entlassen. Darüber hinaus entfällt eine genaue Durchleuchtung der Beteiligungsverhältnisse.

---

[438] Vgl. Ehlers, Verwaltung in Privatrechtsform, S. 248. Ehlers wendet allerdings sich gegen die Ansicht, daß die öffentliche Hand nicht zur Offenlegung ihrer Beteiligungen verpflichtet werden könnte. Ebenso weist Stern, Staatsrecht, Bd. III/1, § 74 IV 5, S. 1421, Fn. 508, darauf hin, daß eine Mehrheitsbeteiligung der öffentlichen Hand zumeist bekannt oder zumindest ermittlungsfähig sei.

[439] So auch Höfling, in: Sachs, GG, Art. 1, Rdnr. 96 (m.w.N.); Kluth, Grenzen kommunaler Wettbewerbsteilnahme, S. 22.

[440] Vgl. v.Arnauld, DÖV 1998, 437 (444). Im Falle einer „beherrschenden Stellung" der öffentlichen Hand gelangt auch Starck, in: v. Mangoldt/Klein, GG, Bd. 1, Art. 1 Abs. 3, Rdnr. 145, zur Grundrechtsbindung gemischt-wirtschaftlicher Unternehmen.

c) Ergebnis

Festzuhalten ist, daß die öffentliche Hand auch im Fall der Teilnahme am wirtschaftlichen Wettbewerb der Grundrechtsbindung unterliegt. Dies muß grundsätzlich auch dann gelten, wenn sie sich zu diesem Zweck privatrechtlich organisierter Gesellschaften bedient. Dementsprechend sind auch gemeindliche TKU als grundrechtsverpflichtete, verselbständigte Glieder der Gemeindeverwaltung zu betrachten, solange es sich um Eigengesellschaften einschließlich gemischt-öffentlicher Gesellschaften handelt. Dagegen ist im Fall einer relevanten Beteiligung Privater -also für gemischt-wirtschaftliche Unternehmen- eine bloß indirekte Grundrechtsbindung zu befürworten: Grundrechtsverpflichtet ist dann lediglich die öffentliche Hand als Gesellschafter; nicht dagegen die Gesellschaft als solche (also etwa das gemeindliche TKU). Dies gilt nach der hier vertretenen Ansicht selbst bei einer staatlichen Mehrheitsbeteiligung. Privaten Konkurrenten verbleibt in diesem Fall die Möglichkeit, einen auf Einwirkung auf das Unternehmen gerichteten Anspruch gegenüber der öffentlichen Hand (bzw. Gemeinde) in ihrer Funktion als Mitgesellschafter geltend zu machen.

2. Das Grundrecht des Art. 12 Abs. 1 GG

Zur grundrechtlichen Abwehr staatlicher Konkurrenz wird in erster Linie Art. 12 Abs. 1 GG herangezogen. Voraussetzung ist zunächst, daß die wirtschaftliche Betätigung privater Konkurrenten durch die Berufsfreiheit geschützt wird.

a) Schutzbereich

Obgleich der Wortlaut eine Differenzierung zwischen den Freiheiten der Berufswahl und der Berufsausübung nahelegt, bildet Art. 12 Abs. 1 GG nach der Rechtsprechung des Bundesverfassungsgerichts ein einheitliches Grundrecht der Berufsfreiheit.[441] Gewährleistet ist „...die Freiheit des Bürgers, jede Tätigkeit, für die er sich geeignet glaubt, als Beruf zu ergreifen...“.[442] Damit bildet die berufliche Tätigkeit den Ansatzpunkt für den Schutz der wirtschaftlichen Betätigungsfreiheit. Allgemein versteht man unter Beruf jede auf eine gewisse Dauer angelegte Tätigkeit, die der Schaffung und Erhaltung der Lebensgrundlage zu dienen bestimmt ist.[443] Bei juristischen Personen ist die Voraussetzung der beruflichen Tätigkeit in der Regel zu bejahen, wenn die Tätigkeit der Gewinnerzielung

---

[441] BVerfGE 7, 377 (401 ff.); 33, 303 (329 f.); 54, 301 (313); Tettinger, in: Sachs, GG, Art. 12, Rdnr. 8; Scholz, in: Maunz/Dürig, Komm. z. GG, Bd. 2, Art. 12, Rdnr. 14.

[442] Vgl. BVerfGE 7, 377 (397); 30, 292 (334).

[443] BVerfGE 7, 377 (397); 50, 290 (362); Tettinger, in: Sachs, GG, Art. 12, Rdnr. 29 (m.w.N.); Jarass/Pieroth, GG, Art. 12, Rdnr. 4.

dient.[444] Da sowohl unselbständige als auch selbständige Tätigkeiten erfaßt werden,[445] enthält Art. 12 Abs. 1 GG auch die Freiheit, ein Gewerbe als eine Erwerbszwecken dienende, selbständige Tätigkeit zu betreiben.[446] Geschützt wird infolgedessen die freie unternehmerische Betätigung, das heißt die Gründung und Führung von (kleinen, mittleren und großen) Unternehmen im wirtschaftlichen Wettbewerb.[447]

Die kommerzielle Versorgung von Privathaushalten und Wirtschaftsunternehmen mit Telekommunikationsdienstleistungen ist als eine solche freie unternehmerische Betätigung im wirtschaftlichen Wettbewerb einzustufen und damit als berufliche Tätigkeit im Sinne des Art. 12 Abs. 1 GG geschützt. Schutzgut der Berufsfreiheit ist in diesem Rahmen auch der Aufbau und die Unterhaltung von Netzinfrastrukturen. Dem steht die faktische Notwendigkeit der Benutzung öffentlicher Wege nicht entgegen.[448]

Aus dem bisher Gesagten wird deutlich, daß Art. 12 Abs. 1 GG in erster Linie ein für das Arbeits- und Wirtschaftsleben zentrales Freiheitsrecht enthält, das das allgemeine Persönlichkeitsrecht aus Art. 2 Abs. 1 GG im Bereich der individuellen Leistung und Existenzhaltung konkretisiert[449] und so dem einzelnen sowohl die selbstverantwortliche Existenzgestaltung, als auch die individuelle Persönlichkeitsbildung und soziale Statusbestimmung ermöglicht.[450] Aufgrund dieser Persönlichkeitsbezogenheit folgt aus Art. 12 Abs. 1 GG im wesentlichen ein subjektives Abwehrrecht gegen staatliche Eingriffe in die persönlichen be-

---

[444] Jarass/Pieroth, GG, Art. 12, Rdnr. 4.

[445] BVerfGE 7, 377 (398 f.); 54, 301 (322); Scholz, in: Maunz/Dürig, Komm. z. GG, Bd. 2, Art. 12, Rdnr. 7; Jarass/Pieroth, GG, Art. 12, Rdnr. 4.

[446] BVerfGE 21, 261 (266); 22, 380 (383); 41, 205 (228); 50, 290 (362); BVerwGE 65, 167 (173); Scholz, in: Maunz/Dürig, Komm. z. GG, Bd. 2, Art. 12, Rdnr. 6; Jarass/Pieroth, GG, Art. 12, Rdnr. 2.

[447] BVerfGE 32, 311 (317); 46, 120 (137 f.); 50, 290 (363); BVerwGE 71, 183 (189); Jarass/Pieroth, GG, Art. 12, Rdnr. 7. Hinsichtlich der Wettbewerbsfreiheit geht Art. 12 Abs. 1 GG als lex specialis der wirtschaftlichen Handlungsfreiheit aus Art. 2 Abs. 1 GG grundsätzlich vor, vgl. die umfangreichen Hinweise auf die Rechtsprechung des Bundesverfassungsgerichts bei Tettinger, in: Sachs, GG, Art. 12, Rdnr. 162, Fn. 392-395; zur grundrechtsdogmatischen Einordnung der Wettbewerbsfreiheit vgl. auch die Darstellung bei Zilkens, NWVBl 1997, 34 (36).

[448] Zur Diskussion, ob die Besonderheiten der leitungsgebundenen Energieversorgung einem grundrechtlichen Schutz der Energieversorgungstätigkeit über die Art. 2 Abs. 1, 12 Abs. 1 und 14 Abs. 1 GG entgegenstehen, vgl. Krebs, Rechtliche Grundlagen und Grenzen kommunaler Energieversorgunsgtätigkeit, S. 60 ff.

[449] Vgl. BVerfGE 30, 292 (334); 54, 301 (313); 75, 284 (292); Jarass/Pieroth, GG, Art. 12, Rdnr. 2.

[450] Vgl. BVerfGE 7, 377 (397); 30, 292 (334); 32, 54 (71); 50, 290 (362); Scholz, in: Maunz/Dürig, Komm. z. GG, Bd. 2, Art. 12, Rdnr. 9.

ruflichen bzw. wirtschaftlichen Entfaltungsmöglichkeiten und die individuelle Existenzsicherung.

Über diese individuelle Seite der Berufsfreiheit hinaus entnimmt *Kluth* dem Grundrecht zudem eine „soziale Dimension".[451] Dahinter steht der Gedanke, daß es Aufgabe der Grundrechte in ihrer abwehrrechtlichen Funktion sei, den Privaten die Gestaltungsmöglichkeiten ihres Lebensraumes gegenüber staatlicher Einflußnahme zu sichern.[452] In diesem Rahmen sei die Arbeit -und insbesondere die selbständige unternehmerische Wirtschaftsbetätigung- ein prägender Gestaltungsfaktor für die soziale Lebenswelt.[453] Dafür, daß Art. 12 Abs. 1 GG nicht allein auf die individuelle Bedeutung beschränkt ist, spricht der Umstand, daß die Berufsfreiheit ihre Schutzwirkung nicht ausschließlich im persönlichkeitsbezogenen Bereich entfaltet. So wird etwa auch die Tätigkeit eines Großunternehmens von Art. 12 Abs. 1 GG erfaßt, obwohl die Unternehmerfreiheit in diesem Fall regelmäßig nicht als Ausformung der menschlichen Persönlichkeit in Erscheinung tritt.[454] Dagegen läßt sich die These von der Sicherung sozialer Gestaltungsräume vor staatlicher Einflußnahme nicht mit dem Argument ablehnen, daß staatliche Wirtschaftstätigkeit prinzipiell verfassungsrechtlich nicht unzulässig sei und dieser Befund nicht durch die Grundrechte überspielt werden dürfte. Vielmehr können auch die Grundrechte im Ergebnis nur solchen Betätigungen entgegenstehen, die entweder einer erforderlichen gesetzlichen Grundlage entbehren oder unverhältnismäßig sind. Den Schutz solcher Aktivitäten kann aber auch die allgemeine Wirtschaftsordnung nicht bezwecken.

Erkennt man daher die soziale Dimension der Berufsfreiheit an, so erfaßt das aus Art. 12 Abs. 1 GG folgende subjektive Recht auch die Abwehr staatlicher Ingerenzen im Bereich der Sozialgestaltung, so daß die Berufsfreiheit grundsätzlich auch vor der Erweiterung des staatlichen Aufgabenkreises schützt.

b) Eingriffsqualität gemeindlicher Wettbewerbsteilnahme

Nach dem klassischen Eingriffsbegriff wird der Grundrechtsschutz nur gegenüber gezielten hoheitlichen Eingriffen in Freiheit und Eigentum durch rechtliche

---

[451] Kluth, Grenzen kommunaler Wettbewerbsteilnahme, S. 60 f.; ähnlich bereits zuvor der Ansatz von Schmittat, ZHR 148 (1984), 428 (445 ff.).

[452] Kluth, Grenzen kommunaler Wettbewerbsteilnahme, S. 23 ff., S. 60 f.

[453] Im Ergebnis ähnlich Schliesky, DVBl 1999, 78 (82), dem zufolge Art. 12 Abs. 1 GG die Stellung des Unternehmers auf einem bestimmten Markt und die dabei selbst erarbeiteten Erwerbschancen vor nicht zu rechtfertigenden staatlichen Ingerenzen schützt.

[454] Vgl. dazu BVerfGE 50, 290 (363); Wieland, in: Dreier (Hrsg.), GG, Bd. 1, Art. 12, Rdnr. 61.

Ge- oder Verbote aktiviert.[455] Unter diese Definition läßt sich jedoch die staatliche bzw. gemeindliche Wettbewerbsteilnahme nicht fassen. Mittlerweile ist es allerdings zu einer Erweiterung der grundrechtsrelevanten Beeinträchtigungsformen und damit zur Ausweitung des Grundrechtsschutzes gekommen.[456] Damit wird dem Umstand Rechnung getragen, daß sich staatliche Einwirkungen auf Grundrechtspositionen schon längst nicht mehr nur auf gezielte Beeinträchtigungen beschränken. In der Folge ist heute anerkannt, daß potentiell auch faktische oder mittelbare Beeinträchtigungen zu Grundrechtseingriffen führen können.[457] Da man also nach heutigem Grundrechtsverständnis unter einem Eingriff prinzipiell jede Verkürzung eines grundrechtlich gewährleisteten Freiheitsraumes versteht, ist der staatlichen und damit gemeindlichen Wettbewerbsteilnahme aufgrund ihrer möglichen faktischen Auswirkungen für die grundrechtlich geschützten Freiheitsräume Privater die potentielle Eingriffsqualität nicht abzusprechen .

Dies gilt auch hinsichtlich der Berufsfreiheit: Staatliche Maßnahmen können infolge ihrer spürbaren tatsächlichen Auswirkungen auch dann zu einem Eingriff in den Schutzbereich des Art. 12 Abs. 1 GG führen, wenn sie nicht unmittelbar auf die berufliche Betätigung abzielen.[458]

c) Eingriff

Es ist festzustellen, daß die Erwerbsmöglichkeiten eines Unternehmers von der Anzahl und Qualität seiner Wettbewerber entscheidend beeinflußt wer-

---

[455] Vgl. dazu Gallwas, Faktische Beeinträchtigungen im Bereich der Grundrechte, S. 11 ff., 21 ff.

[456] Zur Ausweitung des Eingriffsbegriffs vgl die ausführliche Darstellung bei Bleckmann, Staatsrecht II, § 12 III 3, Rdnrn. 40 ff. (m.w.N.).

[457] Vgl. BVerwGE 71, 183 (191 f., m.w.N.); 82, 76 (79); 87, 37 (42); Pieroth/Schlink, Grundrechte, § 6 III 2, Rdnr. 240; R.Schmidt, Öffentliches Wirtschaftsrecht, AT, § 11 II 1 c, S. 525; Ehlers, Verwaltung in Privatrechtsform, S. 100 f. (m.w.N.); grundlegend Gallwas, Faktische Beeinträchtigungen im Bereich der Grundrechte, insbes. S. 48 ff.; Grupp, ZHR 140 (1976), 367 (380, 385 ff. (389)); einschränkend Bleckmann, Staatsrecht II, § 12 III 4, Rdnrn. 41 ff. Eine faktische Beeinträchtigung liegt vor, wenn der grundrechtlich geschützte Freiheitsraum nicht durch eine staatliche Regelung, sondern durch die sonstigen Auswirkungen eines staatlichen Verhaltens nachteilig betroffen wird. Von einer mittelbaren Beeinträchtigungen spricht man, wenn sich eine staatliche Maßnahme an anderen Rechtsgütern derselben Person oder an Rechtsgütern Dritter auswirkt, vgl. Kluth, Grenzen kommunaler Wettbewerbsteilnahme, S. 63 (m.w.N. in Fn. 85 - 87).

[458] BVerfGE 7, 377 (401); 13, 181 (185 f.); 16, 147 (162); 22, 380 (384); 31, 8 (29); 46, 120 (137); 61, 291 (308); 81, 108 (121 f.); 82, 209 (223); BVerwGE 71, 183 (191); 87, 37 (42); Tettinger, in: Sachs, GG, Art. 12, Rdnr. 72; ders., NJW 1998, 3473 (3474); ders., DVBl 1999, 679 (685 f.); vgl. auch Stober, Allg. Wirtschaftsverwaltungsrecht, § 21 II 5, S. 225; Schliesky, DVBl 1999, 78 (82, m.w.N.).

den. Ebenso wirkt sich die Wettbewerbsteilnahme der Gemeinden in der Telekommunikation auf die wirtschaftlichen Entfaltungsmöglichkeiten und Chancen der privaten Konkurrenten, die sich auf den gleichen Märkten betätigen wollen, nachteilig aus. Das Hinzutreten eines gemeindlichen TKUs, das ebenfalls auf die Gewinnung von Marktanteilen gerichtet ist, führt zwangsläufig zur Schmälerung der Erwerbsmöglichkeiten privater Konkurrenten und damit zur faktischen Beeinträchtigung der Berufsausübungsfreiheit Privater.

Ob man diese Beeinträchtigung zugleich als Verkürzung des durch Art. 12 Abs. 1 GG gewährleisteten Freiheitsraumes und damit als Eingriff in die Berufsfreiheit betrachtet, hängt davon ab, ob man den Schutzgehalt des Grundrechts eher nach seiner individuellen Bedeutung oder nach seiner sozialen Bedeutung bestimmt.

(1) Individuelle Betonung der Berufsfreiheit

Ausgehend von der individuellen Betonung der Berufsfreiheit ist zwingend die Wettbewerbsfreiheit des einzelnen von vornherein durch die Wettbewerbsfreiheit der übrigen Konkurrenten, die sich auf Art. 12 Abs. 1 GG berufen können, beschränkt. Alteingesessene Wettbewerber und neu hinzutretende Konkurrenten sind insoweit gleichgestellt, so daß Art. 12 Abs. 1 GG wettbewerbsfördernde Wirkung entfaltet und nicht vor neu hinzutretender Konkurrenz bewahrt.[459] Infolgedessen stellt Konkurrenz ein immanentes Prinzip der Wettbewerbsfreiheit dar.[460] Konsequenterweise folgt daraus, daß Art. 12 Abs. 1 GG weder einen bestimmten Bestand an Marktanteilen, noch eine feste Erwerbsgröße oder zukünftige Erwerbschancen sichert,[461] sondern allein die Möglichkeit, sich unternehmerisch im wirtschaftlichen Wettbewerb zu betätigen, schützt. Vereinfacht gesagt, garantiert Art. 12 Abs. 1 GG die Freiheit des Marktzugangs[462] und die Betätigung *im* Wettbewerb, aber nicht die Freiheit *vor* Wettbewerb.

Demnach bewahrt Art. 12 Abs. 1 GG auch nicht vor staatlichen Maßnahmen, die neuen Konkurrenten die Marktteilnahme ermöglichen soll. So liegt etwa kein Eingriff vor, wenn der Staat durch Aufhebung von Beschränkungen neuen

---

[459] BVerfGE 34, 252 (256); 55, 261 (269); BVerwGE, DVBl 1983, 1251 (1252); OVG NW, NWVBl 1995, 99 (101 f.); Tettinger, in: Sachs, GG, Art. 12, Rdnr. 9; Jarass/Pieroth, GG, Art. 12, Rdnr. 14.

[460] Hidien, Gemeindliche Betätigungen rein erwerbswirtschaftlicher Art, S. 128; Püttner, Die öffentlichen Unternehmen, S. 96 f.; Stober, Allg. Wirtschaftsverwaltungsrecht, § 21 II 5, S. 224; Otting, Neues Steuerungsmodell und rechtliche Betätigungsspielräume der Kommunen, S. 156 (m.w.N.).

[461] In diesem Sinne BVerfGE 24, 236 (251); 34, 252 (256); BVerwGE 39, 329 (337).

[462] Otting, Neues Steuerungsmodell und rechtliche Betätigungsspielräume der Kommunen, S. 156.

Wettbewerbern den Marktzugang ermöglicht, obwohl faktisch dadurch die Erwerbschancen der bisherigen Marktteilnehmer beeinträchtigt werden.[463] Unter diesem Blickwinkel läßt sich nunmehr der Schluß ziehen, daß es keinen Unterschied macht, ob der Staat neue private Konkurrenten zuläßt oder selbst als Wettbewerber in den Markt eintritt. Die Auswirkungen der zusätzlichen Konkurrenz sind nämlich in beiden Fällen dieselben: Es geht es nur um die Schmälerung von Erwerbschancen, vor der Art. 12 Abs. 1 GG jedoch gerade nicht schützt. Die Wettbewerbsteilnahme der öffentlichen Hand kann insoweit als bloße Verschärfung des ohnehin bestehenden systemimmanenten Konkurrenzdrucks bezeichnet werden.[464]

Vor diesem Hintergrund lehnen auch die Verwaltungsgerichte in ständiger Rechtsprechung und unter breiter Zustimmung in der Literatur die Grundrechtsrelevanz der staatlichen Wettbewerbsteilnahme grundsätzlich ab.[465] Aus der mißverständlichen Begründung, daß Art. 12 Abs. 1 GG nicht vor Konkurrenz schütze, auch nicht vor dem Wettbewerb der öffentlichen Hand,[466] kann dagegen nicht geschlossen werden, daß sich staatliche Wettbewerbsteilnahme prinzipiell einer grundrechtlichen Überprüfung entzieht, sondern allein, daß diese nicht grundsätzlich unzulässig ist.[467]

---

463 Vgl. BVerfGE 34, 252 (256); 55, 261 (269); BVerwG, DVBl 1983, 1251 (1252); Jarass/Pieroth, GG, Art. 12, Rdnr. 14; vgl. auch BVerwGE 65, 167 (173): „Art. 12 GG schützt ... nicht ... vor einem hoheitlichen Handeln, das allenfalls Konkurrenten einen Wettbewerbsvorteil verschafft.“

464 BVerwGE 71, 183 (193); BVerwG, NJW 1995, 2938 (2939); DVBl 1996, 152 (153); HessVGH, NVwZ 1996, 816 (817); Jarass, Wirtschaftsverwaltungsrecht, S. 203, Rdnr. 30; Otting, Neues Steuerungsmodell und rechtliche Betätigungsspielräume der Kommunen, S. 156 f.

465 Vgl. BVerwGE 39, 329 (336 f.); 71, 183 (193); BVerwG, NJW 1978, 1539 (1540); 1995, 2938 (2939); OVG Münster, NVwZ 1984, 522 (524); NVwZ 1986, 1045 (1046); VGH Mannheim, NJW 1984, 251 (253); GewArch 1994, 464 (465); NJW 1995, 274; HessVGH, NVwZ 1996, 816 (817); VG Münster, NVwZ 1982, 522 (523); VG Schlesw.-Holst., GewArch 1982, 30 (31); zustimmend: Jarass/Pieroth, GG, Art. 12, Rdnr. 14a; Wieland, in: Dreier (Hrsg.), GG, Bd. 1, Art. 12, Rdnr. 83; Jarass, Wirtschaftsverwaltungsrecht, S. 203, Rdnr. 31; Püttner, Die öffentlichen Unternehmen, S. 96 f. (m.w.N.); Hidien, Gemeindliche Betätigungen rein erwerbswirtschaftlicher Art, S. 128 f.; Otting, Neues Steuerungsmodell und rechtliche Betätigungsspielräume der Kommunen, S. 156 f.; Gerke, Jura 1985,350 (357); Gusy, JA 1995, 253; speziell bezogen auf kommunale Telekommunikationsaktivitäten Pünder, DVBl 1997, 1353 (1360, Fn. 93); speziell zur kommunalen Energieversorgung Britz, Örtliche Energieversorgung nach nationalem und europäischen Recht, S. 58 ff. (62).

466 Vgl. insbesondere BVerwGE 39, 329 (336); BVerwG, NJW 1978, 1539 (1540).

467 Vgl. Kluth, Grenzen kommunaler Wettbewerbsteilnahme, S. 52 f., 55, 63 ff.; Erichsen, Kommunalrecht NW, § 11 D II b, S. 277; Britz, Örtliche Energieversorgung nach nationalem und europäischen Recht, S. 60 f.

Der Grundsatz der Grundrechtsirrelevanz staatlicher Wettbewerbsteilnahme läßt allerdings auch Ausnahmen zu. Werden etwa einzelnen Wettbewerbern durch staatliche Maßnahmen Vorteile eingeräumt, so ist damit ein Eingriff in die Berufsfreiheit verbunden, wenn infolge der Privilegierung die wirtschaftliche Betätigung der Konkurrenten faktisch unmöglich gemacht wird.[468] Betroffen ist dann nämlich die Freiheit der Wettbewerbsteilnahme und die Existenz als solche. Nichts anderes kann aber gelten, wenn der Staat durch seine eigene konkurrenzwirtschaftliche Betätigung anderen Marktteilnehmern die Betätigungsmöglichkeit völlig entzieht.[469]

Aus diesen Erwägungen heraus bejaht auch die Rechtsprechung einen (unzulässigen) Eingriff durch staatliche Konkurrenz, sobald diese eine Intensität annimmt, die den Marktzugang privater Konkurrenten faktisch verhindert. Ein Abwehranspruch privater Konkurrenten ergibt sich demzufolge nur dann, wenn die private Konkurrenz unmöglich gemacht oder in unerträglichem Maße eingeschränkt wird, eine Auszehrung der Konkurrenz vorliegt, oder eine staatliche Monopolstellung geschaffen wird.[470] Denkbar ist dabei auch, daß Privilegierungen der wirtschaftlich tätigen öffentliche Hand zur Beseitigung des (lauteren) Wettbewerbs führen und infolgedessen die private Konkurrenz unerträglich eingeschränkt wird.[471]

---

[468] Zur möglichen Beeinträchtigung der Berufsfreiheit durch die Begünstigung von Konkurrenten vgl. BVerfGE 82, 209 (223 f.); BVerwGE 71, 183 (191, m.w.N.). Zur Verletzung der Wettbewerbsfreiheit in solchen Fällen BVerwGE 65, 167 (173 f.).

[469] Zur Vergleichbarkeit einer Subventionsbewilligung mit der staatlichen Wettbewerbsteilnahme vgl. BVerwG, NJW 1978, 1539 f.

[470] Vgl. BVerwGE 30, 191 (198); 39, 329 (337); BVerwG, DVBl 1996, 152 (153); OVG Münster, NVwZ 1986, 1045 (1046, m.w.N.); HessVGH, NVwZ 1996, 816 (817); VGH Mannheim, GewArch 1994, 464 (465); VG Schl.-Holst., GewArch 1997, 144 (145); vgl. dazu Tettinger, Besonderes Verwaltungsrecht, § 9 III 2 b, S. 86, Rdnr. 163 (m.w.N.).

[471] Nach Ansicht von Schricker, Wirtschaftliche Tätigkeit der öffentlichen Hand und unlauterer Wettbewerb, S. 33 ff., greift prinzipiell jeder unlautere Wettbewerb der öffentlichen Hand in die Grundrechte der privaten Konkurrenten ein. Schricker stellt damit weniger auf die Auswirkungen staatlicher Konkurrenz, als vielmehr auf die ungleiche Wettbewerbslage ab. Ähnlich Jarass/Pieroth, GG, Art. 12, Rdnr. 14a (Eingriff bei „unangemessenem Wettbewerbsvorteil" des staatlichen Unternehmens); Wieland, in: Dreier (Hrsg.), GG, Bd. 1, Art. 12, Rdnr. 83. Nach anderer Ansicht liegt ein Eingiff aber nur vor, wenn das unlautere Verhalten zur Erdrosselung der privaten Konkurrenz führt, da die Unlauterkeit keine grundrechtliche, sondern eine wettbewerbsrechtliche Frage sei, vgl. Otting, Neues Steuerungsmodell und rechtliche Betätigungsspielräume der Kommunen, S. 158 f. Übereinstimmung besteht allerdings dahingehend, daß die „natürlichen" Wettbewerbsvorteile der öffentlichen Hand keine Unlauterkeit und damit auch keinen Grundrechtseingriff begründen, zu weitgehend daher Emmerich, AG 1985, 293 (295).

Erst bei Überschreitung der genannten extremen Grenzen bedarf es dieser Ansicht zufolge einer gesetzlichen Grundlage für die staatliche Wettbewerbsteilnahme.[472]

Angesichts der noch langfristig marktbeherrschenden Stellung der DTAG dürfte es gemeindlichen TKU auf absehbare Zeit kaum möglich sein, faktische (Orts-) Monopolstellungen zu erreichen. Ebenso wird eine „Überdimensionierung“ gemeindlicher Unternehmen mit der Folge, daß diese einen Auszehrungs- bzw. Verdrängungswettbewerb zu Lasten der übrigen Wettbewerber betreiben könnten, in der Praxis wohl kaum zu beobachten sein. Der (noch) herrschenden Ansicht zufolge berührt daher die gemeindewirtschaftliche Betätigung in der Telekommunikation die Wettbewerbsfreiheit der privaten Konkurrenten in der Regel nicht.

(2) Soziale Betonung der Berufsfreiheit

Betont man hingegen die soziale Bedeutung des Art. 12 Abs. 1 GG, so gelangt man zu dem Ergebnis, daß der Markteintritt des Staates in seinen faktischen Auswirkungen stets eine nachteilige Einflußnahme auf die Gestaltungsmacht Privater hinsichtlich ihres sozialen Lebensraumes darstellt. Im Hinzutreten des Staates liegt zugleich eine Erweiterung des staatlichen Aufgabenkreises bzw. des Umfangs der staatlichen Aufgaben zu Lasten der privaten Wettbewerbsteilnehmer. Anders ausgedrückt, dringt die öffentliche Hand in soziale Lebensräume ein, und beeinträchtigt so den Schutzgehalt des Art. 12 Abs. 1 GG.[473]

Dieses Ergebnis entspricht einer im Vordringen befindlichen Ansicht, die in der staatlichen und damit auch gemeindlichen Wettbewerbsteilnahme aufgrund der tatsächlichen Auswirkungen auf die wirtschaftlichen Entfaltungsmöglichkeiten der privaten Konkurrenten stets einen grundrechtsrelevanten Tatbestand, das heißt einen Eingriff in Art. 12 Abs. 1 GG, sieht.[474] Dahinter steht der Gedanke,

---

[472] Genaugenommen differenziert die Rechtsprechung aber nicht zwischen Eingriff und Grundrechtsverletzung, sondern bejaht einen Eingriff nur im Fall der Rechtswidrigkeit. An der Grundrechtsverletzung ändert dann auch die gesetzliche Ermächtigungsgrundlage nichts mehr, vgl. die Kritik bei Ehlers, JZ 1990, S. 1089 (1097).

[473] Vor diesem Hintergrund kritisiert Schliesky, DVBl 1999, 78 (81), die von den Verwaltungsgerichten „...gebetsmühlenartig...“ wiederholte, „...unreflektiert[e]...“ Position, daß die Grundrechte nicht vor staatlicher Konkurrenz schützen.

[474] Vgl. Scholz, in: Maunz/Dürig, Komm. z. GG, Bd. 2, Art. 12, Rdnrn. 104, 303, 401 ff. (m.w.N.); Breuer, in: Isensee/Kirchhof (Hrsg.), Handbuch des Staatsrechts, Bd. 6, § 148 C II, S. 1003, Rdnr. 60; R.Schmidt, Öffentliches Wirtschaftsrecht AT, § 11 II 1 c, S. 523 ff.; Stober, Allg. Wirtschaftsverwaltungsrecht, § 24 II 3, S. 261 (m.w.N.); ders., BB 1989, 716 (718 f.); ausführlich Kluth, Grenzen kommunaler Wettbewerbsteilnahme, S. 51 ff. (65 f., m.w.N. auf S. 55, Fn. 32 u. 33); Erichsen, Kommunalrecht NW, § 11 D 2 b, S. 274 ff. (277, m.w.N. in Fn. 72); Pielow, Grundstrukturen öffentlicher Versorgung, Manuskript, S. 674 f.; Schmittat,

daß öffentliche und private Konkurrenz nicht gleichzubehandeln seien. Dies liege zum einen daran, daß sich die öffentliche Hand nicht auf die Wettbewerbsfreiheit berufen könne,[475] und zum anderen am „natürlichen" Wettbewerbsvorsprung der öffentlichen Hand.[476]

Als Konsequenz muß die staatliche Wettbewerbsteilnahme grundsätzlich bestimmten Anforderungen, wie etwa dem Gesetzesvorbehalt und dem Übermaßverbot genügen.[477] Insoweit folgt dann aus der sogenannten Stufentheorie des Bundesverfassungsgerichts, daß der Markteintritt der öffentlichen Hand durch „vernünftige Erwägungen des Gemeinwohls" gerechtfertigt sein muß.[478] Wenngleich dem Versuch, den Umfang der gemeindlichen bzw. staatlichen Wirtschaft unter Zuhilfenahme der Grundrechte zu beschränken, infolge der bloßen Gemeinwohlbindung der öffentlichen Hand teilweise nur ein geringer Ertrag eingeräumt wird,[479] so führt dieser Ansatz doch zumindest dazu, daß die gemeindli-

---

ZHR 148 (1984), 428 (445 ff.); zuletzt Grawert, in: FS Blümel, S. 119 (134 f.); speziell zur kommunalen Energieversorgung Krebs, Rechtliche Grundlagen und Grenzen kommunaler Energieversorgung, S. 63 ff. (m.w.N.).

[475] Vgl. Schmittat, ZHR 148 (1984), 428 (450 f.). Siehe dazu ausführlich unten Teil 1, E II.

[476] Zum Teil wird geltend gemacht, daß die Wirtschaftsunternehmen der öffentlichen Hand aufgrund ihrer potentiellen wirtschaftlichen Übermacht mehr als nur schlichte, mit privaten Konkurrenten gleichzustellende Wettbewerber seien, vgl. Breuer, in: Isensee/Kirchhof (Hrsg.), Handbuch des Staatsrechts, Bd. 6, § 148 C I, S. 1000 f., Rdnr. 57; R.Schmidt, Öffentliches Wirtschaftsrecht, AT, § 11 II 1 c, S. 523 ff.

[477] Die soeben dargestellte Ansicht würde Politik und Gesetzgeber zwingen, hinsichtlich der als essentiell erachteten wettbewerbsrelevanten Staatstätigkeiten gesetzliche Ermächtigungsgrundlagen (soweit noch nicht vorhanden), zu formulieren. Diese Rechtsgrundlagen müßten qualifizierten Anforderungen genügen. Für die Übergangszeit könnten das öffentliche Interesse an der staatlichen Tätigkeit und die kollidierende private Wettbewerbsfreiheit unmittelbar gegeneinander abgewogen werden. Vgl. dazu Schliesky, DVBl 1999, 78 (83).

Kritisch zur Überprüfung staatlicher Wirtschaftstätigkeit anhand des Übermaßverbotes Gusy, JA 1995, 253.

[478] Zur Stufentheorie und zur Legitimation bloßer Berufsausübungsregelungen durch vernünftige Erwägungen des Gemeinwohls vgl. BVerfGE 7, 377 (405 f.); 16, 286 (297); 65, 116 (125); 70, 1 (28); 77, 308 (332); 78, 155 (162); 81, 70 (84). Zur Weiterentwicklung der Stufentheorie und zu kritischen Ansätzen vgl. Tettinger, in: Sachs, GG, Art. 12, Rdnrn. 109 ff. Da vorliegend durch die staatliche Wettbewerbsteilnahme die Freiheit der Berufsausübung betroffen ist, kommt es nicht auf die Frage an, ob die Freiheit der Berufswahl vorbehaltlos gewährleistet wird, vgl. dazu Krebs, Rechtliche Grundlagen und Grenzen kommunaler Energieversorgung, S. 67 ff.

[479] Vgl. etwa Breuer, in: Isensee/Kirchhof (Hrsg.), Handbuch des Staatsrechts, Bd. 6, § 148 C II, S. 1004, Rdnr. 61: „Blickt man indessen auf die vielfältigen Zwecke der öffentlichen Eigenwirtschaft und das breite Spektrum ihrer Konkurrenz mit privaten Unternehmern, so zeigt sich, daß die öffentlichen Unternehmen in aller Regel Gemeinwohlzwecken dienen. ... Soweit und solange einer der genannten Gemeinwohlzwecke den erwerbswirtschaftlichen, die Gewinnerzielung einschließenden Unternehmenszweck überlagert und begrenzt, hält die öffent-

chen (Telekommunikations-) Unternehmen regelmäßig einer formalgesetzlichen Grundlage bedürfen. Die Bestimmungen des Kommunalverfassungsrechts werden zwar den Anforderungen des Gesetzesvorbehalts grundsätzlich gerecht, um nicht das kommunale Selbstverwaltungsrecht und das daraus folgende Aufgabenzugriffsrecht zu überspielen.[480] Unabhängig davon jedoch, ob man konkret auf die Vorschriften über die kommunalen Daseinsvorsorgeeinrichtungen (etwa § 8 Abs. 1 GO NW)[481] oder noch auf die Vorschriften über die wirtschaftliche Betätigung der Gemeinden (etwa § 107 GO NW)[482] abstellt, ergibt sich immerhin folgender Befund: Überschreitet die wirtschaftliche Betätigung einer Gemeinde die Grenzen der letztgenannten Normen, die den Aktionsradius der Gemeindewirtschaft festlegen, so wird die betreffende Tätigkeit vom Gesetzgeber mißbilligt und kann die Grundrechtsbeeinträchtigung nicht rechtfertigen,[483] denn rechtswidriges Verhalten braucht grundrechtlich nicht geduldet zu werden.[484] Ein Verstoß gegen die gemeinderechtlichen Wirtschaftsklauseln führt demzufolge zur Verletzung des Grundrechts der privaten Konkurrenten aus Art. 12 Abs. 1 GG, und kann somit Unterlassungs- und Beseitigungsansprüche auslösen, ohne daß es dabei auf den Schutzzweck der betreffenden Vorschriften ankä-

---

liche Eigenwirtschaft sich im Einklang mit der Berufsfreiheit privater Unternehmer sowie mit der gesamten Grundrechtsordnung."

480 Vgl. Püttner, Die öffentlichen Unternehmen, S. 123; R.Schmidt, Öffentliches Wirtschaftsrecht AT, § 11 II 1 c, S. 523 ff. (528, 530); Pielow, Grundstrukturen öffentlicher Versorgung, Manuskript, S. 675; kritisch Emmerich, AG 1985, 293 (295). Nach Ansicht von Kluth, Grenzen kommunaler Wettbewerbsteilnahme, S. 69 ff. (73), bedürfe es erst bei marktinkonformen Verhaltensweisen, wie etwa erheblichen Preisunterbietungen, spezialgesetzlicher Ermächtigungsnormen.

481 Vgl. Püttner, Die öffentlichen Unternehmen, S. 123; ausführlich Pielow, Grundstrukturen öffentlicher Versorgung, Manuskript, S. 675 ff.; Kluth, Grenzen kommunaler Wettbewerbsteilnahme, S. 37 ff. (45), S. 69; vgl. auch Krebs, Rechtliche Grundlagen und Grenzen kommunaler Energieversorgung, S. 73 ff (75), 210; Britz, Örtliche Energieversorgung nach nationalem und europäischen Recht, S. 66, Fn. 283.

482 Vgl. Gallwas, Faktische Beeinträchtigungen im Bereich der Grundrechte, S. 107, Fn. 203; Waechter, Kommunalrecht, S. 329 f., Rdnr. 597; Löwer, Energieversorgung zwischen Staat, Gemeinde und Wirtschaft, S. 224, 234 f.; vgl. auch Ehlers, Verwaltung in Privatrechtsform, S. 90 f., 104; offengelassen von R.Schmidt, Öffentliches Wirtschaftsrecht, AT, § 11 II 1 d) bb), S. 530.

483 Vgl. Schmittat, ZHR 148 (1984), 428 (457); i.d.S. zuletzt Grawert, in: FS Blümel, S. 119 (135). Dieser Befund gilt selbst dann, wenn man (in Anlehnung an die „Wesentlichkeitsrechtsprechung" des Bundesverfassungsgerichts) eine formalgesetzliche Grundlage nur im Falle marktinkonformer Wettbewerbsteilnahme der öffentlichen Hand verlangt, und es ein marktkonformes Verhalten zu beurteilen gilt, vgl. Schmittat, ZHR 148 (1984), 428 (455 ff.).

484 Grawert, in: FS Blümel, S. 119 (135).

me.[485] Nach dieser Ansicht ist also die Frage der Vereinbarkeit gemeindlicher Aktivitäten im Bereich der Telekommunikation mit den gemeinderechtlichen Vorschriften über die wirtschaftliche Betätigung im Rahmen eines grundrechtlichen Unterlassungsanspruchs privater Konkurrenten von entscheidender Bedeutung.

(3) Eingriff bei Überschreiten der Erheblichkeitsschwelle

Der Rechtsprechung, die staatliche Wettbewerbsteilnahme prinzipiell als bloße Verschärfung des systemimmanenten Konkurrenzdrucks betrachtet, ist zunächst insoweit zuzustimmen, als sich das Hinzutreten der wirtschaftlich tätigen öffentlichen Hand ebenso wie der Markteintritt privater Konkurrenten lediglich schmälernd auf vorhandene Marktanteile auswirkt, vor deren Verringerung Art. 12 Abs. 1 GG aber nicht schützt. Gerade in Hinsicht auf den investitionsträchtigen Bereich der Telekommunikation ist zudem darauf hinzuweisen, daß hier naturgemäß Großunternehmen tätig werden, die -auch aufgrund strategischer Allianzen mit internationalen Konzernen- über beträchtliche Wirtschaftskraft verfügen und zum Teil sogar auf Monopolgewinne aus anderen Tätigkeitsbereichen ihrer Mutterunternehmen zurückgreifen können. Ferner verfügte bei der Öffnung der Märkte die DTAG als erster Wettbewerber über ein faktisches Monopol. Dies zeigt, daß private Anbieter, die sich in der Telekommunikation betätigen wollen, ohnehin von vornherein beträchtlichem Konkurrenzdruck ausgesetzt sind. Bereits ohne den Markteintritt verhältnismäßig kleiner gemeindlicher Unternehmen bestehen nur begrenzte Erwerbschancen der privaten Konkurrenten.

Die Rechtsprechung ist allerdings insoweit inkonsequent, als sie einerseits im Marktzutritt öffentlicher Unternehmen nur eine Verschärfung des systemimmanenten Konkurrenzdrucks erblickt, aber andererseits zumindest in Extremsituationen einen grundrechtlichen Unterlassungsanspruch privater Konkurrenten anerkennt. Übersehen wird dabei, daß die Verdrängung von Konkurrenten eine normale Begleiterscheinung funktionierenden Wettbewerbs darstellt. Vor allem aber werden auf diese Weise über das rechtliche Dürfen hinaus auch die tatsächlichen Entfaltungsmöglichkeiten der privaten Mitbewerber geschützt. Vor dem Hintergrund der sozialen Bedeutung der Berufsfreiheit ist dann aber nicht einsehbar, diesen Schutz -wie es die Rechtsprechung tut- erst bei nahezu völligem Entzug und nicht bereits im Fall der Beeinträchtigung eingreifen zu lassen. An-

---

[485] Die Problematik des Schutzzwecks der gemeinderechtlichen Wirtschaftsklauseln soll an dieser Stelle nur angedeutet und erst später im Rahmen der Zulässigkeit verwaltungsgerichtlicher Klagen privater Konkurrenten eingehend behandelt werden, s.u. Teil 1, F II 3.

sonsten würde das Grundrecht aus Art. 12 Abs. 1 GG (zu Lasten der Berufsausübungsfreiheit) auf die Berufswahlfreiheit reduziert.[486]

Im Ergebnis scheint es daher zu kurz zu greifen, den Grundrechtsschutz auf Extremsituationen zu beschränken. Mit der vordringenden Ansicht könnte die Wettbewerbsteilnahme der öffentlichen Hand statt dessen prinzipiell als Eingriff in die Berufsfreiheit zu bewerten sein.[487]

Aufgrund der Erwägung allerdings, daß trotz der Ausdehnung des Eingriffsbegriffs auf die faktischen und mittelbaren Beeinträchtigungen die Grundrechte nicht vor jeder beliebigen, noch so entfernten Auswirkung staatlichen Handelns schützen wollen,[488] ist eine gewisse Begrenzung privater Abwehransprüche aus Art. 12 Abs. 1 GG gegenüber staatlicher bzw. gemeindlicher Konkurrenz geboten. In diesem Sinne ist nicht schon jede nachteilige Betroffenheit des Bürgers bei seiner beruflichen Betätigung sogleich als grundrechtsrelevante Beeinträchtigung einzustufen, so daß zumindest unerhebliche faktische Beeinträchtigungen den grundrechtlichen Abwehranspruch noch nicht aktivieren. Mit anderen Worten ist ein Eingriff erst im Fall einer erheblichen Beeinträchtigung der Berufsausübungsfreiheit anzunehmen.[489] Für die Anerkennung der Erheblichkeitsgrenze spricht zudem, daß auf diese Weise die Differenzierung zwischen Grundrechtseingriff und Grundrechtsverletzung gewahrt bleibt, was die Lösung der Rechtsprechung nicht vermag.[490] Dieser Befund beachtet im übrigen die

---

[486] Vgl. dazu Schmittat, ZHR 148 (198), 428 (448 ff.).

[487] Vgl. in diesem Zusammenhang auch BGHZ 82, 375 (390) zur Selbstabgabe von Brillen durch die AOK. Nach Ansicht des BGH ist es der öffentlichen Hand verwehrt, „über das sachlich Gebotene und verfassungsrechtlich Zulässige hinaus in den Bereich der privaten beruflichen Betätigung Dritter zu deren Nachteil einzugreifen". Aus dieser Entscheidung läßt sich folgern, daß ein Eingriff in die Berufsfreiheit bereits unterhalb der Monopolbildung möglich ist, vgl. Erdmann, DVBl 1998, 13 (15).

[488] Vgl. BVerwGE 71, 183 (192); vgl. dazu auch Schmittat, ZHR 148 (1984), 428 (446 ff.), dem zufolge es nicht Sinn der Berufsfreiheit sein könne, die „...gesamte staatliche Wirtschaftspolitik unter Grundrechtsdruck [zu] setzen ... [und] jede auch noch so marginale nachteilige Veränderung der ... Randbedingungen wirtschaftlichen Handelns durch den Staat [zu] erfassen."

[489] So auch Ehlers, Verwaltung in Privatrechtsform, S. 103 (m.w.N. in Fn. 152); ders., JZ 1990, 1089 (1096, 1097); ders., DVBl 1998, 497 (502); Stober, Allg. Wirtschaftsverwaltungsrecht, § 21 II 5, S. 225 (m.w.N.); Erdmann, DVBl 1998, 13 (15); Tettinger, NJW 1998, 3473 (3474); ders., DVBl 1999, 679 (686). In diesem Zusammenhang bejaht Schliesky, DVBl 1999, 78 (82) -in Anknüpfung an die Kriterien der Zurechenbarkeit einer staatlichen Maßnahme und der Intensität der Berührung des Schutzbereichs- einen Eingriff bei jedem „...staatliche[n] Verhalten, welches in zurechenbarer Weise das durch einen grundrechtlichen Schutzbereich erfaßte Verhalten beeinträchtigt, sofern es eine gewisse, eine Bagatellgrenze überschreitende Intensität aufweist...". Kritisch dagegen Cosson, DVBl 1999, 891 (896).

[490] Vgl. Ehlers, JZ 1990, 1089 (1097).

Forderung des Bundesverfassungsgerichts, daß für die Anerkennung einer faktischen Beeinträchtigung der Berufsfreiheit ein enger Zusammenhang mit der Ausübung eines Berufes bestehen und eine objektiv berufsregelnde Tendenz erkennbar sein muß.[491] Staatliche Wettbewerbsteilnahme führt für die betroffenen Konkurrenten zwar -ohne berufsregelnde Tendenz- nur zu einer Veränderung der wirtschaftlichen Rahmenbedingungen. Allerdings kann nach Auffassung des Bundesverwaltungsgerichts ausnahmsweise auch ohne berufsregelnde Tendenz ein Eingriff in Art. 12 Abs. 1 GG vorliegen, wenn die beruflichen Entfaltungsmöglichkeiten nachhaltig bzw. schwerwiegend beeinträchtigt werden.[492]

d) Zwischenergebnis

Nach der hier vertretenen Lösung greift die gemeindewirtschaftliche Betätigung nicht stets, aber auch nicht erst in Extremfällen, sondern bei Überschreiten einer Erheblichkeitsgrenze in die Berufsfreiheit der privaten Konkurrenten ein. In praktischer Hinsicht bleibt angesichts der bestehenden -bereits angesprochenen- Marktsituation allerdings festzustellen, daß diese Erheblichkeitsgrenze in aller Regel durch den Markteintritt gemeindlicher TKU nicht erreicht wird. Die gemeindliche Konkurrenz beeinträchtigt die privaten Wettbewerber vielmehr regelmäßig nur unwesentlich in deren Grundrecht aus Art. 12 Abs. 1 GG,[493] so daß das Engagement der Gemeinden in diesem Bereich prinzipiell mit der Berufsfreiheit der privaten Konkurrenten vereinbar ist. Sollte die Erheblichkeitsschwelle doch einmal erreicht werden (was freilich im Einzelfall zu ermitteln bleibt), kommt es für den grundrechtlichen Unterlassungsanspruch privater Konkurrenten entscheidend darauf an, ob die angegriffene Tätigkeit die gemeindewirtschaftsrechtlichen Zuständigkeitsgrenzen überschreitet.

---

[491] BVerfGE 13, 181 (185 f.); 16, 147 (162); 29, 327 (333); 37, 1 (17); 38, 61 (79); 46, 120 (137); 47, 1 (21); 49, 24 (47 f.); 70, 191 (214); 81, 108 (121); 82, 209 (223 f.); vgl. auch BVerwGE 71, 183 (191); 75, 109 (115); Tettinger, in: Sachs, GG, Art. 12, Rdnr. 73. Die Gegenansicht verzichtet dagegen auf die Kriterien des engen Zusammenhanges und der berufsregelnden Tendenz, vgl. etwa Breuer, in: Isensee/Kirchhof (Hrsg.), Handbuch des Staatsrechts, Bd. 6, § 148 B III 2, S. 983, Rdnr. 31 (m.w.N. in Fn. 140).

[492] BVerwGE 87, 37 (43 f.); 89, 281 (283). Vgl. auch die ähnliche Forderung nach einem extensiveren Verständnis des Kriteriums der „berufsregelnden Tendenz" bei Tettinger, NJW 1998, 3473 (3474). Vgl. dazu auch Tettinger, DVBl 1999, 679 (686).

[493] Anders mag die Situation etwa im Fall der Aufnahme kommunaler Energieversorgungstätigkeit zu beurteilen sein, wenn es aufgrund des Markteintritts der Kommune zur Verdrängung bzw. zum Ausschluß privater Konkurrenz kommt.

3. Das Grundrecht des Art. 14 Abs. 1 S. 1 GG

Neben der Berufsfreiheit kommt zum Schutz der wirtschaftlichen Betätigung Privater gegenüber den Telekommunikationsaktivitäten der Gemeinden insbesondere die Eigentumsgewährleistung des Art. 14 Abs. 1 S. 1 GG in Betracht.

a) Schutzbereich

Schutzgut des Art. 14 Abs. 1 S. 1 GG sind alle eigentumsfähigen Rechtspositionen in ihrem konkreten Bestand, wobei Innehabung, Nutzung und Verfügung geschützt werden.[494] Während Art. 12 Abs. 1 GG die wirtschaftliche Betätigungsfreiheit als tatsächliche Verhaltensoption unmittelbar schützt, kann ein Zusammenhang zwischen der Eigentumsgarantie, die unmittelbar nur Rechtspositionen schützt, und der wirtschaftlichen Betätigungsfreiheit allenfalls mittelbar durch die grundsätzliche Nutzungs- bzw. Verfügungsbefugnis des Eigentümers über die Eigentumsgegenstände hergestellt werden.[495]

Als Ansatzpunkt bzw. als eigentumsfähige Position,[496] die durch die konkurrenzwirtschaftliche Betätigung der Gemeinden berührt sein könnte, kommt das Recht am eingerichteten und ausgeübten Gewerbebetrieb in Betracht. Auch wenn man mit der überwiegenden Ansicht weiterhin von der Einbeziehung des Rechts am Gewerbebetrieb in den Schutzbereich der Eigentumsgarantie festhalten möchte,[497] so ist doch auf die insoweit kritische Rechtsprechung des Bundesverfassungsgerichts hinzuweisen, nach der es sich empfiehlt, jeweils auf die konkret betroffene eigentumsfähige Position abzustellen.[498] Zum Kreis der ge-

---

[494] Jarass/Pieroth, GG, Art. 14, Rdnr. 5. Zur Nutzungs- bzw. Verfügungsbefugnis des Eigentümers vgl. BVerfGE 24, 367 (389); 31, 229 (240); 37, 132 (140); 42, 263 (294); 50, 290 (339); 52, 1 (30 f.); BVerwGE 92, 322 (327).

[495] Vgl. Wendt, in: Sachs, GG, Art. 14, Rdnr. 5 (m.w.N.); Kluth, Grenzen kommunaler Wettbewerbsteilnahme, S. 77.

[496] Zu den eigentumsfähigen Positionen gehören grundsätzlich alle gesetzlich eingeräumten vermögenswerten Rechte, vgl. BVerfGE 24, 367 (396); 53, 257 (289 f.); 58, 300 (336); Jarass/Pieroth, GG, Art. 14, Rdnr. 6.

[497] Vgl. BVerwGE 62, 224 (226); BVerwG, NJW 1982, 63 (64); BGHZ 23, 157 (161 ff.); 92, 34 (37); Papier, in: Maunz/Dürig, Komm. z. GG, Bd. 2, Art. 14, Rdnr. 95 ff. (m.w.N.); Jarass/Pieroth, GG, Art. 14, Rdnr. 8; differenzierend Bryde, in: v.Münch/Kunig, GG, Bd. 1, Art. 14, Rdnrn. 18 ff.; Stober, Allg. Wirtaftsverwaltungsrecht, § 22 II 1, S. 240; a.A.: Kluth, Grenzen kommunaler Wettbewerbsteilnahme, S. 78 f.

[498] Zwar hat das Bundesverfassungsgericht die Frage der Anwendbarkeit von Art. 14 GG hinsichtlich des Rechts am Gewerbebetrieb bislang offengelassen (vgl. BVerwGE 95, 341 (348); BVerfG, NJW 1993, 1969 (1971)), aber es hat sich zumindest zweifelnd geäußert und festgestellt, daß es sich bei einem Gewerbebetrieb in erster Linie um die tatsächliche, nicht jedoch die rechtliche Zusamenfassung von geschützten Einzelpositionen an Sachen und Rechten handele, vgl. BVerfGE 51, 193 (221 f.). Weiter hat es klargestellt, daß der Schutz des Gewer-

schützten Einzelpositionen eines Gewerbebetriebs gehören nicht nur Sachen, wie etwa Produktionsmittel, Inventar und sonstige Gegenstände, sondern auch Rechte, wie etwa Patente und vertragliche Positionen.[499]

Nach der herrschenden Auffassung erscheint es allerdings ausgeschlossen, ausgehend von der Verfügungsbefugnis über diese einzelnen geschützten Rechtspositionen den oben angesprochenen erforderlichen mittelbaren Zusammenhang zwischen der Eigentumsgarantie und der wirtschaftlichen Betätigungsfreiheit der privaten Unternehmer (etwa in der Telekommunikation) herzustellen: Die Eigentumsgarantie soll nämlich -insbesondere nach der Rechtsprechung des Bundesverfassungsgerichts- bloße Verdienstmöglichkeiten, Gewinnchancen, Zukunftshoffnungen und Erwartungen nicht erfassen.[500] Solange ein Unternehmer nicht auf den Fortbestand einer Gegebenheit vertrauen könne, wie etwa auf einen Lagevorteil,[501] oder eine günstige Gesetzeslage,[502] entfalte Art. 14 Abs. 1 S. 1 GG keine Schutzwirkung. Zu den nicht geschützten tatsächlichen Positionen sollen zudem auch „bestehende Geschäftsverbindungen, der erworbene Kundenstamm oder die Marktstellung" gehören.[503] Vielmehr schütze Art. 14 Abs. 1 S. 1 GG nur das Erworbene, nicht den Erwerb,[504] bzw. biete nur Be-

---

bebetriebs ohnehin nicht weiter gehen könne, als der Schutz, den dessen wirtschaftliche Grundlage genießt, vgl. BVerfGE 58, 300 (353); zustimmend BGHZ 84, 223 (227); Bryde, in: v.Münch/Kunig, GG, Bd. 1, Art. 14, Rdnr. 20; Jarass/Pieroth, GG, Art. 14, Rdnr. 8.

[499] Zu weiteren Beispielen konkreter Rechtspositionen im Sinne des Art. 14 Abs. 1 S. 1 GG vgl. Jarass/Pieroth, GG, Art. 14, Rdnrn. 7a, 10 f.

[500] Vgl. BVerfGE 17, 232 (248); 28, 119 (142); 30, 292 (335); 51, 193 (222); 68, 193 (222 f.); 74, 129 (148); 78, 205 (211); BVerwGE 65, 167 (173); 95, 341 (349); VGH Mannheim, NJW 1984, 251 (252); BGH, NJW 1996, 2422 (2423); Papier, in: Maunz/Dürig, Komm. z. GG, Bd. 2, Art. 14, Rdnr. 100; Jarass, Wirtschaftsverwaltungsrecht, S. 203, Rdnr. 31; Stober, Allg. Wirtschaftsverwaltungsrecht, § 22 I 2, S. 236; Gusy, JA 1995, 253; Erdmann, DVBl 1998, 13 (15); differenzierend Jarass/Pieroth, GG, Art. 14, Rdnrn. 8, 15, 19; kritisch Bryde, in: v.Münch/Kunig, GG, Bd. 1, Art. 14, Rdnr. 21.

[501] Vgl. BGHZ 23, 157 (165 ff.); 45, 150 (158 ff.); 48, 58 (60 ff.); 55, 261 (263 ff.); 94, 373 (374 ff.); Bryde, in: v.Münch/Kunig, GG, Bd. 1, Art. 14, Rdnr. 20; Wendt, in: Sachs, GG, Art. 14, Rdnr. 47.

[502] Vgl. BGHZ 45, 83 (85); BGH, NJW 1964, 769 (770); NJW 1968, 293 f.; Bryde, in: v.Münch/Kunig, GG, Bd. 1, Art. 14, Rdnr. 20.

[503] BVerfGE 77, 84 (118); zustimmend Krebs, Rechtliche Grundlage und Grenzen kommunaler Energieversorgung, S. 217; differenzierend zum Kundenstamm BVerwG, NJW 1982, 63 (64).

[504] BVerfGE 30, 292 (335); 31, 8 (32); 38, 61 (102).

standsschutz, aber keinen Erwerbsschutz.[505] Als Konsequenz habe der Schutz der unternehmerischen Betätigung allein über Art. 12 Abs. 1 GG zu erfolgen.[506] Dem wird entgegengehalten, daß der generelle Ausschluß der wirtschaftlichen Betätigungsmöglichkeit aus dem Schutzbereich des Art. 14 Abs. 1 S. 1 GG von der Rechtsprechung nicht beabsichtigt sei. Vielmehr könne die Herausnahme bloßer Erwerbschancen und Verdienstmöglichkeiten aus dem Schutzbereich der Eigentumsgarantie lediglich dahingehend aufgefaßt werden, daß es keine Garantie auf Beibehaltung eines bestimmten Geschäftsumfanges gebe und so weder ein bestimmter Marktanteil noch ein fester Kundenstamm garantiert sei.[507] Dagegen ließe sich der mittelbare Zusammenhang zwischen der Eigentumsgarantie und der wirtschaftlichen Betätigungsfreiheit unter Berufung auf die Privatnützigkeit des Eigentums und die Verfügungsbefugnis des Eigentümers über die Eigentumsgegenstände herstellen.[508] Mit anderen Worten beinhaltet nach dieser Auffassung die Eigentumsgarantie das Recht der privaten Unternehmer, die von ihnen bei der wirtschaftlichen Betätigung eingesetzten Gegenstände und Rechte zu nutzen und sie im wirtschaftlichen Prozeß einzusetzen[509] - etwa zur Erbringung von Telekommunikationsdienstleistungen.

b) Eingriff

Ein Eingriff in den Schutzbereich der Eigentumsgarantie ist zu bejahen, wenn entweder eine bestimmte Eigentumsposition entzogen oder deren Nutzung, Verfügung oder Verwertung rechtlich oder faktisch beeinträchtigt wird.[510] Berücksichtigt man, daß sich der Markteintritt der wirtschaftlich tätigen öffentlichen Hand nur schmälernd auf die Verdienstmöglichkeiten und Marktanteile der privaten Konkurrenten auswirkt, so folgt aus der dargestellten herrschenden Auffassung, daß staatliche Wettbewerbsteilnahme grundsätzlich eigentumsrechtlich irrelevant ist.[511] Ein Unternehmer kann im wirtschaftlichen Wettbewerb nicht

---

[505] BGHZ 92, 34 (46); 98, 341 (351).

[506] Vgl. BVerfGE 30, 292 (335); Jarass/Pieroth, GG, Art. 14, Rdnrn. 4, 8, 15, Art. 12, Rdnr. 3; differenzierend BGHZ 111, 349 (357 f.).

[507] Vgl. Kluth, Grenzen kommunaler Wettbewerbsteilnahme, S. 80 ff., insbesondere unter Hinweis auf BVerfGE 45, 142 (173), sowie BGHZ 40, 355 (364 ff.).

[508] Vgl. Wendt, in: Sachs, GG, Art. 14, Rdnr. 5; Kluth, Grenzen kommunaler Wettbewerbsteilnahme, S. 81. Zu den Merkmalen der Privatnützigkeit und der Verfügungsbefugnis als Kennzeichen der Eigentumsgarantie vgl. BVerfGE 42, 263 (294); 50, 290 (339, m.w.N.); 53, 257 (290 f.).

[509] Vgl. Kluth, Grenzen kommunaler Wettbewerbsteilnahme, S. 81 f.

[510] Wendt, in: Sachs, GG, Art. 14, Rdnr. 52.

[511] Vgl. BVerwGE 39, 329 (337); BVerwG, NJW 1978, 1539 (1540); OVG Münster, NVwZ 1986, 1045 (1046 f.); VG Münster, NVwZ 1982, 522 (523); VG Schl.-Holst., GewArch 1982, 30 (31); 1997, 144 (145); Jarass/Pieroth, GG, Art. 14, Rdnr. 19; Hidien, Gemeindliche Betäti-

darauf vertrauen, daß keine weiteren (privaten oder staatlichen) Konkurrenten in den Markt eintreten. Art. 14 Abs. 1 S. 1 GG schützt insoweit nicht vor Veränderungen der wirtschaftlichen Rahmenbedingungen. Lediglich ausnahmsweise soll ein Eingriff vorliegen, wenn die konkurrenzwirtschaftlich tätige öffentliche Hand eine Monopolstellung erlangt und es auf diesem Wege zu einer Entwertung der Substanz bestehender Gewerbebetriebe kommt.[512] Die Herausbildung (örtlicher) Monopole durch TKU der Gemeinden ist allerdings, wie gezeigt, kaum zu erwarten,[513] so daß die wirtschaftliche Betätigung der Gemeinden in der Telekommunikation (unter Zugrundelegung der überwiegenden Ansicht) im Hinblick auf das Grundrecht der privaten Konkurrenten aus Art. 14 Abs. 1 S. 1 GG unbedenklich ist.

Auch die Gegenansicht muß zunächst einräumen, daß die abstrakten Verwendungsmöglichkeiten der privaten Konkurrenten über ihre Unternehmensgegenstände und -rechte durch das Hinzutreten eines staatlichen Konkurrenzunternehmens grundsätzlich unberührt bleiben.[514] Da die Verfügungsbefugnis als solche jedoch selbst im Falle der Errichtung eines staatlichen Monopols fortbestehe, sei ein Eingriff gleichwohl anzunehmen, wenn infolge der staatlichen Konkurrenz die privaten Konkurrenten in ihren „wirtschaftlich sinnvollen Verwendungsmöglichkeiten" nachteilig betroffen würden. Konkret seien private Unternehmer im Fall marktinkonformer Verhaltensweise der konkurrierenden öffentlichen Hand an der wirtschaftlich sinnvollen Verwendung ihrer Eigentumspositionen gehindert.[515] Die Wettbewerbsteilnahme von TKU der Gemeinden stellt dieser Auffassung zufolge einen Eingriff in die Eigentumsgarantie privater Konkurrenten dar, sobald sie mittels marktinkonformer Verhaltensweisen erfolgt. Dies kann etwa der Fall sein, wenn Telekommunikationsdienstleistungen zu deutlich unter den eigenen Kosten liegenden Preisen angeboten werden, so daß die Konkurrenten zu ruinösem Wettbewerb gezwungen werden.

---

gungen rein erwerbswirtschaftlicher Art, S. 129 (m.w.N.); Gerke, Jura 1985, 349 (357); Gusy, JA 1995, 253; Erdmann, DVBl 1998, 13 (15).

[512] BVerwGE 17, 306 (314); 39, 329 (337); BVerwG, NJW 1978, 1539 (1540); NJW 1995, 2938 (2939); DVBl 1996, 152 (153); HessVGH, NVwZ 1996, 816 (817); VGH Mannheim, NJW 1984, 251 (252 f.); VG Münster, NVwZ 1982, 522 (523); Otting, Neues Steuerungsmodell und rechtliche Betätigungsspielräume der Kommunen, S. 159 f.; Erdmann, DVBl 1998, 13 (15).

[513] S. o. Teil 1, D III 2 c (3).

[514] Kluth, Grenzen kommunaler Wettbewerbsteilnahme, S. 82.

[515] Vgl. Kluth, Grenzen kommunaler Wettbewerbsteilnahme, S. 83 f.; ähnlich Wendt, in: Sachs, GG, Art. 14, Rdnr. 51; Papier, in: Maunz/Dürig, Komm. z. GG, Bd. 2, Art. 14, Rdnr. 231, die auf die Veränderung der Wettbewerbslage durch die Wettbewerbsteilnahme der öffentlichen Hand abstellen; ähnlich auch Schricker, Wirtschaftliche Tätigkeit der öffentlichen Hand und unlauterer Wettbewerb, S. 39 f., der einen Eingriff bei unlauterem Wettbewerb der öffentlichen Hand bejaht.

Tendenziell ist dieser letztgenannten Ansicht insoweit zuzustimmen, als die Verletzung eigentumsrechtlich geschützter Positionen nicht allein durch die Errichtung eines staatlichen Monopols, sondern bereits durch eine weniger intensive staatliche Wettbewerbsteilnahme denkbar ist. Allerdings ist es nicht Aufgabe der Eigentumsgarantie, unabhängig vom Schutz bereits erworbener Eigentumspositionen vor einer Veränderung äußerer Bedingungen, wie etwa dem marktinkonformen Verhalten staatlicher Konkurrenten, zu bewahren. Sofern die Beeinträchtigung schwerpunktmäßig nur die wirtschaftliche Betätigungsfreiheit privater Unternehmer betrifft, ist Schutz über Art. 12 Abs. 1 GG bzw. über die entsprechenden Vorschriften des Wettbewerbsrechts zu suchen. Raum für Art. 14 Abs. 1 S. 1 GG ist dagegen erst, sobald es zu einem Bestandsschaden auf Seiten der privaten Konkurrenten kommt. Insofern greift auch die Bildung eines Monopols der öffentlichen Hand nicht deshalb in die Eigentumsgarantie ein, weil sie die Verwendungsmöglichkeiten des Eigentums betrifft, sondern weil sie zwangsläufig zu einem Verlust an Unternehmenssubstanz führt.

Erforderlich, aber auch ausreichend zur Bejahung eines Eingriffs in die Eigentumsgarantie ist demnach, daß die staatliche Wettbewerbsteilnahme zu einem spürbaren Bestandsschaden beim privaten Konkurrenten führt.[516] Um im Einzelfall zu belegen, daß der Substanzverlust nicht auf interne Organisationsmängel zurückgeht, die unter das normale unternehmerische Risiko fallen, kann dabei dem Nachweis marktinkonformen Verhaltens der konkurrierenden öffentlichen Hand immerhin Indizwirkung zukommen.

Im Regelfall ist davon auszugehen, daß der Markteintritt eines gemeindlichen TKUs nicht zu spürbaren Bestandsschäden bei privaten Konkurrenten führen wird. Dies gilt um so mehr, wenn man berücksichtigt, daß sich private Anbieter derzeit auch auf Ortsebene von vornherein einem faktischen Monopol der DTAG ausgesetzt sehen, so daß die privaten Konkurrenten zunächst einmal eigene „Bestände" aufbauen müssen. Im übrigen dürfte auch der Nachweis, daß gerade die Wettbewerbsteilnahme des gemeindlichen Unternehmens einen Verlust an Unternehmenssubstanz verursacht hat, nur in Ausnahmefällen gelingen.

c) Verletzung der Eigentumsgarantie

Sollte die Wettbewerbsteilnahme der Gemeinden in der Telekommunikation ausnahmsweise in die Eigentumsgarantie eingeifen, so kann sich dieser Eingriff auf eine ausreichende gesetzliche Grundlage stützen.[517] Das für eine Schrankenziehung im Sinne des Art. 14 Abs. 1 S. 2 GG erforderliche öffentliche Interesse

---

[516] So auch Ehlers, Verwaltung in Privatrechtsform, S. 105, unter Hinweis auf eine vergleichbare Situation bei wettbewerbsverzerrenden Subventionsvergaben. Ehlers läßt bereits eine nachweisbare Betriebseinschränkung (etwa Teilaufgabe des Betriebes) ausreichen.

[517] S.o. Teil 1, D III 2 c (2).

ist hinsichtlich der gemeindlichen Telekommunikationsaktivitäten in der Versorgung der Gemeindeeinwohner mit Telekommunikationsdienstleistungen zu sehen. Erst wenn dieser Gemeinwohlzweck im Einzelfall außer Verhältnis zur Schwere und Tragweite des beim privaten Konkurrenten verursachten Bestandsschadens steht, ist eine Verletzung der Eigentumsgarantie festzustellen.[518]

Im Ergebnis ergibt sich daher aus Art. 14 Abs. 1 S. 1 GG regelmäßig kein Abwehranspruch privater Konkurrenten gegenüber gemeindlichen TKU.

4. Das Grundrecht des Art. 3 Abs. 1 GG

Aus Sicht privater Konkurrenten ebenfalls wenig erfolgversprechend zur Begründung eines Abwehranspruchs gegenüber der Wettbewerbsteilnahme der Gemeinden im Bereich der Telekommunikation ist die Heranziehung des allgemeinen Gleichheitssatzes aus Art. 3 Abs. 1 GG. Zwar ist einzuräumen, daß zwischen privaten und öffentlichen Unternehmen hinsichtlich der Kapitalausstattung und der wirtschaftlichen Leistungsfähigkeit durchaus unterschiedliche Ausgangspositionen im Wettbewerb bestehen können. Die „natürlichen“ Wettbewerbsvorteile der öffentlichen Hand könnten daher einen Ansatzpunkt für die Unvereinbarkeit der gemeindlichen Wettbewerbsteilnahme in der Telekommunikation mit dem allgemeinen Gleichheitssatz bilden. Zum einen ist jedoch bereits fraglich, ob sich private Konkurrenten überhaupt auf Art. 3 Abs. 1 GG berufen können, wenn man -wie hier vertreten- davon ausgeht, daß staatliche bzw. gemeindliche Konkurrenz nur ausnahmsweise in die Grundrechte aus Art. 12 Abs. 1 bzw. 14 Abs. 1 S. 1 GG eingreift, so daß regelmäßig keine rechtliche Benachteiligung vorliegt. Zum anderen gibt es nach ganz herrschender Ansicht keinen generellen Anspruch auf Chancengleichheit. Vielmehr verbietet der allgemeine Gleichheitssatz des Art. 3 Abs. 1 GG der öffentlichen Hand nur sachlich unbegründete Differenzierungen zu eigenen Gunsten.[519] Für das Vorliegen

---

[518] Selbst nach der Auffassung, die marktinkonformes Verhalten der öffentlichen Hand stets als Eingriff betrachtet, ist die Eigentumsgarantie nicht verletzt, wenn die Wettbewerbsverzerrung der Kommune primär auf die Versorgung der Gemeindeeinwohner abzielt, vgl. Kluth, Grenzen kommunaler Wettbewerbsteilnahme, S. 84 ff. (86).

[519] Vgl. BVerfGE 22, 163 (169); BVerwGE 17, 306 (312); 39, 329 (337); VGH Mannheim, NJW 1984, 251 (253); Osterloh, in: Sachs, GG, Art. 3, Rdnr. 64; OVG Münster, NVwZ 1986, 1045 (1047); VG Münster, NVwZ 1982, 522 (523); Starck, in: v.Mangoldt/Klein, GG, Bd. 1, Art. 3 Abs. 1, Rdnr. 28; Ronellenfitsch, in: Isensee/Kirchhof (Hrsg.), Handbuch des Staastrechts, Bd. 3, § 84 C II 3, S. 1139, Rdnr. 37; Klein, Die Teilnahme des Staates am wirtschaftlichen Wettbewerb, S. 228 ff. (230); Emmerich, Das Wirtschaftsrecht der öffentlichen Unternehmen, S. 113; Schricker, Wirtschaftliche Tätigkeit der öffentlichen Hand und unlauterer Wettbewerb, S. 39; Hidien, Gemeindliche Betätigungen rein erwerbswirtschaftlicher Art, S. 129; Ehlers, Verwaltung in Privatrechtsform, S. 106; Gerke, Jura 1985, 349 (357); Erdmann, DVBl 1998, 13 (16).

einer sachwidrigen Ungleichbehandlung könnte auf den ersten Blick die Vergleichbarkeit einer mögliche Bezuschussung (Eigensubventionierung) gemeindlicher TKU durch die dahinterstehende Gemeinde mit der willkürlichen Subventionierung eines Dritten durch die öffentliche Hand sprechen. Sachwidrig und damit willkürlich ist die (privilegierte) wirtschaftliche Betätigung aber dann nicht, wenn sie durch öffentliche Zwecke gerechtfertigt ist. Das Sozialstaatsprinzip kann insoweit Differenzierungen rechtfertigen.[520] In diesem Zusammenhang ist zu unterstreichen, daß das Tätigwerden der öffentlichen Hand allerdings ohnehin stets an die Verfolgung eines öffentlichen Zwecks gebunden ist, so daß das Willkürverbot der Zulässigkeit staatlicher Wettbewerbsteilnahme im Ergebnis keine nennenswerten Grenzen zieht.[521] Darüber hinaus wird die notwendige Gleichbehandlung der öffentlichen und privaten Unternehmen durch die Vorschriften des Wettbewerbsrechts, die für beide gleichermaßen gelten, sichergestellt. Wettbewerbsverstöße der öffentlichen Hand können von den privaten Konkurrenten vor den ordentlichen Gerichten angegriffen werden, und eine Privilegierung staatlicher Unternehmen im Wettbewerb ist mit dem allgemeinen Gleichheitssatz unvereinbar, soweit keine spezielle Rechtfertigung vorliegt.[522]

5. Ergebnis

Nach der hier vertretenen Ansicht ist eine umfassende Grundrechtsverpflichtung der gemeindlichen TKU zu bejahen. Im Fall gemischt-wirtschaftlich organisierter TKU bleiben die Gemeinden zumindest bei der Ausübung ihrer mitgliedschaftlichen Rechte an die Grundrechte gebunden. Es ist allerdings festzustellen, daß sich aus den Grenzen, die die Grundrechte der staatlichen Wettbewerbsteilnahme im Einzelfall ziehen, kein Argument für die generelle Unzulässigkeit der wirtschaftlichen Betätigung der öffentlichen Hand herleiten läßt. So greifen etwa auch die Gemeinden durch ihre Teilnahme am wirtschaftlichen Wettbewerb nur unter relativ engen Voraussetzungen in grundrechtlich geschützte Positionen privater Konkurrenten aus Art. 12 Abs. 1, 14 Abs. 1 S. 1 bzw. 3 Abs. 1 GG ein. Der Versuch privater Konkurrenten, Rechtsschutz gegen gemeindliche Betätigungen in der Telekommunikation im Wege verwaltungsgerichtliche Unterlassungsklagen, die sich auf die Verletzung von Grundrechtspositionen stützen, zu suchen, ist daher nur als wenig erfolgversprechend zu beurteilen.

---

520 Vgl. Gusy, JA 1995, 253 (254, m.w.N.).

521 Vgl. Ehlers, Verwaltung in Privatrechtsform, S. 106; ähnlich Erdmann, DVBl 1998, 13 (15).

522 Starck, in: v.Mangoldt/Klein, GG, Bd. 1, Art. 3 Abs. 1, Rdnr. 189, unter Hinweis auf BVerfGE 64, 229 (239 f.), wonach die Gewährung erleichterter Grundbucheinsicht zugunsten von Sparkassen gegen Art. 3 Abs. 1 GG verstößt; vgl. auch Püttner, Die öffentlichen Unternehmen, S. 101.

Besser sind die Erfolgsaussichten jedoch dann einzuschätzen, wenn man mit einer vordringenden Ansicht die staatliche bzw. gemeindliche Wettbewerbsteilnahme (in der Telekommunikation) stets als Eingriff in Art. 12 Abs. 1 GG bewerten und damit den grundrechtlichen Abwehranspruch privater Konkurrenten aktivieren will. In diesem Fall kommt es für den grundrechtlichen Unterlassungsanspruch entscheidend auf die Vereinbarkeit der Telekommunikationsaktivitäten der Gemeinden mit den gemeinderechtlichen Vorschriften über die wirtschaftliche Betätigung an; und zwar unabhängig davon, ob man diese Normen als maßgebliche gesetzliche Ermächtigungsgrundlage betrachtet und welchen Schutzzweck man ihnen beimißt. Verlangt werden kann danach die Unterlassung solcher gemeindlicher Telekommunikationsaktivitäten, die die Grenzen der gemeinderechtlichen Zulässigkeitsvoraussetzungen der wirtschaftlichen Betätigung überschreiten.

E. Verfassungsrechtliche Absicherung

Nachdem zunächst gezeigt wurde, daß staatliche Wirtschaftstätigkeit und insbesondere die gemeindewirtschaftliche Betätigung in der Telekommunikation nicht per se gegen die Verfassung verstößt, ist nunmehr nach positiven Anhaltspunkten in der Verfassung zu suchen, also solchen Bestimmungen, die die Wirtschaftstätigkeit der öffentlichen Hand bzw. speziell der Gemeinden verfassungsrechtlich absichern.

I. Verfassungsrechtliche Erwähnung der wirtschaftlichen Betätigung der öffentlichen Hand

An einigen Stellen enthält das Grundgesetz Aussagen zur staatlichen Wirtschaftstätigkeit. Art. 110 Abs. 1 GG etwa ist zu entnehmen, daß es Bundesbetriebe geben kann. Die Vorschrift läßt aber nicht den Erwerb oder die Gründung neuer Betriebe zu, so daß auf diesem Wege nicht auf die Gewährleistung staatlicher bzw. gemeindlicher Wirtschaftsbetätigung geschlossen werden kann.[523]

---

[523] Vgl. Hidien, Gemeindliche Betätigungen rein erwerbswirtschaftlicher Art, S. 122 (m.w.N.); Gusy, JA 1995, 166 (168); so im Ergebnis auch Schricker, Wirtschaftliche Tätigkeit der öffentlichen Hand und unlauterer Wettbewerb, S. 27 f. Eine Garantie staatlicher Wirtschaftstätigkeit läßt sich nach Hidien ebensowenig der Erwähnung der staatlichen Finanzmonopole in Art. 105 Abs. 1, 106 Abs. 1 und 108 Abs. 1 GG entnehmen; ebenso Ronellenfitsch,

Ferner enthalten die Art. 134, 135 Abs. 6 GG Regelungen über die Vermögensverhältnisse an beim Inkrafttreten des Grundgesetzes bestehenden Unternehmen.[524] Dabei handelt es sich aber um bloße Übergangsvorschriften, die nicht einmal eine Aussage dazu enthalten, ob die übernommenen Unternehmen vom Bund dauerhaft betrieben werden dürfen.[525] Die Befugnis zur Erweiterung oder Neugründung wirtschaftlicher Unternehmen der öffentlichen Hand und speziell der Gemeinden kann aus diesen Vorschriften daher ebenfalls nicht hergeleitet werden.[526] Allenfalls läßt sich von den genannten Vorschriften auf eine prinzipielle verfassungsrechtliche Billigung staatlicher Wirtschaftsunternehmen schließen.[527]

Die Zulässigkeit der wirtschaftlichen Betätigung des Staates läßt sich auch nicht mit der in Art. 15 GG verankerten Befugnis zur Sozialisierung begründen.[528] Zwar gehören zu den sozialisierungsfähigen Gegenständen auch alle Wirtschaftsunternehmen,[529] letztlich unterscheiden sich jedoch Sozialisierung und staatliche Wirtschaftsbetätigung in einem entscheidenden Punkt voneinander, der einer Schlußfolgerung im obigen Sinne entgegensteht: Während bei der Sozialisierung unter Wahrung des Gleichheitssatzes alle Produktionsmittel bestimmter Art sozialisiert werden, führt die wirtschaftliche Betätigung des Staates zu einem Konkurrenzverhältnis zur Privatwirtschaft.[530]

---

in: Isensee/Kirchhof (Hrsg.), Handbuch des Staatsrechts, Bd. 5, § 84 C III 2, S. 1195, Rdnr. 41.

[524] Art. 134 Abs. 1 GG bezieht sich auf das Reichs- bzw. Bundesvermögen, zu dem auch Beteiligungen an Unternehmen gehören, vgl. Jarass/Pieroth, GG, Art. 134 Rdnr. 2.

[525] Schricker, Wirtschaftliche Tätigkeit der öffentlichen Hand und unlauterer Wettbewerb, S. 27.

[526] Vgl. Ronellenfitsch, in: Isensee/Kirchhof (Hrsg.), Handbuch des Staatsrechts, Bd. 5, § 84 C III 2, S. 1195, Rdnr. 41; Schricker, Wirtschaftliche Tätigkeit der öffentlichen Hand und unlauterer Wettbewerb, S. 27 (m.w.N.); R. Schmidt, Öffentliches Wirtschaftsrecht, AT, § 11 II, S. 521 (m.w.N.); Hidien, Gemeindliche Betätigungen rein erwerbswirtschaftlicher Art, S. 122; Gusy, JA 1995, 166 (168).

[527] So etwa Stober, Allgemeines Wirtschaftsverwaltungsrecht, § 24 II 2, S. 260.

[528] Vgl. Schricker, Wirtschaftliche Tätigkeit der öffentlichen Hand und unlauterer Wettbewerb, S. 28.

[529] Jarass/Pieroth, GG, Art. 15, Rdnr. 3 (m.w.N.).

[530] Vgl. Schricker, Wirtschaftliche Tätigkeit der öffentlichen Hand und unlauterer Wettbewerb, S. 28 (m.w.N.).

II. Gewerbefreiheit gemeindlicher TKU

Für die gewerbliche Betätigung in der Telekommunikation ist spätestens seit dem Wegfall des Verwaltungsmonopols der Schutz durch die in Art. 12 Abs. 1 S. 1 GG garantierte Gewerbefreiheit anzuerkennen.[531] Denkbar ist in diesem Zusammenhang auch die Berufung auf die allgemeine Handlungsfreiheit aus Art. 2 Abs. 1 GG[532] sowie auf das Recht am eingerichteten und ausgeübten Gewerbebetrieb aus Art. 14 Abs. 1 S. 1 GG hinsichtlich einmal gegründeter Unternehmen.

Damit stellt sich die Frage, ob auch zur Legitimation der gemeindewirtschaftlichen Betätigung in der Telekommunikation auf die genannten Grundrechte zurückgegriffen werden kann, mit anderen Worten, ob sich auch gemeindliche TKU auf den Schutz der Gewerbefreiheit berufen können. Da diese entsprechend der Regelung des Art. 87 f Abs. 2 S. 1 GG, die die privatrechtliche Organisationsform für sämtliche Anbieter von Telekommunikation verfassungsrechtlich vorschreibt,[533] stets als juristische Personen des Privatrechts organisiert sind,[534] geht es im Kern um die umstrittene Frage der Grundrechtsberechtigung privatrechtlich organisierter Gesellschaften, an denen die öffentliche Hand ausschließlich oder überwiegend beteiligt ist. Den Ausgangspunkt der Beurteilung bildet Art. 19 Abs. 3 GG, nach dem die Grundrechte auch für inländische juristische Personen gelten, soweit sie ihrem Wesen nach auf diese anwendbar sind. Ganz im Sinne des Gedankens von der juristischen Person als eigenständiger juristischer Zurechnungseinheit läßt sich dem Wortlaut der Vorschrift also zunächst weder eine Differenzierung zwischen juristischen Personen des öffentlichen und solchen des privaten Rechts noch hinsichtlich der jeweiligen Beteiligungsverhältnisse entnehmen.

---

[531] Art. 12 Abs. 1 S. 1 GG sichert die Freiheit des Gewerbes, vgl. BVerfGE 41, 205 (228); 50, 290 (362 f.); vgl. auch BVerwGE 65, 167 (173); Jarass/Pieroth, GG, Art. 12 Rdnr. 2. Vgl. auch die Begründung der BReg zum Entwurf des TKG, BR-Drs. 80/96 vom 09.02.1996, S. 34; Spoerr/Deutsch, DVBl 1997, 300 (302). Zu Zeiten des Verwaltungsmonopols war umstritten, ob es sich bei der gewerblichen Betätigung in der Telekommunikation um geschützte Grundrechtsausübung handelte, vgl. die Nachweise bei Spoerr/Deutsch, DVBl 1997, 300 (302, Fn. 24 f.).

[532] Art. 2 Abs. 1 GG schützt auch die Handlungsfreiheit auf wirtschaftlichem Gebiet, vgl. BVerfGE 29, 260 (267); 50, 290 (366); BVerwGE 65, 167 (174). Dazu zählt auch die Freiheit der Teilnahme am Wettbewerb, vgl. BVerfGE 60, 154 (159); BVerwGE 65, 167 (174).

[533] S. o. Teil 1, D II 1 b.

[534] Nach Angaben der Arbeitsgemeinschaft Telekommunikation im VkU waren beinahe sämtliche zur Zeit der Jahreswende 1997/98 bereits gegründeten gemeindlichen bzw. städtischen TKU in Gestalt einer GmbH organisiert. Nur bei einigen Unternehmen wurde die Rechtsform einer GmbH & Co. KG gewählt, vgl. ATekom-Info Nr. 32, September 1998.

Gemeindliche TKU könnten sich demzufolge auf die Gewerbefreiheit berufen, von deren wesensmäßigen Anwendbarkeit auf Wirtschaftsunternehmen auszugehen ist. Dieses Ergebnis stößt jedoch auf Unbehagen, da es das Wesen der Grundrechte gänzlich unberücksichtigt läßt. Aus dieser Natur als Abwehr- und Schutzrechte des Einzelnen gegen die öffentliche Gewalt[535] ergibt sich nämlich, daß dem (hinter der juristischen Person stehenden) Staat selbst die Grundrechte nicht zustehen können, gleichgültig, ob es um die Wahrnehmung öffentlicher Aufgaben oder um die Teilnahme am Privatrechtsverkehr geht bzw. ob der Staat dem Bürger hoheitlich, öffentlich-rechtlich oder privatrechtlich gegenübertritt.[536] Anderenfalls würde diese Doppelrolle des Staates die Gefahr der Aushöhlung der Gewerbefreiheit in sich bergen, indem der sich auf die Gewerbefreiheit berufende Staat allmählich in für die Bürger geschaffene Freiheitsräume vordringen könnte.[537]

Die Frage der Grundrechtsberechtigung richtet sich folglich maßgeblich danach, ob man auf den rechtlich eigenständigen Status der juristischen Person als solcher oder auf die Grundrechtsberechtigung der hinter der juristischen Person stehenden Personen abstellt. Dabei ist ein Regel-Ausnahme-Verhältnis zu beachten: Dem klaren Wortlaut von Art. 19 Abs. 3 GG liegt der Grundsatz von der Eigenständigkeit der juristischen Person zugrunde. Von diesem Grundsatz sollte nur in Ausnahmefällen, die einer besonderen Begründung bedürfen, abgewichen werden.[538] Ein solcher Grund kann sich etwa aus dem Sinn und Zweck von Art. 19 Abs. 3 GG ergeben. Die Bestimmung dient nicht dem Schutz juristischer Personen als solcher, sondern ist der effektiven Verwirklichung der Grundrechte der dahinter stehenden Personen gewidmet.[539] Insofern ist Art. 19 Abs. 3 GG „um des Menschen Willen" da.[540] Die eigenverantwortliche Wahrnehmung grundgesetzlich verbürgter Individualfreiheiten soll auch in der Assoziation mit anderen Grundrechtsträgern gewährleistet werden.[541] Durch die

---

[535] Grundrechte sind in erster Linie individuelle Menschen- und Bürgerrechte und dienen vorrangig dem Schutz der Freiheitssphäre des einzelnen Menschen als natürlicher Person gegen Eingriffe der staatlichen Gewalt, vgl. BVerfGE 15, 256 (262); 21, 362 (369); 59, 231 (255); 61, 82 (100 f.); 65, 1 (43); 68, 193 (205).

[536] BVerfGE 21, 362 (369 f.); 61, 82 (100 ff.); 68, 193 (207 f.); Badura, Staatsrecht, Kap. C, Rdnr. 14; Gusy, JA 1995, 166 (171).

[537] Vgl. Stober, Allgemeines Wirtschaftsverwaltungsrecht, § 24 II 3, S. 261 f.

[538] So auch: v.Arnauld, DÖV 1998, 437 (450). Schmidt-Aßmann, BB 1990, Beilage 34, S. 8, nimmt ein Regel-Ausnahme-Verhältnis nur für juristische Personen des Privatrechts an.

[539] Püttner, Die öffentlichen Unternehmen, S. 120; Koppensteiner, NJW 1990, 3105 (3108, 3114), unter Hinweis auf die Rechtsprechung des Bundesverfassungsgerichts; vgl. auch v.Arnauld, DÖV 1998, 437 (451).

[540] Vgl. Dürig, in: Maunz/Dürig, Komm. z. GG, Bd. 2, Art. 19 Abs. 3, Rdnr. 1.

anderen Grundrechtsträgern gewährleistet werden.[541] Durch die Einbeziehung der juristischen Personen in den Grundrechtsschutz ist also bezweckt, den Freiheitsanspruch des Bürgers auch auf überindividuelle Personenmehrheiten des Privatrechts auszudehnen.[542] Hinter Art. 19 Abs. 3 GG steht damit im Kern die Realisierung und der Schutz von Freiheitsrechten. Auch die wirtschaftliche Betätigung Privater entspringt diesen Freiheitsrechten. Sie ist Ausdruck der freien Entscheidung des Gewerbetreibenden und basiert damit letztlich auf dessen freier menschlicher Selbstbestimmung.[543] Dies ist der entscheidende Unterschied zur rein staatlichen Wirtschaftsbetätigung: Diese kann niemals selbstbestimmt in diesem Sinne und Ausfluß von Privatautonomie sein. Sie beruht eben nicht auf der Wahrnehmung menschlicher Freiheitsrechte, sondern allein auf abgeleiteter Handlungsmacht.[544] Juristische Personen (des Privatrechts) sind daher nur insoweit in den Grundrechtsschutz einzubeziehen, als sie private Initiative verkörpern und Ausdruck der freiheitlichen Ordnung sind.[545]

Das Bundesverfassungsgericht setzt dementsprechend voraus, daß „ihre Bildung und Betätigung Ausdruck der freien Entfaltung der natürlichen Personen sind".[546] In diesem Zusammenhang lehnt das Gericht die Grundrechtsfähigkeit

---

[541] Vgl. BVerfGE 61, 82 (105 ff.); Papier, in: Maunz/Dürig, Komm. z. GG, Bd. 2, Art. 14, Rdnr. 205.

[542] R. Schmidt, Öfffentliches Wirtschaftsrecht, AT, § 11 II, S. 522. Nach Auffassung von Bleckmann kann Art. 19 Abs. 3 GG nicht die Funktion haben, den Grundrechtsschutz des Grundgesetzes von den Individuen auf die juristische Person zu erstrecken, vielmehr werde aus dem kollektiven Handeln der Gesellschafter ein Sektor herausgeschnitten, der der juristischen Person selbst zugeordnet ist, vgl. Bleckmann, Staatsrecht II, § 9 IV 3, S. 159, Rdnr. 74.

[543] Vgl. dazu v.Arnauld, DÖV 1998, 437 (440).

[544] Vgl. v.Arnauld, DÖV 1998, 437 (440, 451).

[545] v.Arnauld, DÖV 1998, 437 (451), unter Hinweis auf Schmidt-Aßmann, BB 1990, Beilage 34, S. 1 (8), und Stern, in: Stern (Hrsg.), Das Staatsrecht der Bundesrepublik Deutschland, Bd. III/1, § 71 I 5 a, S. 1083, der die juristische Person des Privatrechts insofern als „Verlängerung der Privatautonomie" hält, als ihr Zweck privatautonom bestimmt wird.

[546] BVerfGE 21, 362 (369); 61, 82 (101); 68, 193 (205 f.); 75, 192 (196). Dabei trifft das Bundesverfassungsgericht eine grundlegende Differenzierung nach der Rechtsform: Während es die Grundrechtssubjektivität der juristischen Personen des Privatrechts grundsätzlich anerkennt, vgl. BVerfGE 39, 302 (312); 75, 192 (196), lehnt es die Grundrechtsfähigkeit juristischer Personen des öffentlichen Rechts ab, vgl. BVerfGE 21, 362 (372); 45, 63 (78); 61, 82 (101); 68, 193 (206); 75, 192 (196); BVerfG-K, NJW 1990, 1783 (Zu den Reaktionen im Schrifttum und in der Rechtsprechung anderer Gerichte vgl. die Nachweise bei Krüger, in: Sachs, GG, Art. 19, Rdnr. 85, Fn. 189-191). Zur Begründung der Nichtanwendbarkeit der Grundrechte auf juristische Personen des öffentlichen Rechts wird maßgeblich auch auf die Wesensverschiedenheit zwischen der Wahrnehmung menschlicher Freiheit und der Ausübung staatlicher Kompetenzen abgestellt, vgl. BVerfGE 21, 362 (370 f.); 61, 82 (101); 68, 193 (206 ff.); Krebs, in: v.Münch/Kunig, GG, Bd. 1, Art. 19, Rdnr. 41 (m.w.N.). Ausnahmefälle bestehen aber zum einen hinsichtlich der Verfahrensgrundrechte (Art. 101 Abs. 1 S. 2, 103 Abs. 1

vom Staat geschaffener juristischer Personen des Privatrechts ab, wenn diese Aufgaben und Funktionen der öffentlichen Verwaltung erfüllen[547] bzw. soweit deren alleinige Aktionäre oder Gesellschafter juristische Personen des öffentlichen Rechts sind.[548]

In einem Kammerbeschluß hat das Bundesverfassungsgericht die Grundrechtsträgerschaft einer Aktiengesellschaft unter Hinweis auf die beherrschende Mehrheitsbeteiligung der öffentlichen Hand und die Funktion der Gesellschaft (Wahrnehmung von Daseinsvorsorgeaufgaben) verneint.[549]

Der Rechtsprechung des Bundesverfassungsgerichts ist insoweit zuzustimmen, als dieser die Prämisse zugrunde liegt, daß Art. 19 Abs. 3 GG die Effektuierung des Grundrechtsschutzes natürlicher Personen bezweckt. Zweifel an der Grundrechtsberechtigung von juristischen Personen des Privatrechts sind daher insbesondere dann angebracht, wenn es nicht um die Umsetzung von Freiheitsrechten und menschlicher Selbstbestimmung geht. Eine juristische Person dient aber grundsätzlich nicht der Wahrnehmung von Privatinitiative, Privatautonomie und individueller Eigenverantwortlichkeit, sofern allein die öffentliche Hand unter Ausschluß von Privatpersonen hinter ihr steht. Da allerdings eine differenzierte Betrachtungsweise geboten ist, sobald Private an der juristischen Person beteiligt sind, kann dem dargestellten Kammerbeschluß des Bundesverfassungsgerichts nicht gefolgt werden. Zu unterscheiden ist demnach zwischen Gesellschaften, die sich vollständig in öffentlicher Hand befinden (Eigengesellschaften bzw. gemischt-öffentliche Unternehmen) und solchen, an denen der Staat neben Privaten beteiligt ist (gemischt-wirtschaftliche Unternehmen).

1. Eigengesellschaften

Kapitaleigner gemeindlicher TKU sind überwiegend die Gemeinden selbst und/oder vollständig in gemeindlicher bzw. öffentlicher Hand befindliche juris-

---

GG; vgl. BVerfGE 18, 441 (447); 61, 82 (104, m.w.N.)), und zum anderen zugunsten derjenigen juristischen Personen des öffentlichen Rechts, die den Bürgern „zur Verwirklichung ihrer individuellen Grundrechte dienen, und die als eigenständige, vom Staat unabhängige oder jedenfalls distanzierte Einrichtungen bestehen" (vgl. BVerfGE 45, 63 (79); 61, 82 (103); 75, 192 (196 f.)), wie etwa Rundfunkanstalten (BVerfGE 31, 314 (322); 34, 160 (162); 35, 202 (223); 59, 231 (254); 61, 82 (102); 83, 238 (296)), Universitäten (BVerfGE 15, 256 (262); 31, 314 (322); 51, 369 (381); 67, 202 (207)) sowie Kirchen und Religionsgemeinschaften (BVerfGE 18, 385 (386 f.); 19, 1 (5); 19, 129 (132); 30, 112 (119 f.); 42, 312 (321 f.); 53, 366 (387); 70, 138 (160 f.)).

547 BVerfGE 45, 63 (78 f.); 68, 193 (212 f.).

548 BVerfGE 45, 63 (79 f.); 68, 193 (212 f.); BVerfG, NJW 1980, 1093.

549 Vgl. den Beschluß der 3. Kammer des Ersten Senats des BVerfG vom 16.05.1989 (BVerfG-K, NJW 1990, 1783 = JZ 1990, 335 mit abl. Anm. Kühne).

tische Personen des Privatrechts,[550] so daß die Unternehmen in der Regel als Eigengesellschaften (der Gemeinden) organisiert sind.

Zwar läßt sich die Verweigerung der Grundrechtsfähigkeit hier weder mit der Rechtsform als solcher, noch mit der Funktion begründen, da die erwerbswirtschaftliche Betätigung dem Staat grundsätzlich nicht gesetzlich zugewiesen ist.[551] So wird auch im Schrifttum teilweise die Grundrechtssubjektivität für die erwerbswirtschaftliche Betätigung des Staates in Privatrechtsform bejaht.[552] Dahinter steht eine Konzeption, die auf die Eigenständigkeit der juristischen Person des Privatrechts abstellt, mit der Folge, daß sich diese in einem „Außenrechtsverhältnis“ zum Staat und damit in einer „grundrechtstypischen Gefährdungslage“ befinde.[553]

Abgesehen aber davon, daß auch privatrechtlich organisierte staatliche Unternehmen der öffentlichen Gewalt grundsätzlich nicht so unterworfen sind wie der Bürger, so daß eine grundrechstypische Gefährdungslage nicht besteht,[554] gebieten Sinn und Zweck des Art. 19 Abs. 3 GG, daß Eigengesellschaften, die allein Ausdruck staatlicher Betätigung sind, der Grundrechtsschutz nicht zugute kommen kann. Entscheidend ist, daß sie in keiner Weise -auf eine freiheitliche, selbstbestimmte Entscheidung zurückzuführende- private Initiative verkörpern, sondern allein der Wahrnehmung abgeleiteter staatlicher Handlungsmacht dienen. Es fehlt am erforderlichen Bezug zum Freiheitsraum natürlicher Personen. Das Handeln des Staates ist deshalb -auch in privatrechtlicher Organisationsform- eben nicht gleichzusetzen mit dem Handeln Privater.[555] Ausnahmsweise

---

[550] Vgl. die Übersicht bei: ATekom, Der Städtetag 1997, 289 ff. (290).

[551] Die Teilnahme am privaten Wettbewerb ist zwar zulässig, aber nicht notwendige Aufgabe des Staates, vgl. Vogel, in: Isensee/Kirchhof (Hrsg.), Handbuch des Staatsrechts, Bd. 1, § 27 C III 1, Rdnr. 71; v.Arnauld, DÖV 1998, 437 (440).

[552] Vgl. Klein, Die Teilnahme des Staates am wirtschaftlichen Wettbewerb, S. 235; Püttner, Die öffentlichen Unternehmen, S. 120 f.; Stern/Püttner, Die Gemeindewirtschaft, S. 139 f.; Pieroth, NWVBl 1992, 85 (87 f.). Bettermann, FS Hirsch, S. 1 (4 ff.) nimmt gar die Grundrechtsberechtigung juristischer Personen des öffentlichen Rechts an, wenn eine „Schutzsituation“ vorliegt. Uerpmann, in: v.Münch/Kunig, GG, Bd. 3, Art. 87 f, Rdnr. 11, betrachtet speziell die Nachfolgeunternehmen der DBP selbst dann als Träger des Grundrechts aus Art. 12 Abs. 1 GG, wenn ihr Kapital ganz (oder teilweise) vom Bund gehalten wird.

[553] Vgl. dazu Pieroth, NWVBl 1992, 85 (86, 88); Bettermann, FS Hirsch, S. 1 (6 f.); vgl. auch die weiteren Nachweise der Vertreter dieser Konzeption bei Krebs, in: v.Münch/Kunig, GG, Bd. 1, Art. 19, Rdnrn. 39, 43.

[554] Zur „grundrechtstypischen Gefährdungslage“ vgl. Dürig, in: Maunz/Dürig, Komm. z. GG, Bd. 2, Art. 19 Abs. 3, Rdnrn. 46 ff.

[555] Maser, Die Geltung der Grundrechte für juristische Personen und teilrechtsfähige Verbände, S. 152; v.Arnauld, DÖV 1998, 437 (440). Dürig, in: Maunz/Dürig, Komm. z. GG, Bd. 2, Art. 19 Abs. 3, Rdnr. 45, umschreibt diesen grundsätzlichen Unterschied so: „Wenn zwei dasselbe tun, ist es eben nicht immer dasselbe“.

ist daher vom Grundsatz des Art. 19 Abs. 3 GG, nach dem es auf den eigenständigen Status der juristischen Person ankommt, abzuweichen, und auf die hinter der Eigengesellschaft stehende öffentliche Hand abzustellen. Es ergibt rechtlich keinen Unterschied, ob der Staat eigenhändig tätig wird, oder in Gestalt einer Eigengesellschaft.[556] Der Grundsatz der Einheit der materiellen Rechtsbindung besagt, daß sich die nicht grundrechtsberechtigte öffentliche Hand durch die Wahl der Rechtsform weder ihren Verpflichtungen entziehen, noch zusätzliche Berechtigungen verschaffen darf.[557]

Dies bezieht sich auch auf gemischt-öffentliche Gesellschaften, die sich von den Eigengesellschaften nur dadurch unterscheiden, daß sie sich im gemeinsamen Eigentum verschiedener Träger öffentlicher Verwaltung befinden.

Die Grundrechtsfähigkeit der Eigengesellschaften läßt sich auch nicht mit dem Argument begründen, daß sich der Staat unter die gesellschaftsrechtliche Ordnung unterworfen habe, und so nur noch über seine mitgliedschaftlichen Rechte Einfluß auf die Gesellschaft nehmen könne.[558] Zum einen führen nämlich die Teilnahme am Markt und die Unterwerfung unter die Gesetzmäßigkeiten desselben nicht dazu, daß dem staatlichen Unternehmen Privatautonomie zuwächst.[559] Zum anderen wird in der Literatur zu Recht darauf hingewiesen, daß der Staat sich im Fall von Eigengesellschaften insofern nicht der gesellschaftsrechtlichen Ordnung unterwerfe und nur über seine Mitgliedschaftsrechte Einfluß nehme, als das gesellschaftstypische Moment einer Auseinandersetzung mit den Interessen von Mitgesellschaftern fehle.[560] Der Staat kann die Unternehmensziele einer Eigengesellschaft selbständig bestimmen, ohne Kompromisse eingehen zu müssen.[561]

---

[556] So auch im Ergebnis die h.M. in der Literatur: Dürig, in: Maunz/Dürig, Komm. z. GG, Bd. 2, Art. 19 Abs. 3, Rdnr. 45; Papier, in: Maunz/Dürig, Komm. z. GG, Bd. 2, Art. 14 Rdnr. 211; Krebs, in: v.Münch/Kunig, GG, Bd. 1, Art. 19, Rdnr. 42; Dreier, in: ders. (Hrsg.), GG, Bd. 1, Art. 19 Abs. 3, Rdnr. 48; Rüfner, in: Isensee/Kirchhof (Hrsg.), Handbuch des Staatsrechts, Bd. 5, § 116 C V 2 c, Rdnr. 80; Ehlers, Verwaltung in Privatrechtsform, S. 84; Waechter, Kommunalrecht, S. 354, Rdnr. 645; Schricker, Wirtschaftliche Tätigkeit der öffentlichen Hand und unlauterer Wettbewerb, S. 29; Koppensteiner, NJW 1990, 3105 (3107 f., 3109); Schmidt-Aßmann, BB 1990, Beilage 34, S. 1 (2, 9); v.Arnauld, DÖV 1998, 437 (451); a.A..: Püttner, Die öffentlichen Unternehmen, S. 120 f.; Pieroth, NWVBl 1992, 85 (87 f.); v.Mutius, Jura 1983, 30 (41 f.).

[557] Gusy, JA 1995, 166 (171).

[558] So aber Püttner, Die öffentlichen Unternehmen, S. 119, 120 f.

[559] Vgl. Dreier, in: ders. (Hrsg.), GG, Bd. 1, Art. 19 Abs. 3, Rdnr. 47 (m.w.N. in Fn. 175).

[560] v.Arnauld, DÖV 1998, 437 (443); Koppensteiner, NJW 1990, 3105 (3109), begründet die mangelnde Grundrechtsfähigkeit mit der „Interessenidentität“: Eine Gesellschaft privaten Rechts, deren sämtliche Anteile sich in öffentlicher Hand befinden, repräsentiere keine Interessen, die von denen des Kapitaleigners unterschieden werden könnten.

[561] v.Arnauld, DÖV 1998, 437 (443 f.).

Auch Rechtsklarheit und Verfahrensvereinfachung gebieten keine andere Lösung.[562] Der Rückgriff auf die Gesellschafter bereitet im Fall von Eigengesellschaften, die zu 100% im Eigentum der öffentlichen Hand stehen, keine Schwierigkeiten, so daß die Rechtsklarheit nicht gefährdet ist.[563]

Die TKU der Gemeinden können sich daher grundsätzlich nicht auf die Gewerbefreiheit aus Art. 12 Abs. 1 GG berufen, wenn sie als Eigengesellschaften organisiert sind.

2. Gemischt-wirtschaftliche Unternehmen

Anders ist jedoch die Grundrechtsberechtigung gemischt-wirtschaftlicher Unternehmen, also solcher, an denen neben der öffentlichen Hand auch Private beteiligt sind, zu beurteilen. Zur Gruppe der gemischt-wirtschaftlichen Unternehmen gehören gemeindliche TKU bereits dann, wenn eine Kapitalbeteiligung anderer gemischt-wirtschaftlicher Unternehmen vorliegt, unabhängig davon, ob der der Gemeinde zuzurechnende Kapitalanteil von dieser selbst oder von privatrechtlich organisierten Gemeindeunternehmen bzw. öffentlichen Unternehmen gehalten wird.[564]

Der Umstand, daß hinter jedem gemischt-wirtschaftlichen Unternehmen immer auch private Interessen stehen, stellt einen wesentlichen Unterschied im Vergleich zu den Eigengesellschaften dar. Der für die Grundrechtssubjektivität erforderliche Bezug zum Freiheitsraum natürlicher Personen ist hier gegeben. Gemischt-wirtschaftliche Unternehmen sind stets Ausdruck auch privater Initiative und dienen so der Wahrnehmung selbstbestimmter und in Ausübung der Freiheitsrechte getroffener Entscheidungen. Umgekehrt wirkt sich jede staatliche Maßnahme gegen das Unternehmen auch auf die privaten Anteilseigner (Gesellschafter, Aktionäre) aus.[565] Um die Grundrechte der hinter dem Unternehmen stehenden Privaten effektiv zu verwirklichen, ist daher bei relevanter Beteiligung Privater über Art. 19 Abs. 3 GG die Einbeziehung der gemischt-wirtschaftlichen Unternehmen in den Grundrechtsschutz sicherzustellen.[566]

---

562 Nach Ansicht von Püttner, Die öffentlichen Unternehmen, S. 120 f., und Pieroth, NWVBl 1992, 85 (88), gebieten Rechtsklarheit und Verfahrensvereinfachung die pauschale Grundrechtsfähigkeit der juristischen Personen des Privatrechts, um nicht nach der Art der Gesellschafter differenzieren zu müssen.

563 Vgl. v.Arnauld, DÖV 1998, 437 (451); Schmidt-Aßmann, BB 1990, Beilage 34, 1 (10).

564 Vgl. die Begriffsbestimmung gemischt-wirtschaftlicher Unternehmen bei Schmidt-Aßmann, BB 1990, Beilage 34, S. 2.

565 v.Arnauld, DÖV 1998, 437 (450).

566 Vgl. die h.M. in der Lit.: Krüger, in: Sachs, GG, Art. 19 Rdnr. 63; Jarass/Pieroth, GG, Art. 19, Rdnr. 13a; Stern, Das Staatsrecht der Bundesrepublik Deutschland, Bd. III/1, § 71 VII 6 c, S. 1169 f.; Rüfner, in: Isensee/Kirchhof (Hrsg.), Handbuch des Staatsrechts, Bd. 5,

Diese Lösung steht in Einklang mit dem Wortlaut des Art. 19 Abs. 3 GG und entspricht dem darin zum Ausdruck kommenden Gedanken von der juristischen Person als eigenständiger Zurechnungeinheit. Art. 19 Abs. 3 GG hat zudem nicht nur den Schutz der Kollektivinteressen im Auge, sondern beabsichtigt auch eine Verbesserung des Individualschutzes der Mitglieder.[567] Eine ausnahmsweise Verweigerung der Grundrechtsfähigkeit entgegen dem letztgenannten Grundsatz ist deshalb nach Sinn und Zweck des Art. 19 Abs. 3 GG bei gemischt-wirtschaftlichen Unternehmen nicht gerechtfertigt. Art. 19 Abs. 3 GG schützt damit nicht allein Assoziationen von Grundrechtsträgern untereinander, sondern auch die Verbindung von Grundrechtsträgern mit der öffentlichen Hand. Dies gilt auch, soweit öffentliche Aufgaben -etwa der Daseinsvorsorge- wahrgenommen werden.[568]

Zwar ist einzuräumen, daß der Staat nach der hier vertretenen Lösung an der Grundrechtsberechtigung des Unternehmens mittelbar teilhaftig werden kann.

---

§ 116 C V 2 c, Rdnr. 81; Püttner, Die öffentlichen Unternehmen, S. 120 f.; Ehlers, Verwaltung in Privatrechtsfom, S. 85; Klein, Die Teilnahme des Staates am Wettbewerb, S. 234 f.; Schricker, Wirtschaftliche Tätigkeit der öffentlichen Hand und unlauterer Wettbewerb, S. 29; Schmidt-Aßmann, BB 1990, Beilage 34, S. 10 ff.; Kühne, JZ 1990, 335 f.; Koppensteiner, NJW 1990, 3105 (3108, 3114); N.Zimmermann, Jus 1991, 294 (299 f.); Pieroth, NWVBl 1992, 85 (87); im Ergebnis so auch v.Mutius, Jura 1983, 30 (42); speziell zu den Nachfolgeunternehmen der DBP Uerpmann, in: v.Münch/Kunig, GG, Bd. 3, Art. 87 f, Rdnr. 11; a.A.: Papier, in: Maunz/Dürig, Komm. z. GG, Bd. 2, Art. 14, Rdnr. 211; Badura, Staatsrecht, Kap. C, Rdnr. 14; offengelassen von Krebs, in: v.Münch/Kunig, GG, Bd. 1, Art. 19, Rdnr. 45. Nach Bleckmann, Staatsrecht II, § 9 II 3 b, S. 131 f., Rdnr. 12, und v.Arnauld, DÖV 1998, 437 (450), soll es ausreichen, wenn ein einziger Privatmann geringe Anteile an dem Unternehmen besitzt; vgl. auch Pieroth, NWVBl 1992, 85 (88).

Sofern die Beteiligung Privater jedoch dazu dienen soll, die Grundrechtsberechtigung des Unternehmens zu erschleichen (irrelevante bzw. mißbräuchliche Beteiligung), ist ein solches „gemischt-wirtschaftliches Scheinunternehmen" zu behandeln wie eine Eigengesellschaft. Erforderlich ist dazu aber der Nachweis der Umgehung im Einzelfall.

[567] Bleckmann, Staatsrecht II, § 9 II 3 b, Rdnrn. 12, 13. Nach Ansicht von Pieroth, NWVBl 1992, 85 (87) ist ein wirksamer Individualrechtsschutz nur über den Grundrechtsschutz des Unternehmens erreichbar.

[568] Das Bundesverfassungsgericht spricht juristischen Personen des Privatrechts grundsätzlich die Grundrechtsfähigkeit ab, sobald sie öffentliche Aufgaben erfüllen, vgl. BVerfG, NJW 1987, 2501 (2502); 1996, 584 (jeweils m.w.N.). So wurde auch die Ablehnung der Grundrechtsfähigkeit eines gemischt-wirtschaftlichen Unterenehmens durch die 3. Kammer des Ersten Senats insbesondere mit der Funktion der Wahrnehmung von Aufgaben der Daseinsvorsorge begründet, vgl. BVerfG-K, NJW 1990, 1783. Der Begriff der öffentlichen Aufgabe ist jedoch zu unscharf, um daran den Verlust der Grundrechtberechtigung zu knüpfen; insbesondere sind öffentliche Aufgaben nicht mit (reinen) Staats- bzw. Verwaltungsaufgaben gleichzusetzen, vgl. Schmidt-Aßmann, BB 1990, Beilage 34, S. 13 f. (m.w.N.). Vgl. auch Krüger, in: Sachs, GG, Art. 19, Rdnr. 64; Jarass/Pieroth, GG, Art. 19, Rdnr. 13a; einschränkend Ehlers, Verwaltung in Privatrechtsfom, S. 85, die auf eine echte Beleihung abstellen.

Der Grundsatz der Einheit der materiellen Rechtsbindung, wonach sich der Staat durch die Wahl der Rechtsform keine zusätzlichen Berechtigungen verschaffen darf, steht dem jedoch insofern nicht entgegen, als die Grundrechtsberechtigung maßgeblich von der Beteiligung Privater, nicht aber von der Rechtsform abhängt.[569] Zudem leiden die alternativen Lösungsversuche, nach denen die Grundrechtsberechtigung eines Unternehmens vom Umfang der staatlichen Beteiligung abhängt,[570] über kaum lösbare Abgrenzungsschwierigkeiten hinaus am Nachteil, daß der Grundrechtsschutz der an dem Unternehmen beteiligten Privaten verkürzt wird. Die Grundrechte Privater sind aber sowohl im Falle von deren Einbindung in Unternehmen der Gemeinden zu beachten, als auch bei staatlicher Beteiligung an privaten Unternehmen.[571] Trotz der mittelbaren Teilhabe an der Grundrechtsberechtigung der Gesellschaft besteht ferner immerhin eine Einwirkungspflicht der weiterhin grundrechtsverpflichteten öffentlichen Hand auf die Gesellschaft.[572] Selbst die Grundrechtsbindung des grundrechtsfähigen Unternehmens ist nicht ausgeschlossen.[573]

Da die Beteiligung Privater notwendige Voraussetzung für die Berufung des Unternehmens auf die Gewerbefreiheit ist, bereitet die hier vertretene Lösung auch nicht den Weg für eine grenzenlose Ausbreitung staatswirtschaftlicher Tätigkeit mit der Konsequenz einer substantiellen Gefährdung der wirtschaftliche Freiheit der Bürger. Vielmehr stellt die Beteiligung an einem gemeindlichen TKU für

---

569 Auch nach Auffassung von Gusy, JA 1995, 166 (171), kann der Einheitsgrundsatz nicht weiterhelfen, wenn neben dem Staat auch Private an einem Unternehmen beteiligt sind.

570 Das Bundesverfassungsgericht hat die Grundrechtsberechtigung einer Aktiengesellschaft mit einer städtischen Beteiligung in Höhe von 72 % unter Hinweis auf die Einflußmöglichkeiten abgelehnt, vgl. BVerfG-K, NJW 1990, 1783. Maser, Die Geltung der Grundrechte für juristische Personen und teilrechtsfähige Verbände, S. 151 ff. (159), verneint die Grundrechtsfähigkeit gemischt-wirtschaftlicher Unternehmen bereits bei einem staalichen Anteil von 25 % oder wenn der Staat entscheidenden Einfluß auf die Verwaltung des Unternehmens hat. Von vornherein unpraktikabel ist eine abgestufte Grundrechtsberechtigung, die sich nach dem konkreten staatlichen Anteil richtet, vgl. dazu Bull, Die Staatsaufgaben nach dem Grundgesetz, S. 98 Fn. 49; ihm folgend Bethge, Zur Problematik von Grundrechtskollisionen, S. 66 Fn. 142.

571 Vgl. dazu Waechter, Kommunalrecht, S. 354, Rdnr. 646; Stober, Kommunalrecht, § 7 V 2, S. 107; Pieroth, NWVBl 1992, 85 (88); N.Zimmermann, Jus 1991, 294 (300), verdeutlicht die Konsequenzen aus dem Verlust der Grundrechtsfähigkeit privater Unternehmen nach staatlicher Beteiligung: Grundrechtskonflikten könnte der Staat durch Beteiligung aus dem Wege gehen.

572 Ehlers, Verwaltung in Privatrechtsfom, S. 85.

573 Grundrechtsberechtigung und -bindung können bei juristischen Personen durchaus nebeneinander bestehen, vgl. Stern, Das Staatsrecht der Bundesrepublik Deutschland, Bd. III/1, § 71 III 5 d, S. 1113 (m.w.N.). v.Arnauld, DÖV 1998, 437 (444 ff., 451 f.) etwa befürwortet die Grundrechtsbindung einer Aktiengesellschaft ab einem Staatsanteil von 75 %, und geht zugleich von der Grundrechtsberechtigung gemischt-wirtschaftlicher Unternehmen aus.

mittelständische private Unternehmen vielfach die einzige wirtschaftlich realisierbare Möglichkeit eines Engagements in der investitionsintensiven Telekommunikation dar. Solchen gemischten Beteiligungsgesellschaften ist die Berufung auf die Gewerbefreiheit zuzugestehen.

Zusammenfassend ist also festzuhalten, daß sich gemischt-wirtschaftlich organisierter gemeindliche TKU auf die Gewerbefreiheit berufen können, solange nicht bloß eine irrelevante bzw. offensichtlich mißbräuchliche Beteiligung Privater vorliegt.

III. Garantie der kommunalen Selbstverwaltung aus Art. 28 Abs. 2 S. 1 GG

Wie gesehen, besitzen die Gemeinden als Träger der öffentlichen Verwaltung keine originäre, sondern lediglich vom Staat abgeleitete Hoheitsmacht.[574] Damit setzt jedes Tätigwerden einer Gemeinde zunächst das Vorliegen einer entsprechenden Aufgabe, die einer Wahrnehmung durch die Gemeinden offensteht, voraus. Als kompetentielle Grundlage für gemeindliches Handeln kommt neben einer speziellen gesetzlichen Aufgabenzuweisung insbesondere die in Art. 28 Abs. 2 S. 1 GG verankerte Selbstverwaltungsgarantie in Betracht. Zu untersuchen ist daher, ob die allgemeine wirtschaftliche Betätigung der Gemeinden als solche und speziell die Betätigung in der Telekommunikation an dieser verfassungsrechtlichen Garantie der kommunalen Selbstverwaltung teilnimmt. Sollte sich dabei ein positiver Befund ergeben, so wäre weiter nach den Auswirkungen auf das Verhältnis der gemeindewirtschaftlichen Betätigung in der Telekommunikation zur privatwirtschaftlichen Konkurrenz zu fragen.

1. Inhalt des Art. 28 Abs. 2 S. 1 GG

Den Gemeinden muß nach Art. 28 Abs. 2 S. 1 GG das Recht gewährleistet sein, alle Angelegenheiten der örtlichen Gemeinschaft im Rahmen der Gesetze in eigener Verantwortung zu regeln. Art. 28 Abs. 2 S. 1 GG enthält damit eine institutionelle Garantie,[575] die die Einrichtung der gemeindlichen Selbstverwaltung als solche gewährleistet. Dieses institutionelle Verständnis der Selbstverwaltung

---

[574] BVerfGE 8, 122 (132); Maunz, in: Maunz/Dürig, Komm. z. GG, Bd. 3, Art. 28, Rdnr. 50; Schmidt-Jortzig, Kommunalrecht, S. 22, Rdnr. 4.

[575] Allgemein zu den Einrichtungsgarantien und zur Abgrenzung der Begriffe Einrichtungsgarantie, institutionelle Garantie und Institutsgarantie vgl. Stern, Das Staatsrecht der Bundesrepublik Deutschland, Bd. III/1, § 68, S. 751 ff. (776 ff., m.w.N.).

hat das Bundesverfassungsgericht in seinem „Rastede"-Beschluß bestätigt.[576] Auf diese Weise soll der Schutz der Gemeinden als verfassungsrechtlich anerkannte Einrichtung vor ihrer Abschaffung oder vor einer substantiellen Aushöhlung durch den Gesetzgeber erreicht werden. Gewährleistet wird also, daß es Gemeinden als Elemente des Verwaltungsaufbaus überhaupt geben muß (sog. institutionelle Rechtssubjektsgarantie). Darüber hinaus ist den Gemeinden das Recht zur Selbstverwaltung im oben genannten Sinne des Art. 28 Abs. 2 S. 1 GG eingeräumt (sog. Rechtsinstitutionsgarantie). Die genannten Garantien bestehen insofern auch subjektiv-rechtlich, als die Gemeinden deren Einhaltung von den in Art. 28 Abs. 2 GG Verpflichteten verlangen können (sog. subjektive Rechtsstellungsgarantie).[577] Als Ausprägungen der kommunalen Selbstverwaltungsgarantie werden daneben vereinzelt der Grundsatz des gemeindefreundlichen Verhaltens und gemeindliche Mitwirkungsrechte,[578] sowie eine objektive

---

[576] BVerfGE 79, 127 (143). Alternativen Interpretationsansätzen (vgl. etwa Roters, in: v.Münch, GG, Bd. 2, 2. Auflage 1983, Art. 28, Rdnrn. 39 ff., 46, 70 ff.; Burmeister, Verfassungstheoretische Neukonzeption der kommunalen Selbstverwaltungsgarantie, S. 69 ff.) wurde damit endgültig eine Absage erteilt, so daß sich das institutionelle Verständnis der Selbstverwaltungsgarantie zur festen Basis der Interpretation von Art. 28 Abs. 2 GG entwickelt hat, vgl. Löwer, in: v.Münch/Kunig, GG, Bd. 2, Art. 28, Rdnr. 47; Schoch, VerwArch 1990, 18 (24 ff., 41 ff.); Wieland/Hellermann, Der Schutz des Selbstverwaltungsrechts der Kommunen gegenüber Einschränkungen ihrer wirtschaftlichen Betätigung im nationalen und europäischen Recht, S. 18.

[577] So Jarass/Pieroth, GG, Art. 28, Rdnr. 5a; grundlegend Stern, in: Dolzer/Vogel (Hrsg.), BK, Art. 28 GG, Rdnrn. 65, 174 ff. Aus der rechtsschutzfähigen Position der Gemeinden ist jedoch nicht abzuleiten, daß die Gemeinden in ihrem jeweiligen individuellen Bestand geschützt werden, vgl. Tettinger, Besonderes Verwaltungsrecht, S. 19, Rdnr. 24. Ein Grundrecht auf Selbstverwaltung ist den Gemeinden damit allerdings nicht verliehen, vgl. Jarass/Pieroth, GG, Art. 28 Rdnr. 5a; Hidien, Gemeindliche Betätigungen rein erwerbswirtschaftlicher Art, S. 124. Dies ergibt sich zum einen aus der systematischen Stellung des Art. 28 GG außerhalb der Grundrechtsnormen und zum anderen aus der ansonsten überflüssigen Vorschrift des § 91 BVerfGG. Gegen eine solche staatsferne Sicht spricht entscheidend auch das dem Art. 28 Abs. 2 GG zu entnehmende staatsorganisatorische Aufbauprinzip, vgl. Tettinger, Besonderes Verwaltungsrecht, S. 19, Rdnr. 24 (m.w.N.). Die Gemeinden gehören zur vollziehenden Gewalt im Sinne der Art. 1 Abs. 3 u. 20 Abs. 3 GG und sind damit als dezentrale Träger öffentlicher Verwaltung in den staatlichen Aufbau integriert, vgl. BVerfGE 83, 37 (54); Jarass/Pieroth, GG, Art. 28, Rdnr. 5, wobei sie organisatorisch den Ländern zuzuordnen sind. Gleichwohl hat das Bundesverfassungsgericht in seinem „Rastede"-Beschluß auf die „spezifische" bzw. „doppelte" Funktion der kommunalen Selbstverwaltung, die eine Sonderstellung der Kommunen begründet, hingewiesen: Neben einer dezentralen Verwaltungsorganisation gehe es vor allem auch um die Teilnahme der Bürger an der öffentlichen Verwaltung im Sinne einer „Aktivierung der Beteiligten für ihre eigenen Angelegenheiten", vgl. BVerfGE 11, 266 (275 f.); 79, 127 (148 f., 150 f.); vgl. auch BVerfGE 82, 310 (314); 91, 228 (238).

[578] Vgl. Schmidt-Aßmann, in: ders. (Hrsg.), Besonderes Verwaltungsrecht, 1. Abschn., Rdnrn. 25 f.

Schutzpflicht des Staates für die kommunale Selbstverwaltung[579] genannt. Gleichwohl ist im hier zu untersuchenden Zusammenhang allein die Rechtsinstitutionsgarantie von Interesse, also das Recht der Gemeinden, alle Angelegenheiten der örtlichen Gemeinschaft ohne speziellen Kompetenztitel eigenverantwortlich zu erledigen (Grundsatz der Universalität oder Allzuständigkeit des kommunalen Wirkungskreises).[580] Mit diesem Recht wird, sofern keine weitergehende gesetzliche Aufgabenzuweisung vorliegt, der gemeindliche Wirkungskreis allerdings zugleich auch beschränkt.[581]

a) Angelegenheiten der örtlichen Gemeinschaft

Nach der ständigen Rechtsprechung des Bundesverfassungsgerichts gelten nur „diejenigen Bedürfnisse und Interessen, die in der örtlichen Gemeinschaft wurzeln oder auf sie einen spezifischen Bezug haben“, als Angelegenheiten der örtlichen Gemeinschaft.[582] Hierbei ist der geschichtlichen Entwicklung und den verschiedenen historischen Erscheinungsformen der Selbstverwaltung Rechnung zu tragen.[583] Im „Rastede“-Beschluß hat das Bundesverfassungsgericht diese in erster Linie an die räumliche Komponente einer Aufgabe anknüpfende Definition dahingehend erweitert, daß die örtlichen Interessen und Bedürfnisse „den Gemeindeeinwohnern gerade als solchen gemeinsam“ sein müßten, „indem sie das Zusammenleben und -wohnen der Menschen in der (politischen) Gemeinde betreffen“.[584] Für die Qualifizierung einer Aufgabe als Angelegenheit der örtlichen Gemeinschaft kommt es somit ebenfalls auf deren soziologische Bedeutung an.[585] Das Bundesverfassungsgericht hat darüber hinaus präzisiert, daß zum Wesensgehalt der gemeindlichen Selbstverwaltung kein gegenständlich be-

---

579 Vgl. Müller, DVBl 1998, 1256 (1261).

580 Vgl. BVerfGE 21, 117 (128 f.); 79, 127 (146); 83, 37 (54); Henneke, NdsVBl 1998, 273 (280).

581 Vgl. Britz, Örtliche Energieversorgung, S. 67 (m.w.N. in Fn. 292). Vgl. auch Tettinger, NWVBl 1989, 1 (4), der in diesem Zusammenhang von einer „kompetentiellen Barriere“ spricht.

582 Vgl. BVerfGE 8, 122 (134); 50, 195 (201); 52, 95 (120); 79, 127 (151); vgl. auch BVerwGE 92, 56 (62).

583 BVerfGE 11, 266 (274, m.w.N.); 50, 195 (201); 59, 216 (226).

584 BVerfGE 79, 127 (151 f.).

585 Des weiteren hat das BVerfG klargestellt, daß sich die Bestimmung des Kreises der örtlichen Aufgaben auch an der Einwohnerzahl, flächenmäßigen Ausdehnung und Struktur der einzelnen Gemeinden zu orientieren habe. Denkbar sei zudem, eine Aufgabe nur hinsichtlich einzelner Teilaspekte oder nur für bestimmte -größere- Gemeinden als örtlich, im übrigen aber als überörtlich anzusehen. Keine Rolle mehr spiele dagegen die Leistungsfähigkeit bzw. Verwaltungskraft einer Gemeinde, vgl. BVerfGE 79, 127 (152); Dreier, in: ders. (Hrsg.), GG, Bd. 2, Art. 28, Rdnr. 103 (m.w.N.).

stimmter oder nach feststehenden Merkmalen bestimmbarer Aufgabenkatalog gehöre, wohl aber die Befugnis, sich aller Angelegenheiten der örtlichen Gemeinschaft, die nicht durch Gesetz bereits anderen Trägern öffentlicher Verwaltung übertragen sind, ohne besonderen Kompetenztitel anzunehmen.[586] Der Grundsatz der Universalität führt infolgedessen zu einer (gesetzlich widerlegbaren) Zuständigkeitsvermutung zugunsten der Gemeinden bzw. zur prinzipiellen Anerkennung eines gemeindlichen Aufgabenerfindungs- bzw. Spontaneitätsrechts.[587] Zugleich sind damit die als Folge sich wandelnder Lebensverhältnisse auftretenden Wanderungsprozesse angesprochen, die einer starren Einordnung von Aufgaben als örtliche bzw. überörtliche Angelegenheiten entgegenstehen.[588] Der Verlust der örtlichen Relevanz einer Aufgabe ist dabei ebenso möglich wie die gesetzliche Zuweisung oder freiwillige Übernahme neuer Selbstverwaltungsaufgaben an bzw. durch die Gemeinden.

Festzuhalten bleibt, daß es zur Bestimmung der örtlichen Relevanz einer Aufgabe nicht allein auf das charakteristische Erscheinungsbild der deutschen Gemeinde, wie es sich aus einer historischen Betrachtung mit Blick auf den traditionellen gemeindlichen Aufgabenbestand ergibt, ankommt. Vielmehr sind weitere Kriterien heranzuziehen, wie etwa die spezifische Eigenart und Qualität der Aufgabe,[589] die Funktion gemeindlicher Selbstverwaltung unter heutigen Bedingungen[590] oder die sachliche Angemessenheit der konkreten Aufgabenerfüllung gerade durch die Gemeinden.[591]

b) Eigenverantwortlichkeit

Die Gemeinden können die einmal als örtliche Angelegenheiten qualifizierten Aufgaben in eigener Verantwortung regeln. Durch das Kriterium der Eigenverantwortlichkeit ist den Gemeinden das Recht gewährleistet, nach eigenem Er-

---

586 BVerfGE, 79, 127, 2. LS.

587 Nierhaus, in: Sachs, GG, Art. 28, Rdnr. 42; Dreier, in: ders. (Hrsg.), GG, Bd. 2, Art. 28, Rdnr. 104 (m.w.N.); Stern, in: Dolzer/Vogel (Hrsg.), BK, Art. 28 GG, Rdnr. 87; Schmidt-Aßmann, in: ders. (Hrsg.), Besonderes Verwaltungsrecht, 1. Abschn., Rdnr. 18; vgl. auch die Beispiele bei Schmidt-Jortzig, Kommunalrecht, S. 170, Rdnr. 496.

588 Vgl. dazu Ossenbühl, DÖV 1992, 1 (8).

589 Tettinger, Besonderes Verwaltungsrecht, S. 23, Rdnr. 28.

590 Wieland/Hellermann, Der Schutz des Selbstverwaltungsrechts der Kommunen gegenüber Einschränkungen ihrer wirtschaftlichen Betätigung im nationalen und europäischen Recht, S. 20 f. (m.w.N.).

591 Vgl. Jarass/Pieroth, GG, Art. 28, Rdnr. 6; Dreier, in: ders. (Hrsg.), GG, Bd. 2, Art. 28, Rdnr. 105 (m.w.N.); Gern, Deutsches Kommunalrecht, 3. Kap., Rdnrn. 60 f.

messen sachliche und zeitliche Prioritäten für die Aufgabenerfüllung festzulegen.[592]

Die Befugnis zur Führung der Geschäfte im Bereich der Selbstverwaltungsaufgaben in eigener Regie schließt insbesondere die Bindung an Zweckmäßigkeitserwägungen anderer Träger öffentlicher Verwaltung aus.[593] Erfaßt ist jede zulässige Art der Aufgabenerledigung einschließlich der Rechtsetzung durch Satzungen.

2. Wirtschaftliche Betätigung als Schutzgegenstand der kommunalen Selbstverwaltung

Nach dem bisher Gesagten kommt es auch für die Frage der Zuordnung der wirtschaftlichen Betätigung zum Kreis der kommunalen Agenden zunächst auf die geschichtliche Entwicklung der Selbstverwaltung an.

a) Historische Betrachtung

Die historische Betrachtung der kommunalen Selbstverwaltung ergibt, daß die Gemeinden seit jeher wirtschaftliche Aktivitäten entfaltet haben, wobei verschiedene Entwicklungsphasen hinsichtlich der Betätigungsfelder und der Intensität der Gemeindewirtschaft zu unterscheiden sind.

Die Wurzeln der heutigen Gemeindewirtschaft werden nach einer langen Periode relativer Bedeutungslosigkeit erst -ausgelöst durch die fortschreitende Technisierung und Industrialisierung- in der ersten Hälfte des vorigen Jahrhunderts angesiedelt, obgleich sich vereinzelt Wirtschaftsaktivitäten der Gemeinden bis in die Zeit des Mittelalters zurückverfolgen lassen.[594] In diesem Zeitabschnitt kam es etwa zur Gründung kommunaler Leihämter und Sparkassen sowie Einrichtungen der Sozial-, Hygiene- und Kulturpflege kam.[595] In der Folgezeit bis zum Ersten Weltkrieg war eine beträchtliche Ausweitung der Gemeindewirtschaft zu beobachten, die neben der Gründung gemeindeeigener Verkehrsbetriebe insbesondere durch zunehmende Aktivitäten im Bereich der Versorgung der Gemeindeeinwohner mit Wasser, Gas und Elektrizität gekennzeichnet war.[596]

---

[592] Tettinger, Besonderes Verwaltungsrecht, S. 21, Rdnr. 26.

[593] Vgl. dazu Dreier, in: ders. (Hrsg.), GG, Bd. 2, Art. 28, Rdnr. 106: „Eigenverantwortlichkeit bedeutet im Kern Weisungsfreiheit gegenüber staatlichen Institutionen, organisatorische Wahlmöglichkeiten und freie Alternativenwahl im Rahmen der Rechtsordnung, also Aufgabenerfüllung „ohne Weisung und Vormundschaft des Staates"".

[594] Stern/Püttner, Die Gemeindewirtschaft, S. 11 u. 13. Als Beispiele für bis in das Mittelalter reichende Wirtschaftszweige dienen etwa Forstwirtschaft, Häfen, Ziegeleien und Ratskeller.

[595] Stern/Püttner, Die Gemeindewirtschaft, S. 13 ff.

[596] Stern/Püttner, Die Gemeindewirtschaft, S. 17 f., 19 ff., 23 ff.

Obwohl die Wirtschaftsunternehmen der Gemeinden überwiegend gewinnbringend arbeiteten, konnte die Gemeindewirtschaft nicht als rein erwerbswirtschaftlich orientiert bezeichnet werden, da sie sich primär an sozialen und wirtschaftspolitischen Motiven ausgerichtet hat.[597] Während der Weimarer Zeit ist es dann im wesentlichen zwar weder zu einer nennenswerten Erweiterung der gemeindlichen Versorgungswirtschaft, noch zu einer Kommunalisierung weiterer Wirtschaftsbereiche gekommen. Allerdings ist festzuhalten, daß die allgemeine Finanznot der Gemeinden nicht ohne Auswirkungen auf deren Wirtschaftstätigkeit blieb: Während zum Teil kostenintensive Unternehmen abgestoßen wurden, kam es vielerorts zur Ausweitung der rentablen Unternehmen, zu überhöhten Gewinnabschöpfungen und zu rein erwerbswirtschaftlichen Engagements.[598] Diese letztgenannten Entwicklungen, die sich immer weniger am Gemeinwohlgedanken orientierten, führten zu zunehmender Kritik an der gemeindlichen Wirtschaftsbetätigung überhaupt und schließlich zur Festschreibung allgemeiner Zulässigkeitsgrenzen der Gemeindewirtschaft in den §§ 67 ff. DGO.[599] Demzufolge konnte sich die später durch das Grundgesetz garantierte Selbstverwaltung auch nur auf das Bild einer sich in den Grenzen der §§ 67 ff. DGO entwickelnden Gemeindewirtschaft beziehen.[600]

Wie der geschichtliche Rückblick zeigt, haben die Gemeinden ihre wirtschaftlichen Unternehmen bislang in erster Linie aus sozialen und wirtschaftspolitischen Motiven, und nicht wegen eines zu erwartenden Gewinns gegründet und betrieben, ohne daß damit eine rentable Unternehmensführung ausgeschlossen war. Abweichungen von dieser Ausrichtung sind im wesentlichen nur in der von der Finanznot der Gemeinden geprägten Zeit zwischen den Weltkriegen zu beobachten. Vor diesem Hintergrund haben *Stern/Püttner* formuliert, daß „eine der Privatwirtschaft vergleichbare, primär am Gewinn orientierte Wirt-

---

[597] Stern/Püttner, Die Gemeindewirtschaft, S. 13, 23 ff. (25).

[598] Stern/Püttner, Die Gemeindewirtschaft, S. 25 ff. (27, 30).

[599] Deutsche Gemeindeordnung vom 30.01.1935, RGBl. I Nr.6, S.49 (Inkraftgetreten am 01.04.1935), abgedruckt bei Suren/Loschelder, Die Deutsche Gemeindeordnung, S. 1 ff. Entsprechend dem vorgefundenen Zustand der Gemeindewirtschaft wurde in der amtlichen Begründung zu den Wirtschaftsklauseln der Deutschen Gemeindeordnung (DGO) die Übernahme rein wirtschaftlicher Aufgaben -insbesondere im Bereich der öffentlichen Versorgungswirtschaft- zu den aufgrund des unbeschränkten gemeindlichen Wirkungskreises entstandenen Eigenarten der kommunalen Selbstverwaltung gerechnet, vgl. die Einleitung zur Amtlichen Begründung des Abschnitts zur wirtschaftlichen Betätigung der Gemeinden in der DGO, Reichsanzeiger 1935 Nr. 25 ff., zitiert bei Knemeyer, in: Achterberg/Püttner, Besonderes Verwaltungsrecht, Bd. 2, S. 58, Rdnr. 120.

[600] Vgl. Wieland/Hellermann, Der Schutz des Selbstverwaltungsrechts der Kommunengegenüber Einschränkungen ihrer wirtschaftlichen Betätigung im nationalen und europäischen Recht, S. 23.

schaftsbetätigung den Gemeinden nicht eigen ist, mindestens die absolute Ausnahme gebildet hat und noch bildet".[601]

Zusammenfassend ist daher festzustellen, daß die wirtschaftliche Betätigung der Gemeinden zwar grundsätzlich an der kommunalen Selbstverwaltungsgarantie teilnimmt,[602] Art. 28 Abs. 2 S. 1 GG jedoch nicht als „Generalklausel" wirtschaftlicher Betätigungsfreiheit mißverstanden werden darf.[603] Vornehmlich am Erwerbszweck ausgerichtete wirtschaftlichen Betätigungen sind insofern vom Schutz der kommunalen Selbstverwaltungsgarantie ausgeschlossen,[604] der sich auf die daseinsvorsorgerischen, gemeinwohlorientierten Unternehmungen, wie etwa die Verkehrs-, Versorgungs- und Entsorgungsbetriebe sowie die kommunalen Sparkassen, beschränkt.[605]

b) Reine Erwerbswirtschaft als Bestandteil der kommunalen Finanzhoheit?

Auch unter den aktuellen Bedingungen ist die wirtschaftliche Betätigung der Gemeinden im Bereich der Daseinsvorsorge mangels einschneidender anderweitiger Entwicklungen zum durch Art. 28 Abs. 2 S. 1 GG geschützten gemeindlichen Aufgabenkreis zu rechnen.[606] Darüber hinausgehend wird neuerdings -vor dem Hintergrund der in tatsächlicher Hinsicht zu verzeichnenden Tendenz zur Expansion der Gemeindewirtschaft-[607] insbesondere von *Otting* vertreten, den

---

[601] Stern/Püttner, Die Gemeindewirtschaft, S. 161.

[602] Vgl. Stern/Püttner, Die Gemeindewirtschaft, S. 160 (m.w.N. auch zur Gegenansicht in Fn. 165); Erichsen, Kommunalrecht NW, § 11 D 1, S. 271 (m.w.N.); Gern, Kommunalrecht, 15. Kap., Rdnr. 718; Vogelsang/Lübking/Jahn, Kommunale Selbstverwaltung, Kap. VII, 2., Rdnr. 612; Britz, Örtliche Energieversorgung, S. 71 (m.w.N.); Knemeyer, in: Achterberg/Püttner (Hrsg.), Besonderes Verwaltungsrecht, Bd. 2, S. 58, Rdnr. 120; Klein, Die Teilnahme des Staates am wirtschaftlichen Wettbewerb, S. 79; Wieland/Hellermann, Der Schutz des Selbstverwaltungsrechts der Kommunengegenüber Einschränkungen ihrer wirtschaftlichen Betätigung im nationalen und europäischen Recht, S. 21 ff.; Gerke, Jura 1985, 349 (351, 356); Pünder, DVBl 1997, 1353 (m.w.N.); Badura, DÖV 1998, 818 (818, 823); Henneke, NdsVBl 1998, 273 (280).

[603] Zu pauschal insoweit Enkler, ZG 1998, 328 (331).

[604] Vgl. die Nachweise bei Stern/Püttner, Die Gemeindewirtschaft, S. 161, Fn. 169; Hidien, Gemeindliche Betätigungen rein erwerbswirtschaftlicher Art, S. 125, Fn. 29.

[605] Vgl. dazu Gern, Deutsches Kommunalrecht, 15. Kap., Rdnr. 718, unter Hinweis auf Püttner, Der Städtetag 1990, 877; BVerfG-K, NJW 1990, 1783; zustimmend: Seewald, in: Steiner (Hrsg.), Besonderes Verwaltungsrecht, S. 111, Rdnr. 269; vgl. auch Badura, Staatsrecht, D 4 f, Rdnr. 97. In diesem Sinne ferner ders., DÖV 1998, 818 (823); Henneke, NdsVBl 1998, 273 (280).

[606] Wieland/Hellermann, Der Schutz des Selbstverwaltungsrechts der Kommunen gegenüber Einschränkungen ihrer wirtschaftlichen Betätigung im nationalen und europäischen Recht, S. 25.

[607] S.o. Teil 1, A II.

Schutz der Selbstverwaltungsgarantie auf primär bzw. ausschließlich erwerbswirtschaftliche Tätigkeiten der Gemeinden auszudehnen.[608] Als Konsequenz aus dieser Auffassung könnte möglicherweise auch die wirtschaftliche Betätigung der Gemeinden im Bereich der Telekommunikation am verfassungsrechtlichen Schutz der Selbstverwaltungsgarantie teilnehmen, ohne daß es noch auf deren Gemeinwohlorientierung ankäme. Den rechtlichen Ausgangspunkt der genannten Auffassung bildet dabei die in Art. 28 Abs. 2 S. 3 GG garantierte kommunale Finanzhoheit, nach der die Selbstverwaltungsgarantie auch die Grundlagen der finanziellen Eigenverantwortung umfaßt. Für die Anknüpfung an die Finanzhoheit spricht, daß rein erwerbswirtschaftliche Aktivitäten der Gemeinden nicht unmittelbar der Erledigung örtlicher Angelegenheiten dienen, sondern lediglich eine mittelbare Finanzierungsfunktion für die Wahrnehmung örtlicher Aufgaben einnehmen.

Zutreffend geht *Otting* zunächst davon aus, daß sich der Schutz der Finanzhoheit neben dem Recht der Gemeinden zur eigenverantwortlichen Einnahmen- und Ausgabenwirtschaft[609] auch auf das Recht zur aufgabenadäquaten Finanzausstattung[610] erstreckt. Dieser gegen das jeweilige Bundesland gerichtete finanzielle Mindestausstattungsanspruch muß soweit reichen, daß die Gemeinden neben den Weisungs- und Auftragsangelegenheiten und den pflichtigen Selbstverwaltungsangelegenheiten auch noch zur Wahrnehmung freiwilliger Angelegenheiten imstande sind,[611] wobei gleichwohl nur das zur Erhaltung des Kernbereichs der Selbstverwaltung unerläßliche Minimum freiwilliger Aufgaben erfaßt ist.[612] Entscheidend schränkt *Otting* an dieser Stelle ein, daß die Realisierung des kommunalen Finanzausstattungsanspruchs unter dem Vorbehalt der finanziellen

---

[608] Vgl. Otting, Neues Steuerungsmodell und rechtliche Betätigungsspielräume der Kommunen, S. 166 ff.; ders., DVBl 1997, 1258 (1260 ff.). Im Ergebnis offenlassend Wieland/Hellermann, Der Schutz des Selbstverwaltungsrechts der Kommunen gegenüber Einschränkungen ihrer wirtschaftlichen Betätigung im nationalen und europäischen Recht, S. 24 f.

[609] Vgl. BVerfGE 23, 353 (365 f.); 26, 228 (244); 71, 25 (36); 83, 363 (385 f.).

[610] So VerfGH NW, NVwZ 1985, 820 (821, m.w.N.); 1994, 68; Jarass/Pieroth, GG, Art. 28, Rdnr. 7a; Gern, Deutsches Kommunalrecht, 5. Kap., Rdnr. 161 (m.w.N.); diese Frage ist vom BVerfG bisher offengelassen worden, vgl. BVerfGE 26, 172 (181); 71, 25 (36 f.); 83, 363 (386); bzw. zuletzt den Beschluß des BVerfG vom 07.01.1999 -2 BvR 929/97-, Gründe, B II 2 d (3).

[611] VerfGH NW, DVBl 1989, 151 (153); S.Schmitt, Inhalt, verfassungsrechtliche Stellung und Bedeutungsgehalt der kommunalen Finanzhoheit, S. 64 f., 66, 84 f., 91; Otting, Neues Steuerungsmodell und rechtliche Betätigungsspielräume der Kommunen, S. 166 ff. (m.w.N.).

[612] Otting, Neues Steuerungsmodell und rechtliche Betätigungsspielräume der Kommunen, S. 172. Henneke, NdsVBl 1998, 273 (279).

Leistungsfähigkeit des Adressaten, also des jeweiligen Landes, stehe.[613] Infolgedessen sei im Falle einer existenzbedrohenden Finanzkrise eines Landes ausnahmsweise ein Unterschreiten der Mindestausstattung zulässig, so daß der Kernbereich der kommunalen Selbstverwaltung nicht stets durch den Ausgleichsanspruch gesichert werde. Mit anderen Worten sei denkbar, daß die den Gemeinden zur Verfügung gestellten staatlichen Finanzmittel krisenbedingt unter das zur Sicherung des Kernbereichs kommunaler Selbstverwaltung unerläßliche Maß rutschen,[614] mit der Konsequenz, daß keine freiwilligen Angelegenheiten mehr wahrgenommen werden könnten. In einer solchen Situation der Unterfinanzierung stehe die Gemeinde vor der Wahl, entweder die haushaltsrechtlichen Gebote des Haushaltsausgleichs zu mißachten oder sich über zwingende rechtliche Standards gemeindlicher Aufgabenerfüllung hinwegzusetzen.[615] Während *Oebbecke* in diesem Zusammenhang den kontrollierten Gesetzesbruch als ultima ratio zulassen will,[616] schlägt *Otting* als milderes Mittel vor, zunächst die Ausschöpfung sämtlicher in Betracht kommenden Einnahmemöglichkeiten der Gemeinden zu überprüfen, da von einer echten Unterfinanzierung keine Rede sein könne, solange potentielle Einnahmequellen noch nicht erschlossen seien.[617] Diese Argumentation führt letztlich zu der Schlußfolgerung, daß die kommunale Selbstverwaltungsgarantie die Möglichkeit zur Erschließung sonstiger Einnahmequellen sogar garantieren müsse, damit im Falle einer allgemeinen staatlichen Finanzkrise die Aufrechterhaltung des Kernbereichs der kommunalen Selbstverwaltung, also die Erfüllung eines Minimums an freiwilligen Aufga-

---

613 Otting, Neues Steuerungsmodell und rechtliche Betätigungsspielräume der Kommunen, S. 175 ff.; ders., DVBl 1997, 1258 (1261 f.); so auch VerfGH NW, DVBl 1989, 151 (152); DVBl 1993, 1205 (1206); NWVBl 1998, 390 (393 f.).

614 Otting, Neues Steuerungsmodell und rechtliche Betätigungsspielräume der Kommunen, S. 178 f. Als weitere denkbare Ursache des Entstehens einer Situation kommunaler Unterfinanzierung nennt Otting die Möglichkeit des Landesgesetzgebers, bei der Bemessung des Finanzausgleichs zu typisieren, da auf diese Weise individuell einzelnen Gemeinden keine ausreichenden Mittel zur Verfügung stehen könnten.

615 Otting, Neues Steuerungsmodell und rechtliche Betätigungsspielräume der Kommunen, S. 180.

616 Oebbecke, Die Verwaltung 29 (1996), 323 (331 f.), befürwortet in einer derartigen Krisensituation die entsprechende Anwendung der Regeln des strafrechtlichen Notstands. Der Haushaltsausgleich sei dabei das wesentlich überwiegende Interesse, das eine Abweichung von sonstigen gesetzlichen Regeln legitimieren könne.

617 Otting, Neues Steuerungsmodell und rechtliche Betätigungsspielräume der Kommunen, S. 181. Zusätzlich zu den verfassungsrechtlich normierten Einnahmemöglichkeiten (eigene Steuereinnahmen, Finanzausgleich) können sich die Gemeinden im Rahmen der Gesetze weitere Quellen erschließen, wie z.B. Gebühren, Beiträge und Konzessionsabgaben, vgl. S.Schmitt, Inhalt, verfassungsrechtliche Stellung und Bedeutungsgehalt der kommunalen Finanzhoheit, S. 70. Zu den in diesem Sinne legitimen Einnahmequellen der Gemeinden lassen sich auch anfallende Überschüsse der gemeindlichen Wirtschaftsunternehmen zählen.

ben, gewährleistet werden könne.[618] In diesem Zusammenhang erlaube die in Art. 28 Abs. 2 GG garantierte Finanzhoheit den Gemeinden auch rein erwerbswirtschaftliche Betätigungen zur Finanzierung des durch staatliche Finanzzuweisungen und Steuereinnahmen nicht abgedeckten Kernbereichs.[619]

Dem Versuch, reine Erwerbswirtschaft der Gemeinden als Bestandteil der Finanzhoheit anzuerkennen und auf diesem Wege an der kommunalen Selbstverwaltungsgarantie teilhaben zu lassen, ist indes zu widersprechen. Zu Recht hat bereits *Henneke* darauf hingewiesen, daß die Realisierung des kommunalen Finanzausstattungsanspruchs nicht uneingeschränkt unter dem Vorbehalt der finanziellen Leistungsfähigkeit des jeweiligen Landes steht, so daß die Gegenauffassung auf einer unzutreffenden Prämisse basiert.[620] Es ist vielmehr davon auszugehen, daß sich der Vorbehalt der Leistungsfähigkeit allein auf die freiwilligen Selbstverwaltungsangelegenheiten bezieht, nicht dagegen auf die Pflichtaufgaben der Gemeinden.[621] Infolgedessen ist es den Ländern verwehrt, die zum unantastbaren Kernbereich der kommunalen Selbstverwaltungsgarantie gehörende finanzielle Mindestausstattung der Gemeinden unter Berufung auf mangelnde eigene Leistungsfähigkeit zu verweigern; statt dessen sind sie verpflichtet, die erforderlichen Mittel zur Erfüllung aller Pflichtaufgaben und eines Mindestmaßes an freiwilligen Aufgaben stets zur Verfügung zu stellen.[622] Selbst dann jedoch, wenn einem Land in einer akuten Finanzkrise die Zuweisung ausreichender Mittel zur aufgabenadäquaten Finanzausstattung der Gemeinden nicht möglich sein sollte, führt dies nicht zur verfassungsrechtlichen Gebotenheit erwerbswirtschaftlicher Betätigung der Kommunen. In einem solchen Fall hat das betreffende Land vielmehr die den Kommunen auferlegten Aufgaben zu reduzieren und gesetzlich vorgegebene kostentreibende Standards der Aufgabenerfüllung zu senken, um auf diesem Wege selbst bei geringerer Mittelzuweisung die finanzielle Mindestausstattung der Kommunen gewährleisten zu können.[623] Für die hier vertretene Ansicht spricht zudem der Umstand, daß sich die

---

[618] Otting, Neues Steuerungsmodell und rechtliche Betätigungsspielräume der Kommunen, S. 181 (m.w.N.).

[619] Otting, Neues Steuerungsmodell und rechtliche Betätigungsspielräume der Kommunen, S. 199. Im Ergebnis befürwortet Otting damit die verfassungsrechtliche Gebotenheit der Anerkennung der mittelbaren Finanzierungsfunktion reiner Erwerbswirtschaft zur Förderung gemeinwohlorientierter Aufgaben. Der Landesgesetzgeber dürfe erwerbswirtschaftliche Betätigungen durch das Kommunalrecht nicht erschweren, wenn er die Gemeinden nur unzureichend mit Finanzmitteln ausstatten könne.

[620] Henneke, NdsVBl 1998, 273 (279).

[621] Vgl. NdsStGH, NdsVBl 1998, 43 (45); Henneke, NdsVBl 1998, 273 (279); Schwarz, KStZ 1998, 145 (150); unklar insoweit BayVerfGH, BayVBl 1997, 303 (304 f.).

[622] Henneke, NdsVBl 1998, 273 (279).

[623] Henneke, NdsVBl 1998, 273 (280).

Vorschrift des Art. 28 Abs. 2 S. 3 GG allgemein an den Gesetzgeber richtet und infolgedessen den Gemeinden keinen Anspruch auf rein erwerbswirtschaftliche Betätigungen außerhalb der Grenzen des Gemeindewirtschaftsrechts gewährt.[624]

Darüber hinaus hat zuvor bereits *Hidien* auf den Schwachpunkt hingewiesen, daß die Gegenansicht die rechtliche Garantie der rein erwerbswirtschaftliche Betätigung der Gemeinden allein mit tatsächlichen Erwägungen, nämlich einer konkreten Situation gemeindlicher Unterfinanzierung, begründet.[625] Praktische Schwierigkeiten wären damit unvermeidbar: Unklar bliebe etwa, ob nach der Beendigung einer Situation der Unterfinanzierung eine erwerbswirtschaftliche Tätigkeit, die in einer solchen Finanzkrise aufgenommen wurde, wieder aufgegeben werden müßte und wie dies sicherzustellen wäre. Des weiteren wären schwierige Abgrenzungen hinsichtlich der Eignung konkreter erwerbswirtschaftlicher Betätigungen zur Leistung eines Finanzierungsbeitrages zu treffen.[626]

3. Versorgung mit Telekommunikation als daseinsvorsorgerische Angelegenheit der örtlichen Gemeinschaft

Da somit an der Differenzierung zwischen gemeinwohlorientierten und rein erwerbswirtschaftlichen Tätigkeiten festzuhalten ist, muß auch speziell die wirtschaftliche Betätigung der Gemeinden in der Telekommunikation dem Bereich der Daseinsvorsorge zuzurechnen sein, um am verfassungsrechtlichen Schutz der Selbstverwaltungsgarantie teilnehmen zu können.

Mit der Einführung des meist schlagwortartig verwendeten Begriffs der Daseinsvorsorge ist ein Versuch unternommen worden, die Bereiche öffentlicher Leistungsverwaltung zu beschreiben.[627] Zwar ist die inhaltliche Konturenlosigkeit des Begriffs offensichtlich, so daß eine präzise Zuordnung konkreter Aufgabenfelder schwerfällt. Gemeinhin werden allerdings Bereiche wie Gas-, Was-

---

[624] Badura, DÖV 1998, 818 (823); Henneke, NdsVBl 1998, 273 (280).

[625] Vgl. die Kritik von Hidien, Gemeindliche Betätigungen rein erwerbswirtschaftlicher Art, S. 125, Fn. 29, an der Auffassung von Backhaus, Öffentliche Unternehmen, S. 167 ff. (173 ff.), die sich auf die ähnliche Argumentation von Otting, DVBl 1997, 1258 (1260 ff.), übertragen läßt.

[626] Otting, Neues Steuerungsmodell und rechtliche Betätigungsspielräume der Kommunen, S. 188, räumt selbst ein, daß unter dem Aspekt des Finanzierungsbeitrages nur solche erwerbswirtschaftlichen Tätigkeiten von der Finanzhoheit garantiert sein könnten, die risikoarm sind und zeitnahe sowie gleichmäßige Erträge bringen. Wann die „Risikoarmut" bzw. „Ertragsgarantie" einer bestimmten Tätigkeit bejaht werden kann, läßt sich allerdings kaum durch allgemeingültige Kriterien festlegen.

[627] Tettinger, Besonderes Verwaltungsrecht, S. 23, Rdnr. 28. Allgemein zu Ursprung, Funktion und Wandlungen der von Ernst Forsthoff in das Verwaltungsrecht eingeführten Konzeption, vgl. Scheidemann, Der Begriff Daseinsvorsorge.

ser- und Stromversorgung, Abfall- und Abwasserentsorgung, Personennahverkehr, Krankenhauswesen, Bildungs- und Kultureinrichtungen und Kommunikation zum daseinsvorsorgerischen Bereich gerechnet.[628] *Scholz* weist so auch zurecht darauf hin, daß Errichtung und Vorhaltung einer ausreichenden Kommunikationsinfrastruktur wesentliche Elemente der Daseinsvorsorge, vergleichbar etwa der Vorhaltung einer ausreichenden Energie- und Wasserversorgung, waren und sind.[629]

Kann somit die wirtschaftliche Betätigung in der Telekommunikation grundsätzlich als daseinsvorsorgerische Tätigkeit qualifiziert werden, bleibt gleichwohl zu berücksichtigen, daß der Zuständigkeitsbereich der Gemeinden auf die Angelegenheiten der örtlichen Gemeinschaft beschränkt ist. Dies bedeutet allgemein, daß der Nachweis der örtlichen Relevanz einer konkreten Aufgabe durch deren pauschale Zuordnung zum Bereich der Daseinsvorsorge keineswegs ersetzt werden kann. Vielmehr ist zwischen dem zentralstaatlich gewährleisteten Bereich der Daseinsvorsorge und der örtlichen Daseinsvorsorge zu differenzieren. Auch bei der Versorgung mit Telekommunikation muß es sich daher sowohl sachlich als auch räumlich um eine örtliche Angelegenheit handeln.

a) Örtliche Relevanz der Telekommunikationsaktivitäten der Gemeinden

Es trifft zwar zu, daß die Dienstleistungen im Bereich der Telekommunikation -im Gegensatz zur Wasser- und Energieversorgung, die seit jeher zur örtlichen Daseinsvorsorge und damit zu den Aufgaben der Gemeinden gerechnet wurden-[630] aus rechtshistorischer Sicht zu keiner Zeit zur lokalen Daseinsvorsorge gezählt haben. Vielmehr lag das ehemalige Telegraphen- bzw. Fernmeldewesen stets in Händen der Bundes- bzw. Reichsverwaltung und wurde somit zentralstaatlich gewährleistet.[631] Dieser historische Befund allein zwingt jedoch noch nicht zur Schlußfolgerung, daß die Versorgung der Bevölkerung mit Telekommunikationsdienstleistungen zwar ein Aspekt der Daseinsvorsorge, aber keine Angelegenheit des gemeindeeigenen, durch Art. 28 Abs. 2 S. 1 GG geschützten Wirkungskreises sein könne.[632] Wie bereits gezeigt, gibt es gerade keinen für

---

[628] Vgl. Tettinger, Besonderes Verwaltungsrecht, S. 23, Rdnr. 28; Tilch (Hrsg.), Deutsches Rechts-Lexikon, Bd. 1, Stichwort Daseinsvorsorge, S. 898 f.

[629] Scholz, Archiv PT 1996, 95 (107).

[630] Vgl. auch BVerfG-K, NJW 1990, 1783.

[631] Scholz, Archiv PT 1996, 95 (107); Twickel, NJW-CoR 1996, 226 (229); Müller, DVBl 1998, 1256 (1261 f.); vgl. auch die Gegenäußerung der BReg zur Stellungnahme des BRates zum Entwurf des TKG, BT-Drs. 13/4438, vom 23.04.1996, Anlage 3, S. 36.

[632] So aber Scholz, Archiv PT 1996, 95 (107), unter Hinweis auf BVerwG, NJW 1987, 2096 (2097); Schütz, NVwZ 1996, 1053 (1056).

alle Zeiten unveränderbaren gemeindlichen Aufgabenkatalog,[633] so daß der Wandel einer ehemals überörtlichen zu einer örtlichen Aufgabe grundsätzlich ebenso möglich ist wie umgekehrt die „Entörtlichung" einer Aufgabe.[634] Nach dem Wegfall der (bundes-) staatlichen Monopole in der Telekommunikation ist daher durchaus denkbar, daß das aus dem Grundsatz der Universalität abgeleitete Aufgabenzugriffs- bzw. erfindungsrecht der Gemeinden die Aufnahme wirtschaftlicher Aktivitäten im Bereich der Telekommunikation rechtfertigen kann. Voraussetzung dafür ist, daß der Nachweis der örtlichen Relevanz der Versorgung mit Telekommunikation gelingt.

In diesem Sinne wird unter Bezugnahme auf die geänderten rechtlichen Rahmenbedingungen vereinzelt darauf hingewiesen, daß sich die Telekommunikation hinsichtlich ihrer spezifischen Funktion und Qualität zu einer zentralen örtlichen Angelegenheit entwickelt habe.[635] Zur Rechtfertigung dieser Zuordnung werden neben der Gewährleistung einer krisenfesten und angemessenen Versorgung der Gemeindeeinwohner weitere Gemeinwohlgründe wie etwa die Aspekte Verbesserung der örtlichen Infrastruktur, Wirtschaftsförderung sowie Wettbewerbs- und Arbeitsplatzsicherung angeführt.[636]

In der Tat spricht für die örtliche Relevanz der Versorgung mit Telekommunikation, daß auch und gerade in der heutigen Informationsgesellschaft die Bereitstellung von Kommunikationsmöglichkeiten für die Gemeindeeinwohner von ebenso grundlegender Bedeutung ist wie etwa die Wasser- und Energieversorgung. Die Folgen von sich wiederholenden oder dauerhaften Engpässen, Qualitätseinbußen bzw. Ausfällen in der Versorgung mit Telekommunikationsdienstleistungen wären mit der bloßen Auswirkung auf die Lebensqualität wohl nur unzureichend beschrieben. Soweit es daher um den Auf- und Ausbau lokaler Telekommunikationsnetze mit dem Zweck der allgemeinen Verbesserung der Kommunikationsmöglichkeiten der Gemeindeeinwohner geht, dürften die vom Bundesverfassungsgericht für die Bestimmung der örtlichen Relevanz einer Aufgabe aufgestellten räumlichen und soziologischen Kriterien erfüllt sein.[637] Mit anderen Worten ist davon auszugehen, daß eine Gemeinde, die durch ein eigenes TKU die örtliche Wirtschaft und die Einwohner der Gemeinde mit Telekommunikationsdienstleistungen versorgt, grundsätzlich ein der örtlichen Ge-

---

633 S.o. Teil 1, E III 1 a.

634 So halten etwa Löwer, Energieversorgung zwischen Staat, Gemeinde und Wirtschaft, S. 226 ff., und Ossenbühl, DÖV 1992, 1 (8, m.w.N. in Fn. 25), die Energieerzeugung für „entörtlicht", während umgekehrt die Ansicht vertreten wird, daß die Energieerzeugung gerade erst zur örtlichen Angelegenheit geworden ist, vgl. Britz, Örtliche Energieversorgung, S. 69 f.

635 Kubicek, in: Kubicek u.a. (Hrsg.), Jahrbuch Telekommunikation und Gesellschaft 1996, S. 101 (102).

636 Giesen/Cronauge, ZKF, 1996, 74 (76).

637 S.o. Teil 1, E III 1 a.

meinschaft gemeinsames Bedürfnis befriedigt, und somit am verfassungsrechtlichen Schutz der Selbstverwaltungsgarantie teilnimmt. Der Feststellung der örtlichen Relevanz steht nicht entgegen, daß das örtliche Bedürfnis nach Telekommunikationsdienstleistungen auch andernorts auftritt.[638]

Ebenso kann die örtliche Relevanz einzelner Telekommunikationsdienstleistungen nicht mit dem Argument bestritten werden, daß diese darauf angelegt seien, überregionale Bezüge herzustellen.[639] Zum einen ist es bedenklich, die örtlichen Angelegenheiten auf solche Aufgaben zu beschränken, die völlig autonom innerhalb der örtlichen Gemeinschaft und ohne Abhängigkeit von überörtlichen Gegebenheiten erledigt werden können, da solche Aufgaben im modernen Wirtschaftsleben kaum noch vorhanden sind.[640] Zum anderen beschränkt sich das den Gemeindeeinwohnern gemeinsame Kommunikationsbedürfnis nicht auf die „interne" Kommunikation mit den anderen Bürgern der Gemeinde, sondern erfaßt insbesondere auch den kommunikativen Kontakt nach „außen". Die kommunikative Verbindung einer Gemeinde zur Außenwelt stellt ohne weiteres ein gemeinschaftliches Grundbedürfnis der Einwohner dar. Eine andere Beurteilung könnte jedoch hinsichtlich solcher Dienste geboten sein, die sich an Verbraucher außerhalb des jeweiligen Gemeindegebietes richten, da es insoweit nicht mehr um die telekommunikative Versorgung der eigenen Bürger geht.

Schließlich spricht auch der Umstand, daß gegenwärtig die Grundversorgung mit Telekommunikationsdienstleistungen in tatsächlicher Hinsicht gewährleistet und durch das Konzept des Universaldienstes auch rechtlich abgesichert ist, nicht gegen den verfassungsrechtlichen Schutz der gemeindewirtschaftlichen Betätigung in der Telekommunikation. Anderenfalls würde dies auf eine Beschränkung gemeindlicher Wirtschaftsaktivitäten auf solche Branchen, in denen nur eine lückenhafte Versorgung der Bürger erreicht wird, hinauslaufen. Historisch betrachtet wurden die Gemeinden in der Versorgungswirtschaft hingegen nicht nur im Falle von Versorgungsengpässen tätig, sondern auch aus anderen Gründen, wie etwa der „Monopolkontrolle".[641] Somit ist das Vorliegen einer

---

[638] Vgl. dazu allgemein Britz, Örtliche Energieversorgung nach nationalem und europäischem Recht, S. 69.

[639] So lehnt Held, in: Hennecke (Hrsg.), Organisation kommunaler Aufgabenerfüllung, S. 113 (123), die örtliche Relevanz für „Telekommunikation und Telefondienste außerhalb von City-Netzen", ab. Held zählt also nur örtlich begrenzte Telekommunikationsangebote zu den örtlichen Angelegenheiten.

[640] Vgl. Britz, Örtliche Energieversorgung, S. 70.

[641] Vgl. Stern/Püttner, Die Gemeindewirtschaft, S. 19. Der Gedanke der Monopolkontrolle kann etwa auch im hier vorliegenden Zusammenhang herangezogen werden, da -obgleich mittlerweile sämtliche Telekommunikationsmärkte in rechtlicher Hinsicht liberalisiert sind-zumindest faktisch in den meisten Gemeinden das örtliche Monopol der DTAG fortbesteht.

Versorgungslücke nicht notwendig für eine gemeindewirtschaftliche Betätigung; vielmehr muß es ausreichen, wenn einem entsprechendem Engagement etwa soziale, wirtschaftspolitische oder ähnliche Motive zugrunde liegen.

Im Ergebnis handelt es sich damit bei der Versorgung der Gemeindeeinwohner mit Telekommunikation um eine sachliche und räumliche Angelegenheit der örtlichen Gemeinschaft, so daß die wirtschaftliche Betätigung der Gemeinden in diesem Wirtschaftszweig prinzipiell am verfassungsrechtlichen Schutz der Selbstverwaltungsgarantie teilnimmt. Zu unterstreichen ist die entscheidende Bedeutung der grundlegenden Neustrukturierung des Wirtschaftssektors Telekommunikation für diesen Befund: Erst durch den im Zuge des Liberalisierungsprozesses erfolgten Wegfall der mit der ehemaligen Aufgabenerledigung durch den Bund verbundenen Sperrwirkung ist der Aufgabenzugriff der Gemeinden und infolgedessen die Zuordnung der Versorgung mit Telekommunikation zu den gemeindlichen Angelegenheiten ermöglicht worden. Vor diesem Hintergrund können Hinweise auf die anderslautende „Breitbandkabel"-Entscheidung des Bundesverwaltungsgerichts[642] nicht überzeugen, da dieser noch die frühere Rechtslage vor dem Wegfall der (bundes-) staatlichen Monopole, als die Telekommunikation den Gemeinden noch weitgehend entzogen war, zugrunde lag.[643]

In diesem Sinne ist auch die im Rahmen der Beurteilung der Verfassungsmäßigkeit der Vorschrift des § 50 Abs. 1 S. 1 TKG getroffene Feststellung des Bundesverfassungsgerichts zu verstehen, daß es den Gemeinden unbenommen bleibe, auf dem Gemeindegebiet Übertragungswege für Telekommunikationslinien selber zu betreiben oder Sprachtelefondienste anzubieten.[644]

Wenn man in diesem Zusammenhang von einem Kompetenzzuwachs der Gemeinden sprechen möchte, ist dieser auf die Universalität des gemeindlichen

---

Gemeindliche TKU können insoweit einen wesentlichen Beitrag zum Entstehen funktionsfähigen Wettbewerbs auf örtlicher Ebene leisten.

[642] BVerwG, NJW 1987, 2096 (2097). Das Bundesverwaltungsgericht hat in dieser Entscheidung (unter Hinweis auf die Verwaltungszuständigkeit des Bundes für das Fernmeldewesen aus Art. 87 Abs. 1 GG a.F.) klargestellt, daß die Einrichtung von Fernmeldelinien keine Selbstverwaltungsangelegenheit sei. Vgl. ferner BVerwGE 77, 134 (138); BayVerwGH, Archiv PT 1997, 213 (215).

[643] Vgl. aber VG Regensburg, CR 1998, 741 (743); Müller, DVBl 1998, 1256 (1262); sowie J.Schmidt, Archiv PT 1997, 213 (218), der das Urteil des Bayerischen Verwaltungsgerichtshofes (BayVerwGH, Archiv PT 1997, 213 (215) pauschal als Bestätigung der Rechtsauffassung des Bundesverwaltungsgerichts (BVerwG, NJW 1997, 2096 (2097)) „auch für die Zeit nach der Postreform" einstuft, ohne darauf einzugehen, daß sich die Entscheidung auf einen Sachverhalt aus dem Jahr 1993 bezieht, als das Netz- und Sprachtelefondienstmonopol noch von der DBP Telekom ausgeübt wurde.

[644] Vgl. Beschluß der 2. Kammer des Zweiten Senats des BVerfG vom 07.01.1999 -2 BvR 929/97-, Gründe, B II 2 a.

Wirkungskreises zurückzuführen. Einer bewußten Kompetenzverlagerung von der zentralstaatlichen auf die gemeindliche Ebene -etwa durch eine gesetzliche Aufgabenzuweisung- bedurfte es hingegen nicht.[645]

b) Gemeindliches Betätigungsverbot in der Telekommunikation aus Art. 28 Abs. 2 S. 1 i.V.m. Art. 87 f Abs. 1 GG?

Im Gegensatz zum soeben dargestellten Ergebnis wird in jüngster Zeit vereinzelt die Auffassung vertreten, daß eine gemeindliche Betätigung im Bereich der Telekommunikation nicht am Schutz der kommunalen Selbstverwaltungsgarantie teilhaben könne, da der Gesetzgeber die Problematik der Daseinsvorsorge in diesem Bereich mit dem Infrastruktursicherungsauftrag in Art. 87 f Abs. 1 GG ausdrücklich dem Bund überantwortet habe.[646]

Zwar räumt auch *Müller* zunächst ein, daß Sinn und Zweck der Selbstverwaltung bzw. speziell die Idee der kommunalen Selbstversorgung für eine Betätigung der Gemeinden auf dem Telekommunikationssektor sprechen könnten, da diesen nach allgemeiner Auffassung das Recht auf Schaffung, Erhaltung und Verbesserung im Bereich der Daseinsvorsorge zustehe.[647] Der verfassungsrechtliche Auftrag an den Bund, eine flächendeckend angemessene und ausreichende Versorgung der Bevölkerung mit Telekommunikationsdienstleistungen zu gewährleisten, bedeute allerdings nichts anderes als eine Aufgaben- und Kompetenzverteilung in Gestalt einer ausdrücklichen Zuweisung an den Bund. Aus Art. 28 Abs. 2 S. 1 i.V.m. Art. 87 f Abs. 1 GG folge daher zwingend ein Tätigkeitsverbot der Gemeinden für den Bereich der Telekommunikation.[648] Dies müsse um so mehr vor dem Hintergrund gelten, daß die Telekommunikation bis vor kurzem ein Bundesmonopol gewesen sei.

Ganz ähnlich begründet das Verwaltungsgericht Regensburg seine Ansicht, daß Bau und Unterhaltung von Fernmeldelinien und -netzen (auch nach Inkrafttreten des TKG) nicht zu den Angelegenheiten der kommunalen Selbstverwaltung zählen: Die Telekommunikation sei schon ihrem Wesen nach raumübergreifend und damit gerade nicht Bestandteil der örtlichen, sondern der überörtlichen Daseinsvorsorge. Letztere habe sich der Bund (traditionsgemäß) vorbehalten, was insbesondere in der Umschreibung des Infrastrukturauftrags des Bundes in Art. 87 f Abs. 1 S. 1 GG als „flächendeckend" deutlich zum Ausdruck komme.[649]

---

[645] So ist aber wohl Scholz, Archiv PT 1996, 95 (107), zu verstehen, der deshalb einen Kompetenzzuwachs der Gemeinden auch nach der Liberalisierung der Telekommunikation ablehnt.

[646] Vgl. VG Regensburg, CR 1998, 741 (743); Müller, DVBl 1998, 1256 (1261 ff.).

[647] Müller, DVBl 1998, 1256 (1262).

[648] Müller, DVBl 1998, 1256 (1262 f.).

[649] VG Regensburg, CR 1998, 741 (743, m.w.N.).

Wenngleich es zutrifft, daß der Bund nach Art. 87 f Abs. 1 GG die Dienstleistungen im Bereich der Telekommunikation[650] als hoheitliche Aufgabe flächendeckend gewährleistet, so ist doch der Schlußfolgerung, daß dieser Infrastrukturauftrag des Bundes ein Verbot gemeindlicher Telekommunikationsaktivitäten nach sich ziehen soll, zu widersprechen. Dies wird bei näherer Betrachtung des Bedeutungsgehalts bzw. der Reichweite des Infrastrukturauftrags deutlich.

(1) Begrenzung des Bereichs der überörtlichen Daseinsvorsorge auf die Gewährleistungsebene

Mit der verfassungsrechtlichen Verankerung des Infrastruktursicherungsauftrags wurde der Einsicht Rechnung getragen, daß der Bereich der Telekommunikation auch nach dem Wegfall der bundesstaatlichen Monopole regulierungsbedürftig bleibt und nicht abrupt dem „Spiel des freien Marktes“ überlassen werden soll.[651] Art. 87 f Abs. 1 GG richtet sich infolgedessen vorrangig an den Bundesgesetzgeber, dem die Ausgestaltung bzw. Umsetzung des Infrastruktursicherungsauftrags überantwortet wird, spricht daneben aber auch die vollziehende Gewalt an.[652] Dem in Art. 87 f Abs. 1 GG enthaltenen Gesetzgebungsauftrag ist der Bund insbesondere durch den Erlaß des Telekommunikationsgesetzes, das verbindliche Rahmenbedingungen für die privatwirtschaftliche Erbringung von Telekommunikationsdienstleistungen aufstellt, bereits nachgekommen. Die vollziehende Gewalt kann ihre Verpflichtung aus Art. 87 f Abs. 1 GG in Verbindung mit den dazu ergangenen einfachgesetzlichen Vorgaben auf unterschiedliche Art und Weise erfüllen.[653] So kann sie zum einen das Verhalten der Anbieter von Telekommunikationsdienstleistungen beaufsichtigen und Regulierungsmaßnahmen ergreifen, zum anderen aber auch fiskalische Mittel zur Steuerung einsetzen. Schließlich kann sie den Infrastrukturauftrag auch durch privatrechtliche Einflußnahme (auf die noch mehrheitlich bundeseigene DTAG) im Rahmen der Beteiligungsverwaltung wahrnehmen.

Insgesamt wird damit die veränderte Aufgabenwahrnehmung des Bundes nach dem Wegfall der staatlichen Monopole deutlich: Dem Bund wird die Verantwortung für die mittelbare Steuerung des privatwirtschaftlichen Bereichs der Dienstleistungserbringung übertragen, was insbesondere durch den Begriff der Gewährleistung in Art. 87 f Abs. 1 GG zum Ausdruck kommt. Er hat

---

[650] Als solche gelten im wesentlichen das Bereitstellen von Telekommunikationsnetzen, -diensten und -endeinrichtungen, vgl. Uerpmann, in: v.Münch/Kunig, GG, Bd. 3, Art. 87 f, Rdnr. 6; Scherer, CR 1994, 418 (420).

[651] Windthorst, in: Sachs, GG, Art. 87 f, Rdnr. 4.

[652] Vgl. Windthorst, in: Sachs, GG, Art. 87 f, Rdnrn. 4 f., 15, 20; Jarass/Pieroth, GG, Art. 87 f, Rdnr. 3; Uerpmann, in: v.Münch/Kunig, GG, Bd. 3, Art. 87 f, Rdnrn. 7, 9.

[653] Vgl. Windthorst, in: Sachs, GG, Art. 87 f, Rdnrn. 16 ff.

sicherzustellen, daß überhaupt flächendeckend angemessene und ausreichende Telekommunikationsdienstleistungen (durch private Anbieter) erbracht werden, ohne selbst zur Leistungserbringung verpflichtet zu sein. Zwar bleibt es dem Bund unbenommen, Telekommunikationsdienstleistungen durch eigene (privatrechtlich organisierte) Unternehmen anzubieten, eine dementsprechende Verpflichtung enthält Art. 87 f Abs. 1 GG jedoch gerade nicht.[654] Im Ergebnis kennzeichnet folglich der Infrastrukturauftrag aus Art. 87 f Abs. 1 GG die Wandlung der ehemaligen unmittelbaren Erfüllungsverpflichtung des Bundes zur sozialstaatlich gebotenen Gewährleistungs- und Überwachungsverantwortung.[655] Insofern läßt sich von einer neuen Rolle des Bundes als Überwacher bzw. Garant sprechen.

Als Konsequenz aus dieser Wandlung sind nunmehr zwei verschiedene Ebenen zu unterscheiden: Die Erbringung von Dienstleistungen (Ebene der Aufgabenerfüllung) ist strikt von der Gewährleistung der Dienstleistungserbringung (Ebene der Erfüllungsverantwortung) zu trennen. Allein die letztgenannte Ebene der Gewährleistung ist dabei infolge des Infrastrukturauftrags der Verantwortung des Bundes und damit dem Bereich der überörtlichen Daseinsvorsorge vorbehalten.[656] Daraus ergibt sich im Umkehrschluß, daß Art. 87 f Abs. 1 GG der wirtschaftlichen Betätigung der Gemeinden in der Telekommunikation, die lediglich die Ebene der Leistungserbringung betrifft, nicht entgegensteht, so daß sich aus dem Infrastrukturauftrag ein Verbot von Telekommunikationsaktivitäten der Gemeinden nicht ableiten läßt.

Der anderslautende Befund der oben dargestellten Gegenauffassung scheint insoweit darin begründet zu liegen, daß die gebotene Differenzierung zwischen der Erbringung von Dienstleistungen (Erfüllungsebene) und deren Gewährleis-

---

[654] Vgl. Uerpmann, in: v.Münch/Kunig, GG, Bd. 3, Art. 87 f, Rdnr. 7.

[655] Windthorst, in: Sachs, GG, Art. 87 f, Rdnr. 4; vgl. dazu allgemein Wieland, Die Verwaltung 28 (1995), 315 (334 f.). Außer im Telekommunikationsbereich ist eine in diesem Sinne veränderte Aufgabenwahrnehmung des Staates auch in anderen deregulierten Sektoren zu beobachten. Die allgemeine Entwicklung tendiert damit zum Übergang von der Leistungsverwaltung zur Regulierungsverantwortung bzw. vom Wohlfahrts- zum Gewährleistungstaat, vgl. Hermes, Staatliche Infrastrukturverantwortung, S. 6 (m.w.N.); Eifert, Grundversorgung mit Telekommunikationsleistungen im Gewährleistungsstaat, S. 15 ff., 209. Siehe dazu bereits oben Teil 1, D II 3 a.

[656] Vgl. in diesem Zusammenhang auch den von Eifert, Grundversorgung mit Telekommunikationsleistungen im Gewährleistungsstaat, S. 175 ff., vorgenommenen Versuch, die in Art. 87 f Abs. 1 GG als Gewährleistung formulierte staatliche Ergebnisverantwortung zu konzeptionalisieren. Eifert differenziert dabei zwischen den drei Ebenen Gewährleistungsbereich, Gewährleistungsgehalt und Gewährleistungsmodus. Während der Gewährleistungsbereich den Gegenstandsbereich der staatlichen Verantwortungsübernahme kennzeichnet, bezieht sich der Gewährleistungsgehalt auf den eigentlichen Inhalt der staatlichen Garantie und der Gewährleistungsmodus auf die Art und Weise seiner Sicherstellung.

tung (Verantwortungsebene) übersehen und folglich der Bereich der Telekommunikation insgesamt zur überörtlichen Daseinsvorsorge gezählt wird.

(2) Keine Beeinträchtigung der mittelbaren Steuerungsfunktion des Bundes

Ein gemeindliches Betätigungsverbot ließe sich allenfalls rechtfertigen, wenn die aus dem Infrastrukturauftrag abzuleitende mittelbare Steuerungsfunktion des Bundes durch die Telekommunikationsaktivitäten der Gemeinden beeinträchtigt würde. Dies wäre etwa dann der Fall, wenn diese Einfluß auf die Entscheidung Dritter, auf dem jeweiligen Gemeindegebiet Telekommunikationsdienstleistungen zu erbringen, nehmen könnten bzw. vor der Entscheidung stünden, die Versorgung der Gemeindeeinwohner *entweder* selbst zu übernehmen *oder* einem anderen zu übertragen. Dagegen, daß den Gemeinden derartige Kompetenzen zustehen, spricht jedoch zum einen die Bindung an die telekommunikationsrechtlichen Vorgaben des Bundesgesetzgebers und die Entscheidungen der Regulierungsbehörde und zum anderen der Regelungsgehalt bzw. die Schutzrichtung des Art. 28 Abs. 2 S. 1 GG: Die Vorschrift zielt darauf ab, die demokratisch-bürgerschaftliche Mitwirkung auf örtlicher Ebene sicherzustellen und den Gemeinden einen Aufgabenkreis innerhalb der innerstaatlichen Organisation zuzuordnen, um die dezentrale Verwaltungsebene im Sinne des „Aufbaus der Demokratie von unten nach oben" zu stärken.[657] Da somit Aufgaben mit relevantem örtlichen Charakter prinzipiell vor Ort erfüllt und nicht auf übergeordnete Verwaltungsträger „hochgezont" werden sollen, richtet sich der abwehrrechtliche Gehalt der Vorschrift gegen den Staat und andere Träger öffentlicher Gewalt.[658] Art. 28 Abs. 2 S. 1 GG stellt infolgedessen nur ein staatsorganisatorisches Aufgabenverteilungsprinzip dar, das Kompetenzen der Gemeinden im Verhältnis zum Staat verfassungsrechtlich absichert, aber keine Maßgaben für die Aufgabenabgrenzung zum privaten Sektor beinhaltet.[659] Konsequenz dieser rein staatsorientierten Schutzwirkung ist, daß die Selbstverwaltungsgarantie kei-

---

[657] Vgl. dazu BVerfGE 79, 127 (150); Ossenbühl, DÖV 1992, 1 (7).

[658] Vgl. Ossenbühl, DÖV 1992, 1 (7 f.).

[659] Vgl. Dreier, in: ders. (Hrsg.), GG, Bd. 2, Art. 28, Rdnr. 139 (m.w.N. in Fn. 513); Kluth, Grenzen kommunaler Wettbewerbsteilnahme, S. 46 f.; Löwer, Energieversorgung zwischen Staat, Gemeinden und Wirtschaft, S. 217 ff; ders., DVBl 1991, 132 (140); Schmidt-Aßmann, in: FS Sendler, S. 121 (131); Ossenbühl, DÖV 1992, 1 (7 f.); Badura, DÖV 1998, 818 (823); Henneke, NdsVBl 1998, 273 (282). Für die reine Staatsgerichtetheit des Art. 28 Abs. 2 S. 1 GG spricht auch die systematische Stellung der Norm im Abschnitt „Der Bund und die Länder" außerhalb der Grundrechtsnormen. Nach der Gegenansicht lassen sich aus der Selbstverwaltungsgarantie auch Wirkungen im Verhältnis Staat - Bürger entnehmen, vgl. (mit unterschiedlichen Begründungen) Schmidt-Jortzig, Kommunalrecht, Rdnr. 523; Erichsen, Kommunalrecht NW, § 11 D 2 b, S. 278; früher bereits Stern/Püttner, Die Gemeindewirtschaft, S. 173.

ne Befugnisse zu Eingriffen in den Aufgabenbestand Privater vermittelt.[660] Die Entfaltung einer Sperrwirkung der Selbstverwaltungsgarantie im Verhältnis zur Privatwirtschaft muß daher erst recht ausscheiden, so daß „keine Zuständigkeiten der Gemeinden unter Ausschluß der Betätigungsmöglichkeiten Privater" begründet werden.[661] Nichts anderes gilt für den Bereich der Daseinsvorsorge einschließlich der Versorgung mit Telekommunikation, denn es gibt keinen Grundsatz dergestalt, daß die Erledigung der daseinsvorsorgerischen Tätigkeiten der Verwaltung vorbehalten wäre. Andererseits kann der mangelnden Schutzwirkung im Verhältnis zu Privaten aber auch kein pauschaler Ausschluß der wirtschaftlichen Betätigungsmöglichkeiten der Gemeinden in Konkurrenz zur Privatwirtschaft entnommen werden.[662] Wenngleich also Art. 28 Abs. 2 S. 1 GG keinen Kompetenztitel für Grundrechtseingriffe verleiht, erlaubt die Norm zumindest eine konkurrierende Aufgabenwahrnehmung grundsätzlich ohne weitere Legitimation, solange keine Eingriffsintensität erreicht wird.[663] Im Ergebnis wird

---

[660] Art. 28 Abs. 2 S. 1 GG ist also staatsgerichtete Kompetenz-, nicht dagegen bürgerorientierte Befugnisnorm, vgl. Löwer, Energieversorgung zwischen Staat, Gemeinden und Wirtschaft, S. 217 ff.; ders., DVBl 1991, 132 (140); Schmidt-Aßmann, in: FS Sendler, S. 121 (131); Henneke, NdsVBl 1998, 273 (282). Nach der Rechtsprechung des Bundesverfassungsgerichts können den Grundrechten auf Verfassungsebene zwar nicht nur durch kollidierende Grundrechte Dritter, sondern auch durch andere mit Verfassungsrang ausgestattete Rechtswerte Grenzen gezogen werden, wobei zu diesen Rechtswerten grundsätzlich auch Kompetenznormen zählen können. Art. 28 Abs. 2 S. 1 GG ist aber aufgrund ihrer reinen Staatsorientiertheit nicht als eine solche die Grundrechte beschränkende Kompetenznorm zu verstehen, vgl. dazu Jarass/Pieroth, GG, Art. 28, Rdnr. 5; Wieland/Hellermann, Der Schutz des Selbstverwaltungsrechts der Kommunen gegenüber Einschränkungen ihrer wirtschaftlichen Betätigung im nationalen und europäischen Recht, S. 27 (m.w.N.); dies., DVBl 1996, 401 (407). Kluth, Grenzen kommunaler Wettbewerbsteilnahme, S. 46 ff. (49, m.w.N. in Fn. 73), hält darüber hinaus -unter Hinweis auf das Sondervotum der Richter Böckenförde und Mahrenholz in BVerfGE 69, 1 (57 ff.)- die Ableitung kollidierender Werte von Verfassungsrang aus Kompetenznormen für bedenklich.

[661] Vgl. Badura, DÖV 1998, 818 (823, m.w.N.); vgl. auch (bezogen auf den Bereich der Energieversorgung) BGH, ZIP 1997, 993 (996); Britz, Örtliche Energieversorgung, S. 146 ff.; Krebs, Rechtliche Grundlagen und Grenzen kommunaler Energieversorgung, S. 70 ff. (72); Löwer, DVBl 1991, 132 (142); Ossenbühl, DÖV 1992, 1 (7 ff.). Vgl. auch BayVerfGH, NVwZ 1997, 481 (483), der bestätigt, daß das Selbstverwaltungsrecht die Gemeinden nicht vor privater Konkurrenz schützt

[662] Vgl. Wieland/Hellermann, Der Schutz des Selbstverwaltungsrechts der Kommunen gegenüber Einschränkungen ihrer wirtschaftlichen Betätigung im nationalen und europäischen Recht, S. 28.

[663] Vgl. Schönershofen/Binder-Falcke, VR 1997, 109. Daraus folgt, um eine Formulierung von Britz zu zitieren, daß „...sich die Ordnungsfunktion der Kommunen auf solche Angelegenheiten beschränken muß, die einen Eingriff in Grundrechte entweder nicht erfordern oder eine gesetzliche Ermächtigung besitzen", vgl. Britz, Örtliche Energieversorgung, S. 146 ff. (m.w.N.). Nach der hier vertretenen Ansicht ist gleichwohl mit dem Markteintritt gemeindli-

damit deutlich, daß es für die Gemeinden stets nur um die Aufnahme einer konkurrenzwirtschaftlichen Betätigung gehen kann. Folgerichtig stehen diese auch hinsichtlich der Erbringung von Telekommunikationsdienstleistungen allein vor der Entscheidung, ob sie (konkurrierend) *neben* anderen Anbietern am Markt teilnehmen wollen. Zum Einflußbereich der Gemeinden gehört dagegen weder die Entscheidung, die Versorgung der Einwohner *entweder* selbst zu übernehmen *oder* einem anderen zu übertragen, noch die Entscheidung Dritter, auf dem jeweiligen Gemeindegebiet Telekommunikationsdienstleistungen zu erbringen. Insofern können die Gemeinden dem Bund auch innerhalb der eigenen Gebietsgrenzen keineswegs die Rolle als „Überwacher" streitig machen. Von einer Beeinträchtigung der mittelbaren Steuerungsfunktion des Bundes kann infolgedessen keine Rede sein, so daß sich auch unter diesem Aspekt ein gemeindliches Betätigungsverbot in der Telekommunikation nicht rechtfertigen läßt.

(3) Telekommunikationsaktivitäten der Gemeinden als Ergänzung bzw. Ausfüllung des Grundversorgungsauftrags des Bundes

Gegen ein aus dem Infrastrukturauftrag abzuleitendes Verbot gemeindlicher Telekommunikationsaktivitäten spricht darüber hinaus der Umstand, daß die Verpflichtung des Bundes nicht auf den Ausbau einer optimalen Infrastruktur und auf die Sicherstellung einer optimalen Versorgung gerichtet ist. Der Formulierung des Art. 87 f Abs. 1 GG, daß der Bund angemessene und ausreichende Dienstleistungen gewährleistet,[664] läßt sich insoweit entnehmen, daß die Verpflichtung des Bundes nur auf die Aufrechterhaltung der Grundversorgung abzielt.[665] Dementsprechend steht der Infrastrukturauftrag dem Angebot höherwer-

---

cher TKU in aller Regel kein Eingriff in die Grundrechte privater Konkurrenten verbunden. Ausführlich dazu s.o. Teil 1, D III 2 c (3).

[664] „Angemessen" bezieht sich auf die Qualität, „ausreichend" auf die Quantität der Dienstleistungen, vgl. die Gegenäußerung der BReg zur Stellungnahme des BRates zur Grundgesetzänderung, BT-Drs. 12/7269 vom 14.04.1994, Anlage 3, S. 10; Beschlußempfehlung und Bericht des Rechtsausschusses zur Grundgesetzänderung, BT-Drs. 12/8108 vom 24.06.1994, S. 6; Windthorst, in: Sachs, GG, Art. 87 f, Rdnr. 10; Uerpmann, in: v.Münch/Kunig, GG, Bd. 3, Art. 87 f, Rdnr. 8. Demzufolge müssen Dienstleistungen von angemessener Beschaffenheit sein und in ausreichender Menge zur Verfügung stehen.

[665] Vgl. die Begründung der BReg zum Entwurf der Grundgesetzänderung, BT-Drs. 12/7269 vom 14.04.1994, Anlage 1, S. 5; Windthorst, in: Sachs, GG, Art. 87 f, Rdnr. 10; Jarass/Pieroth, GG, Art. 87 f, Rdnr. 3; Uerpmann, in: v.Münch/Kunig, GG, Bd. 3, Art. 87 f, Rdnr. 8 (m.w.N.). Nach der Konzeption von Eifert, Grundversorgung mit Telekommunikationsleistungen im Gewährleistungsstaat, S. 192 ff., umfaßt der unmittelbar aus Art. 87 f I GG ableitbare materielle Gehalt nicht mehr als eine Minimalversorgung, die den Nutzern nur den Zugang zu solchen Telekommunikationsleistungen ermöglicht, ohne die eine Teilhabe am gesellschaftlichen Leben bzw. an anderen gesellschaftlichen Bezugssystemen schlechterdings

tiger Telekommunikationsdienstleistungen (verglichen mit der Grundversorgung) von vornherein nicht entgegen. Sinn des Infrastrukturauftrags kann keineswegs sein, den Gemeinden die Chance zum optimalen Infrastrukturausbau und zur möglichst optimalen Versorgung der Einwohner zu nehmen. Richten also TKU der Gemeinden ihr Leistungsangebot konsequent an den telekommunikativen Bedürfnissen der Gemeindeeinwohner und -unternehmen aus, die vielfach (etwa hinsichtlich des Preises und der Qualität) über die gesetzlich festgelegten Mindestmerkmale hinausgehen, so wird die Gewährleistungsverpflichtung des Bundes dadurch nicht konterkariert, sondern -im Gegenteil- ergänzt. Aber auch dann, wenn das wirtschaftliche Engagement der Gemeinden nicht über die Grundversorgung hinausgeht, steht dem Art. 87 f Abs. 1 GG nicht entgegen. Vielmehr wird durch einen solchen Beitrag der Gemeinde zur Sicherstellung der telekommunikativen Grundversorgung der Einwohner der Infrastrukturauftrag des Bundes ausgefüllt. Mit anderen Worten trägt die wirtschaftliche Betätigung der Gemeinden in der Telekommunikation zur Realisierung bzw. Umsetzung der Verpflichtung des Bundes aus Art. 87 f Abs. 1 GG bei.

c) Ergebnis

Zusammenfassend ist festzustellen, daß die (konkurrenz-) wirtschaftliche Betätigung der Gemeinden in der Telekommunikation am Schutz der kommunalen Selbstverwaltungsgarantie aus Art. 28 Abs. 2 S. 1 GG teilnimmt. Konkret sind sowohl der eigene Aufbau und Betrieb eines alternativen lokalen Telekommunikationsnetzes, als auch die Versorgung der Einwohner und die Deckung des Eigenbedarfs an Telekommunikationsdiensten durch ein gemeindliches TKU zum Bereich der örtlichen Daseinsvorsorge und damit zu den kommunalen Selbstverwaltungsangelegenheiten zu zählen. Diesem Befund steht der Infrastrukturauftrag des Bundes aus Art. 87 f Abs. 1 GG nicht entgegen; vielmehr wird die daraus abzuleitende Gewährleistungsverpflichtung des Bundes durch das telekommunikative Engagement der Gemeinden auf der Ebene der Leistungserbringung (die nicht dem Bereich der überörtlichen Daseinsvorsorge vorbehalten ist) ergänzt bzw. ausgefüllt.

---

unmöglich ist. Nach Ansicht Eifert's verstieße ein weitergehendes Verständnis gegen die geschichtliche Entwicklung der Versorgungsaufgabe und die Möglichkeiten verfassungsrechtlicher Steuerung.

4. Möglichkeit zur „Entkommunalisierung" der Telekommunikation

Zu relativieren ist der Schutz gemeindlicher Telekommunikationsaktivitäten aber insofern, als die Selbstverwaltungsgarantie einem speziellen Gesetzesvorbehalt („im Rahmen der Gesetze") unterliegt. Zwar hat der Gesetzgeber im Fall der „Hochzonung" einer Aufgabe auf einen übergeordneten Verwaltungsträger das vom Bundesverfassungsgericht in seiner „Rastede"-Entscheidung angewendete Aufgabenverteilungsprinzip zu beachten. Er darf demnach den Gemeinden eine Aufgabe mit relevantem örtlichem Charakter „nur aus Gründen des Gemeininteresses, vor allem also dann entziehen, wenn anders die ordnungsgemäße Aufgabenerfüllung nicht sicherzustellen wäre", wobei Gründe der Vereinfachung, Effizienz, Wirtschaftlichkeit und Sparsamkeit der Verwaltung nicht ausreichen.[666] Allerdings findet das speziell für die Problematik der Hochzonung entwickelte Aufgabenverteilungsprinzip aufgrund der reinen Staatsgerichtetheit des Art. 28 Abs. 2 S. 1 GG in den Fällen der Aufgabenverlagerung zugunsten der Privatwirtschaft keine Anwendung. Infolgedessen kann die kommunale Selbstverwaltungsgarantie der Privatisierung gemeindlicher Aufgaben nicht entgegenstehen.[667] Die Übertragung des Aufgabenverteilungsprinzips auf Privatisierungsvorgaben des Gesetzgebers würde zudem dessen politischen Entscheidungsspielraum hinsichtlich der Privatisierung örtlicher Verwaltungsaufgaben derart beschränken, daß eine dauerhafte Erstarrung des gemeindlichen Aufgabenkreises absehbar wäre. Dem Gesetzgeber steht damit grundsätzlich auch die Möglichkeit zur „Entkommunalisierung" der Telekommunikation offen.

Dies gilt auch dann, wenn man mit einer vermittelnden Ansicht[668] bei der Frage der Vereinbarkeit der Privatisierung einer konkreten Aufgabe mit der kommunalen Selbstverwaltungsgarantie auf die -in einer historisch orientierten Einzelfallbetrachtung ermittelten- besondere substantielle Bedeutung dieser Aufgabe für die Selbstverwaltung abstellt: In diesem Zusammenhang kommt nämlich dem

---

666 BVerfGE 79, 127 (153).

667 Vgl. dazu Henneke, NdsVBl 1998, 273 (282). Nach der Gegenansicht wird eine Ausdehnung des staatsgerichteten Schutzes der gemeindewirtschaftlichen Betätigung auch auf das Verhältnis zur Privatwirtschaft befürwortet, da es aus Sicht der Gemeinden keinen Unterschied mache, ob eine Aufgabe hochgezont oder privatisiert werde. In beiden Fällen gehe es um gemeindlichen Aufgabenentzug, der sich auf das Recht der Gemeinden zur (konkurrenz-) wirtschaftlichen Betätigung auswirke, vgl. Wieland/Hellermann, Der Schutz des Selbstverwaltungsrechts der Kommunen gegenüber Einschränkungen ihrer wirtschaftlichen Betätigung im nationalen und europäischen Recht, S. 26 ff. (31); dies., DVBl 1996, 401 (408 f.); Frenz, Die Verwaltung 28 (1995), 33 (50); Grabbe, Verfassungsrechtliche Grenzen der Privatisierung kommunaler Aufgaben, S. 86 ff.

668 Vgl. Pielow, Grundstrukturen öffentlicher Versorgung, Manuskript, S. 664 ff.

Umstand, daß die Gemeinden aufgrund der früheren monopolistischen Strukturen der Telekommunikation in diesem Bereich traditionell überhaupt keine Aktivitäten entfalten konnten und dazu erst seit kurzer Zeit in der Lage sind, entscheidende Bedeutung zu.

5. Territorialprinzip als Grenze gemeindewirtschaftlicher Betätigung?

Durch das in Art. 28 Abs. 2 S. 1 GG verankerte Merkmal der Angelegenheiten der örtlichen Gemeinschaft sind die Gemeinden nicht nur zur Wahrnehmung aller Aufgaben mit Bezug zur örtlichen Gemeinschaft befugt, sondern als Gebietskörperschaften in ihrem Aktionsradius zugleich auf die örtliche Ebene verwiesen. Grundsätzlich ist ihre Verbandskompetenz also auf ihr jeweiliges Gemeindegebiet beschränkt. Art. 28 Abs. 2 S. 1 GG wirkt somit nicht nur vertikal, sondern auch horizontal.[669] Sinn und Zweck dieser territorialen Kompetenzbegrenzung ist es, eine klare Abgrenzung der Zuständigkeiten bei der Erledigung öffentlicher Aufgaben zu treffen. Im Sinne eines Ausschließlichkeitsprinzips sollen Übergriffe in die Kompetenzsphäre anderer Gemeinden vermieden werden.[670] Aufgrund der nebeneinander abgegrenzten Zuständigkeitsbereiche geht die Kompetenzerweiterung zugunsten einer Gemeinde nämlich stets zu Lasten einer anderen Gemeinde.[671]

In jüngster Zeit wird allerdings zunehmend geltend gemacht, daß sich das Örtlichkeitsprinzip nur auf hoheitliche Tätigkeiten beziehe, so daß die Gemeinden zumindest bei ihren wirtschaftlichen Aktivitäten nicht auf das Gemeindegebiet beschränkt seien.[672] Die Ausweitung des Betätigungsgebietes gemeindlicher

---

[669] Vgl. auch Enkler, ZG 1998, 328 (336 f., m.w.N.): „Art. 28 Abs. 2 S. 1 GG ist nicht nur eine die Kommunen schützende Garantienorm, sondern zugleich eine Umschreibung der begrenzten Verbandskompetenz der Gemeinden in räumlicher und sachlicher Hinsicht."

[670] Vgl. dazu Otting, Neues Steuerungsmodell und rechtliche Betätigungsspielräume der Kommunen, S. 198.

[671] vgl. Henneke, NdsVBl 1998, 273 (278, m.w.N.).

[672] Wieland, StuG 7-8/1998, S. 4 ff; ähnlich Gruneberg, Der Städtetag 1997, 371 (373). Moderater ist die mittlerweile von Moraing, Der Städtetag 1998, 523 (525), vertretene Auffassung, nach der gemeindegebietsübergreifende Wirtschaftstätigkeiten zumindest solange zulässig seien, wie mit dem Hauptzweck des wirtschaftlichen Unternehmens die Wahrnehmung einer einwohnernützigen Aufgabe verfolgt werden; dagegen aber Henneke, NdsVBl 1998, 273 (281). Nach einer weiteren Ansicht soll zumindest die erwerbswirtschaftliche Betätigung der Gemeinden nicht an die Beachtung des Örtlichkeitsprinzips gebunden sein, vgl. Otting, Neues Steuerungsmodell und rechtliche Betätigungsspielräume der Kommunen, S. 197 ff. (m.w.N. in Fn. 139). Dedy/Sonnenschein, StuG 7-8/1998, 1 (2, 5), fordern immerhin, daß es Gemeindeunternehmen ausdrücklich gestattet werden soll, zulässige Betätigungen auch au-

Wirtschaftsunternehmen sei geboten, da nur die Verwaltungstätigkeit auf dem Prinzip der Ausschließlichkeit beruhe, während die wirtschaftliche Betätigung auf Wettbewerb und Konkurrenz ausgerichtet sei. Da der Wettbewerb jedoch nicht auf die Gemeindegrenzen beschränkt sei, greife die überörtliche wirtschaftliche Betätigung einer Gemeinde daher ebensowenig wie das Tätigwerden eines privaten Konkurrenzunternehmens in das Selbstverwaltungsrecht anderer Gemeinden ein. Die Geltung des Örtlichkeitsprinzips sei auch unter dem Aspekt der Chancengleichheit mit privaten Wettbewerbern nicht zu vereinbaren.

Dieser Ansicht ist -abgesehen davon, daß bereits der Wortlaut des Art. 28 Abs. 2 S. 1 GG keine Anhaltspunkte für die vorausgesetzte Differenzierung zwischen Verwaltungs- und Wirtschaftstätigkeit bietet-[673] entgegenzuhalten, daß die Gemeinden auch dann noch zur öffentlichen Verwaltung gehören, wenn sie sich (in privater Rechtsform) wirtschaftlich betätigen.[674] Sie sind also keine originären, privatnützig handelnden Wirtschaftssubjekte, sondern Teil der vollziehenden Gewalt.[675] Als Träger von Staatsgewalt müssen sie aber die vom Grundgesetz vorgegebene Kompetenzordnung bei allen Handlungen beachten, zumal es „...kein außerhalb des Grundgesetzes liegendes Reservat staatlichen Wirkens gibt..." und der Zweck der territorialen Beschränkung durch die Aufgabenerfüllung in wirtschaftlicher Form nicht entfällt.[676] Erfaßt ist dabei auch die Teilnahme am wirtschaftlichen Wettbewerb. Die Anerkennung eines schrankenlosen Wettbewerbsprinzips auch zugunsten von Gemeindeunternehmen wäre im übrigen nicht mit dem Grundsatz vereinbar, daß die Kompetenzen gemeindlicher Wirtschaftsunternehmen nicht weiter gehen können als diejenigen der Gemeinde selbst. Anderenfalls wäre den Gemeinden die Möglichkeit eröffnet, durch die Schaffung solcher „Doppelgänger" ihre kompetentiellen Barrieren zu umgehen.[677] Dieser Befund, daß auch die Gemeindewirtschaft durch das Örtlichkeits-

---

ßerhalb ihres eigenen Territoriums auszuüben, sofern das Einverständnis der betroffenen Gemeinde vorliegt.

673 So auch Cronauge, Kommunale Unternehmen, S. 242, Rdnr. 769v.

674 Vgl. Ehlers, DVBl 1998, 497 (504); ders., in: Henneke, DVBl 1998, 685 (695); ähnlich Held, in: Henneke (Hrsg.), Organisation kommunaler Aufgabenerfüllung, S. 113 (124); Henneke, NdsVBl 1998, 273 (278 f., 281). Gegen eine Abkehr vom Örtlichkeitsprinzip haben sich auch der Deutsche Städte- und Gemeindebund, Sachsenlandkurier 1998, 240 (242), und das Präsidium des Deutschen Landkreistages, DNV 6/1998, 30, gewandt. Die Geltung des Örtlichkeitsprinzips auch für die wirtschaftliche Betätigung entspricht im übrigen der hier vertretenen umfassenden Bindung der öffentlichen Hand an die Grundrechte, s.o. Teil 1, D III 1.

675 Grawert, in: FS Blümel, S. 119 (129).

676 Henneke, NdsVBl 1998, 273 (278, m.w.N.).

677 Vgl. dazu Cronauge, Kommunale Unternehmen, S. 242, Rdnr. 769v; Ehlers, DVBl 1998, 497 (504); ders., in: Henneke, DVBl 1998, 685 (695).

prinzip beschränkt wird,[678] entspricht auch dem Prinzip der Selbstbetroffenheit, nach dem die wirtschaftlichen Leistungen einer Gemeinde den Gemeindeeinwohnern oder zumindest solchen Personen zugutekommen müssen, die sich im Gemeindegebiet aufhalten. Zudem führt die Erweiterung von Kompetenzen einer Gemeinde notwendig zur Schmälerung von Kompetenzen und damit zu einem Eingriff in das Selbstverwaltungsrecht derjenigen Gemeinde, auf deren Gebiet die wirtschaftliche Betätigung erfolgt.[679]

Die Bindung an das Territorialprinzip führt gleichwohl nicht zur ausnahmslosen Unzulässigkeit jeglichen gemeindlichen (Wirtschafts-) Handelns, sobald diese -sei es auch nur geringfügig oder vorübergehend- die jeweiligen Gebietsgrenzen überschreitet. Vielmehr erfordert das Territorialprinzip in erster Linie die örtliche Radizierung des Handelns der Gemeinde. Daraus folgt, daß die (wirtschaftliche) Betätigung einen örtlichen Bezug aufweisen muß, der mit der Konzentration der Betätigung auf den sozial-örtlichen Bereich der Siedlungsgemeinschaft treffend beschrieben wird.[680] Ein Verstoß gegen das Territorialprinzip liegt demzufolge insbesondere dann nicht vor, wenn eine grenzüberschreitende gemeindewirtschaftliche Tätigkeit darauf abzielt, allein den (eigenen) örtlichen Markt zu bedienen. In diesem Sinne steht das Örtlichkeitsprinzip auch bloßen überörtlichen Ausstrahlungen der wirtschaftlichen Betätigung nicht entgegen, solange es im Kern um die Befriedigung einer örtlichen Nachfrage geht.[681] Dementsprechend wird etwa ein innerhalb der Gebietsgrenzen bestehendes Telekommunikationsnetz der Gemeinde durch die Verknüpfung mit überregionalen Netzinfrastrukturen nicht selbst zu einem überregionalen Netz;[682] vielmehr besteht die örtliche Radizierung bzw. Gebietskonzentration fort. Gemeindliche TKU müssen ihr Angebot daher nicht auf Ortsgespräche beschränken, sondern können

---

678 H.M., vgl. Gern, Deutsches Kommunalrecht, 15. Kap.,Rdnr. 731; Erichsen, Kommunalrecht NW, § 11 D 2 a, S. 272 ff. (m.w.N. in Fn. 48), § 11 D 2 c) bb), S. 279; Held, in: Henneke (Hrsg.), Organisation kommunaler Aufgabenerfüllung, S. 113 (122 ff.); Schönershofen/Binder-Falcke, VR 1997, 109 (110 f.); Hill, BB 1997, 425 (429); Pünder, DVBl 1997, 1353 (1359); Badura, DÖV 1998, 818 (822); Enkler, ZG 1998, 328 (337 f.); Henneke, NdsVBl 1998, 273 (278 f., 281); ders., NdsVBl 1999, 1 (9); vgl. auch die Nachweise bei Henneke, DVBl 1998, 685 (695 f.).

679 Vgl. Cronauge, Kommunale Unternehmen, S. 241 f., Rdnr. 769t; Ehlers, DVBl 1998, 497 (504); ders., in: Henneke, DVBl 1998, 685 (695).

680 Vgl. Grawert, in: FS Blümel, S. 119 (129).

681 Ähnlich Cronauge, Kommunale Unternehmen, S. 241, Rdnr. 769s.; ders., in: Pritzkoleit (Hrsg.), Telekommunikation: Kommunen im Netz, S. 49 (53 f.). Vgl. auch Held, in: Henneke (Hrsg.), Organisation kommunaler Aufgabenerfüllung, S. 113 (124): „Unzulässig ist das aktive Handeln auf fremdem Gemeindegebiet."

682 Vgl. Rehn/Cronauge, GO NW, 20. Ergänzungslieferung, Mai 1997, §107 Anm. III 2.

den Gemeindeeinwohnern auch Ferngespräche vermitteln, indem sie ihre Netze an überregionale und (inter-) nationale Netze anderer Anbieter anbinden. Aus dem eben Gesagten ergibt sich andererseits, daß die Befriedigung eines über die örtliche Nachfrage hinausgehenden Mehrbedarfs außerhalb der Gemeindegrenzen keinen ausreichenden Ortsbezug mehr aufweist und infolgedessen mit dem Territorialprinzip unvereinbar ist. Problematisch ist vor diesem Hintergrund insbesondere die Beteiligung der Gemeinden an gemischt-öffentlichen oder gemischt-wirtschaftlichen (Telekommunikations-) Unternehmen, deren Leistungsangebot sich überwiegend an Gebietsfremde richtet und nur geringen Bezug zur örtlichen Versorgungstätigkeit besitzt.[683]

Die Ausdehnung der wirtschaftlichen Aktivitäten einer Gemeinde über die Gebietsgrenzen hinaus ist im übrigen zulässig, soweit sie mit Zustimmung der betroffenen Gemeinde(n) erfolgt. Das Örtlichkeitsprinzip steht insofern -auch was die wirtschaftlichen Betätigung anbetrifft- nicht dem Recht zur interkommunalen Kooperation entgegen.[684] Die Gemeinden dürfen also, mit anderen Worten, grenzüberschreitend zusammenarbeiten, und zwar auch im Wege der Wirtschaftskooperation.[685] Dementsprechend sieht das kommunale Gemeinschaftsrecht vielfältige Formen der grenzüberschreitenden Zusammenarbeit wie kommunale Arbeitsgemeinschaften, öffentlich-rechtliche Zweckvereinbarungen und Zweckverbände vor.[686] Letztere können auch auf den Betrieb eines wirtschaftlichen Unternehmens gerichtet sein.[687] Zu betonen bleibt gleichwohl, daß sich

---

[683] Vgl. dazu Ehlers, DVBl 1998, 497 (505); Moraing, Der Städtetag 1998, 523 (526). In diesem Zusammenhang ist auch die Problematik der Expansion gemeindlicher TKU in Nachbarstädte zu nennen. So will etwa das Düsseldorfer TKU Isis nach Düsseldorf und Neuss im Jahr 1999 seine Geschäftstätigkeit nach Hilden, Langenfeld und Ratingen ausdehnen. Später sollen Krefeld und Duisburg folgen, vgl. Wirtschaftswoche vom 11.02.1999, S. 56 (57). Das Flensburger Unternehmen Komtel will sogar anderen gemeindlichen TKU Konkurrenz machen und nach Kiel (Kielnet) und Hamburg (Hansenet) expandieren.

[684] Erichsen, Kommunalrecht NW, § 11 D 2 c) bb), S. 279; Badura, DÖV 1998, 818 (822); Henneke, NdsVBl 1998, 273 (281), unter Hinweis auf BVerwGE 40, 323 (329). Ausführlich zur interkommunalen Zusammenarbeit Ehlers, DVBl 1997, 137 ff.
Zu den landesgesetzlichen Möglichkeiten, die Durchbrechung des Örtlichkeitsprinzips über die „klassische" interkommunale Zusammenarbeit hinaus durch ein Genehmigungs- bzw. Ermächtigungsmodell zu regeln, vgl. Enkler, ZG 1998, 328 (349 ff.).

[685] Grawert, in: FS Blümel, S. 119 (127 f.); i.d.S. auch Enkler, ZG 1998, 328 (334): „..in allen Kommunen müssen die Lieferungen und Leistungen auch auf die jeweilige Einwohnerschaft bezogen sein."

[686] Vgl. beispielhaft das nordrhein-westfälische Gesetz über kommunale Gemeinschaftsarbeit (GkG NW) i.d.F. der Bek. vom 01.10.1979 (GV NW S. 621 / SGV NW 202), zuletzt geändert durch Art. 2 des Gesetzes vom 25.11.1997 (GV NW S. 430).

[687] Vgl. etwa § 18 Abs. 3 S. 1 GkG NW.

auch die Möglichkeit zur interkommunalen Kooperation stets nur auf solche Tätigkeiten erstrecken kann, deren örtliche Radizierung feststeht. Der Grundsatz der Gebietskonzentration beschränkt damit ebenfalls das Recht der Gemeinden zur grenzüberschreitenden Kooperation[688] und wirkt insoweit gewissermaßen als Korrektiv.

Daraus folgt, daß grenzüberschreitende gemeindliche Wirtschaftskooperationen solange mit dem Territorialprinzip vereinbar sind, wie sie nicht auf die Deckung einer Nachfrage außerhalb des nachbarschaftlichen Kooperationsgebietes abzielen. Unbedenklich sind dabei insbesondere Kooperationen, die auf die Sicherstellung oder Verbesserung der örtlichen Versorgung abzielen.[689] Zu Recht gilt daher eine interkommunale Wirtschaftskooperation als zulässig, wenn nach der Natur der Betätigung nicht nur Gemeindeeinwohner berücksichtigt werden können oder aus wirtschaftlichen Gründen eine Leistung für mehrere Gemeinden notwendig ist.[690]

Berücksichtigt man die mit dem Aufbau örtlicher Telekommunikationsinfrastruktur und dem Angebot von Telekommunikationsdiensten verbundenen hohen Investitionskosten, so ist denkbar, daß die telekommunikative Versorgung der Gemeindeeinwohner vielerorts nicht rentabel erfolgen kann.[691] Im Einzelfall kann daher -insbesondere außerhalb der Ballungsgebiete oder an deren Peripherie- etwa die vertraglich vereinbarte Versorgung einer Nachbargemeinde oder die Gründung eines gemischt-öffentlichen TKUs durch mehrere Gemeinden zulässig sein.[692] Die Zusammenarbeit kann sich dabei neben der Errichtung von

---

688 Grawert, in: FS Blümel, S. 119 (129). I.d.S. auch Enkler, ZG 1998, 328 (338): „Es muß um Angelegenheiten überörtlichen Charakters in dem Sinne gehen, daß sie „mehr-örtlich" sind und damit zweckmäßigerweise von Gemeinden gemeinsam im Rahmen der interkommunalen Zusammenarbeit erledigt werden, nicht aber um „über-örtliche" Angelegenheiten in dem Sinne, daß keine spezifische örtliche Betroffenheit vorhanden ... ist."

689 Vgl. Moraing, Der Städtetag 1998, 523 (525 f.).

690 Vgl. Moraing, Möglichkeiten und Grenzen kommunalwirtschaftlicher Betätigung, S. 31; Pünder, DVBl 1997, 1353 (1359), jeweils m.w.N; Enkler, ZG 1998, 328 (338, Fn. 34);. Vgl. dazu auch Schauwecker, in: Püttner (Hrsg.), HkWP, Bd. 5, S. 317, 324 ff. Zur Zurückhaltung mahnt Ehlers, DVBl 1997, 137 (139): Aufgrund der Nachteile einer interkommunalen Zusammenarbeit (Steuerungs- und Kontrollverluste) sei diese nur anzustreben, wenn entweder die Finanz- und Verwaltungskraft einer Gemeinde allein zur Aufgabenerfüllung nicht ausreiche oder wenn Synergieeffekte die Nachteile ausgleichen könnten.

691 In größeren Städten spricht dagegen der Umstand, daß sich private TKU bereits auf den Aufbau von City-Netzen spezialisiert haben, eher für eine Wirtschaftlichkeitsvermutung.

692 Vgl. Pünder, DVBl 1997, 1353 (1359, m.w.N.). Zunehmend wird verlangt, daß die interkommunale Kooperation unabhängig von regionalen Grenzen erfolgen solle, so daß auch räumlich getrennt liegende Gemeinden zusammenarbeiten könnten, vgl. Cronauge, Kommunale Unternehmen, S. 242, Rdnr. 769u.; Moraing, Der Städtetag 1998, 523 (525). Der erfor-

Netzen und dem Angebot von Telekommunikationsdiensten auch auf die Erbringung von Netzmanagement- und Beratungsleistungen erstrecken.

6. Ergebnis

Zusammenfassend ist festzustellen, daß die Befugnis der Gemeinden zur konkurrenzwirtschaftlichen Versorgung der Gemeindeeinwohner mit Telekommunikation durch die in Art. 28 Abs. 2 S. 1 GG verankerte Selbstverwaltungsgarantie verfassungsrechtlich abgesichert ist. Insbesondere folgt auch aus dem Infrastrukturauftrag des Bundes aus Art. 87 f Abs. 1 GG kein Verbot gemeindlicher Telekommunikationsaktivitäten. Es ist jedoch darauf hinzuweisen, daß aufgrund des mangelnden Charakters der Vorschrift als bürgerorientierte Befugnisnorm zum einen eine zusätzliche gesetzliche Ermächtigungsgrundlage erforderlich wird, sobald die Intensität der Betätigung die Schwelle der Grundrechtsrelevanz erreichen sollte, und zum anderen die Entkommunalisierung der Telekommunikation durch den Gesetzgeber nicht ausgeschlossen ist. Darüber hinaus haben die Gemeinden das Territorialprinzip zu beachten: Ihre Zuständigkeit für die örtlichen Angelegenheiten beinhaltet auch in horizontaler Richtung zugleich eine kompetentielle Barriere, so daß die gemeindlichen TKU in ihrem Aktionsradius grundsätzlich auf das eigene Gemeindegebiet beschränkt sind, soweit sie keinen Gebrauch von den (nicht geringen) Möglichkeiten der interkommunalen Zusammenarbeit machen. In jedem Fall aber ist das Erfordernis der örtlichen Radizierung der Aktivitäten zu berücksichtigen.

F. Grenzen gemeindewirtschaftlicher Betätigung in der Telekommunikation

I. Gemeindewirtschaftsrechtliche Grenzen

Nachdem der verfassungsrechtliche Rahmen der gemeindewirtschaftlichen Betätigung in der Telekommunikation abgesteckt wurde, ist zur Feststellung des zulässigen Umfangs der Betätigungsmöglichkeiten nunmehr zu untersuchen, welche Grenzen sich aus den gemeindewirtschaftsrechtlichen Bestimmungen der (Flächen-) Länder ergeben.

---

derliche Ortsbezug muß aber auch im Rahmen einer überregionalen Zusammenarbeit gewahrt bleiben.

Die Gemeindeordnungen normieren die Zulässigkeitsvoraussetzungen wirtschaftlicher Betätigung in Anlehnung an die frühere Vorschrift des § 67 DGO, die zum ersten Mal eine Begrenzung der wirtschaftlichen Betätigung der Gemeinden vorsah. § 67 DGO als sogenannte „Wirtschaftsklausel" enthielt einen Schrankentrias, nach dem die Errichtung und wesentliche Erweiterung wirtschaftlicher Unternehmen für Gemeinden nur zulässig war, wenn das Unternehmen durch einen öffentlichen Zweck gerechtfertigt wurde, nicht außer Verhältnis zur Leistungsfähigkeit der Gemeinde und zum Bedarf stand und der Zweck nicht besser und wirtschaftlicher von Dritten erfüllt werden konnte.[693] Von dieser gemeinsamen Grundstruktur weichen die kommunalverfassungsrechtlichen Nachfolgevorschriften zum Teil lockernd, zum Teil verschärfend ab.[694] Zwar verlangen die Gemeindeordnungen aller Länder auch heute noch das Vorliegen eines öffentlichen Zwecks des wirtschaftlichen Unternehmens und erfordern, daß dieses in einem angemessenen Verhältnis zur Leistungsfähigkeit der Gemeinde und zum voraussichtlichen Bedarf der Gemeindeeinwohner steht. Dagegen ist die sogenannte „Subsidiaritätsklausel" nicht in allen Ländern vorhanden und zudem unterschiedlich ausgestaltet.

1. Wirtschaftliche Betätigung

Überwiegende Grundvoraussetzung der Anwendbarkeit der kommunalverfassungsrechtlichen Wirtschaftsklauseln ist, daß es um die Errichtung, Übernahme oder wesentliche Erweiterung eines wirtschaftlichen Unternehmens geht.[695] Mittlerweile knüpfen dagegen die Gemeindeordnungen in Brandenburg und Nordrhein-Westfalen nicht mehr an diese konkreten Organisationsakte an, sondern an das umfassendere Merkmal der „wirtschaftlichen Betätigung".[696] Da

---

[693] Vgl. auch § 69 Abs. 1 DGO, wonach die Beschränkungen auch für die Beteiligung an einem wirtschaftlichen Unternehmen galten.

[694] Vgl. Art. 87 Abs. 1 S. 1 GO Bay. sowie die §§ 102 Abs. 1 GemO Bad.-Württ.; 100 Abs. 2 GO Bbg.; 121 Abs. 1 HGO; 68 Abs. 1 KV M-V; 108 Abs. 1 S. 1 NGO; 107 Abs. 1 GO NW; 85 Abs. 1 GemO Rh.-Pf.; 108 Abs. 1 KSVG Saarl.; 97 Abs. 1 SächsGemO; 116 Abs. 1 GO LSA; 101 Abs. 1 GO Schl.-Holst.; 71 Abs. 1 ThürKO. Vgl. auch die ausführliche und übersichtliche Darstellung der Regelungen zur wirtschaftlichen Betätigung der Gemeinden in den Flächenländern bei Schönershofen/Binder-Falcke, VR 1997, 109 (116, 117).

[695] Vgl. Art. 87 Abs. 1 S. 1 GO Bay. sowie die §§ 102 Abs. 1 GemO Bad.-Württ.; 121 Abs. 1 HGO; 108 Abs. 1 S. 1 NGO; 85 Abs. 1 GemO Rh.-Pf.; 108 Abs. 1 KSVG Saarl.; 97 Abs. 1 SächsGemO; 116 Abs. 1 GO LSA; 101 Abs. 1 GO Schl.-Holst.; 71 Abs. 1 ThürKO; knapper insoweit § 68 Abs. 1 KV M-V.

[696] Vgl. §§ 107 Abs. 1 S. 1 GO NW; 100 Abs. 2 GO Bbg. Diese Formulierung läßt den Schluß zu, daß nicht mehr nur der einzelne Organisationsakt, sondern die laufende Tätigkeit wirtschaftlicher Unternehmen den gemeinderechtlichen Grenzen unterliegt, vgl. Erichsen, Kommunalrecht NW, § 11 D 2 c) aa), S. 279; Henneke, NdsVBl 1999, 1. Damit ist ein begrü-

auch nach der Legaldefinition der wirtschaftlichen Betätigung in § 107 Abs. 1 S. 3 GO NW und § 100 Abs. 1 GO Bbg. zunächst der „Betrieb von Unternehmen" vorausgesetzt wird, muß nach allen Gemeindeordnungen ein Unternehmen vorliegen. Der gemeinderechtliche Unternehmensbegriff stellt allein auf eine gewisse organisatorische und finanzwirtschaftliche Verselbständigung ab, die das Unternehmen als Organisationseinheit von der Gemeinde unterscheidbar macht.[697] Die Gemeinden haben bei der Gründung von TKU die Pflicht zur Organisationsprivatisierung aus Art. 87 f Abs. 2 S. 1 GG zu beachten, so daß die erforderliche organisatorische Verselbständigung stets zu bejahen ist. Auf die Frage, ob aufgrund dieses Merkmals die Regiebetriebe vom Unternehmensbegriff auszugrenzen sind,[698] kommt es daher im vorliegenden Zusammenhang nicht an.

Die Eröffnung des Anwendungsbereiches der kommunalrechtlichen Wirtschaftsklauseln erfordert des weiteren, daß es sich um ein wirtschaftliches Unternehmen handelt. Zwar verzichten die Gemeindeordnungen aller Bundesländer, ebenso wie bereits § 67 DGO, bewußt darauf, den Begriff des „wirtschaftlichen Unternehmens" zu definieren, um der fortschreitenden Entwicklung im Bereich der wirtschaftlichen Betätigung der Gemeinden ausreichenden Raum zu lassen.[699] Allerdings ist ein Unternehmen entsprechend der Legaldefinition in § 107 Abs. 1 S. 2 GO NW und § 100 Abs. 1 GO Bbg. als wirtschaftlich zu betrachten, wenn es als Hersteller, Anbieter oder Verteiler von Gütern und Dienstleistungen am Markt tätig wird, sofern die Leistung auch von einem Privaten mit der Absicht der Gewinnerzielung erbracht werden könnte. Diese Definition stimmt im wesentlichen mit den bisherigen Umschreibungsver-

---

ßenswerter Ansatzpunkt für eine dauernde oder zumindest periodisch wiederkehrende Aufgabenkritik geschaffen worden. Die Anknüpfung an die wirtschaftliche Betätigung als solche wäre daher auch für die übrigen Gemeindeordnungen wünschenswert, vgl. dazu die entsprechenden Forderungen von Schoch, DÖV 1993, 377 (380); ders., DVBl 1994, 962 (972); Henneke, NdsVBl 1999, 1 (10); und des Präsidiums des Deutschen Landkreistages, DNV 6/1998, 30.

697 Schmidt-Jortzig, in: Püttner (Hrsg.), HkWP, Bd. 5, S. 50 (53 f.); Hidien, Gemeindliche Betätigungen rein erwerbswirtschaftlicher Art, S. 43 f.; Kluth, Grenzen kommunaler Wettbewerbsteilnahme, S. 6; Krebs, Rechtliche Grundlagen und Grenzen kommunaler Energieversorgung, S. 136 f. (m.w.N.).

698 So etwa Kluth, Grenzen kommunaler Wettbewerbsteilnahme, S. 88; Cronauge, Kommunale Unternehmen, Rdnrn. 38 ff. (42). A.A.: Hidien, Gemeindliche Betätigungen rein erwerbswirtschaftlicher Art, S.43 f.; Püttner, Die öffentlichen Unternehmen, S. 33. Noch weiter dehnt Otting, Neues Steuerungsmodell und rechtliche Betätigungsspielräume der Kommunen, S. 101 ff., den Unternehmensbegriff aus, indem er auch die „Kernverwaltungsfachbereiche" erfaßt.

699 Vgl. Moraing, Möglichkeiten und Grenzen kommunalwirtschaftlicher Betätigung, S. 14 f.; Gerke, Jura 1998, 349 (350).

suchen des Begriffs des wirtschaftlichen Unternehmens überein, die in Rechtsprechung und Lehre in Anlehnung an Nr. 1 der Ausführungsbestimmungen zu § 67 DGO[700] vorgenommen wurden.[701]

Entscheidend kommt es neben der organisatorischen Verselbständigung demnach darauf an, ob das Gemeindeunternehmen am Markt teilnimmt und die angebotenen Leistungen privatisierbar sind.

Hinsichtlich der Privatisierbarkeit ist -um Mißverständnissen vorzubeugen- deutlich darauf hinzuweisen, daß es ausreicht, wenn Privaten abstrakt die Möglichkeit offensteht, die entsprechenden Leistungen (mit Gewinnerzielungsabsicht) zu erbringen. Auf die Wahrscheinlichkeit der Gewinnerzielung oder die Realisierung von Gewinnen kommt es dagegen nicht an.[702] Anhand des Merkmals der Privatisierungsfähigkeit sollen vielmehr allein solche Aufgaben und Tätigkeitsbereiche aus dem Begriff der wirtschaftlichen Betätigung ausgegrenzt werden, bei denen es sich notwendig um rein staatliche Tätigkeiten handelt.[703]

Wie sich bereits aus der in Art. 87 f Abs. 2 S. 1 GG zum Ausdruck kommenden wettbewerbsorientierten Aufgabenprivatisierung ergibt, handelt es sich seit dem Wegfall der Monopole bei der Erbringung von Telekommunikationsdienstleistungen nicht mehr um hoheitliche Tätigkeiten, sondern um solche, die im freien Wettbewerb von öffentlichen, gemischt-wirtschaftlichen und privaten Unternehmen wahrgenommen werden. Das Merkmal der Privatisierungsfähigkeit ist damit hinsichtlich der von gemeindlichen TKU angebotenen Leistungen erfüllt. In dem als lukrativ geltenden Telekommunikationsgeschäft dürfte im übrigen auch die Möglichkeit der Gewinnerzielung gegeben sein.

---

[700] Vgl. den Runderlaß des Reichs- und Preußischen Ministeriums des Innern vom 22.03.1935 (=Vorläufige Ausführungsanweisung zum Sechsten Teil der DGO), MBliV 1935, S. 475 (476). Danach waren unter wirtschaftlichen Unternehmen solche Einrichtungen und Anlagen der Gemeinde zu verstehen, die auch von einem Privatunternehmer mit der Absicht der Gewinnerzielung betrieben werden können (sog. „Popitz-Kriterium"). Zur Kritik an dem Kriterium der Gewinnerzielungsabsicht vgl. insbesondere Gerke, Jura 1985, 349 (350).

[701] Vgl. BVerwGE 39, 329 (333); OVG NW, NVwZ 1986, 1045 (1046); Schmidt-Jortzig, in: Püttner (Hrsg.), HKWP, Bd. 5, S. 50 (52 ff.); vgl. auch die Umschreibungen von Moraing, Möglichkeiten und Grenzen kommunalwirtschaftlicher Betätigung, S. 16 f., und Gerke, Jura 1985, 349 (351), sowie die Übersicht über weitere Definitionsversuche bei Kluth, Grenzen kommunaler Wettbewerbsteilnahme, S. 6.

[702] Knemeyer, in: Achterberg/Püttner (Hrsg.), Besonderes Verwaltungsrecht, Bd. 2, S. 69, Rdnr. 146; Stober, Kommunalrecht, § 22 I 1, S. 336; Waechter, Kommunalrecht, S. 331, Rdnr. 600; Otting, Neues Steuerungsmodell und rechtliche Betätigungsspielräume der Kommunen, S. 100.

[703] Hidien, Gemeindliche Betätigungen rein erwerbswirtschaftlicher Art, S. 42 f.; Otting, Neues Steuerungsmodell und rechtliche Betätigungsspielräume der Kommunen, S. 100.

Das weitere Merkmal der Teilnahme am Markt ist stets zu bejahen, wenn Güter oder Dienstleistungen außerhalb der Gemeindeverwaltung stehenden Dritten angeboten werden, wenn es also um die Deckung von Fremdbedarf geht. Überwiegend werden dagegen solche Aktivitäten, die ausschließlich auf die Deckung des Eigenbedarfs der Gemeinde gerichtet sind, nicht als Marktteilnahme gewertet, so daß in diesen Fällen keine wirtschaftliche Betätigung, die die Grenzen der Wirtschaftsklauseln zu beachten hat, vorläge.[704] Dieser Ansicht wird jedoch zum Teil entgegengehalten, daß bei der Deckung des gemeindlichen Eigenbedarfs ebenso wie bei der Fremdbedarfsdeckung eine marktfähige Nachfrage befriedigt werde, da die Gemeinde die entsprechenden Güter oder Dienstleistungen ansonsten am Markt beschaffen müßte. Die solchermaßen erzielte Wertschöpfung reiche bereits zur Bejahung des Kriteriums der wirtschaftlichen Betätigung aus.[705] Für dieses Ergebnis spreche vor allem, daß sich aus Sicht der im Wettbewerb stehenden Wirtschaftsunternehmen die Tätigkeit eines „Eigenbedarfsbetriebes“ ebenso einschränkend auswirke, wie die Tätigkeit eines gemeindlichen Betriebes, der seine Leistungen Dritten anbiete.[706]

Die bloße Befriedigung einer marktfähigen Nachfrage reicht dagegen nach der hier vertretenen Ansicht nicht aus, um das Merkmal der Marktteilnahme zu erfüllen. Vielmehr ist erforderlich, daß Güter und Dienstleistungen externen Dritten angeboten werden. Diese Ansicht wird durch den spezifischen Mechanismus des marktwirtschaftlichen Systems, in dem sich das Angebot grundsätzlich an der Nachfrage orientiert, bestätigt. Beabsichtigt nämlich eine Gemeinde, einen konkreten Eigenbedarf selbst (durch ein eigenes Unternehmen) zu decken, so entsteht diesbezüglich von vornherein keine Nachfrage, so daß als Folge auch kein entsprechendes Angebot am Markt ausgelöst wird. Mit anderen Worten werden die von dem Eigenbedarfsbetrieb angebotenen Güter und Dienstleistungen dem Markt ferngehalten bzw. „am Markt vorbei“ erbracht. Auf die Sicht der übrigen Wettbewerbsteilnehmer kommt es daher nicht an. Für das Festhalten am Kriterium der Fremdbedarfsdeckung sprechen ferner insbesondere Sinn und Zweck des § 67 DGO und seiner Nachfolgevorschriften. § 67 DGO kam primär die Funktion zu, die Gemeinden vor unnötigen wirtschaftlichen Engagements

---

[704] Vgl. Schmidt-Jortzig, in: Püttner (Hrsg.), HkWP, Bd. 5, S. 50 (54, m.w.N.); Knemeyer, in: Achterberg/Püttner (Hrsg.), Besonderes Verwaltungsrecht, Bd. 2, S. 70, Rdnr. 148; Hidien, Gemeindliche Betätigungen rein erwerbswirtschaftlicher Art, S. 44; Moraing, Möglichkeiten und Grenzen kommunalwirtschaftlicher Betätigung, S. 19; Gerke, Jura 1985, 349 (351); Badura, DÖV 1998, 818 (820).

[705] Vgl. bereits Stern/Püttner, Gemeindewirtschaft, S. 69, Fn. 100; zuletzt Otting, Neues Steuerungsmodell und rechtliche Betätigungsspielräume der Kommunen, S. 99 f. (m.w.N.).

[706] Otting, Neues Steuerungsmodell und rechtliche Betätigungsmöglichkeiten der Kommunen, S. 99 f.

und daraus resultierenden finanziellen Folgen und Risiken zu bewahren.[707] Hinsichtlich der finanziellen Risiken ist jedoch deutlich zwischen Unternehmen, die lediglich der Deckung bestehender eigener Bedürfnisse dienen, und solchen, die sich dem Wettbewerb stellen, zu differenzieren. Da im Fall der Eigenbedarfsdeckung das Absatzrisiko entfällt, mangelt es bereits am Bedürfnis, die Gemeinden vor einem entsprechenden Engagement durch die Anwendung der Wirtschaftsklauseln zu schützen.

Ein gemeindliches Unternehmen, das allein der Befriedigung von Bedürfnissen der Gemeinde dient, wird also im Ergebnis ebenso wenig zum Marktteilnehmer wie eine Privatperson, die für den Eigenbedarf Obst und Gemüse anbaut. Ließe man dagegen bereits die Befriedigung einer bloß marktfähigen Nachfrage ausreichen, so käme dem Kriterium der Marktteilnahme kein ausreichender eigener Bedeutungs- und Abgrenzungsgehalt mehr zu. Im Interesse einer sparsamen und wirtschaftlichen Haushaltsführung sollte gleichwohl stets überprüft werden, ob nicht die Vergabe von Eigenbedarfsleistungen (nach Ausschreibung) an externe Dritte geboten ist.[708]

Soweit in einigen Gemeindeordnungen solche (Hilfs-) Betriebe, die ausschließlich zur Deckung des Eigenbedarfs von Gemeinden oder Gemeindeverbänden dienen, aus dem Begriff des wirtschaftlichen Unternehmens ausdrücklich ausgenommen sind,[709] kommt daher diesen -den Anwendungsbereich der Wirtschaftsklauseln einschränkenden- Vorschriften lediglich deklaratorische Wirkung zu.[710]

a) Deckung des telekommunikativen Eigenbedarfs der Gemeinde

Die Gemeinden können sich zwar nicht bereits unter Hinweis auf den Kernbereich der Selbstverwaltungsgarantie darauf berufen, daß ein Engagement in der Telekommunikation aufgrund des daseinsvorsorgerischen Charakters keine wirtschaftliche Betätigung darstelle. Die kommunale Selbstverwaltungsgarantie aus Art. 28 Abs. 2 S. 1 GG gebietet nämlich nicht, Versorgungs- und Verkehrsbe-

---

[707] Siehe dazu eingehend unten Teil 1, F II 3.

[708] In diesem Sinne auch Badura, DÖV 1998, 818 (820).

[709] Vgl. etwa §§ 102 Abs. 3 Nr. 3 GemO Bad.-Württ.; 121 Abs. 2 Nr. 3 HGO; 68 Abs. 2 Nr. 3 KV M-V; 108 Abs. 3 Nr. 3 NGO; 107 Abs. 2 Nr. 4 GO NW; 85 Abs. 3 Nr. 7 GemO Rh.-Pf.; 97 Abs. 2 Nr. 2 SächsGemO; 116 Abs. 3 Nr. 3 GO LSA.

[710] Ebenso Moraing, Möglichkeiten und Grenzen kommunalwirtschaftlicher Betätigung, S. 19. Hält man dagegen auch die Eigenbedarfsdeckung für eine wirtschaftliche Betätigung, so stellen die genannten Normen konsequenterweise eine gesetzliche Fiktion nichtwirtschaftlicher Einrichtungen dar, vgl. Otting, Neues Steuerungsmodell und rechtliche Betätigungsspielräume der Kommunen, S. 99.

triebe der Gemeinden generell vom Begriff des wirtschaftlichen Unternehmens auszunehmen.[711]

Allerdings liegt eine wirtschaftliche Betätigung im Sinne der gemeinderechtlichen Wirtschaftsklauseln dann nicht vor, wenn die Aktivitäten eines gemeindlichen TKUs allein der Deckung eigener telekommunikativer Bedürfnisse der Gemeinde dienen. Angesichts der Tatsache, daß dieser Bedarf der Gemeinden vor allem aufgrund des technischen Fortschritts und ständig neuen Anwendungsmöglichkeiten dem steten Wandel unterliegt, kann an dieser Stelle nur eine beispielhafte Aufzählung erfolgen:

Zu den Leistungen für den Eigenbedarf zählen zunächst etwa der Ausbau und Betrieb eigener telekommunikativer Infrastrukturen (einschließlich Breitbandkabel und Funkverbindungen) zur Vernetzung von Gemeindebehörden, -einrichtungen und -unternehmen. Erfaßt wird des weiteren auch die Nutzung dieser Übertragungswege für Eigenbedarfsanwendungen, wie etwa die behörden-, einrichtungs- und unternehmensinterne Sprach- und Datenübertragung, die Steuerung von Signal- und Beleuchtungsanlagen, den Betrieb von Notrufanlagen, die telekommunikative Abwicklung von Verwaltungsvorgängen („Online-Angebote"), die Bereitstellung diverser städtischer Informationsangebote sowie weitere Anwendungen. Zu nennen sind darüber hinaus Wartung und Instandhaltung dieser internen Übertragungswege, und schließlich die allgemeine telekommunikationsbezogene Beratung der eigenen Behörden, Einrichtungen und Unternehmen.

Das Angebot dieser Leistungen für den gemeindlichen Eigenbedarf muß sich nicht an den Zulässigkeitsanforderungen der Wirtschaftsklauseln messen lassen und ist insofern aus gemeindewirtschaftsrechtlicher Sicht unbedenklich.

b) Vermarktung von Kapazitätsreserven

Werden Telekommunikationsinfrastrukturen durch das TKU einer Gemeinde auf- und ausgebaut, um deren Behörden, Einrichtungen und Unternehmen zu vernetzen, so entstehen regelmäßig Infrastrukturkapazitäten in Form von Kabeln, Leerrohren und Trassen, die über den eigenen tatsächlichen Bedarf hinausgehen. Dies liegt insbesondere daran, daß es sinnvoll ist, von vornherein Kapazitätsreserven einzuplanen, da auch künftig -gerade im gemeindlichen Bereichmit einer weiteren Zunahme der telekommunikativen Anwendungsmöglichkeiten und damit des Telekommunikationsbedarfs zu rechnen ist. Infolgedessen dienen die vorübergehenden Überkapazitäten dazu, möglichen späteren Engpässen frühzeitig zu begegnen bzw. diese flexibel und kostengünstig zu überwin-

---

[711] So bereits Hidien, Gemeindliche Betätigungen rein erwerbswirtschaftlicher Art, S. 46 f.; Krebs, Rechtliche Grundlagen und Grenzen kommunaler Energieversorgung, S. 138 f.; a.A.: BayVerfGH, DÖV 1958, 216 (217 f.).

den. Hinsichtlich überschüssiger Kapazitäten zur Sprach- und Datenübertragung ist vor allem auf den zunehmenden Einsatz moderner Glasfaserkabel und Übertragungstechniken, die immer leistungsfähiger werden und stetig größere Übertragungsraten zulassen, hinzuweisen.

Diese überschüssigen Ressourcen stellen ein Vermarktungspotential dar, dessen Ausnutzung sich nicht nur anbietet, sondern aus Gründen der Wirtschaftlichkeit und Sparsamkeit vielmehr geboten ist. Gleiches gilt auch für sonstige sachliche und personelle Ressourcen, soweit diese zur Befriedigung des gemeindlichen Eigenbedarfs geschaffen wurden, aber vorübergehend nicht benötigt werden.

Da der kommerzielle Einsatz dieser Reserven genau genommen eine wirtschaftliche Betätigung bedeutet, wird teilweise vertreten, daß sich Eigenbedarfsunternehmen bei der Vermarktung überschüssiger Ressourcen generell innerhalb der Grenzen der Wirtschaftsklauseln zu bewegen haben.[712]

Andererseits ist aber zu berücksichtigen, daß die Vermarktung überschüssiger Kapazitäten eben keine gezielte wirtschaftliche Betätigung darstellt, sondern nur in einem engen Zusammenhang mit der Deckung eines Eigenbedarfs der Gemeinde, also quasi als Nebentätigkeit (auch als Randnutzung oder Annextätigkeit bezeichnet) einer nichtwirtschaftlichen Betätigung, erfolgt. Dieser Aspekt spricht dafür, die Vermarktung überschüssiger Kapazitäten vom Anwendungsbereich der gemeinderechtlichen Wirtschaftsklauseln freizustellen.[713] Solange es nämlich nur darum geht, ein bereits vorhandenes (oder noch für den eigenen Bedarf aufzubauendes), nicht voll ausgelastetes Potential wirtschaftlich auszunutzen, dient dies der Rentabilität und Rationalität und die Gemeinde muß nicht vor den finanziellen Risiken eines gesonderten wirtschaftlichen Engagements geschützt werden.[714]

Konsequenterweise sind die Wirtschaftsklauseln aber anzuwenden, sobald die Nebentätigkeit zur Unternehmenserweiterung bzw. zur Aufnahme einer neuen Tätigkeit führt. Nicht freizustellen ist nämlich die Schaffung neuer, nicht für den Eigenbedarf erforderlicher, sachlicher oder personeller Kapazitäten, wobei insoweit die Vornahme von Neuinvestitionen als Indikator dienen kann.[715] Eben-

---

[712] Otting, Neues Steuerungsmodell und rechtliche Betätigungsspielräume der Kommunen, S. 105 ff. (107). Noch weitergehender Badura, DÖV 1998, 818 (821): „Die bessere Auslastung gemeindlicher Einrichtungen durch eine zusätzliche privatwirtschaftliche Betätigung ist ... kein rechtfertigender öffentlicher Zweck". Ebenso OLG Hamm, NJW 1998, 3504 (3505).

[713] In diesem Sinne auch Schmidt-Jortzig, in: Püttner (Hrsg.), HkWP, Bd. 5, S. 63 f.; Waechter, Kommunalrecht, S. 332, Rdnr. 602; Ehlers, Verwaltung in Privatrechtsform, S. 94 f.; Moraing, Möglichkeiten und Grenzen kommunalwirtschaftlicher Betätigung, S. 19 (m.w.N.); Pünder, DVBl 1997, 1353 (1357); Henneke, NdsVBl 1999, 1 (4, m.w.N.).

[714] Vgl. Waechter, Kommunalrecht, S. 332, Rdnr. 602.

[715] Nach anderer Ansicht soll die Erweiterung vorhandener Kapazitäten zumindest dann zulässig sein, wenn sie maßvoll ausfällt, und dazu dient, Verluste hinsichtlich der Erfüllung der

sowenig ohne weiteres zulässig ist die Vermarktung dauerhaft über den Eigenbedarf hinausgehender Kapazitäten. Ist nämlich die Notwendigkeit des Abbaus von sachlichen oder personellen Kapazitäten festzustellen, weil der Eigenbedarf abnimmt oder von externen Dritten gedeckt wird, so ist der wirtschaftlich motivierte Nichtabbau von Kapazitäten mit einer Kapazitätserweiterung zur Fremdbedarfsdeckung gleichzusetzen. Das dauerhafte „Insourcing" von Aufgaben ist zu vermeiden.[716] Mit anderen Worten ist die Unterlassung, Einsparpotentiale zu nutzen, mit der Vornahme von Neuinvestitionen vergleichbar.

Konkret bedeutet dies hinsichtlich der gemeindlichen Telekommunikationsaktivitäten, daß die Vermietung oder Verpachtung vorübergehend nicht benötigter Kabel, Leerrohre und Trassen an Dritte sowie die zeitweise Vermarktung freier Netzkapazitäten (also die entgeltliche Einräumung von Mitbenutzungsrechten) aus gemeindewirtschaftsrechtlicher Sicht ohne weiteres zulässig sind.[717] Die Grenzen der Wirtschaftsklauseln dürfen jedoch nicht umgangen werden, indem unter dem Vorwand vermeintlichen Eigenbedarf gezielt zu großzügige Kapazitätsreserven geschaffen werden, die allein späterer Vermarktung dienen sollen.

Unbedenklich ist weiter die Ausnutzung vorhandenen und sonst brachliegenden Know-hows, indem etwa Planungs-, Beratungs-, Wartungs- und Instandhaltungsdienste angeboten werden.[718] Dies gilt jedoch nicht, wenn das Beratungspersonal neu eingestellt oder allein aus kommerziellen Zwecken trotz rückläufigem eigenen Beratungsbedarf weiterbeschäftigt wird.

Beim Angebot von Tele- und Mediendiensten an Dritte wird man dagegen angesichts des hierzu notwendigen Investitionsvolumens im Regelfall wohl nicht mehr von einer ohne weiteres zulässigen Nebentätigkeit sprechen können.[719]

Haupttätigkeit (hier Deckung des telekommunikativen Eigenbedarfs) zu minimieren, vgl. Ehlers, DVBl 1998, 497 (501).

716 Vgl. dazu Hill, BB 1997, 425 (426); i.d.S. auch Enkler, ZG 1998, 328 (335); speziell für den Bereich der Abfallwirtschaft betont Cosson, DVBl 1999, 891 (895), daher, daß die Kommunen im Fall von Überkapazitäten gehalten sind, entweder die Mitbenutzung ihrer Einrichtungen durch Private zuzulassen oder aber sich von den nicht benötigten Infrastrukturen endgültig zu trennen.

717 Vgl. Moraing, Möglichkeiten und Grenzen kommunalwirtschaftlicher Betätigung, S. 22; vgl. auch Pünder, DVBl 1997, 1353 (1357).

718 Pünder, DVBl 1997, 1353 (1357 f.).

719 Ebenso Moraing, Möglichkeiten und Grenzen kommunalwirtschaftlicher Betätigung, S. 22; a.A.: Pünder, DVBl 1997, 1353 (1358).

c) Gezielte Marktteilnahme

Unstreitig sind die Grenzen der kommunalverfassungsrechtlichen Wirtschaftsklauseln zu beachten, wenn es nicht bei der Vermarktung überschüssiger Kapazitäten bleibt, sondern eine gezielte Marktteilnahme vorliegt.

Bezogen auf die Telekommunikationsaktivitäten der Gemeinden bedeutet dies, daß eine wirtschaftliche Betätigung immer dann zu bejahen ist, wenn Infrastrukturen wie Kabel, Trassen und Leerrohre gezielt zur späteren Vermarktung (Vermietung und Verpachtung) errichtet werden, und wenn Übertragungskapazitäten geschaffen werden, die allein der entgeltlichen Einräumung von Mitbenutzungsrechten Dritter dienen sollen. Zu nennen sind des weiteren das kommerzielle Angebot von Sprachtelefondienst und Mehrwertdiensten für Dritte sowie die entgeltliche Bereitstellung von Endgeräten, aber auch das Angebot von Planungs-, Beratungs-, Wartungs- und Instandhaltungsdiensten, soweit damit die Erweiterung oder der Nichtabbau vorhandener sachlicher oder personeller Kapazitäten verbunden ist.[720]

Die kommunalverfassungsrechtlichen Einschränkungen der wirtschaftlichen Betätigung sind ungeachtet der Organisationsform der gemeindlichen TKU als GmbH oder Aktiengesellschaft zu beachten.[721]

d) Gesetzliche Ausklammerung

Die gezielte Marktteilnahme der TKU von Gemeinden ist auch nicht kraft gesetzlicher Fiktion aus dem Bereich der wirtschaftlichen Betätigung ausgeklammert. Zwar schließen die meisten Gemeindeordnungen solche Aufgaben, zu deren Erledigung die Gemeinde verpflichtet ist, explizit vom Begriff des wirtschaftlichen Unternehmens aus.[722] Die Versorgung der Gemeindeeinwohner

---

[720] Zu den Gegenständen gezielter Marktteilnahme der gemeindlichen TKU vgl. auch Moraing, Möglichkeiten und Grenzen kommunalwirtschaftlicher Betätigung, S. 21 f.; Pünder, DVBl 1997, 1353 (1358). Zu nennen ist etwa auch das Angebot von Auskunfts- und Informationsdienstleistungen, vgl. Rehn/Cronauge, GO NW, 17. Ergänzungslieferung, November 1995, § 107 Anm. II 2.

[721] Soweit die Wirtschaftsklauseln nicht unabhängig von der Organisationsform unmittelbar anwendbar sind, vgl. §§ 102 Abs. 1 GemO Bad.-Württ.; 101 Abs. 3 Nr. 2 GO Bbg.; 108 Abs. 1 KSVG Saarl.; 97 Abs. 1 S. 1 SächsGemO; 116 Abs. 1 GO LSA, verweisen zumindest die speziellen Vorschriften über die Gründung von Unternehmen in Privatrechtsform auf die Grenzen der wirtschaftlichen Betätigung, vgl. Art. 86 Nr. 3, 87 Abs. 1 S. 1 GO Bay.; sowie die §§ 122 Abs. 1 Nr. 1 HGO; 108 Abs. 2 Nr. 2, 109 Abs. 1 Nr. 1 NGO; 108 Abs. 1 Nr. 1 GO NW; 87 Abs. 1 GemO Rh.-Pf.; 102 Abs. 2, 105 GO Schl.-Holst.; 73 Abs. 1 Nr. 1 ThürKO; anders nur die §§ 68, 69 KV M-V.

[722] Vgl. §§ 102 Abs. 3 Nr. 1 GemO Bad.-Württ.; 121 Abs. 2 Nr. 1 HGO; 68 Abs. 2 S. 1 Nr. 1 KV M-V; 108 Abs. 3 Nr. 1 NGO; 107 Abs. 2 S. 1 Nr. 1 GO NW; 97 Abs. 2 Nr. 1 SächsGemO; 116 Abs. 3 S. 1 Nr. 1 GO LSA. Im Rahmen der aktuellen Diskussion um die Weiterent-

mit Telekommunikationsdienstleistungen gehört allerdings nicht zum Bereich der Pflichtaufgaben der Gemeinden. Ebensowenig handelt es sich bei gemeindlichen TKU um solche Einrichtungen, die gesetzlich ausdrücklich vom Begriff des wirtschaftlichen Unternehmens ausgenommen werden.[723]

2. Das Erfordernis des öffentlichen Zwecks

Nach den meisten Gemeindeordnungen muß die wirtschaftliche Betätigung der Gemeinden „durch einen öffentlichen Zweck gerechtfertigt" sein,[724] während der öffentliche Zweck die wirtschaftliche Betätigung in einigen Ländern ausdrücklich erfordern muß.[725]

Bei dem öffentlichen Zweck handelt es sich um einen unbestimmten Rechtsbegriff, so daß Versuche einer positiven Konkretisierung stets auf Schwierigkeiten stoßen.[726] Fest steht aber, daß die Gemeindewirtschaft durch den Begriff des „öffentlichen Zwecks" auf eine Gemeinwohlorientierung festgelegt wird, so daß es letztlich immer um die Förderung des Wohls der Gemeindeeinwohner gehen muß. Die Entscheidung, ob das Wohl der Gemeindebürger durch eine gemeindewirtschaftliche Betätigung gefördert wird, ist dabei maßgeblich von den Anschauungen und Entschließungen der jeweiligen Vertretungskörperschaften sowie von den jeweiligen örtlichen Verhältnissen abhängig.[727] Mit anderen Worten handelt es sich bei der Bestimmung der einwohnernützigen Zielsetzung in erster Linie „um eine Frage sachgerechter Kommunalpolitik, die ... in starkem Maße

---

wicklung des Kommunalrechts wird vorgeschlagen, die gesetzliche Ausklammerung bestimmter Tätigkeiten und damit die Fiktion der öffentlichen Zwecksetzung aufzugeben, vgl. Henneke, NdsVBl 1999, 1 (10); Präsidium des Deutschen Landkreistages, DNV 6/1998, 30.

[723] Nach den meisten Gemeindeordnungen sind bestimmte, beispielhaft aufgezählte kommunale Einrichtungen nicht als wirtschaftliche Unternehmen anzusehen, vgl. §§ 102 Abs. 3 Nr. 2 GemO Bad.-Württ.; 121 Abs. 2 Nr. 2 HGO; 68 Abs. 2 S. 1 Nr. 2 KV M-V; 108 Abs. 3 Nr. 2 NGO; 107 Abs. 2 S. 1 Nr. 2 u. 3 GO NW; 85 Abs. 3 Nr. 1 - 6 GemO Rh.-Pf.; 108 Abs. 2 Nr. 1 KSVG Saarl.; 116 Abs. 3 S. 1 Nr. 2 GO LSA. Die umfassendste Aufzählung nichtwirtschaftlicher Einrichtungen enthält der Ausnahmekatalog der nordrhein-westfälischen Gemeindeordnung.

[724] Vgl. §§ 102 Abs. 1 Nr. 1 GemO Bad.-Württ.; 100 Abs. 2 Nr. 1 GO Bbg.; 121 Abs. 1 Nr. 1 HGO; 68 Abs. 1 Nr. 1 KV M-V; 108 Abs. 1 S. 2 Nr. 1 NGO; 85 Abs. 1 Nr. 1 GemO Rh.-Pf.; 108 Abs. 1 Nr. 1 KSVG Saarl.; 97 Abs. 1 Nr. 1 SächsGemO; 116 Abs. 1 Nr. 1 GO LSA; 101 Abs. 1 Nr. 1 GO Schl.-Holst.

[725] Vgl. Art. 87 Abs. 1 S. 1 Nr. 1 GO Bay., sowie §§ 107 Abs. 1 S. 1 Nr. 1 a) GO NW; § 71 Abs. 1 ThürKO. Nach der nordrhein-westfälischen Gemeindeordnung ist sogar ein „dringender" öffentlicher Zweck erdorderlich.

[726] Vgl. etwa die Übersicht über verschiedene Definitionsversuche bei Moraing, Möglichkeiten und Grenzen kommunalwirtschaftlicher Betätigung, S. 24.

[727] Vgl. BVerwGE 39, 329 (334).

auch von Zweckmäßigkeitsüberlegungen bestimmt wird."[728] Gemeinhin wird den Gemeinden deshalb bei der öffentlichen Zweckbestimmung eine von der Kommunalaufsicht bzw. den Verwaltungsgerichten zu respektierende Einschätzungsprärogative zugestanden,[729] so daß nicht die Gemeinwohlbestimmung als solche, sondern nur der Abwägungsvorgang überprüfbar ist. Im Ergebnis führt daher das Erfordernis des öffentlichen Zwecks zu einem besonderen Erwägungs- und Begründungszwang der Gemeinden hinsichtlich der Aufnahme einer wirtschaftlichen Betätigung.[730] Diese Begründungslast konkretisiert sich in formeller Hinsicht in einer Anzeige-, Vorlage- oder Genehmigungspflicht gegenüber der Aufsichtsbehörde.[731]

Praktisch können Kommunalaufsicht und Gerichte eine gemeindewirtschaftliche Betätigung daher nur untersagen, wenn diese offensichtlich ungeeignet ist, das Wohl der Gemeindeeinwohner zu fördern. In diesem Zusammenhang wird die Gemeinwohlorientierung im Wege einer negativen Abgrenzung von Rechtsprechung und Literatur nahezu einhellig abgelehnt, wenn die Betätigung ausschließlich oder primär von der Absicht, Gewinne zu erwirtschaften, getragen wird.[732] Die bloße Erwirtschaftung von Gewinnen soll auch dann keinen öffentlichen Zweck im Sinne der kommunalverfassungsrechtlichen

---

[728] BVerwGE 39, 329 (334); Stern/Püttner, Die Gemeindewirtschaft, S. 72 f.; Cronauge, Kommunale Unternehmen, S. 141, Rdnr. 467; Otting, Neues Steuerungsmodell und rechtliche Betätigungsspielräume der Kommunen, S. 111; ders., SächsVBl 1998, 93 (95); Moraing, Möglichkeiten und Grenzen kommunalwirtschaftlicher Betätigung, S. 25; ders., Der Städtetag 1997, 285 (288); Hill, BB 1997, 425 (429); Enkler, ZG 1998, 328 (333); Henneke, NdsVBl 1999, 1 (2).

[729] BVerwGE 39, 329 (334); Schmidt-Jortzig, in: Püttner (Hrsg.), HkWP, Bd. 5, S. 50 (58, m.w.N.); Waechter, Kommunalrecht, S. 333, Rdnr. 604; Stober, Kommunalrecht, § 22 I 2 c, S. 339; Otting, Neues Steuerungsmodell und rechtliche Betätigungsspielräume der Kommunen, S. 111 f.; Moraing, Möglichkeiten und Grenzen kommunalwirtschaftlicher Betätigung, S. 25 f. (m.w.N. in Fn. 49); ders., Der Städtetag 1997, 285 (288); Pünder, DVBl 1997, 1353 (1358, m.w.N. in Fn. 68); Badura, DÖV 1998, 818 (821); Ehlers, DVBl 1998, 497 (498); Henneke, NdsVBl 1999, 1 (3).

[730] Vgl. Schmidt-Jortzig, in: Püttner (Hrsg.), HkWP, Bd. 5, S. 50 (57); Schönershofen/Binder-Falcke, VR 1997, 109 (111); Pünder, DVBl 1997, 1353 (1358).

[731] Vgl. Art. 96 S. 1 GO Bay.; §§ 127 b Abs. 1 HGO; 116 Abs. 1 NGO; 115 Abs. 1 GO NW; 118 KSVG Saarl.; 123 GO LSA; 108 Abs. 1 GO Schl.-Holst.; (Anzeige- bzw. Berichtspflicht); §§ 108 GemO Bad.-Württ.; 92 Abs. 1 GemO Rh.-Pf.; 102 SächsGemO (Vorlagepflicht); §§ 77 Abs. 1 KV M-V; 73 Abs. 1 S. 2 ThürKO (Genehmigungspflicht). In Brandenburg wurde das Genehmigungserfordernis bis zum 31.12.1998 befristet; danach reicht eine Anzeige aus, vgl. § 110 Abs. 1 S. 1 i.V.m. Abs. 4 S. 1 GO Bbg.

[732] Vgl. BVerfGE 61, 82 (107); BVerwGE 39, 329 (334); Schmidt-Jortzig, in: Püttner (Hrsg.), HkWP, Bd. 5, S. 50 (58 f.); Jarass, Wirtschaftsverwaltungsrecht, S. 205, Rdnr. 37; Knemeyer, in: Achterberg/Püttner (Hrsg.), Besonderes Verwaltungsrecht, Bd. 2, S. 73, Rdnr. 156; Tettinger, Besonderes Verwaltungsrecht, S. 83, Rdnr. 154; Hidien, Gemeindliche Betätigungen rein erwerbswirtschaftlicher Art, S. 71 ff.; Schricker, Wirtschaftliche Tätigkeit der öffentlichen

lichen Zweck im Sinne der kommunalverfassungsrechtlichen Bestimmungen über die wirtschaftliche Betätigung erfüllen, wenn die Gewinne der Finanzierung anderer öffentlicher Aufgaben dienen und somit mittelbar den Gemeindeeinwohnern zugute kommen. Nach der Rechtsprechung des Bundesverfassungsgerichts muß nämlich das wirtschaftliche Unternehmen „unmittelbar durch seine Leistung, nicht nur mittelbar durch seine Gewinne und Erträge dem Wohl der Gemeindebürger dienen".[733]

Zunehmend wird dagegen von Seiten der Gemeinden gefordert, daß auch der reine Erwerbszweck als gemeinwohldienlich anzuerkennen sei.[734] Zum gleichen Ergebnis kommt *Otting*, der die Ansicht vertritt, daß aufgrund einer verfassungsrechtlichen Gewährleistung reiner Erwerbswirtschaft eine extensive Auslegung des Kriteriums „öffentlicher Zweck" geboten sei. Diese Gewährleistung entnimmt er dem in der Selbstverwaltungsgarantie mitenthaltenen Recht auf eine angemessene Finanzausstattung, das den Gemeinden in einer Situation der Unterfinanzierung die Ausschöpfung aller nichthoheitlichen Einnahmequellen, zu denen auch die Erzielung von Gewinnen durch rein erwerbswirtschaftliche Betätigung gehöre, garantiere.[735]

Nach der hier vertretenen Auffassung garantiert Art. 28 Abs. 2 GG aber gerade nicht die rein erwerbswirtschaftliche Betätigung.[736] Daher ist entgegen der genannten Tendenz an der Ausklammerung der reinen Erwerbswirtschaft aus der öffentlichen Zweckbestimmung festzuhalten. Anderenfalls liefe auch der Abgrenzungsgehalt des Ausdrucks nahezu ins Leere, wenn bereits jede von einer Gewinnerzielungsabsicht motivierte gemeindewirtschaftliche Tätigkeit einen öffentlichen Zweck erfüllen würde. Für den Befund der Ausgrenzung bloßen Ertragsstrebens spricht ferner ein entstehungsgeschichtliches Argument: Nach

---

Hand und unlauterer Wettbewerb, S. 53 f.; Püttner, Die öffentlichen Unternehmen, S. 131; Gern, Deutsches Kommunalrecht, 15. Kap., Rdnr. 727; Erichsen, Kommunalrecht NW, § 11 D 2 c) cc), S. 279 f.; Cronauge, Kommunale Unternehmen, S. 141, Rdnr. 466; Krebs, Rechtliche Grundlagen und Grenzen kommunaler Energieversorgung, S. 144 (m.w.N.); Schönershofen/Binder-Falcke, VR 1997, 109 (111); Erdmann, DVBl 1998, 13 (17); Ehlers, DVBl 1998, 497 (499); Badura, DÖV 1998, 818 (819, 821); Enkler, ZG 1998, 328 (333); Henneke, NdsVBl 1999, 1 (3).

[733] BVerfGE 61, 82 (107).

[734] Vgl. etwa Steckert, Der Städtetag 1996, 281 (283); Deutscher Städte- und Gemeindebund, Sachsenlandkurier, 1998, 240 (241); vgl. ferner die Nachweise bei Otting, DVBl 1997, 1258 (1259, Fn. 11-13); vgl. auch Gusy, JA 1985, 166 (170), sowie tendenziell Cronauge, Kommunale Unternehmen, S. 239, Rdnr. 769 l.

[735] Vgl. Otting, Neues Steuerungsmodell und rechtliche Betätigungsspielräume der Kommunen, S. 120 ff. (129), 166 ff. (199), 217 f.

[736] S.o. Teil 1, E III 2 b. Gegen eine ähnliche Argumentation von Backhaus, Öffentliche Unternehmen, S. 167 ff. (173 ff.), hat sich im übrigen bereits überzeugend Hidien, Gemeindliche Betätigungen rein erwerbswirtschaftlicher Art, S. 215 f., gewandt.

der amtlichen Begründung zu § 67 DGO kann es einer Gemeinde nie erlaubt sein, zu wirtschaften, wenn ihr einziges Ziel das der Gewinnerzielung ist. Vielmehr muß der öffentliche Zweck in der Unternehmenstätigkeit selbst zum Ausdruck kommen.[737] Da der Ausschluß rein gewinnorientierter Gemeindewirtschaft auch kein nationalsozialistisches Prinzip darstellt,[738] kann die amtliche Begründung des aus dem Jahre 1935 stammenden § 67 DGO auch heute noch als Auslegungshilfe herangezogen werden.[739] Auch die Materialien der Landesgesetzgeber zu den Nachfolgebestimmungen des § 67 DGO, die sämtlich den Ausdruck öffentlicher Zweck im Bewußtsein der bis dahin herrschenden Auslegung übernommen haben, weisen darauf hin, daß reine Erwerbswirtschaft keinem öffentlichen Zweck dient.[740]

Darüber hinaus ergibt sich derselbe Befund auch aus der Gegenüberstellung von öffentlicher Zwecksetzung und gemeinderechtlichem Rentabilitätsgebot, wonach die wirtschaftlichen Unternehmen einen Ertrag für den Gemeindehaushalt abwerfen sollen.[741] Dieses Gebot wäre überflüssig, wenn die Gewinnerzielungsabsicht als solche als öffentliche Zwecksetzung anerkannt wäre.[742] Dem Rentabilitätsgebot läßt sich zudem entnehmen, daß die Erzielung von Gewinnen zwar zulässig bzw. geboten, aber dem öffentlichen Zweck eindeutig untergeordnet ist.[743] Mit anderen Worten ist die bloße „Gewinnmitnahme“[744] bzw. die „Wahr-

---

737 Abgedruckt bei Suren/Loschelder, Die Deutsche Gemeindeordnung, Anm. 1 zu § 67, S. 81; vgl. zu diesem entstehungsgeschichtlichen Argument auch Hidien, Gemeindliche Betätigungen rein erwerbswirtschaftlicher Art, S. 168 ff. (175); Püttner, Die öffentlichen Unternehmen, S. 131 (Fn. 34); Ehlers, DVBl 1998, 497 (499).

738 Hidien, Gemeindliche Betätigungen rein erwerbswirtschaftlicher Art, S. 177 ff. (180).

739 Kritisch Otting, Neues Steuerungsmodell und rechtliche Betätigungsspielräume der Kommunen, S. 125 f.

740 Vgl. Hidien, Gemeindliche Betätigungen rein erwerbswirtschaftlicher Art, S. 180 ff. In diesem Sinne erfolgt auch die Auslegung des öffentlichen Zwecks durch die Aufsichtsbehörden, vgl. etwa die Nachweise zur Auslegung durch das nordrhein-westfälische Innenministerium bei Otting, Neues Steuerungsmodell und rechtliche Betätigungsspielräume der Kommunen, S. 115 f.

741 Vgl. §§ 102 Abs. 2 2. HS GemO Bad.-Württ.; 107 GO Bbg.; 127a S. 2 HGO; 75 Abs. 1 S. 2 KV M-V; 114 Abs. 1 GO Nds.; 109 Abs. 1 S. 2 GO NW; 85 Abs. 2 S. 1 2. HS GemO Rh.-Pf.; 116 S. 2 KSVG Saarl.; 97 Abs. 3 2. HS SächsGemO; 116 Abs. 2, 2. HS GO LSA; 107 S. 2 GO Schl.-Holst.; 75 Abs. 1 ThürKO. Lediglich die bayerische Gemeindeordnung kennt kein solches Rentabilitätsgebot mehr.

742 Vgl. Moraing, Möglichkeiten und Grenzen kommunalwirtschaftlicher Betätigung, S. 27; Henneke, NdsVBl 1999, 1 (3).

743 Vgl. zu diesem systematischen Argument auch Hidien, Gemeindliche Betätigungen rein erwerbswirtschaftlicher Art, S. 160 ff.; Schmidt-Jortzig, in: Püttner (Hrsg.), HkWP, Bd. 5, S. 50 (58 f.); Moraing, Möglichkeiten und Grenzen kommunalwirtschaftlicher Betätigung, S. 27; Schönershofen/Binder-Falcke, VR 1997, 109 (111); Ehlers, DVBl 1998, 497 (499); Henneke, NdsVBl 1999, 1 (4).

nehmung einer erwerbswirtschaftlichen Chance"[745] möglich, solange die wirtschaftliche Betätigung vorrangig von der öffentlichen Zwecksetzung getragen wird bzw. solange die Absicht der Gewinnerzielung die Erfüllung des öffentlichen Zwecks nicht gefährdet.[746]

Diesem Ergebnis steht nicht entgegen, daß das Grundgesetz nach der hier vertretenen -freilich umstrittenen- Auffassung Raum für primär profitorientierte Wirtschaftsaktivitäten der öffentlichen Hand läßt.[747] Im hier betroffenen gemeinderechtlichen Zusammenhang kann dem Begriff des öffentlichen Zwecks durchaus ein anderer Bedeutungsgehalt zukommen.

a) Gemeinwohlorientierung gemeindlicher Telekommunikationsaktivitäten

Berücksichtigt man, daß die Telekommunikationsmöglichkeiten mittlerweile für sämtliche wirtschaftliche Tätigkeiten und auch für den privaten bzw. gesellschaftlichen Bereich unverzichtbar sind, so liegt es auf der Hand, daß die Gründung eines gemeindlichen TKUs einen öffentlichen Zweck erfüllt. Aufbau, Ausbau und Betrieb örtlicher Telekommunikationsinfrastrukturen (Kabel, Trassen, Leerrohre) und das Angebot von Telekommunikationsdienstleistungen (Sprachtelefondienst) dienen der Verbesserung der lokalen Infrastruktur sowie der krisensicheren und ungestörten Versorgung der Bürger und damit dem Gemeinwohl.[748] Konkret kann man also zunächst auf den Infrastrukturauftrag der Gemeinden und die Daseinsvorsorge als öffentliche Zwecksetzungen abstellen.[749] Von diesen Zwecksetzungen miterfaßt sind wohl auch noch leitungsbezogene Planungs-, Beratungs-, Wartungs- und Instandhaltungsdienste.

Die Rechtfertigung aus Versorgungsgründen entfällt auch nicht etwa deshalb, weil nach dem Universaldienst-Konzept des TKG bereits eine ausreichende

---

[744] Ehlers, DVBl 1998, 497 (500); Henneke, NdsVBl 1999, 1 (4).

[745] Moraing, Möglichkeiten und Grenzen kommunalwirtschaftlicher Betätigung, S. 27; Pünder, DVBl 1997, 1353 (1359).

[746] Etling-Ernst, TKG, § 1, Rdnr. 16 (m.w.N.); Ehlers, DVBl 1998, 497 (500); Henneke, NdsVBl 1999, 1 (4).

[747] S.o. Teil 1, D I 3 b; a.A.: Stober, Allg. Wirtschaftsverwaltungsrecht, § 24 III, S. 262 f.; ders., BB 1989, 716 (719 f.); Ehlers, Verwaltung in Privatrechtsform, S. 92 ff; ders., DVBl 1998, 497 (499).

[748] Moraing, Möglichkeiten und Grenzen kommunalwirtschaftlicher Betätigung, S. 28 f.; Cronauge, Kommunale Unternehmen, S. 246, Rdnr. 770i; Büssow/Schönershofen, Der Städtetag 1997, 231 (232); Ehlers, DVBl 1998, 497 (499).

[749] Wenn man die Daseinsvorsorge definiert als „alles, was von Seiten der Verwaltung geschieht, um die Allgemeinheit oder nach objektiven Merkmalen bestimmte Personenkreise in den Genuß nützlicher Leistungen zu versetzen", so reicht es sogar aus, wenn die (Telekommunikationsdienst-) Leistungen nur einem Teil der Gemeindeeinwohner, etwa der örtlichen Wirtschaft zugute kommen, vgl. Schönershausen/Binder-Falcke, VR 1997, 109 (111).

Grundversorgung mit Telekommunikation gewährleistet wird.[750] Zum einen kann das Erfordernis des Universaldienstes und die besondere Bedeutung der telekommunikativen Grundversorgung umgekehrt gerade für die Betätigung auch der Gemeinden sprechen.[751] Zum anderen stellt das Universaldienst-Konzept eben nur für eine Mindestversorgung sicher, die aber bereits jetzt für viele Unternehmen und Bürger unzureichend ist.[752] Auch nach der Rechtsprechung des Bundesverwaltungsgerichts entfällt der öffentliche Zweck nicht, sobald die entsprechenden Bedürfnisse anderweitig erfüllt werden können.[753]

Der Begriff des öffentlichen Zwecks geht zudem über den Rahmen der sogenannten Daseinsvorsorge noch hinaus.[754] Den Gemeinden ist insoweit -vor allem aufgrund ihres Beurteilungsspielraumes- zuzugestehen, weitergehende Zwecke zu verfolgen, so daß auch etwa allgemeine struktur- und sozialpolitische Motive, Aspekte der Technik- oder Wettbewerbsförderung und ähnliche Gründe die wirtschaftliche Betätigung rechtfertigen können.[755] Daher genügen neben dem Versorgungs- und Infrastrukturzweck auch die meisten übrigen Motive, die den gemeindlichen Aktivitäten in der Telekommunikation zugrunde liegen,[756] der den Gemeinden auferlegten Darlegungs- und Begründungslast, so daß sie als öffentliche Zwecksetzungen anerkannt werden können. Allein das primäre oder ausschließliche Motiv der Gewinnerzielung bildet, wie soeben gezeigt, eine Ausnahme.[757] Aufgrund des gemeindewirtschaftsrechtlichen Rentabilitätsgebotes ist allerdings prinzipiell die Gewinnorientierung der gemeindlichen TKU anzuerkennen, das heißt, die Gemeinden dürfen und sollen mit den Telekommunikationsaktivitäten Geld verdienen, solange dies die Verfolgung eines

---

750 So aber Held, in: Pritzkoleit (Hrsg.), Telekommunikation: Kommunen im Netz, S. 59 (62). Zum Universaldienst s.o. Teil 1, C VI.

751 Vgl. Moraing, Möglichkeiten und Grenzen kommunalwirtschaftlicher Betätigung, S. 30.

752 Pünder, DVBl 1997, 1353 (1358).

753 Vgl. BVerwGE 39, 329 (335).

754 Vgl. auch BVerwGE 39, 329 (333).

755 Pielow, Grundstrukturen öffentlicher Versorgung, Manuskript, S. 678 f.; Hill, BB 1997, 425 (429); Henneke, NdsVBl 1999, 1 (2).

756 Zu den vielfältigen konkreten Motiven der Gemeinden für ein Engagement in der Telekommunikation s.o. Teil 1, A III.

757 Auch das Motiv der Arbeitsplatzsicherung stellt wohl kaum einen öffentlichen Zweck dar, durch den die Ausweitung der gemeindewirtschaftlichen Betätigung auf neuartige Geschäftsfelder (wie die Telekommunikation) gerechtfertigt werden kann, vgl. Held, in: Henneke (Hrsg.), Organisation kommunaler Aufgabenerfüllung, 113 (120); Enkler, ZG 1998, 328 (334); Henneke, NdsVBl 1999, 1 (3). Anderenfalls ließe sich mit diesem Argument eine umfassende Expansion der Gemeindewirtschaft gemeinderechtlich legitimieren. Zur Frage, ob die Arbeitsmarktpolitik zumindest die Errichtung gemeindlicher bzw. städtischer Beschäftigungsförderungsgesellschaften rechtfertigen kann, vgl. Henneke, NdsVBl 1999, 1 (3, 8, m.w.N.).

vorrangigen öffentlichen Zwecks nicht beeinträchtigt. Im Konfliktfall muß deshalb das Gewinnerzielungsinteresse hinter der öffentlichen Zwecksetzung zurückstehen.

Hinsichtlich einiger konkreter Aktivitäten im Bereich der Telekommunikation ist allerdings fragwürdig, ob ein gegenüber der Gewinnerzielungsabsicht überwiegender öffentlicher Zweck verfolgt wird. Angesprochen sind insbesondere das eigene Angebot kommerzieller Mehrwertdienste[758] sowie Herstellung, Vertrieb und Installation von Telekommunikationsendgeräten.[759] An die Begründung entsprechender Engagements sind daher besonders hohe Anforderungen zu stellen.[760]

b) Erforderlichkeit der Betätigung in der Telekommunikation

Soweit nach einigen Gemeindeordnungen der öffentliche Zweck die wirtschaftliche Betätigung erfordern muß,[761] stellt dieser Ausdruck verglichen mit den übrigen Gemeindeordnungen, nach denen der öffentliche Zweck das wirtschaftliche Unternehmen lediglich rechtfertigen muß, eine verschärfte Anforderung dar. Die Formulierung deutet darauf hin, daß die wirtschaftliche Betätigung „vernünftigerweise geboten"[762] sein muß. Allerdings ist auch in diesem Zusammenhang auf die Einschätzungsprärogative der Gemeinden hinzuweisen. Ob ein bestimmter öffentlicher Zweck die Errichtung eines gemeindlichen TKUs vernünftigerweise gebietet, ist damit letztlich ebenfalls eine kommunalpolitische Entscheidung, die nur bei offensichtlicher Widersprüchlichkeit von Kommunalaufsicht und Gerichten beanstandet werden kann. Bei entsprechender Begründung durch die Gemeinde dürfte daher das Merkmal der Erforderlichkeit keine ernsthafte Hürde für ein gemeindliches Engagement in der Telekommunikation darstellen.[763]

---

[758] Vgl. Held, in: Henneke (Hrsg.), Organisation kommunaler Aufgabenerfüllung, 113 (120).

[759] In Nordrhein-Westfalen wird gesetzlich vermutet, daß der Vertrieb und/oder die Installation von Endgeräten von Telekommunikationsanlagen nicht von einem dringenden öffentlichen Zweck gedeckt sind, vgl. § 107 Abs. 1 S. 2 GO NW. Zu den möglichen aufsichtsrechtlichen Konsequenzen für gemeindliche Telekommunikationsgesellschaften bei einem Verstoß gegen § 107 Abs. 1 S. 2 GO NW vgl. den Beispielsfall bei Meier, VR 1998, 340 ff.

[760] Der Sonderregelung in der nordrhein-westfälischen Gemeindeordnung ist zu entnehmen, daß der Vertrieb und/oder die Installation von Endgeräten von Telekommunikationsanlagen keinen dringenden öffentlichen Zweck erfüllt, vgl. § 107 Abs. 1 S. 1 u. 2 GO NW.

[761] Vgl. Art. 87 Abs. 1 S. 1 Nr. 1 GO Bay., sowie §§ 107 Abs. 1 S. 1 Nr. 1 a) GO NW; § 71 Abs. 1 Nr. 1 ThürKO.

[762] Schmidt-Jortzig, in: Püttner (Hrsg.), HkWP, Bd. 5, S. 57 (m.w.N.); zustimmend Schönershofen/Binder-Falcke, VR 1997, 109 (112); ähnlich Erichsen, Kommunalrecht NW, § 11 D 2 c) cc), S. 280.

[763] In diesem Sinne auch Ehlers, DVBl 1998, 497 (499).

c) Nordrhein-westfälische Sonderregelungen zur öffentlichen Zwecksetzung

Eine weitere verschärfte Anforderung ist zunächst insofern in der nordrhein-westfälischen Gemeindeordnung enthalten, als ein „dringender“ öffentlicher Zweck die wirtschaftliche Betätigung erfordern muß.[764] Speziell im Hinblick auf den Bereich der Telekommunikation braucht allerdings aufgrund der neu eingefügten Sonderregelung in § 107 Abs. 1 S. 1 Nr. 1 b) GO NW[765] nicht mehr näher auf den besonderen Regelungsgehalt des Merkmals der Dringlichkeit eingegangen zu werden.[766] Dieser Vorschrift zufolge darf sich nämlich eine Gemeinde ausdrücklich dann wirtschaftlich betätigen, wenn die Betätigung erfolgt, um Leitungsnetze für Zwecke der Telekommunikation einschließlich der Telefondienstleistungen allein oder zusammen mit Dritten zu erweitern und/oder zu betreiben.[767]

Die Gesetzesformulierung ist trotz des unklaren Wortlautes nicht so zu verstehen, daß die genannten Aktivitäten von der Bindung an die öffentliche Zwecksetzung freigestellt worden wären.[768] Vielmehr ist davon auszugehen, daß der nordrhein-westfälische Gesetzgeber am Erfordernis des dringenden öffentlichen Zwecks festhalten wollte, dieses Merkmal aber gleichwohl hinsichtlich der Betätigung der Gemeinden im Bereich der Telekommunikation ausdrücklich als erfüllt angesehen hat.[769] Dieses Verständnis entspricht dem gesetzgeberischen Willen, die gemeindewirtschaftlichen Möglichkeiten im Bereich der Telekommunikation zu verbessern,[770] das heißt, die Zulässigkeitsvoraussetzungen für TKU der Gemeinden zu lockern.

---

764 Vgl. § 107 Abs. 1 S. 1 Nr. 1 a) GO NW.

765 Die Änderung des § 107 Abs. 1 S. 1 GO NW geht zurück auf das „Gesetz zur Stärkung der wirtschaftlichen Betätigung von Gemeinden und Gemeindeverbänden im Bereich der Telekommunikationsdienstleistungen“ (vgl. Art. I 2 a) vom 25.11.1997, GV NW S. 422.

766 Vgl. dazu noch Etling-Ernst, TKG, § 1 Rdnr. 18; Cronauge, Kommunale Unternehmen, S. 240, Rdnr. 769o; Badura, DÖV 1998, 818 (821).

767 Zur Wahrnehmung gleicher Wettbewerbschancen dürfen die Gemeinden für ihre TKU weder Kredite zu Sonderkonditionen in Anspruch nehmen, noch Bürgschaften und Sicherheiten leisten, vgl. § 108 Abs. 1 S. 1 Nr. 9 S. 2 GO NW.

768 So aber Badura, DÖV 1998, 818 (821).

769 So auch Meier, VR 1998, 340 (344); ebenso wohl Cosson, DVBl 1999, 891 (897). Ausdrücklich nicht zum Betrieb eines Telekommunikationsnetzes gehören der Vertrieb und/oder die Installation von Endgeräten von Telekommunikationsanlagen, vgl. § 107 Abs. 1 S. 2 GO NW. Damit wird gesetzlich vermutet, daß das Geschäft mit Telekommunikationsendgeräten primär der Gewinnerzielung dient und nicht von einem dringenden öffentlichen Zweck gedeckt ist.

770 Vgl. dazu Beschlußempfehlung und Bericht des Ausschusses für Kommunalpolitik, LT-Drs. 12/2566 vom 14.11.1997, S. 7.

Berücksichtigt man allerdings, daß Aufbau und Betrieb gemeindlicher Telekommunikationsnetze sowie das Angebot gemeindlicher Telekommunikationsdienstleistungen prinzipiell einem öffentlichen Zweck dienen, und daß auch das Erfordernis der Dringlichkeit aufgrund der kommunalen Einschätzungsprärogative kein unüberwindbares Hindernis bildet, so wird deutlich, daß der Sonderregelung in § 107 Abs. 1 S. 1 Nr. 1 b GO NW in erster Linie die deklaratorische Wirkung eines Regelbeispiels zukommt.[771]

d) Randnutzungen

Unter dem Aspekt der Randnutzung bzw. der Nebentätigkeit sind auch solche wirtschaftlichen Aktivitäten ohne weiteres zulässig, die bei Gelegenheit einer durch einen öffentlichen Zweck gerechtfertigten Betätigung vorgenommen werden, und mit denen sonst brachliegendes, noch benötigtes Wirtschaftspotential ausgenutzt werden soll.[772] Beispielhaft zu nennen sind in diesem Zusammenhang etwa die Nutzung freier Flächen an Betriebsmitteln der gemeindlichen TKU (Schaltkästen, Fahrzeuge, etc.) zu Werbezwecken oder die Vermarktung von Software, die speziell für ein gemeindliches TKU entwickelt wurde. Darüber hinaus ist auch die telekommunikative Vermarktung von ursprünglich zur Energie- bzw. Wasserversorgung geschaffener Trassen und Leerrohre vom öffentlichen Versorgungszweck der Hauptbetätigung (Energie- bzw. Wasserversorgung) miterfaßt und daher ohne weiteres zulässig.[773]

Soweit dagegen unausgelastete Kapazitäten dauerhaft aufrechterhalten werden oder neue Kapazitäten aufgebaut werden, kann nicht mehr von einer Randnutzung gesprochen werden, die vom öffentlichen Zweck der Haupttätigkeit gedeckt ist.[774] Aufgrund der mit einer solchen Tätigkeit verfolgten Gewinnerzielungsabsicht dürfte jedoch ein öffentlicher Zweck zumeist nicht vorliegen.[775]

---

771 Siehe näher dazu unten Teil 1, F I 2 e.

772 BVerwGE 82, 29 (34); Pünder, DVBl 1997, 1353 (1357); Ehlers, DVBl 1998, 497 (500); Henneke, NdsVBl 1999, 1 (4). Vgl. auch Moraing, Rechtliche Möglichkeiten und Grenzen kommunalwirtschaftlicher Betätigung, S. 20 (m.w.N.); sowie die Nachweise bei Enkler, ZG 1998, 328 (335).

773 Pünder, DVBl 1997, 1353 (1357 f.). Als Beispiel für die erfolgreiche Vermarktung städtischer Leerrohre dient das Frankfurter Modell. Die Stadt Frankfurt hat mit zwei privaten Glasfaserkabel-Netzbetreibern (MFS (Metropolitan Area Networks) und Colt Telecom GmbH) Verträge über die Nutzung vorhandener Leerrohre abgeschlossen. Die Stadt erhält dafür eine pauschale Mietgebühr und eine umsatzabhängige Tantieme, vgl. Wygoda, Der Städtetag 1996, 217 f.

774 So auch Enkler, ZG 1998, 328 (335).

775 Vgl. dazu Henneke, NdsVBl 1999, 1 (4).

e) Präzisierung der öffentlichen Zwecksetzung

Daß zu Recht immer wieder Forderungen nach einer Präzisierung des öffentlichen Zwecks erhoben werden,[776] wird durch den Befund bestätigt, daß die Gemeinden beinahe sämtliche Telekommunikationsaktivitäten mit der Verfolgung öffentlicher Zwecke rechtfertigen können, obgleich häufig das Erwerbsmotiv die eigentliche Antriebsfeder für ein gemeindliches Engagement in diesem Bereich darstellen dürfte. Dabei kann auch das Vorschieben öffentlicher Zwecke nicht ausgeschlossen werden, da zum einen die Grenzen zwischen Gemeinwohl- und Gewinnorientierung generell (und gerade im lukrativen Telekommunikationssektor) fließend verlaufen, und zum anderen der Kommunalaufsicht und den Gerichten aufgrund der kommunalen Einschätzungsprärogative die Hände gebunden sind.

(1) Fixierung der öffentlichen Zwecksetzung im Unternehmensstatut und weitere Steuerungsinstrumente

Vor diesem Hintergrund sollte durch eine transparente Deklarierung der öffentlichen Zwecksetzung deren Dominanz sichergestellt und der Gefahr der bloßen Gewinnorientierung entgegengewirkt werden. Damit wird zugleich die Voraussetzung für die Steuerung und Kontrolle der Zielsetzung eines gemeindlichen (Telekommunikations-) Unternehmens geschaffen. In diesem Sinne verpflichten mittlerweile die meisten Gemeindeordnungen die Gemeinden dazu, ihre Unternehmen und Einrichtungen so zu führen, zu steuern und zu kontrollieren, daß der öffentliche Zweck nachhaltig erfüllt wird.[777] Dazu muß zunächst der öffentlichen Zweck im Unternehmensstatut fixiert werden.[778] Die bloße Umschreibung des Unternehmensgegenstandes (etwa Telekommunikation) reicht dazu nicht mehr aus. Vielmehr müssen etwa gemeindliche TKU im Gesellschaftsvertrag auf die Verfolgung eines öffentlichen Zwecks, wie zum Beispiel die Verbesse-

---

[776] Vgl. Ehlers, JZ 1990, 1089 (1091); ders., DVBl 1997, 137 (142 f.); ders., DVBl 1998, 497 (500); Püttner, Die öffentlichen Unternehmen, S. 131; Stober, Kommunalrecht, § 22 I 2 c, S. 339; Schulz, BayVBl 1996, 97 (98); Henneke, NdsVBl 1999, 1 (5, 10); vgl. auch den Beschluß des Präsidiums des Deutschen Landkreistages, DNV 6/1998, 30.

[777] Vgl. Art. 95 Abs. 1 GO Bay., sowie die §§ 102 Abs. 2 1.HS GemO Bad.-Württ.; 107 Abs. 1 S. 1 GO Bbg.; 127a S. 1 HGO; 75 Abs. 1 S. 1 KV M-V; 109 Abs. 1 Nr. 5, Abs. 2 NGO; 109 Abs. 1 S. 1 GO NW; 85 Abs. 2 1.HS GemO Rh.-Pf.; 116 S. 1 KSVG Saarl.; 97 Abs. 3 1. HS SächsGemO; 116 Abs. 2 1.HS GO LSA; 107 S. 1 Schl.-Holst.. Lediglich in Thüringen fehlt eine entsprechende Vorschrift.

[778] Vgl. Art. 92 Abs. 1 S. 1 Nr. 1 GO Bay.; sowie die §§ 103 Abs. 1 Nr. 2 GemO Bad.-Württ.; 102 Nr. 1 GO Bbg.; 69 Abs. 1 Nr. 2 KV M-V; 108 Abs. 1 S. 1 Nr. 7 GO NW; 87 Abs. 1 Nr. 2 GemO Rh.-Pf.; 111 Abs. 1 Nr. 1 KSVG Saarl.; 96 Abs. 1 Nr. 1 SächsGemO; 117 Abs. 1 Nr. 2 GO LSA.

rung der örtlichen Infrastruktur oder die Versorgung der Gemeindeeinwohner, festgelegt werden.

Ehlers hat zutreffend darauf hingewiesen, daß die Durchsetzung des öffentlichen Unternehmenszwecks ohne eine solche Fixierung insbesondere dann, wenn gemeindliche Unternehmen gemischt-wirtschaftlich organisiert sind, auf erhebliche Schwierigkeiten treffen kann.[779] In diesem Fall geht nämlich das Gesellschaftsrecht davon aus, daß die Gewinnerzielung den Unternehmenszweck bildet. Nachträgliche Änderungen der Zwecksetzung bedürfen aber der Zustimmung aller Gesellschafter, und soweit die Gemeinde ohne Änderung vorrangig öffentliche Zwecke verfolgt, kann sie sich Abwehr- und Schadensersatzansprüchen der übrigen Gesellschafter ausgesetzt sehen.

Auf die Präzisierung der öffentlichen Zwecksetzung müssen die Gemeinden ebenfalls bei der Gründung von Holding- und Tochtergesellschaften besonders achten. Die Gemeinden sollten in einem solchen Fall vorab für die Aufrechterhaltung der öffentlich-rechtlichen Bindungen einschließlich der öffentlichen Zwecksetzung und die Fortsetzung ihrer Einwirkungsrechte sorgen.[780]

Die Steuerungstauglichkeit der öffentlichen Zweckbindung kann darüber hinaus durch regelmäßige Lage-[781] bzw. Beteiligungsberichte,[782] in denen zur Einhaltung der öffentlichen Zwecksetzung und zur Zweckerreichung Stellung zu nehmen ist, verbessert werden.

(2) Formulierung eines Positiv-Katalogs

Aufzugreifen sind zudem Vorschläge, die dahin gehen, den bestehenden Auslegungsunsicherheiten und damit der „Versickerung" der öffentlichen Zwecksetzung durch Aufzählung von Regelbeispielen entgegenzutreten, gleichwohl ohne gemeindliche Gestaltungsspielräume zu mißachten.[783] So könnte durch Formu-

---

[779] Ehlers, DVBl 1997, 137 (142 (m.w.N. in Fn. 60 - 62). Vor dem Hintergrund der notwendigen Ausrichtung des Unternehmens auf den öffentlichen Zweck sind insbesondere Minderbeteiligungen der Gemeinden äußerst problematisch, vgl. Grawert, in: FS Blümel, S. 119 (131).

[780] Vgl. dazu Grawert, in: FS Blümel, S. 119 (132).

[781] Vgl. Art. 94 Abs. 1 Nr. 2 GO Bay.; sowie die §§ 105a Abs. 1 Nr. 1 b GemO Bad.-Württ.; 122 Abs. 1 S. 1 Nr. 4 HGO; 73 Abs. 1 S. 1 Nr. 1 b KV M-V; 108 Abs. 2 S. 1 Nr. 2 GO NW; 90 Abs. 1 GemO Rh.-Pf.; 110 Abs. 1 Nr. 4 KSVG Saarl.; 99 Abs. 1 Nr. 3 - 6 SächsGemO; 121 Abs. 1 S. 1 GO LSA; 75 Abs. 4 ThürKO. Vgl. dazu auch die Forderung von Grawert, in: FS Blümel, S. 119 (136), nach weitergehenden kommunalrechtlichen Publizitätspflichten.

[782] Vgl. Art. 94 Abs. 3 GO Bay.; sowie die §§ 105 Abs. 3 GO Bbg.; 73 Abs. 3 KV M-V; 109 Abs. 3 NGO; 112 Abs. 3 GO NW; 90 Abs. 2 GemO Rh.-Pf.; 115 Abs. 2 KSVG Saarl.

[783] Vgl. Henneke, NdsVBl 1999, 1 (10); sowie Ständige Konferenz der Innenminister und -senatoren der Länder, Wirtschaftliche Betätigung der Kommunen in neuen Geschäftsfeldern,

lierung eines sogenannten Positiv-Katalogs etwa explizit klargestellt werden, daß die Versorgung der Gemeindeeinwohner mit Telekommunikationsdienstleistungen sowie der Aufbau örtlicher Netzinfrastrukturen öffentlichen Zwecken dient bzw. daß dies etwa hinsichtlich Herstellung, Vertrieb und Installation von Telekommunikationsendgeräten nicht der Fall ist. Wie bereits dargestellt, wurde eine derartige Regelung bereits in die nordrhein-westfälischen Gemeindeordnung aufgenommen.[784] Als weitere Regelbeispiele kämen in erster Linie die Bereiche der Energie- und Wasserversorgung sowie des öffentlichen Personennahverkehrs in Betracht.

Als nachahmenswertes Beispiel ist in diesem Zusammenhang auch die Regelung in Bayern zu nennen, nach der die Gewinnerzielungsabsicht mittlerweile ausdrücklich von der öffentlichen Zwecksetzung ausgenommen wird.[785]

3. Die Beziehung zu Leistungsfähigkeit und Bedarf

In allen deutschen Gemeindeordnungen ist in Anlehnung an § 67 Abs. 1 Nr. 2 DGO festgeschrieben, daß die wirtschaftliche Betätigung bzw. das wirtschaftliche Unternehmen in einem angemessenen Verhältnis zur Leistungsfähigkeit der Gemeinde -und nach einigen Gemeindeordnungen auch zum voraussichtlichen Bedarf- stehen muß.[786] Diese Regelung dient dem Schutz der Gemeinden vor Aktivitäten, die ihre Verwaltungs- und Finanzkraft überfordern.[787] Das gemeinderechtliche Rentabilitätsgebot findet sich darin insoweit wieder, als die Gemeinden eine sparsame und wirtschaftliche Haushaltsführung an den Tag legen müssen und Abstand von riskanten und unrentablen Geschäften nehmen sol-

---

Bericht des Unterausschusses „Kommunale Wirtschaft" des AK III, Ziff. 12.5.5.; kritisch Enkler, ZG 1998, 328 (351).

[784] S.o. Teil 1, F I 2 c.

[785] Vgl. Art. 87 Abs. 2 S. 1 GO Bay.

[786] Vgl. Art. 87 Abs. 1 S. 1 Nr. 2 GO Bay. sowie die §§ 102 Abs. 1 Nr. 2 GemO Bad.-Württ.; 100 Abs. 2 Nr. 2 GO Bbg.; 121 Abs. 1 Nr. 2 HGO; 68 Abs. 1 Nr. 2 KV M-V; 108 Abs. 1 S. 2 Nr. 2 NGO; 107 Abs. 1 Nr. 2 GO NW; 85 Abs. 1 Nr. 2 GemO Rh.-Pf.; 108 Abs. 1 Nr. 2 KSVG Saarl.; 97 Abs. 1 Nr. 2 SächsGemO; 116 Abs. 1 Nr. 2 GO LSA; 101 Abs. 1 Nr. 2 GO Schl.-Holst.; 71 Abs. 1 Nr. 2 ThürKO.

[787] Stober, Kommunalrecht, § 22 I 2 c, S. 340; Erichsen, Kommunalrecht NW, § 11 D 2 c) dd), S. 280; Schmidt-Jortzig, in: Püttner (Hrsg.), HKWP, Bd. 5; S. 59; Vogelsang/Lübking/Jahn, Kommunale Selbstverwaltung, S. 179, Rdnr. 620; Moraing, Möglichkeiten und Grenzen kommunalwirtschaftlicher Betätigung, S. 31 f.; Otting, Neues Steuerungsmodell und rechliche Betätigungsspielräume der Kommunen, S. 134; Gusy, JA 1995, 166 (170); Schönershofen/Binder-Falcke, VR 1997, 109 (112); Pünder, DVBl 1997, 1353 (1359).

len.[788] Dahinter steht die Überlegung, daß die Gefährdung der ordnungsgemäßen Erfüllung anderer Gemeindeaufgaben durch überdimensionierte Wirtschaftsbetätigungen zu vermeiden ist.

Die Beziehung zur Leistungsfähigkeit bedeutet, daß Art und Umfang einer konkreten wirtschaftlichen Unternehmung die personellen, sachlichen und finanziellen Kräfte einer Gemeinde nicht übersteigen darf.[789] Um diese finanzielle Tragbarkeit abschätzen zu können, ist eine sorgfältige Analyse der gemeindlichen Haushaltssituation erforderlich.[790] Hilfreich kann auch eine Orientierung am Leistungsspektrum vergleichbarer Gemeinden sein.[791] Die Frage, ob eine Gemeinde ausreichend leistungsfähig ist, um sich in der Telekommunikation zu engagieren, kann dabei nur im Einzelfall im Vorfeld der Unternehmensgründung entschieden werden, wobei es maßgeblich auf Art und Umfang der geplanten Tätigkeit, die örtlichen Verhältnisse und die konkrete Finanzsituation ankommt. Zu berücksichtigen ist allerdings, daß gleich mehrere Faktoren Zweifel hinsichtlich der Leistungsfähigkeit in Bezug auf Telekommunikationsaktivitäten aufkommen lassen. Zum einen ist die Haushaltssituation der Gemeinden generell als äußerst angespannt zu beurteilen, so daß sich kaum noch Städte und Gemeinden finden lassen, die nicht bereits erheblich verschuldet sind. Vor diesem Hintergrund ist die Leistungsfähigkeit einer Gemeinde zumindest dann deutlich eingeschränkt, wenn etwa ein Haushaltssicherungskonzept aufgestellt werden muß.[792] Zum anderen sind unter dem Aspekt der Leistungsfähigkeit prinzipiell alle Angebote problematisch, die mit umfangreichen Investitionen verbunden sind. Speziell die gezielte Marktteilnahme in der Telekommunikation (insbesondere Aufbau, Ausbau und Betrieb örtlicher Telekommunikationsinfrastruktur bzw. das Angebot von Sprachtelefondienst) setzt jedoch erhebliche Startinvestitionen und Anfangsverluste voraus. Neben den investitionsintensiven Bereichen der Neuverlegung von Telekommunikationslinien sowie der Anschaffung von Vermittlungs- und Übertragungstechnik sind auch die hohen laufenden Kosten für Netzbetrieb und -management zu nennen.[793] Dazu kommt das Risiko, daß

---

[788] Vgl. dazu Krebs, Rechtliche Grundlagen und Grenzen kommunaler Elektrizitätsversorgung, S. 149; Erdmann, DVBl 1998, 13 (17). Unzulässig sind daher etwa Warentermin-, Devisen- und Bankgeschäfte, vgl. Gerke, Jura 1985, 349 (352).

[789] Gern, Deutsches Kommunalrecht, 15. Kap., Rdnr. 728.

[790] Vgl. Stober, Kommunalrecht, § 22 I 2 c, S. 340; Krebs, Rechtliche Grundlagen und Grenzen kommunaler Elektrizitätsversorgung, S. 150 (m.w.N.).

[791] Tettinger, Besonderes Verwaltungsrecht, § 9 I 2 c, S. 84, Rdnr. 157.

[792] Vgl. etwa § 75 Abs. 4 GO NW.

[793] Beim Aufbau örtlicher Telekommunikationsnetze werden nicht selten Investitionen in zwei- bis dreistelliger Millionenhöhe notwendig. Experten prognostizieren Startinvestitionen in Höhe von etwa 40 Mio. DM je 100.000 Einwohner, vgl. die Nachweise bei Held, in: Hen-

vorgenommene Investitionen aufgrund der immer dynamischeren technologischen Entwicklung in kurzen Abständen nachgerüstet werden müssen. Dabei ist zu beachten, daß es eine Garantie für die Amortisierung der Vorinvestitionen und das Erreichen der Gewinnschwelle nicht geben kann. Dies gilt besonders vor dem Hintergrund der schwer zu kalkulierenden Marktentwicklung in der Telekommunikation, wobei vor allem auf den bereits im ersten Jahr der Marktöffnung zu beobachtenden raschen Preisverfall für Sprachtelefondienstleistungen (Ferngespräche) hinzuweisen ist. Auch künftig wird mit (überraschenden) Marktveränderungen zu rechnen sein, zumal zu bedenken ist, daß der Wettbewerb (gerade im Ortsbereich) intensiver wird, die Internet-Telefonie vor dem Durchbruch steht und die Breitbandkabelnetze sowie die Stromleitungen für Telekommunikationsanwendungen umrüstbar sind.

Letztlich ist allerdings wiederum auf die kommunale Einschätzungsprärogative hinzuweisen, die sich auch auf die Beurteilung der eigenen Leistungsfähigkeit erstreckt.[794] Das Merkmal der Leistungsfähigkeit dürfte infolgedessen selbst dann einer Betätigung in der Telekommunikation nicht ernsthaft entgegenstehen, wenn diese dauerhaft unrentabel bliebe (wie etwa die wirtschaftliche Betätigung der Gemeinden im Bereich des öffentlichen Nahverkehrs), aber die Gemeinde diese Verluste bewußt in Kauf nimmt. Mindestanforderung sollte dennoch sein, daß die Gemeinde vor der Gründung eines TKUs die Einschätzung ihrer eigenen Leistungsfähigkeit im Bewußtsein der geschilderten Umstände und Risiken der Aufsichtsbehörde durch geeignete Unterlagen nachweist.

Durch das Merkmal der Bedarfsbezogenheit sollen anhand einer vorausschauenden Beurteilung im Vorfeld einer Unternehmensgründung spätere Überkapazitäten und infolgedessen drohende finanzielle Verluste vermieden werden.[795] Zur angemessenen Dimensionierung einer wirtschaftlichen Unternehmung ist daher eine qualifizierte Bedarfsprognose erforderlich, mit der möglichst präzise ermittelt werden soll, ob die angebotenen Güter und Dienstleistungen im Gemeindegebiet abgesetzt werden können, oder am Bedarf vorbeigehen.[796] Diese Aussa-

---

neke (Hrsg.), Organisation kommunaler Aufgabenerfüllung, S. 113 (120 f.). Vgl. auch te Reh, Der Städtetag 1997, 361 (367).

[794] Gern, Deutsches Kommunalrecht, 15. Kap., Rdnr. 728; Pünder, DVBl 1997, 1353 (1359); Henneke, NdsVBl 1999, 1 (2).

[795] Vgl. dazu Gern, Deutsches Kommunalrecht, 15. Kap., Rdnr. 728; Kluth, Grenzen kommunaler Wettbewerbsteilnahme, S. 90. Henneke, NdsVBl 1999, 1 (2), spricht davon, daß die Folgenverantwortung der Vertretungskörperschaft der Gemeinde in den Merkmalen der Leistungsfähigkeit und Bedarfsorientierung ihren besonderen Ausdruck finde. Konkret sollten daher etwa Möglichkeiten der Befristung von Beschäftigungsverhältnissen geprüft werden.

[796] Vgl. Tettinger, Besonderes Verwaltungsrecht, § 9 I 2 c, S. 84, Rdnr. 157; Krebs, Rechtliche Grundlagen und Grenzen kommunaler Elektrizitätsversorgung, S. 150 (m.w.N.).

gen können aber regelmäßig nur dann getroffen werden, wenn die Bedarfsprognose auf der Grundlage einer sorgfältigen Marktanalyse beruht.[797] In diesem Sinne schreiben einige Gemeindeordnungen zur Feststellung des Bedarfs eine Marktanalyse bzw. ein Markterkundungsverfahren ausdrücklich vor.[798] Speziell für den Bereich der Telekommunikation ist allerdings zu berücksichtigen, daß eine Marktanalyse mögliche Unsicherheitsfaktoren enthalten kann und daher nicht stets zu verläßlichen Prognosen führen muß. Insbesondere ist die Entwicklung der konkreten Nachfragesituation häufig nur sehr schwer einzuschätzen. Dies betrifft sowohl den Bedarf privater TKU an der Nutzung gemeindeeigener Netzinfrastrukturen als auch den Bedarf der Gemeindeeinwohner an gemeindlichen Telekommunikationsdienstleistungen wie etwa den Sprachtelefondienst. Auch hinsichtlich der Entwicklung der Konkurrenzsituation sind insbesondere im Ortsbereich verläßliche Aussagen nur schwer zu treffen. Gleichwohl ist trotz dieser Prognoserisiken die Wettbewerbsteilnahme der Gemeinden in der Telekommunikation erst dann als unzulässig zu betrachten, wenn die Marktanalyse ergibt, daß der telekommunikative Bedarf der Gemeindeeinwohner bereits abschließend durch private Anbieter gedeckt wird.[799] Ein solcher Befund ist jedoch sehr unwahrscheinlich, da es angesichts der insgesamt wachsenden Telekommunikationsmärkte von vornherein kaum auszuschließen ist, daß ein gemeindliches TKU Marktanteile erringen kann. In der Praxis gibt es bereits Beispiele dafür, daß entsprechende Bedarfsprognosen nach oben korrigiert werden mußten.[800] Darüber hinaus kommt auch in diesem Zusammenhang erneut der gemeindliche Beurteilungsspielraum zum Tragen. Daher reicht es aus, wenn eine Gemeinde im Bewußtsein der potentiellen Marktrisiken den Bedarf an den eigenen Telekommunikationsdienstleistungen bzw. -infrastrukturen (etwa zu bestimmten Qualitätsmerkmalen oder zu besonderen Preisgestaltungen) selbst positiv einschätzt. Kommunalaufsicht und Gerichten können dabei lediglich überprüfen, ob sich die Bedarfsprognose der Gemeinde auf eine aussagekräftige Grundlage, wie etwa eine Marktanalyse, stützen kann.

---

[797] Vgl. dazu Cronauge, in: Pritzkoleit (Hrsg.), Telekommunikation: Kommunen im Netz, S. 49 (53); Henneke, NdsVBl 1999, 1 (2).

[798] Vgl. §§ 100 Abs. 3 S. 2; 101 Abs. 4 GO Bbg.; 71 Abs. 1 Nr. 3 S. 2 ThürKO. Auch nach der nordrhein-westfälischen Gemeindeordnung ist der Rat mittlerweile auf der Grundlage einer Marktanalyse rechtzeitig über die Chancen und Risiken eines wirtschaftlichen Engagements in der Telekommunikation zu unterrichten, vgl. § 41 Abs. 1 S. 3 GO NW.

[799] Allgemein dazu Gern, Deutsches Kommunalrecht, 15. Kap., Rdnr. 728.

[800] Als führendes gemeindliches bzw. städtisches TKU ist die Kölner Netcologne GmbH in den ersten neun Monaten des Jahres 1998 deutlich stärker gewachsen als erwartet. Bis Ende 1998 rechnet das Unternehmen nunmehr mit 25.000 Telefonkunden und einem Umsatz von 58 Mio. DM. Ziel sei ein Marktanteil von 20% in Köln bis zum Jahr 2002, was einem Umsatz von 230 Mio. DM entspreche, vgl. Die Welt vom 22.10.1998, S. 16.

4. Die Grenze der sogenannten Subsidiaritätsklausel

Als weiteres begrenzendes Merkmal sehen die meisten Gemeindeordnungen -in Anlehnung an § 67 Abs. 1 Nr. 3 DGO- eine sogenannte Subsidiaritätsklausel vor. Die genauen Formulierungen variieren allerdings, so daß sich -sofern nicht die Klausel bereits fortgefallen ist- zwischen unechten und echten bzw. einfachen und qualifizierten Subsidiaritätsklauseln differenzieren läßt.

a) Unechte Subsidiaritätsklauseln

Gemeinhin spricht man von unechten bzw. einfachen Subsidiaritätsklauseln, wenn sich eine Gemeinde nach dem Gesetzeswortlaut nur dann wirtschaftlich betätigen darf, soweit der öffentliche Zweck nicht besser und wirtschaftlicher durch einen anderen erfüllt wird oder werden kann.[801] Dies entspricht der ursprünglichen Formulierung in § 67 Abs. 1 Nr. 3 DGO. Den Vergleichsmaßstab für potentielle Wirtschaftsunternehmen der Gemeinden bilden dabei nicht nur private Unternehmen, sondern ebenfalls überörtliche Unternehmen der öffentlichen Hand sowie die öffentlich-rechtlich organisierten und nichtwirtschaftlichen Betriebe der Gemeinden selbst.[802] Die Bezeichnung als Subsidiaritätsklausel legt zunächst den Schluß nahe, daß privaten Konkurrenten -Leistungsparität vorausgesetzt- generell Vorrang vor gemeindlichen Wirtschaftsunternehmen eingeräumt wird. Eine solche Bevorzugung kleinerer (also privater) Einheiten im Falle gleicher Eignung entspräche insoweit dem Subsidiaritätsprinzip. Allerdings ergibt sich aus der Formulierung „besser und wirtschaftlicher“, daß die Privatwirtschaft nur bei größerer Leistungsfähigkeit zur Zweckerfüllung Vorrang genießt. Bei Leistungsparität steht die Regelung der wirtschaftlichen Betätigung der Gemeinde nicht entgegen. Auch neuartige gemeindewirtschaftliche Aktivitäten -wie etwa in der Telekommunikation- können daher nicht allein deshalb untersagt werden, weil es private Wettbewerber gibt.[803] Infolgedessen scheint die

---

[801] Vgl. §§ 108 Abs. 1 S. 2 Nr. 3 NGO; 108 Abs. 1 Nr. 3 KSVG Saarl.; 97 Abs. 1 Nr. 3 SächsGemO; 116 Abs. 1 Nr. 3 GO LSA; 101 Abs. 1 Nr. 3 GO Schl.-Holst. Ebenfalls zur Gruppe der unechten Subsidiaritätsklauseln gehört mittlerweile die geänderte Vorschrift des § 68 Abs. 1 Nr. 3 KV M-V. Während die Gemeinde nach der alten Fassung noch *besser und wirtschaftlicher* als Dritte sein mußte, reicht es nunmehr aus, wenn die Gemeinde die Aufgabe *ebenso gut und ebenso wirtschaftlich* erfüllen kann. Mit anderen Worten genügt Leistungsparität hinsichtlich der beiden Merkmale „gut“ bzw. „wirtschaftlich“.

[802] Vogelsang/Lübking/Jahn, Kommunale Selbstverwaltung, S. 179, Rdnr. 621; Haupt, Wirtschaftiche Betätigung von Kommunen im Gewande der privatrechtlichen Gesellschaft, S. 84 (m.w.N.).

[803] Vgl. Ehlers, DVBl 1998, 497 (502); Henneke, NdsVBl 1999, 1 (2).

Bezeichnung als „Funktionssperre" treffender.[804] Dafür spricht auch der soeben festgestellte Umstand, daß die Gemeindewirtschaft nicht nur bei Überlegenheit der Privatwirtschaft, sondern auch bei größerer Leistungsfähigkeit anderer bzw. höherer staatlicher Einheiten begrenzt wird.[805] Die Klausel enthält den Subsidiaritätsgedanken als solchen aber zumindest insoweit, als sie überhaupt eine Aussage zum Verhältnis zwischen Gemeindewirtschaft und Privatwirtschaft trifft, und unter bestimmten Umständen den Vorrang (auch) privater Unternehmen anordnet. Daher (und unter Berücksichtigung des allgemeinen Sprachgebrauchs) kann man auch weiterhin von einer unechten bzw. einfachen Subsidiaritätsklausel sprechen.

Auch bei der Beurteilung der Frage, ob ein anderer die Zwecksetzung besser und wirtschaftlicher erfüllen kann, ist der Gemeinde eine Einschätzungsprärogative zuzubilligen.[806] Damit muß sie eine möglichst präzise und fundierte Prognose ihrer eigenen Leistungsfähigkeit bei der Verfolgung des öffentlichen Zwecks im Vergleich zu vorhandenen oder potentiellen privaten und öffentlichen Konkurrenten vornehmen. Wie sich dem Wortlaut der unechten Subsidiaritätsklauseln entnehmen läßt, kommt es dabei nicht allein auf einen Wirtschaftlichkeitsvergleich an, da den beiden Kriterien der Güte und der Wirtschaftlichkeit eigenständige Bedeutung zukommt. Neben einem Vergleich der Rentabilität (und damit der Preisgünstigkeit der Versorgung)[807] können folglich auch andere Erwägungen eine Rolle spielen, soweit diese geeignet sind, das Gemeinwohl der

---

[804] Vogelsang/Lübking/Jahn, Kommunale Selbstverwaltung, S. 179, Rdnr. 621; Waechter, Kommunalrecht, S. 334, Rdnr. 607; Moraing, Möglichkeiten und Grenzen kommunalwirtschaftlicher Betätigung, S. 32; Pünder, DVBl 1997, 1353 (1359). Den Begriff der Funktionssperre zieht auch Haupt, Wirtschaftliche Betätigung von Kommunen im Gewande der privatrechtlichen Gesellschaft, S. 82 f., vor (allerdings unter Hinweis auf die Schutzrichtung des § 67 DGO).

[805] In diesem Sinne Vogelsang/Lübking/Jahn, Kommunale Selbstverwaltung, S. 179, Rdnr. 621; Wieland/Hellermann, Der Schutz des Selbstverwaltungsrechts der Kommunen gegenüber Einschränkungen ihrer wirtschaftlichen Betätigung im nationalen und europäischen Recht, S. 46.

[806] Schmidt-Jortzig, in: Püttner (Hrsg.), HkWP, Bd. 5, S. 50 (61 f.); Stober, Kommunalrecht, § 22 I 2 c, S. 340; Waechter, Kommunalrecht, S. 334 f., Rdnr. 607; Haupt, Wirtschaftliche Betätigung von Kommunen im Gewande der privatrechtlichen Gesellschaft, S. 84 f.; Moraing, Möglichkeiten und Grenzen kommunalwirtschaftlicher Betätigung, S. 34 ff.; Britz, Örtliche Energieversorgung nach nationalem und europäischem Recht, S. 74 (m.w.N.); Krebs, Rechtliche Grundlagen und Grenzen kommunaler Elektrizitätsversorgung, S. 154 f.; Hill, BB 1997, 425 (429); Ehlers, DVBl 1998, 497 (502); Henneke, NdsVBl 1999, 1 (2).

[807] Voraussetzung eines aussagekräftigen Rentabilitätsvergleichs ist, daß überhaupt die tatsächlichen Kosten der Aufgabenerfüllung in eigener (kommunaler) Trägerschaft bekannt sind. Dazu ist die Einführung eines betriebswirtschaftlichen Rechnungswesens erforderlich. Da diesbezüglich mittlerweile erhebliche Fortschritte zu verzeichnen sind, fordert Henneke, NdsVBl, 1 (10), zu Recht die „Operationalisierung" der Subsidiaritätsklauseln.

Gemeindeeinwohner zu fördern. Angesprochen sind damit etwa Aspekte wie die Qualität, Zuverlässigkeit, Sozialverträglichkeit oder Gleichmäßigkeit der Versorgung, aber auch Kriterien, die bei der Verfolgung anderer Zwecksetzungen eine Rolle spielen. Im Ergebnis reicht es also aus, wenn eine sorgfältige Prognose ergibt, daß das wirtschaftliche Unternehmen einer Gemeinde den öffentlichen Zweck entweder ebenso wirtschaftlich oder ebenso gut erfüllen kann wie ein anderer. Die Gemeinde muß demnach nur die Leistungsparität hinsichtlich eines der beiden Merkmale glaubhaft machen. In den Leistungsvergleich sind nur Unternehmen einzubeziehen, die die von der Gemeinde geplanten Wirtschaftsaktivitäten bereits erbringen oder konkret dazu bereit sind.

Im Zusammenhang mit dem Wirtschaftlichkeitsvergleich kann sich der Umstand, daß zahlreiche Gemeinden bereits über Teilnetze verfügen, die zügig und mit vergleichsweise geringem finanziellem Aufwand verbunden und ausgebaut werden können, als entscheidender Vorteil erweisen. Potentielle Konkurrenten, die die sogenannte „letzte Meile" zum Endkunden überbrücken müssen, bleiben dagegen entweder von den vorhandenen Ortsnetzen der DTAG bzw. der Gemeinden abhängig oder müssen wesentlich höhere Investitionskosten für den Aufbau eigener Ortsnetze in Kauf nehmen. Darüber hinaus dürften die TKU der Gemeinden in der Regel die Versorgung der eigenen Behörden, Einrichtungen und Unternehmen übernehmen und verfügen daher zumeist von Beginn an über einen festen Kundenstamm. Wenn man davon ausgeht, daß sich die vergleichsweise geringen Startinvestitionen und Anfangsverluste positiv auf die Preisgestaltung (insbesondere der Angebote im Ortsbereich) auswirken, so ist zu vermuten, daß ein Wirtschaftlichkeitsvergleich mit den potentiellen Wettbewerbern zumindest keine Unterlegenheit der gemeindlichen TKU ergibt. Ebensowenig brauchen die diese einen Rentabilitäts- bzw. Tarifvergleich mit der DTAG zu scheuen. Da die DTAG bislang zumindest über ein faktisches Monopol für örtliche Telefongespräche verfügt, ist davon auszugehen, daß Spielraum für Preisunterbietungen besteht. Dabei wird vorausgesetzt, daß Preise, die unter monopolartigen Bedingungen festgesetzt werden, grundsätzlich höher liegen als Preise, die unter Wettbewerbsbedingungen erzielbar sind.[808]

Sollten Gemeindeunternehmen die Versorgung der Einwohner mit Telekommunikation im Einzelfall nicht so preisgünstig wie potentielle Konkurrenten durchführen können, so würden sie den Anforderungen der unechten Subsidiaritätsklausel gleichwohl gerecht, wenn sie eine ebenso gute Versorgung gewährleisten. Diesem Ziel könnte auf den ersten Blick das Universaldienst-

---

[808] Der vorliegende Befund wurde mittlerweile durch wiederholte drastische Tarifsenkungen der DTAG, die eine durch den intensiven Wettbewerb im überörtlichen Bereich erzwungene Reaktion darstellen, bestätigt. Ein geplantes Tarifmodell der DTAG für den Ortsbereich ging allerdings so weit, daß es von der Regulierungsbehörde als Dumping eingestuft und daher nicht genehmigt wurde, vgl. FAZ vom 17.03.1999, S. 17.

Konzept des TKG entgegenstehen. Danach wird auch ohne die Wettbewerbsteilnahme gemeindlicher TKU die flächendeckende Grundversorgung der Bürger mit Telekommunikationsdienstleistungen gewährleistet. Allerdings nimmt das TKG keine Differenzierung hinsichtlich der Inhaberschaft der TKU und der Güte der Grundversorgung vor. Insbesondere wird keine Aussage getroffen, daß private Unternehmen die Grundversorgung besser sicherstellen könnten als gemeindliche Unternehmen. Es ist auch nicht ersichtlich, warum Gemeindeunternehmen etwa nicht die gleiche Qualität und Zuverlässigkeit der Versorgung wie andere gewährleisten könnten. Vor dem Hintergrund, daß die garantierte Grundversorgung für viele Unternehmen und Bürger unzureichend ist, könnten private Konkurrenten den Versorgungszweck allerdings dann besser erfüllen, wenn sie im jeweiligen Gemeindegebiet qualitativ höherwertige, technisch verbesserte oder neuartige Dienste anbieten. In einem solchen Fall können die gemeindlichen TKU den Vergleich hinsichtlich der Versorgungsgüte nur bestehen, wenn sie selbst ebenfalls Dienste anbieten, die über die Grundversorgung hinausgehen und höheren Ansprüchen genügen.

Festzuhalten ist damit, daß der Nachweis der Leistungsparität gemeindlicher TKU regelmäßig zumindest für eines der beiden Merkmale (gut, wirtschaftlich) zu erbringen sein dürfte. Im Ergebnis stehen die unechten Subsidiaritätsklauseln den gemeindlichen Telekommunikationsaktivitäten daher kaum ernsthaft entgegen.[809]

b) Gemeindeordnungen ohne ausdrückliche Subsidiaritätsklausel

Soweit einige Gemeindeordungen keine Subsidiaritätsklausel mehr enthalten,[810] stellt sich die Frage nach den materiell-rechtlichen Auswirkungen eines solchen Verzichts. Nach einer verbreiteten Auffassung könnten gemeindliche Wirtschaftsaktivitäten dann nicht dem Gemeinwohl dienen, wenn die öffentliche Zwecksetzung besser und wirtschaftlicher durch private Unternehmen zu erreichen wäre, so daß die (unechte) Subsidiaritätsklausel auch dort, wo sie nicht ausdrücklich formuliert ist, als ungeschriebene Zulassungsvoraussetzung in die Wirtschaftsklauseln hineinzulesen sei.[811] Als Konsequenz hätte sich die materiel-

---

809 Etwas höhere Anforderungen werden zwar in Mecklenburg-Vorpommern gestellt, da § 68 Abs. 1 Nr. 3 KV M-V den Nachweis der Leistungsparität hinsichtlich beider Merkmale (gut, wirtschaftlich) verlangt. Wie die Gründung der Schweriner Telekommunikationsunternehmens Wemacom-Telekommunikationsgesellschaft mbH zeigt, kann aber auch dieser Nachweis in der Praxis durchaus erbracht werden.

810 Vgl. die §§ 102 Abs. 1 GemO Bad.-Württ.; 121 Abs. 1 HGO; 107 Abs. 1 GO NW.

811 Schmidt-Jortzig, in: Püttner (Hrsg.), HkWP, Bd. 5, S. 61 (m.w.N.); Knemeyer, in: Achterberg/Püttner (Hrsg.), Besonderes Verwaltungsrecht, Bd. 2, S. 75, Rdnr. 161; Moraing, Möglichkeiten und Grenzen kommunalwirtschaftlicher Betätigung, S. 35, Fn. 65; Gerke, Jura 1985, 349 (355 f.); Pünder, DVBl 1997, 1353 (1359); im Ergebnis ähnlich OLG Hamm, NJW

le Rechtslage durch den Wegfall der Subsidiaritätsklausel nicht verändert. Zum gleichen Ergebnis gelangt auch die Ansicht, nach der mit gemeindlicher Wettbewerbsteilnahme stets ein Grundrechtseingriff verbunden sei. Da es den gemeinderechtlichen Wirtschaftsklauseln folglich darum gehe, einen Ausgleich zwischen der verfassungsrechtlich garantierten Gemeindewirtschaft und den Grundrechten privater Konkurrenten zu finden, ergebe eine Auslegung des Begriffs öffentlicher Zweck im Lichte der Grundrechte einen Vorrang Privater, soweit diese die Leistungen besser oder wirtschaftlicher erfüllen könnten.[812]

Die Fortgeltung einer weggefallenen Subsidiaritätsklausel setzt allerdings notwendig voraus, daß sich den verbleibenden Zulassungsvoraussetzungen der Wirtschaftsklauseln Aussagen über das Verhältnis zwischen Gemeinde- und Privatwirtschaft entnehmen lassen. Mit der überwiegenden Ansicht lassen sich jedoch zumindest den Gemeindeordnungen in Baden-Württemberg und Hessen, nach denen ein gemeindliches Wirtschaftsunternehmen nur durch einen öffentlichen Zweck gerechtfertigt sein und in einem angemessenen Verhältnis zur eigenen Leistungsfähigkeit und zum Bedarf stehen muß, keine Anhaltspunkte für eine Verpflichtung der Gemeinden zur Vornahme einer Vergleichsprognose entnehmen.[813]

Eine andere Beurteilung könnte sich aufgrund der besonderen Anforderungen, nach denen ein dringender öffentlicher Zweck die gemeindliche Wirtschaftstätigkeit erfordern muß, allenfalls in Nordrhein-Westfalen ergeben. So soll die Frage, ob eine gemeindliche Wirtschaftsbetätigung dringend erforderlich sei, einen sorgfältigen Vergleich mit der Leistungsfähigkeit bestehender und geplanter Konkurrenzunternehmen voraussetzen und nur zu bejahen sein, wenn nicht ein anderer die Aufgabe wirtschaftlicher und besser erfüllen könne.[814]

1998, 3504 (3505); Waechter, Kommunalrecht, S. 335, Rdnr. 608; Ehlers, DVBl 1997, 137 (138); Hill, BB 1997, 425 (430); ähnlich Badura, DÖV 1998, 818 (821 f.). Noch weiter gehen zwei Entscheidungen, in denen das Erfordernis des dringenden öffentlichen Zwecks abgelehnt wurde, weil bereits ausreichend private Anbieter, die eine bestimmte Leistung erbringen konnten, vorhanden waren, vgl. OLG Düsseldorf, NWVBl 1997, 353 (355, mit krit. Anm. Moraing); LG Wuppertal, NWVBl 1999, 275 f.

[812] Vgl. Erichsen, Kommunlarecht NW, § 11 D 2 c) ee), S. 280 f. (m.w.N.); Pielow, Grundstrukturen öffentlicher Versorgung, Manuskript, S. 680.

[813] BVerwGE 39, 329 (336); VGH Mannheim, NJW 1984, 251 (252); Krebs, Rechtliche Grundlagen und Grenzen kommunaler Elektrizitätsversorgung, S. 163; Otting, Neues Steuerungsmodell und rechtliche Betätigungsspielräume der Kommunen, S. 133; Schoch, DÖV 1993, 377 (380, m.w.N.); Oebbecke, StuGR 1995, 387 (389, m.w.N.); Moraing, Der Städtetag 1998, 523 (524).

[814] Krebs, Rechtliche Grundlagen und Grenzen kommunaler Elektrizitätsversorgung, S. 161 ff. (162); Badura, DÖV 1998, 818 (822); Ehlers, DVBl 1998, 497 (501); Henneke, NdsVBl 1999, 1 f.

Dieser Ansicht ist jedoch entgegenzuhalten, daß der nordrhein-westfälische Landesgesetzgeber den Wegfall der Klausel mit praktischen Schwierigkeiten bei der Anwendung der Vorschrift begründet hat. Der geforderte Vergleich zur Wirtschaftlichkeit privater Unternehmen habe sich (insbesondere für die Kommunalaufsicht) als zu aufwendig und daher in der Praxis kaum durchführbar erwiesen.[815] Diese Erwägungen zugrunde gelegt, kann nicht davon ausgegangen werden, daß der Gesetzgeber trotz Streichung der Subsidiaritätsklausel weiterhin an der problematischen Vergleichsprognose -diesmal nur an anderer Stelle im Rahmen der Prüfung des dringenden öffentlichen Zwecks- festhalten wollte.[816] Zudem hat sich der Gesetzgeber ausdrücklich gegen eine ebenfalls im Gesetzgebungsverfahren diskutierte Verschärfung der Subsidiaritätsklausel entschieden.[817] Auch in Nordrhein-Westfalen sollten daher mit der Streichung der Subsidiaritätsklausel und dem Verzicht auf eine Vergleichsprognose die Zulassungsvoraussetzungen für die wirtschaftliche Betätigung der Gemeinden gelockert und die materielle Rechtslage verändert werden.[818] Speziell für die wirtschaftliche Betätigung der nordrhein-westfälischen Gemeinden in der Telekommunikation ist im übrigen darauf hinzuweisen, daß selbst nach der Gegenansicht ein Vergleich mit privaten TKU entbehrlich wäre, da die gemeindlichen Telekommunikationsaktivitäten bereits kraft ausdrücklicher gesetzlicher Anordnung durch einen dringenden öffentlichen Zweck erfordert werden, ohne daß es auf eine Vergleichsprognose ankäme.[819]

Als Ergebnis ist festzuhalten, daß in den Ländern, deren Gemeindeordnungen keine Subsidiaritätsklausel mehr enthalten, das Erfordernis, Vergleichsüberlegungen anstellen zu müssen, entfallen ist. Aufgrund dieser Auswirkungen ist

---

[815] Vgl. die Begründung der Landesregierung zum Gesetzentwurf zur Änderung der Gemeinde-ordnung vom 04.02.1993, LT-Drs. 11/4983, S. 25. Zuvor hatte bereits Gerke, Jura 1985, 349 (352) auf die Schwierigkeiten eines vorausschauenden Wirtschaftlichkeitsvergleiches hingewiesen, mit der Folge, daß die Einhaltung der Subsidiaritätsklausel faktisch kaum zu garantieren sei.

[816] So bereits Cronauge, Kommunale Unternehmen, S. 238 ff., Rdnrn. 769j f., 769n; Otting, Neues Steuerungsmodell und rechtliche Betätigungsspielräume der Kommunen, S. 132; Schönershofen/Binder-Falcke, VR 1997, 109 (113); a.A.: Badura, DÖV 1998, 818 (822).

[817] Vgl. dazu Cronauge, Kommunale Unternehmen, S. 238 f., Rdnrn. 769j f.; Otting, Neues Steuerungsmodell und rechtliche Betätigungsspielräume der Kommunen, S. 132 f. (m.w.N.); Schönershofen/Binder-Falcke, VR 1997, 109 (113, m.w.N.).

[818] Rehn/Cronauge, GO NW, 17. Ergänzungslieferung, November 1995, § 107 Anm. I 3, sprechen insoweit von einem „Votum für die grundsätzliche Betätigungsfreiheit der Städte und Gemeinden"; zustimmend Otting, Neues Steuerungsmodell und rechtliche Betätigungsspielräume der Kommunen, S. 133; Schönershofen/Binder-Falcke, VR 1997, 109 (113).

[819] Vgl. § 107 Abs. 1 S. 1 Nr. 1 b) GO NW.

auch die Forderung nach Streichung der (vermeintlich überflüssigen) unechten Subsidiaritätsklauseln[820] zurückzuweisen.

c) Echte Subsidiaritätsklauseln

Einige Gemeindeordnungen stellen im Vergleich zu § 67 Abs. 1 Nr. 3 DGO und den unechten Subsidiaritätsklauseln verschärfte Anforderungen an eine gemeindewirtschaftliche Betätigung, indem sie diese nur erlauben, soweit der öffentliche Zweck nicht ebenso gut und wirtschaftlich durch einen anderen erfüllt wird oder werden kann.[821]

Den Gemeinden ist damit ein Tätigwerden bei Leistungsparität versagt. Mit anderen Worten darf sich eine Gemeinde erst dann wirtschaftlich betätigen, wenn ihre Leistung in einer der beiden Kategorien (gut, wirtschaftlich) besser bewertet wird als die eines (privaten) Dritten. Ein gemeindliches Wirtschaftsunternehmen muß den öffentlichen Zweck also entweder besser und ebenso wirtschaftlich oder wirtschaftlicher und ebenso gut wie ein privater Konkurrent erfüllen. Infolge des damit zum Ausdruck kommenden -dem Subsidiaritätsgedanken entsprechenden- prinzipiellen Vorrangs der Privatwirtschaft ist die Bezeichnung als echte, qualifizierte oder verschärfte Subsidiaritätsklausel gerechtfertigt.

Auch im Rahmen der echten Subsidiaritätsklausel ist den Gemeinden bei der Beurteilung der Frage, was besser und wirtschaftlicher ist, eine Einschätzungsprärogative zuzubilligen.[822] Dabei unterliegen die Gemeinden allerdings einer erhöhten Darlegungs- und Begründungslast. Es reicht nicht aus, wenn hinsichtlich beider Kriterien Leitungsparität festgestellt oder vermutet wird, vielmehr müssen die Gemeinden die Überlegenheit hinsichtlich eines der beiden Kriterien möglichst glaubhaft nachweisen. Neben einem Wirtschaftlichkeitsvergleich kommt es vor allem auf die Qualität und Zuverlässigkeit der Versorgung an, aber auch die weitergehenden Zwecksetzungen eines Unternehmens können für die bessere Leistungserbringung durch eine Gemeinde selbst sprechen.

In Thüringen und Brandenburg ist das Verfahren, wie ein Vergleich vorzunehmen ist, vorgeschrieben. In diesen Ländern ist (in Anlehnung an § 7 Abs. 2 BHO)[823] ein Markterkundungsverfahren unter Beteiligung der privaten Wirt-

---

[820] Vgl. Deutscher Städte- und Gemeindebund, Sachsenlandkurier 1998, 240 (243).

[821] Vgl. Art. 87 Abs. 1 Nr. 4 GO Bay.; sowie die §§ 85 Abs. 1 Nr. 3 GO Rh.-Pf.; 71 Abs. 1 Nr. 3 S. 1 ThürKO. Zur Gruppe der verschärften Subsidiaritätsklauseln ist trotz der abweichenden Formulierung auch die Regelung des § 100 Abs. 3 S. 1 GO Bbg. zu zählen.

[822] In Brandenburg ist der gemeindliche Beurteilungsspielraum durch die Bezugnahme auf das „öffentliche Interesse“ noch weitgehender als in Bayern, Mecklenburg-Vorpommern, Rheinland-Pfalz und Thüringen, vgl. § 100 Abs. 3 S. 1 GO Bbg.

[823] Bundeshaushaltsordnung vom 19.08.1969, BGBl I 1284, zuletzt geändert durch Gesetz vom 22.12.1997, BGBl I 3251.

schaft durchzuführen.[824] Die Gemeinden müssen in diesem Zuge Angebote für die Erbringung der beabsichtigten Leistungen einholen und Vergleichsberechnungen durchführen, bevor sie sich selbst wirtschaftlich betätigen dürfen. Wenngleich ein solches Verfahren in Bayern und Rheinland-Pfalz nicht vorgeschrieben ist, sollte es aus Gründen der Transparenz und Nachvollziehbarkeit dort ebenfalls eingehalten werden.

Zum Teil wird ein Verstoß der echten Subsidiaritätsklauseln gegen das kommunale Selbstverwaltungsrecht aus Art. 28 Abs. 2 S. 1 GG geltend gemacht, weil diese Regelungen bloß ordnungspolitisch motiviert seien und daher die verfassungsrechtlich geschützte Freiheit der Gemeinden, selbst über die eigene wirtschaftliche Betätigung in bestimmten Bereichen der örtlichen Daseinsvorsorge zu entscheiden, in unzulässiger Weise einschränkten.[825]

Gegen die Verfassungswidrigkeit der echten Subsidiaritätsklauseln spricht allerdings bereits die Staatsgerichtetheit der Selbstverwaltungsgarantie, aus der folgt, daß Art. 28 Abs. 2 S. 1 GG der Beschränkung des kommunalen Aufgabenkreises zugunsten der Privatwirtschaft prinzipiell nicht entgegensteht.[826] Zudem ist zu beachten, daß auch die echten Subsidiaritätsklauseln die Gemeindewirtschaft nicht übermäßig einschränken: Dabei ist auf die kommunale Einschätzungsprärogative zu verweisen,[827] und darauf, daß es bei der Vergleichsprognose nicht allein auf Wirtschaftlichkeitsaspekte ankommt.[828] Zur Verfassungsmäßigkeit der echten Subsidiaritätsklauseln gelangt auch die Ansicht, die von der prinzipiellen Grundrechtsrelevanz gemeindlicher Wettbewerbsteilnahme ausgeht. In diesem

---

[824] Vgl. §§ 100 Abs. 3 S. 2, 101 Abs. 4 GO Bbg.; 71 Abs. 1 Nr. 3 S. 2 ThürKO.

[825] Vgl. (bezogen auf die §§ 68 Abs. 1 Nr. 3 KV M-V a.F.; 71 Abs. 1 Nr. 3 ThürKO: Wieland/Hellermann, Der Schutz des Selbstverwaltungsrechts der Kommunen gegenüber Einschränkungen ihrer wirtschaftlichen Betätigung im nationalen und europäischen Recht, S. 44 ff., 57 ff. (63 f.); Moraing, Möglichkeiten und Grenzen kommunalwirtschaftlicher Betätigung, S. 43, Fn. 80 (beschränkt auf § 68 Abs. 1 Nr. 3 KV M-V a.F.); vgl. auch ders., Der Städtetag 1998, 523 (524). Eine ähnlich Position nimmt der Deutsche Städte- und Gemeindebund, Sachsenlandkurier 1998, 240 (243), ein, der unter Berufung auf die kommunale Selbstverwaltungsgarantie die Abschaffung der echten Subsidiaritätsklauseln verlangt, da die gemeindewirtschaftliche Wirtschaftsbetätigung bei Leistungsparität möglich sein müsse.

[826] S. o. Teil 1, E III 4.

[827] Vgl. Ehlers, DVBl 1998, 497 (502), und ausführlich (mit weiteren Argumenten) Stober, Kommunalrecht, § 22 I 2 c, S. 340.

[828] Vgl. Ehlers, DVBl 1998, 497 (502); Henneke, NdsVBl 1999, 1 (2). Im Rahmen der Vergeichsprognose spielen auch die weiteren von einem gemeindlichen Wirtschaftsunternehmen verfolgten Zwecksetzungen eine Rolle, vgl. dazu Moraing, Möglichkeiten und Grenzen kommunalwirtschaftlicher Betätigung, S. 36 ff.

Fall dienen nämlich die echten Subsidiaritätsklauseln auch dem Grundrechtsschutz privater Konkurrenten und sind nicht bloß ordnungspolitisch motiviert.[829]

Dieser Befund wird auch bestätigt, wenn man in einer Einzelfallbetrachtung auf die faktischen Auswirkungen des Vorrangs der Privaten abstellt. Soweit es um die Begrenzung der gemeindewirtschaftlichen Betätigung in der Telekommunikation geht, läßt sich keine substantielle, existenzgefährdende Beeinträchtigung der Selbstverwaltungsgarantie feststellen. Die Versorgung der Gemeindeeinwohner mit Telekommunikation war historisch gesehen nie Gegenstand der örtlichen Angelegenheiten; vielmehr ist lediglich ein neues Geschäftsfeld, daß die Gemeinden sich erst erschließen wollen, betroffen.[830]

In den Ländern, deren Gemeindeordnungen eine echte Subsidiaritätsklausel enthalten, ist die Errichtung eines gemeindlichen TKUs deutlich erschwert, aber bei entsprechender Begründung dennoch möglich. Tatsächlich sind auch in diesen Ländern bereits gemeindliche TKU errichtet worden.[831] Was den Wirtschaftlichkeitsvergleich betrifft, so ist es nicht von vornherein ausgeschlossen, daß ein gemeindliches Unternehmen die Versorgung der Gemeindeeinwohner mit Telekommunikationsdienstleistungen preiswerter erbringen kann als private Konkurrenten. Insbesondere für Angebote im Ortsbereich können sich die günstigen Startbedingungen der Gemeinden durchaus in einer überlegenen Rentabilität auswirken. Andererseits ist aber auch denkbar, daß private Konkurrenten, die nicht in eigene Netze investieren, sondern lediglich fremde Infrastrukturen nutzen, rentabler sind. Erforderlich ist daher eine möglichst präzise Prognose der eigenen Leistungsfähigkeit auf der Grundlage von Vergleichsangeboten und Tarifstrukturen potentieller Konkurrenten.

Hinsichtlich der Güte der Versorgung müssen die Gemeinden, um ihrem Darlegungs- und Begründungszwang zu genügen, deutlich machen, daß die bisherige örtliche Versorgung mit Telekommunikation unter den Aspekten der Qualität und Zuverlässigkeit nicht ausreichend und ein entsprechendes Engagement privater Unternehmen nicht zu erwarten ist.[832] Gerade in ländlich strukturierten Gebieten ist nicht ohne weiteres damit zu rechnen, daß das Angebot privater TKU über die Grundversorgung hinausgeht. Das Angebot qualitativ höherwertiger und innovativer Dienstleistungen wird sich vermutlich zunächst auf die wirt-

---

829 Vgl. dazu Krebs, Rechtliche Grundlagen und Grenzen kommunaler Elektrizitätsversorgung, S. 158.

830 S. o. Teil 1, E III 3 a.

831 So etwa die Münchner Mnet-Telecommunikations GmbH, die K-Net GmbH aus Kaiserslautern, die Jenaer JelloCom GmbH & Co. KG und die Neubrandenburger Medianet KFA GmbH.

832 Vgl. Pünder, DVBl 1997, 1353 (1359).

schaftlich lukrativeren Ballungsgebiete mit einer höheren Unternehmens- und Siedlungsdichte konzentrieren. Vor diesem Hintergrund verfügen gerade kleinere Gemeinden, die eine eigene qualitativ hochwertige Versorgung der Bürger mit Telekommunikationsdiensten planen, über Begründungsvorteile. Der Nachweis einer besseren Versorgung der Bürger durch eigene TKU ist aber auch für größere Gemeinden und Städte nicht ausgeschlossen. In diesem Zusammenhang spielen neben der Qualität und Zuverlässigkeit der Versorgung auch die weitergehenden öffentlichen Zwecksetzungen (etwa Wirtschaftsförderung, Infrastrukturverbesserung, Standortpolitik, Schaffung von Arbeitsplätzen; Förderung lokaler Telekommunikationskonzepte), die die Gemeinden mit der wirtschaftlichen Betätigung in der Telekommunikation verfolgen, eine Rolle. Zu beachten ist dabei insbesondere die kommunale Einschätzungsprärogative.

5. Begrenzung durch das Territorialprinzip

Einige Gemeindeordnungen wiederholen die Formulierung des Art. 28 Abs. 2 S. 1 GG, indem sie die wirtschaftliche Betätigung auf Angelegenheiten der örtlichen Gemeinschaft beschränken.[833] Durch diese Zulässigkeitsvoraussetzung wird lediglich Bezug auf die sachlichen und räumlichen Grenzen genommen, die der Gemeindewirtschaft bereits durch die Verfassung vorgegeben und infolgedessen auch in den übrigen Ländern (deren Gemeindeordnungen die Formulierung nicht enthalten) zu beachten sind. Wie bereits dargestellt, müssen die Telekommunikationsaktivitäten der Gemeinden bzw. der gemeindlichen TKU daher stets örtlich radiziert sein und dürfen prinzipiell nur innerhalb der Gebietsgrenzen stattfinden, solange sie nicht im Wege interkommunaler Zusammenarbeit erfolgen.[834] Dementsprechend dürfen etwa Gemeinden in Bayern mit ihren Unternehmen außerhalb des Gemeindegebietes ausdrücklich nur dann tätig werden, wenn „...die berechtigten Interessen der betroffenen kommunalen Gebietskörperschaften gewahrt..." werden.[835]

Etwas anderes ergibt sich auch nicht daraus, daß nach § 71 IV ThürKO solche Unternehmen einer Gemeinde einer Genehmigung bedürfen, die nicht auf das Gemeindegebiet beschränkt bleiben. Dieser Vorschrift ist lediglich zu entnehmen, was bereits festgestellt wurde: Die Ausdehnung der gemeindewirtschaftlichen Betätigung über die Gebietsgrenzen hinaus ist möglich, soweit die betreffende Tätigkeit örtlich radiziert ist. Die Zuständigkeit zur generellen Grenzüberschreitung begründet die genannte Vorschrift dagegen nicht.[836]

---

[833] Vgl. §§ 100 Abs. 2 GO Bbg.; 108 Abs. 1 NGO; 107 Abs. 1 S. 1 GO NW.

[834] S.o. Teil 1, E III 5.

[835] Vgl. Art. 87 Abs. 2 u. 3 GO Bay.

[836] So auch Grawert, in: FS Blümel, S. 119 (128).

6. Zwischenergebnis

Festzuhalten ist zunächst, daß eine wirtschaftliche Betätigung im Sinne des Gemeindewirtschaftsrechts erst dann vorliegt, wenn die Gemeinden mit ihren Telekommunikationsaktivitäten gezielt am Markt teilnehmen. Die Zulässigkeitsvoraussetzungen der Wirtschaftsklauseln sind dagegen nicht zu beachten, soweit es lediglich um die Deckung des telekommunikativen Eigenbedarfs der Gemeinden geht. Die Ausschreibung und Vergabe der Eigenbedarfsleistungen an externe Dritte sollte aus Gründen der Wirtschaftlichkeit gleichwohl stets in Erwägung gezogen werden. Ebenso ist nach der hier vertretenen Auffassung die vorübergehende Auslastung von Kapazitätsreserven, die im Rahmen der Eigenbedarfsdeckung entstanden sind, ohne weiteres zulässig. Die Freistellung von den Wirtschaftsklauseln scheidet aber aus, wenn die Vermarktung dem Abbau dauerhaft überschüssiger Kapazitäten entgegensteht bzw. zu Kapazitätserweiterungen führt.

Aber auch soweit die gemeindewirtschaftsrechtlichen Zulässigkeitsvoraussetzungen zu beachten sind, stellen sie keine unüberwindbaren Hindernisse für die Teilnahme der Gemeinden am Wettbewerb in der Telekommunikation dar. Diese wird zunächst regelmäßig durch einen öffentlichen Zweck gerechtfertigt bzw. erfordert, wobei der insoweit anerkannten gemeindlichen Einschätzungsprärogative eine wesentliche Rolle zukommt. Erst wenn die Absicht der Erwirtschaftung von Gewinnen für den Gemeindehaushalt das maßgebliche Motiv für die Errichtung eines TKUs bildet, ist die Gemeinwohlorientierung abzulehnen. Dagegen können die häufig vernachlässigten Zulässigkeitsvoraussetzungen der Leistungsfähigkeit und des Bedarfs angesichts des voraussichtlichen Investitionsbedarfs und der ungewissen Marktentwicklung einem gemeindlichen Engagement in der Telekommunikation durchaus entgegenstehen. Zu verlangen ist daher, daß Gemeinden, die eine konkurrenzwirtschaftliche Betätigung in der Telekommunikation planen, gegenüber der Kommunalaufsicht einen nachvollziehbaren Nachweis ihrer Leistungsfähigkeit erbringen. Das konkrete Projekt muß dabei in einem angemessenen Verhältnis zur Finanz- und Verwaltungskraft der Gemeinde stehen. Die erforderliche Bedarfsprognose sollte sich auf eine sorgfältige Marktanalyse stützen können, wie sie in einigen Bundesländern bereits vorgeschrieben ist.

Schließlich setzt die Errichtung eines gemeindlichen TKUs grundsätzlich eine vergleichende Beurteilung mit vorhandenen und potentiellen Konkurrenzunternehmen voraus. Während aber in Niedersachsen, Sachsen, Sachsen-Anhalt, Schleswig-Holstein und im Saarland der Nachweis der Leistungsparität hinsichtlich der Wirtschaftlichkeit oder der Güte der Versorgung (bzw. in Mecklenburg-Vorpommern hinsichtlich der Wirtschaftlichkeit und der Güte) ausreicht, werden in Bayern, Brandenburg, Rheinland-Pfalz und Thüringen zum Teil deutlich höhere Anforderungen an die Errichtung eines gemeindlichen TKUs gestellt, ohne daß damit jedoch ein prinzipieller Ausschluß der gemeindlichen Telekommunikationsaktivitäten verbunden wäre. Lediglich in Baden-Württemberg, Hessen und Nordrhein-Westfalen, deren Gemeindeordnungen keine Subsidiaritätsklausel enthalten, entfällt nach der hier vertretenen Ansicht die Pflicht zur Vornahme einer Vergleichsprognose.

Nur im Ausnahmefall dürfen die Gemeinden ihre Telekommunikationsaktivitäten über ihr eigenes Gemeindegebiet hinaus ausdehnen, so etwa wenn die Zustimmung der betroffenen Gemeinde(n) vorliegt. Grundvoraussetzung ist aber stets, daß der Bezug zur örtlichen Versorgungstätigkeit gewahrt bleibt.

7. Verwaltungsgerichtlicher Rechtsschutz privater Konkurrenten

Nachdem bereits gezeigt wurde, daß die Berufung auf die Verletzung von Grundrechtspositionen nur in Ausnahmefällen Aussicht auf Erfolg verspricht,[837] ist es aus Sicht der privaten Konkurrenten von besonderer Bedeutung, ob sie die Einhaltung der gemeindewirtschaftsrechtlichen Zulässigkeitsvoraussetzungen durch die TKU der Gemeinden verwaltungsgerichtlich überprüfen lassen können. Zu erwartende Klagen privater Konkurrenzunternehmen werden auf die Untersagung der wirtschaftlichen Betätigung der Gemeinden in der Telekommunikation als solche oder doch zumindest einzelner Telekommunikationsaktivitäten gerichtet sein.

a) Zuständigkeit der Verwaltungsgerichte

Die Eröffnung des Verwaltungsrechtsweges setzt nach § 40 Abs. 1 S. 1 VwGO das Vorliegen einer öffentlich-rechtlichen Streitigkeit nichtverfassungsrechtlicher Art voraus. Eine öffentlich-rechtliche Streitigkeit liegt dann vor, wenn sich der Streitgegenstand als eine unmittelbare Folge des öffentlichen Rechts darstellt. Entscheidend hierfür ist die wahre Rechtsnatur der materiell-rechtlichen Normen, nach denen sich die Begründetheit des Klageanspruchs richtet.[838] Stützen private Konkurrenten ihren Abwehransprüche gegen die gemeindlichen TKU auf die Nichteinhaltung der Zulässigkeitsvoraussetzungen für die wirtschaftliche Betätigung der Gemeinden, geht es also um einen Verstoß gegen die gemeinderechtlichen Wirtschaftsklauseln, so beurteilt sich die Begründetheit des Unterlassungsanspruchs nach Vorschriften des öffentlichen Rechts. Dies gilt unabhängig davon, ob sich das Begehren lediglich gegen einzelne Aktivitäten im Bereich der Telekommunikation richtet oder ob das Engagement der Ge-

---

[837] S.o. Teil 1, D III 2 d.

[838] Rennert, in: Eyermann/Fröhler, VwGO, § 40, Rdnr. 31 (m.w.N.).

meinden als solches angegriffen wird. Bei Konkurrentenabwehrklagen gegen die TKU der Gemeinden handelt es sich folglich um öffentlich-rechtliche Streitigkeiten im Sinne des § 40 Abs. 1 S. 1 VwGO. Mangels „doppelter Verfassungsunmittelbarkeit“ sind diese auch nichtverfassungsrechtlicher Art,[839] so daß die Verwaltungsgerichte zur Entscheidung berufen sind.

b) Richtige Klageart

Bei Entscheidungen einer Gemeinde über die Aufnahme bzw. Erweiterung einer wirtschaftlichen Betätigung im Bereich der Telekommunikation handelt es sich nicht um Verwaltungsakte, sondern vielmehr um reine Organisationsentscheidungen.[840] Richtige Klageart ist daher die Unterlassungsklage als besondere Form der allgemeinen Leistungsklage.[841]

c) Klagebefugnis

Auch im Fall der Unterlassungsklage ist die Gewährung von Rechtsschutz -in entsprechender Anwendung des § 42 Abs. 2 VwGO- an das Vorliegen der Klagebefugnis geknüpft, das heißt, der Kläger muß die Verletzung eigener (subjektiver) Rechte geltend machen können. Unter einem subjektiven Recht ist die einem Subjekt -etwa durch eine Rechtsnorm- zuerkannte Rechtsmacht zu verstehen, von einem anderen ein bestimmtes Verhalten (etwa ein Unterlassen) zu fordern.[842] Davon abzugrenzen ist der bloße Rechtsreflex, der vorliegt, wenn einer Rechtsnorm lediglich faktisch eine begünstigende oder belastende Wirkung zukommt.[843] Ein solcher Rechtsreflex ergibt sich für die privaten Konkurrenten der gemeindlichen TKU zunächst ohne weiteres aus den gemeinderechtlichen Wirtschaftsklauseln, die die wirtschaftliche Betätigung der Gemeinden speziellen Zulässigkeitsvoraussetzungen unterwerfen. Subjektive Rechte der Konkurrenten werden allerdings erst dann begründet, wenn die genannte Begünstigung auch rechtlich beabsichtigt ist. Dazu müßte aus den Vorschrif-

---

839 Für die Annahme einer verfassungsrechtlichen Streitigkeit wird überwiegend verlangt, daß Verfassungsrechtssubjekte um Rechtsfolgen, die sich aus dem Verfassungsrecht ergeben, streiten, vgl. Rennert, in: Eyermann/Fröhler, VwGO, § 40, Rdnrn. 19 ff. (21, m.w.N.).

840 Allgemein zur mangelnden Verwaltungsaktsqualität der Errichtung gemeindlicher Wirtschaftsunternehmen vgl. Gerke, Jura 1985, 349 (358, m.w.N.).

841 Die Statthaftigkeit der allgemeinen Leistungsklage ergibt sich trotz des Fehlens einer besonderen Regelung zumindest konkludent aus den Vorschriften der §§ 43 Abs. 2 S. 1; 111; 113 Abs. 4 und 170 VwGO, vgl. Happ, in: Eyermann/Fröhler, VwGO, § 42, Rdnr. 62.

842 Herzog, in: Maunz/Dürig, Komm. z. GG, Bd. 2, Art. 19 Abs. 4, Rdnrn. 118 ff.; Happ, in: Eyermann/Fröhler, VwGO, § 42, Rdnr. 83.

843 Vgl. BVerfGE 83, 182 (194); Happ, in: Eyermann/Fröhler, VwGO, § 42, Rdnr. 85; Kopp/Schenke, VwGO, § 42, Rdnr. 87.

ten über die wirtschaftliche Betätigung der Gemeinden die Berechtigung der privaten Konkurrenten abzuleiten sein, von den Gemeinden die Unterlassung solcher Tätigkeiten zu verlangen, die die Grenzen der Wirtschaftsklauseln überschreiten. Eine solche Berechtigung setzt entsprechend der sogenannten „Schutznormtheorie" voraus, daß die gemeinderechtlichen Wirtschaftsklauseln ausschließlich oder zumindest neben dem öffentlichen Interesse auch dem Schutz der Individualinteressen der privaten Konkurrenten zu dienen bestimmt sind.[844] Diese Frage ist umstritten.

Zur Untersuchung des Schutzzwecks der gemeinderechtlichen Wirtschaftsklauseln empfiehlt sich zunächst die nähere Betrachtung der Grundnorm des § 67 DGO. In den Vordergrund rücken damit die Zielsetzungen, die der historische Gesetzgeber der Deutschen Gemeindeordnung mit der Beschränkung der wirtschaftlichen Betätigung der Gemeinden verfolgt hat. Zu berücksichtigen ist dabei vor allem die besondere historische Situation, die sich dem Gesetzgeber darbot: Aufgrund der Folgen des Ersten Weltkriegs, der Inflationskrise und der Weltwirtschaftskrise waren sowohl die private als auch die gemeindliche Wirtschaft stark geschwächt. Neben den Erträgen der wirtschaftlichen Unternehmen sanken auch die Steuereinnahmen der Gemeinden, die zudem für die finanziellen Folgen der Arbeitslosigkeit aufzukommen hatten (Sozialhilfe). In dieser Situation sahen sich die Gemeinden zur „Auspressung" der vorhandenen Unternehmen und zur Expansion ihrer wirtschaftlichen Aktivitäten genötigt.[845] Dies führte dazu, daß die Gemeinwohlorientierung zunehmend hinter das Ziel der Einnahmeerzielung zurücktrat,[846] und die Auseinandersetzung um das Verhältnis von gemeindlicher und privater Wirtschaft an Schärfe zunahm.[847]

Die Ausweitung der gemeindlichen Wirtschaftsaktivitäten auf gewinnorientierte Unternehmungen (wie etwa Bankgeschäfte) in Konkurrenz zu Privaten bedeutete allerdings nicht nur eine Verbesserung der Einnahmemöglichkeiten für die

---

[844] Die Schutznormtheorie entspricht der st. Rspr. des Bundesverwaltungsgerichts, vgl. zuletzt BVerwGE 92, 313 (317). Vgl. ferner BVerfGE 27, 297 (307); Happ, in: Eyermann/Fröhler, VwGO, § 42, Rdnr. 86; sowie die zahlreichen Nachweise (auch der Gegenansicht) bei Kopp/Schenke, VwGO, § 42, Rdnrn. 78, 83 ff. (m.w.N.). Dem Wortlaut der gemeinderechtlichen Vorschriften über die wirtschaftliche Betätigung die drittschützende Wirkung insofern nicht entnommen werden, als lediglich Verhaltensanforderungen bzw. Zulässigkeitsvoraussetzungen für die Gemeinden aufgestellt werden.

[845] Allgemein zur Situation der Gemeindewirtschaft zwischen den Weltkriegen vgl. Stern/Püttner, Die Gemeindewirtschaft, S. 25 ff.

[846] Vgl. Stern/Püttner, Die Gemeindewirtschaft, S. 28.

[847] Die Privatwirtschaft beklagte vor allem gewinnorientierte Ausuferungen der Gemeindewirtschaft sowie Betätigungen im Handwerk und Verkauf, vgl. Stern/Püttner, Die Gemeindewirtschaft, S. 28 ff. (31).

Gemeindehaushalte; zugleich setzten sich die Gemeinden mit solchen Engagements erheblichen finanziellen Risiken aus. Vor diesem Hintergrund sah sich der Gesetzgeber dazu gezwungen, die wirtschaftliche Betätigungsmöglichkeiten der Gemeinden in deren eigenem Interesse zu beschränken und spezielle Zulässigkeitsvoraussetzungen zu formulieren. In erster Linie diente die Regelung des § 67 DGO also einem kommunalpolitischen Ziel.[848]

Darüber hinaus hat der Gesetzgeber mit der Beschränkung der wirtschaftlichen Betätigungsmöglichkeiten der Gemeinden auch eine wirtschafts- bzw. ordnungspolitische Zielsetzung verfolgt: Einerseits sollte die Konzentration der Gemeinden wieder auf ihre eigentlichen -durch ausufernde Wirtschaftstätigkeit vernachlässigten- Aufgaben gelenkt und die am Boden liegende private Wirtschaft angekurbelt werden.[849] Zum anderen war dem Gesetzgeber bewußt, daß bei ungehemmtem Wettbewerb der gemeindlichen mit der privaten Wirtschaft eine Konfliktsituation drohte, der es anhand einer Neuordnung dieses Verhältnisses abstrakt vorzubeugen galt.[850] Konkret formulierte daher § 67 DGO die bekannten Grenzen, um „unnötige" Überschneidungen zwischen der privaten und gemeindlichen Wirtschaft zu vermeiden und den ordnungspolitischen Zweck zu realisieren.[851] Dabei ging es allerdings nicht um den Schutz der Pri-

---

[848] Vgl. dazu Burmeister, in: Püttner (Hrsg.), HkWP, Bd. 5, S. 3 (14); Schmidt-Jortzig, in: Püttner (Hrsg.), HkWP, Bd. 5, S. 50 (60); Otting, Neues Steuerungsmodell und rechtliche Betätigungsspielräume der Kommunen, S. 211; Schoch, DÖV 1993, 377 (380, Fn. 44). In der kommunalpolitischen Zwecksetzung spiegelt sich auch die Erfahrung wider, daß viele Gemeinden durch den Zusammenbruch ihrer Wirtschaftsunternehmen infolge der Weltwirtschaftskrise in finanzielle Not gerieten, vgl. Gerke, Jura 1985, 349 (351).

[849] Vgl. Schmidt-Jortzig, in: Püttner (Hrsg.), HkWP, Bd. 5, S. 50 (60 f.).; Otting, Neues Steuerungsmodell und rechtliche Betätigungsspielräume der Kommunen, S. 211; Gerke, Jura 1985, 349 (351); Schönershofen/Binder-Falcke, VR 1997, 109 (110, 112).

[850] Vgl. die Amtliche Begründung zu § 67 DGO, abgedruckt bei Suren/Loschelder, Die Deutsche Gemeindeordnung, Anm. 1 zu § 67, S. 82. Vgl. dazu auch BayVGH, BayVBl 1976, 628 (629); VGH Mannheim, NJW 1984, 251 (252); Otting, Neues Steuerungsmodell und rechtliche Betätigungsspielräume der Kommunen, S. 211.

[851] Vgl. die Amtliche Begründung zu § 67 DGO, abgedruckt bei Suren/Loschelder, Deutsche Gemeindeordnung, § 67 Anm. 1, S. 82. Der Gedanke der Begrenzung der gemeindewirtschaftlichen Betätigung zur Ausschaltung „unnötiger" Konkurrenz mit der Privatwirtschaft kam bereits im Vorwort zum Preußischen Gemeindefinanzgesetz von 1933, an das sich die Regelung des § 67 DGO anlehnte, zum Ausdruck: „Es entspricht nicht der Gemeinde als Verwalter öffentlicher Angelegenheiten, sich als Unternehmer schrankenlos zu betätigen und so mit der freien Wirtschaft in unnötigen Wettbewerb zu treten. Das Gesetz legt deshalb die Grenzen ihrer wirtschaftlichen Betätigung unter voller Wahrung der Bedürfnisse der öffentlichen Wirtschaft fest. So wird Vorsorge getroffen, daß in Zukunft Übergriffe auf das Gebiet der freien Wirtschaft unterbleiben." Vgl. dazu Burmeister, in: Püttner (Hrsg.), HkWP, Bd. 5, S. 3 (13).

vatwirtschaft bzw. von Individualinteressen,[852] vielmehr sollte § 67 DGO zu einer ökonomisch zweckmäßigen Organisation der Wirtschaft insgesamt beitragen.[853]

Die beschriebene doppelte kommunal- und ordnungspolitische Zwecksetzung liegt auch den Nachfolgevorschriften des § 67 DGO zugrunde.[854] Diesen geht es ebenfalls primär um den Risikoschutz der Gemeinden und sekundär um einen Beitrag zur rationellen und effizienten Organisation der Wirtschaft insgesamt, nicht dagegen um den Schutz der Privatwirtschaft bzw. einzelner Unternehmer.[855]

Dafür, daß sich die Intentionen der Landesgesetzgeber im Vergleich zu denen des historischen Gesetzgebers prinzipiell nicht geändert haben, spricht zunächst, daß die Regelungen über die Beschränkung der wirtschaftlichen Betätigung der Gemeinden kommunalrechtlicher Natur sind und im Interesse der Allgemeinheit erlassen wurden. Etwaige Begünstigungen einzelner Privater sind demgegenüber bloß faktischer Natur.[856] Bestätigt wird dieser Befund durch die Verteilung der Gesetzgebungskompetenzen: Regelungen zum Schutz der am Wettbewerb teilnehmenden privaten Wirtschaftssubjekte unterliegen dem Wettbewerbsrecht und fallen damit grundsätzlich in den Zuständigkeitsbereich des Bundesgesetzgebers.[857] Ohne weiteres kann also nicht davon ausgegangen werden, daß die Landesgesetzgeber mit den Wirtschaftsklauseln einen wettbewerbsrechtlichen Annex zum Kommunalrecht schaffen wollten. Des weiteren ist zu berücksichtigen, daß sich die private Wirtschaft heute, nach fünf Jahrzehnten ungestörter Entwicklung, nicht mehr in einer mit der Zeit vor dem Zweiten Weltkrieg vergleichbaren Situation befindet, als sie inflations- und depressionsbedingt am Boden lag. War nun aber noch nicht einmal mit 67 DGO der Schutz der Privat-

---

[852] Vgl. Burmeister, in: Püttner (Hrsg.), HkWP, Bd. 5, S. 3 (15); Schmidt-Jortzig, in: Püttner (Hrsg.), HkWP, Bd. 5, S. 50 (60 f.); Gusy, JA 1995, 253 (254).

[853] Vgl. Burmeister, in: Püttner (Hrsg.), HkWP, Bd. 5, S. 3 (15), unter Hinweis auf die Präambel zur DGO; Schmidt-Jortzig, in: Püttner (Hrsg.), HkWP, Bd. 5, S. 50 (60 f.).

[854] So auch Badura, DÖV 1998, 818. Wiederholt hat etwa der Bayerische Verwaltungsgerichtshof ausdrücklich festgestellt, daß der dortige Landesgestzgeber bewußt an Wortlaut und Intention des § 67 DGO angeknüpft hat, vgl. (zu Art. 75 GO Bay. a.F.) BayVGH, BayVBl 1959, 90 (91); sowie (zu Art. 89 GO Bay. a.F.) BayVGH, BayVBl 1976, 628 (629).

[855] Vgl. Moraing, Der Städtetag 1998, 523 (526); restriktiver R.Schmidt, Öffentliches Wirtschaftsrecht, AT, § 11 2 b, S. 532, demzufolge die Wirtschaftsklauseln allein dem Risikoschutz der Gemeinden dienen.

[856] Otting, Neues Steuerungsmodell und rechtliche Betätigungsspielräume der Kommunen, S. 211, 213.

[857] Otting, Neues Steuerungsmodell und rechtliche Betätigungsspielräume der Kommunen, S. 211 f.

wirtschaft bzw. einzelner Unternehmer beabsichtigt, so muß dies prinzipiell erst recht für die heutigen Vorschriften über die gemeindewirtschaftliche Betätigung gelten, soweit nicht besondere Umstände einen anderen Befund nahelegen. Dementsprechend wird die Herleitung subjektiver Rechte privater Konkurrenten aus den Nachfolgevorschriften des § 67 DGO von den Verwaltungsgerichten und vom Schrifttum überwiegend abgelehnt.[858]

Sofern dagegen die individualschützende Wirkung der Wirtschaftsklauseln zum Teil damit begründet wird, daß diese „... den verfassungsgebotenen verhältnismäßigen Ausgleich zwischen den Grundrechten privater Anbieter und der verfassungsrechtlichen Gewährleistung gemeindlicher Wirtschaftstätigkeit schaffen sollen“[859], setzt dies zunächst die prinzipielle Bejahung der Eingriffsqualität der Wettbewerbsteilnahme der Gemeinden (unabhängig von ihrer Intensität) voraus. Im Fall des Überschreitens der gemeinderechtlichen Wirtschaftsklauseln verliert die gemeindliche Wettbewerbsteilnahme dann ihre verfassungsrechtliche Rechtfertigung. Nach der hier vertretenen Ansicht greift die Teilnahme der Gemeinden am wirtschaftlichen Wettbewerb allerdings nicht stets, sondern erst bei Überschreiten der Erheblichkeitsschwelle und insbesondere in Extremsituationen in Grundrechte privater Konkurrenten ein.[860] Konsequenterweise führt dann aber auch die Auslegung im Lichte der Grundrechte nicht dazu, daß den gemeinderechtlichen Vorschriften über die wirtschaftliche Betätigung ein subjektiv-rechtlicher Gehalt zuzuerkennen ist.

---

[858] Vgl. BVerwG, NJW 1978, 1539; BayVGH, BayVBl 1976, 628 (629); OVG Lüneburg, NVwZ 1990, 506 (507); Tettinger, Besonderes Verwaltungsrecht, S. 100, Rdnr. 163; Seewald, in: Steiner (Hrsg.), Besonderes Verwaltungsrecht, S. 5 (121), Rdnr. 298; Schmidt-Aßmann, in: ders. (Hrsg.), Besonderes Verwaltungsrecht, S. 9 (81), Rdnr. 121; Jarass, Wirtschaftsverwaltungsrecht, S. 205, Rdnr. 37; Gern, Deutsches Kommunalrecht, 15. Kap., Rdnr. 724; Vogelsang/Lübking/Jahn, Kommunale Selbstverwaltung, S. 181, Rdnr. 628; Schmidt-Jortzig, in: Püttner (Hrsg.), HKWP, Bd. 5, S. 60 f., 67; R.Schmidt, Öffentliches Wirtschaftsrecht, AT, § 11 2 b, S. 532; Schricker, Wirtschaftliche Tätigkeit der öffentlichen Hand und unlauterer Wettbewerb, S. 54 ff. (56); Otting, Neues Steuerungsmodell und rechtliche Betätigungsspielräume der Kommunen, S. 211 f.; ders., SächsVBl 1998, 93 (94); Gusy, JA 1995, 253 (254); Moraing, NWVBl 1997, 355; ders., Der Städtetag 1998, 523 (526); Ehlers, DVBl 1998, 497 (503), (vgl. aber noch ders., JZ 1990, 1089 (1097)); vgl. auch BGH, NJW 1974, 1333 (1334); differenzierend Stober, Kommunalrecht, § 22 II 1, S. 341; Cosson, DVBl 1999, 891 (895 f.); a.A.: Knemeyer, in: Achterberg/Püttner (Hrsg.), Besonderes Verwaltungsrecht, Bd. 2, S. 53 (77 f.), Rdnr. 168 f. (m.w.N.); Waechter, Kommunalrecht, S. 341, Rdnr. 623; Püttner, Die öffentlichen Unternehmen, S. 132 (m.w.N.); Cronauge, Kommunale Unternehmen, Rdnr. 503; Gerke, Jura 1985, 349 (351, 356); Erdmann, DVBL 1998, 13 (19); wohl auch Hill, BB 1997, 425 (429); Henneke, NdsVBl 1999, 1 (5, 7).

[859] Erichsen, Kommunalrecht NW, § 11 F 2, S. 292 f. I.d.S. auch Kluth, Grenzen kommunaler Wettbewerbsteilnahme, S. 91 (hinsichtlich § 88 GO NW a.F.); Pünder, DVBl 1997, 1353 (1360, m.w.N. in Fn. 92); zuletzt Grawert, in: FS Blümel, S. 119 (136).

[860] S.o. Teil 1, D III 2 c (3).

Die individualschützende Wirkung wird nach der verwaltungsgerichtlichen Rechtsprechung insbesondere dann verneint, wenn die gemeinderechtlichen Vorschriften über die wirtschaftliche Betätigung keine Subsidiaritätsklausel mehr enthalten (wie in Baden-Württemberg, Hessen und Nordrhein-Westfalen).[861] Diese Rechtsprechung ist zwar vor allem deshalb konsequent, weil -nach der hier vertretenen Ansicht- mit dem Wegfall der Subsidiaritätsklauseln zugleich die Pflicht der Gemeinden, Vergleichsüberlegungen mit privaten Anbietern anzustellen, entfällt.[862] Ein Anhaltspunkt für den Schutz von Individualinteressen liegt dann erst recht nicht mehr vor. Gleichwohl haben die Gerichte deutlich gemacht, daß sich selbst bei Zugrundelegung der wirtschaftspolitischen Zwecksetzung, einer ungehemmten wirtschaftlichen Betätigung der öffentlichen Hand zu Lasten der Privatwirtschaft vorzubeugen, kein Individualschutz ergebe, da nur abstrakt einer Konfliktsituation zwischen privater und gemeindlicher Wirtschaft begegnet werden solle.[863] Dieser Klarstellung ist zu entnehmen, daß eine Wirtschaftsklausel auch dann nicht als individualschützend zu betrachten ist, wenn man die Aussage der weggefallenen Subsidiaritätsklausel in die verbleibenden Zulässigkeitsvoraussetzungen hineinliest.[864]

Vor diesem Hintergrund überrascht die zuletzt in Nordrhein-Westfalen auf oberlandesgerichtlicher Ebene zu beobachtende Tendenz, die Vorschrift des § 107

---

[861] Vgl. (zu § 102 GemO Bad.-Württ.) BVerwG, DVBl 1996, 152 (153); VGH Mannheim, VBlBW 1983, 78; NJW 1984, 251 (252); NJW 1995, 274; vgl. ferner (zu § 85 GemO Bad.-Württ. a.F.) BVerwGE 39, 329 (336); sowie (zu Art. 75 GO Bay. a.F.) BayVGH, BayVBl 1959, 90 (92).

[862] S.o. Teil 1, F I 4 b. So indiziere etwa der Wegfall der Subsidiaritätsklausel in § 107 Abs. 1 GO NW nach Ansicht von Otting, SächsVBl 1998, 93 (94), daß es dem Gesetzgeber gerade nicht um den Schutz privater Konkurrenz gehe.

[863] Vgl. (zu § 102 GemO Bad.-Württ.) VGH Mannheim, VBlBW 1983, 78; NJW 1984, 251 (252); NJW 1995, 274; auf die Argumentation der voranstehenden Entscheidungen bezugnehmend BVerwG, DVBl 1996, 152 (153). In einer früheren Entscheidung hatte das Bundesverwaltungsgericht zum inhaltsgleichen § 85 GemO Bad.-Württ. a.F. zwar die individualschützende Wirkung noch mit der Begründung abgelehnt, daß diese Vorschrift keine Subsidiaritätsklausel enthalte und auch kein dringender öffentlicher Zweck erforderlich sei, vgl. BVerwGE 39, 329 (336). Es ist aber anerkannt, daß auch bei Vorhandensein einer Subsidiaritätsklausel nicht zwingend vom individualschützenden Charakter der Wirtschaftsklausel auszugehen ist, vgl. VGH Mannheim, VBlBW 1983, 78 (79); NJW 1984, 251 (251); bzw. zuvor (zu Art. 89 GO Bay. a.F.) BayVGH, BayVBl 1976, 628 (629).

[864] So wendet sich folgerichtig selbst Ehlers gegen die individualschützende Wirkung des § 107 Abs. 1 GO NW, obgleich er der Vorschrift auch nach dem Wegfall der Subsidiaritätsklausel noch Subsidiaritätsaussagen entnimmt, vgl. Ehlers, DVBl 1998, 497 (501). Ähnlich Otting, SächsVBl 1998, 93 (94), der die Subsidiaritätsklausel lediglich als Ausprägung des allgemeinen haushaltsrechtlichen Grundsatzes der Sparsamkeit und Wirtschaftlichkeit im Bereich der wirtschaftlichen Betätigung betrachtet. Anders dagegen Gerke, Jura 1985, 349 (356).

Abs. 1 GO NW als Schutznorm zugunsten privater Konkurrenten zu werten.[865] Dies gilt um so mehr, als im Schrifttum überwiegend angenommen wird, daß § 107 Abs. 1 GO NW -gerade nach dem Wegfall der Subsidiaritätsklausel- allein den Selbstschutz der Gemeinden vor riskanten wirtschaftlichen Aktivitäten im Auge habe.[866] Zur Begründung des vermeintlichen Schutzzwecks der Norm verweisen die Entscheidungen der Oberlandesgerichte Düsseldorf und Hamm ohne Würdigung der (herrschenden) Gegenansicht lediglich auf die frühere Rechtsprechung des Bundesgerichtshofes[867] zu § 69 Abs. 1 GO NW (a.F.). Dabei wird allerdings übersehen, daß die damalige Vorschrift im Gegensatz zu § 107 Abs. 1 GO NW noch eine Subsidiaritätsklausel enthielt und damit nicht ohne weiteres als Vergleichsmaßstab dienen kann. Im übrigen stand der BGH in einer späteren Entscheidung der individualschützenden Wirkung der Vorschrift des § 89 NGO a.F., die ebenfalls eine Subsidiaritätsklausel enthielt, ablehnend gegenüber.[868] Die von den Oberlandesgerichten Düsseldorf und Hamm angeführten Nachweise können daher nicht überzeugen. Vielmehr scheint es, als habe anstelle einer näheren Auseinandersetzung mit dem Schutzzweck der Norm die -ordnungspolitisch begrüßenswerte- Ergebnisorientierung im Vordergrund der genannten Entscheidungen gestanden: Privaten Konkurrenten sollte gestattet werden, Verstöße der Gemeinden gegen § 107 Abs. 1 GO NW mit den Mitteln des Wettbewerbsrechts anzugreifen.[869] Zu Recht sehen sich die in Rede stehenden Urteile daher kritischen Stellungnahmen in der Literatur ausgesetzt.[870]

---

[865] Vgl. OLG Düsseldorf, NWVBl 1997, 353 (354, mit krit. Anm. Moraing); OLG Hamm, NJW 1998, 3504 (3505); vgl. mittlerweile auch LG Wuppertal, NWVBl 1999, 275 f. Dagegen hat das OLG München, Urteil vom 12.02.1998 -6 U 2608/97-, den Schutzcharakter der Parallelvorschrift Art. 87 GO Bay. zugunsten Privater verneint. Vor diesem Hintergrund ist Cosson, DVBl 1999, 891 (896), zu Recht erstaunt, daß der BGH den Revisionsantrag in der „Gelsengrün"-Entscheidung des OLG Hamm aufgrund mangelnder grundsätzlicher Bedeutung durch Beschluß vom 08.10.1998 (Az.: IZR 284/97) nicht angenommen hat.

[866] Vgl. Tettinger, Besonderes Verwaltungsrecht, S. 100, Rdnr. 163; ders., NJW 1998, 3473 (3474); Otting, Neues Steuerungsmodell und rechtliche Betätigungsspielräume der Kommunen, S. 211 ff., 235 f.; ders., SächsVBl 1998, 93 (94); Oebbecke, StuGR 1995, 387 (389); Zilkens, NWVBl 1997, 34 (35); Moraing, Der Städtetag 1997, 285 (286); Meier, VR 1998, 340 (343); a.A.: Erichsen, Kommunalrecht NW, § 11 F 2, S. 291 f. (m.w.N. in Fn. 172); Badura, DÖV 1998, 818 (821 f.).

[867] Vgl. BGH, DVBl 1965, 362 (363); GRUR 1973, 655 (657); vgl. ferner Baumbach/Hefermehl, WettbewerbsR, Anhang zu § 1 UWG, Rdnrn. 932 f.

[868] Vgl. BGH, NJW 1974, 1333.

[869] So ausdrücklich OLG Hamm, NJW 1998, 3404 (3405). Zur Problematik, ob ein Verstoß gegen die gemeinderechtlichen Wirtschaftsklauseln zugleich den Vorwurf der Sittenwidrigkeit im Sinne des § 1 UWG begründen kann, siehe eingehend unten Teil 1, F III 3 b (2).

[870] Vgl. Otting, Neues Steuerungsmodell und rechtliche Betätigungsspielräume der Kommunen, S. 235 f.; ders., SächsVBl 1998, 93 (94, 95 f.); Moraing, NWVBl 1997, 355 ff.; ders.,

Dabei ist auch zu berücksichtigen, daß die auf § 1 UWG gestützten Unterlassungsklagen privater Konkurrenten gegen die Wettbewerbsteilnahme der öffentlichen Hand auf landgerichtlicher Ebene grundsätzlich vor die Kammern für Handelssachen gehören.[871] Diese entscheiden aber nach § 105 Abs. 1 GVG in der Besetzung mit (nur) einem Mitglied des Landgerichts als Vorsitzendem und zwei ehrenamtlichen Handelsrichtern, wobei letztere über keinerlei juristische Ausbildung verfügen müssen[872] und den Vorsitzenden (Berufs-) Richter sogar überstimmen können.[873] Der auf diesem Wege auf die Richterbank gebrachte Sachverstand des Handelsstandes ist jedoch wenig hilfreich bei der Beurteilung der verwaltungsrechtlichen Frage, ob die gemeindewirtschaftsrechtlichen Zulässigkeitsvorschriften individualschützende Wirkung entfalten. Vor diesem Hintergrund ist es verfehlt, die deutliche Warnung *Tettinger's* vor einem „zivilgerichtlichen Dilletieren im Zentralbereich des allgemeinen Verwaltungsorganisationsrechts und speziell des Kommunalrechts"[874] als „...emotionale[n] Ausfall..." zu bezeichnen.[875]

Anders mag der Schutzzweck aber hinsichtlich derjenigen Wirtschaftsklauseln zu beurteilen sein, die über eine gegenüber der Formulierung des § 67 DGO verschärfte Subsidiaritätsklausel verfügen. Der Umstand, daß damit der echte Subsidiaritätsgedanke, nach dem der Privatwirtschaft prinzipiell Vorrang gebührt, Eingang in das Kommunalrecht gefunden hat, spricht für die Intention der entsprechenden Landesgesetzgeber, mit der Einschränkung der wirtschaftlichen Betätigungsmöglichkeiten der Gemeinden einen verbesserten Schutz der Privatwirtschaft vor gemeindlicher Konkurrenz zu erreichen. Selbst vor dem Hintergrund einer solchen gesetzgeberischen Zielsetzung ist jedoch lediglich davon auszugehen, daß neben der Wahrung von Belangen der Allgemeinheit die private Wirtschaft insgesamt oder allenfalls einzelne Branchen (wie etwa die Telekommunikationsbranche) geschützt werden sollte(n). Gegen die Annahme, daß mit der Verschärfung der Subsidiaritätsklauseln die Stärkung der Freiheit einzelner Unternehmer beabsichtigt war, spricht die mangelnde Individualisierbarkeit des Personenkreises[876] in den Wirtschaftsklauseln. Infolgedessen ergeben

---

Der Städtetag 1997, 285 (286 f.); Tettinger, NJW 1998, 3473 (3474); zustimmend aber Badura, DÖV 1998, 818 (821 f.); unkritisch Beckmann/David, DVBl 1998, 1041 (1046 f.).

[871] Vgl. §§ 95 Abs. 1 Nr. 5 GVG; 27 Abs. 1 S. 1 UWG.

[872] Die Voraussetzungen der Ernennung zum Handelsrichter legt § 109 GVG fest.

[873] Dies ist der Vorschrift des § 105 Abs. 2 GVG zu entnehmen, nach der sämtliche Mitglieder der Kammer für Handelssachen gleiches Stimmrecht haben.

[874] Tettinger, NJW 1998, 3473 (3474).

[875] So aber Cosson, DVBl 1999, 891 (892).

[876] Vgl. etwa Badura, DÖV 1998, 818 (821); a.A.: BGH, DVBl 1962, 102 (104). Aus den individualisierten Tatbestandsmerkmalen der in Rede stehenden Norm müßte sich ein von der

sich auch auf diesem Wege keine subjektiven Abwehrrechte privater Konkurrenzunternehmen.[877] Einzelne private Unternehmer können auch nicht als „mittelbare Sachwalter“ für das Interesse einer -durch Übertretung der Wirtschaftsklausel- betroffenen Gruppe auftreten und klagen, da dies einer unzulässigen gewillkürten Prozeßstandschaft gleichkäme.[878]

Soweit sich der Schutz der Privatwirtschaft ausnahmsweise in kommunalrechtlichen Vorschriften positiviert findet,[879] sind auch diesen Regelungen aus den soeben genannten Gründen keine subjektiven Rechte privater Konkurrenten zu entnehmen.[880] Für diesen Befund spricht insbesondere, daß die entsprechenden Landesgesetzgeber, hätten sie eine entsprechende Intention verfolgt, dies im Gesetz hätten eindeutig zum Ausdruck bringen müssen.[881]

Im Ergebnis ist damit festzuhalten, daß die gemeinderechtlichen Vorschriften über die wirtschaftliche Betätigung nicht dazu bestimmt sind, Individualinteres-

---

Allgemeinheit unterscheidbarer Personenkreis entnehmen lassen, vgl. Kopp/Schenke, VwGO, § 42, Rdnr. 84.

[877] Vgl. auch Moraing, Möglichkeiten und Grenzen kommunalwirtschaftlicher Tätigkeit, S. 33 (m.w.N.). Es gibt auch keinen Grundsatz derart, daß aus Schutzrechten zwingend Abwehrnormen folgen, vgl. Schricker, Wirtschaftliche Tätigkeit der öffentlichen Hand und unlauterer Wettbewerb, S. 56 (m.w.N.). Im übrigen lassen sich aus den Subsidiaritätsklauseln bzw. Funktionssperren auch dann keine subjektiven Rechte privater Unternehmer herleiten, soweit der Aufnahme einer gemeindewirtschaftlichen Betätigung zunächst ein Markterkundungsverfahren vorgeschaltet ist, so aber Waechter, Kommunalrecht, S. 336, Rdnr. 611.

[878] Vgl. dazu ausdrücklich (zu Art. 89 a.F. GO Bay.) BayVGH, BayVBl 1976, 628 (629); bzw. allgemein Tettinger, Besonderes Verwaltungsrecht, S. 100, Rdnr. 163.

[879] In Thüringen und Bayern wird ausdrücklich klargestellt, daß die wirtschaftliche Betätigung der Gemeinden keine wesentliche Schädigung und keine Aufsaugung selbständiger Betriebe in Landwirtschaft, (Handwerk,) Handel, Gewerbe und Industrie bewirken darf, vgl. Art. 95 Abs. 2 GO Bay.; § 71 Abs. 2 ThürKO. Zur Kritik, daß es sich bei diesen Regelungen eher um allgemeine Programmsätze als um anwendbare Rechtsnormen handele, vgl. Held, in: Henneke (Hrsg.), Organisation kommunaler Aufgabenerfüllung, S. 113 (126).

[880] Vgl. Schmidt-Jortzig, in: Püttner (Hrsg.), HkWP, Bd. 5, S. 61 (m.w.N.); Moraing, Möglichkeiten und Grenzen kommunalwirtschaftlicher Betätigung, S. 33 (m.w.N.); Badura, DÖV 1998, 818 (821); offenlassend Pünder, DVBl 1997, 1353 (1360); a.A.: Knemeyer, in: Achterberg/Püttner (Hrsg.), Besonderes Verwaltungsrecht, Bd. 2, S. 53 (77), Rdnr. 168.

[881] Vgl. die Argumentation des Bayerischen Verwaltungsgerichtshofes, der bereits frühzeitig zur (mit Art. 95 Abs. 2 GO Bay. inhaltsgleichen) Vorschrift des Art. 75 Abs. 2 GO Bay. entschieden hat, daß diese Bestimmung keine subjektiven Rechte einräume, sondern bloß allgemeine Grundsätze enthalte, BayVGH, BayVBl 1959, 90 (92). In dieser Entscheidung wurden anderslautende Stimmen im damaligen Schrifttum ausdrücklich berücksichtigt. Auch der Hessische Verwaltungsgerichtshof hat der Parallelvorschrift in Art. 43 Abs. 1 der Hessischen Verfassung keine subjektiven Rechte betroffener Klein- und Mittelbetriebe entnommen, vgl. HessVGH, NVwZ 1996, 816 (817).

sen zu dienen. Die Wirtschaftsklauseln wirken sich vielmehr nur in faktischer Hinsicht begünstigend auf die privaten Konkurrenten gemeindlicher (Telekommunikations-) Unternehmen aus („Rechtsreflex“). Folglich stehen den privaten Konkurrenzunternehmen keine subjektiven Rechte zu, die Unterlassung von wirtschaftlichen Aktivitäten der Gemeinden, die über die kommunalrechtlichen Zulässigkeitsvoraussetzungen hinausgehen, zu fordern. Dementsprechend fehlt es möglichen Unterlassungsklagen vor den Verwaltungsgerichten regelmäßig bereits an der erforderlichen Klagebefugnis.

d) Ergebnis

Ebenso, wie die Verwaltungsgerichte bereits in der Vergangenheit die -auf Verstöße gegen die gemeinderechtlichen Wirtschaftsklauseln gestützten- Unterlassungsklagen privater Konkurrenten mangels Klagebefugnis regelmäßig als unzulässig abgewiesen haben, ist zu erwarten, daß auch die Zulässigkeit künftiger Klagen privater TKU verneint wird. Diese können sich also vor den Verwaltungsgerichten kaum erfolgversprechend darauf berufen, daß die Errichtung eines gemeindlichen TKUs bzw. die Übernahme spezieller Telekommunikationsaktivitäten durch eine Gemeinde die kommunalrechtlichen Zulässigkeitsvoraussetzungen überschreitet.

Damit verbleibt privaten Konkurrenzunternehmen zur Abwehr gemeindlicher Aktivitäten in der Telekommunikation zunächst allein die Möglichkeit, die Nichteinhaltung der gemeinderechtlichen Vorschriften über die wirtschaftliche Betätigung in Form einer Beschwerde an die Kommunalaufsicht geltend zu machen. Die zuständige Kommunalaufsichtsbehörde[882] kann, soweit sie nicht schon im Vorfeld der Errichtung des gemeindlichen TKUs präventiv tätig geworden ist, im Wege der repressiven Aufsicht gegen die Gemeinde vorgehen.[883] Hinsichtlich der Erfolgsaussichten einer entsprechenden Beschwerde ist allerdings zu berücksichtigen, daß den Gemeinden bei der Auslegung der unbestimmten Rechtsbegriffe in den Wirtschaftsklauseln eine weite Einschätzungsprärogative zugestanden wird, die von der Kommunalaufsicht zu beachten ist. Vor diesem Hintergrund dürfte sich die wirtschaftliche Betätigung der Gemeinden in der

---

[882] Die Zuständigkeit richtet sich nach der Verwaltungsorganisation des jeweiligen Bundeslandes. In Nordrhein-Westfalen ist etwa Rechtsaufsichtsbehörde für kreisangehörige Gemeinden der Landrat, vgl. §§ 116 Abs. 1, 117 Abs. 1 GO NW, für kreisfreie Städte die Bezirksregierung, vgl. §§ 116 Abs. 1, 117 Abs. 2 GO NW. Diese ist zugleich obere Aufsichtsbehörde für kreisangehörige Gemeinden, vgl. § 117 Abs. 3, 1.HS GO NW, während das Innenministerium sowohl obere Aufsichtsbehörde für kreisfreie Städte, vgl. § 117 Abs. 3, 2. HS GO NW, als auch oberste Aufsichtsbehörde ist, vgl. § 117 Abs. 4 GO NW.

[883] Zu den Möglichkeiten der repressiven Kommunalaufsicht zählen das Beanstandungs- und Aufhebungsrecht, vgl. etwa § 119 Abs. 1 u. 2 GO NW, sowie das Anordnungs- und Ersatzvornahmerecht, vgl. etwa § 120 Abs. 1 u. 2 GO NW.

Telekommunikation in der Regel innerhalb der gemeinderechtlichen Zulässigkeitsvoraussetzungen bewegen[884] und damit nur selten zu beanstanden sein. Als Voraussetzung für ein anderes Ergebnis -zumindest hinsichtlich einzelner Telekommunikationsaktivitäten- müßte etwa der Nachweis gelingen, daß ein Verstoß gegen das Territorialprinzip vorliegt oder daß die Verfolgung öffentlicher Zwecke gegenüber der tatsächlich maßgebenden Gewinnerzielungsabsicht nur vorgeschoben ist. Letzteres könnte etwa auf das Angebot kommerzieller Mehrwertdienste sowie auf Herstellung, Vertrieb und Installation von Telekommunikationsendgeräten zutreffen.[885] Sollte die nach pflichtgemäßem Ermessen entscheidende Rechtsaufsichtsbehörde aber ein Einschreiten gegen eine Gemeinde bzw. ein gemeindliches TKU ablehnen, so können betroffene private Konkurrenten gegen diese Entscheidung nicht klageweise vorgehen.[886]

Selbst dann aber, wenn man entgegen der klaren Rechtsprechung der Verwaltungsgerichte die individualschützende Wirkung der Wirtschaftsklauseln und folglich die Klagebefugnis befürwortet, ist damit noch keine Aussage über die Erfolgsaussichten einer insoweit zulässigen Unterlassungsklage getroffen. Diese sind gleichwohl nicht günstiger zu bewerten als im Fall der Beschwerde an die Kommunalaufsichtsbehörde, da auch die Verwaltungsgerichte im Rahmen der Begründetheitsprüfung die kommunale Einschätzungsprärogative zu beachten haben.[887]

Zusammenfassend läßt sich vor diesem Hintergrund von einer „offene(n) Flanke des verwaltungsgerichtlichen Rechtsschutzes" sprechen.[888]

---

[884] S.o. Teil 1, F I 6.

[885] S.o. Teil 1, F I 2 a.

[886] Grund dafür ist, daß die Kommunalaufsicht der objektiven Rechtskontrolle dient, aber keine subjektiven Rechte begründet, vgl. Gern, Deutsches Kommunalrecht, 17. Kap.,Rdnr. 804; sowie (speziell zur wirtschaftlichen Betätigung von Wirtschaftskammern) Erdmann, DVBl 1998, 13 (18).

[887] Vgl. nur BVerwGE 39, 329 (334). Wie bereits gezeigt, werden die Unterlassungsklagen privater Konkurrenten im Regelfall auch dann als unbegründet abzuweisen sein, wenn die Klagebefugnis aus den Grundrechten abgeleitet wird, s.o. Teil 1, D III 5.

[888] Vgl. Schoch, DÖV 1993, 377 (380, m.w.N.). Noch weitgehender wird infolge der geringen Kontrolldichte gemeindlicher Wirtschaftsaktivitäten vereinzelt von einer „...an Rechtsverweigerung grenzenden(n) Haltung der Verwaltungsgerichte..." gesprochen, vgl. R.Schmidt, Öffentliches Wirtschaftsrecht, AT, § 11 II 2 c, S. 534. Zur geringen Steuerungsintensität des Kommunalrechts vgl. auch Henneke, NdsVBl 1999, 1 (5 f.).

II. Wettbewerbsrechtliche Grenzen

Grenzen der gemeindewirtschaftlichen Betätigung in der Telekommunikation können sich nicht nur aus gemeinderechtlichen Bestimmungen, sondern auch aus dem allgemeinen Wirtschaftsrecht ergeben. Relevant sind neben Vorschriften des bürgerlichen Rechts vor allem das Gesetz gegen den unlauteren Wettbewerb (UWG) und das Gesetz gegen Wettbewerbsbeschränkungen (GWB). Während letztgenanntes im öffentlichen Interesse den freien und funktionsfähigen Wettbewerb als solchen sicherstellen und vor Beschränkungen schützen soll, ist es Aufgabe des UWG, unlautere Wettbewerbsmethoden der Teilnehmer (also auch der Gemeinden) zu bekämpfen.[889]

Geht es in wettbewerbsrechtlicher Hinsicht nunmehr um die Lauterkeit des Wettbewerbsverhaltens der gemeindlichen TKU, so ergibt sich gerade vor dem Hintergrund der unzureichenden verwaltungsgerichtlichen Rechtsschutzmöglichkeiten das Kernproblem, ob die Nichteinhaltung der gemeinderechtlichen Vorschriften über die wirtschaftliche Betätigung den Vorwurf der Unlauterkeit begründen kann. Die Frage, ob dem Wettbewerbsrecht insoweit eine gewisse Korrektivfunktion zuteil wird, ist aus Sicht der privaten Konkurrenten von besonderer Bedeutung.

1. Anwendbarkeit des UWG auf gemeindliche TKU

Die Anwendung des UWG auf öffentliche Unternehmen ist zwar nicht ausdrücklich geregelt, diesbezüglich aussagekräftig ist aber die zentrale Vorschrift des § 1 UWG. Nach dieser Norm kann auf Unterlassung und Schadensersatz in Anspruch genommen werden, wer im geschäftlichen Verkehre zu Zwecken des Wettbewerbes Handlungen vornimmt, die gegen die guten Sitten verstoßen. Die Tatbestandsmerkmale „Handeln im geschäftlichen Verkehr“ und „Handeln zu Zwecken des Wettbewerbs“ sind neben dieser Generalklausel auch für die Anwendung einer Reihe weiterer Vorschriften des Rechts des unlauteren Wettbewerbs erforderlich und können daher als allgemeine Anwendbarkeitsvoraussetzungen des UWG bezeichnet werden.

a) Handeln im geschäftlichen Verkehr

Handeln im geschäftlichen Verkehr liegt bei jeder -einem beliebigen Geschäftszweck dienenden- Betätigung vor, die auf eine Teilnahme am Erwerbsleben ge-

---

[889] Bunte, in: Langen/Bunte, KartellR, Bd. 1, Einführung zum GWB, Rdnr. 24; Immenga/Mestmäcker, in: Immenga/Mestmäcker (Hrsg.), GWB, Einleitung, Rdnr. 1; Baumbach/Hefermehl, WettbewerbsR, Allg., Rdnrn. 77 f.; Köhler/Piper, UWG, Einf, Rdnr. 6 (m.w.N.).

richtet ist, ohne eine rein private oder amtliche Betätigung zu sein.[890] Dies kann für die öffentliche Hand jedenfalls dann bejaht werden, sobald diese sich am Wettbewerb mit Privatunternehmen beteiligt.[891] Damit handeln auch die gemeindlichen TKU, die sich auf die Ebene der Gleichordnung mit gewinnorientierten privaten Anbietern begeben und mit diesen um Marktanteile konkurrieren, im geschäftlichen Verkehr. Dem steht nicht entgegen, daß mit dem Aufbau gemeindlicher Telekommunikationsinfrastrukturen und der telekommunikativen Versorgung der Gemeindeeinwohner öffentliche Zwecke verfolgt werden. Es ist nämlich anerkannt, daß wirtschaftliche Unternehmen der öffentlichen Hand in wettbewerbsrechtlicher Hinsicht grundsätzlich auch dann, wenn ihre Teilnahme am Wettbewerb der Verfolgung öffentlicher Zwecke dient, keine Vorzugsstellung genießen.[892]

Fraglich ist aber, ob gemeindliche TKU auch dann geschäftlich handeln, wenn sie ausschließlich zur Deckung des telekommunikativen Eigenbedarfs der Gemeinde tätig werden, also sich etwa auf die Vernetzung und Versorgung der Gemeindebehörden, -einrichtungen und -unternehmen beschränken. Gegen die Annahme geschäftlicher Handlungen von Eigenbedarfsunternehmen könnte sprechen, daß die Deckung eines internen Bedarfs der Gemeinde nicht wettbewerbsorientiert, sondern nur zur Reduzierung eigener Kosten erfolge.[893] Dagegen soll nach anderer Ansicht ein Eigenbedarfsunternehmen bereits geschäftlich handeln, sobald es marktfähige Leistungen bereitstelle, also solche, deren

---

[890] RGZ 108, 272 (274); BGHZ 19, 299 (303); BGH, GRUR 1953, 293 (294); GRUR 1960, 384 (386); GRUR 1964, 208 (209); OLG Stuttgart, WRP 1980, 101; Baumbach/Hefermehl, WettbewerbsR, Einl UWG, Rdnr. 208; Schricker, Wirtschaftliche Tätigkeit der öffentlichen Hand und unlauterer Wettbewerb, S. 75 f; Emmerich, Der unlautere Wettbewerb der öffentlichen Hand, S. 10; Nordemann, Wettbewerbs- und Markenrecht, Rdnr. 542d; Otting, Neues Steuerungsmodell und rechtliche Betätigungsspielräume der Kommunen, S. 221 (m.w.N.); Piper, GRUR 1986, 574 (575). Zu den amtlichen Betätigungen zählen vor allem die wirtschaftslenkenden Tätigkeiten des Staates, wie etwa die Vergabe von Subventionen, solange diese hinsichtlich des Wirtschaftsgeschehens neutral erfolgen, vgl. Schricker, Wirtschaftliche Tätigkeit der öffentlichen Hand und unlauterer Wettbewerb, S. 79. Vgl. ausführlich zum Merkmal „Handeln im geschäftlichen Verkehr" v.Gamm, WettbewerbsR, Kap. 17, Rdnrn. 17 ff.

[891] OLG Karlsruhe, NJW-RR 1996, 231; Schricker, Wirtschaftliche Tätigkeit der öffentlichen Hand und unlauterer Wettbewerb, S. 78 (m.w.N.); Köhler/Piper, UWG, § 1, Rdnr. 222.

[892] RGZ 116, 28 (30 f.); BGHZ 37, 1 (17); OLG Karlsruhe, NJW-RR 1996, 231; Baumbach/Hefermehl, WettbewerbsR, Anhang zu § 1 UWG, Rdnr. 928; Köhler/Piper, UWG, § 1, Rdnr. 222; Schricker, Wirtschaftliche Tätigkeit der öffentlichen Hand und unlauterer Wettbewerb, S. 79 (m.w.N.); Piper, GRUR 1986, 574 (576); i.d.S. auch Schliesky, DVBl 1999, 78 (84)..

[893] So bereits Gütebier, Der unlautere Wettbewerb der öffentlichen Hand, S. 12.

Erbringung auch einem Dritten möglich wäre.[894] Dies hätte zur Konsequenz, daß bereits eine rein theoretische Wettbewerbssituation zur Bejahung einer Handlung im geschäftlichen Verkehr ausreichen würde. Von einem über den gemeindeinternen Bereich hinausgehenden Handeln geschäftlicher Art läßt sich allerdings nur sprechen, wenn zwischen dem Eigenbedarfsunternehmen und anderen Unternehmen eine wettbewerbsrelevante Berührung überhaupt konkret möglich und nicht lediglich theoretisch denkbar ist. Überzeugender ist daher eine Differenzierung, nach der ein Eigenbedarfsunternehmen zumindest dann geschäftlich handelt, wenn es neben der eigentlichen Haupttätigkeit noch für private Dritte Leistungen erbringt bzw. wenn die Gemeinde zur Deckung ihres Eigenbedarfs auch noch andere Unternehmen heranzieht.[895] Ein gemeindliches TKU, das zur Deckung des telekommunikativen Eigenbedarfs der Gemeinden errichtet wurde, ist infolgedessen lediglich dann vom Anwendungsbereich des UWG ausgenommen, sofern ihm eine dauerhafte Rolle als konkurrenzloser Lieferant der Gemeinde für die angebotenen Leistungen zugedacht ist.

b) Handeln zu Zwecken des Wettbewerbs

Das Merkmal „Handeln zu Zwecken des Wettbewerbs“ besitzt eine objektive und eine subjektive Seite. In objektiver Hinsicht setzt jede Wettbewerbshandlung zunächst ein Wettbewerbsverhältnis voraus oder begründet es gleichzeitig.[896] In subjektiver Hinsicht muß das Handeln von der Absicht getragen sein, eigenen oder fremden Wettbewerb auf Kosten eines anderen Mitbewerbers zu fördern.[897]

---

[894] Otting, Neues Steuerungsmodell und rechtliche Betätigungsspielräume der Kommunen, S. 223 f. Bereits das Reichsgericht hat das Handeln im geschäftlichen Verkehr bei einer städtischen Apotheke, in der für die städtischen Krankenhäuser Arzneimittel hergestellt wurden, bejaht, vgl. RG, GRUR 1948, 117 f.

[895] Schricker, Wirtschaftliche Tätigkeit der öffentlichen Hand und unlauterer Wettbewerb, S. 78.

[896] Baumbach/Hefermehl, WettbewerbsR, Einl UWG, Rdnrn. 214, 216; Otting, Neues Steuerungsmodell und rechtliche Betätigungsspielräume der Kommunen, S. 225 (m.w.N.); einschränkend v.Gamm, WettbewerbsR, Kap. 17, Rdnrn. 31 ff.

[897] St. Rspr., BGHZ 3, 270 (277); 19, 299 (303); BGH, GRUR 1953, 293 (294); GRUR 1960, 384 (386); GRUR 1964, 208 (209); GRUR 1968, 95 (97); GRUR 1973, 371 (372); GRUR 1981, 658 (659 f.); GRUR 1983, 379 (380); GRUR 1986, 812 (813); GRUR 1986, 898 (899); GRUR 1989, 430; GRUR 1992, 450 (452); GRUR 1993, 125 (126); WRP 1996, 1099 (1100); OLG Stuttgart, WRP 1980, 101 f.; Baumbach/Hefermehl, WettbewerbsR, Einl UWG, Rdnr. 232; v.Gamm, WettbewerbsR, Kap. 17, Rdnr. 30; Schricker, Wirtschaftliche Tätigkeit der öffentlichen Hand und unlauterer Wettbewerb, S. 75 f; Kluth, Grenzen kommunaler Wettbewerbsteilnahme, S. 96; Ulmer, ZHR 146 (1982), 466 (474).

(1) Wettbewerbsverhältnis

Ein Wettbewerbsverhältnis liegt nach der Rechtsprechung des Bundesgerichtshofs vor, wenn die Vorteile, die jemand durch eine Handlung für sich oder einen Dritten zu erreichen sucht, und die Nachteile, die ein anderer dadurch erleidet, so miteinander verbunden sind, daß der eigene Wettbewerb gefördert und der fremde Wettbewerb beeinträchtigt werden kann.[898] Für das Bestehen eines Wettbewerbsverhältnisses kommt es damit entscheidend auf die Gleichheit des Kundenkreises an.[899] Unter diesem Aspekt ist ein Wettbewerbsverhältnis zwischen einem gemeindlichen und einem privaten TKU zu bejahen, wenn beide um den gleichen Kreis potentieller Nachfrager konkurrieren, ihr Angebot also an die privaten Haushalte innerhalb des betreffenden Gemeindegebietes bzw. an die örtliche Wirtschaft oder die gemeindlichen Einrichtungen selbst richten. Abhängig von dem jeweiligen Leistungsangebot des Gemeindeunternehmens können darüber hinaus auch Wettbewerbsverhältnisse zu Unternehmen aus anderen Branchen (etwa Produktion, Vertrieb und Installation von Telekommunikationsendgeräten, Multimedia, Consulting) bestehen. Auf das Bestehen eines Wettbewerbsverhältnisses können sich dagegen solche privaten Unternehmen nicht berufen, deren Aktionsradius räumlich beschränkt ist und außerhalb des Geschäftsgebietes des betreffenden gemeindlichen TKUs liegt.

(2) Wettbewerbsabsicht

Subjektiv muß der angegriffenen Wettbewerbshandlung eine entsprechende Absicht zugrunde liegen. Das Vorliegen dieser Wettbewerbsabsicht wird bei Privatunternehmen vermutet, wenn diese Handlungen vornehmen, deren objektive Eignung zur Förderung des Wettbewerbs feststeht.[900] Fraglich ist aber, ob diese

---

898 BGHZ 3, 270 (277); 19, 299 (303); BGH, GRUR 1953, 293 (294); GRUR 1960, 384 (386); GRUR 1964, 208 (209); GRUR 1968, 95 (97); GRUR 1981, 658 (659 f.); GRUR 1983, 379 (380, m.w.N.); GRUR 1986, 812 (813); GRUR 1986, 898 (899); GRUR 1989, 430; GRUR 1990, 373 (374); GRUR 1992, 450 (452); GRUR 1993, 125 (126); WRP 1996, 1099 (1100); GRUR 1997, 907 (908); OLG Stuttgart, WRP 1980, 101; Baumbach/Hefermehl, WettbewerbsR, Einl UWG, Rdnr. 216.

899 Vgl. BGHZ 82, 375 (382); Baumbach/Hefermehl, WettbewerbsR, Einl UWG, Rdnr. 216; Kluth, Grenzen kommunaler Wettbewerbsteilnahme, S. 96; Otting, Neues Steuerungsmodell und rechtliche Betätigungsspielräume der Kommunen, S. 225; Emmerich, Das Recht des unlauteren Wettbewerbs, S. 19; abweichend v.Gamm, WettbewerbsR, Kap. 17, Rdnr. 36.

900 St. Rspr., vgl. BGHZ 3, 270 (277); BGH, GRUR 1957, 94; GRUR 1960, 384 (386); GRUR 1962, 34 (36); GRUR 1990, 463 (464); Baumbach/Hefermehl, WettbewerbsR, Einl. UWG, Rdnr. 235; Schricker, Wirtschaftliche Tätigkeit der öffentlichen Hand und unlauterer Wettbewerb, S. 80; Otting, Neues Steuerungsmodell und rechtliche Betätigungsspielräume der Kommunen, S. 225; Emmerich, Das Recht des unlauteren Wettbewerbs, S. 18; Ulmer, ZHR 146 (1982), 466 (474).

Vermutung auch zugunsten der Unternehmen der öffentlichen Hand eingreifen kann. Dem könnte entgegenstehen, daß deren Handlungen regelmäßig von der Absicht, öffentliche Zwecke zu verfolgen, getragen werden,[901] wie es prinzipiell etwa auch auf die TKU der Gemeinden zutrifft. Allerdings ist allgemein anerkannt, daß es genügt, wenn die Wettbewerbsabsicht nicht völlig hinter anderen Beweggründen zurücktritt.[902] Darüber hinausgehend ist zutreffend darauf hingewiesen worden, daß zwischen einer Wettbewerbsabsicht und der Verfolgung öffentlicher Zwecke nicht notwendig ein Gegensatz, sondern vielmehr eine Einheit besteht: Die sich konkurrenzwirtschaftlich betätigende öffentliche Hand verfolgt nicht öffentliche Zwecke und daneben noch Wettbewerbszwecke, sondern sie verfolgt die öffentlichen Zwecke durch ihre Teilnahme am Wettbewerb.[903] Mit der Beteiligung am Wettbewerb ist aber notwendig auch die Absicht verbunden, die eigene Wettbewerbsposition zu stärken, wodurch zwangsläufig die Absatzmöglichkeiten der Konkurrenten beeinträchtigt werden. Diese Absicht, den Absatz der eigenen Leistungen zu fördern und diesen damit größere Verbreitung zu verschaffen, ist somit dem Hauptmotiv, öffentliche Zwecke zu verfolgen, vorgeschaltet. Im Ergebnis ist also auch hinsichtlich der in Verfolgung öffentlicher Zwecke konkurrenzwirtschaftlich tätigen Unternehmen der öffentlichen Hand die Wettbewerbsabsicht zu vermuten.[904] Damit wirft die Bejahung der Wettbewerbsabsicht gemeindlicher TKU regelmäßig keine Probleme auf. Dies gilt auch, wenn diese eigentlich nur der Deckung des telekommunikativen Eigenbedarfs der Gemeinde dienen, gleichwohl aber „im geschäftlichen Verkehr“ handeln. Dagegen ist die Wettbewerbsabsicht im Einzelfall

---

[901] Vgl. dazu RG, GRUR 1936, 806 (807); so prinzipiell auch Nordemann, Wettbewerbs- und Markenrecht, Rdnr. 542e.

[902] St. Rspr., BGHZ 3, 270 (277, m.w.N.); 14, 163 (171 f.); BGH, GRUR 1953, 293 (294); GRUR 1964, 210 (212); GRUR 1968, 95 (97); GRUR 1973, 371 (372); GRUR 1990, 373 (374); GRUR 1992, 450 (452); WRP 1996, 1099 (1100); OLG Stuttgart, WRP 1980, 101 f.; Baumbach/Hefermehl, WettbewerbsR, Einl UWG, Rdnrn. 232, 234; Emmerich, Das Recht des unlauteren Wettbewerbs, S. 18; Otting, Neues Steuerungsmodell und rechtliche Betätigungsspielräume der Kommunen, S. 226 (m.w.N.).

[903] Schricker, Wirtschaftliche Tätigkeit der öffentlichen Hand und unlauterer Wettbewerb, S. 84 (m.w.N. in Fn. 73).

[904] Ebenso BGH, GRUR 1990, 463 (464); Köhler/Piper, UWG, § 1, Rdnr. 230; v.Gamm, WettbewerbsR, Kap. 17, Rdnr. 48, Kap. 20, Rdnrn. 9 f.; Otting, Neues Steuerungsmodell und rechtliche Betätigungsspielräume der Kommunen, S. 226; im Ergebnis ebenso Köhler/Piper, UWG, § 1, Rdnr. 230 (m.w.N.); Jarass, Wirtschaftsverwaltungsrecht, S. 206, Rdnr. 40. Auch Nordemann, Wettbewerbs- und Markenrecht, Rdnr. 542e, bejaht die Wettbewerbsabsicht, wenn die Marktteilnahme dazu dient, den öffentlichen Zweck zu erreichen. Nach anderer Ansicht von Schliesky, DVBl 1999, 78 (82), gilt die Vermutung der Wettbewerbsabsicht zwar nicht für den Staat; allerdings lasse sich die Wettbewerbsabsicht im Regelfall ohne weiteres feststellen.

nachzuweisen, wenn die gemeindlichen TKU durch Maßnahmen (wie etwa einseitige Informationen) der Gemeindeverwaltung gefördert werden.

c) Zwischenergebnis

Grundsätzlich ist davon auszugehen, daß konkurrenzwirtschaftlich tätige TKU der Gemeinden dem Anwendungsbereich des UWG unterliegen. Ausgenommen sind aber die allein zur Deckung des telekommunikativen Eigenbedarfs der Gemeinden errichteten TKU, denen eine dauerhafte Rolle als konkurrenzloser Lieferant der Gemeinde für die angebotenen Leistungen zugewiesen wird.

2. Beschränkung der Anwendbarkeit des UWG auf die Art und Weise der Marktteilnahme

Der Anwendbarkeit des UWG auf gemeindliche TKU steht nicht entgegen, daß es sich beim Recht des unlauteren Wettbewerbs um einen Teil des Privatrechts handelt.[905] Nach allgemeiner Ansicht sind nämlich sowohl die Vorschriften des öffentlichen Rechts als auch diejenigen des privaten Rechts dazu geeignet, staatliches Handeln zu steuern, so daß die Anwendbarkeit des UWG jedenfalls auf das privatrechtliche Handeln des Staates von der herrschenden Meinung bejaht wird.[906] Zu einem anderen Ergebnis gelangt allein, wer die Geltung des Privatrechts bzw. speziell des Wettbewerbsrechts für die öffentliche Hand generell als problematisch betrachtet. So wird die Nichtanwendbarkeit des UWG vereinzelt damit begründet, daß das Wettbewerbsrecht allein die Ausübung von Privatautonomie begrenzen könne, nicht aber ein Tätigwerden aufgrund gesetzlicher Aufgabenzuweisung oder in Verfolgung öffentlicher Zwecke.[907] Zutreffend wurde dieser Ansicht aber bereits entgegengehalten, daß nicht jede Privatrechtsnorm die Ausübung von Privatautonomie voraussetzt, und insbesondere die

---

[905] Nach h. M. sind die Vorschriften des UWG als Normen des Privatrechts zu qualifizieren, da jedermann (einschließlich des Staates und seiner Untergliederungen) mögliches Zurechnungsobjekt der Bestimmungen des Rechts des unlauteren Wettbewerbs sein kann, vgl. Kluth, Grenzen kommunaler Wettbewerbsteilnahme, S. 97 (m.w.N. auch der Gegenansicht).

[906] St. Rspr., vgl. BGHZ 82, 375 (383, m.w.N.); Kluth, Grenzen kommunaler Wettbewerbsteilnahme, S. 98 (m.w.N.); speziell für gemeindewirtschaftliche Unternehmen Schmidt-Jortzig, in: Püttner (Hrsg.), HkWP, Bd. 5, S. 50 (68). Auf den Streit, ob das UWG auch auf öffentlich-rechtliches Handeln des Staates anwendbar ist, braucht in diesem Untersuchungszusammenhang nicht eingegangen zu werden, da sowohl die Leistungs- als auch die Wettbewerbsbeziehungen der gemeindlichen TKU privatrechtlicher Natur sind.

[907] Schachtschneider, Staatsunternehmen und Privatrecht, S. 363 ff. (438 ff., 451 ff.); Waechter, Kommunalrecht, S. 338 ff., Rdnrn. 616 ff.

wettbewerbsrechtlichen Bestimmungen Ausfluß staatlicher Ordnungspolitik, nicht dagegen der Privatautonomie sind.[908]

Gänzlich unbeschränkt kann die wettbewerbsrechtliche Beurteilung der wirtschaftlichen Betätigung der öffentlichen Hand gleichwohl nicht erfolgen. Dies stünde im Widerspruch zur eindeutigen Zielsetzung des UWG, nach der es um die Durchsetzung lauteren Verhaltens der Wettbewerbsteilnehmer geht, nicht aber darum, eine wirtschaftspolitische Entscheidung für oder gegen die Teilnahme der öffentlichen Hand am Wettbewerb zu treffen.[909] Mit anderen Worten entspricht es der Rolle des Rechts des unlauteren Wettbewerbs, allein das Marktverhalten zu beurteilen, während die Frage des Marktzutritts, also konkret die Formulierung von Zulässigkeitsvoraussetzungen für die Aufnahme wirtschaftlicher Betätigungen der öffentlichen Hand, dem öffentlichen Recht überlassen bleibt.[910] Zu Recht gilt daher der Grundsatz, daß die generelle Zulässigkeit (also die Frage nach dem „ob“) nach öffentlichem Recht zu beurteilen ist und dem Wettbewerbsrecht allein die Art und Weise der wirtschaftlichen Betätigung (also die Frage nach dem „wie“) unterliegt.[911]

An dieser traditionellen Differenzierung hinsichtlich des „ob“ und „wie“ der Betätigung hat der Bundesgerichtshof auch in seiner „Brillen-Selbstabgabestellen“-Entscheidung ausdrücklich festgehalten.[912] Stellungnahmen im Schrifttum, nach denen der BGH in dieser Entscheidung der Zulässigkeit der wirtschaftlichen Betätigung der öffentlichen Hand erstmals generell substantielle Schranken aus dem Wettbewerbsrecht gezogen habe, sind vor diesem Hintergrund miß-

---

[908] Kluth, Grenzen kommunaler Wettbewerbsteilnahme, S. 98, Fn. 36.

[909] Baumbach/Hefermehl, WettbewerbsR, Anhang zu § 1 UWG, Rdnr. 931; v.Gamm, WettbewerbsR, Kap. 1, Rdnr. 32.

[910] BGH, NJW 1995, 2352 (2354); Otting, Neues Steuerungsmodell und rechtliche Betätigungsspielräume der Kommunen, S. 227 f.; ders., DVBl 1997, 1258 (1263); ders., SächsVBl 1998, 93 (95 f.); Badura, DÖV 1998, 818 (822); Henneke, NdsVBl 1999, 1 (6, 8).

[911] Vgl. RGZ 138, 174 (176 f.); BGH, GRUR 1971, 168 (169); NJW 1974, 1333; OLG Karlsruhe, BB 1976, 101 (102); Baumbach/Hefermehl, WettbewerbsR, Anhang zu § 1 UWG, Rdnrn. 931 f.; Kluth, Grenzen kommunaler Wettbewerbsteilnahme, S. 100 f.; Jarass, Wirtschaftsverwaltungsrecht, S. 206, Rdnr. 40; Vogelsang/Lübking/Jahn, Kommunale Selbstverwaltung, S. 182, Rdnr. 632; Püttner, GRUR 1964, 359 (361 ff.); Gerke, Jura 1985, 349 (357 f.); Piper, GRUR 1986, 574 (578); Hill, BB 1997, 425 (428); Henneke, NdsVBl 1999, 1 (6); differenzierend v.Gamm, WettbewerbsR, Kap. 1, Rdnrn. 32 ff.; Nordemann, Wettbewerbs- und Markenrecht, Rdnr. 542c; Stober, Kommunalrecht, § 22 V 1 a, S. 351; ders., BB 1989, 716 (722); Otting, Neues Steuerungsmodell und rechtliche Betätigungsspielräume der Kommunen, S. 227 f.; ders., DVBl 1997, 1258 (1263); ders., SächsVBl 1998, 93 (96); a.A.: Gusy, JA 1995, 253 (254), der eine „...künstliche Aufspaltung praktisch untrennbarer Sachverhalte...“ befürchtet.

[912] BGHZ 82, 375 (397 f.); vgl. mittlerweile ebenso BGH, NJW 1995, 2352 (2354).

verständlich.[913] Es trifft zwar zu, daß § 1 UWG zur Herleitung des zivilrechtlichen Unterlassungsanspruchs gedient hat; allerdings wurde die Unzulässigkeit der Brillen-Selbstabgabe (durch eine gesetzliche Krankenkasse) allein öffentlich-rechtlichen Bestimmungen entnommen, und es lagen besondere wettbewerbsrelevante Begleitumstände (Gefahr für den Bestand des Leistungswettbewerbs) vor.[914]

Festzuhalten bleibt damit, daß sich der Anwendungsbereich des UWG grundsätzlich nur auf das Wettbewerbsverhalten, also die Art und Weise der Wettbewerbsteilnahme der gemeindlichen TKU erstreckt, während die Grundentscheidung einer Gemeinde über ein Engagement im Bereich der Telekommunikation anhand der gemeinderechtlichen Vorschriften über die wirtschaftliche Betätigung zu beurteilen ist.

Dementsprechend erfolgt auch die Rechtswegabgrenzung: Soweit bestimmte Verhaltensweisen gemeindlicher Telekommunikationsunternehmen im Wettbewerb („wie") angegriffen werden, ist unstreitig nach § 13 GVG der Rechtsweg zu den Zivilgerichten eröffnet. Dagegen sind die Verwaltungsgerichte zur Entscheidung berufen, wenn private Konkurrenten allein die Zulässigkeit der Betätigung der Gemeinden in der Telekommunikation bzw. der Aufnahme spezieller Telekommunikationsaktivitäten („ob") in Frage stellen.[915] Aus dieser Kompetenzaufteilung folgt, daß das „ob" einer Betätigung in der Telekommunikation allenfalls incidenter der Nachprüfung durch die ordentlichen Gerichte unterliegen und somit als Vorfrage im Rahmen von Klagen gegen das „wie" der Betätigung nur eine untergeordnete Rolle spielen kann.[916] Konsequenterweise können private Konkurrenten eine wettbewerbsrechtliche Klage nicht allein auf die Nichteinhaltung der gemeinderechtlichen Vorschriften über die wirtschaftliche Betätigung stützen; vielmehr bedarf es stets des Hinzutretens besonderer Umstände. Ein Verstoß gegen die Wirtschaftsklauseln stellt damit nur einen Aspekt

---

913 Vgl. insbesondere Emmerich, AG 1985, 293 (294, 296 f.); Ulmer, ZHR 146 (1982), 466 (494 f.); Schmittat, ZHR 148 (1984), 428 (442 f.).

914 Vgl. dazu bereits Kluth, Grenzen kommunaler Wettbewerbsteilnahme, S. 100 f. Eine Umorientierung in der Rechtswegabgrenzung ist daher mit der „Brillen-Selbstabgabe"-Entscheidung des BGH nicht verbunden, vgl. Schmidt-Jortzig, in: Püttner (Hrsg.), HkWP, Bd. 5, S. 50 (68).

915 S.o. Teil 1, F II 1. Vgl. allgemein zur Unzuständigkeit der Zivilgerichte auch RGZ 138, 174 (176); BGHZ 82, 375 (397); BGH, GRUR 1971, 168 (169); NJW 1974, 1333; NJW 1987, 60 (61); NJW 1995, 2352 (2354); Baumbach/Hefermehl, WettbewerbsR, Anhang zu § 1 UWG, Rdnrn. 918, 932; Zilkens, NWVBl 1997, 34; Pünder, DVBl 1997, 1353 (1360); Tettinger, NJW 1998, 3473.

916 Vgl. dazu allgemein BGH, GRUR 1976, 658 (660); Ehlers, JZ 1990, 1089 (1098). Generell findet die Zuständigkeit der ordentlichen Gerichte da ihre Grenze, wo der Zuständigkeitsbereich der Verwaltungsgerichte beginnt, BGH, DVBl 1962, 102 (m.w.N.). Zur Rechtswegabgrenzung vgl. auch Erichsen, Kommunalrecht NW, § 11 F 1, S. 289 ff.

dar, der bei der umfassenden Abwägung zur Beurteilung der Sittenwidrigkeit mitzuberücksichtigen ist.[917] Aus Sicht der Konkurrenten ist die Korrektivfunktion des Wettbewerbsrechts insoweit von vornherein begrenzt.

3. Sittenwidriges Wettbewerbsverhalten gemeindlicher TKU

Die Art und Weise der Wettbewerbsteilnahme der gemeindlichen TKU ist insbesondere an der Generalklausel des § 1 UWG zu messen, nach der Wettbewerbshandlungen untersagt sind, die gegen die guten Sitten verstoßen.[918] Dabei kommt es -ebenso wie bei den übrigen Wettbewerbern- auf die sittlich-rechtliche Bewertung des Verhaltens der öffentlichen Hand unter Einbeziehung und Würdigung des gesamten konkreten Lebenssachverhalts an.[919] Gleichwohl ergeben sich gerade aus der Teilnahme der öffentlichen Hand am Wettbewerb Besonderheiten, die es zu berücksichtigen gilt. Aufgrund ihrer Doppelstellung als Träger hoheitlicher Gewalt und als Teilnehmer am Wirtschaftsleben ist es der öffentlichen Hand möglich, zwei Arten von Wettbewerbsverstößen zu realisieren: Sie kann einerseits dieselben Unlauterkeitstatbestände erfüllen wie Private auch; darüber hinaus gibt es aber auch Wettbewerbshandlungen, die ausschließlich von der öffentlichen Hand verwirklicht werden können. Angesprochen ist damit die unlautere Ausnutzung spezifischer Vorteile zu Gunsten der eigenen konkurrenzwirtschaftlichen Betätigung. Mit anderen Worten kann also der Vorwurf der Unlauterkeit auch darauf basieren, daß die öffentliche Hand Machtmittel mißbräuchlich einsetzt, die ihr aufgrund ihrer öffentlich-rechtlichen Sonderstellung zustehen.[920] Insoweit haben sich neben den allgemeinen Wettbewerbsverstößen, die von sämtlichen Wettbewerbern erfüllt werden können, spezielle Fallgruppen des unlauteren Wettbewerbs der öffentlichen Hand gebildet. Daraus folgt zwar noch nicht, daß eine Wettbewerbshandlung schon deshalb unlauter ist, nur weil sie von einem öffentlichen Unternehmen

---

[917] Vgl. Ehlers, DVBl 1998, 497 (503).

[918] Unter dem Begriff der Sittenwidrigkeit ist ein Verstoß gegen die Sittlichkeit als ethischer Norm, nicht gegen die Sitte im Sinne tatsächlicher Übung (Brauch) zu verstehen. Abzustellen ist auf das „Anstandsgefühl aller gerecht und billig Denkenden“, vgl. ausführlich Baumbach/Hefermehl, WettbewerbsR, Einl UWG, Rdnrn. 66 ff. (m.w.N.); Nordemann, Wettbewerbs- und Markenrecht, Rdnr. 39.

[919] v.Gamm, WettbewerbsR, Kap. 20, Rdnr. 10; Piper, GRUR 1986, 574 (578). So definiert etwa Schliesky, DVBl 1999, 78 (85), im Fall wettbewerbsrelevanter Staatstätigkeit die Sittenwidrigkeit als „...wettbewerbsspezifische Rechtswidrigkeit, die durch Abwägung zwischen dem staatlicherseits verfolgten öffentlichen Interesse und der privaten Wettbewerbsfreiheit zu ermitteln ist...“.

[920] BGHZ 19, 299 (304 ff.); BGH, GRUR 1959, 244 (246); GRUR 1964, 210 (212); GRUR 1971, 168 (169); Baumbach/Hefermehl, WettbewerbsR, Anhang zu § 1 UWG, Rdnr. 928 (m.w.N.); Piper, GRUR 1986, 574 (578).

ausgeht;[921] immerhin unterliegen diese (und damit auch die TKU der Gemeinden) aber im Vergleich zu ihren privaten Mitbewerbern zusätzlichen Verhaltensanforderungen.

a) Sonderfallgruppen des unlauteren Wettbewerbs der öffentlichen Hand

Die Rechtsprechung hat als besondere Fallgruppen des unlauteren Wettbewerbs der öffentlichen Hand im wesentlichen den Mißbrauch hoheitlicher Machtmittel und Autorität, die unzulässige Verquickung hoheitlicher Verwaltung und wirtschaftlicher Betätigung sowie die Preisunterbietung durch zweckwidrigen Einsatz von Verwaltungsmitteln herausgearbeitet.[922] In der Literatur werden zum Teil detailliertere Einteilungen vorgenommen und weitere spezifische Unlauterkeitstatbestände genannt, wie etwa Vertrauensmißbrauch, Behinderungswettbewerb, Nutzbarmachung amtlicher Beziehungen zum Wettbewerb, sowie mißbräuchliche Ausnutzung einer öffentlich-rechtlichen Monopolstellung,[923] bzw. irreführende Werbung und Verdrängungswettbewerb.[924] Dabei ist aber zu beachten, daß aufgrund der stark einzelfallbezogenen Rechtsprechung und der fließenden Übergänge zwischen den einzelnen Fallgruppen eine präzise Zuordnung auch bei diesen feineren Typisierungen nicht stets gelingen wird.

(1) Mißbrauch amtlicher Autorität

Die öffentliche Hand darf ihre amtliche Autorität und die mit ihr verbundene Vertrauensstellung nicht zur Erreichung von Vorteilen im Wettbewerb mißbräuchlich ausnutzen, etwa durch Täuschung, psychologischen Druck oder sachwidrige Beeinflussung.[925] So dürfte es unlauter sein, wenn eine Gemeinde ihre Einwohner oder Bediensteten mit den genannten Mitteln zu bewegen ver-

---

921 BGH, GRUR 1959, 244 (246); Baumbach/Hefermehl, WettbewerbsR, Anhang zu § 1 UWG, Rdnr. 928.

922 Vgl. die Einteilung bei Baumbach/Hefermehl, WettbewerbsR, Anhang zu § 1 UWG, Rdnrn. 937 ff.

923 Vgl. Schricker, Wirtschaftliche Tätigkeit der öffentlichen Hand und unlauterer Wettbewerb, S. 177 ff.; v.Gamm, WettbewerbsR, Kap. 20, Rdnr. 19; Piper, GRUR 1986, S. 574 (578); Gerke, Jura 1985, 349 (357); Stober, BB 1989, 716 (722); Gusy, JA 1995, 253 (254 f.).

924 Vgl. die ausführliche Typisierung bei Otting, Neues Steuerungsmodell und rechtliche Betätigungsspielräume der Kommunen, S. 262 ff. (285 ff.); ders., DVBl 1997, 1258 (1263).

925 OLG Stuttgart, WRP 1980, 101 (102); OLG Karlsruhe, NJW-RR 1996, 231; Baumbach/Hefermehl, WettbewerbsR, Anhang zu § 1 UWG, Rdnr. 937; Köhler/Piper, UWG, § 1, Rdnrn. 242 ff., 248; Nordemann, Wettbewerbs- und Markenrecht, Rdnr. 542g; Hill, BB 1997, 425 (428); vgl. ausführlich zu dieser Fallgruppe Schricker, Wirtschaftliche Tätigkeit der öffentlichen Hand und unlauterer Wettbewerb, S. 177 ff.; vgl. auch die Beispiele bei Emmerich, Das Recht des unlauteren Wettbewerbs, S. 31.

sucht, die Dienstleistungen der eigenen Telekommunikationsgesellschaft in Anspruch zu nehmen.

In erster Linie erfaßt diese Fallgruppe also Verhaltensweisen, mit denen die Nachfrage nach Angeboten eines gemeindlichen (Telekommunikations-) Unternehmens in unzulässiger Weise beeinflußt werden sollen.[926] Dazu zählt auch die Ausnutzung hoheitlicher Anordnungsbefugnisse (zum Beispiel die Befugnis zum Erlaß von Verwaltungsakten) zur Förderung des Wettbewerbs öffentlicher Unternehmen, die prinzipiell unlauter ist.[927] Ebenfalls unvereinbar mit den guten Sitten ist das Inaussichtstellen sachfremder Vorteile für den Fall, daß Dienstleistungen des gemeindlichen TKUs genutzt werden.[928] Ein Mißbrauch des der öffentlichen Hand entgegengebrachten Vertrauens könnte zu bejahen sein, wenn Funktionsträger der Gemeinde für das Angebot des gemeindlichen TKUs aktiv werben oder Empfehlungen aussprechen.

(2) Unlautere Verquickung

Grundsätzlich unlauter ist auch die Vermengung hoheitlicher Aufgaben und wirtschaftlicher Betätigung.[929] Vor allem darf die öffentliche Hand ihre hoheitliche Machtstellung nicht dazu mißbrauchen, daß sie amtliche Beziehungen zur Werbung oder zu Vertragsschlüssen im Rahmen der Wirtschaftstätigkeit ausnutzt, um sich einen Vorsprung vor privaten Mitbewerbern zu verschaffen.[930] Damit ist gemeint, daß die öffentliche Hand Kontakte, die sie durch die Ausführung einer hoheitlichen Betätigung zum Bürger gewonnen hat, nicht nutzen darf, um diesen als Abnehmer für ihre wirtschaftlichen Leistungsangebote zu wer-

---

[926] Bekanntes Beispiel dieser Fallgruppe ist eine Entscheidung, mit der einer Kurverwaltung untersagt wurde, bei der Beantwortung von Anfragen von Kurinteressenten nach Unterkunftsmöglichkeiten vorrangig und ohne sachlich rechtfertigenden Grund staatseigene Hotelbetriebe zu nennen, vgl. BGHZ 19, 299 (304 ff.).

[927] Vgl. Schricker, Wirtschaftliche Tätigkeit der öffentlichen Hand und unlauterer Wettbewerb, S. 178 f. (m.w.N.); Otting, Neues Steuerungsmodell und rechtliche Betätigungsspielräume der Kommunen, S. 278 f. (m.w.N.).

[928] Vgl. dazu allgemein Schricker, Wirtschaftliche Tätigkeit der öffentlichen Hand und unlauterer Wettbewerb, S. 179 ff.; und Otting, Neues Steuerungsmodell und rechtliche Betätigungsspielräume der Kommunen, S. 279.

[929] OLG Karlsruhe, NJW-RR 1996, 231; v.Gamm, WettbewerbsR, Kap. 20, Rdnr. 19; Otting, Neues Steuerungsmodell und rechtliche Betätigungsspielräume der Kommunen, S. 262; relativierend Nordemann, Wettbewerbs- und Markenrecht, Rdnr. 542h, der diese Fallgruppe als „Wettbewerbsverzerrung" bezeichnet und auf eine Interessenabwägung abstellt.

[930] BGH, GRUR 1964, 210 (212 f.); GRUR 1971, 168 (169); OLG Karlsruhe, NJW-RR 1996, 231; OLG Stuttgart, WRP 1980, 101 (102); Baumbach/Hefermehl, WettbewerbsR, Anhang zu § 1 UWG, Rdnr. 937; Köhler/Piper, UWG, § 1, Rdnr. 249; Hill, BB 1997, 425 (428).

ben.[931] Unzulässig ist daher insbesondere die Verwertung amtlich erlangter Informationen zu Wettbewerbszwecken.[932] So dürfte es nicht mit dem Leistungswettbewerb zu vereinbaren sein, wenn TKU der Gemeinden Werbemaßnahmen auf der Basis von nicht allgemein zugänglichen Daten (beispielsweise Adreßlisten) durchführen, die die Gemeindeverwaltung erlangt hat. Zu nennen ist etwa gezielte Kontaktaufnahme mit potentiellen Neukunden wie etwa Unternehmen, die sich im Gemeindegebiet ansiedeln wollen, oder Einwohnern, die innerorts umgezogen sind.

Zur Fallgruppe der unlauteren Verquickung läßt sich prinzipiell auch die räumliche Verbindung kommunaler Verwaltungseinrichtungen und Wirtschaftsunternehmen zählen, die bereits mehrfach die Rechtsprechung beschäftigt hat.[933] Entsprechend dem Grundsatz, daß der öffentlichen Hand der Rückgriff auf vorhandene Ressourcen (wie die räumliche Ausstattung) nicht verwehrt werden kann, ist zwar das bloße Ausnutzen von Standortvorteilen, die der räumlichen Nähe zu Verwaltungsträgern entspringen, für sich genommen noch nicht sittenwidrig.[934] Im Einzelfall kann sich aber eine andere Beurteilung ergeben, wenn etwa die wirtschaftliche Betätigung nicht der Vereinfachung oder Beschleunigung von Verwaltungsvorgängen dient oder andere besondere Umstände vorliegen. Vor diesem Hintergrund könnte etwa die Unterbringung eines gemeindlichen TKUs in den Räumlichkeiten des Einwohnermeldeamtes der Gemeinde bedenklich sein, zumal es für Einwohner, die einen Wohnungswechsel anzeigen, bequem wäre, zugleich den neuen Telefonanschlusses zu beantragen.

(3) Unlautere Preisunterbietung

Grundsätzlich gilt, daß Preisunterbietungen als solche Ausdruck funktionierenden Wettbewerbs und daher erlaubt sind, soweit sie zu Wettbewerbszwecken

---

931 Kluth, Grenzen kommunaler Wettbeerbsteilnahme, S. 102 (m.w.N.).

932 Schricker, Wirtschaftliche Tätigkeit der öffentlichen Hand und unlauterer Wettbewerb, S. 204 ff.; Otting, Neues Steuerungsmodell und rechtliche Betätigungsspielräume der Kommunen, S. 262; Köhler/Piper, UWG, § 1, Rdnr. 251.

933 Unlauter war etwa die gleichzeitige Unterbringung eines städtischen Reisebüros und des Einwohnermeldeamtes, BGH, GRUR 1956, 227 f.; zulässig dagegen der Verkauf von Kfz-Kennzeichenschildern in den Diensträumen der Zulassungsstelle, BGH, NJW 1974, 1333 ff.; OLG Karlsruhe, NJW-RR 1996, 231; sowie eine bestattungswirtschaftliche Tätigkeit im Gebäude der Bestattungsverwaltung, BGH, NJW 1987, 60 ff. Vgl. dazu Baumbach/Hefermehl, WettbewerbsR, Anhang zu § 1 UWG, Rdnrn. 940 f.

934 BGH, NJW 1974, 1333 (1334); Otting, Neues Steuerungsmodell und rechtliche Betätigungsspielräume der Kommunen, S. 263; Piper, GRUR 1986, 574 (579); restriktiver Nordemann, Wettbewerbs- und Markenrecht, Rdnr. 542h.

erfolgen.[935] Nicht anders ist es zu beurteilen, wenn die Unterbietung von einem öffentlichen Unternehmen ausgeht. Unlauter und damit sittenwidrig im Sinne des § 1 UWG wird die Preisunterbietung erst durch das Hinzutreten besonderer Umstände, wie etwa die Absicht, dadurch Konkurrenten vom Markt zu verdrängen,[936] oder die objektive Eignung, den Bestand des Leistungswettbewerbs nahezu aufzuheben.[937]

Bedenkt man, daß die öffentliche Hand auch im Wettbewerb auf die ihr zur Verfügung stehenden personellen, sachlichen und finanziellen Mittel zurückzugreifen darf, so ist die Preisunterbietung privater Mitbewerber selbst dann nicht ohne weiteres wettbewerbswidrig, wenn sie mit Zuwendungen erfolgt, die das öffentliche Unternehmen von dem dahinter stehenden Träger erhält.[938] Dafür spricht, daß auch die Bezuschussung privater Konkurrenten durch Dritte nicht gegen die guten Sitten verstößt. Dagegen wird die Unlauterkeit gemeinhin bejaht, wenn die Preisunterbietung auf eine zweckwidrige Verwendung öffentlicher Mittel zurückgeht.[939]

---

[935] St. Rspr., vgl. die Nachweise bei Baumbach/Hefermehl, WettbewerbsR, § 1 UWG, Rdnr. 252; allgemein zur wettbewerbsrechtlichen Beurteilung der Preisunterbietung durch die öffentliche Hand vgl. Emmerich, Der unlautere Wettbewerb der öffentlichen Hand, S. 24 ff.

[936] Baumbach/Hefermehl, WettbewerbsR, § 1 UWG, Rdnrn. 255 ff., Anhang zu § 1 UWG, Rdnr. 944; v.Gamm, WettbewerbsR, Kap. 20, Rdnr. 25; Schricker, Wirtschaftliche Tätigkeit der öffentlichen Hand und unlauterer Wettbewerb, S. 208; Otting, Neues Steuerungsmodell und rechtliche Betätigungsspielräume der Kommunen, S. 283 (m.w.N.); allgemein dazu BGH, NJW 1987, 60 (61); VGH Mannheim, NJW 1995, 274 (275).

[937] Baumbach/Hefermehl, WettbewerbsR, § 1 UWG, Rdnr. 871, Anhang zu § 1 UWG, Rdnr. 944; Köhler/Piper, UWG, § 1, Rdnr. 241; v.Gamm, WettbewerbsR, Kap. 1, Rdnr. 34; Kluth, Grenzen kommunaler Wettbewerbsteilnahme, S. 103 f.; Stober, BB 1989, 716 (722); Otting, Neues Steuerungsmodell und rechtliche Betätigungsspielräume der Kommunen, S. 284 f. Die Gefährdung des Wettbewerbsbestandes bildet mittlerweile wohl eine eigene Fallgruppe der sogenannten „Marktstörung", die sich dadurch auszeichnet, daß die Unlauterkeit in der Auswirkung eines bestimmten Marktverhaltens auf die Marktstruktur als solche liegt, vgl. Ulmer, ZHR 146 (1982), 466 (499 f.), im Anschluß an BGHZ 82, 375 (397, m.w.N.).

[938] Köhler/Piper, UWG, § 1, Rdnr. 238 (m.w.N.); Piper, GRUR 1986, 574 (579).

[939] Vgl. RGZ 138, 174 (178 f.); BGH, NJW 1982, 2125 (2127 f.); BGH, NJW 1987, 60 (61); VGH Mannheim, NJW 1995, 274 (275); VGH Schl.-Holst., GewArch 1997, 144 (145); Baumbach/Hefermehl, WettbewerbsR, Anhang zu § 1 UWG, Rdnr. 944; Köhler/Piper, UWG, § 1, Rdnr. 239; v.Gamm, WettbewerbsR, Kap. 20, Rdnr. 26; Emmerich, Der unlautere Wettbewerb der öffentlichen Hand, S. 52 ff.; ders., Das Recht des unlauteren Wettbewerbs, S. 31; Otting, Neues Steuerungsmodell und rechtliche Betätigungsspielräume der Kommunen, S. 283 f. (m.w.N.); Piper, GRUR 1986, 574 (579); Stober, BB 1989, 716 (722); Gusy, JA 1995, 253 (254); vgl. auch die Nachweise bei Erdmann, DVBl 1998, 13 (19).

b) Allgemeine Wettbewerbsverstöße

Soweit solche Fallgruppen unlauteren Wettbewerbs betroffen sind, die auch von anderen (privaten) Marktteilnehmern begangen werden können, ist zunächst fraglich, welcher Maßstab zur Beurteilung der Lauterkeit des Wettbewerbsverhaltens der gemeindlichen TKU gilt.

(1) Beurteilungsmaßstab bei allgemeinen Wettbewerbsverstößen gemeindlicher TKU

Mit dem Hinweis, daß öffentliche Unternehmen typischerweise über beträchtliche Marktmacht verfügten, wird teilweise für die öffentliche Hand eine Verschärfung des Beurteilungsmaßstabs gefordert.[940] Einer solchen Schlechterstellung öffentlicher Unternehmen steht jedoch entgegen, daß die Ausgangsposition eines Marktteilnehmers und damit dessen Marktmacht in wettbewerbsrechtlicher Hinsicht irrelevant ist; vielmehr steht allein das Verhalten im Wettbewerb zur Bewertung. Es entspricht nicht der Zielsetzung des UWG, unterschiedliche Startbedingungen der Wettbewerbsteilnehmer zu bekämpfen. Konsequenterweise gilt so auch für private Großunternehmen der gleiche wettbewerbsrechtliche Beurteilungsmaßstabs wie für wirtschaftlich schwache private Mitbewerber. Eine generelle Maßstabsverschärfung würde zudem zur Zurückdrängung der öffentlichen Wirtschaft beitragen und die ordentlichen Gerichte in den Stand versetzen, außerhalb ihres Aufgabenbereiches über eine allgemeine wirtschaftspolitische Frage zu entscheiden.[941] Der öffentlichen Hand sind folglich keine strengeren Verhaltenspflichten aufzuerlegen als ihren privaten Konkurrenten.[942] Im übrigen zeigt sich gerade im Hinblick auf die gemeindlichen TKU, die sich dem Wettbewerb mit privaten (zum Teil international agierenden)

---

940 Schmidt-Jortzig, in: Püttner (Hrsg.), HkWP, Bd. 5, S. 50 (69, m.w.N.); Emmerich, Der unlautere Wettbewerb der öffentlichen Hand, S. 31 ff., 67 f.; ders., Das Recht des unlauteren Wettbewerbs, S. 30; ders., AG 1985, 293 (298); ähnlich Ulmer, ZHR 146 (1982), 466 (485 ff.); differenzierend Baumbach/Hefermehl, WettbewerbsR, Anhang zu § 1 UWG, Rdnr. 930; Piper, GRUR 1986, 574 (576); im Ergebnis ähnlich v.Gamm, WettbewerbsR, Kap. 20, Rdnrn. 11 ff.

941 Vgl. die entsprechenden Bedenken bei Schricker, Wirtschaftliche Tätigkeit der öffentlichen Hand und unlauterer Wettbewerb, S. 137 f., 141; und Otting, Neues Steuerungsmodell und rechtliche Betätigungsspielräume der öffentlichen Hand, S. 230.

942 Vgl. dazu ausführlich Schricker, Wirtschaftliche Tätigkeit der öffentlichen Hand und unlauterer Wettbewerb, S. 136 ff., (m.w.N. in Fn. 65); vgl. auch Köhler/Piper, UWG, § 1, Rdnr. 237 (m.w.N.). Erst recht nicht läßt sich unter Hinweis auf die sogenannten strukturellen Wettbewerbsvorteile pauschal der Vorwurf der Sittenwidrigkeit wirtschaftlicher Betätigungen der öffentlichen Hand rechtfertigen, vgl. dazu eingehend Otting, Neues Steuerungsmodell und rechtliche Betätigungsspielräume der öffentlichen Hand, S. 237 ff.

Großunternehmen stellen, daß sich nicht von einer generellen Überlegenheit der öffentlichen Hand sprechen läßt.

Auf der anderen Seite vermag aber die Verfolgung öffentlicher Zwecke auch keine Sonderstellung der öffentlichen Unternehmen, die gleichgeordnet mit privaten Wettbewerbern konkurrieren, zu begründen.[943] Ansonsten würde der Schutz privater Mitbewerber, ohne daß dies durch Leistung gerechtfertigt wäre, ausgehöhlt. Dafür, daß an das Wettbewerbsverhalten der öffentlichen Hand keine geringeren Anforderungen als an das privater Konkurrenten zu stellen sind, sprechen zudem die bereits angedeuteten strukturellen Wettbewerbsvorteile der öffentlichen Hand (Kapitalkraft, Vertrauensstellung in der Öffentlichkeit, etc.).[944] Dementsprechend darf diese sich -soweit keine gesetzlichen Ausnahmen gelten- nur solcher Wettbewerbsmittel bedienen, die auch ihren privaten Mitbewerbern offenstehen.[945]

Wird somit für die Beurteilung der Lauterkeit ein einheitlicher Maßstab zugrunde gelegt, so gelten für die gemeindlichen TKU im Vergleich zu den privaten Konkurrenten weder strengere noch mildere Verhaltenspflichten.

(2) Fallgruppe der Gesetzesverletzungen

Sowohl die öffentlichen als auch die privaten Wettbewerber können gegen gesetzliche Bestimmungen verstoßen und damit möglicherweise den Vorwurf der Sittenwidrigkeit begründen. Die Fallgruppe der Gesetzesverletzungen bzw. des Rechtsbruchs gehört demzufolge nicht zu den Sondertatbeständen des unlauteren Wettbewerbs der öffentlichen Hand, sondern ist unter die allgemeinen Wettbewerbsverstöße einzuordnen. Infolgedessen gelten die für diese Fallgruppe allgemein entwickelten Grundsätze auch für die wettbewerbsrechtliche Beurteilung von Gesetzesverstößen durch gemeindliche TKU.

Als Ausgangspunkt ist davon auszugehen, daß § 1 UWG nicht der Sanktionierung von Gesetzesverletzungen dient, so daß nicht jede gegen eine gesetzliche Vorschrift verstoßende Wettbewerbshandlung zugleich als sittenwidrig zu bewerten ist;[946] auch dann nicht, wenn sie von der öffentlichen Hand ausgeht.[947]

---

[943] Baumbach/Hefermehl, WettbewerbsR, Anhang zu § 1 UWG, Rdnr. 928; Köhler/Piper, UWG, § 1, Rdnr. 236 (m.w.N.); Schricker, Wirtschaftliche Tätigkeit der öffentlichen Hand und unlauterer Wettbewerb, S. 135 f.; Otting, Neues Steuerungsmodell und rechtliche Betätigungsspielräume der öffentlichen Hand, S. 228 f. (m.w.N.); Ulmer, ZHR 146 (1982), 466 (487 f., m.w.N.); Piper, GRUR 1986, 574 (576); a.A.: Gerke, Jura 1985, 349 (357).

[944] Baumbach/Hefermehl, WettbewerbsR, Anhang zu § 1 UWG, Rdnr. 928.

[945] RGZ 132, 296 (300); OLG Karlsruhe, NJW-RR 1996, 231; Baumbach/Hefermehl, WettbewerbsR, Anhang zu § 1 UWG, Rdnr. 928.

[946] St. Rspr., vgl. RGZ 115, 319 (325); 166, 315 (319); BGHZ 22, 167 (180); BGH, GRUR 1957, 558 (559); GRUR 1960, 193 (195); GRUR 1981, 140 (142); GRUR 1981, 424 (426);

Vielmehr ist zur Beurteilung von Wettbewerbshandlungen, die gegen eine außerwettbewerbsrechtliche Vorschrift verstoßen, zwischen *wertneutralen* und *wertbezogenen* Normen zu differenzieren. Während zum einen die sittlich fundierten (also einem sittlichen Gebot Geltung verschaffenden) und zum anderen die wegen ihrer besonderen Zielsetzung aus sittlich-rechtlichen Gründen einzuhaltenden Vorschriften als wertbezogen gelten, sind von der größeren Gruppe der wertneutralen Normen diejenigen Bestimmungen erfaßt, die nur aus Gründen ordnender Zweckmäßigkeit erlassen worden sind.[948] Im Gegensatz zum Verstoß gegen eine wertbezogene Vorschrift kann der Verstoß gegen eine wertneutrale Norm die Sittenwidrigkeit einer Wettbewerbshandlung nicht ohne weiteres begründen.[949] Das gilt auch dann, wenn es um die Verletzung einer wertneutralen Bestimmung mit wettbewerbsregelndem Charakter geht.[950] Erforderlich ist vielmehr das Hinzutreten besonderer Umstände, die das gesetzwidrige Verhalten als sittenwidrig im Wettbewerb erscheinen lassen. Bloße Wettbewerbsvorteile etwa reichen dazu -als typische Folge einer Gesetzesmißachtung- nicht aus. Statt dessen führt die Verletzung einer Vorschrift im Rahmen einer sittlich-rechtlichen Wertung erst zur Unlauterkeit, wenn sich ein Wettbewerber vorsätzlich über wertneutrale Vorschriften hinwegsetzt, um dadurch einen sachlich ungerechtfertigten Vorsprung vor seinen gesetzestreuen Mitbewerbern zu gewinnen.[951] Damit wird deutlich, daß es für den Vorwurf der Sittenwidrigkeit

---

GRUR 1994, 222 (224); Baumbach/Hefermehl, WettbewerbsR, § 1 UWG, Rdnr. 610 (mw.N. auch zur Gegenansicht); Nordemann, Wettbewerbs- und Markenrecht, Rdnr. 38; v.Gamm, UWG, § 1, Rdnr. 40 (m.w.N.); ders., WettbewerbsR, Kap. 18, Rdnr. 23; Badura, DÖV 1998, 818 (822); Moraing, Der Städtetag 1998, 523 (526); Otting, SächsVBl 1998, 93 (94); Henneke, NdsVBl 1999, 1 (6).

947 BGH, DVBl 1965, 362 (363); Baumbach/Hefermehl, WettbewerbsR, Anhang zu § 1 UWG, Rdnr. 931; Piper, GRUR 1986, 574 (579); Ehlers, DVBl 1998, 497 (503); Meier, VR 1998, 340 (344); kritisch v.Gamm, WettbewerbsR, Kap. 20, Rdnr. 18; a.A.: Emmerich, Das Recht des unlauteren Wettbewerbs, S. 30; ders., AG 1985, 293 (298, m.w.N.).

948 Baumbach/Hefermehl, WettbewerbsR, § 1 UWG, Rdnrn. 612, 630.

949 St. Rspr., vgl. RGZ 166, 315 (319); BGH, GRUR 1963, 578 (583); GRUR 1970, 179 (181); GRUR 1971, 585 (586); GRUR 1973, 655 (657); Baumbach/Hefermehl, WettbewerbsR, § 1 UWG, Rdnrn. 611 f., 630, 646; v.Gamm, WettbewerbsR, Kap. 18, Rdnr. 30; Emmerich, Der unlautere Wettbewerb der öffentlichen Hand, S. 60; Piper, GRUR 1986, 574 (579).

950 Vgl. BGH, GRUR 1960, 193 (195); GRUR 1973, 212 (213); GRUR 1973, 655 (657); Baumbach/Hefermehl, WettbewerbsR, § 1 UWG, Rdnrn. 611, 646 (m.w.N.). Wettbewerbsregelnd sind etwa die Vorschriften des Ladenschlußgesetzes.

951 St. Rspr., vgl. BGH, GRUR 1957, 558 (559); GRUR 1960, 193 (195); GRUR 1960, 240 (243); GRUR 1963, 578 (583); GRUR 1966, 323; GRUR 1970, 179 (181); GRUR 1971, 585 (586); GRUR 1973, 144 (146); GRUR 1973, 212 (213); GRUR 1973, 655 (657); GRUR 1974, 281 (282); GRUR 1981, 140 (142); GRUR 1981, 424 (426); GRUR 1985, 886 (888); GRUR 1994, 222 (224); Baumbach/Hefermehl, WettbewerbsR, § 1 UWG, Rdnrn. 608, 611,

entscheidend auf eben diesen Vorsprungsgedanken ankommt, während der Rechtsbruch als solcher nicht geahndet wird, sondern nur die Grundlage für den Vorsprung bildet.[952] Dies entspricht dem Grundgedanken, daß dem einzelnen Wettbewerber nicht zugemutet werden kann, die für alle Marktteilnehmer gleichermaßen geltenden rechtlichen Schranken (gesetzlicher oder vertraglicher Art) einzuhalten, wenn seine Konkurrenten diese Grenzen mißachten, um sich einen nicht durch Leistung gerechtfertigten Vorsprung zu verschaffen.[953] Konsequenterweise ist Voraussetzung für die Möglichkeit, durch Mißachtung einer gesetzlichen Vorschrift überhaupt einen Vorsprung vor den gesetzestreuen Mitbewerbern erzielen zu können, daß die Mitbewerber ebenfalls der Beschränkung aus der verletzten Vorschrift unterliegen.[954]

Diesem Befund kommt nunmehr entscheidende Bedeutung für die Frage nach dem grundlegenden Zusammenhang zwischen einem Verstoß gegen öffentlich-rechtliche Vorschriften (wie etwa den gemeinderechtlichen Wirtschaftsklauseln) und dem Vorwurf der Sittenwidrigkeit im Sinne des § 1 UWG zu: Bestimmungen des öffentlichen Rechts, bei denen es sich nicht um wertbezogene im Sinne sittlich fundierter Normen handelt, gelten nur für die öffentliche Hand, stellen aber keine Beschränkungen für ihre privaten Mitbewerber auf. Daraus folgt, daß sich die öffentliche Hand durch einen Verstoß gegen öffentlich-rechtliche Normen überhaupt keinen sachlich ungerechtfertigten Vorsprung vor ihren Konkurrenten unter Ausnutzung ihrer Gesetzestreue verschaffen kann.[955] Ist es aber

---

646; Anhang zu § 1 UWG, Rdnr. 931; v.Gamm, UWG, § 1, Rdnr. 44; Emmerich, Der unlautere Wettbewerb der öffentlichen Hand, S. 60; Kluth, Grenzen kommunaler Wettbewerbsteilnahme, S. 102; Badura, DÖV 1998, 818 (822); Ehlers, JZ 1990, 1089 (1098); ders., DVBl 1998, 497 (503); Otting, SächsVBl 1998, 93 (94); Henneke, NdsVBl 1999, 1 (6).

[952] Baumbach/Hefermehl, WettbewerbsR, § 1 UWG, Rdnrn. 608, 611 (m.w.N.); Kluth, Grenzen kommunaler Wettbewerbsteilnahme, S. 102; Ulmer, ZHR 146 (1982), 466 (497).

[953] Baumbach/Hefermehl, WettbewerbsR, § 1 UWG, Rdnr. 608;

[954] Vgl. BGH, GRUR 1984, 665 (667); GRUR 1996, 786 (788, m.w.N.); Baumbach/Hefermehl, WettbewerbsR, § 1 UWG, Rdnrn. 647 f.; Ulmer, ZHR 146 (1982), 466 (497); Otting, SächsVBl 1998, 93 (94).

[955] Vgl. Baumbach/Hefermehl, WettbewerbsR, Anhang zu § 1 UWG, Rdnr. 932; Schricker, Wirtschaftliche Tätigkeit der öffentlichen Hand und unlauterer Wettbewerb, S. 157; Nordemann, Wettbewerbs- und Markenrecht, Rdnr. 542i.; Ulmer, ZHR 146 (1982), 466 (497); Otting, SächsVBl 1998, 93 (94). Nicht zu folgen ist daher der Ansicht, daß jede Überschreitung öffentlich-rechtlicher Zulässigkeitsnormen zugleich sittenwidrig im Sinne des § 1 UWG sei, da sich die öffentliche Hand im Wettbewerb nicht über die von ihr selbst aufgestellten Regeln hinwegsetzen dürfe, vgl. dazu insbesondere Emmerich, Der unlautere Wettbewerb der öffentlichen Hand, S. 67 f.; ders., Das Recht des unlauteren Wettbewerbs, S. 30; ders., AG 1985, 293 (298). Im übrigen darf die öffentliche Hand nicht einfach mit dem Gesetzgeber gleichgesetzt werden. Insbesondere die Gemeinden haben die für sie geltenden wirtschaftlichen Beschränkungen nicht selbst aufgestellt, vgl. Baumbach/Hefermehl, WettbewerbsR, Anhang zu § 1 UWG, Rdnrn. 931 ff.; Schricker, Wirtschaftliche Tätigkeit der öffentlichen Hand und un-

ausgeschlossen, zur Begründung der Sittenwidrigkeit den Vorsprungsgedanken heranzuziehen, so müssen neben dem Rechtsbruch grundsätzlich weitere die Wettbewerbswidrigkeit begründende Merkmale vorliegen. Dementsprechend ist auch der Verstoß einer Gemeinde bzw. eines gemeindlichen TKUs gegen die gemeinderechtlichen Wirtschaftsklauseln, die ausschließlich Zulässigkeitsvoraussetzungen für die wirtschaftliche Betätigung der Gemeinden enthalten, nicht ohne weiteres unlauter im Sinne des § 1 UWG.

Nur ausnahmsweise kann die Verletzung einer wertneutralen -das heißt sittlich nicht fundierten- Vorschrift zugleich gegen § 1 UWG verstoßen, ohne daß es auf den Vorsprungsgedanken ankommt: Wird mit der verletzten Norm eine Zielsetzung verfolgt wird, deren Einhaltung einem sittlich-rechtlichen Gebot entspricht, so läßt sich die Wertbezogenheit der Bestimmung aus deren Schutzzweck ableiten. Angesprochen sind damit insbesondere Vorschriften, die den Schutz eines für die Allgemeinheit besonders wichtigen Gutes bezwecken.[956] Kraft ihres Schutzzwecks kann also aus einer wertneutralen eine wertbezogene Norm werden, deren Verletzung ohne zusätzliche Unlauterkeitsmomente die Sittenwidrigkeit begründet.[957]

(a) Unlauterkeit der Verletzung der gemeinderechtlichen Wirtschaftsklauseln?

Dieser Ansatzpunkt liegt auch der in letzter Zeit in Nordrhein-Westfalen auf oberlandesgerichtlicher Ebene erkennbaren Tendenz zugrunde, eine Verletzung der betreffenden gemeinderechtlichen Wirtschaftsklausel ohne Vorliegen zusätzlicher Unlauterkeitsmerkmale mit einem Verstoß gegen § 1 UWG gleichzusetzen. Zur Begründung der Sittenwidrigkeit wird nämlich im Kern darauf hingewiesen, daß § 107 GO NW dem Schutz der privaten Mitbewerber gegen eine

---

lauterer Wettbewerb, S. 158; Otting, Neues Steuerungsmodell und rechtliche Betätigungsspielräume der Kommunen, S. 232, 234 f.; Ehlers, DVBl 1998, 497 (503).

956 Als Beispiele für wichtige Gemeinschaftsgüter sind etwa die Volksgesundheit, der Umweltschutz, die Rechtspflege, die Rundfunkfreiheit und der Wettbewerb zu nennen, vgl. BGHZ 22, 167 (180); 44, 208 (209); 110, 278 (290 f.); BGH, NJW 1956, 749 (750); GRUR 1961, 418; GRUR 1963, 536 (538); DVBl 1965, 362 (363); GRUR 1970, 558 (559); GRUR 1971, 585 (586); GRUR 1973, 655 (657); GRUR 1978, 445 (446); GRUR 1994, 131 (132); Baumbach/Hefermehl, WettbewerbsR, § 1 UWG, Rdnr. 614; v.Gamm, UWG, § 1, Rdnr. 43; Badura, DÖV 1998, 818 (822).

957 Vgl. BGH, DVBl 1965, 362 (363); Baumbach/Hefermehl, WettbewerbsR, § 1 UWG, Rdnrn. 611, 614, 646, 665; Anhang zu § 1 UWG, Rdnrn. 931 ff.; in diesem Sinne auch Köhler/Piper, UWG, § 1, Rdnr. 256; Emmerich, Der unlautere Wettbewerb der öffentlichen Hand, S. 60; Nordemann, Wettbewerbs- und Markenrecht, Rdnr. 542i; Ulmer, ZHR 146 (1982), 466 (497); Badura, DÖV 1998, 818 (822); Meier, VR 1998, 340 (344); restriktiver dagegen Ehlers, JZ 1990, 1089 (1098); ders., DVBl 1998, 497 (503).

privatwirtschaftliche Betätigung der Gemeinden diene.[958] Auch im Schrifttum wird vereinzelt vertreten, daß die gemeinderechtlichen Wirtschaftsklauseln generell den Schutz der privaten Konkurrenten vor nicht durch einen öffentlichen Zweck gerechtfertigten gemeindlichen Wirtschaftsaktivitäten bezweckten und die Mißachtung dieses Schutzzwecks ohne weiteres den guten Sitten im Wettbewerb widerspreche. Dies gelte um so mehr, als der Schutz der privaten Wirtschaft gegen die wirtschaftliche Betätigung der Gemeinden auch nach der Rechtsprechung des Bundesgerichtshofs als besonders wichtiges Gemeinschaftsinteresse -vergleichbar mit dem Allgemeininteresse am Schutz der Rechtspflege- anerkannt sei.[959]

(b) Erforderlichkeit des Hinzutretens besonderer Unlauterkeitsmomente

Der Ansicht, ein Verstoß gegen die gemeinderechtlichen Wirtschaftsklauseln sei mit einem Verstoß gegen § 1 UWG gleichzusetzen, kann jedoch nicht gefolgt werden.[960]

---

[958] OLG Düsseldorf, NWVBl 1997, 353 (354); OLG Hamm, NJW 1998, 3504 (3505). Diese Rechtsprechungslinie wurde bereits in einer landgerichtlichen Entscheidung aufgegriffen, vgl. LG Wuppertal, NWVBl 1999, 275 f. Das Gericht gab darin der Unterlassungsklage eines privaten Konkurrenten, die gegen die kommerzielle Entsorgung und Verwertung von Altautos durch eine von drei Stadtwerken gegründeten Gesellschaft gerichtet war, statt. Nach Auffassung des Gerichts bestand angesichts ausreichend vorhandener privater Konkurrenten schon kein Bedarf für ein von der Gemeinde betriebenes Recycling-Unternehmen, so daß kein dringender öffentlicher Zweck im Sinne des § 107 Abs. 1 S. 1 Nr. 1 a) GO NW die Betätigung erforderte. Daß die Überschreitung der gemeinderechtlichen Zulässigkeitsbestimmungen ausnahmsweise zugleich gegen § 1 UWG verstoße, wurde damit begründet, daß durch die §§ 107, 108 GO NW ein wichtiges Gemeingut, nämlich die ungefährdete Betätigung privater Anbieter auf einem nicht der Daseinsvorsorge unterliegenden Markt, geschützt werden solle. Bei den genannten Vorschriften handele es sich daher um wertbezogene Normen, deren Verletzung die Wettbewerbswidrigkeit indiziere. Zum Schutzzweck der gemeinderechtlichen Wirtschaftsklauseln siehe bereits oben Teil 1, F II 3.

[959] Vgl. Baumbach/Hefermehl, WettbewerbsR, Anhang zu § 1 UWG, Rdnr. 933; und Badura, DÖV 1998, 818 (822), unter Hinweis auf BGH, DVBl 1965, 362 (363); GRUR 1973, 655 (657); differenzierend Köhler/Piper, UWG, § 1, Rdnr. 256; Piper, GRUR 1986, 574 (579); v.Gamm, WettbewerbsR, Kap. 1, Rdnrn. 32 f., Kap. 20, Rdnrn. 15, 17; zuletzt Cosson, DVBl 1999, 891 (896); offenlassend Enkler, ZG 1998, 328 (344 f.).

[960] So auch BGH, NJW 1974, 1333 (1334, m.w.N.); NJW 1987, 60 (61, m.w.N.); VGH Mannheim, NJW 1995, 274 f.; Schmidt-Jortzig, in: Püttner (Hrsg.), HkWP, Bd. 5, S. 50 (67 f.); Püttner, Die öffentlichen Unternehmen, S. 133; Schricker, Wirtschaftliche Betätigung der öffentlichen Hand und unlauterer Wettbewerb, S. 154 ff. (157 f.); Emmerich, Der unlautere Wettbewerb der öffentlichen Hand, S. 64 ff. (65); Ulmer, ZHR 146 (1982), 466 (497 ff.); Otting, Neues Steuerungsmodell und rechtliche Betätigungsspielräume der Kommunen, S. 232 ff. (m.w.N.); ders., SächsVBl 1998, 93 (94, 95 f.); Moraing, Möglichkeiten und Grenzen kommunalwirtschaftlicher Betätigung, S. 46 f.; ders., Der Städtetag 1997, 285 (286);

Zunächst ist bereits dem Ansatz, die Wertbezogenheit der Vorschriften über die wirtschaftliche Betätigung der Gemeinden aus deren Schutzzweck herzuleiten, zu widersprechen. Zum einen handelt es sich bei den gemeinderechtlichen Wirtschaftsklauseln nach der hier vertretenen Ansicht gerade nicht um Schutzgesetze zugunsten privater Konkurrenten, um diese vor dem Wettbewerb der Gemeindewirtschaft zu schützen. Dieses Verständnis entspricht der herrschenden Auffassung in der verwaltungsgerichtlichen Rechtsprechung und im Schrifttum, während -wie bereits eingehend dargelegt wurde- die in den angesprochenen Entscheidungen der Oberlandesgerichte Düsseldorf und Hamm vertretene Gegenauffassung nicht überzeugen kann.[961] Zum anderen ergibt sich die Wertbezogenheit der gemeinderechtlichen Wirtschaftsklauseln auch nicht aus der Annahme, daß diese -etwa infolge einer verschärften Subsidiaritätsklausel- zumindest den Schutz der Privatwirtschaft als solche bezwecken. Zwar wurde der Schutz der privaten Wirtschaft gegen eine privatwirtschaftliche Betätigung der Gemeinde zwischenzeitlich vom BGH unter Bezugnahme auf die sogenannte „Blockeis II"–Entscheidung als besonders wichtiges Gemeinschaftsgut bzw. Interesse (vergleichbar mit dem Schutz der Volksgesundheit oder dem Schutz der Rechtspflege) gewertet.[962] Dabei wurde allerdings übersehen, daß der BGH in der „Blockeis II"-Entscheidung maßgeblich auf den Schutz der individuellen privaten Konkurrenten abgestellt hat, nicht dagegen auf den Schutz der Allgemeinheit oder des Wettbewerbs.[963] Im übrigen spricht ein weiterer Aspekt dagegen, den Schutz der Privatwirtschaft vor gemeindlichem Wettbewerb als ein besonders wichtiges Allgemeininteresse zu betrachten: Aufgrund der unterschiedlichen Ausgestaltung der gemeinderechtlichen Wirtschaftsklauseln ist denkbar, daß wirtschaftliche Aktivitäten einer Gemeinde (etwa in der Telekommunikation) in einem Bundesland als zulässig gelten, während sie in einem anderen Land gegen die Gemeindeordnung verstoßen sollen.[964] Mit der automa-

---

ders., NWVBl 1997, 355; ders., Der Städtetag 1998, 523 (526); Cronauge, Kommunale Unternehmen, Rdnr. 504; Ehlers, DVBl 1998, 497 (503); Meier, VR 1998, 340 (344); Tettinger, NJW 1998, 3473 (3474).

961 Ausführlich dazu siehe oben Teil 1, F II 3. Einer weitergehenden Ansicht zufolge könnte die Verletzung öffentlich-rechtlicher Normen selbst dann, wenn der Schutz privater Konkurrenten bezweckt sei, nicht ohne weiteres unlauter sein, da der Sinn des Schutzcharakters im Bürger-Staat-Verhältnis auf ganz anderen Wertungen beruhe als die Sittenwidrigkeit des § 1 UWG, vgl. Kluth, Grenzen kommunaler Wettbewerbsteilnahme, S. 102 f.

962 BGH, GRUR 1973, 655 (657), unter Hinweis auf BGH, DVBl 1965, 362 (363).

963 So bereits Schricker, Wirtschaftliche Tätigkeit der öffentlichen Hand und unlauterer Wettbewerb, S. 155.

964 So wird die Frage, ob die gemeinderechtlichen Wirtschaftsklauseln auch dem Schutz Privater dienen, auf oberlandesgerichtlicher Ebene durchaus unterschiedlich bewertet, vgl. OLG Düsseldorf, NWVBl 1997, 353 ff.; OLG Hamm, NJW 1998, 3504 ff. (jeweils bejahend); bzw. OLG München, Urteil vom 12.02.1998 -6 U 2608/97- (ablehnend).

tischen Qualifizierung eines solchen Verstoßes als sittenwidrig würde folglich der Maßstab der guten Sitten in § 1 UWG seine bundesweite Einheitlichkeit verlieren.[965] Zudem ist solchen Vorschriften, die kraft ihres Schutzzwecks zu wertbezogenen Normen werden, grundsätzlich der Charakter von Schutzgesetzen im Sinne des § 823 Abs. 2 BGB beizumessen.[966] Warum im Fall der gemeinderechtlichen Wirtschaftsklauseln, die nach der Rechtsprechung des Bundesgerichtshofs keine Schutzgesetze in diesem Sinne sind,[967] zu Lasten der Gemeinden über den engen Begriff des § 823 Abs. 2 BGB hinausgegangen werden sollte, ist nicht ersichtlich.[968]

Des weiteren wird in den Entscheidungen der Oberlandesgerichte Hamm und Düsseldorf zu Unrecht der Eindruck erweckt, als gebiete die Rechtsprechung des Bundesgerichtshofs, Verstöße gegen die gemeinderechtlichen Wirtschaftsklauseln automatisch als unlauter zu beurteilen.[969] Es trifft zwar zu, daß der BGH in der „Blockeis II"-Entscheidung der Vorschrift des § 69 GO NW a.F. den Zweck beigemessen hat, die einzelnen privaten Konkurrenten „...vor einer drohenden Beeinträchtigung durch den Wettbewerb gemeindlicher Unternehmen zu schützen...". Zur Rechtfertigung des Vorwurfs der Sittenwidrigkeit hat der BGH allerdings neben diesem Schutzzweck maßgeblich auf zusätzliche Unlauterkeitsmerkmale abgestellt.[970] Ausdrücklich offengelassen wurde in der „Blo-

---

[965] Vgl. dazu Schricker, Wirtschaftliche Tätigkeit der öffentlichen Hand und unlauterer Wettbewerb, S. 156; Otting, Neues Steuerungsmodell und rechtliche Betätigungsspielräume der Kommunen, S. 235.

[966] Vgl. Baumbach/Hefermehl, WettbewerbsR, § 1 UWG, Rdnr. 665, mit Nachweisen auf entsprechende Entscheidungen des BGH.

[967] Vgl. BGH, DVBl 1962, 102 (104).

[968] Über den engen Begriff des Schutzgesetzes im Sinne des § 823 Abs. 2 BGB ist der BGH in seiner „Blockeis II"-Entscheidung insoweit nicht hinausgegangen, als er zur Begründung der Wettbewerbswidrigkeit neben dem Schutzzweck des § 69 GO NW a.F. auf das Vorliegen besonderer Umstände abgestellt hat, vgl. BGH, DVBl 1965, 362 (363 f.). Nach der Gegenauffassung kann eine öffentlich-rechtliche Vorschrift unabhängig davon, ob diese ein Schutzgesetz im Sinne des § 823 Abs. 2 BGB darstellt, kraft ihres Schutzzwecks zu einer wertbezogenen Norm werden, vgl. Baumbach/Hefermehl, WettbewerbsR, § 1 UWG, Rdnr. 665, Anhang zu § 1 UWG, Rdnr. 933.

[969] Vgl. insbesondere die Hinweise des OLG Düsseldorf, NWVBl 1997, 353 (354), auf die Entscheidungen „Blockeis II", BGH, DVBl 1965, 362 (363 f.), und „Möbelauszeichnung", BGH, GRUR 1973, 655 (657); sowie den Hinweis des OLG Hamm, NJW 1998, 3504 (3505), auf die Entscheidung „Sterbegeldversicherung", BGH, NJW 1995, 2352 (2354).

[970] BGH, DVBl 1965, 362 (363 f.). Die besonderen Umstände waren in der „Blockeis II"-Entscheidung darin zu sehen, daß die beklagte Stadtgemeinde die (unzulässige) Abgabe von Blockeis im Rahmen ihres städtischen Schlachthofbetriebes trotz Beanstandung durch die Aufsichtsbehörde und entgegen einer einem privaten Mitbewerber gegebenen Zusage fortgesetzt hat. Auch in der sogenannten „Möbelauszeichnung"-Entscheidung, die nicht im Zusammenhang mit gemeindlicher Wirtschaftsbetätigung ergangen ist, hat der BGH neben der

ckeis II"-Entscheidung dagegen die hier zur Rede stehende Frage, ob der Verstoß gegen § 69 GO NW a.F. auch ohne das Vorliegen erschwerender Umstände zugleich die Wettbewerbswidrigkeit begründet hätte.[971] Diese offene Frage hat der BGH dann in der späteren „Schilderverkauf"-Entscheidung mit der zutreffenden Begründung verneint, daß die gemeinderechtlichen Wirtschaftsklauseln nur den Marktzutritt, nicht aber das Marktverhalten der Gemeinden regeln würden, so daß die Zivilgerichte nicht zur Kontrolle der Einhaltung dieser Vorschriften berufen seien.[972] Vielmehr sei das Hinzutreten zusätzlicher Unlauterkeitsmerkmale erforderlich, wobei der BGH beispielhaft auf die besonderen Umstände, die der „Blockeis II"-Entscheidung zugrunde lagen, hingewiesen hat. Daß auf das Hinzutreten besonderer Umstände verzichtet werden könnte, ergibt sich auch nicht aus der BGH-Entscheidung „Sterbegeldversicherung", nach der ein Gesetzesverstoß ohne weiteres wettbewerbswidrig sein soll, wenn eine öffentlich-rechtliche Vorschrift die Zulässigkeit und Grenzen privatwirtschaftlicher Betätigung der öffentlichen Hand in einer Weise regele, daß es der öffentlichen Hand (zum Schutze der privaten Konkurrenten) verwehrt sei, in den Wettbewerb im Markt einzugreifen.[973] Der BGH hat sich nämlich in dieser Entscheidung nicht auf die gemeinderechtlichen Wirtschaftsklauseln bezogen, sondern allein auf eine sozialversicherungsrechtliche Norm, nach der den Trägern der Sozialversicherung eine Betätigung außerhalb ihres gesetzlichen Aufgabenbereiches untersagt war. Hingegen wurde betont, daß die Verletzung solcher Vorschriften, die nur den Marktzutritt (und nicht das Marktverhalten) der öffentlichen Hand regeln, nicht ohne weiteres wettbewerbswidrig sei. Durch den gleichzeitigen Hinweis auf die soeben genannte „Schilderverkauf"-Entscheidung, in der es um einen Verstoß gegen § 89 NGO a.F. ging, liegt der Schluß nahe, daß der BGH die Vorschriften über die wirtschaftliche Betätigung der Gemeinden als bloße Marktzutrittsregelungen einordnet.

Nichteinhaltung der Preisauszeichnungsverordnung auf das Vorliegen besonderer Umstände (Verschaffung eines ungerechtfertigten Vorsprungs) abgestellt, vgl. BGH, GRUR 1973, 655 (657 f.).

[971] Offengelassen auch von BGH, GRUR 1973, 530 (531). Vgl. ferner Ulmer, ZHR 146 (1982), 466 (498): „Keinesfalls geht es jedoch an, unter Hinweis auf die „Blockeis II"-Entscheidung Unterlassungsansprüche gegen die öffentliche Hand nach § 1 UWG allein mit der Begründung zu gewähren, es liege ein bewußter und planmäßiger Verstoß gegen die öffentlich-rechtlichen Beschränkungen der Wirtschaftstätigkeit der öffentlichen Hand vor."

[972] BGH, NJW 1974, 1333 f. (m.w.N); ebenso (zu §§ 102, 104 Abs. 2 GemO Bad.-Württ. a.F.) OLG Karlsruhe, BB 1976, 101 (102).

[973] Vgl. BGH, NJW 1995, 2352 (2354); ebenso BGH, DVBl 1965, 362 (363); Baumbach/Hefermehl, WettbewerbsR, Anhang zu § 1 UWG, Rdnr. 933; v.Gamm, Wettbewerbsrecht, Kap. 1, Rdnr. 33; Kap. 20, Rdnrn. 15, 17; Piper, GRUR 1986, 574 (579).

Darüber hinaus steht dem Versuch, Zulässigkeitsvorschriften des öffentlichen Rechts und insbesondere die gemeinderechtlichen Wirtschaftsklauseln kraft ihres Schutzzwecks zu wertbezogenen Vorschriften zu machen, ein weiterer Aspekt entscheidend entgegen: Auf diesem Wege gelänge es, öffentlich-rechtliche Zulässigkeitsvoraussetzungen derart dem Wettbewerbsrecht einzuverleiben, daß private Mitbewerber allein die Grundentscheidung der öffentlichen Hand, am Wettbewerb teilzunehmen, (also das „ob" der Betätigung) vor den ordentlichen Gerichten nachprüfen lassen könnten, ohne daß es noch auf das Marktverhalten ankäme. Die für die Beurteilung des Wettbewerbsverhaltens zuständigen Zivilgerichte würden -mit anderen Worten- in die Lage versetzt, über die Zulässigkeit des Marktzutritts der öffentlichen Hand zu entscheiden, obwohl es sich dabei um eine öffentlich-rechtliche Frage handelt, deren Beantwortung in den primären Zuständigkeitsbereich (der Kommunalaufsicht und) der Verwaltungsgerichte fällt.[974] Zwar kann die Zulässigkeit der Marktteilnahme der öffentlichen Hand auch im Rahmen eines Wettbewerbsprozesses als Vorfrage behandelt werden; allerdings geht es über eine bloße Vorfrage hinaus, wenn zur Begründung des Unterlassungsanspruchs aus § 1 UWG neben der Mißachtung öffentlich-rechtlicher Zulässigkeitsvorschriften nicht mehr auf das Hinzutreten besonderer Unlauterkeitsmomente abgestellt wird.[975] Eine solche Zuständigkeitsüberschreitung der ordentlichen Gerichte birgt dabei die Gefahr nicht hinnehmbarer Wertungswidersprüche zu den Entscheidungen der Verwaltungsgerichte in sich. Beispielhaft sind die angesprochenen Entscheidungen der Oberlandesgerichte Düsseldorf und Hamm zu nennen: In beiden Fällen konnten private Konkurrenten (wegen Verstoßes gegen § 107 GO NW) wettbewerbsrechtlich die Unterlassung einer gemeindewirtschaftlichen Betätigung erreichen, obgleich die individualschützenden Wirkung der gemeinderechtlichen Wirtschaftsklauseln und damit die Klagebefugnis von den Verwaltungsgerichten abgelehnt wird.

---

974 Siehe bereits oben Teil 1, F III 2. Mit den Worten von Otting, SächsVBL 1998, 93 (96), wird die „...Kontrollzuständigkeit von Verwaltung und Verwaltungsgerichtsbarkeit..." durch eine solche Inkorporierung von öffentlich-rechtlichen Kompetenzvorschriften unterlaufen.

975 In diesem Fall spielen die kommunalrechtlichen Zulässigkeitsvoraussetzungen keine untergeordnete Rolle mehr, sondern stellen den Schwerpunkt der Streitigkeit dar, so daß der Rechtsweg zu den ordentlichen Gerichten nicht eröffnet ist. Tettinger, NJW 1998, 3473 (3474), spricht in diesem Zusammenhang von einer „systemwidrigen Expansion des Wettbewerbsrechts" (dagegen: Cosson, DVBl 1999, 891 (896)).Vgl. auch die Bedenken von Meier, VR 1998, 340 (344). Zur Rechtswegabgrenzung im Rahmen von Wettbewerbsstreitigkeiten zwischen Privaten und öffentlich-rechtlichen Körperschaften kommt es also entscheidend auf den Schwerpunkt der rechtlichen Beurteilung an, vgl. BGH, GRUR 1976, 658 (660); Tettinger, JA 1981, 156 (160). Im Sinne einer erweiterten Zuständigkeit der Zivilgerichte dagegen (unter Hinweis auf das Wettbewerbsverhältnis und den Anspruch aus § 1 UWG) BGHZ 82, 375 (381 ff., 397 f.); BGHZ 102, 280 (283 ff.); zustimmend R. Schmidt, Öffentliches Wirtschaftsrecht, AT, § 11 II 2 c, S. 533 f.

(3) Zwischenergebnis

Die Lauterkeit des Wettbewerbsverhaltens ist prinzipiell anhand eines einheitlichen Maßstabes zu beurteilen, so daß für die gemeindlichen TKU im Vergleich zu den privaten Konkurrenten weder strengere noch mildere Verhaltenspflichten gelten. Im Rahmen der Fallgruppe der Gesetzesverletzungen ist zu differenzieren: Im Gegensatz zum Verstoß gegen eine wertbezogene Vorschrift kann der Verstoß gegen eine wertneutrale Norm die Sittenwidrigkeit einer Wettbewerbshandlung nicht ohne weiteres begründen; erforderlich ist vielmehr das Hinzutreten besonderer Umstände. Da sich die Wertbezogenheit der gemeinderechtlichen Wirtschaftsklauseln auch nicht aus deren Schutzzweck ableiten läßt, ist eine entsprechende Verletzung nicht ohne weiteres unlauter im Sinne des § 1 UWG. Ein anderes Ergebnis würde im übrigen auf eine Zuständigkeitsüberschreitung der ordentlichen Gerichte hinauslaufen.

4. Ergebnis

Obgleich die Verletzung der Wirtschaftsklauseln also nicht automatisch zur Wettbewerbswidrigkeit führt und es zur Begründung des Vorwurfs der Sittenwidrigkeit im Sinne des § 1 UWG stets des Hinzutretens weiterer Unlauterkeitsmomente bedarf, ist in der Praxis der Zivilgerichte zunehmend die Tendenz festzustellen, neben dem Verstoß gegen die kommunalrechtlichen Zulässigkeitsvorschriften auf zusätzliche Umstände zu verzichten. Unweigerlich drängt sich damit der Verdacht auf, daß auf diese Weise den privaten Konkurrenten gemeindlicher Wirtschaftsunternehmen der Rechtsschutz gewährt werden soll, den die Verwaltungsgerichte regelmäßig versagen. Private TKU, die sich gegen die Betätigung der Gemeinden in der Telekommunikation bzw. gegen spezielle Aktivitäten der gemeindlichen TKU wegen Verstoßes gegen die Wirtschaftsklauseln (also gegen das „ob") zur Wehr setzen wollen, werden vor diesem Hintergrund eher den ordentlichen Rechtsweg als den Weg zu den Verwaltungsgerichten einschlagen.[976] Zumindest in faktischer Hinsicht kommt dem Wettbewerbsrecht insofern eine gewisse „Korrektivfunktion" zu, wenngleich die kommunale Einschätzungsprärogative bei der Auslegung der Wirtschaftsklauseln auch von den Zivilgerichten zu beachten ist.[977] Dieser -unter dem

---

[976] Dementsprechend wird bereits kritisiert, daß „...der Rechtsschutz der Konkurrenten gegen gemeindewirtschaftliche Betätigungen in der Praxis nicht bei den Verwaltungsgerichten, sondern bei den Zivilgerichten..." liege, vgl. Henneke, NdsVBl 1999, 1 (6, m.w.N.). Vgl. dazu auch Karlin, Konkurrentenschutz vor wirtschaftlichem Handeln der öffentlichen Verwaltung, S. 171 f., der privaten Mitbewerbern, die sich gegen die Wettbewerbsteilnahme der öffentlichen Hand wehren wollen, die Wahl des ordentlichen Rechtsweges anrät.

[977] Vgl. Moraing, Möglichkeiten und Grenzen kommunalwirtschaftlicher Betätigung, S. 48; ders., Der Städtetag 1998, 523 (526); Pünder, DVBl 1997, 1353 (1360).

Gesichtspunkt der Einheitlichkeit der Rechtsprechung- bedenklichen Entwicklung kann wirksam nur begegnet werden, indem deren Ursache, die „offene Flanke des verwaltungsgerichtlichen Rechtsschutzes", beseitigt wird.[978] Dazu müßte den den gemeinderechtlichen Wirtschaftsklauseln individualschützende Wirkung beigemessen werden.[979]

III. Kartellrechtliche Grenzen

1. Anwendbarkeit des GWB

Nach § 98 Abs. 1 GWB findet das Kartellrecht auch Anwendung auf Unternehmen, die ganz oder teilweise im Eigentum der öffentlichen Hand stehen oder die von ihr verwaltet oder betrieben werden. Aus dieser Vorschrift folgt in Verbindung mit dem weiten Unternehmensbegriff des GWB, daß der Staat grundsätzlich überall dort, wo er sich durch das Angebot von wirtschaftlichen Leistungen oder durch die Nachfrage nach solchen Leistungen wirtschaftlich betätigt, als Unternehmen im Sinne des GWB zu behandeln ist.[980] Soweit also die gemeindlichen TKU in Konkurrenz zu privaten Anbietern am Markt teilnehmen, so daß ein Wettbewerbsverhältnis vorliegt, unterliegen sie den kartellrechtlichen Bestimmungen. Eine Bereichsausnahme nach den §§ 99 ff. GWB greift hinsichtlich der Versorgung mit Telekommunikation nicht ein, so daß die Gemeinden bei ihren Telekommunikationsaktivitäten also grundsätzlich die allgemeinen kartellrechtlichen Grenzen einzuhalten haben.

---

[978] Einen anderen Lösungsansatz verfolgt Schliesky, DVBl 1999, 78 ff. (85 ff.), dem zufolge Streitigkeiten über wettbewerbsrelevante Staatstätigkeiten -auch im Rahmen einer auf § 1 UWG gestützten Unterlassungsklage- grundsätzlich vor den Verwaltungsgerichten auszutragen sind.

[979] In diesem Sinne wird bereits vereinzelt eine Neufassung der gemeindewirtschaftlichen Bestimmungen vorgeschlagen, so daß diese Drittschutz eröffnen, vgl. Deutscher Landkreistag, DNV 6/1998, 30; Henneke, NdsVBl 1999, 1 (10). Auf die individualschützende Wirkung der gemeinderechtlichen Wirtschaftsklauseln käme es freilich dann nicht an, wenn die Verwaltungsgerichte die vordringende Ansicht, nach der die gemeindliche bzw. staatliche Wirtschaftsteilnahme stets einen faktischen Eingriff in die Berufsfreiheit der Mitbewerber darstellt, aufgreifen würden, siehe dazu Teil 1, D III 2 c (2). Entscheidend käme es dann nur auf die Einhaltung der Grenzen der Wirtschaftsklauseln an, nicht jedoch auf deren Schutzzweck. Siehe dazu Teil 1, D III 2 c (2).

[980] Emmerich, in: Immenga/Mestmäcker (Hrsg.), GWB, § 98 Abs. 1, Rdnr. 43 (m.w.N.); Jungbluth, in: Langen/Bunte, KartellR, Bd. 1, § 98 Abs. 1, Rdnr. 36 (m.w.N.); vgl. auch Schmidt-Jortzig, in: Püttner (Hrsg.), HkWP, Bd. 5, S. 50 (68).

2. Keine marktbeherrschende Stellung gemeindlicher TKU

Soweit sich allerdings Abwehransprüche privater Konkurrenten auf das Verbot der unbilligen Behinderung bzw. Diskriminierung gem. § 26 Abs. 2 S. 1 GWB stützen, ist zu beachten, daß diese Vorschrift das Verhalten eines marktbeherrschenden Unternehmens voraussetzt. An das Vorliegen einer marktbeherrschenden Stellung knüpfen auch § 26 Abs. 3 S. 1 GWB (Verbot der passiven Diskriminierung) und § 22 Abs. 4 u. 5 GWB (Mißbrauchsaufsicht) an.[981]

§ 22 Abs. 1 GWB definiert, wann eine marktbeherrschende Stellung vorliegt. Da sich mittlerweile in allen Bereichen der Telekommunikation wesentlicher Wettbewerb entwickelt hat, so daß eine Marktbeherrschung im Sinne des § 22 Abs. 1 Nr. 1 GWB ausscheidet, ist der Nachweis erforderlich, daß das gemeindliche TKU über eine überragende Marktstellung verfügt. Maßgeblich kommt es dabei neben weiteren Kriterien vor allem auf den Marktanteil und die Finanzkraft an, § 22 Abs. 1 Nr. 2 GWB.

Der Nachweis der Marktbeherrschung kann für öffentliche Unternehmen nicht unter Hinweis auf die allgemeine Finanzkraft des Staates pauschal erbracht werden.[982] Die prinzipielle Möglichkeit, auf öffentliche Mittel zurückzugreifen, erlaubt keinen generellen Rückschluß auf ein unbeschränktes Finanzierungspotential und damit eine marktbeherrschende Stellung öffentlicher Unternehmen. Dem steht in aller Regel bereits die strikte haushaltsrechtliche Zweckbindung der öffentlichen Mittel entgegen.[983] Speziell hinsichtlich der gemeindlichen TKU ist zu bedenken, daß diese grundsätzlich Überschüsse erwirtschaften und an die Gemeindehaushalte abführen sollen. Diese klare Erwartungshaltung kann mit der Genehmigung notwendiger Kapitalerhöhungen für das Unternehmen durchaus in Konflikt treten.[984] Des weiteren ist nicht von der Bereitschaft der Gemein-

---

[981] Mittlerweile finden sich zwar auch in einigen Gemeindeordnungen spezielle Verbotsvorschriften zum Mißbrauch wirtschaftlicher Machtstellung, vgl. §§ 108 GO Bbg.; 127c HGO; 112 NGO; 110 GO NW; 120 GO LSA; 109 GO Schl.-Holst.; 77 ThürKO. Diese spezifischen kommunalrechtlichen Koppelungsverbote sind aber angesichts des in der Telekommunikation herrschenden Wettbewerbs für die gemeindlichen TKU irrelevant.

[982] So aber Emmerich, in: Immenga/Mestmäcker (Hrsg.), GWB, § 98 Abs. 1, Rdnr. 81; abgeschwächt: ders., AG 1985, 293 (295, Fn. 7).

[983] Vgl. dazu Autenrieth, in: Müller-Henneberg/Schwartz/Benisch, Gemeinschaftskommentar zum GWB, § 98 Abs. 1, Rdnr. 82; Ronellenfitsch, in: Isensee/Kirchhof (Hrsg.), Handbuch des Staatsrechts, Bd. 5, § 84 D II, S. 1201, Rdnr. 51; Kluth, Grenzen kommunaler Wettbewerbsteilnahme, S. 95; Otting, Neues Steuerungsmodell und rechtliche Betätigungsspielräume der Kommunen, S. 251, 259; Ulmer, ZHR 146 (1982), 466 (492 f.); im Ergebnis ebenso Schmidt-Jortzig, in: Püttner (Hrsg.), HkWP, Bd. 5, S. 50 (70).

[984] Vgl. allgemein dazu Otting, Neues Steuerungsmodell und rechtliche Betätigungsspielräume der Kommunen, S. 250 f., der auf die häufige Unterkapitalisierung öffentlicher Unternehmen hinweist.

den, Verluste unrentabler TKU als Eigentümer dauerhaft und in unbegrenzter Höhe zu decken, auszugehen. Dies ist zumeist bereits gemeinderechtlich ausgeschlossen.

Der somit erforderliche konkrete Nachweis der überragenden Marktstellung eines gemeindlichen TKUs wird allerdings derzeit nicht gelingen. Dies gilt selbst dann, wenn man lediglich das jeweilige Gemeindegebiet als räumlich relevanten Markt betrachtet. Grund dafür ist, daß die Gemeinden in einen Markt eintreten, der (insbesondere auf Ortsebene) derzeit und wohl auch auf längere Sicht deutlich von der überragenden Stellung der DTAG geprägt wird. Zudem sehen sich die gemeindlichen TKU bei dem Unterfangen, der DTAG Marktanteile abzunehmen, einem intensiven Wettbewerb durch eine Vielzahl (zum Teil äußerst finanzkräftiger) privater Konkurrenten ausgesetzt. Kennzeichen für die Intensität des Wettbewerbs ist vor allem der bereits zu beobachtende rasche Preisverfall für Sprachtelefondienstleistungen. Darüber hinaus ist unschwer zu prognostizieren, daß der Wettbewerb auch auf örtlicher Ebene spürbar einsetzen und schnell an Intensität zunehmen wird.[985] Aus dieser voraussichtlichen Entwicklung läßt sich schlußfolgern, daß gemeindliche TKU auch auf absehbare Zeit nur in seltenen Fällen marktbeherrschende Stellungen erreichen werden, zumal sie sich nach der hier vertretenen Auffassung grundsätzlich nicht (wie ihre privaten Konkurrenten) über das eigene Gemeindegebiet hinaus wirtschaftlich betätigen dürfen.[986]

Sollte ausnahmsweise der Abwehranspruch eines privaten Konkurrenten aus § 26 Abs. 2 S. 1 GWB nicht an der mangelnden Marktmacht des betreffenden gemeindlichen TKU scheitern, so entscheidet eine Abwägung der betroffenen Interessen über die Feststellung einer unbilligen Behinderung. Die von der öffentlichen Hand verfolgten Interessen können dabei in die Abwägung einfließen, ohne gleichwohl Priorität zu genießen.[987] Der Abwägungsmaßstab ist der auf die Freiheit des Wettbewerbs gerichteten Zielsetzung des GWB zu entnehmen,[988] so daß die Unbilligkeit zu bejahen ist, wenn das gemeindliche Telekommunikati-

---

[985] Mit der Entscheidung der Regulierungsbehörde vom 08.02.1999 über die Festsetzung der sog. Teilnehmeranschlußmiete auf monatlich 25,40 DM besteht nunmehr auch die erforderliche Planungssicherheit für einen breiten Einstieg der Mitbewerber der DTAG in die Ortsnetze, vgl. FAZ vom 09.02.1999, S. 17. Bei der Teilnehmeranschlußmiete handelt es sich um das Entgelt für die Überlassung der Kupferdoppelader von der Ortsvermittlungsstelle bis zum Teilnehmer (sog. „letzte Meile") durch die DTAG. Gleichwohl kritisieren die Konkurrenten der DTAG, daß deren faktisches Ortsmonopol aufgrund der Höhe des festgesetzten Entgeltes gestützt werde. Die Telekommunikationsgesellschaft der Stadt Köln, Netcologne GmbH, hat bereits angekündigt, die Entscheidung der Behörde gerichtlich überprüfen zu lassen.

[986] S.o. Teil 1, E III 5.

[987] Schultz, in: Langen/Bunte, KartellR, Bd. 1, § 26, Rdnr. 158 (m.w.N.).

[988] Schultz, in: Langen/Bunte, KartellR, Bd. 1, § 26, Rdnr. 162.

onsunternehmen die Handlungsfreiheit des privaten Konkurrenten unangemessen einschränkt, um dadurch eigene Interessen in rechtlich mißbilligenswerter Weise durchzusetzen.[989]

IV. Bürgerlich-rechtliche Grenzen

1. Ansprüche aus § 823 Abs. 1 BGB bzw. § 1004 Abs. 1 BGB analog

Sollten die Aufnahme oder die Ausweitung von wirtschaftlichen Aktivitäten der Gemeinden in der Telekommunikation einen Eingriff in das Recht am eingerichteten und ausgeübten Gewerbebetrieb[990] darstellen, könnte sich ein Schadensersatzanspruch privater Konkurrenten aus § 823 Abs. 1 BGB ergeben. Voraussetzung ist allerdings die Betriebsbezogenheit des Eingriffs, das heißt die wirtschaftliche Betätigung des gemeindlichen TKUs müßte zu einer unmittelbaren Beeinträchtigung des Gewerbebetriebes führen bzw. sich gegen den betrieblichen Organismus oder die unternehmerische Entscheidungsfreiheit richten.[991] Die bloße Aufnahme oder Ausweitung wirtschaftlicher Aktivitäten durch ein konkurrierendes Unternehmen erfüllt jedoch prinzipiell nicht die genannten Kriterien für die Annahme eines betriebsbezogenen Eingriffs in das Recht am eingerichteten und ausgeübten Gewerbebetrieb, sondern führt lediglich zu einer Veränderung der wirtschaftlichen Rahmenbedingungen. Für die gemeindlichen TKU gilt insoweit nichts anderes.[992] Eine andere Beurteilung könnte sich allenfalls dann ergeben, wenn infolge marktinkonformen Verhaltens des gemeindlichen TKUs ein spürbarer Bestandsschaden beim privaten Konkurrenten eintritt, und dieser Verlust an Unternehmenssubstanz nicht auf (unter das normale unternehmerische Risiko fallende) interne Organisationsmängel zurückgeht.[993] Im Ergebnis scheidet damit ein Schadensersatzanspruch privater Konkurrenten ge-

---

989 Vgl. dazu Schultz, in: Langen/Bunte, KartellR, Bd. 1, § 26, Rdnr. 167 (m.w.N.). Ulmer, ZHR 146 (1982), 466 (503 f.), bejaht die Unbilligkeit der Behinderung, sobald legitime öffentliche Interessen für die betreffenden Tätigkeit nicht bestehen oder wenn die gesetzlichen Zulässigkeitsvoraussetzungen der Betätigung nicht vorliegen.

990 Das Recht am eingerichteten und ausgeübten Gewerbebetrieb ist als sonstiges Recht i.S.d. § 823 Abs. 1 BGB anerkannt, vgl. BGHZ 45, 296 (307); Thomas, in: Palandt, BGB, § 823, Rdnr. 19.

991 Vgl. dazu BGHZ 86, 152 (156); BGH, NJW 1985, 1620; Thomas, in: Palandt, BGB, § 823, Rdnr. 21.

992 Vgl. speziell für den Vertrieb und die Installation von Endgeräten: Meier, VR 1998, 340 (344).

993 S.o. Teil 1, D III 3 c.

gen gemeindliche TKU gemäß § 823 Abs. 1 BGB regelmäßig mangels betriebsbezogenen Eingriffs aus.

Aus gleichem Grund scheitert auch eine mögliche Unterlassungsklage analog § 1004 BGB.

2. Anspruch aus § 823 Abs. 2 BGB

Im vorliegenden Zusammenhang setzt ein Schadensersatzanspruch privater Konkurrenten aus § 823 Abs. 2 S. 1 BGB voraus, daß es sich bei den gemeinderechtlichen Wirtschaftsklauseln um Schutzgesetze im Sinne der Anspruchsnorm handelt. Zum Kreis der Schutzgesetze zählt jede Rechtsnorm, die den Schutz eines anderen bezweckt, und damit gerade dazu dienen soll, den einzelnen oder einzelne Personenkreise (sei es auch neben dem Schutz der Allgemeinheit) gegen die Verletzung eines Rechtsgutes zu schützen.[994] Ein Anspruch aus § 823 Abs. 2 S. 1 BGB käme daher nur in Betracht, wenn man vom individualschützenden Charakter der gemeinderechtlichen Wirtschaftsklauseln ausginge. Der BGH hat gleichwohl klargestellt, daß die drittschützende Wirkung einer Norm allein für die Qualifizierung als Schutzgesetz noch nicht ausreiche. Vielmehr sei erforderlich, daß das Gesetz ein bestimmtes, dem Schutzzweck dienendes Ge- oder Verbot enthalte, was zugleich für § 69 GO NW a.F. abgelehnt wurde.[995]

G. Zusammenfassung in Thesen (Teil 1)

A. Einleitung

1. Seit Inkrafttreten des TKG hat sich die Branche Telekommunikation zu einem neuen Betätigungsfeld gemeindewirtschaftlicher Aktivitäten entwickelt. Beleg dafür sind zahlreiche neu gegründete gemeindliche bzw. städtische TKU, die sich mittlerweile auf dem expandierenden Markt positioniert haben.
2. Die Ausgangsposition der Gemeinden zur Erschließung der Telekommunikation als neues Geschäftsfeld ist generell als günstig zu beurteilen. Viele Gemeinden verfügen (infolge ihrer früheren fernmelderechtlichen Sonderstellung) bereits über eigene, ausbau- und vermarktungsfähige Infrastrukturen, wie etwa Kabel- und Funknetze sowie Leerrohre, öffentliche Wege und Tras-

---

[994] Thomas, in: Palandt, BGB, § 823, Rdnrn. 140 f.

[995] Vgl. BGH, DVBl 1962, 102 (104); DVBl 1965, 362 (364).

sen. Der Rückgriff auf vorhandene (Teil-) Kommunikationsnetze bedeutet für gemeindliche TKU einen wichtigen Wettbewerbsvorteil und Potential für Kooperationen mit überregional tätigen TKU.

3. Das Engagement vieler Gemeinden in der Telekommunikation stellt ein Beispiel vermehrt zu beobachtender gemeindewirtschaftlicher Betätigung dar, die einerseits mit der angespannten Haushalts- und Finanzsituation der Gemeinden und einem sich wandelnden Verständnis hinsichtlich der Steuerung der Gemeindeverwaltung zu erklären ist. Die Expansion der Gemeindewirtschaft ist aber auch als gegenläufige Reaktion zum Rückgang der Aufgabenwahrnehmung in herkömmlichen Bereichen gemeindewirtschaftlicher Betätigung (Bsp.: Energieversorgung, Entsorgung) infolge anhaltender Privatisierungs- und Wettbewerbstendenzen auf nationaler und europäischer Ebene zu verstehen.

4. Die Sicherstellung einer ungestörten und krisenfesten Versorgung der Einwohner mit hochwertigen Telekommunikationsdienstleistungen bildet -gerade in ländlichen Gegenden- ein wesentliches Motiv gemeindlicher Telekommunikationsaktivitäten. Als weitere Motive werden die Belebung des Wettbewerbs, die Verbesserung der Beschäftigungssituation sowie die Förderung und Nutzbarmachung technologischer Innovationen (jeweils auf örtlicher Ebene) genannt. Die Errichtung eigener Netzinfrastrukturen soll zudem der Wirtschaftsförderung dienen und die Beachtung gemeindespezifischer Interessen (etwa Anforderungen an Datensicherheit und Datenschutz) sicherstellen. Daneben geht es vielen Gemeinden darum, durch Deckung des telekommunikativen Eigenbedarfs Einsparpotentiale auszuschöpfen und durch die Marktteilnahme Gewinne für den Gemeindehaushalt zu erwirtschaften.

5. Zu den vielfältigen potentiellen Betätigungsmöglichkeiten der Gemeinden im Bereich der Telekommunikation gehören im weitesten Sinne etwa Consulting; Angebot von netzbezogenen Dienstleistungen (etwa Wartung, Instandhaltung); Vermarktung von Wegerechten sowie vorhandenen Leerrohren, Trassen und Kabeln; Vermarktung freier Netzkapazitäten; Nutzung vorhandener Übertragungswege für den Eigenbedarf; gezielter Ausbau und Betrieb eigener Übertragungswege zur Deckung des Eigenbedarfs (Vernetzung gemeindlicher Einrichtungen) und/oder zur späteren Vermarktung; Angebot von Sprachtelefondienst und Mehrwertdiensten für Dritte; Vermarktung von Endgeräten.

B. Liberalisierung der Telekommunikation

6. Die Umsetzung der europäischen Vorgaben zur Liberalisierung der Telekommunikationsmärkte hat nach den ersten beiden Stufen der Postreform mit dem TKG ihren vorläufigen Abschluß gefunden. Wesentliche Ziele des Ge-

setzes sind gemäß dem Gewährleistungsauftrag des Bundes aus (dem im Zuge der Postreform II neu eingefügten) Art. 87 f Abs. 1 GG die Sicherstellung einer flächendeckenden Grundversorgung mit Telekommunikationsdienstleistungen zu erschwinglichen Preisen sowie die Förderung eines chancengleichen und funktionsfähigen Wettbewerbs. Diese Ziele sollen nach dem Wegfall des Netzmonopols der DTAG (mit Inkrafttreten des TKG) zum 01.08.1996 und des Sprachtelefondienstmonopols zum 01.01.1998 durch spezifische Regulierungsmaßnahmen erreicht werden, wobei das Regulierungsinstrumentarium des TKG neben einem Lizenzierungs- und Universaldienstmodell unter anderem auch Vorschriften über die Entgeltregulierung, den Netzzugang und Zusammenschaltungen sowie die Benutzung der Verkehrswege umfaßt.

C. Telekommunikationsrechtliche Vorgaben

7. Der Lizenzpflicht unterliegen nach § 6 Abs. 1 TKG allein der Betrieb von Übertragungswegen, die die Grenzen eines Grundstücks überschreiten und für Telekommunikationsdienstleistungen für die Öffentlichkeit genutzt werden, und das Angebot von Sprachtelefondienst auf der Basis selbst betriebener Telekommunikationsnetze. Das TKG setzt dabei die Lizenzierungsfähigkeit auch gemeindlicher TKU voraus. Daneben besteht eine Anzeigepflicht (§ 4 TKG) für die Erbringung von Telekommunikationsdienstleistungen, also das gewerbliche Angebot von Telekommunikation einschließlich des Angebots von Übertragungswegen für Dritte. Anzuzeigen sind daher etwa der Betrieb von Übertragungswegen und das Angebot von Sprachtelefondienst für geschlossene Benutzergruppen (wie etwa Gemeindebehörden, -einrichtungen und -unternehmen). Darüber hinaus unterliegen auch das Angebot sogenannter Mehrwertdienste und die Vermarktung (Verkauf oder (Weiter-) Vermietung) von Übertragungswegen der Anzeigepflicht. Anzeigefrei sind dagegen insbesondere das nicht gewerbliche oder nur dem Eigenbedarf dienende Angebot von Sprachtelefondienst, Mehrwertdiensten (Bsp.: kostenloses Stadtinformationssystem) und Übertragungswegen, aber auch die Errichtung von Übertragungswegen und die Vermarktung von Wegerechten, Trassen, Leerrohren, Telekommunikationslinien und Telekommunikationsendgeräten, sowie das Angebot von Planungs- und Beratungsdiensten und netzbezogenen Dienstleistungen (Wartung, Instandhaltung). Eine Anzeigepflicht besteht schließlich nicht, wenn lediglich von Dritten erbrachte Telekommunikationsdienstleistungen genutzt, vertrieben oder vermarktet werden.
8. Soweit (Gemeinde-) Unternehmen auf anderen Märkten als der Telekommunikation (etwa der Energieversorgung) über marktbeherrschende Stellungen verfügen, müssen sie ihre anzeige- und lizenzpflichtigen Telekommunikationsaktivitäten infolge der Pflicht zur strukturellen Separierung nach

§ 14 Abs. 1 TKG in rechtlich selbständige (gemeindliche) TKU ausgliedern. Der Abschluß von Beherrschungs- bzw. Gewinnabführungsverträgen bleibt gleichwohl möglich.

9. Die Vermarktung gemeindlicher Wegerechte ist insoweit eingeschränkt, als der Bund nach § 50 Abs. 1 S. 1 TKG befugt ist, Verkehrswege für die öffentlichen Zwecken dienenden Telekommunikationslinien unentgeltlich zu benutzen, und diese Berechtigung nach § 50 Abs. 2 S. 1 TKG auf die Lizenznehmer nach § 6 Abs. 1 Nr. 1 TKG überträgt.[996] Eine Gemeinde muß jedoch die unentgeltliche Nutzung ihrer Wege durch einen Lizenznehmer nicht dulden, wenn sich dessen Lizenz nicht auf ihr Gemeindegebiet erstreckt. Das unentgeltliche Nutzungsrecht an gemeindlichen Wegen bezieht sich zudem nur auf die dem Gemeingebrauch gewidmeten Wege. Vor allem aber können Gemeinden Nutzungsentgelte von den Betreibern solcher Übertragungswege, die lediglich geschlossenen Benutzergruppen oder nichtgewerblichen Zwecken dienen, verlangen.

D. Verfassungsrechtliche Unzulässigkeit?

10. Aus verfassungsrechtlicher Sicht stehen der wirtschaftlichen Betätigung der öffentlichen Hand (und damit auch der Gemeinden) keine allgemeinen Zulässigkeitshindernisse entgegen. Dieser Befund entspricht der wirtschaftspolitischen Neutralität des Grundgesetzes und dem Umstand, daß die Verfassung kein übergreifendes Subsidiaritätsprinzip enthält, mit dem die Ausschließlichkeit privater bzw. die pauschale Nachrangigkeit staatlicher Wirtschaftstätigkeit begründet werden könnte. Auch mit Blick auf Art. 15 GG bzw. das Prinzip des Steuerstaates ergibt sich kein anderes Ergebnis. Aus dem Rechtsstaatsprinzip folgt schließlich bloß, daß die wirtschaftliche Betätigung der öffentlichen Hand stets der Verfolgung öffentlicher Zwecke dienen muß und ab der Schwelle eines Grundrechtseingriffs einer gesetzlichen Ermächtigungsgrundlage bedarf. Die Bindung an das Gemeinwohl beschränkt die staatliche Wirtschaftstätigkeit allerdings nicht wirksam, da im verfassungsrechtlichen Zusammenhang auch die ausschließlich bzw. primär profitorientierten Unternehmen der öffentlichen Hand als dem Gemeinwohl dienlich einzuordnen sind.

11. Der Vorschrift des Art. 87 f Abs. 2 S. 1 GG läßt sich kein spezielles Zulässigkeitshindernis für die wirtschaftliche Betätigung der öffentlichen Hand (bzw. der Gemeinden) in der Telekommunikation entnehmen. Zwar enthält die Vorschrift im Kern -neben dem staatlichen Infrastrukturgewährleistungsauftrag- das Gebot einer wettbewerbsorientierten Aufgabenprivatisierung,

---

[996] Zur Frage der Verfassungsmäßigkeit der Regelung des § 50 Abs. 1 S. 1 TKG s.u. Teil 2, A.

womit zugleich die Öffnung der Telekommunikation für den Wettbewerb vorgeschrieben und die Rückkehr zum Angebot von Telekommunikationsdienstleistungen als monopolisierte Verwaltungsaufgabe untersagt wird. Eine Differenzierung nach den Inhabern der konkurrierenden Unternehmen ist mit dem Privatisierungsgebot dagegen nicht verbunden, so daß Telekommunikationsdienstleistungen sowohl durch rein private, als auch durch gemischtwirtschaftliche und öffentliche Unternehmen in konkurrenzwirtschaftlichem Nebeneinander erbracht werden können. Für diesen Befund spricht insbesondere die verfassungsrechtliche Gleichstellung der DTAG -deren Mehrheitseigentümer noch der Bund ist- mit den Wettbewerbern, während sich für ein gegenteiliges Verständnis weder der Wortlaut des Art. 87 f Abs. 2 S. 1 GG, noch das durch die Vorschrift zum Ausdruck kommende (hinter der Neuordnung der Telekommunikation stehende) ordnungspolitische Leitbild heranziehen lassen. Auch das Gemeinschaftsrecht enthält lediglich wettbewerbliche Anforderungen. Die wirtschaftliche Betätigung der Gemeinden in der Telekommunikation stellt damit im Ergebnis keine unzulässige mittelbare Rückverstaatlichung dieses Bereichs dar. Infolgedessen ist zum einen die Vorschrift des § 50 Abs. 4 TKG, die die Lizenzierungsfähigkeit gemeindlicher TKU voraussetzt, mit Art. 87 f Abs. 2 S. 1 GG vereinbar, und zum anderen die Lizenzerteilung zugunsten gemeindlicher TKU weder von der Begrenzung der kommunalen Unternehmensanteile, noch vom Abschluß von Entherrschungsverträgen abhängig. Auch die Gemeinden haben jedoch zu beachten, daß Art. 87 f Abs. 2 S. 1 GG ein kaufmännisches, wettbewerbsorientiertes Handeln in privatrechtlicher Unternehmensform und mit privatrechtlichen Mitteln vorgibt.

12. Vor dem Hintergrund der prinzipiell umfassenden Grundrechtsbindung der öffentlichen Hand (die die wirtschaftliche Betätigung bzw. Wahl einer privatrechtlichen Organisationsform einschließt) sind auch gemeindliche TKU als verselbständigte Glieder der Gemeindeverwaltung grundrechtsverpflichtet, solange es sich um Eigengesellschaften bzw. gemischt-öffentliche Unternehmen handelt. Im Fall der Beteiligung Privater an gemeindlichen TKU ist nach der hier vertretenen Auffassung zwar die unmittelbare Bindung an die Grundrechte abzulehnen; infolge der indirekten Grundrechtsbindung gemischt-wirtschaftlicher Unternehmen können private Konkurrenten dann allerdings einen -auf Einwirkung auf das Unternehmen gerichteten- Anspruch gegenüber der Gemeinde in ihrer Funktion als Mitgesellschafter geltend machen.

13. Nach (noch) herrschender Ansicht greift die Wettbewerbsteilnahme der öffentlichen Hand lediglich in besonderen Ausnahmefällen in die durch Art. 12 Abs. 1 GG geschützte Wettbewerbsfreiheit ein. Zur Begründung wird angeführt, daß Konkurrenz ein immanentes Prinzip der Wettbewerbsfreiheit sei,

so daß staatliche Konkurrenz lediglich den ohnehin bestehenden systemimmanenten Konkurrenzdruck verschärfe. Für potentielle (auf die Verletzung der Wettbewerbsfreiheit gestützte) verwaltungsgerichtliche Unterlassungsklagen privater Konkurrenten gegen gemeindliche Telekommunikationsaktivitäten dürften vor diesem Hintergrund in der Praxis kaum Erfolgsaussichten bestehen. Eine vordringende Ansicht differenziert demgegenüber zwischen staatlicher und privater Konkurrenz und sieht in der staatlichen bzw. gemeindlichen Wettbewerbsteilnahme (aufgrund der tatsächlichen Auswirkungen auf die wirtschaftlichen Entfaltungsmöglichkeiten der privaten Konkurrenten) stets einen grundrechtsrelevanten Tatbestand, das heißt einen Eingriff in Art. 12 Abs. 1 GG. Als Konsequenz müßte auch die Marktteilnahme der gemeindlichen TKU den Gesetzesvorbehalt und das Übermaßverbot beachten. Letztlich käme nach dieser Ansicht im Rahmen eines grundrechtlichen Unterlassungsanspruchs privater Konkurrenten der Frage der Vereinbarkeit gemeindlicher Telekommunikationsaktivitäten mit den gemeinderechtlichen Vorschriften über die wirtschaftliche Betätigung entscheidende Bedeutung zu. Nach der hier vertretenen Lösung greift die wirtschaftliche Betätigung der öffentlichen Hand dagegen nicht stets, aber auch nicht erst in Extremfällen, sondern bei Überschreiten einer Erheblichkeitsgrenze in die Wettbewerbsfreiheit privater Konkurrenten ein. Diese Erheblichkeitsschwelle wird jedoch durch den Markteintritt gemeindlicher TKU in aller Regel nicht erreicht.

14. Nach überwiegender Ansicht soll staatliche Wettbewerbsteilnahme -bis auf Extremfälle- auch eigentumsrechtlich irrelevant sein, da ein Unternehmer im wirtschaftlichen Wettbewerb nicht darauf vertrauen könne, daß keine weiteren (privaten oder staatlichen) Konkurrenten in den Markt eintreten. Zur Bejahung eines Eingriffs in die Eigentumsgarantie sollte es dagegen ausreichend -aber auch erforderlich- sein, daß die staatliche Wettbewerbsteilnahme zu einem spürbaren Bestandsschaden beim privaten Konkurrenten führt. Diese Voraussetzung erfüllt der Markteintritt eines gemeindlichen TKUs allerdings in der Regel nicht.

15. Aus Sicht privater Konkurrenten ist die Berufung auf Art. 3 Abs. 1 GG zur Begründung eines grundrechtlichen Abwehranspruchs gegenüber der Wettbewerbsteilnahme der Gemeinden in der Telekommunikation ebenfalls wenig erfolgversprechend. Zum einen gibt es keinen generellen Anspruch auf Chancengleichheit, und zum anderen zieht das Willkürverbot der staatlichen Wettbewerbsteilnahme keine nennenswerten Grenzen.

E. Verfassungsrechtliche Absicherung

16. Im Rahmen der Frage nach der verfassungsrechtlichen Absicherung der wirtschaftlichen Betätigung der Gemeinden in der Telekommunikation ist zwar zunächst darauf hinzuweisen, daß das Grundgesetz die staatliche Wirtschaftstätigkeit an einigen Stellen erwähnt und dementsprechend positive Anhaltspunkte enthält. Gleichwohl sind diese Aussagen inhaltlich zu begrenzt, als daß sich aus ihnen die prinzipielle verfassungsrechtliche Absicherung der wirtschaftlichen Betätigung der öffentlichen Hand ableiten ließe. Aussagekräftiger ist dagegen Art. 28 Abs. 2 S. 1 GG: Die kommunale Selbstverwaltungsgarantie gewährleistet unter anderem auch die wirtschaftliche Betätigung der Gemeinden, sofern diese dem Bereich der örtlichen Daseinsvorsorge zuzuordnen ist. Hinsichtlich der gemeindlichen Telekommunikationsaktivitäten ist diese Voraussetzung zu bejahen, zumal durch den Infrastrukturauftrag des Bundes aus Art. 87 f Abs. 1 GG nicht die Erbringung von Telekommunikationsdienstleistungen, sondern allein deren Gewährleistung dem Bereich der überörtlichen Daseinsvorsorge vorbehalten ist. Damit nimmt die wirtschaftliche Betätigung der Gemeinden in der Telekommunikation am (begrenzten) Schutz der kommunalen Selbstverwaltungsgarantie teil, so daß im Ergebnis zumindest die konkurrenzwirtschaftlichen Telekommunikationsaktivitäten der Gemeinden innerhalb der Gebietsgrenzen verfassungsrechtlich abgesichert sind. Bei der Frage, ob zur Legitimation der gemeindewirtschaftlichen Betätigung in der Telekommunikation darüber hinaus die Grundrechte herangezogen werden können, ist zu differenzieren: TKU der Gemeinden können sich infolge der mangelnden Grundrechtsberechtigung des Staates nicht auf den Schutz der Gewerbefreiheit aus Art. 12 Abs. 1 GG berufen, sofern sie als Eigengesellschaften oder gemischt-öffentliche Unternehmen organisiert sind. Etwas anderes gilt dagegen hinsichtlich der gemischt-wirtschaftlich organisierten gemeindlichen TKU. Diese sind aufgrund der Beteiligung Privater grundrechtsberechtigt und genießen den Schutz der Gewerbefreiheit. Zu beachten ist dabei allerdings, daß die Beteiligung der Gemeinden an einem solchen gemischt-wirtschaftlichen TKU nur innerhalb der durch die kommunale Selbstverwaltungsgarantie gezogenen Grenzen erfolgen darf.

F. Grenzen gemeindewirtschaftlicher Betätigung in der Telekommunikation

17. Soweit Gemeinden mittels organisatorisch verselbständigter Unternehmen Leistungen am Markt anbieten, die auch von Privaten (mit der Absicht der Gewinnerzielung) erbracht werden können, haben sie die Grenzen zu beachten, die sich aus den gemeinderechtlichen Vorschriften über die wirtschaftliche Betätigung ergeben. Vom Anwendungsbereich der Wirtschaftsklauseln von vornherein ausgenommen ist -infolge des Kriteriums der Marktteilnahme- die Deckung des Eigenbedarfs der Gemeinden. Für den Bereich gemeindlicher Telekommunikationsaktivitäten ergibt sich daraus, daß der Ausbau und Betrieb (einschließlich Wartung und Instandhaltung) eigener telekommunikativer Infrastrukturen zur Vernetzung gemeindlicher Behörden, Einrichtungen und Unternehmen aus gemeindewirtschaftsrechtlicher Sicht ohne weiteres zulässig ist. Gleiches gilt für die Nutzung dieser Übertragungswege für Eigenbedarfsanwendungen und für die allgemeine telekommunikationsbezogene Beratung der Gemeinebehörden, -einrichtungen und -unternehmen. Ohne weiteres zulässig ist darüber hinaus die vorübergehende Auslastung von Kapazitätsreserven, die im Rahmen der Eigenbedarfsdeckung entstanden sind, solange dies nicht zu Kapazitätserweiterungen führt bzw. dem Abbau dauerhaft überschüssiger (Sach- bzw. Personal-) Kapazitäten entgegensteht. Erfaßt sind insbesondere die Vermietung oder Verpachtung vorübergehend nicht benötigter Kabel, Leerrohre und Trassen an Dritte, die zeitweise Vermarktung freier Netzkapazitäten und die Ausnutzung sonst brachliegenden Know-hows.

18. Die für die Anwendbarkeit der gemeinderechtlichen Wirtschaftsklauseln erforderliche Marktteilnahme ist hinsichtlich gemeindlicher Telekommunikationsaktivitäten immer dann zu bejahen, wenn Infrastrukturen wie Kabel, Trassen und Leerrohre gezielt zur späteren Vermarktung (Vermietung und Verpachtung) errichtet werden, und wenn Übertragungskapazitäten geschaffen werden, die der entgeltlichen Einräumung von Mitbenutzungsrechten Dritter dienen sollen. Zu nennen sind des weiteren das kommerzielle Angebot von Sprachtelefondienst und Mehrwertdiensten für Dritte sowie die entgeltliche Bereitstellung von Endgeräten, aber auch das Angebot von Planungs-, Beratungs-, Wartungs- und Instandhaltungsdiensten, soweit damit die Erweiterung oder der Nichtabbau vorhandener sachlicher oder personeller Kapazitäten verbunden ist.

19. Wenngleich zum Teil deutliche Abweichungen vorliegen, orientieren sich die kommunalverfassungsrechtlichen Vorschriften über die wirtschaftliche Betätigung der Gemeinden zumindest in ihrer Grundstruktur an der Schrankentrias der Vorgängervorschrift des § 67 DGO. Danach war die Errichtung und wesentliche Erweiterung wirtschaftlicher Unternehmen für Gemeinden nur

zulässig, wenn das Unternehmen durch einen öffentlichen Zweck gerechtfertigt wurde, nicht außer Verhältnis zur Leistungsfähigkeit der Gemeinde und zum Bedarf stand und der Zweck nicht besser und wirtschaftlicher von Dritten erfüllt werden konnte.

20. Infolge der Bindung an einen öffentlichen Zweck dürfen die Gemeinden nur solche Wirtschaftstätigkeiten aufnehmen, die der Förderung des Wohls der Gemeindeeinwohner dienen. In diesem Zusammenhang steht den Gemeinden eine weite Einschätzungsprärogative zu, die von der Kommunalaufsicht und den Verwaltungsgerichten zu respektieren ist, so daß sich die Aufnahme wirtschaftlicher Aktivitäten maßgeblich nach dem kommunalpolitischen Wollen richtet und die öffentliche Zweckbindung auf einen besonderen Erwägungs- und Begründungszwang der Gemeinde hinsichtlich der Aufnahme einer wirtschaftlichen Betätigung hinausläuft. Für die Gemeinwohldienlichkeit gemeindlicher TKU spricht vor allem, daß Aufbau, Ausbau und Betrieb örtlicher Telekommunikationsnetze und das Angebot von Telekommunikationsdienstleistungen der Verbesserung der lokalen Infrastruktur sowie der krisensicheren und ungestörten Versorgung der Bürger dienen. Die Gemeinwohlorientierung eines gemeindlichen TKU ist allerdings abzulehnen, wenn die Absicht der Erwirtschaftung von Gewinnen für den Gemeindehaushalt das maßgebliche Motiv der Errichtung des Unternehmens bildet, wobei die Gewinnorientiertheit als solche aber -mit Blick auf das Rentabilitätsgebot- durchaus erwünscht ist. Soweit unklar ist, ob einzelne Telekommunikationsaktivitäten der Gemeinden primär der Verfolgung öffentlicher Zwecke oder der Gewinnerzielung dienen, sind an die Begründung entsprechender Engagements besonders hohe Anforderungen zu stellen. Angesprochen sind vor allem das eigene Angebot kommerzieller Mehrwertdienste sowie Herstellung, Vertrieb und Installation von Telekommunikationsendgeräten.

21. Den in diesem Zusammenhang vorhandenen Auslegungsschwierigkeiten könnte durch die Präzisierung der öffentlichen Zwecksetzung wirksam entgegnet werden. Ein Mittel dazu wäre die Aufzählung von Regelbeispielen: So könnte etwa ausdrücklich klargestellt werden, daß die Versorgung der Gemeindeeinwohner mit Telekommunikationsdienstleistungen und der Aufbau örtlicher Netzinfrastrukturen öffentlichen Zwecken dienen bzw. daß einige spezielle Telekommunikationsaktivitäten gerade nicht der öffentlichen Zwecksetzung entsprechen. Zudem sollte die Gewinnerzielungsabsicht -wie etwa in Bayern bereits geschehen- von der öffentlichen Zwecksetzung generell explizit ausgenommen werden. Die Präzisierung des öffentlichen Zweckes erfordert im übrigen die Festlegung der gemeindlichen TKU auf die Verfolgung möglichst genau beschriebener öffentlicher Zwecke im jeweiligen Unternehmensstatut.

22. Von der öffentlichen Zwecksetzung gemeindlicher Telekommunikationsaktivitäten miterfaßt sind auch Randnutzungen, wie etwa die Nutzung freier Flächen an Betriebsmitteln der gemeindlichen TKU zu Werbezwecken oder die Vermarktung von speziell entwickelter Software. Zu nennen ist in diesem Zusammenhang auch die telekommunikative Vermarktung von ursprünglich zur Energie- bzw. Wasserversorgung geschaffener Trassen und Leerrohre.

23. Die häufig vernachlässigten Zulässigkeitsvoraussetzungen der Leistungsfähigkeit und des Bedarfs können einem gemeindlichen Engagement in der Telekommunikation -angesichts des voraussichtlichen Investitionsbedarfs und der ungewissen Marktentwicklung- durchaus entgegenstehen. Gerade der Aufbau, Ausbau und Betrieb örtlicher Telekommunikationsinfrastruktur bzw. das Angebot von Sprachtelefondienst setzen erhebliche Startinvestitionen und Anfangsverluste voraus. Auch bei der Beurteilung von Leistungsfähigkeit und Bedarf ist allerdings den Gemeinden eine Einschätzungsprärogative zuzugestehen.

24. Mit Ausnahme der Länder Baden-Württemberg, Hessen und Nordrhein-Westfalen, deren Gemeindeordnungen keine Subsidiaritätsklausel enthalten, besteht im Fall der Errichtung eines Gemeindewirtschaftsunternehmens die Pflicht zur Vornahme einer Vergleichsprognose mit vorhandenen und potentiellen Konkurrenten. Für gemeindliche TKU dürfte dabei der in Niedersachsen, Sachsen, Sachsen-Anhalt, Schleswig-Holstein und im Saarland ausreichende Nachweis der Leistungsparität hinsichtlich der Wirtschaftlichkeit oder der Güte der Versorgung (bzw. in Mecklenburg-Vorpommern hinsichtlich der Wirtschaftlichkeit und der Güte) regelmäßig zu erbringen sein. Demgegenüber werden in Bayern, Brandenburg, Rheinland-Pfalz und Thüringen zum Teil deutlich höhere Anforderungen an die Errichtung eines gemeindlichen TKUs gestellt, ohne daß damit jedoch ein prinzipieller Ausschluß der gemeindlichen Telekommunikationsaktivitäten verbunden wäre.

25. Die Gemeinden dürfen ihre Telekommunikationsaktivitäten nur im Ausnahmefall über ihr eigenes Gemeindegebiet hinaus ausdehnen, so etwa im Rahmen interkommunaler Zusammenarbeit, also mit Zustimmung der von der Grenzüberschreitung betroffenen Gemeinde(n). In jedem Fall aber verlangt das Territorialprinzip die örtliche Radizierung der geplanten Aktivitäten, so daß deren Bezug zur örtlichen Versorgungstätigkeit bzw. zum örtlichen Markt stets gewahrt bleiben muß.

26. Die privaten Konkurrenten gemeindlicher TKU können sich vor den Verwaltungsgerichten kaum erfolgversprechend darauf berufen, daß die Errichtung eines solchen Unternehmens bzw. die Aufnahme einzelner Telekommunikationsaktivitäten durch eine Gemeinde die Grenzen der gemeinderechtlichen Wirtschaftsklauseln überschreitet. Dies liegt zunächst daran, daß mögliche

Unterlassungsklagen privater Konkurrenzunternehmen regelmäßig bereits mangels Klagebefugnis unzulässig sind, da sich aus den Nachfolgevorschriften des § 67 DGO keine subjektiven Rechte herleiten lassen. Die gemeinderechtlichen Vorschriften über die wirtschaftliche Betätigung sind nämlich nicht dazu bestimmt, Individualinteressen zu dienen, sondern wirken sich lediglich faktisch begünstigend auf private Konkurrenten gemeindlicher (Telekommunikations-) Unternehmen aus („Rechtsreflex"). Dies gilt zwar insbesondere dann, wenn die Wirtschaftsklauseln keine Subsidiaritätsklausel mehr enthalten; subjektive Abwehrrechte privater Konkurrenten folgen aber auch nicht aus verschärften Subsidiaritätsklauseln oder aus Vorschriften, die den Schutz der Privatwirtschaft ausdrücklich vorsehen. Selbst dann jedoch, wenn man (etwa infolge grundrechtskonformer Auslegung) -entgegen der bisherigen klaren verwaltungsgerichtlichen Rechtsprechung- die individualschützende Wirkung der gemeinderechtlichen Wirtschaftsklauseln und folglich die Klagebefugnis befürworten sollte, sind die Erfolgsaussichten einer insoweit zulässigen Unterlassungsklage kaum günstiger zu bewerten, da die Verwaltungsgerichte bei der Auslegung der unbestimmten Rechtsbegriffe der Wirtschaftsklauseln (im Rahmen der Begründetheitsprüfung) die weite Einschätzungsprärogative der Gemeinden zu beachten haben. Der Nachweis, daß hinsichtlich einzelner Telekommunikationsaktivitäten die Verfolgung öffentlicher Zwecke gegenüber der tatsächlich maßgebenden Gewinnerzielungsabsicht nur vorgeschoben ist, wird infolgedessen nur ausnahmsweise gelingen. Aussichtsreicher ist zwar die Berufung auf die Verletzung des Territorialprinzips durch ein gemeindliches TKU; insgesamt läßt sich vor diesem Hintergrund aber durchaus von einer „offene[n] Flanke des verwaltungsgerichtlichen Rechtsschutzes" sprechen. Im übrigen hat auch die Kommunalaufsichtsbehörde im Fall einer entsprechenden Beschwerde eines Konkurrenten die gemeindliche Einschätzungsprärogative zu beachten.

27. Gemeindliche TKU, die auf der Ebene der Gleichordnung mit gewinnorientierten privaten Anbietern um Marktanteile konkurrieren, handeln in der Regel „im geschäftlichen Verkehr" und „zu Zwecken des Wettbewerbs" und erfüllen damit die Anwendungsvoraussetzungen des UWG. Von dessen Anwendungsbereich ausgenommen sind lediglich die zur Deckung des telekommunikativen Eigenbedarfs der Gemeinden errichteten TKU, soweit ihnen eine dauerhafte Rolle als konkurrenzloser Lieferant für die angebotenen Leistungen zugedacht wird. Auf das Bestehen eines Wettbewerbsverhältnisses können sich private Konkurrenzunternehmen auch dann nicht berufen, wenn ihr eigener Aktionsradius außerhalb des Geschäftsgebietes des betreffenden gemeindlichen TKUs liegt.

28. Da es sich beim Recht des unlauteren Wettbewerbs lediglich um Marktverhaltensrecht handelt, während die Frage des Marktzutritts der öffentlichen

Hand dem öffentlichen Recht überlassen bleibt, erfaßt das Wettbewerbsrecht grundsätzlich allein die Art und Weise („wie“) der gemeindewirtschaftlichen Betätigung in der Telekommunikation, während deren generelle Zulässigkeit („ob“) nach öffentlichem Recht (Gemeinderecht) zu beurteilen ist. Folgerichtig kann die Vereinbarkeit der Grundentscheidung einer Gemeinde über die Aufnahme von Telekommunikationsaktivitäten mit den gemeinderechtlichen Wirtschaftsklauseln allenfalls incidenter (als Vorfrage im Rahmen wettbewerbsrechtlicher Klagen) der Nachprüfung durch die ordentlichen Gerichte unterliegen.

29. Infolge der Doppelstellung der öffentlichen Hand als Träger hoheitlicher Gewalt und Teilnehmer am Wirtschaftsleben haben sich neben den allgemeinen Wettbewerbsverstößen, die von sämtlichen Wettbewerbern erfüllt werden können, spezielle Fallgruppen des unlauteren Wettbewerbs der öffentlichen Hand gebildet. Zu diesen Sonderfallgruppen zählen im wesentlichen der Mißbrauch hoheitlicher Machtmittel und Autorität, die unzulässige Verquickung hoheitlicher Verwaltung und wirtschaftlicher Betätigung sowie die Preisunterbietung durch zweckwidrigen Einsatz von Verwaltungsmitteln.

30. Hinsichtlich der allgemeinen Wettbewerbsverstöße wird für die Beurteilung der Lauterkeit des Wettbewerbsverhaltens ein einheitlicher Maßstab zugrunde gelegt, so daß für die gemeindlichen TKU im Vergleich zu den privaten Konkurrenten weder strengere noch mildere Verhaltenspflichten gelten. Angesichts der aus Sicht privater Wettbewerber unzureichenden verwaltungsgerichtlichen Rechtsschutzmöglichkeiten gegenüber der Konkurrenz durch gemeindliche (Telekommunikations-) Unternehmen ist die Fallgruppe der Gesetzesverletzungen von besonderer Relevanz; unter diesem Aspekt könnte nämlich ein Verstoß gegen die gemeinderechtlichen Wirtschaftsklauseln möglicherweise den Vorwurf der Unlauterkeit begründen. Dabei ist jedoch zu differenzieren: Im Gegensatz zum Verstoß gegen eine *wertbezogene* Vorschrift kann die Verletzung einer *wertneutralen* Norm die Sittenwidrigkeit einer Wettbewerbshandlung nicht ohne weiteres begründen; erforderlich ist vielmehr das Hinzutreten besonderer Umstände, die das gesetzwidrige Verhalten als sittenwidrig im Wettbewerb erscheinen lassen. Infolgedessen kann die Verletzung der gemeinderechtlichen Wirtschaftsklauseln, bei denen es sich um wertneutrale Normen handelt, deren Wertbezogenheit sich auch nicht aus ihrem Schutzzweck herleiten läßt, nicht automatisch zur Wettbewerbswidrigkeit führen. Für dieses Ergebnis spricht zudem, daß anderenfalls der Unterschied zwischen Marktverhaltensrecht und Marktzugangsrecht verwischt würde. Soweit gleichwohl in der Praxis der Zivilgerichte die Tendenz festzustellen ist, zur Begründung der Unlauterkeit neben dem Verstoß gegen die gemeinderechtlichen Zulässigkeitsvorschriften auf das Vorliegen zusätzlicher Unlauterkeitsmomente zu verzichten, drängt sich der Verdacht auf, daß

auf diesem Wege dem Wettbewerbsrecht gewissermaßen eine Korrektivfunktion für den von den Verwaltungsgerichten verweigerten Rechtsschutz zukommen soll. Vor diesem Hintergrund ist zu erwarten, daß private Konkurrenten, die die Untersagung gemeindewirtschaftlicher Aktivitäten in der Telekommunikation wegen Nichteinhaltung der Wirtschaftsklauseln erreichen wollen, eher den ordentlichen Rechtsweg als den Weg zu den Verwaltungsgerichten einschlagen werden. Dabei darf allerdings nicht übersehen werden, daß auch die Zivilgerichte bei der Auslegung der Wirtschaftsklauseln die kommunale Einschätzungsprärogative zu beachten haben.

31. Will man dieser -unter dem Aspekt der Einheitlichkeit der Rechtsprechung-bedenklichen Entwicklung (weg vom verwaltungsgerichtlichen und hin zum wettbewerbsrechtlichen Rechtsschutz) wirksam begegnen, so ist primär an der „offenen Flanke des verwaltungsgerichtlichen Rechtsschutzes" als deren Ursache anzusetzen. Vorgeschlagen wird dazu einerseits die Neufassung der gemeinderechtlichen Wirtschaftsklauseln durch die Landesgesetzgeber mit dem Ziel, daß die Vorschriften individualschützende Wirkung entfalten. In diesem Fall wäre die verwaltungsgerichtliche Klagebefugnis privater Konkurrenten zu bejahen, und Streitigkeiten über die Zulässigkeit gemeindewirtschaftlicher Betätigung würden in der Folge wieder vor den Verwaltungsgerichten ausgetragen. Die politische Umsetzung dieses Vorschlags dürfte jedoch nicht unproblematisch sein. Einen alternativen Lösungsansatz verfolgt die (vordringende) Ansicht, nach der staatliche Wirtschaftsteilnahme stets einen Eingriff in die Wettbewerbsfreiheit privater Konkurrenten darstellt. Auch nach diesem Vorschlag müßten die Verwaltungsgerichte -diesmal im Rahmen eines grundrechtlichen Unterlassungsanspruchs auf der Ebene der verfassungsrechtlichen Rechtfertigung- die Vereinbarkeit der gemeindewirtschaftlichen Betätigung (in der Telekommunikation) mit den gemeinderechtlichen Wirtschaftsklauseln überprüfen; ohne daß es jedoch auf die individualschützende Wirkung dieser Vorschriften ankäme. Bislang haben die Verwaltungsgerichte diesen Lösungsweg allerdings noch nicht aufgegriffen; nach der hier vertretenen Auffassung wäre im übrigen zunächst eine erhebliche Beeinträchtigung der Wettbewerbsfreiheit des klagenden privaten Konkurrenten erforderlich. Der Gang zu den ordentlichen Gerichten wäre schließlich auch dann obsolet, wenn infolge grundrechtskonformer Auslegung der gemeindewirtschaftsrechtlichen Zulässigkeitsvorschriften deren individualschützende Wirkung befürwortet und auf diesem Wege die verwaltungsgerichtliche Klagebefugnis privater Konkurrenten, die die Verletzung der Wirtschaftsklauseln geltend machen, anerkannt würde. Diese Lösung böte ebenfalls den Vorteil, ohne eine Änderung der gemeinderechtlichen Zulässigkeitsvorschriften auszukommen; der ihr zugrundeliegenden Auslegung der Wirtschaftsklauseln steht allerdings nach hier vertretener Ansicht die Annahme der grundrechtlichen Erheblichkeitsschwelle entgegen.

32. Obgleich die konkurrenzwirtschaftlich tätigen gemeindlichen TKU grundsätzlich den Bestimmungen des GWB unterliegen, werden die kartellrechtlichen Abwehransprüche privater Konkurrenten in aller Regel scheitern. Die betreffenden Ansprüche setzen nämlich regelmäßig das Verhalten eines marktbeherrschenden Unternehmens voraus, während die gemeindlichen TKU auf absehbare Zeit nur in seltenen Fällen marktbeherrschende Stellungen erreichen werden.

33. Grundsätzlich stehen privaten Konkurrenten auch keine bürgerlichrechtlichen Ansprüche gegen TKU der Gemeinden zu.

Teil 2: Zur Frage der Verfassungsmäßigkeit der wegerechtlichen Bestimmungen des § 50 Abs. 1 S. 1, Abs. 3 u. 4 TKG

A. Die unentgeltliche Wegenutzungsberechtigung zu Telekommunikationszwecken: Verfassungsmäßigkeit des § 50 Abs. 1 S. 1 TKG?

I. Einleitung

Wie bereits angesprochen,[1] widmet sich dieser zweite Teil der vorliegenden Untersuchung der Frage, ob die wegerechtlichen Regelungen des § 50 Abs. 1 S. 1, Abs. 3 und 4 TKG einer verfassungsrechtlichen Prüfung standhalten.

Vor allem die in § 50 Abs. 1 S. 1 i.V.m. Abs. 2 S. 1 TKG geregelte Verpflichtung, privaten Lizenznehmern die Benutzung der Verkehrswege zu Telekommunikationszwecken unentgeltlich zu gestatten, sah sich von Beginn an heftigem Widerstand ausgesetzt. Insbesondere die Gemeinden haben die Verfassungskonformität dieser Regelung -mit der die Möglichkeit, für die Verlegung von Telekommunikationsleitungen durch gemeindeeigene Wege ein (konzessionsabgabenähnliches) Entgelt erheben zu können, ganz erheblich eingeschränkt wird-[2] angezweifelt. Die Bemühungen von Gemeindeseite gegen die Entscheidung des Gesetzgebers, das Wegerecht unabhängig von der Entrichtung eines Entgeltes einzuräumen, gipfelten schließlich darin, daß zehn Städte und Gemeinden im Mai 1997 Kommunalverfassungsbeschwerde gegen § 50 Abs. 1 S. 1 TKG eingelegt haben.[3]

Diese Beschwerde hat das Bundesverfassungsgericht zwar mangels hinreichender Erfolgsaussichten mit Beschluß vom 07.01.1999 nicht zur Entscheidung angenommen.[4] Allerdings ist zu berücksichtigen, daß Prüfungsmaßstab dieses Beschlusses entsprechend Art. 93 Abs. 1 Nr. 4 b GG i.V.m. §§ 13 Nr. 8 a, 91

---

[1] S.o. Teil 1, A V.

[2] S.o. Teil 1, C VIII.

[3] Diese Kommunalverfassungsbeschwerde richtete sich zudem gegen die Regelung des § 50 Abs. 3 u. 4 TKG; siehe dazu ausführlich unten Teil 2, B.

[4] Vgl. den Beschluß der 2. Kammer des Zweiten Senats des BVerfG vom 07.01.1999 -2 BvR 929/97-.

BVerfGG allein das Recht auf Selbstverwaltung war. Neben Art. 28 Abs. 2 GG können grundsätzlich auch der allgemeine Gleichheitssatz[5] und solche Verfassungsvorschriften, die „ihrem Inhalt nach das verfassungsrechtliche Bild der Selbstverwaltung mitzubestimmen geeignet“ sind,[6] im Rahmen einer Kommunalverfassungsbeschwerde als Prüfungsmaßstab mit herangezogen werden. Nach Ansicht des BVerfG war es den beschwerdeführenden Gemeinden im hier in Rede stehenden Verfahren jedoch verwehrt, die Vorschrift des § 50 Abs. 1 S. 1 TKG einer Prüfung an weiteren Maßstäben (etwa der grundgesetzlichen Kompetenzordnung oder des Willkürverbots) zuzuführen, da bereits der Schutzbereich der Selbstverwaltungsgarantie durch die betreffende Regelung nicht berührt werde und das Verfahren der Kommunalverfassungsbeschwerde kein Recht auf eine umfassende Normenkontrolle einräume.[7]

Da infolgedessen die Frage der Verfassungsgemäßheit der Regelung des § 50 Abs. 1 S. 1 TKG noch nicht als abschließend geklärt gelten kann, ist im Rahmen der folgenden Untersuchung vor allem auf diejenigen Aspekte einzugehen, die aus gemeindlicher Sicht gegen die Verfassungskonformität der Vorschrift sprechen, jedoch nicht Gegenstand des betreffenden Beschlusses des Bundesverfassungsgerichts waren. Von besonderem Interesse ist aber auch eine nähere Betrachtung der Erwägungen, mit denen das Gericht die Vereinbarkeit des unentgeltlichen Wegerechts aus § 50 Abs. 1 S. 1 TKG mit der Garantie der kommunalen Selbstverwaltung aus Art. 28 Abs. 2 GG begründet hat.

Als Grundlage der Prüfung der Verfassungsmäßigkeit des § 50 Abs. 1 S. 1 TKG ist zunächst ein Blick auf die rechtshistorische Entwicklung der derzeitigen Regelung des unentgeltlichen Wegerechts zu werfen. Da sich nämlich bereits seit den Zeiten der ersten Verlegung von Telegraphenleitungen das Problem stellt, wie das Zusammentreffen mit öffentlichen Wegen zu regeln ist, handelt es sich bei der Frage der Benutzung der Verkehrswege zu Telekommunikationszwecken um einen historisch angelegten Interessengegensatz. Zur richtigen Einordnung der Lösungskonzeption des TKG zu dieser Problematik bedarf es daher der Untersuchung der rechtsgeschichtlichen Entwicklung des Wegerechts; von Interes-

---

[5] Vgl. Tettinger, Besonderes Verwaltungsrecht, S. 34, Rdnr. 41, unter Hinweis auf BVerfGE 26, 228 (244).

[6] BVerfGE 1, 167 (181 ff.); 71, 25 (37 f.); Sturm, in: Sachs, GG, Art. 93, Rdnr. 90; Jarass/Pieroth, GG, Art. 93, Rdnr. 57. Zu solchen Vorschriften zählen etwa die Normen über die bundesstaatliche Kompetenzverteilung, vgl. Tettinger, Besonderes Verwaltungsrecht, S. 34, Rdnr. 41, unter Hinweis auf BVerfGE 56, 298 (310).

[7] Vgl. den Beschluß der 2. Kammer des Zweiten Senats des BVerfG vom 07.01.1999 -2 BvR 929/97-, Gründe, B II 4 (unter Hinweis auf einen Beschluß der 1. Kammer des Zweiten Senats des BVerfG vom 23.09.1994 -2 BvR 1547/85-, NVwZ 1995, 370 (371, m.w.N.)).

se ist dabei insbesondere, wie die in Rede stehende Interessenkollision *vor* Inkrafttreten der wegerechtlichen Vorschriften des TKG[8] gelöst wurde.

Daran anschließend sind zunächst die wesentlichen rechtspolitischen Überlegungen, die zur Regelung der unentgeltlichen Wegenutzungsberechtigung in § 50 Abs. 1 S. 1 TKG geführt haben, zu skizzieren, bevor in einem weiteren Schritt die Argumentationslinie der Gemeinden zur Begründung der Verfassungswidrigkeit der in Rede stehenden Regelung dargestellt wird.

II. Rechtshistorischer Hintergrund des unentgeltlichen Wegerechts aus § 50 Abs. 1 S. 1 TKG

Mit den wegerechtlichen Vorschriften der §§ 50 - 58 TKG wurde das bis dahin geltende Leitungsrecht nach dem bereits am 01.01.1900 in Kraft getretenen Telegraphenwege-Gesetz (TWG) abgelöst.[9] § 1 TWG stellte dabei die zentrale Vorschrift dar: Mit ihr wurde erstmals eine einheitliche Bestimmung zur Nutzung öffentlicher Verkehrswege für Fernmeldelinien der damaligen Reichs-Telegraphenverwaltung getroffen, die Geltung für das gesamte Gebiet des Deutschen Reichs besaß.

1. Wegerechte in der Zeit vor dem TWG

In der davor liegenden Zeit regelten insbesondere zwei Beschlüsse des Rates des Norddeutschen Bundes die Nutzung der Verkehrswege durch Telegraphenlinien. Ein erster Beschluß legte fest, daß die Eisenbahnverwaltung die Benutzung des Eisenbahnterrains zur Anlage von Bundestelegraphenlinien unentgeltlich zu gestatten habe.[10] Später wurde auch die Straßenbauverwaltung verpflichtet, die Benutzung des Straßenterrains zur Anlage von Telegraphenlinien unentgeltlich zu gestatten.[11]

Die Beschlüsse führten aber nur zu einem eingeschränkten Verkehrswegenutzungsrecht der Bundestelegraphenverwaltung. Die erste Einschränkung bezog

---

[8] Die Vorschriften der §§ 50-58 TKG über die Benutzung der Verkehrswege sind bereits am Tage nach der Verkündung des Gesetzes, also am 01.08.1996, in Kraft getreten, vgl. § 100 Abs. 1 S. 3 TKG.

[9] TWG vom 18.12.1899, RGBl S. 705.

[10] Bundesratsbeschluß vom 21.12.1868, § 339 der Protokolle des Bundesrates des Norddeutschen Bundes, abgedruckt in: Fischer/Staedler, Die deutsche Post- und Telegraphengesetzgebung, S. 111 ff.; und Neugebauer, Fernmelderecht, Anlage 15, S. 947.

[11] Bundesratsbeschluß vom 25.06.1869, abgedruckt in: v.Rohr, Das Telegraphenwege-Gesetz, S. 146 ff.

sich auf den räumlichen Geltungsbereich, da formal nur das Gebiet des Norddeutschen Bundes[12] einbezogen war. Zudem ergab sich eine weitere Einschränkung aus dem Umstand, daß sich das Nutzungsrecht im wesentlichen nur auf die Staatsstraßen bezog. [13] Andere Verkehrswege, die nicht unter Staatsverwaltung standen, einschließlich der Gemeindestraßen, konnten weiterhin nur nach entsprechenden Vereinbarungen mit den zuständigen Grundstückseigentümern zur Leitungsverlegung benutzt werden.[14] Einen Rechtsanspruch auf Durchleitung gegenüber den Gemeinden gab es nicht.[15] Festzuhalten bleibt damit, daß der damaligen Telegraphenverwaltung vor der Einführung des § 1 TWG nur eingeschränkte Verkehrswegenutzungsrechte zur Verlegung von Telegraphenlinien zustanden.

2. Das unentgeltliche Wegerecht des § 1 TWG

Die Vorschrift des § 1 TWG leistete dem Bedürfnis nach einer reichseinheitlichen Regelung[16] der Inanspruchnahme fremden Grund und Bodens insofern Folge, als der Telegraphenverwaltung nunmehr die Befugnis eingeräumt wurde, die Verkehrswege für ihre zu öffentlichen Zwecken dienenden Telegraphenlinien zu benutzen, soweit damit keine dauernde Beschränkung des Gemeingebrauchs der Verkehrswege verbunden war.[17] § 1 TWG bestimmte zwar anders als die zuvor genannten Beschlüsse nicht ausdrücklich, daß die Nutzung entgeltfrei erfolgen durfte; allerdings ist allgemein anerkannt, daß für die Benutzung sämtlicher öffentlichen Wege keine Gegenleistung zu entrichten war und folglich eine unentgeltliche Duldungspflicht des Eigentümers bzw. des Unterhaltspflichtigen (Baulastträger) bestand.[18] Andererseits war § 1 TWG zu entnehmen, daß eine erlaubnis- und entgeltpflichtige straßenrechtliche Sondernutzung vor-

---

[12] Der räumliche Geltungsbereich bezog sich also nur auf die nördlich des Mains gelegenen Teile Deutschlands.

[13] Zum räumlich-gegenständlich eingeschränkten Nutzungsrecht vgl. Aubert/Klingler, Fernmelderecht/Telekommunikationsrecht, S. 9 f., Rdnr. 5.

[14] Vgl. Aubert/Klingler, Fernmelderecht/Telekommunikationsrecht, S. 9 f., Rdnr. 5; Kilger, Die Entwicklung des Telegraphenrechts im 19. Jahrhundert, S. 153 ff.

[15] Vgl. Püttner, Archiv PT 1996, 307 (308).

[16] Vgl. Kilger, Die Entwicklung des Telegraphenrechts im 19. Jahrhundert, S. 159.

[17] Vgl. § 1 TWG bestimmte weiter: „Als Verkehrswege im Sinne dieses Gesetzes gelten, mit Einschluß des Luftraums und des Erdkörpers, die öffentlichen Wege, Plätze, Brücken und die öffentlichen Gewässer nebst deren dem öffentlichen Gebrauch dienenden Ufern. Unter Telegrafenlinien sind die Fernsprechlinien mit begriffen."

[18] Vgl. BVerwGE 77, 128; Aubert/Klingler, Fernmelderecht/Telekommunikationsrecht, S. 15, Rdnr. 17, S. 30, Rdnr. 57; Fangmann u.a., TKPR, S. 296; Bullinger, Archiv PT 1998, 24 (25); Scholz, ArchivPT 1996, 95 (96).

lag, wenn der Gemeingebrauch durch die Nutzung nicht bloß vorübergehend eingeschränkt wurde.

Nachdem das unentgeltliche Wegerecht aus § 1 TWG zwischenzeitlich der Deutschen Bundespost (DBP) als Inhaberin der Fernmeldemonopole verliehen werden mußte, kam es im Zuge der sogenannten Postreformen zu weiteren redaktionellen Anpassungen der Vorschrift:

Die Postreform I führte dazu, daß als Benutzungsberechtigter nunmehr die „DBP Telekom" in § 1 TWG[19] eingesetzt wurde. Dies war insofern konsequent, als die Aufgaben der DBP auf dem Gebiet der Telekommunikation bei Aufrechterhaltung der Monopolstellung nunmehr von dem Nachfolgeunternehmen DBP Telekom übernommen wurden.[20] Weitere Umformulierungen gab es nicht, so daß das unentgeltliche Wegerecht fortgalt.[21] Änderungen des Wegerechts wurden außerdem deshalb abgelehnt, weil man das Gesetz auch in bezug auf den beabsichtigten Ausbau eines Breitbandkabelnetzes bereits als ausreichende Rechtsgrundlage zur Inanspruchnahme von fremdem Grund und Boden angesehen hat.[22]

Auch die Postreform II führte lediglich zu geringfügigen Änderungen des § 1 TWG. Aufgrund der Organisationsprivatisierung der DBP Telekom kam es zu einer erneuten redaktionellen Anpassung des Wortlauts des § 1 TWG, der nunmehr als Benutzungsberechtigten „das Nachfolgeunternehmen der Deutschen Bundespost Telekom" nannte.[23] Während des Gesetzgebungsverfahrens zum PTNeuOG hatte der Bundesrat zwar darum gebeten, die Unentgeltlichkeit des Wegenutzungsrechts auf den Prüfstand zu stellen,[24] im Ergebnis ist der Regelungsgehalt des § 1 TWG jedoch nicht angetastet worden. Somit galt auch nach der Postreform II weiterhin das unentgeltliches Benutzungsrecht hinsichtlich der öffentlichen Verkehrswege fort, nunmehr zugunsten der DTAG als Nachfolgeunternehmen der DBP Telekom und -allerdings befristeten- Inhaberin der Fernmeldemonopole. Lediglich Satz 2 wurde durch Art. 8 Nr. 1 PTNeuOG neu in § 1 TWG eingefügt, wonach bei der Verlegung von oberirdischen Leitungen gemeindliche Belange angemessen zu berücksichtigen seien, da hier-

---

[19] § 1 TWG i.d.F. der Bekanntmachung vom 24.04.1991, BGBl I S. 1053.

[20] Vgl. Poststrukturgesetz vom 08.06.1989, BGBl I S. 1026.

[21] Dazu, daß das PostStruktG keine materiellen Änderungen des TWG gebracht hat, vgl. Aubert/Klingler, Fernmelderecht/Telekommunikationsrecht, S. 6, Rdnr. 24; Scholz, Archiv PT 1996, 95 (96).

[22] Vgl. BVerwGE 77, 128 (134 ff.); Kilger, Die Entwicklung des Telegraphenrechts im 19. Jahrhundert, S. 184 ff. (188, m.w.N.); a.A.: Dombert, Breitbandkabel und Telegraphenwegerecht, S. 195 ff.

[23] § 1 TWG i.d.F. des Art. 8 Nr. 1 PTNeuOG vom 14.09.1994, BGBl I S. 2325.

[24] Vgl. BT-Drs. 12/7270 vom 14.04.1994, S. 18.

durch die Veränderung des optischen Erscheinungsbildes von Gemeinden betroffen wurde.[25]

3. Ergebnis

Wie der historische Rückblick zeigt, bestand während des Geltungszeitraumes des § 1 TWG zugunsten des jeweiligen Monopolinhabers stets ein unentgeltliches Wegerecht zur Verlegung von Telegraphen- bzw. (später) Fernmeldelinien. Folgerichtig genossen nacheinander die Reichs-Telegraphenverwaltung, die DBP, die DBP Telekom und schließlich die DTAG das kostenlose Wegerecht als Ausgleich der ihnen auferlegten Pflicht zur Gewährleistung des öffentlichen Telegraphen- bzw. Fernmeldeverkehrs.[26] Insofern läßt sich davon sprechen, daß die Unentgeltlichkeit der Wegenutzung ihre innere Rechtfertigung weniger in der formalen Monopolstellung als vielmehr in der öffentlichen Zweckbestimmung der Telegraphen- bzw. Fernmeldelinien fand.[27] Im Laufe der Jahre wurde der Wortlaut des § 1 TWG im wesentlichen nur redaktionell an den jeweiligen Berechtigten angepaßt; am materiellen Regelungsgehalt der Vorschrift hat sich dagegen nichts geändert. Das unentgeltliche Nutzungsrecht an öffentlichen Wegen zur Leitungsverlegung hat sich insoweit zu einem verfestigten Grundsatz entwickelt; mit der Konsequenz, daß auch die Gemeinden während der letzten annähernd hundert Jahre keine Entgelte für die entsprechende Nutzung gemeindlicher Wege erheben konnten.

III. Rechtspolitischer Hintergrund des unentgeltlichen Wegerechts aus § 50 Abs. 1 S. 1 TKG

Mit der Vorschrift des § 50 Abs. 1 S. 1 TKG hat sich der Gesetzgeber in enger Anlehnung an die bisherige Regelung des § 1 TWG dafür entschieden, auch weiterhin am unentgeltlichen Wegenutzungsrecht zur Verlegung von (nunmehr) Telekommunikationslinien festzuhalten. Da der beim Zusammentreffen dieser Leitungen mit Verkehrswegen entstehende Interessengegensatz im Zuge der Neustrukturierung des Telekommunikationssektors und dem Wegfall der Fern-

---

[25] BT-Drs. 12/8060 vom 27.06.1994, S. 201.

[26] Vgl. insoweit zutreffend Püttner, Archiv PT 1996, 307 (308, m.w.N.): „Somit war das vom Gesetzgeber in § 1 TWG originär begründete Hoheitsrecht zur Erfüllung einer öffentlichen Aufgabe des Staates das notwendige Korrelat zum Fernmeldehoheitsrecht der Telegraphenverwaltung aus § 1 FAG [i.d.F. vom 03.12.1927, RGBl S. 331, zurückgehend auf das „Gesetz über das Telegraphenwesen des Deutschen Reichs“ vom 06.04.1892, RGBl S. 467].“

[27] Fangmann u.a., TKPR, S. 296.

meldemonopole aber auch anders hätte gelöst werden können, sind die rechtspolitischen Erwägungen, die bei der Fassung des wegerechtlicnen Vorschriften des TKG eine Rolle spielten, von besonderem Interesse.

1. Diskussionsentwurf für ein TKG

Nach § 49 des Diskussionsentwurfs für ein Telekommunikationsgesetz[28] sollte die unentgeltliche Nutzungsberechtigung der Verkehrswege nunmehr zugunsten der Lizenznehmer nach § 6 Abs. 1 Nr. 1 des Entwurfs bestehen, also zugunsten der Betreiber von öffentlichen Zwecken dienenden Übertragungswegen, d.h. der DTAG und ihren privaten Wettbewerbern gemeinsam. Diesem Diskussionsentwurf lag in bezug auf das Wegerecht die Erwägung zugrunde, daß die Regelung des § 1 TWG zwar aufgrund des Art. 8 Nr. 7 PTNeuOG zum 31.12.1997 auslaufen würde, ihr Regelungsgehalt aber dennoch fortbestehen sollte.

2. Erster Referentenentwurf für ein TKG

Im späteren ersten Referentenentwurf für ein TKG (TKGRefE) wurde § 49 des Diskussionsentwurfs nur leicht abgewandelt, insbesondere blieb es bei der Unentgeltlichkeit der Nutzungsberechtigung der Lizenznehmer. Nach § 48 TKGRefE sollten alle Lizenznehmer für „öffentliche Telekommunikationsnetze" die unentgeltliche Nutzungsberechtigung nach § 1 TWG für ihre im Rahmen der Lizenz benötigten Telekommunikationslinien erhalten. „Öffentliche Telekommunikationsnetze" sind nach § 3 Nr. 7 TKGRefE (nunmehr § 3 Nr. 12 TKG) Übertragungswege, die zum Angebot von Telekommunikationsdienstleistungen für die Öffentlichkeit dienen, samt der dazugehörigen technischen Einrichtungen. Festzuhalten ist damit, daß auch nach dem TKGRefE noch vorgesehen war, alle Lizenznehmer einschließlich der DTAG unmittelbar in das unentgeltliche Durchleitungsrecht einrücken zu lassen.

---

[28] BMPT, Diskussionsentwurf für ein TKG vom 31.05.1995; maßgeblich beeinflußt bzw. beschleunigt wurde die Vorlage des Diskussionsentwurfs durch die europäische Entwicklung, vgl. die Entschließung des Rates vom 22.07.1993 zur Prüfung der Lage im Bereich der Telekommunikation und zu den notwendigen künftigen Entwicklungen in diesem Bereich (ABlEG Nr. C 213/1 vom 06.08.1993), sowie die Entschließung des Rates vom 22.12.1994 über die Grundsätze und den Zeitplan für die Liberalisierung der Telekommunikationsinfrastrukturen (ABlEG Nr. C 379/3 vom 31.12.1994).

3. Zweiter Referentenentwurf (TKG-E)

Anders als die erstgenannten Entwürfe nahm der nach der Berücksichtigung der Stellungnahmen der Verbände überarbeitete zweite Referentenentwurf[29] durchaus wesentliche Änderungen an der für das Nutzungsrecht maßgeblichen Vorschrift vor. Zwar ist es auch in der Neufassung bei dem Grundsatz der unentgeltlichen Nutzungsberechtigung geblieben; allerdings wurde das Nutzungsrecht nach § 47 TKG-E den Lizenznehmern nicht mehr unmittelbar verliehen, sondern zunächst dem Bund, der es sodann auf die Lizenznehmer übertragen sollte.

Hinter dieser Modifizierung stand der Gedanke, daß der Bund als Gewährsträger nach Art. 87 f Abs. 1 GG für die flächendeckende Grundversorgung mit Telekommunikationsdienstleistungen in das bisherige -der Erfüllung der Versorgungsaufgabe dienende- unentgeltliche Durchleitungsrecht nach § 1 TWG einrücken sollte. Die Übertragung des Wegerechts auf die Lizenznehmer sollte dann deshalb erfolgen, weil diese die eigentliche operative Tätigkeit übernehmen, was dem Bund nach Art. 87 f Abs. 2 S. 1 GG versagt ist.

In diesem Zusammenhang wird zum Teil von einer sogenannten „Funktionsnachfolge“ gesprochen.[30] Der Grundsatz der Funktionsnachfolge besagt, daß mit der Übertragung einer öffentlichen Aufgabe auf einen anderen Verwaltungsträger auch stets der Übergang der mit der Aufgabe zusammenhängenden Rechte und Pflichten verbunden ist.[31] Das unentgeltliche Durchleitungsrecht nach § 1 TWG habe zunächst der Reichs-Telegraphenverwaltung, später dann der DBP, der DBP Telekom und schließlich der DTAG zugestanden und sei nunmehr -ebenfalls im Wege der Funktionsnachfolge- auf den Bund zu übertragen.[32] Im Ergebnis kann es aber offenbleiben, ob der Bund im vorliegenden Zusammenhang als Funktionsnachfolger bezeichnet werden kann, da die modifizierte Regelung des § 47 TKG-E jedenfalls den gestuften verfassungsrechtlichen Vorgaben des Art. 87 f Abs. 1 und 2 GG entspricht.

---

[29] Dieser Entwurf wurde als gemeinsamer Gesetzesvorschlag der Fraktionen CDU/CSU, SPD und FDP in den Bundestag eingebracht, vgl. BT-Drs. 13/3609 vom 30.01.1996; die 1. Lesung im Bundestag fand am 01.02.1996 statt.

[30] Vgl. Bullinger, Gutachten, S. 14 ff.; Scholz, Archiv PT 1996, 95 (97).

[31] Vgl. dazu Bullinger, Gutachten, S. 15 f.; ebenso Tilch (Hrsg.), Deutsches Rechts-Lexikon, Bd. 1, Stichwort Funktionsnachfolge, S. 1549.

[32] Zur Frage, ob die Funktionsnachfolge vom Bund als Infrastrukturverpflichtetem oder von den Lizenznehmern als öffentlich gebundenen und operativ tätigen Netzbetreibern angetreten werden soll, vgl. die ausführliche Untersuchung bei Bullinger, Gutachten, S. 19 ff.; zur Frage der Zulässigkeit einer Funktionsnachfolge privatrechtlicher Telekommunikationsunternehmen vgl. bereits den Forschungsbericht von Bullinger aus dem Jahr 1992, abgedruckt in: Archiv PT 1998, 24.

In bezug auf das unentgeltliche Durchleitungsrecht konnte sich der Bundesrat, der in seiner Stellungnahme einen Entgeltanspruch des Wegebaulastträgers, also der Gemeinden hinsichtlich der Gemeindewege, bis zu einer bestimmten Obergrenze grundsätzlich befürwortet hatte, nicht durchsetzen.[33] Der Bundesrat stützte sich dabei im wesentlichen auf die Argumentation, daß das unentgeltliche Wegerecht eine Subventionierung der Telekommunikationsunternehmen zu Lasten der Gemeinden darstelle, die nach dem Wegfall der Monopole nicht mehr gerechtfertigt sei. Zudem wäre die Telekommunikation mit der übrigen Versorgungswirtschaft vergleichbar, was für die Berechtigung eines Entgelts ähnlich der Konzessionsabgabe spreche. Außerdem würde eine angemessene Vergütung die Grundversorgung der Bevölkerung nicht gefährden.

Die Bundesregierung verteidigte das unentgeltliche Wegerecht überwiegend mit ordnungs- und wirtschaftspolitischen Gründen und betrachtete die umstrittene Regelung als rechtlich zulässig, wobei sie sich im wesentlichen auf zwei entsprechende Gutachten stützen konnte.[34] So würde die Erhebung von Wegeentgelten insbesondere der Bereitstellung von kostengünstigen Telekommunikationsdienstleistungen entgegenstehen und den Infrastrukturausbau gerade in ländlichen Gegenden überproportional verteuern.[35] Dies widerspräche aber den Zielen des TKG-E, ein kostengünstiges Angebot bereitzustellen und Innovationspotentiale auszuschöpfen. Zudem wurde darauf hingewiesen, daß bis auf Portugal in allen Mitgliedstaaten der EU unentgeltliche Wegerechte bestünden. Des weiteren sei greife die Regelung auch nicht in das kommunale Selbstverwaltungsrecht aus Art. 28 Abs. 2 GG ein. Nach Ansicht der Bundesregierung sollte die Neuformulierung in § 47 TKG-E insbesondere die Verpflichtung des Bundes aus Art. 87 f GG zur Infrastruktursicherung berücksichtigen. Da der Gewährleistungsauftrag zur flächendeckend angemessenen und ausreichenden Versorgung der Bevölkerung mit Telekommunikationsdienstleistungen nunmehr durch den Bund zu erfüllen sei, müsse das unentgeltliche Wegenutzungsrecht

---

[33] Stellungnahme des BRats zum Entwurf des TKG, BT-Drs. 13/4438 vom 23.04.1996, Anlage 2, S. 15; vgl. auch den Änderungsantrag der Fraktion Bündnis 90/Die Grünen, BT-Drs. 13/4893 vom 12.06.1996, S. 2, 7 f. Der Bundesrat hat einen Tag, nachdem der Bundestag in 2. und 3. Lesung den TKG-E am 13.06.1996 beschlossen hatte, den Vermittlungsausschuß angerufen. Damit kam es zu einer Verzögerung, so daß das TKG nicht -wie geplant- am 01.07.1996, sondern erst am 01.08.1996 in Kraft treten konnte.

[34] Vgl. Bullinger, Gutachten; Scholz, Archiv PT 1996, 95 ff.

[35] Gegenäußerung der BReg zur Stellungnahme des BRats, BT-Drs. 13/4438 vom 23.04.1996, Anlage 3, S. 36. In diesem Zusammenhang haben der damalige BMPT Bötsch und die Spitzenverbände der deutschen Wirtschaft die Befürchtung geäußert, daß die Gemeinden die Liberalisierung des Telekommunikationsmarktes ausnutzen wollten, um (entgegen den Zielen des TKG, Marktzugangshindernisse zu beseitigen und niedrige Preise zu schaffen) über eine Wegerechtsabgabe ihre Haushaltslage zu verbessern, vgl. Handelsblatt vom 13.03.1996, S. 3.

(des bisherigen § 1 TWG) als ein zu dieser Verpflichtung akzessorisches Recht eingestuft werden.[36]

4. Ergebnis

Zusammenfassend läßt sich feststellen, daß die gestuften verfassungsrechtlichen Vorgaben des Art. 87 f Abs. 1 und 2 GG den Ausschlag sowohl für die Entscheidung des Gesetzgebers, auch nach dem Wegfall der Monopole an der unentgeltlichen Wegenutzungsberechtigung festzuhalten, als auch für die konkrete zweistufige Ausgestaltung des § 50 Abs. 1 S. 1 i.V.m. Abs. 2 S. 1 TKG gegeben haben.

Mit dem unentgeltlichen Wegerecht des § 50 Abs. 1 S. 1 TKG sollte zunächst dem Bund ein unabdingbares Mittel zur Erfüllung der ihm auferlegten Infrastrukturverpflichtung aus Art. 87 f Abs. 1 GG an die Hand gegeben werden.[37] Da jedoch Art. 87 f Abs. 2 S. 1 GG einem eigenen operativen Tätigwerden des Bundes entgegensteht, erschien dem Gesetzgeber die Übertragung der Nutzungsberechtigung des Bundes auf die in den Versorgungsauftrag eingebundenen Inhaber einer Infrastrukturlizenz nach § 6 Abs. 1 Nr. 1 TKG geboten.[38] Folgerichtig kann das unentgeltliche Wegerecht aus § 50 Abs. 1 S. 1 (i.V.m. Abs. 2 S. 1) TKG nunmehr -nach der Neustrukturierung der Telekommunikation- als Korrelat zu der aus Art. 87 f Abs. 1 GG folgenden Versorgungsverpflichtung bezeichnet werden.

IV. Standpunkt der Gemeinden: Verfassungswidrigkeit des § 50 Abs. 1 S. 1 TKG

Aus Sicht der Gemeinden ist mit der in § 50 Abs. 1 S. 1 TKG enthaltenen unentgeltlichen Wegenutzungsberechtigung eine Verletzung der ihnen zustehenden verfassungsmäßigen Rechte verbunden, wobei sie in erster Linie die Unverein-

---

36 Gegenäußerung der BReg zur Stellungnahme des BRats, BT-Drs. 13/4438 vom 23.04.1996, Anlage 3, S. 36.

37 Vgl. die Begründung der Fraktionen CDU/CSU, SPD und FDP zum Entwurf des TKG, BT-Drs. 13/3609 vom 30.01.1996, S. 48 f.

38 Vgl. die Begründung der Fraktionen CDU/CSU, SPD und FDP zum Entwurf des TKG, BT-Drs. 13/3609 vom 30.01.1996, S. 49. Die Übertragung des unentgeltlichen Wegerechts dient also -aus Sicht der Infrastrukturlizenznehmer- als Ausgleich für deren Einbindung in die verfassungsrechtliche Versorgungsverpflichtung des Bundes, vgl. Twickel, NJW-CoR 1996, 226 (229).

barkeit des kostenlosen Wegerechts mit der in Art. 28 Abs. 2 GG verankerten Garantie der kommunalen Selbstverwaltung geltend machen.[39]

Zwar sei die Beeinträchtigung der kommunalen Wegehoheit (die darin zu sehen sei, daß § 50 TKG die vorübergehende Beeinträchtigung des Widmungszwecks der Wege zulasse) zunächst noch dadurch gerechtfertigt, daß der Bund nach Art. 87 f Abs. 1 GG flächendeckend angemessene und ausreichende Telekommunikationsdienstleistungen gewährleisten müsse; allerdings liege ein ungerechtfertigter Eingriff in die Finanzhoheit vor.

Durch die Einräumung eines kostenlosen Wegenutzungsrechts werde zunächst das Recht auf fiskalische Nutzung des Gemeindeeigentums beeinträchtigt. Die Verwaltung des eigenen Vermögens stelle weder eine Auftragsangelegenheit noch eine Pflichtaufgabe nach Weisung dar, sondern -konsequenterweise- eine kommunale Selbstverwaltungsangelegenheit. Die fiskalische Randnutzung des Straßeneigentums als Verwaltungsvermögen teile zudem den Charakter der Straßenverwaltung als unmittelbare Selbstverwaltungsaufgabe.

Des weiteren werde -indem die Bestimmung des § 50 Abs. 1 S. 1 TKG den Gemeinden die Erschließung einer Einnahmequelle verwehre, ohne zugleich den entstehenden Verwaltungsmehraufwand abzugelten- die zu den Grundlagen der finanziellen Eigenverantwortung gehörende eigenverantwortliche Einnahmenwirtschaft beeinträchtigt.

Der Eingriff in die Finanzhoheit könne aber in einem liberalisierten und kommerzialisierten Telekommunikationsmarkt nicht mehr verfassungsrechtlich gerechtfertigt werden (wie noch zuvor der Eingriff durch § 1 TWG), da mit dem Wegfall der Monopole und der damit verbundenen flächendeckenden Versorgungsverpflichtung des jeweiligen Monopolisten zugleich die Ausgleichsfunktion als verfassungsrechtliche Grundlage des unentgeltlichen Wegerechts entfallen sei. Soweit andererseits auf den Infrastruktursicherungsauftrag des Bundes aus Art. 87 f Abs. 1 GG verwiesen werde, sei dieser nur als Sicherung für den Fall des Marktversagens zu verstehen und ändere nichts daran, daß der neue ordnungspolitische Rahmen sich grundsätzlich vom Regime staatlicher Daseinsvorsorge unterscheide.[40] Das unentgeltliche Wegerecht bewirke damit im Ergebnis nichts anderes als eine Subventionierung der ausschließlich gewinnorientierten Inhaber von Infrastrukturlizenzen.[41] Zudem sei die Unentgeltlichkeit auch am Maßstab des Verhältnismäßigkeitsprinzips nicht gerechtfertigt, da sie zur Erfüllung des Infrastrukturauftrags des Bundes aus Art. 87 f Abs. 1 GG nicht

---

[39] Die Gemeinden stützen sich dabei insbesondere auf ein Rechtsgutachten von Püttner, Archiv PT 1996, 307 (312 ff.). Vgl. zur folgenden Darstellung der Argumentationslinie der Gemeinden auch den Beschluß des BVerfG vom 07.01.1999 -2 BvR 929/97-, Gründe, A II 1.

[40] Püttner, Archiv PT 1996, 307 (309).

[41] I.d.S. auch Giesen/Gerbrand, StuG 1996, 15 (18).

erforderlich sei.[42] Der Bund könne nämlich auch im Fall der Entgeltlichkeit seiner Verpflichtung nachkommen. Folgerichtig verlangen die Gemeinden das Recht, die Gestattung der Wegenutzungsberechtigung zu Telekommunikationszwecken an die Zahlung eines angemessenen Entgelts knüpfen zu können.

Abgesehen von der Verletzung der kommunalen Selbstverwaltungsgarantie ergebe sich die Verfassungswidrigkeit der Vorschrift des § 50 Abs. 1 S. 1 TKG aber auch schon unter dem Aspekt, daß es um eine wegerechtliche Frage gehe, zu deren Regelung dem Bund die Gesetzgebungskompetenz fehle.[43]

Darüber hinaus stelle die Einräumung des kostenlosen Wegerechts durch § 50 Abs. 1 S. 1 i.V.m. Abs. 2 S. 1 TKG eine willkürliche Privilegierung der Lizenznehmer nach § 6 Abs. 1 Nr. 1 TKG gegenüber den Betreibern anderer Leitungstransportwege dar, so daß ein Verstoß gegen den Gleichheitssatz aus Art. 3 Abs. 1 GG vorliege. Schließlich beeinträchtige die Regelung des § 50 Abs. 1 S. 1 TKG auch das aus Art. 14 Abs. 1 S. 1 GG abzuleitende gemeindliche Eigentumsrecht, zumal eine Situation bestehe, in der die Gemeinden in vergleichbarer Weise wie der Bürger der Staatsgewalt unterworfen seien.[44]

Angesichts dieser auf mehreren Säulen basierenden Argumentationslinie der Gemeinden reicht es nicht aus, lediglich auf die Erwägungen einzugehen, mit denen das Bundesverfassungsgericht mittlerweile die Vereinbarkeit der umstrittenen Vorschrift mit der Garantie der kommunalen Selbstverwaltung aus Art. 28 Abs. 2 GG begründet hat. Vielmehr ist im Rahmen einer vollständigen Prüfung der Verfassungskonformität der Regelung des § 50 Abs. 1 S. 1 TKG zunächst die Kompetenz des Bundes zur Regelung des unentgeltlichen Wegenutzungsrechts zu Telekommunikationszwecken zu hinterfragen und des weiteren zu untersuchen, ob die Gemeinden zu Recht die Verletzung der Art. 3 Abs. 1 und 14 Abs. 1 S. 1 GG geltend machen können.

V. Gesetzgebungskompetenz des Bundes zur Regelung des kostenlosen Wegerechts

Mit dem unentgeltlichen Wegerecht des Bundes zu Telekommunikationszwecken aus § 50 Abs. 1 S. 1 TKG hat der Gesetzgeber eine Materie geregelt, die sowohl Bezüge zum Telekommunikationsrecht als auch zum Straßenrecht aufweist. Da die Materie des Straßenrechts aber grundsätzlich in den Kompetenzbereich der Länder fällt, wird die Frage aufgeworfen, ob der Bundesgesetzgeber

---

[42] Vgl. insbesondere Püttner, Archiv PT 1996, 307 (314 ff.).

[43] Vgl. insbesondere Püttner, Archiv PT 1996, 307 (310 ff.).

[44] I.d.S. etwa Giesen/Cronauge, ZKF 1996, 74 (75 f., 77).

überhaupt kompetentiell berechtigt war, die Unentgeltlichkeit der Benutzung auch hinsichtlich der öffentlichen Verkehrswege der Länder und Gemeinden zu regeln.[45]

1. Unterschiedliche Positionen zur kompetenzrechtlichen Qualifikation der Regelung des unentgeltlichen Wegenutzungsrechts

In diesem Sinne wird insbesondere von Seite der Gemeinden geltend gemacht, daß die Regelungsbefugnis für die Rechtsverhältnisse an Landes- und Gemeindestraßen einschließlich der Frage der (Un-) Entgeltlichkeit der Wegebenutzung bei den Ländern liege. Der Bund dürfe allenfalls grundsätzlich bestimmen, daß die öffentlichen Straßen für Telekommunikationszwecke angemessen zur Verfügung stehen müßten, während die Festlegung der Unentgeltlichkeit ausgeschlossen sei.[46] Hinsichtlich dieser generellen Regelung könne sich der Bund auf die Kompetenztitel der Art. 73 Nr. 7 GG und Art. 87 f Abs. 1 GG stützen.[47]

Demgegenüber wird das Vorliegen der Gesetzgebungskompetenz des Bundes auf unterschiedliche Weise befürwortet. Teilweise wird Art. 73 Nr. 7 GG als allein ausreichende Kompetenznorm angesehen, da der Primärzweck des unentgeltlichen Nutzungsrechts, auf den es entscheidend ankomme, dem Telekommunikations- und nicht dem Straßenrecht zuzuordnen sei.[48]

Auch die Bundesregierung leitet die Gesetzgebungskompetenz des Bundes bereits aus Art. 73 Nr. 7 GG ab, da es diese Vorschrift erlaube, sämtliche technischen Voraussetzungen für die Datenübermittlung (und damit auch das Durchleitungsrecht) zu regeln. Im gleichen Zuge wird jedoch auch die besondere Rolle der Akzessorietät des unentgeltlichen Wegenutzungsrechts zum Gewährleis-

---

[45] Gleichwohl ist dem Bund nicht von vornherein die Befugnis abzusprechen, im Rahmen seiner Kompetenz auch Teilaspekte einer in die Länderzuständigkeit fallenden Materie regeln zu dürfen. Dies zeigt die Parallele zum Kompetenztitel des Art. 73 Nr. 6 a GG: Die Kompetenz des Bundes zur Regelung des Eisenbahnwesens erstreckt sich auch auf Vorschriften über die Bahnpolizei, obgleich das Polizei- und Ordnungsrecht grundsätzlich in den Kompetenzbereich der Länder fällt. Vgl. dazu Jarass/Pieroth, GG, Art. 73, Rdnr. 15 (m.w.N.); Pestalozza, in: v.Mangoldt/Klein, GG, Art. 73 Nr. 6 a, Rdnr. 362; Maunz, in: Maunz/Dürig, Komm. z. GG, Art. 73, Rdnr. 109.

[46] Vgl. Püttner, Archiv PT 1996, 307 (311 f.).

[47] Vgl. Kiepe/Schirmer, in: Blümel (Hrsg.), Die Straße als Mehrzweckinstitut, S. 1 (8).

[48] Spoerr/Deutsch, DVBl 1997, 300 (305). In diesem Sinne auch Manssen, Archiv PT 1998, 236 (241): „Es geht zwar um den Bau bzw. Ausbau von „Datenautobahnen“, aber Datenautobahnen sind eben keine Straßen i.S.d. Straßenrechts. Kompetenzrechtlich kann sich deshalb der Bund hinsichtlich der Regelungen der §§ 50 ff. TKG auf Art. 73 Nr. 7 GG berufen.“

tungsauftrag des Bundes nach Art. 87 f Abs. 1 GG erwähnt.[49] Insofern kommt zum Ausdruck, daß die Bundesregierung ihre Auffassung auf zwei Gutachten von *Scholz* und *Bullinger* stützt. Während nämlich *Bullinger* meint, der Bund dürfe das Durchleitungsrecht bereits „kraft überwiegenden Sachzusammenhangs" mit Art. 73 Nr. 7 GG regeln,[50] leitet *Scholz* die Gesetzgebungskompetenz des Bundes aus Art. 87 f Abs. 1 u. Abs. 2 S. 1 GG i.V.m. Art. 73 Nr. 7 GG ab.[51]

Teilweise wird aber auch Art. 87 f GG allein als Kompetenznorm angesehen. Aus dieser folge zumindest eine Bundeskompetenz kraft Sachzusammenhangs, da die Unentgeltlichkeit des Wegerechts unabdingbare Voraussetzung für die Erfüllbarkeit des Infrastrukturauftrags des Bundes aus Art. 87 f Abs. 1 GG sei.[52]

Einer weiteren Meinung zufolge soll lediglich die Kompetenz des Bundes zur Regelung des Wegerechts kraft Sachzusammenhangs auf Art. 87 f GG i.V.m. Art. 73 Nr. 7 GG zu stützen sein, davon zu trennen sei jedoch die Frage der Unentgeltlichkeit. Für diese lasse sich die Bundeskompetenz aus Art. 74 Nr. 11 GG herleiten.[53]

2. Art. 73 Nr. 7 GG als mögliche Kompetenznorm

Da die Gesetzgebungskompetenzen des Bundes vom Grundgesetz abschließend aufgezählt werden (Enumerationsprinzip), ist im folgenden nach einer Kompetenznorm zu suchen, die es dem Bund erlaubt, die kostenlose Benutzung der Landes- und Gemeindestraßen zu Telekommunikationszwecken zu regeln. Als Ausgangspunkt dieser Untersuchung kommt die Vorschrift des Art. 73 Nr. 7 GG in Betracht, nach der die ausschließliche Gesetzgebung über die Telekommunikation beim Bund liegt. Um die Bundeskompetenz bejahen zu können, müßte die Auslegung ergeben, daß der Begriff der Telekommunikation im Sinne des Art. 73 Nr. 7 GG auch die Regelung der unentgeltlichen Wegebenutzung zu Telekommunikationszwecken erfaßt.

---

[49] Vgl. die Gegenäußerung der BReg zur Stellungnahme des BRats, BT-Drs. 13/4438 vom 23.04.1996, Anlage 3, S. 36.

[50] Vgl. Bullinger, Gutachten, S. 34.

[51] Vgl. Scholz, Archiv PT 1996, 95 (101 ff.). So im Ergebnis auch Etling-Ernst, TKG, § 50, Rdnr. 8; Scherer, in: Kubicek u.a. (Hrsg.), Jahrbuch Telekommunikation und Gesellschaft 1996, S. 97 (98).

[52] Schütz, NVwZ 1996, 1053 (1054 f.).

[53] Schacke/Rosin, DVBl 1997, 471 (476 ff.).

a) Grammatische Auslegung

Der grammatischen Auslegung läßt sich diesbezüglich allerdings keine eindeutige Aussage entnehmen.

Auf der einen Seite gehen Rechtsprechung und Literatur von einem engen, technikorientierten Verständnis des Begriffs Telekommunikation aus.[54] Danach werden im wesentlichen die Übertragung von Nachrichten und deren technischen Voraussetzungen erfaßt.[55] Bei Zugrundelegung dieser engen Auslegung ergibt sich zwar, daß in der überwiegend leitungsgebundenen Telekommunikation auch die Berechtigung, die öffentlichen Verkehrswege zur Leitungsverlegung zu nutzen, zu den unerläßlichen technischen Voraussetzungen der Übermittlung gehört. Ein funktionsfähiges System zur Nachrichtenübertragung erfordert insoweit eine flächendeckende Infrastruktur, die sich ohne die Benutzung der Verkehrswege kaum erreichen läßt. Allerdings stellt die Gewährung eines *unentgeltlichen* Wegerechts keine gerade dem geordneten technischen Ablauf des Betriebs der leitungsgebundenen Übermittlung dienende Regelung dar,[56] so daß die Bundeskompetenz nach der engen Wortlautauslegung nur die Regelung eines Wegerechts, nicht dagegen die Festlegung der Unentgeltlichkeit decken würde.

---

[54] Die Bezeichnung „Telekommunikation" stammt ursprünglich aus dem Französischen, vgl. Brockhaus, Enzyklopädie, Band 21, Stichwort Telekommunikation, S. 697, und wurde 1987 in Deutschland in der Telekommunikationsordnung als Oberbegriff für Telegrafie und Telefonie eingeführt, vgl. die Rechtsverordnung des Bundesministers für das Post- und Fernmeldewesen über die Bedingungen und Gebühren für die Benutzung der Einrichtungen des Fernmeldewesens (TKO) i.d.F der Bek. vom 16.07.1987, in Kraft vom 01.01.1988 bis zum 30.06.1991, BGBl. I S. 1761.

[55] Gängig sind Definitionen der Telekommunikation „...als die Übermittlung von Informationen ... mittels elektromagnetischer Schwingungen ... leitungsgebunden oder drahtlos..." (vgl. Degenhart, in: Sachs, GG, Art. 73, Rdnr. 32) bzw. als „...jede Übermittlung, jede Aussendung oder jeder Empfang von Zeichen, Signalen, Schriftzeichen, Bildern, Lauten oder Nachrichten jeder Art über Draht, Funk, optische oder andere elektromagnetische Systeme..." (Fangmann u.a., TKPR, S. 284) oder kurz als die körperlose Übermittlung von Nachrichten (gleichwohl unter Einschluß der dazu erforderlichen sachlichen und persönlichen Mittel), vgl. Windthorst, in: Sachs, GG, Art. 87 f, Rdnr. 8. Vgl. des weiteren BVerfGE 12, 205 (226); 46, 120 (144); BVerwGE 77, 128 (131); 29, 214 (215). Der Umstand, daß sich die genannten Entscheidungen noch auf den Vorgängerbegriff „Fernmeldewesen" in Art. 73 Nr. 7 GG beziehen, ist unerheblich, da mit dem Begriffswechsel zur „Telekommunikation" keine inhaltliche Änderung verbunden war, vgl. BT-Drs. 12/7269 vom 14.04.94, S. 4; Gramlich, Archiv PT 1995, 189 (194). Ebenso technikorientiert ist auch die Definition in § 3 Nr. 16 TKG. Danach „...ist Telekommunikation der technische Vorgang des Aussendens, Übermittelns und Empfangens von Nachrichten jeglicher Art in der Form von Zeichen, Sprache, Bildern oder Tönen mittels Telekommunikationsanlagen."

[56] Schacke/Rosin, DVBl 1997, 471 (473).

Auf der anderen Seite muß sich der Begriff Telekommunikation jedoch nicht in der rein technisch bezogenen Auslegung erschöpfen.[57] Denkbar ist durchaus auch ein darüber hinausgehendes -dem allgemeinen Sprachgebrauch entsprechendes- Verständnis, nach dem es sich um einen „Sammelbegriff für alle Formen der Nachrichtenübertragung mit Anlagen der Nachrichtentechnik sowie die organisatorischen Einrichtungen und rechtlichen Regelungen zur Einführung, zum Betrieb und zur Nutzung dieser Anlagen“ handelt.[58] Demzufolge genügt bereits ein bloß mittelbarer (technischer, wirtschaftlicher oder rechtlicher) Bezug zur Nachrichtenübertragung für die Zuordnung zum Begriff der Telekommunikation im Sinne des Art. 73 Nr. 7 GG. Da dieser mittelbare Bezug zur Nachrichtenübermittlung hinsichtlich der Gesamtheit der Regelungen des Leitungsrechts vorliegt, wäre die Gesetzgebungskompetenz des Bundes nach der weiten Auslegung nicht nur hinsichtlich der generellen Regelung eines Durchleitungsrechts, sondern auch im Hinblick auf die Unentgeltlichkeit der Wegebenutzung zu bejahen.

b) Systematische Auslegung

Die systematische Auslegung dient dazu, die Bedeutung einer Norm bzw. eines Begriffs in dem jeweiligen sachlichen Zusammenhang zu ermitteln.[59]

Aus der zunächst naheliegenden Heranziehung der mit Art. 73 Nr. 7 GG vergleichbaren Kompetenztitel in den Art. 73 und 74 GG[60] lassen sich jedoch keine zuverlässigen Rückschlüsse für die hier interessierende Frage ableiten, ob der Begriff Telekommunikation auch Entgeltregelungen des Bundes über die Nutzung der Verkehrswege erfaßt.[61]

Im Rahmen einer systematischen Auslegung sind allerdings auch solche Normen zu berücksichtigen, die gleiche Begriffe verwenden wie die untersuchte Norm (hier also Telekommunikation).[62]

---

[57] Pestalozza, in: v.Mangoldt/Klein, GG, Art. 73 Nr. 7, Rdnr. 466.

[58] Vgl. Brockhaus, Enzyklopädie, Band 21, Stichwort Telekommunikation, S. 697.

[59] BVerfGE 11, 126 (130); vgl. dazu auch BVerfGE 48, 246 (257).

[60] In Betracht kommen insbesondere Art. 73 Nr. 1, 6 u. 6 a GG, Art. 74 Abs. 1 Nr. 22 GG und Art. 74 Abs. 1 Nr. 11 GG i.V.m. § 12 EnWG a.F. Diese Kompetenztitel sind mit Art. 73 Nr. 7 GG vergleichbar, da sie ebenfalls einen Bezug zu einer technischen Materie aufweisen und zudem die (un-) entgeltliche Nutzung von Grund und Boden oder Luft technisch voraussetzen.

[61] Vgl. dazu die ausführlichen Überlegungen bei Schacke/Rosin, DVBl 1997, 471 (474).

[62] Geht man nämlich davon aus, daß Begriffe, die das entsprechende Gesetz an verschiedenen Stellen verwendet, sachlich übereinstimmen, so ergibt sich ein Auslegungsargument, wenn die Verwendung des Begriffs an einer Stelle klarer ist als an der anderen, vgl. Schmalz, Methodenlehre, Rdnr. 241.

(1) Heranziehung des Art. 87 f Abs. 1 GG innerhalb der systematischen Auslegung

Vor diesem Hintergrund kann auch die Vorschrift des Art. 87 f Abs. 1 GG, die ebenfalls gegenständlich und ohne näher Erläuterung die Telekommunikation erfaßt, innerhalb der systematischen Interpretation des Art. 73 Nr. 7 GG herangezogen werden.[63] Maßgeblich kommt es dabei darauf an, in welchem Zusammenhang der Begriff Telekommunikation im Rahmen des Art. 87 f Abs. 1 GG verwendet wird. Infolge des in Art. 87 f Abs. 1 GG enthaltenen Infrastruktursicherungsauftrag muß der Bund das Angebot flächendeckend angemessener und ausreichender Dienstleistungen im Bereich der Telekommunikation, d.h. die telekommunikative Grundversorgung gewährleisten. Zudem ist zu berücksichtigen, daß diese Dienstleistungen nach Art. 87 f Abs. 2 S. 1 GG als privatwirtschaftliche Tätigkeit durch die DTAG und andere private Unternehmen erbracht werden (Gebot der wettbewerbsorientierten Aufgabenprivatisierung).[64]

Der Bund wird damit als Gesetzgeber[65] verpflichtet, die Voraussetzungen dafür zu schaffen, daß es den in den Wettbewerb eintretenden Unternehmen möglich ist, die Grundversorgung mit Telekommunikationsdienstleistungen zu erbringen. Zugleich bedingt die Auferlegung einer solchen Verpflichtung aber auch, daß der Bund die Kompetenz besitzen muß, sämtliche Maßnahmen zu treffen, die zur Erfüllung dieser verfassungsrechtlichen Verpflichtung erforderlich sind.

Fraglich ist daher, ob es sich bei dem Recht zur unentgeltlichen Nutzung öffentlicher Verkehrswege zu Telekommunikationszwecken um eine in diesem Sinne erforderliche Maßnahme handelt. Mit anderen Worten ist entscheidend, ob der Infrastrukturauftrag des Bundes aus Art. 87 f Abs. 1 GG ein unentgeltliches Wegerecht unabdingbar voraussetzt.

(a) Unabdingbarkeit des Wegenutzungsrechts

Nahezu unbestritten ist die Unverzichtbarkeit des Rechts zur Verlegung der Telekommunikationslinien durch die öffentlichen Verkehrswege, da die Gewährleistung einer Grundversorgung mit Telekommunikationsdienstleistungen eine flächendeckende Infrastruktur voraussetzt.[66] Nur mit einer generellen Wegenut-

---

[63] Der Streit, ob es sich bei Art. 87 f Abs. 1 GG um einen eigenständigen Kompetenztitel (vgl. etwa Scholz, Archiv PT 1996, 95 (101); Pestalozza, in: v.Mangoldt/Klein, GG, Art. 73 Nr. 7, Rdnr. 472) handelt, oder ob der Norm rein deklaratorische Bedeutung zukommt (so Windthorst, in: Sachs, GG, Art. 87 f, Rdnr. 21), spielt in diesem Zusammenhang keine Rolle.

[64] S.o. Teil 1, D II 1 d bzw. E III 3 b.

[65] Vgl. den Wortlaut des Art. 87 f Abs. 1 GG: „Nach Maßgabe eines Bundesgesetzes...".

[66] Dies räumen auch die Gemeinden ein, vgl. Püttner, Archiv PT 1996, 307 (311 f.); Kiepe/Schirmer, in: Blümel (Hrsg.), Die Straße als Mehrzweckinstitut, S. 1 (9).

zungsberechtigung kann nämlich die Versorgung unabhängig vom Wohnort der Kunden qualitativ und quantitativ zu gleichen Bedingungen erfolgen. Anders gesagt, wäre die Erfüllung des Grundversorgungsauftrags gefährdet, wenn der Bund nicht die Möglichkeit zur Festlegung des Wegerechts besäße, da die Wegebenutzung ansonsten von der Gestattung der einzelnen Gemeinden abhinge.

Der Unabdingbarkeit des Wegerechts läßt sich auch nicht entgegenhalten, daß ein flächendeckendes Netz bereits vorhanden und die Grundversorgung faktisch nicht gefährdet ist. Zumindest der DTAG müßte (als Betreiber dieses Netzes) nämlich das Recht zur Wegenutzung zugebilligt werden, da sowohl die erforderliche Netzwartung und -ausbesserung als auch der weitere Netzausbau jeweils Eingriffe in die Straßensubstanz voraussetzen. Es ließe sich allerdings nicht mit Art. 87 f Abs. 2 S. 1 GG vereinbaren, allein der DTAG ein Wegenutzungsrecht einzuräumen. Das Gebot der wettbewerbsorientierten Aufgabenprivatisierung verpflichtet den Bund, eine Wettbewerbssituation zu schaffen und den Wettbewerb zu fördern. Von einem funktionsfähigen Wettbewerb läßt sich jedoch nur sprechen, wenn grundsätzlich für jeden potentiellen Anbieter freier Marktzutritt möglich ist und die Konkurrenten der DTAG eine alternative Netzinfrastruktur auf- bzw. ausbauen können.

Der Bund muß also die Verlegung neuer Leitungen durch Private gewährleisten, da die ansonsten bestehende Abhängigkeit der Wettbewerber von der Infrastruktur der DTAG mit wirklichem Wettbewerb unvereinbar wäre.

(b) Unabdingbarkeit der Unentgeltlichkeit der Wegenutzung

Von der bloßen Wegenutzung ist aber die Entgeltfrage abzugrenzen, d.h. es ist zu untersuchen, ob gerade auch die *Unentgeltlichkeit* der Wegenutzung für die Erfüllung des Infrastrukturauftrags des Bundes unverzichtbar ist.

Dies wird insbesondere von *Scholz* bejaht, der das Recht zur unentgeltlichen Wegenutzung als „ein unverzichtbares Mittel für den Bund zur Erfüllung seiner Pflicht, eine flächendeckende Versorgung zu gewährleisten", bezeichnet.[67] Zur Begründung führt er aus, daß die Lizenznehmer nach § 6 Abs. 1 Nr. 1 TKG als Betreiber der Telekommunikationsleitungen für die Öffentlichkeit eine wirtschaftliche Tätigkeit übernehmen, die im besonderen öffentlichen Interesse liegt, und in diesem Rahmen auch besonderen öffentlichen Bindungen, nämlich dem Regulierungsinstrumentarium nach dem TKG, unterworfen sind.[68] In diesem

---

[67] Scholz, Archiv PT 1996, 95 (102); vgl. auch BT-Drs. 13/3609 vom 30.01.1996, S. 48 f.; Schütz, in: BeckTKG-Komm, § 50, Rdnr. 3.

[68] Der Infrastrukturauftrag aus Art. 87 f Abs. 1 GG erlaubt dabei dem Bund die unmittelbare Einwirkung auf die Anbieter durch mit der Lizenzerteilung verbundenen Auflagen. Dadurch ist es möglich, alle oder einzelne (marktführende) Unternehmen zur Infrastrukturversorgung defizitärer Gebiete oder zur Finanzierung dieses Universaldienstes zu verpflichten. Wird -wie

Zusammenhang stelle das kostenlose Nutzungsrecht an den öffentlichen Wegen eine notwendige Kompensation für die Belastungen, die aus der -von Art. 87 f Abs. 2 S. 1 GG angeordneten- Einbindung der Infrastrukturlizenznehmer in den Gewährleistungsauftrag des Bundes aus Art. 87 f Abs. 1 GG folgen.[69] Zur Bestätigung führt *Scholz* die kompetentielle Parallele in Art. 87 e GG für die Eisenbahninfrastruktur an[70] und verweist auf die Rechtsprechung des Bundesverfassungsgerichts, nach der Wirtschaftsunternehmen, die für öffentliche Aufgaben in Anspruch genommen werden, ein finanzieller Ausgleich gewährt werden kann.[71] Wenn der Bund danach nämlich berechtigt sei, für die Indienstnahme einen finanziellen Ausgleich zu gewähren, so spreche dies auch für die Befugnis, das Entstehen neuartiger Kosten, die den Unternehmen auferlegt werden sollen, von Beginn an zu verhindern.

Demgegenüber argumentieren etwa *Schacke/Rosin*, daß der Infrastrukturauftrag des Bundes aus Art. 87 f Abs. 1 GG trotz der Einführung von Nutzungsentgelten erfüllt werden und infolgedessen von der Unverzichtbarkeit der Unentgeltlichkeit des Wegerechts keine Rede sein könne.[72] Zwar räumen sie zunächst ein, daß die Erhebung von Entgelten für die Neuverlegung von Telekommunikationsleitungen durchaus -im Widerspruch zu Art. 87 f Abs. 2 S. 1 GG- für neue Anbieter den Marktzutritt erschweren bzw. verhindern könne. Daraus ergebe sich aber noch nicht die Notwendigkeit, gerade ein *unentgeltliches* Wegerecht für öffentliche Verkehrswege zu gewähren. Vielmehr seien lediglich „prohibitive" Entgelte -also solche, die den Marktzutritt neuer Unternehmen aufgrund ihrer Höhe verhindern- unzulässig.[73]

---

hier- eine bestimmte wirtschaftliche Tätigkeit im öffentlichen Interesse besonderen Bindungen unterworfen, so spricht man von einer begrenzten „Indienstnahme" dieser privaten Unternehmen für öffentliche Aufgaben. Zur Indienstnahme vgl. Bullinger, Archiv PT 1998, 24 (27), unter Hinweis auf BVerfGE 68, 155 (170 ff.). Bei der Wahrnehmung hoheitlicher Aufgaben durch Private spricht man dagegen von „Beleihung".

[69] Scholz, Archiv PT 1996, 95 (101 ff.).

[70] Der Gewährleistungsauftrag des Bundes in Art. 87 f Abs. 1 GG zur flächendeckenden Grundversorgung ist in bewußter Anlehnung an den Begriff „gewährleistet" in Art. 87 e Abs. 4 GG formuliert worden, vgl. BT-Drs. 12/7269 vom 14.04.1994, S. 4; BT-Drs. 12/8108 vom 24.06.1994, S. 6. Vor diesem Hintergrund ist von Bedeutung, daß den Eisenbahnen -die ebenfalls öffentlichen Bindungen unterworfen sind- nach § 4 Eisenbahnkreuzungsgesetz das Recht gegenüber dem Baulastträger zusteht, Straßen unentgeltlich zu kreuzen.

[71] Vgl. BVerfGE 68, 155 (170); vgl. auch Windthorst, in: Sachs, GG, Art. 87 f, Rdnrn. 17, 18; sowie Bullinger, Archiv PT 1998, 24 (27), der § 6a AEG (Beförderung von Personen mit Zeitfahrausweisen des Ausbildungsverkehrs) als Beispiel anführt.

[72] Vgl. Schacke/Rosin, DVBl 1997, 471 (475). I.d.S. auch Püttner, Archiv PT 1996, 307 (311), nach dessen Ansicht die Modalitäten des Wegerechts und insbesondere die Entgeltfrage zum Straßenrecht gehören.

[73] Schacke/Rosin, DVBl 1997, 471 (475).

Der Bund sei daher aus Art. 73 Nr. 7 GG i.V.m. Art. 87 f Abs.1 GG kompetentiell befugt, neben dem Wegerecht auch den Maßstab und die Obergrenze eines Nutzungsentgelts zu regeln; dagegen erfasse die Gesetzgebungskompetenz nicht die Festlegung der Unentgeltlichkeit.

Diese Differenzierung berücksichtigt allerdings nicht den vollständigen Umfang des Infrastrukturauftrags des Bundes aus Art. 87 f Abs. 1 GG. Die Gewährleistungsverpflichtung enthält insofern -wie soeben gezeigt- in Verbindung mit Art. 87 f Abs. 2 S. 1 GG auch die Vorgabe, die gleichmäßige Versorgung durch funktionierenden Wettbewerb sicherzustellen.[74] Dieser erfordert unter dem Gesichtspunkt der Chancengleichheit, daß die neuen Marktteilnehmer gegenüber der DTAG nicht benachteiligt werden dürfen. Im Fall der Entgeltlichkeit des Wegenutzungsrechts wäre diese Chancengleichheit jedoch nicht gewahrt:

Eine entscheidende Rolle spielt dabei der Umstand, daß die DTAG als einziges Unternehmen auf ein flächendeckendes Leitungsnetz zurückgreifen kann, das noch dazu unentgeltlich errichtet wurde, da sich die DTAG bzw. deren Rechtsvorgänger stets auf das unentgeltliche Wegerecht aus § 1 TWG berufen konnten. Die Wettbewerber, die erst noch alternative Netzinfrastrukturen aufbauen müssen, wären im Falle einer entgeltlichen Wegenutzungsberechtigung also doppelt benachteiligt. Durch die Aufbürdung eines zusätzlichen Kostenfaktors in Form von Entgelten für die Leitungsverlegung würde der Preiswettbewerb zugunsten des marktbeherrschenden Unternehmens unnötig erschwert. Da der Bund verpflichtet ist, diese Schieflage hinsichtlich der Wettbewerbsbedingungen zu korrigieren, ist die Festsetzung der Unentgeltlichkeit also unter dem Aspekt chancengleichen Wettbewerbs unerläßlich.[75]

Darüber hinaus ist der Infrastrukturauftrag des Bundes aus Art. 87 f Abs. 1 GG „aus der Sicht der Nutzer" zu beurteilen,[76] d.h. die Versorgung mit Telekommunikationsdienstleistungen muß den sozialen und wirtschaftlichen Bedürfnissen der Nachfrager entsprechen und folglich möglichst preiswert sein. Die Telekommunikation ist daher nach Möglichkeit von betriebsfremden Ausgaben zu entlasten bzw. zu verschonen. Den Nutzerinteressen kann also nur ein unentgeltliches Wegerecht entsprechen, da sich dieses unmittelbar verbilligend auf die Preise der Telekommunikationsdienstleistungen auswirkt.

---

[74] S.o. Teil 2, A V 2 b (1) (a).

[75] Im übrigen würden im Fall der entgeltlichen Wegenutzung unterschiedliche Bedingungen für das Betreiben von Fest- und Funknetzen geschaffen. Mit einem Wegeentgelt würden die Betreiber von leitungsgebundenen Übertragungswegen gegenüber den leitungsunabhängigen Funknetzbetreibern zurückgesetzt.

[76] Bullinger, Gutachten, S. 27; Rottmann, Archiv PT 1994, 193 (194).

(c) Zwischenergebnis

Festzuhalten ist, daß sowohl die Berechtigung der Infrastrukturlizenznehmer zur Wegebenutzung als auch die Unentgeltlichkeit des Wegerechts unabdingbare Voraussetzungen für den Bund darstellen, seiner Infrastrukturverpflichtung aus Art. 87 f Abs. 1 (i.V.m. Abs. 2 S. 1) GG vollständig gerecht werden zu können. Die Heranziehung des Art. 87 f GG innerhalb der systematischen Auslegung des Begriffs der Telekommunikation ergibt damit, daß sich die Gesetzgebungskompetenz des Bundes aus Art. 73 Nr. 7 GG auch die Regelung der unentgeltlichen Nutzung der öffentlichen Wege in § 50 Abs. 1 S. 1 (i.V.m. Abs. 2 S. 1) TKG erstreckt.

(2) Heranziehung des Art. 143 b Abs. 1 GG innerhalb der systematisch Auslegung

Im Rahmen der systematischen Interpretation des Art. 73 Nr. 7 GG ist neben Art. 87 f Abs. 1 GG insbesondere auch Art. 143 b Abs. 1 S. 1 u. 2 GG heranzuziehen, wonach der Bund die ausschließliche Gesetzgebungskompetenz für alle sich aus der Umwandlung des Sondervermögens Deutsche Bundespost ergebenden „Angelegenheiten" hat. Insofern stellt sich die Frage, ob nicht die neue Vergabe des unentgeltlichen Wegerechts aus § 1 TWG eine solche „Angelegenheit" darstelle.[77]

Dies wäre zu bejahen, wenn die Umwandlung des Sondervermögens zu einem Regelungsbedarf in bezug auf das unentgeltlichen Wegerecht aus § 1 TWG geführt hätte. Dabei ist allerdings zu bedenken, daß sich aus Art. 143 b GG nur der Auftrag zur Organisationsprivatisierung ergab. Die Neuregelung des Wegerechts in § 50 Abs. 1 TKG fällt jedoch nicht in diesen Bereich, sondern steht in Zusammenhang mit der wettbewerbsorientierten Aufgabenprivatisierung. Art. 143 b GG allein hat lediglich erfordert, das Wegerecht auf die privatisierte DTAG zu übertragen.[78]

Die Bundeskompetenz zur Regelung des unentgeltlichen Wegerechts in § 50 Abs. 1 S. 1 TKG läßt sich daher nicht aus Art. 73 Nr. 7 i.V.m. Art. 143 b Abs. 1 GG ableiten.

---

[77] Vgl. die Überlegung bei Schacke/Rosin, DVBl 1997, 471 (475).

[78] Die Übertragung auf „das Nachfolgeunternehmen der Deutschen Bundespost Telekom" ist auch in Ausführung des Art. 143 Abs. 1 i.V.m. Ab. 2 S. 1 GG durch das Postneuordnungsgesetz erfolgt, vgl. § 1 TWG i.d.F. des Art. 8 des PTNeuOG vom 14.09.1994, BGBl. I S. 2325, ber. BGBl. 1996 I S. 103.

c) Historische Auslegung

Im Rahmen der historischen Auslegung ist zunächst einzuräumen, daß sich im Hinblick auf die (spärlichen) Motive der verfassungsgebenden Organe nicht zuverlässig sagen läßt, ob die Vorläuferbestimmungen des Art. 73 Nr. 7 GG auch die Kompetenz zur Regelung eines unentgeltlichen Wegerechts umfaßt haben.[79] Allerdings deuten die einfach-gesetzlichen Regelungen des TWG, die beinahe ein Jahrhundert lang Bestand hatten, darauf hin, daß für die Durchleitung von Telegraphen- bzw. Fernmeldelinien durch Verkehrswege bereits unter der Reichsverfassung von 1871 und unter der Weimarer Reichsverfassung eine umfassende Reichsgesetzgebungszuständigkeit anerkannt war.[80] Geht man mit dem Bundesverwaltungsgericht davon aus, daß sich die Fortgeltung des TWG als Bundesrecht aus Art. 123, 124 GG i.V.m. Art. 73 Nr. 7 GG a.F. ergab,[81] so läßt sich daraus ableiten, daß Art. 73 Nr. 7 GG a.F. eine hinreichende Kompetenzgrundlage für die Regelungen des Fernmeldeleitungsrechts und damit auch für das unentgeltliche Wegebenutzungsrecht aus § 1 TWG gebildet hat. Dies gilt auch noch für die Zeit nach der Verfassungsänderung im Rahmen der Postreform II,[82] zumal mit dem in diesem Zuge erfolgten Begriffswechsel in Art. 73 Nr. 7 GG keine inhaltliche Änderung der Bundesgesetzgebungskompetenz einhergehen sollte.[83]

Die historische Interpretation spricht damit dafür, daß die derzeitige Regelung des unentgeltlichen Wegerechts in § 50 Abs. 1 S. 1 TKG von der Gesetzgebungskompetenz des Bundes aus Art. 73 Nr. 7 GG erfaßt wird.

---

[79] Der Kompetenzbereich des Art. 73 Nr. 7 GG geht ursprünglich auf Art. 48 der Reichsverfassung vom 16.04.1871, RGBl. 71 S. 76, zurück. Danach unterlagen das Post- und Telegraphenwesen der Gesetzgebungskompetenz des Reiches (so Kilger, Die Entwicklung des Telegraphenrechts im 19. Jahrhundert, S. 92 ff. (97); nach anderer Ansicht ergibt sich die Reichskompetenz aus Art. 4 Ziff. 10 i.V.m. Art. 48 RV, vgl. Pestalozza, in: v.Mangoldt/Klein, GG, Art. 73 Nr. 7, Rdnr. 422), wobei unter Telegraphie allgemein die Übermittlung von Nachrichten ohne Ortsveränderung der daran mitwirkenden Personen und Sachen verstanden wurde (siehe dazu und zur Entstehungsgeschichte des Art. 73 Nr. 7 GG: Pestalozza, in: v.Mangoldt/Klein, GG, Art. 73 Nr. 7, Rdnrn. 422 ff. und 437 ff. (jeweils m.w.N.)). Später wies Art. 6 Nr. 7 der Reichsverfassung von 1919 dem Reich die ausschließliche Gesetzgebung über das Post- und Telegraphenwesen einschließlich des Fernsprechwesens zu. Auch nach Art. 35 Nr. 6 des Herrenchiemseer Entwurfs stand dem Bund die ausschließliche Gesetzgebungskompetenz über das Post- und Fernmeldewesen zu. Äußerungen zum Umfang des Kompetenztitels liegen allerdings nicht vor, vgl. Pestalozza, in: v.Mangoldt/Klein, GG, Art. 73 Nr. 7, Rdnrn. 443 f. (m.w.N.).

[80] Vgl. Bullinger, Gutachten, S. 34.

[81] BVerwGE 27, 253 (254); Aubert/Klingler, Fernmelderecht/Telekommunikationsrecht, S. 11, Rdnr. 9.

[82] So auch Pestalozza, in: v.Mangoldt/Klein, GG, Art. 73 Nr. 7, Rdnr. 477 a.E. (m.w.N.).

[83] Vgl. BT-Drs. 12/7269 vom 14.04.1994, S. 4.

Diesem Befund wird entgegengehalten, daß man für das unentgeltliche Wegerecht immer nur deshalb von einer Bundeskompetenz nach Art. 73 Nr. 7 GG ausgegangen sei, weil § 1 TWG eng mit dem Begriff der Post und der öffentlichen Aufgabe verknüpft war. Nach dem Wegfall aller Monopole sei dieser Bezug aber nicht mehr gegeben, da die privaten Anbieter keine öffentliche Aufgabe mehr erfüllen und nicht mehr mit dem traditionellen Begriff der Post bzw. Telekommunikation in Art. 73 Nr. 7 GG übereinstimmen würden.[84]

Diese Ansicht übersieht allerdings, daß es sich bei der Gewährleistung der Grundversorgung im Bereich der Telekommunikation weiterhin um eine im öffentlichen Interesse liegende Aufgabe handelt, was durch den Infrastruktursicherungsauftrag des Bundes aus Art. 87 f Abs. 1 GG zum Ausdruck kommt. In konsequenter Fortführung der historisch begründeten Akzessorietät zwischen dem öffentlichen Versorgungsauftrag und dem unentgeltlichen Wegerecht[85] ist das kostenlose Wegenutzungsrecht daher zunächst dem Bund einzuräumen, und sodann an die privaten Infrastrukturlizenznehmer weiterzugeben, die durch Art. 87 f Abs. 2 S. 1 GG in den Gewährleistungsauftrag des Bundes eingebunden werden und daher die öffentliche Versorgungsaufgabe operativ erfüllen.

Der Gedanke der Akzessorietät zwischen öffentlichem Versorgungsauftrag und unentgeltlichem Wegerecht gilt auch nach dem Wegfall der Monopole noch fort,[86] da die innere Rechtfertigung für das Wegerecht nicht in der formalen Monopolstellung, sondern in der öffentlichen Zweckbestimmung der Fernmeldeleitungen begründet lag.[87]

d) Teleologische Auslegung

Ausgehend von dem bereits beschriebenen technischen Verständnis des Begriffs Fernmeldewesen[88] hat das Bundesverfassungsgericht den Zweck des Art. 73 Nr. 7 GG ausschließlich darin gesehen, die einheitliche Regelung technischer Angelegenheiten zu ermöglichen.[89] Diese enge technische Zweckbestimmung ist allerdings durch Art. 87 f GG erweitert worden. In diesem Zusammenhang entspricht dem Zweck des Art. 73 Nr. 7 GG mittlerweile auch die kompetentielle Befugnis des Bundes, alle Regelungen treffen zu können, die zur Erfüllung des

---

[84] Vgl. Püttner, Archiv PT 1996, 307 (311).

[85] Vgl. dazu Scholz, Archiv PT 1996, 95 (103); s.o. Teil 2, A II 2 u. 3.

[86] A.A.: Schacke/Rosin, DVBl 1997, 471 (475).

[87] S.o. Teil 2, A II 3. Vgl. auch Fangmann u.a., TKPR, S. 296 f.

[88] S.o. Teil 2, A V 2 a.

[89] Vgl. BVerfGE 12, 205 (230).

Infrastruktursicherungsauftrags aus Art. 87 f Abs. 1 GG erforderlich sind. In Verbindung mit der aus Art. 87 f Abs. 2 S. 1 GG folgenden Pflicht des Bundes zur Schaffung funktionierenden und chancengleichen Wettbewerbs führt daher auch die teleologische Auslegung zu dem Ergebnis, daß die Gesetzgebungskompetenz des Bundes aus Art. 73 Nr. 7 GG die Regelung eines unentgeltlichen Wegerechts zu Telekommunikationszwecken erfaßt.[90]

Teilweise wird die Gesetzgebungszuständigkeit des Bundes für die Festlegung der Unentgeltlichkeit der Wegebenutzung auch mit einer Kompetenz „kraft Sachzusammenhangs"[91] begründet,[92] da ein enger Sachzusammenhang zwischen dem -jedenfalls von Art. 73 Nr. 7 GG erfaßten- Wegerecht und der Frage der Entgeltlichkeit bestehe. Für diesen Ansatz spricht immerhin, daß aus betriebswirtschaftlicher Sicht ein einheitlicher Lebenssachverhalt vorliegt, zumal die Kosten für die Verlegung von Telekommunikationslinien einen wesentlichen Faktor für den Aufbau der Netzinfrastruktur darstellen.[93]

Gegen diesen Lösungsweg (Kompetenz „kraft Sachzusammenhang") wenden sich aber *Schacke/Rosin*: Da die Regelung der Unentgeltlichkeit ihren Schwerpunkt in der Wirtschaftsförderung bzw. Wirtschaftslenkung habe und bezwecke, Marktzutrittsbarrieren abzubauen, weise sie eine größere Nähe zu dem Bereich auf, der vom „Recht der Wirtschaft" und damit vom Kompetenztitel des Art. 74 Abs. 1 Nr. 11 GG geregelt sei.[94] Einer solchen Aufspaltung der Zuständigkeiten ist jedoch zu widersprechen, obwohl es sich bei § 50 Abs. 1 S. 1 TKG in der Tat um ein wirtschaftsregulierendes Gesetz handelt.[95] Bei der Regelung der Unentgeltlichkeit handelt es sich nämlich gerade nicht um eine bloße Vorschrift des allgemeinen Wirtschaftsrechts, sondern vielmehr um eine sektorspezifische Re-

---

[90] S.o. Teil 2, A V 2 b (1).

[91] Eine solche Kompetenz wird vom Bundesverfassungsgericht anerkannt, „...wenn eine dem Bund zugewiesene Materie verständlicherweise nicht geregelt werden kann, ohne daß zugleich eine nicht ausdrücklich zugewiesene andere Materie mitgeregelt wird", st. Rspr. seit BVerfGE 3, 407 (421). Vgl. auch Jarass/Pieroth, GG, Art. 70, Rdnr. 5.

[92] Vgl. Bullinger, Gutachten, S. 33 f.; Schütz, NVwZ 1996, S. 1053 (1054).

[93] Vgl. Schacke/Rosin, DVBl 1997, 471 (476).

[94] Vgl. Schacke/Rosin, DVBl 1997, 471 (476 f.). Nach dieser Ansicht kann sich der Bund also zur Regelung der Wegebenutzung auf Art. 73 Nr. 7 GG stützen, während die Zuständigkeit zur Regelung der Unentgeltlichkeit der Durchleitung aus Art. 74 Abs. 1 Nr. 11 GG folgt. Unter das „Recht der Wirtschaft" fallen alle Normen, die das wirtschaftliche Leben und die wirtschaftliche Betätigung regeln, vgl. BVerfGE 8, 143 (148 f.); 55, 274 (308); 68, 319 (330); Jarass/Pieroth, GG, Art. 74, Rdnr. 22. Erfaßt werden insbesondere Gesetze mit wirtschaftsregulierendem- oder lenkendem Inhalt, vgl. BVerfGE 67, 256 (275); 68, 319 (330).

[95] Indem die Regelungen des § 50 Abs. 1 S. 1 i.V.m. Abs. 2 S. 1 TKG den Infrastrukturlizenznehmern das kostenlose Wegerecht an die Hand geben, stellen sie einen Bezug zur wirtschaftlichen Betätigung her und nehmen gestaltenden Einfluß auf die Wirtschaft.

gelung als Ergänzung des allgemeinen Wettbewerbsrechts,[96] die speziell auf den Bereich der Telekommunikation zugeschnitten ist und nur dort Wirkung entfaltet. Art. 73 Nr. 7 GG stellt insofern auch hinsichtlich der Unentgeltlichkeit der Wegenutzung den spezielleren Kompetenztitel im Vergleich mit Art. 74 Abs. 1 Nr. 1 GG dar.[97]

3. Ergebnis

Zusammenfassend ist festzustellen, daß sich der Bund hinsichtlich der Regelung der unentgeltlichen Wegenutzungsberechtigung zu Telekommunikationszwecken in § 50 Abs. 1 S. 1 (i.V.m. Abs. 2 S. 1) TKG auf die aus dem Kompetenztitel des Art. 73 Nr. 7 GG (i.V.m. Art. 87 f Abs. 1 u. Abs. 2 S. 1 GG) folgende Gesetzgebungszuständigkeit stützen kann.

Während die grammatische Interpretation des Begriffs Telekommunikation in Art. 73 Nr. 7 GG diesbezüglich noch keine zuverlässigen Rückschlüsse erlaubt, ergibt die systematische Auslegung, daß die Regelung des kostenlosen Wegerechts zur Erfüllung der Verpflichtungen des Bundes aus Art. 87 f Abs. 1 i.V.m. Abs. 2 S. 1 GG unabdingbar ist. Für die Gesetzgebungskompetenz des Bundes spricht auch die historische Interpretation des Art. 73 Nr. 7 GG. Aus der beinahe ein Jahrhundert lang geltenden Vorschrift des § 1 TWG läßt sich ableiten, daß die Regelung des unentgeltlichen Durchleitungsrecht für Fernmeldelinien bislang bereits von der Bundesgesetzgebungskompetenz des Art. 73 Nr. 7 GG umfaßt war. Auch der Gedanke der historisch begründeten Akzessorietät zwischen öffentlichem Versorgungsauftrag und unentgeltlichem Wegerecht weist -selbst nach dem Wegfall der Monopole- auf die Kompetenz des Bundes hin, den in den Infrastrukturauftrag aus Art. 87 f Abs. 1 GG eingebundenen Lizenznehmern eine unentgeltliche Wegenutzungsberechtigung einzuräumen. Zu diesem Ergebnis führt schließlich -infolge der durch Art. 87 f Abs. 1 i.V.m. Abs. 2 S. 1 GG erweiterten Zweckbestimmung des Art. 73 Nr. 7 GG- auch die teleologische Auslegung. Die Regelung der Unentgeltlichkeit ist auch nicht etwa isoliert auf die Kompetenznorm des Art. 74 Abs. 1 Nr. 11 GG zu stützen, da es sich um eine sektorspezifische Maßnahme auf dem Gebiet der Telekommunikation handelt und Art. 73 Nr. 7 GG insofern die speziellere Kompetenznorm darstellt.

---

[96] Begründung der Bundesregierung zum Entwurf des TKG, BT-Drs. 13/4438 vom 23.04.96, S. 1.

[97] Gegen die Aufspaltung der Zuständigkeit für die Regelung der unentgeltlichen Wegenutzung spricht im übrigen auch der Primärzweck des TKG, da es nach § 1 TKG in erster Linie um die spezifische Regulierung der Materie der Telekommunikation geht.

VI. Vereinbarkeit der unentgeltlichen Nutzungsberechtigung mit der Garantie der kommunalen Selbstverwaltung aus Art. 28 Abs. 2 GG

Art. 28 Abs. 2 S. 1 GG garantiert den Gemeinden -wie bereits gezeigt- das Recht, alle Angelegenheiten der örtlichen Gemeinschaft ohne speziellen Kompetenztitel eigenverantwortlich zu erledigen (Grundsatz der Universalität bzw. Allzuständigkeit des kommunalen Wirkungskreises).[98]

Aufgrund des in der Vorschrift enthaltenen Gesetzesvorbehalts bedarf die Selbstverwaltungsgarantie zwar der Ausgestaltung und Formung durch den Gesetzgeber;[99] allerdings darf dieser den Gemeinden eine Aufgabe mit relevantem örtlichen Charakter nur aus Gründen des Gemeininteresses, vor allem etwa dann entziehen, wenn anders die ordnungsgemäße Aufgabenerfüllung nicht sicherzustellen wäre und wenn die den Aufgabenentzug tragenden Gründe gegenüber dem in Art. 28 Abs. 2 S. 1 GG ebenfalls enthaltenen verfassungsrechtlichen Aufgabenverteilungsprinzip überwiegen.[100] Sollte mit der Regelung des unentgeltlichen Wegerechts also der Entzug einer gemeindlichen Aufgabe verbunden sein, bedürfte die Bestimmung des § 50 Abs. 1 S. 1 TKG folgerichtig einer besonderen verfassungsrechtlichen Rechtfertigung.

Da den Gemeinden zudem garantiert ist, einmal als örtliche Angelegenheiten qualifizierte Aufgaben in eigener Verantwortung zu regeln, d.h. nach eigenem Ermessen sachliche und zeitliche Prioritäten für die Aufgabenerledigung festzulegen,[101] können gesetzliche Regelungen den Schutzbereich der kommunalen Selbstverwaltungsgarantie auch dann berühren, wenn sie lediglich die Art und Weise der Aufgabenerfüllung betreffen.[102] Darüber hinaus ist zu beachten, daß Art. 28 Abs. 2 S. 1 u. 3 GG Eigenverantwortlichkeit auch in einem der Aufgabenerfüllung vorgelagerten Bereich einräumt, zu dem auch die Finanzhoheit zählt.[103] Art. 28 Abs. 2 GG gewährleistet in diesem Bereich Eigenverantwortlichkeit nicht nur bezüglich bestimmter Sachaufgaben, sondern für die gesamte Verwaltung.[104]

---

[98] S.o. Teil 1, E III 1 a.

[99] Vgl. BVerfGE 79, 127 (143); ansatzweise bereits zuvor BVerfGE 76, 107 (118).

[100] Vgl. BVerfGE 79, 127 (143, 150 ff.).

[101] S.o. Teil 1, E III 1 b.

[102] Vgl. BVerfGE 83, 363 (382).

[103] Zu nennen sind in diesem Zusammenhang auch die übrigen sog. Gemeindehoheiten, wie die Gebiets-, Organisations-, Personal-, Satzungs-, Planungs-, Finanz- und neuerdings Sparkassenhoheit, vgl. Nierhaus, in: Sachs, GG, Art. 28, Rdnr. 44.

[104] Vgl. BVerfGE 83, 363 (382); 91, 228 (236, 245).

1. Keine Betroffenheit sowohl der Daseinsvorsorge als auch der Wege- und der Planungshoheit

a) Daseinsvorsorge

Wie bereits ausführlich dargelegt, nimmt die konkurrenzwirtschaftliche Betätigung der Gemeinden in der Telekommunikation am Schutz der Selbstverwaltungsgarantie aus Art. 28 Abs. 2 S. 1 GG teil. Zum Bereich der örtlichen Daseinsvorsorge und damit zu den kommunalen Selbstverwaltungsangelegenheiten gehören konkret sowohl der eigene Aufbau und Betrieb eines alternativen lokalen Telekommunikationsnetzes als auch die Versorgung der Einwohner und die Deckung des Eigenbedarfs an Telekommunikationsdiensten durch ein gemeindliches TKU.[105] Diese Tätigkeitsfelder sind jedoch nicht Thema der Vorschrift des § 50 Abs. 1 S. 1 TKG. Insbesondere bleibt die Möglichkeit der Gemeinden, eine Lizenz nach § 8 TKG zu erwerben, um auf dem Gemeindegebiet grundstücksüberschreitende Übertragungswege, die für Telekommunikationsdienstleistungen für die Öffentlichkeit genutzt werden, selbst zu betreiben oder Sprachtelefondienst auf der Basis selbst betriebener Telekommunikationsnetze anzubieten,[106] unberührt.[107] Infolgedessen entzieht die Regelung des § 50 Abs. 1 S. 1 TKG den Gemeinden keine Aufgabe mit relevantem örtlichen Charakter auf dem Gebiet der gemeindlichen Daseinsvorsorge.

Soweit die Eigenverantwortlichkeit bei der Art und Weise der Erfüllung der genannten Aufgaben der gemeindlichen Daseinsvorsorge dadurch berührt wird, daß gemeindliche TKU ohne eine entsprechende Lizenz weder Übertragungswege zu Telekommunikationszwecken selbst betreiben, noch Sprachtelefondienst anbieten dürfen, ist darauf hinzuweisen, daß diese Beschränkung allein aus der in § 6 TKG angeordneten Lizenzpflicht folgt.[108] Folgerichtig betrifft die Regelung des kostenlosen Wegerechts in § 50 Abs. 1 S. 1 TKG den Schutzbereich der Selbstverwaltungsgarantie nicht unter dem Aspekt der Daseinsvorsorge.

b) Wegehoheit

Des weiteren wird der Schutzbereich des Art. 28 Abs. 2 S. 1 GG auch nicht unter dem Gesichtspunkt der sogenannten kommunalen Wegehoheit betroffen.

---

[105] S.o. Teil 1, E III 3.

[106] Vgl. § 6 Abs. 1 Nr. 1 bzw. Nr. 2 TKG.

[107] So auch die 2. Kammer des Zweiten Senats des BVerfG in ihrem Beschluß vom 07.01.1999 -2 BvR 929/97-, Gründe, B II 2 a.

[108] Vgl. den Beschluß der 2. Kammer des Zweiten Senats des BVerfG vom 07.01.1999 -2 BvR 929/97-, Gründe, B II 2 a.

Dabei ist zunächst darauf hinzuweisen, daß es sich bei der kommunalen Wegehoheit um eine mißverständliche Formel handelt, deren Verwendung sich infolgedessen von vornherein erheblichen Bedenken ausgesetzt sieht.[109] Diese -berechtigten- Vorbehalte können jedoch an dieser Stelle dahingestellt bleiben: Inhaltlich besteht zumindest dahingehend Einigkeit, daß die Rechtsfigur der kommunalen Wegehoheit allein die Gesamtheit der öffentlich-rechtlichen Befugnisse, die zum Zweck der Verwirklichung des Widmungszwecks in dem dem Eigentümer entzogenen Herrschaftsbereich ausgeübt werden können, erfaßt.[110] Dazu gehören insbesondere alle Aufgaben, die sich aus der öffentlich-rechtlichen Funktion der Gemeinden als Träger der Straßenbaulast und als Straßenbaubehörde ergeben, also insbesondere mit dem Bau und der Unterhaltung öffentlicher Straßen zusammenhängende Aufgaben. Dagegen werden die zivilrechtlich zu würdigenden Befugnisse der Gemeinden aus dem Wegeeigentum -wie die Entscheidung über die (entgeltliche) Einräumung von Wegerechten zur Verlegung von Versorgungsleistungen- von der kommunalen Wegehoheit nicht erfaßt.

Vor diesem Hintergrund ist maßgeblich, daß es dem Gesetzgeber mit der Bestimmung des § 50 Abs. 1 S. 1 TKG gerade nicht darum ging, die Erfüllung der gemeindlichen Aufgabe der Straßenverwaltung zu reglementieren. Geklärt werden sollte vielmehr die Problematik des Zusammentreffens von Telekommunikationslinien und öffentlichen Verkehrswegen, und zwar zugunsten der Einräumung einer unentgeltlichen Durchleitungsberechtigung. Folgerichtig betrifft die Regelung des § 50 Abs. 1 S. 1 TKG lediglich die von der kommunalen Wegehoheit nicht erfaßte zivilrechtliche Position der Gemeinden als Straßeneigentümer.

Der Schutzbereich der Selbstverwaltungsgarantie ist selbst dann nicht berührt, wenn man davon ausgeht, daß die Entscheidung über die Einräumung von Wegerechten zu Telekommunikationszwecken zumindest die Art und Weise der kommunalen Straßenverwaltung betrifft. Das Bundesverfassungsgericht hat klargestellt, daß es insoweit an der erforderlichen *spezifischen Betroffenheit* der Eigenverantwortlichkeit der Gemeinden bei der Verwaltung der Straßen fehlt,[111] da die Regelung des § 50 Abs. 1 S. 1 TKG weder unmittelbare Vorgaben für die Art und Weise der Straßenverwaltung aufstellt, noch zielgerichtet auf die Erfüllung der Aufgabe der Straßenverwaltung Einfluß nimmt.[112] Insbesondere folgt

---

[109] Vgl. dazu ausführlich Tettinger, RdE 11992, 2 (3, 10).

[110] Vgl. die Nachweise bei Tettinger, RdE 1992, 2 (3).

[111] Vgl. 2. Kammer des Zweiten Senats des BVerfG -2 BvR 929/97-, Gründe, B II 2 b.

[112] Vgl. allgemein zu den Voraussetzungen der spezifischen Betroffenheit der eigenverantwortlichen Aufgabenerfüllung BVerfGE 83, 363 (385 ff.); Beschluß der 1. Kammer des Zweiten Senats des Bundesverfassungsgerichts vom 23.09.1994 -2 BvR 1547/85-, NVwZ 1995, 370 (371).

die Betroffenheit der kommunalen Wegehoheit nach Ansicht des Gerichts nicht daraus, daß der Widmungszweck der Straßen infolge der Verlegung oder Änderung von Telekommunikationsleitungen vorübergehend beeinträchtigt werden kann.[113] Im übrigen sei angesichts der in § 52 TKG normierten Pflichten zur Rücksichtnahme auf Wegeunterhaltung und Widmungszweck fraglich, ob mögliche Beeinträchtigungen überhaupt ihrer Intensität nach die Eingriffsschwelle überschreiten würden.

Darüber noch hinaus hat das Bundesverfassungsgericht in seinem Beschluß vom 07.01.1999 angemerkt, daß die Regelung des § 50 Abs. 1 S. 1 TKG selbst unter der Voraussetzung nicht zu beanstanden wäre, daß es sich bei der Entscheidung über die (unentgeltliche) Einräumung von Wegerechten für Telekommunikationslinien um eine selbständige Verwaltungsaufgabe der Gemeinden handeln würde.[114] Dem Gesetzgeber stehe nämlich eine Einschätzungsprärogative zu, wenn er von dem verfassungsrechtlichen Aufgabenverteilungsprinzip, nach dem die Gemeinden in der Regel für die Erledigung von Aufgaben mit relevantem örtlichen Charakter zuständig sind, abweichen wolle.[115]

c) Planungshoheit

Auch soweit sich die Gemeinden durch die unentgeltliche Wegenutzungsberechtigung aus § 50 Abs. 1 S. 1 GG in ihrer Planungshoheit verletzt sehen, kann dem nicht gefolgt werden. Es trifft zwar zu, daß Art. 28 Abs. 2 S. 1 GG auch die kommunale Planungshoheit schützt;[116] allerdings wird bei einem Blick auf Art. 87 f GG deutlich, daß § 50 Abs. 1 S. 1 TKG den Schutzbereich der Selbstverwaltungsgarantie auch unter diesem Aspekt nicht berührt. Zu den Hoheitsaufgaben im Bereich der Telekommunikation, zu deren Wahrnehmung in bundeseigener Verwaltung der Bund aufgrund Art. 87 f Abs. 2 S. 2 GG verpflichtet ist,[117] gehört nämlich auch die Umsetzung des Infrastruktursicherungsauftrags des Art. 87 f Abs. 1 GG.[118] Insbesondere die Verantwortung über die Planung und Errichtung flächendeckend angemessener und ausreichender Telekommuni-

---

[113] Vgl. §§ 50 Abs. 1 S. 1, 52 TKG.

[114] Vgl. den Beschluß der 2. Kammer des Zweiten Senats des BVerfG vom 07.01.1999 -2 BvR 929/97-, Gründe, B II 2 b.

[115] Konsequenterweise kann die gesetzgeberische Entscheidung über die Aufgabenverteilung dann nur auf ihre Vertretbarkeit und das Fehlen sachfremder Erwägungen überprüft werden, vgl. BVerfGE 79, 127 (153 f.); Nierhaus, in: Sachs, GG, Art. 28, Rdnr. 54.

[116] Vgl. BVerfGE 56, 298 (312 f.); 76, 107 (118 f.); 95, 1 (26 f.); Nierhaus, in: Sachs, GG, Art. 28, Rdnr. 44.

[117] Vgl. Windthorst, in: Sachs, GG, Art. 87 f, Rdnrn. 36 ff.

[118] Vgl. BT-Drs. 12/7269 vom 14.04.1994, S. 5; Windthorst, in: Sachs, GG, Art. 87 f, Rdnr. 35; Jarass/Pieroth, GG, Art. 87 f, Rdnr. 1; Rottmann, Archiv PT 1994, 193 (195).

kationsinfrastrukturen stellt somit eine staatliche Aufgabe dar, mit der Folge, daß die Zuordnung zum Kreis der kommunalen Selbstverwaltungsangelegenheiten versperrt ist.[119] Anderenfalls würde der Infrastrukturgewährleistungsauftrag des Bundes aus Art. 87 f Abs. 1 GG konterkariert: Wären nämlich die Planungsentscheidungen konkurrierender privater TKU hinsichtlich der Verlegung von Telekommunikationslinien innerhalb der Gebietsgrenzen zum Bereich der örtlichen Aufgaben zu zählen, könnte von einer entsprechenden mittelbaren Steuerungsfunktion des Bundes keine Rede mehr sein. Infolge der Beschränkung des Infrastrukturauftrags des Bundes auf die Gewährleistungsebene[120] läßt sich lediglich die Entscheidung über die Verlegung eigener alternativer Telekommunikationslinien auf dem Gemeindegebiet durch ein gemeindliches TKU den kommunalen Selbstverwaltungsangelegenheiten zuordnen. In diesem Sinne hat auch das Bundesverfassungsgericht darauf hingewiesen, daß es kein gemeindliches Mitspracherecht zur Einflußnahme auf die (fremde) Telekommunikationsinfrastruktur innerhalb der eigenen Gebietsgrenzen gebe, da Art. 87 f Abs. 2 S. 1 GG die Entscheidungen über die Führung von Telekommunikationslinien dem hoheitlichen Zugriff entzogen und allein auf Private übertragen habe und Art. 87 f Abs. 2 S. 2 GG die verbleibenden Hoheitsaufgaben im Bereich der Telekommunikation ausnahmslos der unmittelbaren Bundesverwaltung zuordne.[121]

Darüber hinaus sei nach Auffassung des Bundesverfassungsgerichts auch hinsichtlich der gemeindlichen Bauleitplanung weder ein Aufgabenentzug ersichtlich, noch werde die Art und Weise der Erfüllung dieser Aufgabe durch die unentgeltliche Nutzungsberechtigung aus § 50 Abs. 1 S. 1 GG spezifisch betroffen. Vor diesem Hintergrund könne es dahinstehen, ob die Planungshoheit neben der Bauleitplanung überhaupt noch weitere Entscheidungen mit planerischem Charakter umfasse.[122]

2. Betroffenheit der Finanzhoheit?

Steht somit fest, daß § 50 Abs. 1 S. 1 TKG den Schutzbereich der kommunalen Selbstverwaltungsgarantie aus Art. 28 Abs. 2 S. 1 GG weder im Hinblick auf die örtliche Daseinsvorsorge, noch unter den Aspekten der kommunalen Wege- und Planungshoheit berührt, so bleibt gleichwohl zu untersuchen, ob die Regelung

---

[119] So auch die Begründung der 2. Kammer des Zweiten Senats des BVerfG im Beschluß vom 07.01.1999 -2 BvR 929/97-, Gründe, B II 2 c.

[120] S.o. Teil 1, E III 3 b.

[121] Vgl. BVerfG, Beschluß vom 07.01.1999 -2 BvR 929/97-, Gründe, B II 3 d.

[122] Vgl. den Beschluß der 2. Kammer des Zweiten Senats des BVerfG vom 07.01.1999 -2 BvR 929/97-, Gründe, B II 2 c.

der unentgeltlichen Nutzungsberechtigung etwa die durch Art. 28 Abs. 2 S. 1 u. 3 GG[123] geschützte Finanzhoheit der Gemeinden betrifft.

a) Verwaltung des eigenen Vermögens

Wie bereits dargelegt, gehen die Gemeinden in ihrer Argumentation davon aus, daß die Verwaltung des gemeindeeigenen Vermögens als kommunale Selbstverwaltungsangelegenheit zu qualifizieren sei,[124] und gelangen -insofern folgerichtig- zu dem Befund, daß Art. 28 Abs. 2 S. 1 u. 3 GG speziell auch das Recht auf fiskalische Randnutzung des gemeindlichen Straßeneigentums schütze. Konsequenterweise sei mit der Einräumung des kostenlosen Wegenutzungsrechts in § 50 Abs. 1 S. 1 TKG der Entzug einer Aufgabe mit örtlichem Charakter verbunden.

Dieser Schlußfolgerung ist jedoch bereits deshalb zu widersprechen, weil die Argumentation der Gemeinden auf einer unzutreffenden Prämisse basiert. Die Verwaltung des gemeindeeigenen Vermögens stellt nämlich nach der Rechtsprechung des Bundesverfassungsgerichts gerade keine sachliche Aufgabe der Gemeinden im Sinne von Art. 28 Abs. 2 GG dar,[125] sondern ist vielmehr dem gemeindeinternen -auf die Erfüllung bestimmter Aufgaben nicht unmittelbar bezogenen- Bereich der Eigenverantwortlichkeit der Gemeinden zuzuordnen, zu dem neben der Organisationshoheit und der Personalhoheit auch die Finanzhoheit zählt.[126]

b) Eigenverantwortliche Einnahmen- und Ausgabenwirtschaft

Grundsätzlich ist davon auszugehen, daß sich das System der Gemeindefinanzierung an der kommunalen Selbstverwaltungsgarantie orientieren und einen finanziellen Spielraum gewähren muß, der es den Gemeinden ermöglicht, sich eigene Aufgaben zu setzen und diese eigenverantwortlich zu erfüllen.[127] Vor diesem Hintergrund ist anerkannt, daß sich die Finanzhoheit auf die Befugnis der Gemeinden zu einer eigenverantwortlichen Einnahmen- und Ausgabenwirt-

---

[123] Die Bestimmung des Art. 28 Abs. 2 S. 3 GG ist mit Gesetz vom 27.10.1994, BGBl I S. 3146, neu in die Verfassung eingefügt worden.

[124] S.o. Teil 2, A IV.

[125] Vgl. BVerfGE 91, 228 (240).

[126] Vgl. den Beschluß der 2. Kammer des Zweiten Senats des BVerfG vom 07.01.1999 -2 BvR 929/97-, Gründe, B II 2 d (1), unter Hinweis auf BVerfGE 83, 363 (382); 91, 228 (236, 245).

[127] I.d.S.: S.Schmitt, Inhalt, verfassungsrechtliche Stellung und Bedeutungsgehalt der kommunalen Finanzhoheit, S. 70.

schaft im Rahmen eines gesetzlich geordneten Haushaltswesens erstreckt.[128] In diesem Zusammenhang ist auch das Recht der Gemeinden geschützt, ihr Vermögen selbständig verwalten und auch wirtschaftlich nutzen zu können.[129]

(1) Verwehrung der Erschließung einer potentiellen Einnahmequelle

Auf den ersten Blick liegt damit die Vermutung nahe, daß die Regelung des unentgeltlichen Wegerechts in § 50 Abs. 1 S. 1 TKG dieses Recht der Gemeinden zur Verwaltung und wirtschaftlichen Verwertung des Straßeneigentums beeinträchtigt:

Zwar ist einzuräumen, daß mit dem kostenlosen Durchleitungsrecht des § 50 Abs. 1 S. 1 TKG keine Auswirkungen auf eine bereits bestehende Einnahmequelle verbunden sind, da die Gemeinden zu keiner Zeit seit Inkrafttreten des Telegraphenwege-Gesetzes -also seit annähernd einhundert Jahren- ein Entgelt für die Benutzung ihrer Wege zur Verlegung von Telekommunikationslinien (nach dem früheren Sprachgebrauch Telegraphen- bzw. Fernmeldelinien) erheben konnten.[130] Konsequenzen für bestehende Einnahmequellen der Gemeinden folgen auch nicht zumindest mittelbar aus der Regelung des § 50 Abs. 1 S. 1 TKG.[131]

Darüber hinaus führt das unentgeltliche Wegerecht auch nicht zur Aufbürdung zusätzlicher Kosten zu Lasten der Gemeinden; vielmehr stellt § 50 Abs. 1 S. 1

---

[128] BVerfGE 23, 353 (365 f.); 26, 228 (244); 71, 25 (36); 83, 363 (385 f.).

[129] Beschluß der 2. Kammer des Zweiten Senats des BVerfG vom 07.01.1999 -2 BvR 929/97-, Gründe, B II 2 d (2).

[130] S.o. Teil 2, A II 2 u. 3. Steht somit fest, daß § 50 Abs. 1 S. 1 TKG den Gemeinden keine Einnahmequelle entzieht (und somit die bestehende gemeindliche Finanzausstattung nicht berührt), kommt es im vorliegenden Zusammenhang nicht auf die Frage an, ob zur kommunalen Finanzhoheit -über eine eigenverantwortliche Einnahmen- und Ausgabenwirtschaft hinaus- auch eine angemessene Finanzausstattung oder jedenfalls eine finanzielle Mindestausstattung gehört, vgl. den Beschluß der 2. Kammer des Zweiten Senats des BVerfG vom 07.01.1999 -2 BvR 929/97-, Gründe, B II 2 d (3). Während zum Teil angenommen wird, daß sich die Finanzhoheit auch auf das Recht zur aufgabenadäquaten Finanzausstattung erstrecke, vgl. VerfGH NW, NVwZ 1985, 820 (821, m.w.N.); Jarass/Pieroth, GG, Art. 28, Rdnr. 7a; Gern, Deutsches Kommunalrecht, 5. Kap., S. 121 f., Rdnr. 161 (m.w.N.), hat das BVerfG diese Frage bislang offengelassen, vgl. BVerfGE 26, 172 (181); 71, 25 (36 f.); 83, 363 (386).

[131] Die insoweit von Gemeindeseite geäußerte Befürchtung, daß mit dem unentgeltlichen Wegerecht zu Telekommunikationszwecken der Weg für einen späteren Wegfall der energierechtlichen Konzessionsabgabe geebnet sein könnte (sog. „Domino-Effekt", vgl. Giesen/Cronauge, ZKF 1996, 74 (77 f.)), hat die Bundesregierung mit der Zusicherung entkräftet, den Bestandsschutz der Konzessionsabgaben anzuerkennen, vgl. BT-Drs.13/4438 vom 23.04.1996, Anlage 3, S. 36.

TKG aus Sicht der Gemeinden eine kostenneutrale Regelung dar.[132] Insbesondere kann eine Belastung mit zusätzlichen Kosten weder mit der Pflicht der Gemeinden zur unentgeltlichen Zurverfügungstellung von Straßenland zu Telekommunikationszwecken begründet werden,[133] noch mit dem Hinweis auf eine „...Schmälerung des funktionsgebundenen Kommunaleigentums an öffentlichen Verkehrswegen ... [als sachlichem] ... Fundament der Selbstverwaltungsgarantie."[134] Der Gedanke des schonungsvollen Umgangs mit den finanziellen Grundlagen der Gemeinden kommt im übrigen auch durch das Regelungsgefüge der §§ 50 ff. TKG zum Ausdruck.[135]

---

[132] Für die Kostenneutralität der Regelung etwa auch Bullinger, Gutachten, S. 36 ff.; Spoerr/Deutsch, DVBl 1997, 300 (305).

[133] Der Argumentation von Püttner, Archiv PT 1996, 307 (316), daß § 50 Abs. 1 S. 1 TKG gegen Art. 104 a Abs. 1 GG und das bundesstaatliche System der Lastenverteilung verstoße, ist zu entnehmen, daß Püttner die Überlassung der Gemeindestraßen zur Leitungsverlegung als geldwerten Vorteil ansieht und zu den berücksichtigungsfähigen Kosten im Rahmen des Art. 104 a Abs. 1 GG zählt. Dem ist jedoch entgegenzuhalten, daß nur solche Kosten berücksichtigungsfähig sind, die von den Gemeinden nicht ohnehin als Träger der Wegebaulast zu erbringen sind oder bereits erbracht worden sind, vgl. Bullinger, Gutachten, S. 37. In diesem Sinne hat auch das BVerfG in seiner Eisenbahnkreuzungs-Entscheidung zur notwendigen Umgestaltung von Kreuzungen nur zusätzliche Kosten berücksichtigt, und die finanziellen Lasten aus der Baulastträgerschaft nicht zu den Ausgaben der Lastenverteilungsregelung gezählt, vgl. BVerfGE 26, 338 (391). Die Pflicht zur bloßen Überlassung des Straßengrundes zur Verlegung von Telekommunikationslinien stellt damit keinen Verstoß gegen Art. 104 a Abs. 1 GG dar.

[134] Vgl. den gedanklichen Ansatz von Scholz, Archiv PT 1996, 95 (108 f.), daß möglicherweise „öffentliches Zweckeigentum" an den Gemeindestraßen durch die bundesgesetzlich angeordnete Duldungspflicht gegenüber öffentlichen Telekommunikationslinien geschmälert werde. Einer solchen Überlegung ist jedoch entgegenzuhalten, daß das betreffende Durchleitungsrecht aufgrund der Regelungen der §§ 50 Abs. 1 S. 1, 52 Abs. 1, 55, 56 TKG zu keiner nennenswerten Beeinträchtigung der Verkehrsfunktion der Gemeindewege führt. Zudem sieht § 50 Abs. 1 S. 1 i.V.m. Abs. 2 S. 1 TKG keine feste Rechtsstellung in Form etwa einer öffentlich-rechtlichen oder privatrechtlichen Dienstbarkeit vor, sondern lediglich eine „Nutzungsberechtigung" und verschafft dem Berechtigten somit lediglich eine gegenüber dem Wegeeigentümer nachgeordnete Stellung, vgl. Bullinger, Gutachten, S. 38. Dies wird insbesondere im Hinblick auf § 53 Abs. 2 TKG deutlich: Danach erlischt die Nutzungsberechtigung, sobald der Verkehrsweg eingezogen wird.

[135] Die wegerechtlichen Vorschriften der §§ 50 ff. TKG sehen umfangreiche Kostenregelungen für die Durchleitung von Telekommunikationslinien vor. Wird etwa während der Arbeiten zur Leitungsverlegung die Unterhaltung des Weges erschwert, so hat der „Nutzungsberechtigte" (TKU) dem „Unterhaltungspflichtigen" (Gemeinde) die aus der Erschwerung resultierenden Kosten nach § 52 Abs. 2 TKG zu ersetzen. Zudem besteht eine verschuldensunabhängige Garantiehaftung (vgl. Etling-Ernst, TKG, § 52, Rdnr. 4) für entstandene Schäden, § 52 Abs. 3 S. 2 TKG. Des weiteren ist eine Gemeinde als Straßenbaulastträger gemäß § 52 Abs. 3 S. 1 TKG berechtigt, den Verkehrsweg nach Abschluß der Arbeiten selbst wieder instand zu setzen, und kann die Instandsetzungskosten vom Nutzungsberechtigten zurückver-

Allerdings nimmt § 50 Abs. 1 S. 1 TKG den Gemeinden durch die Einräumung des kostenlosen Wegenutzungsrechts zu Telekommunikationszwecken die Möglichkeit zur Erschließung einer potentiellen Einnahmequelle. Nach der Neustrukturierung der Telekommunikation hätten die Gemeinden nämlich -ohne die gesetzliche Regelung des unentgeltlichen Durchleitungsrechts in § 50 Abs. 1 S. 1 TKG- ihr privatrechtliches Eigentum an den Gemeindewegen auch hinsichtlich der Verlegung solcher Telekommunikationslinien, die öffentlichen Zwecken dienen, kommerziell verwerten können.[136]

(2) Keine Beeinträchtigung der Eigenverantwortlichkeit des gemeindlichen Wirtschaftens durch § 50 Abs. 1 S. 1 TKG

Bei näherer Betrachtung erscheinen aber Zweifel berechtigt, ob § 50 Abs. 1 S. 1 TKG das Recht der Gemeinden zur wirtschaftlichen Nutzung des Verwaltungsvermögens -wie es im Zusammenhang mit dem Schutz der eigenverantwortlichen Einnahmen- und Ausgabenwirtschaft gewährleistet wird- beeinträchtigt. Diese Schlußfolgerung liefe nämlich -da § 50 Abs. 1 S. 1 TKG den Gemeinden nur die Erzielung von Einnahmen durch Nutzung des Straßeneigentums (als Teil des Verwaltungsvermögens der Gemeinden) zu Telekommunikationszwecken verwehrt- im Ergebnis darauf hinaus, daß die kommunale Finanzhoheit bereits im Fall der Verwehrung einer einzelnen Einnahmequelle betroffen wäre. Konsequenz wäre damit der Schutz einzelner Vermögenspositionen durch Art. 28 Abs. 2 GG.

Soweit sich demnach die Frage stellt, in welchem Ausmaß die wirtschaftliche Nutzung des Gemeindevermögens durch die Eigenverantwortlichkeit der Einnahmen- und Ausgabenwirtschaft geschützt wird, ist zu berücksichtigen, daß die Auferlegung einzelner, kostenträchtiger Aufgaben zu Lasten der Gemeinden nach Ansicht des Bundesverfassungsgerichts die kommunale Finanzhoheit nicht betrifft.[137] Hinter dieser Rechtsprechung steht der Gedanke, daß die Gewährleistung der eigenverantwortlichen Einnahmen- und Ausgabenwirtschaft den Ge-

---

langen. Auch die weiteren kostenregelnden Vorschriften der §§ 53 Abs. 1 und 3, 54 Abs. 3, 55 Abs. 1 S. 2 und Abs. 2, 56 Abs. 2 - 4 u. 6 TKG sorgen dafür, daß dem jeweiligen Straßenbaulastträger keine finanziellen Belastungen überbürdet werden, die ursächlich durch die Kabelverlegung entstehen und über die üblicherweise aus der Straßenbaulast erwachsenden Unterhaltungskosten hinausgehen. Vielmehr wird die Kostentragungspflicht für die Durchleitung den Wegenutzungsberechtigten auferlegt, quasi als „logische[s] Gegenstück der Einräumung des unentgeltlichen Wegerechts", vgl. Etling-Ernst, TKG, § 53, Rdnr. 6.

[136] Zu den verbleibenden Möglichkeiten der Vermarktung gemeindlicher Wegerechte, s.o. Teil 1, C VIII.

[137] Vgl. den Beschluß der 1. Kammer des Zweiten Senats des BVerfG vom 27.11.1986 -2 BvR 1241/82-, NVwZ 1987, 123; und den Beschluß derselben Kammer vom 15.11.1993 -2 BvR 1199/91-, ThürVBl 1994, 83 f.

meinden lediglich die Eigenverantwortlichkeit des gemeindlichen Wirtschaftens in dem Sinne garantiere, daß ihnen das eigene Wirtschaften mit Einnahmen und Ausgaben nicht aus der Hand genommen werden dürfe.[138] Darüber hinaus folge aber aus der kommunalen Finanzhoheit gerade kein Schutz jeder einzelnen vermögenswerten Rechtsposition; vielmehr könne allein Art. 14 Abs. 1 S. 1 GG einen so weitgehenden Schutz gewähren.[139]

Infolge dieser klaren Rechtsprechung wird die Eigenverantwortlichkeit der Einnahmen- und Ausgabenwirtschaft ebensowenig durch gesetzliche Regelungen beeinträchtigt, die den Gemeinden lediglich einzelne Einnahmen entziehen oder vorenthalten, ohne die grundsätzliche Nutzbarkeit des Gemeindevermögens zu berühren.

c) Zwischenergebnis

Die Verwaltung des gemeindeeigenen Vermögens ist zwar (obwohl keine sachliche Aufgabe der Gemeinden) immerhin der kommunalen Finanzhoheit zuzuordnen, die den Gemeinden die Befugnis zu einer eigenverantwortlichen Einnahmen- und Ausgabenwirtschaft einräumt. Allerdings ist damit bloß die Eigenverantwortlichkeit des gemeindlichen Wirtschaftens in dem Sinne garantiert, daß den Gemeinden das eigene Wirtschaften mit Einnahmen und Ausgaben nicht aus der Hand genommen werden darf, während solche gesetzlichen Regelungen unbedenklich sind, die den Gemeinden lediglich einzelne Einnahmen entziehen oder vorenthalten, aber die grundsätzliche Nutzbarkeit des Gemeindevermögens nicht berühren. Folgerichtig betrifft auch die Regelung des § 50 Abs. 1 S. 1 TKG die kommunale Finanzhoheit nicht, da den Gemeinden durch die Einräumung des kostenlosen Wegenutzungsrechts zu Telekommunikationszwecken allein die Möglichkeit zur Erschließung einer potentiellen Einnahmequelle genommen wird.

3. Ergebnis

Im Ergebnis ist festzustellen, daß die Regelung des kostenlosen Wegerechts zu Telekommunikationszwecken in § 50 Abs. 1 S. 1 TKG die Garantie der kommunalen Selbstverwaltung weder unter dem Gesichtspunkt der Daseinsvorsorge, noch unter den Aspekten der kommunalen Planungs- und Finanzhoheit sowie

---

[138] Beschluß der 1. Kammer des Zweiten Senats des Bundesverfassungsgerichts vom 27.11.1986 -2 BvR 1241/82-, NVwZ 1987, 123; sowie Beschluß derselben Kammer vom 15.11.1993 -2 BvR 1199/91-, ThürVBl 1994, 83 f.

[139] Vgl. den Beschluß der 2. Kammer des Zweiten Senats vom 07.01.1999 -2 BvR 929/97-, Gründe, B II 2 d (2); sowie BVerfGE 95, 267 (300). Zur Frage, ob den Gemeinden das Eigentumsgrundrecht aus Art. 14 Abs. 1 S. 1 GG zur Seite steht, s.u. Teil 2, A VI.

der sogenannten kommunalen Wegehoheit[140] betrifft, und infolgedessen mit Art. 28 Abs. 2 GG vereinbar ist.

VII. Verletzung des Willkürverbots aus Art. 3 Abs. 1 GG?

Vor dem Hintergrund, daß den Betreibern anderer Versorgungsleitungen (Elektrizität, Gas, Wasser und Mineralöl) kein unentgeltliches Benutzungsrecht an öffentlichen Wegen eingeräumt wird, und die genannten Versorgungsleitungen die öffentlichen Verkehrswege noch nicht einmal unentgeltlich kreuzen dürfen,[141] könnte das unentgeltliche Wegerecht zu Telekommunikationszwecken aus § 50 Abs. 1 TKG willkürlich sein und damit gegen das Gleichheitsgebot des Art. 3 Abs. 1 GG verstoßen.

Da der Schutzbereich des Art. 3 Abs. 1 GG betroffen ist, wenn ohne sachlichen Grund wesentlich Gleiches ungleich bzw. wesentlich Ungleiches gleich behandelt wird,[142] bildet die Vergleichbarkeit der Lizenznehmer nach § 6 Abs. 1 Nr. 1 TKG mit den Betreibern anderer leitungsgebundener Übertragungswege[143] die Grundvoraussetzung, um in der Regelung des § 50 Abs. 1 S. 1 i.V.m. Abs. 2 S. 1 TKG eine ungerechtfertigte Privilegierung zu erblicken.

Für die Vergleichbarkeit läßt sich zunächst anführen, daß Versorgungsleitungen -unabhängig von der Organisationsform und den Eigentumsverhältnissen des Betreiberunternehmens- grundsätzlich als gemeinwohlorientiert anerkannt werden, wenn sie der öffentlichen Versorgung mit existenzwichtigen Gütern dienen und rechtlich entsprechenden Infrastrukturbelastungen unterliegen.[144] Dies trifft auf die neben der Versorgung mit Telekommunikation auch auf die Versorgung

---

[140] Zu den Bedenken gegen die Verwendung der Formel der kommunalen Wegehoheit siehe bereits oben Teil 2, A VI 1 b.

[141] Vgl. Bullinger, Archiv PT 1998, 24 (28).

[142] Vgl. BVerfGE 1, 14 (52); 4, 143 (155); 27, 364 (371 f.); 46, 55 (62); 72, 141 (150); 76, 256 (329); 78, 249 (287); 84, 133 (157 f.).

[143] Zum Teil wird der Kreis der Vergleichsgruppe nicht auf die Energieversorgungsunternehmen beschränkt, sondern auf alle übrigen Straßennutzer, wie z.B. Werbefirmen und Straßencafes, ausgedehnt, vgl. Kiepe/Schirmer, in: Blümel (Hrsg.), Die Straße als Mehrzweckinstitut, 1 (8). Am Betrieb von Versorgungsleitungen als maßgebliches Vergleichskriterium sollte allerdings festgehalten werden, so daß die übrigen Nutzungsarten im vorliegenden Zusammenhang keine Rolle spielen.

[144] Vgl. Bullinger, Archiv PT 1998, 24 (28).

mit Wasser, Elektrizität und Gas zu, da es sich um existenzwichtige Güter handelt und jeweils auch gemeinwohlorientierte Bindungen zu beachten sind.[145]

Hinsichtlich der Verlegung von Mineralölfernleitungen besteht dagegen von vornherein nur ein geringes Allgemeininteresse, zumal der Transport von Mineralöl auch durch andere Verkehrsträger durchgeführt werden kann.[146] Zudem unterliegen die Betreiber von Mineralölfernleitungen, im Gegensatz zu den übrigen Betreibern von Leitungstransportwegen, keinen Gemeinwohlbindungen.[147] Wegen dieser unterschiedlichen Vorgaben hinsichtlich der Infrastrukturbelastungen sind daher zunächst die Betreiber von Mineralölfernleitungen nicht mit den Betreibern von Übertragungswegen zu Telekommunikationszwecken vergleichbar. Eine unterschiedliche Behandlung in Bezug auf die Einräumung von Nutzungsrechten an öffentlichen Verkehrswegen ist insoweit gerechtfertigt.

Nichts anderes gilt im Ergebnis aber auch hinsichtlich der Betreiber der übrigen Versorgungsleitungen; insoweit scheitert die notwendige Vergleichbarkeit daran, daß die Bereiche der Energie- und Wasserversorgung grundlegend anders strukturiert sind als der Telekommunikationssektor.

Der Umstand, daß im Bereich der kommunalen Energie- und Wasserversorgung zu keiner Zeit ein (mit § 50 Abs. 1 S. 1 TKG bzw. § 1 TWG vergleichbares) gesetzliches Recht auf unentgeltliche Benutzung der öffentlichen Verkehrswege zur Leitungsverlegung eingeräumt worden ist,[148] geht neben historisch-politischen Gegebenheiten im wesentlichen auf die gemeinderechtlichen Positionen in den genannten Versorgungsbereichen zurück. Die Versorgung der Gemeindeeinwohner mit Energie und Wasser gehört mit der Folge zum Bereich der lokalen Daseinsvorsorge, daß es sich um Versorgungsleistungen handelt, die von den Gemeinden eigenverantwortlich erledigt werden müssen.[149] Der aus der Eigenverantwortung resultierenden Versorgungspflicht können die Gemeinden nachkommen, indem sie die Energie- und Wasserversorgung selbst übernehmen oder die Versorgungspflicht im Rahmen von Konzessionsverträgen auf dritte

---

[145] Vgl. etwa die in § 10 EnWG festgelegte allgemeine Anschluß- und Versorgungspflicht der Energieversorgungsunternehmen für Gemeindegebiete, in denen sie die allgemeine Versorgung von Letztverbrauchern durchführen.

[146] Bullinger, Die Mineralölfernleitungen, S. 42.

[147] Bullinger, Die Mineralölfernleitungen, S. 38 ff.; ders., Archiv PT 1998, 24 (28); Scholz, Archiv PT 1996, 95 (109 f.). Zu den angesprochenen öffentlichen Lasten zählen etwa Anschluß-, Beförderungs- und Benutzungspflichten gegenüber Dritten.

[148] Bullinger, Archiv PT 1998, 24 (28).

[149] BVerfG NJW 1975, 255; 1990, 1783; BVerwGE 98, 273 (275); BGH ZIP 1997, 993 (996); Britz, Örtliche Energieversorgung nach nationalem und europäischen Recht, S. 77 ff., 150, 377; Cronauge, Das neue Konzessionsabgabenrecht, S. 9 (m.w.N.); Tettinger, RdE 1992, 2 (10); Scholz, Archiv PT 1996, 95 (110, m.w.N.); Wieland/Hellermann, DVBl 1996, 401 (406); Twickel, NJW-CoR 1996, S. 226 (229); Schütz, NVwZ 1996, 1053 (1057).

Versorgungsunternehmen übertragen. Mit anderen Worten steht ihnen das *Entscheidungsrecht über die Eigen- oder Fremdversorgung* zu.[150] Hinsichtlich der örtlichen Energieversorgung besteht dieses gemeindliche Bestimmungsrecht -zumindest eingeschränkt- auch nach der Neuregelung des Energiewirtschaftsrechts[151] fort: Zwar wurde im Zuge der Neustrukturierung des Energiewirtschaftsrechts die wettbewerbsrechtliche Ausnahmestellung der Energieversorgungsunternehmen, die bis dahin nach § 103 Abs. 1 GWB vom Kartellverbot des § 1 GWB und den weiteren Beschränkungen der §§ 15, 18 GWB freigestellt waren, beendet.[152] Infolgedessen können Gemeinden und Versorgungsunternehmen keine Konzessionsverträge mit Ausschließlichkeitsvereinbarungen hinsichtlich des Leitungsbaus mehr treffen, so daß die Möglichkeit zur Begründung örtlicher Gebietsmonopole entfallen ist. Allerdings sind die Gemeinden entsprechend dem Alleinversorgungskonzept des neuen Energiewirtschaftsrechts nach wie vor berechtigt, entweder die örtliche Energieversorgung selbst zu übernehmen oder das Energieversorgungsunternehmen zu bestimmen, welches die Allgemeinversorgung durchführen soll.[153] Um zusammenzufassen, bildet das Bestimmungsrecht der Gemeinden über die örtliche Energie- und Wasserversorgung die wesentliche Ursache dafür, daß in diesen Versorgungsbereichen bislang noch kein gesetzliches Recht zur unentgeltlichen Benutzung öffentlicher Wege formuliert worden ist.[154]

Eine mit diesem Bestimmungsrecht vergleichbare Entscheidungskompetenz der Gemeinden ist dagegen für den Bereich der örtlichen Versorgung mit Telekom-

---

[150] Vgl. dazu Scholz, Archiv PT 1996, 95 (110, m.w.N.); zur Verantwortung der Gemeinden für die Energieversorgung ihrer Einwohner als Schutzgegenstand der Selbstverwaltungsgarantie vgl. Evers, Das Recht der Energieversorgung, S. 88 f.; Scholz, Gemeindliche Gebietsreform und regionale Energieversorgung, S. 37 ff.; zumindest hinsichtlich der örtlichen Stromverteilung Tettinger., NWVBl 1989, 1 (2). Zum Bestimmungsrecht hinsichtlich der örtlichen Stromversorgung vgl. Ossenbühl, ET 1997, 773 (775 f.), unter Hinweis auf einen entwicklungshistorischen Befund des BVerwG, RdE 1995, 240 (241): „Wie auch immer die örtliche Stromversorgung durchgeführt wird, so unterfällt jedenfalls die Entscheidung hierüber der gemeindlichen Selbstverwaltung. Das genügt, um die örtliche Stromversorgung zu den Angelegenheiten der örtlichen Gemeinschaft zu rechnen.“

[151] Vgl. das Gesetz über die Elektrizitäts- und Gasversorgung (Energiewirtschaftsgesetz - EnWG) i.d.F. von Artikel 1 des Gesetzes zur Neuregelung des Energiewirtschaftsrechts vom 24.04.1998, BGBl I S. 730.

[152] Vgl. § 103 b GWB, neu eingefügt durch Art. 2 des Gesetzes zur Neuregelung des Energiewirtschaftsrechts vom 24.04.1998, BGBl I S. 730.

[153] Vgl. insbesondere §§ 10, 13, 14 EnWG. Aufgrund der Leitungsgebundenheit der Energieversorgung ist zu erwarten, daß es auch nach der Energierechtsreform vielerorts zumindest faktisch bei der Monopolposition der Energieversorgungsunternehmen gegenüber den Abnehmern in einer Gemeinde bleibt, vgl. Ossenbühl, ET 1997, 773 (776).

[154] Vgl. Scholz, Archiv PT 1996, 95 (110, m.w.N.).

munikation nicht ersichtlich. Es trifft zwar zu, daß die gemeindewirtschaftliche Betätigung in der Telekommunikation grundsätzlich am Schutz der kommunalen Selbstverwaltungsgarantie aus Art. 28 Abs. 2 S. 1 GG teilnimmt. Konkret gehören insoweit der eigene Aufbau und Betrieb eines alternativen lokalen Telekommunikationsnetzes, als auch die Versorgung der Einwohner und die Deckung des Eigenbedarfs an Telekommunikationsdiensten durch ein gemeindliches TKU zum Bereich der örtlichen Daseinsvorsorge und damit zu den kommunalen Selbstverwaltungsangelegenheiten. Allerdings läßt sich aus dieser Zuordnung gerade keine Verpflichtung der Gemeinden ableiten, gleichsam als Gewährsträger die Versorgung der Gemeindeeinwohner mit Telekommunikationsdienstleistungen sicherzustellen. Eine solche Rolle läßt der Infrastruktursicherungsauftrag aus Art. 87 f Abs. 1 GG, durch den die Verantwortung zur Sicherstellung der Grundversorgung mit Telekommunikation dem Bund übertragen wird, nicht zu. Konsequenterweise stehen die Gemeinden auch nicht -wie im Fall der Energie- und Wasserversorgung- vor der Entscheidung, ob sie die (Allgemein-) Versorgung der Einwohner mit Telekommunikation selbst übernehmen oder auf einen Dritten übertragen wollen; vielmehr steht ihnen allein ein *Entscheidungsrecht über die Aufnahme einer eigenen konkurrenzwirtschaftlichen Versorgungstätigkeit* neben anderen Wettbewerbern zu.[155] Konkurrierende private TKU, die sich innerhalb des Gebiets einer bestimmten Gemeinde betätigen, nehmen aus diesem Grund nicht zugleich eine Selbstverwaltungsangelegenheit der betreffenden Gemeinde wahr; Energieversorger dagegen, die die Allgemeinversorgung der Gemeindeeinwohner übernommen haben, erfüllen eine Aufgabe der örtlichen Daseinsvorsorge.

Im Ergebnis mangelt es infolge dieser grundlegenden strukturellen Unterschiede an einer verfassungsrechtlich relevanten Vergleichbarkeit zwischen dem Telekommunikationssektor und den Bereichen der Energie- und Wasserversorgung. Die Regelung der Unentgeltlichkeit der Benutzung öffentlicher Wege zu Telekommunikationszwecken § 50 Abs. 1 S. 1 i.V.m. Abs. 2 S. 1 TKG stellt damit keine willkürliche Privilegierung der Betreiber von Telekommunikationsleitungen dar und verstößt somit nicht gegen den allgemeinen Gleichheitssatz aus Art. 3 Abs. 1 GG.[156]

Gegen diesen Befund spricht im übrigen auch nicht der Hinweis auf die von Energieversorgungsunternehmen im Rahmen von Konzessionsverträgen gezahlte sogenannte Konzessionsabgabe. Dieses Entgelt stellte nämlich bis zum Wegfall der Gebietsmonopole nicht bloß eine Gegenleistung für die Benutzung der im kommunalen Eigentum befindlichen Verkehrswege dar, sondern darüber

155 S.o. Teil 1, E III 3.

156 So im Ergebnis auch Schütz, in: BeckTKG-Komm, § 50, Rdnr. 7; ders., NVwZ 1996, 1053 (1057); Scholz, Archiv PT 1996, 95 (111); Twickel, NJW-CoR 1996, S. 226 (229).

hinaus ein Äquivalent für die Einräumung von Ausschließlichkeitsrechten.[157] Auch nach der Energierechtsreform wird mit der Konzessionsabgabe nicht nur die Wegebenutzung abgegolten, sondern zudem die Einräumung des Rechts zur Allgemeinversorgung der Einwohner durch die Gemeinde bzw. deren Verzicht auf die eigene Übernahme der Allgemeinversorgung. Demgegenüber wird den Telekommunikationsunternehmen, die Inhaber einer Infrastrukturlizenz sind, durch § 50 Abs. 1 S. 1 i.V.m. Abs. 2 S. 1 TKG lediglich ein -wirtschaftlich weniger wertvolles- Wegebenutzungsrecht eingeräumt, d.h. Versorgungsrechte werden nicht erteilt.

VIII. Verletzung der Eigentumsfreiheit aus Art. 14 Abs. 1 S. 1 GG?

Da auch an den öffentlichen Verkehrswegen in der Regel privatrechtliches Eigentum besteht, ist grundsätzlich denkbar, daß es sich bei der Übertragung des unentgeltlichen Wegerechts auf private Telekommunikationsunternehmen nach § 50 Abs. 1 S. 1 i.V.m. Abs. 2 S. 1 TKG um eine entschädigungspflichtige Enteignung (der öffentlichen Wegeeigentümer) zugunsten Privater handelt. Soweit gemeindliches Wegeeigentum betroffen ist, stellt sich insofern die Frage, ob die Gemeinden die Beeinträchtigung von Grundrechtspositionen aus der Eigentumsgarantie des Art. 14 Abs. 1 S. 1 GG geltend machen können.

Weiterführenden Überlegungen in diese Richtung steht allerdings von vornherein entgegen, daß die Gemeinden in ihrer Eigenschaft als Träger öffentlicher Gewalt prinzipiell nicht grundrechtsberechtigt, sondern grundrechtsverpflichtet sind.[158] Dementsprechend kommen sie nach der Rechtsprechung des Bundesverfassungsgerichts und der herrschenden Auffassung im Schrifttum nicht in den Genuß des Eigentumsgrundrechts,[159] auch nicht im Hinblick auf das Eigentum an Straßen und Wegen.[160]

---

[157] H.M., vgl. BVerfGE 86, 148 (226); Wieland, Die Konzessionsabgaben, S. 381; Bullinger, Gutachten, S. 41; ders., Archiv PT 1998, 24 (28); Schütz, in: BeckTKG-Komm, § 50, Rdnr. 7; Lammich, TKG, § 50, Rdnr. 5; Britz, Örtliche Energieversorgung nach nationalem und europäischen Recht, S. 106 (m.w.N.); Gern, Deutsches Kommunalrecht, 14. Kap., S. 414, Rdnr. 676; Twickel, NJW-CoR 1996, 226 (229); Tettinger, DVBl 1991, 786 (787).

[158] Allgemeine Ansicht, vgl. nur BVerfGE 61, 82 (101, 105); Jarass/Pieroth, GG, Art. 19, Rdnr. 16, Art. 1, Rdnr. 15; Bullinger, Gutachten, Zusammenfassung S. 2; Schütz, in: BeckTKG-Komm, § 50, Rdnr. 7 (m.w.N.); ders., NVwZ 1996, 1053 (1057).

[159] Vgl. nur BVerfGE 61, 82 (105, 108, m.w.N.); Papier, in: Maunz/Dürig, Komm. z. GG, Art. 14, Rdnr. 104 (m.w.N.); Bullinger, Gutachten, S. 18; ders., Archiv PT 1998, 24 (31); Schütz, in: BeckTKG-Komm, § 50, Rdnr. 7; ders., NVwZ 1996, 1053 (1057); Etling-Ernst, TKG, § 50, Rdnr. 13; Fangmann, Das neue TKG, S. 202; Twickel, NJW-CoR 1996, 226

Zwar sind Ausnahmen vom Grundsatz der mangelnden Grundrechtsgeltung für juristische Personen des öffentlichen Rechts anerkannt, so etwa wenn die entsprechende Körperschaft oder Anstalt des öffentlichen Rechts einem durch bestimmte Grundrechte geschützten Lebensbereich zugeordnet wird bzw. den Bürgern auch zur Verwirklichung ihrer individuellen Grundrechte dient,[161] d.h. wenn es sich um eine Erscheinungsform korporativer Grundrechtsentfaltung handelt.[162] Das private Eigentum wird allerdings gerade nicht typischerweise im Rahmen einer öffentlich-rechtlichen Körperschaft ausgeübt und von ihr gewährleistet.[163] Zudem handelt es sich bei den Gemeinden nicht um vom Staat unabhängige oder zumindest distanzierte Einrichtungen; vielmehr sind diese als Träger öffentlicher Gewalt und Teil der vollziehenden Gewalt im Sinne der Art. 1 Abs. 3, 20 Abs. 3 GG -trotz der Gewährleistung des Selbstverwaltungsrechts- selbst „ein Stück Staat",[164] und können damit nicht der korporativen Grundrechtsentfaltung dienen. Ein Abweichen vom Grundsatz der mangelnden Grundrechtsgeltung ist daher nicht begründet.

Die Berufung auf den Schutz der Eigentumsgarantie des Art. 14 Abs. 1 S. 1 GG muß (den Gemeinden) insbesondere dann versagt werden, wenn es um Eigentum geht, das -wie die Verkehrswege- öffentlichen Zwecken dient.[165]

---

(229); Schacke/Rosin, DVBl 1997, 471 (478); a.A.: Pieroth/Schlink, Grundrechte, Rdnrn. 154 ff. (163 ff.); so auch für den Bereich fiskalischer Tätigkeiten: BayVerfGH, NVwZ 1985, 260; zur weiteren Kritik an der Rechtsprechung des Bundesverfassungsgerichts, vgl. die Nachweise bei Krüger, in: Sachs, GG, Art. 19, Fn. 191.

[160] Püttner, Der Städtetag 1990, 877 (880); bezogen auf landwirtschaftlich genutztes Gemeindegrundeigentum: BVerfGE 61, 82 (105 ff.).

[161] Vgl. BVerfGE 61, 82 (102, m.w.N.); Krüger, in: Sachs, GG, Art. 19 Rdnr. 83.

[162] Vgl. Scholz, Archiv PT 1996, 95 (105). Anerkannt wurde die Grundrechtsgeltung bereits für die öffentlich-rechtlichen Rundfunkanstalten hinsichtlich Art. 5 Abs. 1 S. 2 GG (vgl. BVerfGE 31, 314 (322); 34, 160 (162); 35, 202 (223); 59, 231 (254 f.); 61, 82 (102); 83, 238 (295 f.)) und für die Universitäten hinsichtlich Art. 5 Abs. 3 GG (vgl. BVerfGE 15, 256 (262); 31, 314 (322); 61, 82 (102)), wobei die Berufung auf weitere Grundrechte ausgeschlossen ist. Darüber hinaus sind auch die gemäß Art. 137 Abs. 5 WRV i.V.m. Art. 140 GG als Körperschaften des öffentlichen Rechts organisierten, aber dennoch vom staatlichen Bereich distanzierten, Religions- und Weltanschauungsgemeinschaften Grundrechtsträger (vgl. BVerfGE 19, 1 (5); 30, 112 (119 f.); 42, 312 (321 f.); 61, 82 (102); 70, 138 (160 f.)) und können sich u.a. auf Art. 14 Abs. 1 GG berufen. Den genannten Ausnahmefällen ist gemeinsam, daß die jeweilige öffentlich-rechtliche Einrichtung als „Sachwalter" des Einzelnen bei der Verwirklichung seiner individuellen Grundrechte fungiert, vgl. BVerfGE 61, 82 (103).

[163] Vgl. Bullinger, Archiv PT 1998, 24 (31).

[164] BVerfGE 73, 118 (191); so auch Nierhaus, in: Sachs, GG, Art. 28, Rdnr. 31.

[165] Entgegen der Rechtsprechung des BVerfG billigt der BayVerfGH den Gemeinden den Schutz der Eigentumsgarantie der bayerischen Verfassung zumindest dann zu, wenn Sacheigentum betroffen ist, das nicht unmittelbar der Erfüllung öffentlicher Aufgaben dient und in-

Speziell im Hinblick auf das Eigentum öffentlich-rechtlicher Körperschaften an Verkehrswegen ist überdies zu berücksichtigen, daß dieses gegenüber der öffentlichen Zweckbestimmung der Verkehrswege zunehmend an Bedeutung verliert.[166] Infolge der lediglich dienenden Funktion des Straßeneigentums im Verhältnis zur Wegebaulastträgerschaft[167] kommt es etwa allein auf die Funktion der Gemeinden als Träger der Straßenbaulast an,[168] wenn Wegebaulastträgerschaft und Wegeeigentum in Hand der Gemeinde zusammenfallen, wie dies regelmäßig der Fall ist.[169] Dementsprechend kann auch -wie von den neueren straßenrechtlichen Regelungen vorsehen- das Eigentum an öffentlichen Straßen bei einem Wechsel des Trägers der Straßenbaulast entschädigungslos auf den neuen Träger übergehen.[170]

Zusammenfassend ist festzustellen, daß im Eigentum der Gemeinden befindliche Sachen aufgrund der mangelnden Grundrechtsgeltung durchaus zur Erreichung gesetzgeberischer Ziele in Anspruch genommen werden können, ohne einen Verstoß gegen Art. 14 Abs. 1 GG zu begründen. Ein entsprechender Grundrechtsschutz wird folglich auch durch das unentgeltlichen Wegebenutzungsrechts nicht ausgelöst, so daß die Regelung des § 50 Abs. 1 TKG im Zusammenhang mit dem Eigentumsgrundrecht keiner verfassungsrechtlichen Rechtfertigung bedarf.

---

folgedessen nicht dem staatlichen Bereich zuzuordnen sei, vgl. BayVerfGH, NVwZ 1985, 260 (261 f.).

[166] Vgl. Bullinger, Archiv PT 1998, 24 (31 f., m.w.N. in Fn. 53).

[167] Vgl. dazu Bullinger, Gutachten, S. 35.

[168] Vgl. Tettinger, RdE 1992, 2 (8 f.).

[169] Die Gemeinden sind nach den entsprechenden landesrechtlichen Vorschriften Träger der Straßenbaulast für die Gemeindestraßen und z. T. auch für die Ortsdurchfahrten, vgl. auch § 5 Abs. 2 - 4 FStrG; zur Straßenbaulastträgerschaft der Gemeinden allgemein, vgl. Krämer, in: Kodal/Krämer, Straßenrecht, 13. Kap., Rdnrn. 9 ff. und 30 ff. Im Fall des vorübergehenden Auseinanderfallens von Baulast und Eigentum stehen dem Träger der Straßenbaulast bereits die Eigentümerbefugnisse zu, während das dauerhafte Auseinanderfallen die seltene Ausnahme bildet, vgl. Tettinger, RdE 1992, 2 (5 ff. (7, 8)).

[170] Vgl. etwa §§ 6 Abs. 1 FernStrG; 10 Abs. 1 StrWG NW.

B. Die Regelungen zur Erteilung der Zustimmung zur Verlegung bzw. Änderung von Telekommunikationslinien: Verfassungsmäßigkeit des § 50 Abs. 3 u. 4 TKG?

I. Einleitung

Neben der unentgeltlichen Wegenutzungsberechtigung aus § 50 Abs. 1 S. 1 TKG waren auch die Bestimmungen des § 50 Abs. 3 u. 4 TKG über die Erteilung der Zustimmung zur Verlegung oder Änderung von Telekommunikationslinien durch den Wegebaulastträger bzw. die Regulierungsbehörde heftig umstritten. Die Vereinbarkeit des § 50 Abs. 3 u. 4 TKG mit der kommunalen Selbstverwaltungsgarantie aus Art. 28 Abs. 2 GG steht allerdings mittlerweile fest, da die Regelungen über die Zustimmungserteilung ebenfalls Gegenstand der bereits angesprochenen -vom Bundesverfassungsgericht nicht zur Entscheidung angenommenen- Kommunalverfassungsbeschwerde waren.[171] Gleichwohl soll -zumal der Frage der Verfassungskonformität der Regelungen des § 50 Abs. 3 u. 4 TKG im Hinblick auf die Verwaltungspraxis der Gemeinden große Relevanz zukommt- nicht darauf verzichtet werden, zum einen die maßgeblichen Erwägungen zu skizzieren, auf die sich das Bundesverfassungsgericht in dem genannten Beschluß gestützt hat, und zum anderen auch auf diejenigen Aspekte einzugehen, die nach Ansicht der Gemeinden -über Art.28 Abs. 2 GG hinaus- die Verfassungswidrigkeit des § 50 Abs. 3 u. 4 TKG begründen.

II. Standpunkt der Gemeinden: Verfassungswidrigkeit der Regelungen des § 50 Abs. 3 u. 4 TKG

Die Gemeinden berufen sich in erster Linie auf die Verletzung der kommunalen Selbstverwaltungsgarantie, da durch die Regelungen des § 50 Abs. 3 u. 4 TKG keine hinreichende Beteiligung an den Entscheidungen über die Verlegung von Telekommunikationsinfrastrukturen auf dem eigenen Gemeindegebiet sichergestellt sei.[172] Auf diese Weise werde die -durch Art. 28 Abs. 2 GG geschützte- kommunale Planungshoheit beeinträchtigt, die das Recht der Gemeinden auf

---

[171] Vgl. den Beschluß der 2. Kammer des Zweiten Senats des BVerfG vom 07.01.1999 -2 BvR 929/97-, Gründe, B II 3. Siehe auch oben Teil 1, A V 1.

[172] Zum Standpunkt der Gemeinden vgl. insbesondere Kiepe/Schirmer, in: Blümel (Hrsg.), Die Straße als Mehrzweckinstitut, S. 1 (10 ff.); sowie die Darstellung der gemeindlichen Argumentationslinie im Beschluß des BVerfG vom 07.01.1999 -2 BvR 929/97-, Gründe, A II 2.

formelle und materielle Beteiligung an solchen Planungsentscheidungen gewährleiste, also das Recht auf Anhörung und Berücksichtigung der gemeindlichen Interessen.

Die Gemeinden argumentieren zunächst, daß ein Verstoß gegen die Planungshoheit -ungeachtet dessen, daß § 50 Abs. 3 S. 1 TKG die Verlegung neuer bzw. Änderung vorhandener Telekommunikationslinien an die Zustimmung der Wegebaulastträger[173] knüpft- vorliege, da die Vorschrift des § 50 Abs. 3 TKG die Beteiligung der Gemeinden zugleich auf technische Fragen beschränke. Dies reiche aber zur Wahrung der verfassungsrechtlich garantierten Beteiligungsrechte nicht aus; vielmehr stehe den Gemeinden das Recht zu, etwa auch die Linienführung und Verlegungstiefe von Telekommunikationslinien beeinflussen zu können, da hiervon gemeindliche Folgeentscheidungen abhingen.

Noch offensichtlicher sei die Beeinträchtigung der kommunalen Planungshoheit im Fall des Zuständigkeitswechsels nach § 50 Abs. 4 TKG: Indem diese Vorschrift unter bestimmten Voraussetzungen zur Erteilung der Zustimmung nach § 50 Abs. 3 TKG die Zuständigkeit der Regulierungsbehörde (an der Stelle des Wegebaulastträgers, also der Gemeinde) anordne, werde die Beteiligung der Gemeinden an entsprechenden Infrastrukturentscheidungen innerhalb der eigenen Gebietsgrenzen gänzlich ausgeschlossen. Dadurch werde nicht allein das Recht auf Berücksichtigung der gemeindlichen Interessen, sondern bereits das Anhörungsrecht mißachtet. Die Zuständigkeit für die Zustimmungserteilung sei infolgedessen bei dem Träger der Wegebaulast zu belassen.

Über die Verletzung der kommunalen Selbstverwaltungsgarantie hinaus haben die Gemeinden auch geltend gemacht, daß der in § 50 Abs. 4 TKG ausnahmsweise angeordnete Zuständigkeitswechsel auf die Regulierungsbehörde gegen das Verbot der Mischverwaltung verstoße, da im Regelfall die Länder und Gemeinden zur Zustimmungserteilung nach § 50 Abs. 3 TKG zuständig seien. Im übrigen sei die Zuständigkeit der Regulierungsbehörde nicht mit Art. 83 GG vereinbar, zumal es sich bei der Zustimmungserteilung um eine wegerechtliche Frage handele, so daß der Bund keine Verwaltungskompetenz aus Art. 87 f Abs. 2 S. 2 GG herleiten könne.

Anstelle der Zuweisung der Zustimmungsentscheidung an eine Bundesbehörde wurde vor diesem Hintergrund verlangt, daß im Ausnahmefall des § 50

[173] Da die Gemeinden nach den entsprechenden landesrechtlichen Vorschriften Träger der Straßenbaulast für die Gemeindestraßen und z. T. auch für die Ortsdurchfahrten sind (vgl. auch § 5 Abs. 2 - 4 FStrG; zur Straßenbaulastträgerschaft der Gemeinden allgemein, vgl. Krämer, in: Kodal/Krämer, Straßenrecht, 13. Kap., Rdnrn. 9 ff. und 30 ff.), bedarf die Verlegung bzw. Änderung von Telekommunikationslinien also der Zustimmung durch die Gemeinde, soweit solche Straßen betroffen sind.

Abs. 4 TKG eine Landesbehörde zuständig sein sollte.[174] Nur eine Landesbehörde (oder kommunale Stelle) verfüge -da bei der Verlegung von Telekommunikationslinien durch Verkehrswege überwiegend Belange der Länder und Gemeinden betroffen seien- über den für die Zustimmungserteilung notwendigen Hintergrund. Zudem werde dem Wegebaulastträger anhand der Regelung des § 50 Abs. 4 TKG unterstellt, Konkurrenzunternehmen zu benachteiligen, obwohl dieser -gerichtlich überprüfbar- zur Objektivität verpflichtet sei.[175]

III. Verletzung der verfassungsrechtlich geschützten kommunalen Planungshoheit durch § 50 Abs. 3 und 4 TKG?

1. Mitwirkungsrechte der Gemeinden bei der Planung örtlicher Telekommunikationsinfrastrukturen durch private TKU

Die Garantie der kommunalen Selbstverwaltung aus Art. 28 Abs. 2 GG erstreckt sich -wie bereits gezeigt- auch auf die kommunale Planungshoheit. Dabei ist einerseits zu berücksichtigen ist, daß der Schutz der Planungshoheit gerade nicht die Entscheidungen privater TKU über die Verlegung neuer bzw. Änderung vorhandener Telekommunikationslinien, die das eigene Gemeindegebiet betreffen, erfaßt.[176] Andererseits darf jedoch nicht übersehen werden, daß sich diese Planungsentscheidungen in faktischer Hinsicht durchaus auf die örtliche Gemeinschaft auswirken: Da der Aufbau von (lokalen) Telekommunikationsinfrastrukturen die Benutzung der Gemeindewege voraussetzt, werden gemeindliche Gebiete zwangsläufig in die Überlegungen der Lizenznehmer zur Netzplanung und Trassenführung einbezogen.

Vor dem Hintergrund, daß die Planungshoheit die Befugnis umfaßt, voraussehbare Entwicklungen längerfristig zu steuern und insbesondere für das eigene Gebiet die Bodennutzung festzulegen,[177] ist daher anerkannt, daß zumindest pla-

---

[174] Vgl. Kiepe/Schirmer, in: Blümel (Hrsg.), Die Straße als Mehrzweckinstitut, S. 1 (10). Diese Forderung wurde während des Gesetzgebungsverfahrens auch vom Bundesrat erhoben, vgl. die Stellungnahme des BRats, BT-Drs. 13/4438 vom 23.04.1996, Anlage 2, S. 16.

[175] Vgl. die Stellungnahme des BRats, BT-Drs. 13/4438 vom 23.04.1996, Anlage 2, S. 16. In diesem Zusammenhang haben Kiepe/Schirmer, in: Blümel (Hrsg.), Die Straße als Mehrzweckinstitut, S. 1 (10), darauf hingewiesen, daß bei Fehlentscheidungen von Behörden die Gerichte zuständig seien, nicht dagegen Bundesbehörden.

[176] S.o. Teil 2, A VI 1 c.

[177] BVerfGE 56, 298 (310 ff., 317); BVerwGE 74, 124 (132); 81, 95 (106); 84, 209 (214 f.); Jarass/Pieroth, GG, Art. 28 Rdnr. 7. Nach ähnlicher Definition wird die Planungshoheit als Befugnis zur eigenverantwortlichen Ordnung und Gestaltung des Gemeindegebietes hinsichtlich der baulichen Nutzung bezeichnet, vgl. Tettinger, Besonderes Verwaltungsrecht, S. 22,

nungsbezogene Mitwirkungsrechte zugunsten der Gemeinden bestehen, wenn -wie hier- Planungsentscheidungen in Rede stehen, die sich einerseits auf die örtliche Gemeinschaft auswirken, andererseits jedoch von der Entscheidungsverantwortung entörtlicht sind.[178] Die Mitwirkung an überörtlichen Planungen und Maßnahmen, die das Gemeindegebiet oder Teile dieses Gebietes nachhaltig betreffen und die Entwicklung der Gemeinde beeinflussen, zählt also -mit anderen Worten- zu den Angelegenheiten der örtlichen Gemeinschaft. In diesem Zusammenhang hat das Bundesverwaltungsgericht bereits festgestellt, daß auch die Mitwirkung an der Planung der unter- bzw. oberirdischen Verkabelung des Gemeindegebietes zu Telekommunikationszwecken geschützt wird, da jegliche Art der Leitungsverlegung die Gemeindeinfrastruktur nachhaltig beeinflußt.[179]

Konkret bedeutet dieser Schutz der planungsbezogenen Mitwirkung, daß die Gemeinden einen verfassungskräftigen Anspruch auf (formelle und materielle) Beteiligung an dem entsprechenden Verwaltungsverfahren durch Anhörung und ermessensfehlerfreie Berücksichtigung ihrer sachlichen Belange haben („Anhörungs- und Abwägungsgebot“).[180]

Auf die bislang offene Frage, ob die genannten Beteiligungsrechte auch im Fall allgemeiner gesetzlicher Regelungen wie § 50 Abs. 3 u. 4 TKG (und nicht bloß, wenn die Planungshoheit *einzelner* Gemeinden betroffen ist) zu berücksichtigen sind, kommt es im vorliegenden Zusammenhang nicht an, wenn die erforderliche Beteiligung der Gemeinden hinreichend gewährleistet ist.

2. Hinreichende Beteiligung der Gemeinden im Fall des § 50 Abs. 3 TKG

Soweit der Regelfall des § 50 Abs. 3 S. 1 TKG vorliegt, sind die Gemeinden als Baulastträger der gemeindeeigenen Wege selbst für die Zustimmungserteilung zur Verlegung bzw. Änderung von Telekommunikationslinien zuständig. Mit

---

Rdnr. 27 (m.w.N.). Erfaßt sind damit auch solche Infrastrukturgegenstände, die sich auf die Bodennutzung beziehen, vgl. Schütz, NVwZ 1996, 1053 (1056).

[178] Vgl. Löwer, in: v.Münch/Kunig, GG, Art. 28, Rdnr. 53 (m.w.N.).

[179] BVerwGE 74, 124 (132 f.); 77, 128 (132 f.); 77, 134 (138); BayVerwGH, Archiv PT 1997, 213 (215).

[180] Vgl. BVerfGE 56, 298 (320 ff.); 95, 1 (26 f.); Beschluß der 1. Kammer des Zweiten Senats des Bundesverfassungsgerichts vom 19.07.1995 -2 BvR 2397/94-, NVwZ 1996, 261; BVerwGE 27, 134 (138); 77, 128 (133); 81, 95 (106); BayVGH, Archiv PT 1997, 213 (215); Tettinger, Besonderes Verwaltungsrecht, S. 15, Rdnr. 20. In diesem Zusammenhang wird zum Teil auch von einer kommunalen „Befassungskompetenz“ gesprochen, vgl. Gern, Deutsches Kommunalrecht, 3. Kap., S. 72 ff., Rdnr. 64 ff.

diesem Erfordernis der vorherigen Zustimmung,[181] das der Abstimmung der konkreten Ausgestaltung der Wegenutzung mit dem Wegebaulastträger dient, geht die Regelung des § 50 Abs. 3 S. 1 TKG deutlich über den verfassungsrechtlich gebotenen Umfang der formellen gemeindlichen Beteiligung durch Anhörung bzw. Stellungnahme hinsichtlich der Planung hinaus.[182]

a) Berücksichtigung gemeindlicher Belange bei oberirdischen Leitungen

Des weiteren muß in materieller Hinsicht die Berücksichtigung der sachlichen Belange der Gemeinden sichergestellt sein. Für die Verlegung oberirdischer Leitungen sieht § 50 Abs. 3 S. 2 TKG dies ausdrücklich vor, da im Rahmen der Zustimmungserteilung die Interessen der Wegebaulastträger, der Lizenznehmer und die städtebaulichen Belange abzuwägen sind. Den Gemeinden steht damit bei der Erteilung der Zustimmung zur Verlegung bzw. Änderung oberirdischer Leitungen ein Ermessensspielraum zu, wobei vorwiegend wirtschaftliche, straßenrechtliche und bauordnungsrechtliche Interessen in die Entscheidung einfließen.[183] Auch die planerischen Ziele einer Gemeinde können folglich in den Abwägungsvorgang einbezogen werden und möglicherweise der oberirdischen Leitungsverlegung entgegenstehen. Die Zustimmung zur oberirdischen Verle-

---

[181] Die Zustimmung ist vor einer Baumaßnahme einzuholen, vgl. BT-Drs. 13/3609 vom 30.01.1996, S. 49; Schütz, in: BeckTKG-Komm, § 50 Rdnr. 38. Erteilt werden kann die Zustimmung durch Verwaltungsakt oder im Wege eines öffentlich-rechtlichen Vertrags, wobei letztere Variante sowohl den betroffenen Städten und Gemeinden als auch den TKU gewisse Vorteile bietet, vgl. Ellinghaus, CR 1999, 420 (421).

[182] Die geltende Fassung des § 50 Abs. 3 S. 1 TKG stellt insbesondere eine Erweiterung gegenüber dem ursprünglichen Referentenentwurf dar, in dem noch Regelungen über ein Planfeststellungsverfahren enthalten waren (vgl. § 54 Abs. 2 TKG-E). Eine über die Zustimmungslösung hinausgehende Forderung des Bundesrats nach einem allgemeinen Genehmigungsvorbehalt, dem die Verlegung und Änderung von Telekommunikationslinien unterliegen sollten, konnte sich dagegen nicht durchsetzen. Danach sollte eine Genehmigung zu erteilen sein, wenn der Träger der Wegebaulast dem Vorhaben zustimmt, andere betroffene öffentliche Belange angemessen berücksichtigt werden und private Rechte Dritter nicht entgegenstehen, vgl. die Stellungnahme des BRats, BT-Drs. 13/4438 vom 23.04.1996, Anlage 2, S. 16. Zur Kritik am Zustimmungserfordernis, vgl. J.Schmidt, Archiv PT 1996, 306.

[183] Etling-Ernst, TKG, § 50, Rdnr. 14; Lammich, TKG, § 50, Rdnr. 13. Vor allem die vorwiegend wirtschaftlichen Interessen der Antragsteller, die einen verwaltungsgerichtlich überprüfbaren Anspruch auf eine ermessensfehlerfreie Entscheidung haben, vgl. Lammich, TKG, § 50, Rdnr. 13, sind hinreichend zu berücksichtigen, vgl. Schütz, in: BeckTKG-Komm, § 50, Rdnr. 41. Abwägungsfehlerhaft wäre es etwa, vom Lizenznehmer die unterirdische Verlegung zu verlangen. Nach dem TKG werden -wie bereits nach dem TWG- beide Verlegungsformen gleichberechtigt behandelt, um den Lizenznehmern nicht die kostengünstigere oberirdische Leitungsverlegung zu erschweren, vgl. BT-Drs. 13/3609 vom 31.01.1996, S. 49; Schütz, in: BeckTKG-Komm, § 50, Rdnr. 41.

gung kann nach § 50 Abs. 3 S. 3 TKG auch mit technischen Bedingungen und Auflagen versehen werden.

b) Berücksichtigung gemeindlicher Belange bei unterirdischen Leitungen

Im Gegensatz zu den oberirdischen Leitungen steht dem Wegebaulastträger bei der Erteilung der Zustimmung zur Verlegung unterirdischer Telekommunikationslinien kein Ermessensspielraum zu;[184] vielmehr stellt die Zustimmung in diesem Fall einen gebundenen Verwaltungsakt dar, auf dessen Erteilung der Lizenznehmer einen Rechtsanspruch hat, sofern die übrigen Voraussetzungen der Wegenutzungsberechtigung vorliegen. Insbesondere muß die Telekommunikationslinie folglich den Anforderungen der Sicherheit und Ordnung sowie den anerkannten Regeln der Technik genügen, und darf den Widmungszweck der Verkehrswege nicht dauernd beschränken.[185]

Damit wird deutlich, daß sich die Zustimmungsbefugnis des Wegebaulastträgers bei unterirdischen Leitungen im wesentlichen nur auf Fragen der technischen Ausgestaltung (also das „wie" der Verlegung) bezieht.[186] In diesem Zuge kann die Zustimmung einerseits nach § 50 Abs. 3 S. 3 TKG mit (diskriminierungsfreien) technischen Bedingungen und Auflagen (z.B. Zeitpunkt und Umfang der Baumaßnahmen)[187] versehen werden,[188] ist andererseits aber auch zu erteilen, soweit der Antragsteller den technischen Vorgaben des Wegebaulastträgers nachkommt.[189]

Die somit bestehende Beschränkung, daß bei der Verlegung unterirdischer Leitungen lediglich technische Belange der Gemeinden berücksichtigungsfähig sind, führt gleichwohl nicht zu einer Beeinträchtigung des aus der kommunalen Planungshoheit abzuleitenden materiellen Beteiligungsanspruch der Gemeinden: Im Fall unterirdischer Leitungsverlegung werden nämlich bloß technische Be-

---

[184] Vgl. BT-Drs. 13/3609 vom 31.01.1996, S. 49; Etling-Ernst, TKG, § 50, Rdnr. 14; Lammich, TKG, § 50, Rdnr. 11.

[185] Vgl. Schütz, in: BeckTKG-Komm, § 50, Rdnr. 39.

[186] Vgl. BT-Drs. 13/3609 vom 31.01.1996, S. 49. Planerische Gesichtspunkte oder Fragen der Zweckmäßigkeit der Errichtung einer Telekommunikationslinie sind hingegen nicht berücksichtigungsfähig, vgl. Schütz, in: BeckTKG-Komm, § 50, Rdnr. 39.

[187] Fangmann, Das neue TKG, S. 203.

[188] Bei zu erwartenden Streitigkeiten über die konkrete Ausgestaltung der Nutzung ist die Zustimmung mittels der Verpflichtungsklage vor den Verwaltungsgerichten einklagbar. Vor einer Klage ist ein Vorverfahren gemäß den §§ 68 ff. VwGO durchzuführen. Es entfällt nach § 80 Abs. 1 TKG, wenn ausnahmsweise die Regulierungsbehörde gemäß § 50 Abs. 4 TKG über die Zustimmungserteilung entschieden hat, vgl. Schütz, in: BeckTKG-Komm, § 50 Rdnr. 46.

[189] Schütz, in: BeckTKG-Komm, § 50, Rdnr. 39.

lange der Gemeinden berührt, während etwa städtebauliche Aspekte in diesem Zusammenhang keine Rolle spielen. Soweit von gemeindlicher Seite Einflußnahmemöglichkeiten auf die Verlegetiefe der Leitungen und deren Abstand vom Fahrbahnrand gefordert werde, so ist darauf hinzuweisen, daß es sich dabei gerade um Fragen der technischen Ausgestaltung handelt.[190]

c) Zwischenergebnis

Die planerische Beteiligung der Gemeinden an der Benutzung der von ihnen zu unterhaltenden öffentlichen Verkehrswege zur Verlegung von Telekommunikationslinien wird durch das geschilderte Zustimmungsverfahren nach § 50 Abs. 3 TKG in hinreichendem Maße sichergestellt. Die Bestimmungen des § 50 Abs. 3 TKG tragen dem verfassungsrechtlich geschützten planungsbezogenen Mitwirkungsrecht der Gemeinden nicht nur vollständig Rechnung, sondern gehen zum Teil sogar noch über die Anforderungen des Anhörungs- und Abwägungsgebotes hinaus.[191]

3. Hinreichende Beteiligung der Gemeinden im Fall des § 50 Abs. 4 TKG

§ 50 Abs. 4 TKG sieht vor, daß die Regulierungsbehörde für die Zustimmungserteilung nach § 50 Abs. 3 TKG zuständig ist, wenn der Wegebaulastträger selbst Lizenznehmer oder mit einem solchen zusammengeschlossen ist, und ein anderer Lizenznehmer die Verkehrswege des Wegebaulastträgers nutzen will.[192] Zwar ist zunächst darauf hinzuweisen, daß es durch die Verlagerung der Zustimmungskompetenz -entgegen entsprechenden Befürchtungen von gemeindlicher Seite-[193] weder zur Unterstellung mangelnder Objektivität der Wegebaulastträger noch zur Übertragung gerichtlicher Kontrollfunktionen auf die

---

[190] Um technische Belange handelt es sich auch bei möglichen Konflikten mit anderen Versorgungsleitungen wie Abwasser, Wasser oder Energie, vgl. den Beschluß der 2. Kammer des Zweiten Senats des BVerfG vom 07.01.1999 -929/97-, Gründe, B II 3 c.

[191] I.d.S. auch Etling-Ernst, TKG, § 50, Rdnr. 12; Schütz, NVwZ 1996, 1053 (1056). Auch nach Ansicht der Bundesregierung wird das Erfordernis der gemeindlichen Mitwirkung ausreichend beachtet, vgl. BT-Drs. 13/4438 vom 23.04.1996, Anlage 3, S. 36.

[192] Infolge dieser Voraussetzungen für den Zuständigkeitswechsel auf die Regulierungsbehörde war die in Rede stehende Kommunalverfassungsbeschwerde hinsichtlich einiger beschwerdeführender Gemeinden unzulässig: Soweit diese nämlich eine Verletzung ihrer Rechte durch § 50 Abs. 4 i.V.m. Abs. 3 TKG gerügt haben, ohne zugleich vorzutragen, selbst Lizenznehmer im Sinne des § 6 Abs. 1 Nr. 1 TKG zu sein oder werden zu wollen, mangelte es an der gegenwärtigen Betroffenheit, vgl. den Beschluß des BVerfG vom 07.01.1999 -929/97-, Gründe, B I.

[193] S.o. Teil 2, B II.

Regulierungsbehörde kommt. Sinn des Zuständigkeitswechsels ist vielmehr nur, das Entstehen eines „bösen Scheins“ von vornherein zu verhindern, während es auf das Vorliegen einer tatsächlichen Interessenkollision nicht ankommt.[194] Vor dem Hintergrund, daß die Gemeinden unter den genannten Voraussetzungen des § 50 Abs. 4 TKG ihre prinzipielle Zustimmungsbefugnis an die Regulierungsbehörde verlieren, stellt sich allerdings die Frage, ob dem „Anhörungs- und Abwägungsgebot“ auch im Fall des § 50 Abs. 4 TKG noch in ausreichendem Maße Rechnung getragen wird. Dazu kommt es maßgeblich auf die Ausgestaltung des Verfahrens an.

a) Anhörungsanspruch trotz Zuständigkeitswechsels auf die Regulierungsbehörde

In diesem Zusammenhang ist zwar zunächst festzustellen, daß der Ablauf des Verfahrens nach § 50 Abs. 4 TKG normativ nicht geregelt ist. Um diese Lücke zu schließen, wurde allerdings zwischen der Regulierungsbehörde für Telekommunikation und Post und der Bundesvereinigung der kommunalen Spitzenverbände ein Verfahren vereinbart, das in einem „Arbeitsbehelf für die Wegebaulastträger zur Durchführung des Zustimmungsverfahrens nach § 50 Abs. 4 TKG“ dargestellt ist.[195]

Obgleich dem Wegebaulastträger unter den Voraussetzungen des § 50 Abs. 4 TKG die Zustimmungsbefugnis entzogen wird, sind die Lizenznehmer entsprechend der genannten Vereinbarung gehalten, den Antrag auf Zustimmungserteilung weiterhin beim jeweiligen Wegebaulastträger zu stellen, denn es soll hinsichtlich der Vorbereitung der Zustimmungserklärung zunächst so verfahren werden, als ob es sich um einen Fall nach § 50 Abs. 3 TKG handelt. Der Wegebaulastträger leitet dann den gesamten Antrag -einschließlich aller selbst bzw. vom Lizenznehmer erstellten Anlagen- zur Entscheidung an die zuständige Außenstelle der Regulierungsbehörde weiter.[196] Die Regulierungsbehörde prüft den

---

[194] Das Vorliegen einer echten Interessenkollision wird von der Regulierungsbehörde auch nicht geprüft.

[195] Vgl. Regulierungsbehörde (Hrsg.), Arbeitsbehelf. Diese Vereinbarung löst die übergangsweise vereinbarten Verfahrensvorschriften des Bundesministeriums für Post und Telekommunikation ab, vgl. die Verfügung 57/1997des BMPT vom 05.03.1997, ABl BMPT 1997, S. 410.

[196] Vgl. Regulierungsbehörde (Hrsg.), Arbeitsbehelf, 2 Verfahrensablauf. (Bei der Abgabe des Antrages ist ein Formblatt gemäß Anlage 2 des Arbeitsbehelfes zu verwenden.) Anzumerken ist, daß die Einrichtung unselbständiger Außenstellen ohne eigene Behördenqualität zwar zulässig ist; jedoch dürfen die Außenstellen zentrale Aufgaben der Regulierungsbehörde -wie etwa die Entscheidung im Fall des § 50 Abs. 4 TKG- nicht selbst erfüllen, vgl. Geppert, in: BeckTKG-Komm, § 66, Rdnr. 9, 22; zur Kritik an der Einrichtung von Außenstellen aufgrund

Vorgang und stellt fest, ob gegebenenfalls erfolgte Vorgaben (d.h. technische Bedingungen oder Auflagen) des Wegebaulastträgers diskriminierungsfrei erfolgt sind. In Zweifelsfällen erfolgt eine Rücksprache bzw. Abstimmung der Regulierungsbehörde mit dem Wegebaulastträger. Die Regulierungsbehörde hat die Zustimmung dann in eigener Verantwortung zu treffen und einen Bescheid sowohl gegenüber dem Antragsteller als auch gegenüber dem Wegebaulastträger zu erlassen.[197]

Grundsätzlich ergeben sich damit zum Verfahren nach § 50 Abs. 3 TKG Änderungen nur insoweit, als die Letzentscheidungsbefugnis über die Zustimmung bei der Regulierungsbehörde liegt. Die Zustimmungserkärung wird aber weiterhin -wie im Fall des § 50 Abs. 3 TKG- durch den Wegebaulastträger vorbereitet. Durch die Möglichkeit der Stellungnahme vor der Entscheidung der Regulierungsbehörde erhalten die Gemeinden die Gelegenheit, ihre Belange sowie Orts- und Fachkenntnisse aktiv in den Entscheidungsprozeß einzubringen. Bei Zweifelsfällen ist die Regulierungsbehörde gehalten, sich mit den Gemeinden abzustimmen, so daß bereits die Beteiligungsebene einer Kooperation erreicht wird. Die Mitwirkung der Gemeinden geht damit über die Anforderungen des eher passiven „Anhörungsgebotes" noch hinaus, so daß die formelle Beteiligung der Gemeinden am Zustimmungsverfahren auch im Fall des § 50 Abs. 4 TKG vollständig gewährleistet ist.[198]

Im übrigen wäre die verfahrensrechtliche Beteiligung der Gemeinden im Rahmen der Zustimmungserteilung nach § 50 Abs. 4 TKG aber auch ohne die geschilderte Vereinbarung über den Ablauf des Verfahrens sichergestellt: Das Bundesverfassungsgericht hat in diesem Zusammenhang festgestellt, daß den

---

der gebotenen Abgrenzung zur bundeseigenen Verwaltung mit eigenem Verwaltungsunterbau vgl. Ipsen, Staatsrecht I, § 11 Rdnr. 639.

[197] Vgl. Regulierungsbehörde (Hrsg.), Arbeitsbehelf, 2 Verfahrensablauf. Die vom TKG ebenfalls nicht geregelte Frage, wie der Fall des § 50 Abs. 4 TKG kostenrechtlich zu beurteilen ist, wird in dem vereinbarten Verfahren so gelöst, daß der Wegebaulastträger eventuell anfallende Verwaltungskosten beim Antragsteller geltend machen kann und von der Regulierungsbehörde kein Kostenbescheid erteilt wird, vgl. Regulierungsbehörde (Hrsg.), Arbeitsbehelf, 2 Verfahrensablauf. Rechtsmittel gegen einen Kostenbescheid richten sich daher gegen den Wegebaulastträger. Dagegen ist die Regulierungsbehörde richtiger Adressat für Rechtsmittel im Zusammenhang mit der Zustimmungserteilung. Zur Erhebung von „Erschwernispauschalen" durch die Wegebaulastträger vgl. Ellinghaus, CR 1999, 420 (422).

[198] Die hinreichende Einbeziehung der Wegebaulastträger in das Zustimmungsverfahren nach § 50 Abs. 4 TKG bietet auch den Vorteil, daß deren Sach- und Ortsnähe sowie Fachkunde der Regulierungsbehörde zur Verfügung stehen. Was die von gemeindlicher Seite geäußerten Bedenken hinsichtlich entsprechender Defizite bei der Regulierungsbehörde betrifft, so ist des weiteren darauf hinzuweisen, daß diese sich im Rahmen ihrer Zustimmungsentscheidung nach § 50 Abs. 4 TKG auch der Sach- und Ortsnähe ihrer dezentralen Außenstellen bedienen kann.

Gemeinden, soweit sie als einfach-rechtliche Eigentümer der betroffenen Verkehrswege nicht bereits nach §§ 13 Abs. 2, 28 Abs. 1 VwVfG anzuhören sind, bei Beeinträchtigung der Planungshoheit auch im Verwaltungsverfahren ein Anhörungsanspruch unmittelbar aus Art. 28 Abs. 2 GG zusteht.[199]

b) Hinreichende Berücksichtigung gemeindlicher Interessen auch im Fall des § 50 Abs. 4 TKG

Neben der formellen Beteiligung müßte im Fall des Zuständigkeitswechsels auf die Regulierungsbehörde auch die Berücksichtigung der verfassungsrechtlich relevanten sachlichen Belange der Gemeinden gewährleistet werden. Das „Abwägungsgebot" verlangt insoweit, daß die Stellungnahme der Gemeinde bei der Entscheidungsfindung mitzuberücksichtigen ist. Dies bedeutet konkret, daß eine Abwägung überhaupt stattfinden muß und die berücksichtigungsfähigen Belange in die Abwägung einbezogen, entsprechend ihrer Bedeutung gewichtet sowie zu einem verhältnismäßigen Ausgleich gebracht werden müssen.[200]

Dafür, daß die sachlichen Interessen der Gemeinden nicht unberücksichtigt bleiben, sorgt entscheidend der Umstand, daß die Verlagerung der Entscheidungsbefugnis auf die Regulierungsbehörde nicht mit einer Änderung der für die Zustimmungserteilung maßgeblichen materiell-rechtlichen Vorgaben verbunden ist. Vielmehr richtet sich auch die Entscheidung der Regulierungsbehörde nach den Bestimmungen des § 50 Abs. 3 TKG.

Im Falle der unterirdischen Leitungsverlegung kann die Regulierungsbehörde daher nur Fragen der technischen Ausgestaltung regeln (etwa Tiefe, Abstand von Straßenrand, Überdeckung, Trassenführung, etc.), wobei dieselben technischen Bestimmungen beachtet werden müssen wie im Fall der Zuständigkeit der Gemeinden.

Bei oberirdischer Leitungsverlegung ergibt sich -wie auch im Regelfall der Zuständigkeit des Wegebaulastträgers- die Notwendigkeit der Interessenabwägung. Insoweit besteht zwar ein Ermessensspielraum zugunsten der Regulierungsbehörde; die Abwägungskriterien werden jedoch weiterhin durch § 50 Abs. 3 S. 2 TKG vorgeschrieben. Bei richtiger Ausübung des Ermessens fließen also neben den wirtschaftlichen Interessen der Lizenznehmer auch die straßenrechtlichen und städtebaulichen bzw. planerischen Interessen der Gemeinden in den

[199] Vgl. den Beschluß der 2. Kammer des Zweiten Senats des BVerfG vom 07.01.1999 -929/97-, Gründe, B II 3 b; unter Hinweis auf einen Beschluß des BVerwG vom 17.02.1992 -BVerwG 4 B 232/91-.

[200] BayVerwGH, Archiv PT 1997, S. 213 (216).

Abwägungsvorgang ein, mit der Folge, daß die sachlichen Belange der Gemeinden hinreichend beachtet werden.[201]

c) Zwischenergebnis

Dem planungsbezogenen Anhörungs- und Abwägungsgebot zugunsten der Gemeinden wird im Ergebnis auch im Ausnahmefall der Kompetenzverlagerung auf die Regulierungsbehörde nach § 50 Abs. 4 TKG ausreichend Rechnung getragen, d.h. die Gemeinden werden an der Entscheidung der Regulierungsbehörde über die Zustimmung zur Verlegung bzw. Änderung von Telekommunikationslinien hinsichtlich der Gemeindestraßen hinreichend beteiligt: Die verfahrensrechtlich erforderliche Beteiligung der Gemeinden wird in praktischer Hinsicht durch die beschriebene Ausgestaltung des Zustimmungsverfahrens nach § 50 Abs. 4 TKG gewährleistet und ist durch einen Anhörungsanspruch der Gemeinden einfachgesetzlich bzw. verfassungsrechtlich abgesichert. Der materielle Anspruch auf ermessensfehlerfreie Berücksichtigung der sachlichen Belange der Gemeinden wird durch die Bindung der Regulierungsbehörde an die Vorgaben des § 50 Abs. 3 TKG gewährleistet.[202]

4. Ergebnis

Zusammenfassend ist festzuhalten, daß die Regelungen des § 50 Abs. 3 u. 4 TKG die kommunale Planungshoheit nicht beeinträchtigen und damit den Schutzbereich des Art. 28 Abs. 2 GG nicht berühren. Vielmehr werden die planungsbezogenen Mitwirkungsrechte der Gemeinden, die bei Entscheidungen

---

[201] Die verwaltungsgerichtliche Kontrolle beschränkt sich auf die Frage, ob die Regulierungsbehörde die abwägungserheblichen Belange tatsächlich und rechtlich zutreffend bestimmt und die Grenzen der Abwägung eingehalten hat. Abwägungsfehlerhaft wäre die Entscheidung der Regulierungsbehörde etwa dann, wenn die planerischen Belange einer Gemeinde gegenüber fiskalischen Überlegungen eines Lizenznehmers nicht angemessen beachtet würden. Die Kosten der Linienverlegung bzw. -änderung dürfen für die Zustimmungsentscheidung daher nicht allein entscheidend sein. Besonderes Gewicht kommt planerischen Belangen der Gemeinde (wie etwa der Gestaltung des Ortsbildes) im Rahmen der Abwägung insbesondere dann zu, wenn diese durch ortsrechtliche Vorschriften bereits hinreichend konkretisiert sind, vgl. dazu BVerwGE 77, 134 (138). Andererseits ist aber auch ein generelles Verbot der Verlegung von Telekommunikationsleitungen in oberirdischer Bauweise nicht (auch nicht durch Ortssatzung) zulässig. Dafür spricht schon die grundsätzliche Gleichberechtigung unter- und oberirdischer Linienführung, vgl. BT-Drs. 13/3609 vom 30.01.1996, S. 49.

[202] Die Einhaltung des Anhörungs- und Abwägungsgebotes wird auch in prozessualer Hinsicht sichergestellt: Macht eine Gemeinde die Verletzung eines Beteiligungsrechts, das die kommunale Planungshoheit sichern soll, durch den Bescheid der Regulierungsbehörde geltend, ist die Klagebefugnis (§ 42 Abs. 2 VwGO) ohne weiteres gegeben, vgl. Gern, Deutsches Kommunalrecht, 5. Kap., S. 126 f., Rdnr. 171 (m.w.N.).

über die Verlegung bzw. Änderung von Telekommunikationslinien im Gemeindegebiet anzuerkennen sind, hinreichend berücksichtigt. Dies gilt vor allem auch im Fall des Zuständigkeitswechsels auf die Regulierungsbehörde nach § 50 Abs. 4 TKG. Ein weitergehendes Mitspracherecht der Gemeinden zur Einflußnahme auf die Telekommunikationsinfrastruktur innerhalb der eigenen Gebietsgrenzen besteht im übrigen -wie bereits gesagt- nicht.[203]

IV. Verstoß des § 50 Abs. 4 TKG gegen das Verbot der Mischverwaltung?

Indem § 50 Abs. 4 TKG im Ausnahmefall der Regulierungsbehörde als einer Bundesoberbehörde[204] die Zuständigkeit zur Zustimmungserteilung nach § 50 Abs. 3 TKG zuweist, während die Verlegung von Telekommunikationslinien im Regelfall der Zustimmung der Wegebaulastträger (also der Gemeinden hinsichtlich der Gemeindewege) bedarf, könnte diese Regelung gegen das sogenannte Verbot der Mischverwaltung verstoßen.

Nach verbreiteter Ansicht in der Literatur sind die Art. 83 ff. GG Ausdruck einer grundsätzlich strikten Trennung der Verwaltungsbereiche von Bund und Ländern.[205] Bundesrecht wird danach entweder von Landesbehörden oder von Bundesbehörden ausgeführt.[206] Aus dieser „Trennung der Verwaltungsräume" wird das Verbot der sogenannten „Mischverwaltung" hergeleitet.[207] Dabei gilt nach weitem Verständnis bereits „...jede funktionelle oder organisatorische Verflechtung der Verwaltung von Bund und Ländern" als Mischverwaltung.[208] Unzulässig wäre demnach jede Verwaltung, bei der sachliche Entscheidungen in einem irgendwie gearteten Zusammenwirken von Bundes- und Landesbehörden getrof-

---

[203] S.o. Teil 2, A VI 1 c.

[204] Vgl. § 66 Abs. 1 TKG.

[205] Dittmann, in: Sachs, GG, Art. 83, Rdnr. 3; Badura, Staatsrecht, G, Rdnr. 31; Kratzer, DÖV 1950, 529 (533 ff.).

[206] Ipsen, Staatsrecht I, Rdnr. 629.

[207] Vgl. die Nachweise bei Loeser, Theorie und Praxis der Mischverwaltung, S. 26 Fn. 64, und bei Stern, Staatsrecht, Bd. II, § 41 VIII 1; grundlegend zur Mischverwaltung: Ronellenfitsch, Die Mischverwaltung im Bundesstaat. Es ist allerdings darauf hinzuweisen, daß der Begriff der Mischverwaltung in der Rechtsprechung des BVerfG mittlerweile keine Rolle mehr spielt. Nach Ansicht des BVerfG gibt es keinen allgemeinen Grundsatz, wonach Verwaltungsaufgaben ausschließlich vom Bund oder den Ländern wahrzunehmen sind, sofern nicht ausdrücklich verfassungsrechtliche Regeln etwas anderes zulassen, vgl. BVerfGE 63, 1 (38).

[208] Ronellenfitsch, Die Mischverwaltung im Bundesstaat, S. 58.

fen werden.[209] Gegen ein solch weitgehende Verbot spricht allerdings, daß das Grundgesetz selbst Misch- bzw. Kooperationsformen bei der Ausführung der Gesetze vorsieht.[210] Berücksichtigt man zudem, daß mit dem Verbot der Mischverwaltung im wesentlichen eine Verschiebung der Kompetenzverteilung der Art. 83 ff. GG zu Lasten der Länder verhindert werden soll,[211] so muß nicht gleich jede Form des verwaltungsmäßigen Zusammenwirkens von Bund und Ländern untersagt werden. Vielmehr genügt es, nur solche Verwaltungsorganisationen zu erfassen, bei denen eine Bundesbehörde einer Landesbehörde (innerhalb eines Instanzenzuges) übergeordnet ist oder bei denen ein Zusammenwirken von Bundes- und Landesbehörden durch Zustimmungserfordernisse erfolgt. Der Begriff der unzulässigen Mischverwaltung ist damit als in diesem Sinne eingeschränkt zu verstehen.[212]

Geht man nunmehr von diesem engeren Verständnis der Mischverwaltung aus, so wird deutlich, daß mit dem von § 50 Abs. 4 TKG angeordneten Zuständigkeitswechsel auf die Regulierungsbehörde kein Verstoß gegen das Verbot der Mischverwaltung verbunden ist:

Maßgeblich kommt es dabei darauf an, daß die Zustimmungsbefugnis nach § 50 Abs. 4 TKG lediglich im Ausnahmefall vom Wegebaulastträger auf die Regulierungsbehörde übertragen wird. Dagegen ist die Einrichtung eines Instanzenzuges oder ein Zustimmungsvorbehalt der Regulierungsbehörde gerade nicht vorgesehen. Von einer Überordnung der Regulierungsbehörde gegenüber den Wegebaulastträgern im Rahmen des Verfahrens der Zustimmungserteilung zur Leitungsverlegung kann daher keine Rede sein.[213]

---

209 So Maunz, in: Maunz/Dürig, Komm. z. GG, Bd. 4, Art. 83, Rdnr. 57 (Vorkommentierung 1961).

210 BVerfGE 63, 1 (39); Lerche, in: Maunz/Dürig, Komm. z. GG, Bd. 4, Art. 83, Rdnr. 88; Stern, Staatsrecht, Bd. II, § 41 VIII 1; Badura, Staatsrecht, G, Rdnr. 32; Ipsen, Staatsrecht I, § 11, Rdnr. 630. Vgl. auch Ronellenfitsch, Die Mischverwaltung im Bundesstaat, S. 85 ff. (102), 255 f., dem zufolge sich aus dem Wesen des deutschen Bundesstaates kein generelles Mischverwaltungsverbot ableiten läßt.

211 In verwaltungsökonomischer Hinsicht wäre es verlockend, zur Ausführung von Bundesgesetzen zunächst Landesbehörden einzusetzen, diese dann aber einer Bundesbehörde zu unterstellen oder letzterer einen Zustimmungsvorbehalt einzuräumen. Die Mischverwaltung birgt also die Gefahr, daß die Länder zu bloßen Verwaltungseinheiten ohne Letztentscheidungsbefugnis absinken können. Vgl. dazu Ipsen, Staatsrecht I, § 11, Rdnr. 632.

212 Dittmann, in: Sachs, GG, Art. 83, Rdnr. 4, unter Hinweis auf die in BVerfGE 11, 105 (124) zusammengefaßte seinerzeit vorherrschende Sicht; Badura, Staatsrecht, G, Rdnr. 32; vgl. auch Lerche, in: Maunz/Dürig, Komm. z. GG, Bd. 4, Art. 83, Rdnr. 85, der die genannte Einschränkung des Begriffs der Mischverwaltung jedoch für zu unscharf hält; allgemein zum Begriff der Mischverwaltung: Ronellenfitsch, Die Mischverwaltung im Bundesstaat, S. 24 ff.

213 Werden bei der Ausführung eines Bundesgesetzes Bundes- und Landesbehörden tätig, ohne zu einem Instanzenzug verbunden zu sein, so spricht Lerche von einer „aufgeteilten

V. Vereinbarkeit der Regelung des § 50 Abs. 4 TKG mit Art. 83 GG?

Steht somit fest, daß die ausnahmsweise Zuweisung der Zustimmungskompetenz an die Regulierungsbehörde keine unzulässige Mischverwaltung darstellt, bleibt noch zu untersuchen, ob sich dieser in § 50 Abs. 4 TKG angeordnete Zuständigkeitswechsel auf die Regulierungsbehörde als unvereinbar mit dem aus Art. 83 GG folgenden Grundsatz der Verteilung von Verwaltungskompetenzen zwischen Bund und Ländern erweist.[214]

1. Die Zuständigkeitsvermutung des Art. 83 GG

Art. 83 GG enthält hinsichtlich der Ausführung der Gesetze eine Zuständigkeitsvermutung zugunsten der Länder. Bundesgesetze werden von den Ländern als eigene Angelegenheiten ausgeführt, soweit das Grundgesetz nichts anderes bestimmt oder zuläßt. Findet sich für eine Verwaltungsmaterie in den Art. 85 ff. GG keine besondere Regelung, so folgt daraus, daß die Verwaltungskompetenz den Ländern zufällt.[215] Daneben sind die Länder grundsätzlich für den Vollzug von Landesrecht zuständig.

Vor diesem Hintergrund würde der Zuständigkeitswechsel auf die Regulierungsbehörde nach § 50 Abs. 4 TKG folgerichtig gegen Art. 83 GG verstoßen, wenn es bei der Zustimmungserteilung nach § 50 Abs. 3 TKG entweder um den Vollzug von Landesrecht geht, oder wenn es sich um eine bundesrechtliche Entscheidung handelt, dem Bund jedoch nicht die entsprechende Verwaltungskompetenz eingeräumt wurde.

Verwaltung". Diese stelle von vornherein zumindest dann keine Mischverwaltung dar, wenn den Bundesbehörden der zentrale Bereich des Gesetzes zur Ausführung verbliebe, vgl. Lerche, in: Maunz/Dürig, Komm. z. GG, Bd. 4, Art. 83, Rdnr. 87. Eine unbedenkliche Aufteilung der Verwaltung zwischen Bund und Ländern liege auch dann vor, wenn lediglich ein abgegrenztes Sondergebiet eines Bundesgesetzes [wie etwa die Zustimmungserteilung zur Verlegung von Telekommunikationslinien nach § 50 Abs. 3 u. 4 TKG] zur verwaltungsmäßigen Ausführung Landesbehörden zugewiesen werde. Der Grund für diese Differenzierung sei darin zu sehen, daß es im Falle der aufgeteilten Verwaltung nicht zur Überschneidung geschlossener Verwaltungsabläufe und Reibungen zwischen Bundes- und Landesbehörden komme, vgl. Kratzer, DÖV, 529 (534).

[214] Vgl. etwa Kiepe/Schirmer, in: Blümel (Hrsg.), Die Straße als Mehrzweckinstitut, S. 1 (10).

[215] Ipsen, Staatsrecht, § 11 Rdnr. 572.

2. Kein Vollzug von Landesrecht

Bei der Zustimmungserteilung nach § 50 Abs. 3 TKG handelt es sich um die Ausführung einer bundesgesetzlichen Regelung, bei der es in erster Linie um die Verlegung und Änderung von Telekommunikationslinien und damit eine telekommunikationsrechtliche -nicht dagegen wegerechtliche- Frage geht.

Dafür spricht zum einen die in § 50 Abs. 1 TKG geregelte Duldungspflicht, nach der die Benutzung der Verkehrswege zu Telekommunikationszwecken gerade keiner (landes-) straßenrechtlichen Sondernutzungserlaubnis des Wegebaulastträgers bzw. der entsprechenden Erlaubnisbehörde bedarf. Vielmehr sind die wegerechtlichen und sonstigen Belange der Wegebaulastträger, also insbesondere der Gemeinden, lediglich als Abwägungskriterien bei der Verlegung oberirdischer Linien nach § 50 Abs. 3 S. 2 TKG mitzuberücksichtigen.

Um den Vollzug von Landesrecht geht es bei der Zustimmungserteilung nach § 50 Abs. 3 TKG aber auch nicht unter dem Aspekt der Konzentrationswirkung. Im Gegensatz zur früheren Planfeststellung nach § 7 TWG ersetzt die Zustimmung nämlich keine nach anderen (insbesondere landesrechtlichen) Vorschriften erforderlichen behördlichen Genehmigungen (etwa nach dem Straßenverkehrs-, Naturschutz-, Wasser- und Denkmalschutzrecht). Die neben der Zustimmung des Straßenbaulastträgers benötigten landesrechtlichen Genehmigungen müssen die Lizenznehmer vielmehr gesondert bei den entsprechenden Landesbehörden einholen.[216]

3. Verwaltungskompetenz des Bundes für die Zustimmungserteilung nach § 50 Abs. 3 u. 4 TKG

Geht es also bei der Zustimmungserteilung um den Vollzug von Bundesrecht, so ist zunächst erneut auf den Grundsatz des Art. 83 GG hinzuweisen, wonach die Länder die Bundesgesetze als eigene Angelegenheit ausführen, soweit das Grundgesetz nichts anderes bestimmt oder zuläßt. Angesprochen sind damit die Fälle der Bundesverwaltung (Art. 86 GG) und der Landesverwaltung im Bundesauftrag (Art. 85 GG). In diesem Zusammenhang ist zu berücksichtigen, daß Art. 87 f Abs. 2 S. 2 GG die zulässigen Gegenstände der bundeseigenen Verwaltung für den Bereich der Telekommunikation auf die sogenannten „Hoheitsaufgaben“ beschränkt.[217] Für die Vereinbarkeit des von § 50 Abs. 4 TKG vorgese-

---

[216] Vgl. die Gegenäußerung der BReg, BT-Drs. 13/4438 vom 23.04.1996, Anlage 3, S. 36. Im übrigen ist auch die Abstimmung der Baumaßnahmen mit den Trägern besonderer Anlagen nicht entbehrlich.

[217] Nur einzelne Aufgaben werden durch Art. 87 f Abs. 3 GG der mittelbaren Bundesverwaltung zugewiesen.

henen Zuständigkeitswechsels auf die Regulierungsbehörde mit Art. 83 GG kommt es infolgedessen maßgeblich darauf an, ob es sich bei der Zustimmungserteilung nach § 50 Abs. 3 TKG um eine Hoheitsaufgabe im Sinne des Art. 87 f Abs. 2 S. 2 GG und damit um einen zulässigen Gegenstand der bundeseigenen Verwaltung handelt.

Von Seite der Gemeinden wird zwar zum Teil abgelehnt, die Entscheidung über den Zugang zu den öffentlichen Wegen zu den hoheitlichen Angelegenheiten im Bereich der Telekommunikation zu zählen, da es an der Vergleichbarkeit mit den typischen Hoheitsaufgaben im Sinne des Art. 87 f Abs. 2 S. 2 GG fehle.[218]

Allerdings wurde bereits dargelegt, daß auch die Umsetzung des Infrastruktursicherungsauftrags des Bundes aus Art. 87 f Abs. 1 GG eine Hoheitsaufgabe im Bereich der Telekommunikation darstellt und insofern insbesondere die Verantwortung über die Planung und Errichtung flächendeckend angemessener und ausreichender Telekommunikationsinfrastrukturen zu den hoheitlichen Angelegenheiten des Bundes zählt.[219] Erfaßt ist damit konsequenterweise auch die Entscheidung über die Erteilung der Zustimmung zur Verlegung bzw. Änderung von Telekommunikationslinien, während die Planungsentscheidungen selbst nach Art. 87 f Abs. 2 S. 1 GG den privaten Infrastrukturlizenzinhabern zugewiesen wurden. Bei der Zustimmungserteilung nach § 50 Abs. 3 TKG handelt es sich infolgedessen um einen zulässigen Gegenstand bundeseigener Verwaltung (im Sinne des Art. 86 S. 1, 1. Fall GG).

Gegen die Bejahung der Verwaltungskompetenz des Bundes zur Zustimmungserteilung spricht auch nicht der Umstand, daß das im Referentenentwurf zunächst noch vorgesehene Planfeststellungsverfahren samt Konzentrationswirkung unter Regie der Regulierungsbehörde[220] im weiteren Gesetzgebungsverfahren zugunsten der prinzipiellen Zustimmungsbefugnis der Wegebaulastträger nach § 50 Abs. 3 TKG abgelöst wurde. Mit dieser Änderung hat der Gesetzgeber vielmehr dem Druck der kommunalen Spitzenverbände nach einer Stärkung der Mitwirkungsbefugnis betroffener Gemeinden nachge-

---

[218] Vgl. Kiepe/Schirmer, in: Blümel (Hrsg.), Die Straße als Mehrzweckinstitut, S. 1 (10). Zu den Hoheitsaufgaben im Sinne des Art. 87 f Abs. 2 S. 2 GG gehören nur die notwendigerweise von einem Hoheitsträger wahrzunehmenden hoheitlichen Angelegenheiten, namentlich die Verwaltung im traditionellen, materiellen Sinn, vgl. Windthorst, in: Sachs, GG, Art. 87 f, Rdnr. 35. Als typische Hoheitsaufgaben gelten daher etwa „Fragen der Standardisierung und Normierung, die Funkfrequenzverwaltung, die Erteilung von Genehmigungen für Funkanlagen und die Vorsorge für den Krisen- und Katastrophenfall“, vgl. BT-Drs. 12/7269 vom 14.04.1994, S. 5; Windthorst, in: Sachs, GG, Art. 87 f, Rdnr. 35; Jarass/Pieroth, GG, Art. 87 f, Rdnr. 1; Rottmann, Archiv PT 1994, 193 (195).

[219] S.o. Teil 2, A VI 1 c.

[220] Vgl. § 54 TKG-E.

geben und darauf verzichtet, die Verwaltungskompetenzen des Bundes in vollem Umfang auszuschöpfen. Es wurde insofern als ausreichend betrachtet, die Zuständigkeit der Regulierungsbehörde für den Ausnahmefall einer möglichen Interessenkollision anzuordnen.

4. Ergebnis

Die von § 50 Abs. 4 TKG angeordnete Zuständigkeit der Regulierungsbehörde zur Zustimmungserteilung nach § 50 Abs. 3 TKG verstößt nicht gegen Art. 83 GG, sondern steht im Einklang mit dem aus dieser Vorschrift folgenden Grundsatz der Verteilung von Verwaltungskompetenzen zwischen Bund und Ländern. Entscheidend kommt es dabei darauf an, daß es sich bei der Entscheidung über die Zustimmung zur Verlegung bzw. Änderung von Telekommunikationslinien um eine Hoheitsaufgabe im Sinne des Art. 87 f Abs. 2 S. 2 GG handelt, so daß die erforderliche Verwaltungskompetenz des Bundes zu bejahen ist.

C.Zusammenfassung in Thesen (Teil 2)

A. Verfassungsmäßigkeit des § 50 Abs. 1 S. 1 TKG

1. Aus rechtshistorischer Sicht handelt es sich bei dem unentgeltlichen Nutzungsrecht an öffentlichen Wegen zur Verlegung von Telegraphen- bzw. Fernmeldelinien (heute Telekommunikationslinien) um einen verfestigten Grundsatz. Infolgedessen konnten die Gemeinden zu keiner Zeit während des Geltungszeitraums des TWG (also der letzten annähernd hundert Jahre) Entgelte für die entsprechende Nutzung der Gemeindewege erheben.
2. Da die innere Rechtfertigung der Unentgeltlichkeit der Wegenutzung weniger in der formalen Monopolstellung der jeweiligen Übertragungswegebetreiber, als vielmehr in der öffentlichen Zweckbestimmung der Telegraphen- bzw. Fernmeldelinien lag, konnte der Gesetzgeber auch nach der Neustrukturierung der Telekommunikation und dem Wegfall der Monopole am kostenlosen Wegerecht zu Telekommunikationszwecken festhalten.
3. Dabei hat sich der Gesetzgeber -entsprechend den gestuften verfassungsrechtlichen Vorgaben des Art. 87 f Abs. 1 und 2 GG- für eine zweistufige Ausgestaltung entschieden. Mit dem unentgeltlichen Wegerecht des § 50 Abs. 1 S. 1 TKG sollte zunächst dem Bund ein unabdingbares Mittel zur Erfüllung der ihm auferlegten Infrastrukturverpflichtung aus Art. 87 f Abs. 1 GG an die Hand gegeben werden. Da jedoch Art. 87 f Abs. 2 S. 1 GG einem eigenen operativen Tätigwerden des Bundes entgegensteht, war die

eigenen operativen Tätigwerden des Bundes entgegensteht, war die Übertragung der Nutzungsberechtigung des Bundes auf die in den Versorgungsauftrag eingebundenen Infrastrukturlizenznehmer nach § 50 Abs. 2 S. 1 TKG geboten.

4. Im Hinblick auf die Gesetzgebungskompetenz zur Regelung der unentgeltlichen Wegenutzungsberechtigung zu Telekommunikationszwecken in § 50 Abs. 1 S. 1 (i.V.m. Abs. 2 S. 1) TKG kann sich der Bund auf den Kompetenztitel des Art. 73 Nr. 7 GG (i.V.m. Art. 87 f Abs. 1 u. Abs. 2 S. 1 GG) stützen. Für diesen Befund spricht neben der historischen und der teleologischen Interpretation insbesondere die systematische Auslegung des Art. 73 Nr. 7 GG. Diese ergibt die Unabdingbarkeit der Regelung des kostenlosen Wegerechts zur Erfüllung der Pflichten des Bundes aus Art. 87 f Abs. 1 i.V.m. Abs. 2 S. 1 GG.
5. Wie mittlerweile vom Bundesverfassungsgericht bestätigt, ist § 50 Abs. 1 S. 1 TKG mit der Garantie der kommunalen Selbstverwaltung vereinbar. Der Schutzbereich des Art. 28 Abs. 2 S. 1 GG ist zunächst weder unter dem Gesichtspunkt der Daseinsvorsorge, noch unter den Aspekten der kommunalen Wege- bzw. Planungshoheit berührt. Darüber hinaus betrifft die Regelung des kostenlosen Wegerechts zu Telekommunikationszwecken aber auch die kommunale Finanzhoheit nicht, da diese die Gemeinden (unter dem Aspekt der eigenverantwortlichen Einnahmen- und Ausgabenwirtschaft) gerade nicht vor der Verwehrung einer einzelnen potentiellen Einnahmequelle schützt, sondern lediglich die Eigenverantwortlichkeit des gemeindlichen Wirtschaftens garantiert.
6. Die Regelung des § 50 Abs. 1 S. 1 i.V.m. Abs. 2 S. 1 TKG stellt des weiteren keine willkürliche Privilegierung der Betreiber von Telekommunikationsleitungen dar und verstößt somit nicht gegen den allgemeinen Gleichheitssatz aus Art. 3 Abs. 1 GG,. da es infolge grundlegender struktureller Unterschiede an einer verfassungsrechtlich relevanten Vergleichbarkeit zwischen dem Telekommunikationssektor und den Bereichen der Energie- und Wasserversorgung mangelt.
7. Da den Gemeinden schließlich auch die Berufung auf den Schutz des Art. 14 Abs. 1 S. 1 GG versagt bleibt, ist die Verfassungsmäßigkeit der Regelung des § 50 Abs. 1 S. 1 (i.V.m. Abs. 2 S. 1) TKG im Ergebnis zu bejahen.

B. Verfassungsmäßigkeit des § 50 Abs. 3 u. 4 TKG

8. Als verfassungskonform erweisen sich auch die Bestimmungen des § 50 Abs. 3 u. 4 TKG über die Zustimmungserteilung zur Leitungsverlegung bzw. -änderung:
9. Zunächst wird die von Art. 28 Abs. 2 S. 1 GG geschützte kommunale Planungshoheit nicht beeinträchtigt. Vielmehr ist gewährleistet, daß die Gemeinden im Hinblick auf die Planung von (fremder) Telekommunikationsinfrastruktur auf dem jeweiligen Gemeindegebiet hinreichend beteiligt werden, d.h. den planungsbezogenen Mitwirkungsrechten der Gemeinden (Anhörungs- und Abwägungsgebot) wird vollständig Rechnung getragen.
10. Im übrigen verstößt der in § 50 Abs. 4 TKG vorgesehene Wechsel der Zuständigkeit zur Zustimmungserteilung nach § 50 Abs. 3 TKG vom Wegebaulastträger auf die Regulierungsbehörde weder gegen Art. 83 GG noch gegen das Verbot der Mischverwaltung.

Martin Stock

Medienfreiheit in der EU-Grundrechtscharta: Art. 10 EMRK ergänzen und modernisieren!

Frankfurt/M., Berlin, Bern, Bruxelles, New York, Oxford, Wien, 2000. 129 S.
Studien zum deutschen und europäischen Medienrecht. Herausgegeben von Dieter Dörr. Bd. 5
ISBN 3-631-36842-9 · br. DM 39.–*

Die Grundrechtscharta ist ein anspruchsvolles Vorhaben der Europäischen Union. 1999 unter deutscher Präsidentschaft vom Europäischen Rat initiiert, soll sie noch in diesem Jahr feierlich verkündet werden. Derzeit berät ein Brüsseler Konvent unter großem Zeitdruck über den Text der Charta. Dieser Beitrag will dafür mehr öffentliches Interesse wecken und eine breitere Diskussion anregen. Am Beispiel der Medienfreiheit werden ungeklärte konzeptionelle Grundfragen und europapolitische Alternativen aufgezeigt. Der Verfasser wendet sich gegen bisherige Vorschläge, wonach sich die Charta im wesentlichen auf die Freiheit der Meinungsäußerung nach Art. 10 EMRK beschränken soll. Er sieht darin eine Vernachlässigung des öffentlich-rechtlichen Rundfunks und seiner funktional-dienenden Freiheit. Er plädiert dafür, die Rundfunkfreiheit als Funktionsgrundrecht auszugestalten und auf ein leistungsfähiges europäisches duales System zuzuschneiden.
Der Anhang reicht von einschlägigen nationalen und europäischen Dokumenten bis zu aktuellen Entwurfstexten aus dem EU-Grundrechtskonvent.

Aus dem Inhalt: Grundrechtscharta der EU · Art. 10 EMRK und Art. 49 ff. EGV als Grundnormen eines transnationalen Marktrundfunks? · EU-Medienfreiheit nur als Medienunternehmerfreiheit? · Medienfreiheit nach dem Millenium und die Frage des public service · Bisherige Entwurfstexte und eigener neuer Vorschlag für einen Medienfreiheits-Artikel in der Charta

FSC
www.fsc.org
MIX
Papier | Fördert gute Waldnutzung
FSC® C083411

Kolibri 360 GmbH
Ferdinand-Jühlke-Straße 7
99095 Erfurt, Deutschland
produktsicherheit@kolibri360.de

Druck:
CPI Druckdienstleistungen GmbH
im Auftrag der
Kolibri 360 GmbH
Ferdinand-Jühlke-Str. 7
99095 Erfurt